HISTOIRE DES CROISADES,

PREMIÈRE PARTIE

CONTENANT

L'HISTOIRE DE LA PREMIÈRE CROISADE;

Par M. MICHAUD,

DE L'ACADÉMIE FRANÇAISE.

AVEC UNE CARTE DE L'ASIE MINEURE, LES PLANS D'ANTIOCHE ET DE JÉRUSALEM.

QUATRIÈME ÉDITION,

REVUE, CORRIGÉE ET AUGMENTÉE.

TOME PREMIER.

A PARIS,

CHEZ PONTHIEU, LIBRAIRE,

PALAIS-ROYAL, GALERIE DE BOIS;

ET AU DÉPÔT DE L'AUTEUR, RUE GÎT-LE-COEUR, N°. 10.

1825.

HISTOIRE DES CROISADES.

EXPOSITION.

L'histoire du moyen âge n'offre pas de plus imposant spectacle que les guerres entreprises pour la conquête de la Terre-Sainte. Quel tableau, en effet, que celui des peuples de l'Asie et de l'Europe armés les uns contre les autres, de deux religions s'attaquant réciproquement et se disputant l'empire du monde ; après avoir été menacé plusieurs fois par les Musulmans, long-temps en butte à leurs invasions, tout-à-coup l'Occident se réveille, et semble, selon l'expression si souvent répétée d'un historien grec (1), s'arracher de ses fondemens pour se précipiter sur l'Asie. Tous les peuples abandonnent leurs intérêts, leurs rivalités, et ne voyent plus sur la terre qu'une seule contrée digne de l'ambition des conquérans. On croirait qu'il n'y a plus dans l'univers d'autre ville que Jérusalem, d'autre terre habitable que celle qui renferme le tombeau de Jésus-Christ. Bientôt la désolation règne dans tout l'Orient, et les longues traces du

---

(1) Anne Comnène *Alexiad.*, lib. x.

carnage, les débris dispersés des empires marquent les chemins qui conduisent à la cité sainte.

Dans cet ébranlement général, on voit les plus sublimes vertus se mêler à tous les désordres des passions. Les soldats chrétiens bravent à-la-fois la faim, la soif, la fatigue, les maladies d'un climat nouveau, les armes des barbares; dans les plus cruelles extrémités, au milieu de leurs excès et de leurs discordes sans cesse renaissantes, rien ne peut lasser leur persévérance et leur résignation. Après quatre ans de travaux, de misères et de victoires, Jérusalem est conquise par les croisés. Cependant, comme leurs conquêtes ne sont point l'ouvrage de la sagesse et de la prudence, mais le fruit d'un aveugle enthousiasme et d'un héroïsme mal dirigé, elles ne fondent qu'une puissance passagère.

La bannière de la croix passe bientôt des mains de Godefroy de Bouillon dans les mains faibles et inhabiles de ses successeurs. Jérusalem, devenue chrétienne, est obligée d'appeler de nouveau les secours de l'Occident. A la voix de saint Bernard, les chrétiens prennent les armes. Conduits par un empereur d'Allemagne et par un roi de France, ils volent à la défense de la Terre-Sainte; mais ils n'ont plus avec eux de grands capitaines; on ne retrouve plus en eux la magnanimité et l'héroïque résignation de leurs pères. L'Asie les voit sans effroi; déjà même l'Orient présente un autre spectacle. Les disciples de Mahomet sortent de leur abattement : on les voit tout-à-coup saisis d'un délire semblable à celui qui avait armé leurs ennemis;

ils opposent le courage au courage, l'enthousiasme à l'enthousiasme, et brûlent à leur tour de verser leur sang dans une guerre religieuse.

L'esprit de discorde qui avait détruit leur puissance, ne se retrouve plus que parmi les chrétiens. Le luxe et les mœurs de l'Orient amollissent le courage des défenseurs de la croix, et leur font oublier l'objet de la guerre sainte. Jérusalem, dont la conquête avait coûté tant de sang aux croisés, retombe au pouvoir des infidèles et devient la conquête d'un prince sage et valeureux, qui avait réuni les forces de la Syrie et de l'Égypte.

Le génie et la fortune de Saladin portent un coup mortel à la puissance mal affermie des chrétiens en Orient. En vain un empereur d'Occident, et deux rois célèbres par leur bravoure, se mettent à la tête des forces de leurs royaumes pour délivrer la Palestine, ces nouvelles armées de croisés trouvent partout des ennemis et des barrières invincibles : tant d'efforts réunis ne produisent que d'illustres infortunes. Le royaume de Jérusalem, dont on se dispute les ruines, n'est plus qu'un vain nom ; bientôt même la captivité et les malheurs de la ville sainte ne font plus couler les larmes des chrétiens, et ne leur inspirent plus les transports d'une piété belliqueuse. Les croisés qui s'étaient armés pour la délivrance de l'héritage de Jésus-Christ, se laissent séduire par les richesses de la Grèce, et s'arrêtent à la conquête de Constantinople.

Dès-lors les croisades semblent avoir un autre

objet, un autre mobile qu'à l'époque de leur origine. Tandis qu'un petit nombre de chrétiens versent encore leur sang pour délivrer le saint tombeau, la plupart des princes et des chevaliers n'écoutent plus que la voix de l'ambition. Quelques papes, abusant de leur ascendant sur l'esprit des fidèles, armèrent les milices de la croix contre des peuples chrétiens et contre leurs ennemis personnels; les guerres saintes perdirent par-là le caractère qu'elles avaient eu d'abord, et ne furent plus que des guerres civiles dans la chrétienté.

Au milieu de ces désordres, l'Europe ne semblait plus porter ses regards vers Jérusalem, lorsqu'un saint roi entreprit encore une fois d'armer les forces de l'Occident contre les infidèles, et de faire revivre parmi les croisés l'héroïque ardeur qui avait animé les compagnons de Godefroy. Les deux guerres dirigées par ce chef pieux, sont plus malheureuses que toutes les autres. Dans la première, le monde a sous les yeux le spectacle d'une armée prisonnière et d'un roi dans les fers; dans la seconde, celui d'un puissant monarque mourant sur la cendre. C'est alors que disparaît l'illusion, et que Jérusalem cesse d'exciter l'enthousiasme guerrier de la chrétienté.

Bientôt l'Europe va changer de face : tant de révolutions, tant d'expéditions lointaines ne sont pas perdues pour les peuples de l'Occident. Quelques lueurs de civilisation percent à travers les ténèbres de la barbarie, et le premier effet de la lumière que les croisades commencent à répandre, est d'affaiblir l'esprit d'exaltation qui les a fait naître. On renouvelle dans la suite d'inutiles tentatives pour ranimer le feu qui avait embrasé l'Europe et l'Asie. Les peuples sont tellement revenus de leur pieux délire, que lorsque l'Allemagne se trouve menacée par les Musulmans, maîtres de Constantinople, la bannière de la croix peut à peine rassembler des armées, et l'Europe, qui s'était levée tout entière pour attaquer les infidèles en Asie, ne leur oppose qu'une faible résistance sur son territoire.

Tel est, en peu de mots, le tableau des événemens et des révolutions que doit décrire l'historien des croisades. Un écrivain qui nous a précédés de deux siècles, et qui appelle l'histoire des guerres saintes une *histoire toute royale*, s'étonne du silence qu'on a gardé jusqu'à lui. « J'estime (1), dit-il, chose déplorable, que tels personnages en rien inférieurs à tous ceux qui ont été tant loués par les Grecs et les Romains, soient tombés dans une telle obscurité, qu'on ne sache quels ils étaient et ce qu'ils ont fait; et ceux-là me semblent grandement blâmables, qui, ayant la doctrine et facilité d'écrire, ont délaissé cette histoire. » Tout le monde doit partager aujourd'hui cette opinion, et regretter que nos grands écrivains

---

(1) *Histoire de la guerre sainte faite par les Français et autres chrétiens, pour la délivrance de la Judée et du Saint-Sépulcre*, composée en grec et en français, par Yves Duchat, Troyen. Cette histoire est presque traduite littéralement de l'histoire d'Accolti, intitulée : *de Bello sacro*.

n'aient pas traité le sujet des croisades. Quand j'entreprends de suppléer à leur silence, je sais combien la tâche que je m'impose est difficile à remplir; mais j'aurai du moins pour moi le témoignage d'une conscience sévère, et le sentiment de cette probité qu'on doit porter dans la recherche et l'examen des vérités historiques, où non-seulement la mémoire d'un grand nombre d'hommes célèbres, mais la gloire de plusieurs nations se trouvent intéressées.

Ceux qui ont raconté dans notre langue les faits de l'antiquité, avaient pour guides les historiens de Rome et d'Athènes. Les couleurs brillantes de Tacite, de Tite-Live, de Thucidide, se trouvaient naturellement sous leur pinceau. Pour moi, je n'ai point de modèles à suivre, et je suis réduit à faire parler les historiens du moyen âge que notre siècle dédaigne. Ils m'ont rarement soutenu dans mon travail par le charme du style et l'élégance de leur récit; mais s'ils ne m'ont point donné de leçons dans l'art d'écrire, ils me transmettent du moins des événemens dont l'intérêt peut racheter ce qui manque à leur talent et au mien. Peut-être trouvera-t-on, en lisant cette histoire, qu'une époque où tout est prodige, n'a rien à perdre dans un tableau simple et fidèle. La naïveté de nos vieux historiens fait revivre pour moi les personnages et les caractères dont ils nous parlent; et si j'ai profité de ce qu'ils m'ont appris, le siècle où ils vivaient ne sera pas tout-à-fait méconnaissable dans ma narration. Il m'eût été facile de censurer avec amertume,

EXPOSITION.

comme on l'a fait, leur ignorance et leur crédulité; mais je respecte en eux la franchise et la candeur des siècles dont ils sont les interprètes. Sans ajouter foi à tous leurs récits, je n'ai point dédaigné les fables qu'ils nous racontent, et qu'on croyait parmi leurs contemporains; car ce qu'on croyait alors, sert à faire connaître les mœurs de nos aïeux et forme une partie essentielle de l'histoire des vieux âges.

Je citerai souvent les auteurs qui m'ont servi de guide, et toutes les fois que j'aurai besoin de leur témoignage, je m'efforcerai de reproduire leurs sentimens, leur langage même dans mes récits. Lorsque je relis les chroniques contemporaines des guerres saintes, je crois entendre des pélerins qui reviennent de la croisade, et qui me racontent avec simplicité ce qui s'est passé sous leurs yeux. Rien n'est plus curieux que de voir les hommes des anciens temps reparaître en quelque sorte au milieu de nous, et parler avec le caractère, l'esprit et les idées de leur siècle, devant des générations nouvelles qui ont d'autres mœurs et d'autres préjugés (1). Ce spectacle m'a quelquefois charmé dans mon travail, et je ne veux pas en priver mes lecteurs.

On n'a pas besoin aujourd'hui d'une grande sa-

---

(1) Je ne me suis pas borné à citer les vieux chroniqueurs dans mes récits; j'ai voulu les faire connaître plus amplement dans un ouvrage à part, qui a pour titre, *Bibliothèque des Croisades*, et qu'on pourra joindre, si on le veut, à cette histoire.

gacité pour distinguer dans nos anciennes chroniques ce qui est fabuleux de ce qui ne l'est pas. Une chose plus difficile, c'est de concilier sur tous les points les assertions souvent contradictoires des Latins, des Grecs, des Sarrasins, et de démêler dans l'histoire des croisades ce qui appartient à l'enthousiasme religieux, à la politique et aux passions humaines. Je n'ai point la prétention de résoudre mieux que les autres des problêmes difficiles, et de m'élever au-dessus de mon sujet, en jugeant les peuples et les siècles dont je retrace l'histoire. Sans me livrer à des digressions où il est toujours facile d'étaler son savoir, après avoir examiné avec scrupule les monumens historiques qui nous restent, je dirai de bonne foi ce que je crois la vérité, abandonnant les dissertations aux érudits, et les conjectures aux philosophes.

On m'a reproché de n'avoir point eu un système fixe et uniforme qui servît de règle à tous mes jugemens, et qui présidât à la marche et à l'esprit même de mes récits. Je m'applaudis au contraire de n'avoir point eu de système et d'opinion d'avance arrêtés. Il est aisé de voir ici qu'on m'a jugé comme si j'avais composé un poëme ou un roman. Les gens instruits savent fort bien que l'histoire se fait, mais qu'on ne la fait pas ; qu'on peut l'écrire, mais qu'on ne la compose point. Qu'un romancier ou un poète aient une idée générale et dominante à laquelle toutes les parties de leur action sont subordonnées, rien n'est plus simple, car leur but est d'émouvoir et d'intéresser. Le but de l'historien est moins d'amuser que d'éclairer ses lecteurs ; sa tâche est donc de chercher la vérité partout où elle est, et de la dire à mesure qu'il la trouve, et comme il la trouve.

Dans un siècle où l'on met quelque prix à juger les croisades, on nous demandera d'abord si la guerre que faisaient les croisés était juste. Sur cette question, nous avons peu de chose à répondre : tandis que les croisés croyaient obéir à Dieu lui-même, en attaquant les Sarrasins en Orient, ceux-ci qui avaient envahi une partie de l'Asie sur des peuples chrétiens, qui s'étaient emparés de l'Espagne, qui menaçaient Constantinople, les côtes d'Italie et plusieurs contrées de l'Occident, ne reprochaient point à leurs ennemis de faire une guerre injuste, et laissaient à la fortune et à la victoire le soin de décider une question presque toujours inutile.

Nous mettrons plus d'importance dans cette histoire à examiner quelles furent la cause et la nature de ces guerres lointaines, et quelle a été leur influence sur la civilisation. Les croisades furent produites par l'esprit religieux et militaire qui régnait en Europe dans le moyen âge. La fureur des armes et la ferveur religieuse étaient deux passions dominantes qui se confondaient en quelque sorte l'une avec l'autre, et se prêtaient une mutuelle énergie. Ces deux grands mobiles réunis et agissant ensemble, firent éclater la guerre sainte, et portèrent au plus haut degré parmi les croisés, la valeur, la résignation et l'héroïsme.

On verra facilement dans notre récit la part que dut avoir la réunion de ces deux mobiles à l'entreprise des guerres saintes. Il nous sera moins facile de faire apprécier tous les résultats des croisades. Quelques écrivains n'ont vu, dans ces grandes expéditions, que les plus déplorables excès, sans aucun avantage pour les siècles qui les ont suivies ; d'autres soutiennent, au contraire, que nous leur devons tous les bienfaits de la civilisation. Nous ne sommes point encore venus au moment d'examiner ces opinions opposées. Sans croire que les guerres saintes aient fait tout le mal ou tout le bien qu'on leur attribue, il faut convenir qu'elles ont été une source de pleurs pour les générations qui les ont vues et qui y ont pris part ; mais, comme les maux et les orages de la vie humaine qui rendent l'homme meilleur et servent souvent aux progrès de sa raison, elles ont hâté l'expérience des peuples, et l'on peut dire qu'après avoir ébranlé un moment la société, elles en ont ensuite affermi les fondemens. Cette opinion, dépouillée de tout esprit d'exagération et de système, paraîtra peut-être la plus raisonnable; j'éprouve d'ailleurs quelque plaisir à l'adopter, parce qu'elle est consolante pour le siècle où nous sommes. La génération actuelle, qui a vu éclater tant de passions sur la scène politique, qui a souffert tant de calamités, ne verra pas sans intérêt que la Providence se sert quelquefois des grandes révolutions pour éclairer les hommes et pour assurer dans l'avenir la prospérité des empires.

HISTOIRE DES CROISADES.

LIVRE I^(er).

Dès les premiers siècles de l'Église, l'usage s'é- 300-650
tait introduit parmi les chrétiens de faire des pélerinages à la Terre-Sainte ; la Judée, remplie de souvenirs religieux, était encore la Terre-Promise pour les fidèles ; les bénédictions du ciel semblaient être réservées à ceux qui visitaient le Calvaire, le tombeau de Jésus-Christ, et renouvelaient leur baptême dans les eaux du Jourdain (1). Sous le règne de Constantin, l'ardeur des pélerinages s'accrut encore parmi les fidèles ; ils accoururent de toutes les provinces de l'empire pour adorer Jésus-Christ sur son tombeau, et suivre les traces de leur Dieu dans cette ville qui venait de reprendre son nom ; les pélerins ne voyaient plus sur le Golgotha l'image profane de Jupiter, et le Saint-Sépulcre s'offrait à leurs regards, entouré d'une magnificence qui redoubla leur vénération. Au lieu même où le

---

(1) Voyez à cet égard Sozomen, *Hist. ecclésiast.*, lib. II, cap. 28; Socrate, lib. IV, cap. 5; Fleury, *Hist. ecclésiast.*, tom. III, pag. 415.

Fils de Dieu avait été enseveli, s'élevait l'église de la Résurrection, dans laquelle on admirait les richesses de l'Asie et les arts de Rome et de la Grèce. Constantin célébra la trente-unième année de son règne par l'inauguration de cette église, et des milliers de chrétiens vinrent en cette solennité entendre le panégyrique de Jésus-Christ, prononcé par le savant évêque Eusèbe (1).

Sainte-Hélène, mère de l'empereur, se rendit à Jérusalem dans un âge très avancé, et fit élever des églises et des chapelles sur le mont Thabor, dans la ville de Nazareth et dans la plupart des lieux que Jésus-Christ avait sanctifiés par sa présence et par ses miracles (2). La vraie croix, retrouvée par les soins de l'impératrice, fut replacée dans l'église du Calvaire, comme le monument de la victoire

---

(1) L'église que Constantin fit élever pour honorer le Saint-Sépulcre fut achevée en 335. Le concile de Jérusalem, tenu cette même année, lui donna le nom de *Martyre du Sauveur*; elle est appelée par Sozomen, *Grand Martyre de Jérusalem. Concil apud Athanas*, pag. 199; Sozomen, lib. II, cap. 27.

(2) Arrivée à Jérusalem, dit saint Ambroise, l'Esprit-Saint lui inspira de faire une recherche exacte de la vraie croix. Elle monta au Calvaire : « Voilà, dit-elle, le lieu du combat; où est donc le monument de la victoire ? Je cherche l'étendard de notre salut; je ne le trouve point. Sera-t-il dit que j'habiterai dans une demeure auguste et royale pendant que la croix de Notre-Seigneur sera dans la poussière ? O démon! vous avez eu dessein de cacher l'épée qui vous a donné la mort; mais l'exemple d'Isaac m'instruit de

remportée sur l'ennemi des hommes. Depuis cette époque, les pélerinages à la Terre-Sainte devinrent encore plus fréquens. Les pélerins, qui n'avaient plus à redouter la persécution des païens, purent s'abandonner sans alarmes à leur dévotion ; les aigles romaines, ornées de la croix de Jésus-Christ, les protégeaient dans leur marche; partout ils foulaient les débris des idoles et voyageaient au milieu de leurs frères les chrétiens.

Lorsque l'empereur Julien, pour affaiblir l'autorité des prophéties, entreprit de rebâtir le temple des juifs, on raconta les prodiges par lesquels Dieu avait confondu ses desseins, et Jérusalem en devint plus chère aux disciples de Jésus-Christ(1). Les chrétiens ne cessèrent point de visiter les lieux saints d'Orient. Parmi les pélerins de ces temps

---

ce que je dois faire. Il a fait déboucher les puits que les étrangers avaient couverts, et n'a pas permis que l'eau fût cachée ; découvrons donc cette ruine, afin que la vie soit visible à tout le monde ; ouvrons la terre afin que l'instrument de notre salut éclate visiblement. » Sainte Hélène, continue Ambroise, après beaucoup de recherches, trouva la vraie croix. Elle employa un des clous qui avaient servi à attacher Jésus-Christ, à faire un frein pour le cheval de Constantin, et de l'autre elle en fit un diadème qu'elle orna de pierres précieuses. *De uno clavo frænos fieri precepit, de altero diadema intexuit.* (Ambrosius, *De obitu Theodos.*, pag. 1210 et 1211.)

(1) Le docteur Warburton a fait une dissertation curieuse sur ces prodiges; ce qu'il y a de remarquable, c'est qu'ils sont rapportés par deux historiens juifs qui en cherchent

reculés, l'histoire ne peut oublier les noms de saint Porphyre et de saint Jérôme. Le premier abandonna Thessalonique sa patrie, passa plusieurs années dans la Thébaïde, et se rendit dans la Palestine, où il devint évêque de Gaza ; le second, accompagné d'Eusèbe de Crémone, quitta l'Italie, parcourut l'Égypte, visita plusieurs fois Jérusalem, et résolut de terminer ses jours à Bethléem, où sa charité veillait sans cesse aux besoins des pieux voyageurs et des pauvres de l'Église latine. Paula, de l'illustre famille des Gracques (1), suivit l'exemple et les traces du saint docteur, et remplie de l'esprit de Dieu, oublia Rome et ses grandeurs pour vivre et mourir près de l'étable où naquit le Sauveur du monde. Saint Jérôme nous apprend dans ses lettres, que les pèlerins arrivaient alors en foule dans la Judée, et qu'autour du saint tombeau on entendait célébrer, dans des langues diverses, les louanges du fils de Dieu. Dès cette époque, les pélerinages à Jérusalem se multiplièrent tellement, que plusieurs docteurs,

---

vainement la cause, et par Ammien Marcelin, historien païen, qui ne peut dissimuler l'étonnement qu'excitèrent ces prodiges. (Voyez l'*Histoire générale des Juifs*, par M. Capefigue, *Introduction*.)

(1) Voyez pour le pélerinage de St. Jérôme et celui de sainte Paula, l'éclaircissement sur les pélerinages, à la fin du vol. Celui de saint Porphyre est aussi raconté avec détails dans le même éclaircissement. Ces divers pélerinages renferment des circonstances fort curieuses sur la dévotion et les mœurs des pélerins.

plusieurs pères de l'Église, crurent devoir en signaler les abus et les dangers. Ils disaient aux chrétiens que les longs voyages pouvaient les détourner de la voie du salut ; que la grâce du Seigneur se répandait également dans toutes les régions de la terre ; que Jésus-Christ se trouvait partout où se trouvaient la foi et les bonnes œuvres. Mais tel était l'enthousiasme qui entraînait alors les chrétiens à Jérusalem, que la voix des saints docteurs fut à peine entendue (1). Les conseils d'une piété éclairée ne purent ralentir l'ardeur des pèlerins, qui croyaient manquer de foi et de zèle, s'ils n'adoraient Jésus-Christ aux lieux mêmes où, selon l'expression de saint Jérôme, la lumière de l'Évangile commença à briller du haut de la croix.

A mesure que les peuples de l'Occident se convertissaient au christianisme, ils tournaient leurs regards vers l'Orient. Du fond de la Gaule, des forêts de la Germanie, de toutes les contrées de l'Europe on voyait accourir de nouveaux chrétiens qui venaient visiter le berceau de la foi qu'ils avaient embrassée. Un itinéraire à l'usage des pé-

---

(1) Voyez la lettre de saint Grégoire de Nisse, traduite en latin et commentée par Casaubon. Saint Augustin et saint Jérôme lui-même s'élevèrent contre les abus des pèlerinages. Saint Grégoire s'étend beaucoup sur la corruption des mœurs et sur les vices énormes qu'on voyait alors à Jérulem. (Voy. l'éclaircissement sur les pèlerinages, à la fin du volume.)

lerins leur servait de guide depuis les bords du Rhône et de la Dordogne, jusqu'aux rives du Jourdain, et les conduisait, à leur retour, depuis Jérusalem jusqu'aux principales villes d'Italie (1).

Quand le monde fut ravagé par les Goths, les Huns et les Vandales, les pélerinages à la Terre-Sainte ne furent point interrompus. Les pieux voyageurs étaient protégés par les vertus hospitalières des barbares, qui commençaient à respecter la croix de Jésus-Christ, et suivaient quelquefois les pélerins jusqu'à Jérusalem. Dans ces temps de trouble et de désolation, un pauvre pélerin qui portait sa panetière et son bourdon, traversait souvent les champs du carnage, et voyageait sans crainte au milieu des armées qui menaçaient les empires d'Orient et d'Occident (2).

Vers le commencement du cinquième siècle, l'impératrice Eudoxie, épouse de Théodose-le-Jeune, imita l'exemple de sainte Hélène, et fit un pélerinage à Jérusalem. Elle étonna l'Orient par

---

(1) Voyez, à la fin du volume, une analyse bibliographique historique et géographique de l'*Itinéraire de Bordeaux à Jérusalem*, par M. Walckenaër : cette pièce jette de grandes lumières sur la géographie ancienne et sur celle du moyen âge.

(2) Les codes des barbares, ceux du moins qui furent rédigés après leur conversion au christianisme, contiennent des dispositions sur les devoirs envers les pélerins ; les capitulaires des rois de la première race ont conservé cette disposition. (Voyez l'édition de Baluze, tom. 1; Ducange, au mot *Peregrinatio*.)

son esprit, par sa dévotion et l'éclat de la magnificence impériale. A son retour à Constantinople, des chagrins et des inimitiés domestiques lui firent sentir le néant des grandeurs humaines ; elle quitta la cour et retourna dans la Palestine, où elle termina sa vie au milieu des exercices de la piété. Vers le même temps, le barbare Genseric s'empara de Carthage et des villes chrétiennes de l'Afrique ; la plupart des habitans, chassés de leurs demeures, se dispersèrent en différentes contrées de l'Asie et de l'Occident ; un grand nombre d'entr'eux allèrent chercher un asile dans la Terre-Sainte, et se réunirent à la foule des pélerins qui accouraient à Jérusalem. Lorsque l'Afrique fut reconquise par Bélisaire, on trouva, parmi les dépouilles des barbares, les ornemens du temple de Salomon enlevés par Titus ; ces précieuses dépouilles, que les destinées de la guerre avaient transportées à Rome, puis à Carthage, furent portées en triomphe à Constantinople, ensuite à Jérusalem, où elles ajoutèrent à la splendeur de l'église du Saint-Sépulcre. Ainsi les guerres, les révolutions, les revers du monde chrétien, contribuaient à augmenter l'éclat de la ville de Jésus-Christ.

300-650

Les chrétiens trouvaient alors près du tombeau du fils de Dieu, et sur les bords du Jourdain, une paix qui semblait bannie du reste de la terre. Cette profonde paix avait duré plusieurs siècles ; elle ne fut troublée que sous le règne d'Héraclius. Sous ce règne, les armées de Cosroès, roi de Perse, envahirent la Syrie, la Palestine et l'Égypte ; la

300-650 ville sainte tomba au pouvoir des adorateurs du feu ; les vainqueurs emmenèrent en captivité un grand nombre de chrétiens et profanèrent les églises de J.-C. Tous les fidèles déplorèrent les malheurs de Jérusalem et versèrent des larmes lorsqu'on leur apprit que le roi de Perse avait emporté, parmi les dépouilles des vaincus, la croix du Sauveur, conservée dans l'église de la Résurrection (1).

Cependant le ciel, touché des prières et de l'affliction des chrétiens, bénit les armes d'Héraclius, qui, après dix années de revers, triompha des ennemis du christianisme et de l'empire, et ramena à Jérusalem les chrétiens dont il avait brisé les fers. On vit alors un empereur d'Orient marcher les pieds nus dans les rues de la sainte cité, et porter sur ses épaules jusqu'au sommet du Calvaire le bois de la vraie croix, qu'il regardait comme le plus glorieux trophée de ses victoires. Cette imposante cérémonie fut une fête pour le peuple de Jérusalem et pour l'Église chrétienne, qui, chaque année, en célèbre encore la mémoire (2). Lorsqu'Héraclius rentra à Constantinople, il fut reçu comme le libérateur des chrétiens, et les rois de l'Occident lui envoyèrent des ambassadeurs pour le féliciter.

650-800 Mais la joie des fidèles ne fut pas de longue durée. Vers le commencement du septième siècle, il

---

(1) Voyez, pour tous ces détails, Guillaume de Tyr, liv. 1. D'après ce même auteur, trente-six mille chrétiens périrent dans Jérusalem lors de la conquête de Cosroès.

(2) Cette fête est connue sous le nom d'Exaltation de la sainte croix ; on la célèbre le 14 septembre.

s'était élevé dans un coin ignoré de l'Asie une religion nouvelle, ennemie de toutes les autres, qui prêchait la domination et la guerre. Mahomet avait promis la conquête du monde à ses disciples sortis presque nus des déserts. Par sa doctrine passionnée, il sut enflammer l'imagination des Arabes, et sur le champ de bataille il leur inspira son audace. Ses premiers succès, qui durent passer ses espérances, furent comme des miracles qui augmentèrent la confiance de ses sectateurs et portèrent la conviction dans l'esprit des faibles. L'état politique et religieux de l'Orient semblait n'offrir aucun obstacle aux progrès d'une secte qui, dès sa naissance, se montra partout le fer et la flamme à la main. Le culte des mages tombait dans le mépris ; les juifs répandus en Asie étaient opposés aux sabéens et divisés entr'eux ; les chrétiens, sous le nom d'eutichéens, de nestoriens, de maronites, de jacobites, s'accablaient réciproquement d'anathèmes. L'empire des Perses, déchiré par les guerres civiles, attaqué par des peuples barbares de la Tartarie, avait perdu sa puissance et son éclat ; celui des Grecs, affaibli au-dedans et au-dehors, marchait à sa décadence ; tout périssait en Orient, dit Bossuet. Une nouvelle religion, un nouvel empire, s'élevèrent facilement au milieu des ruines. La doctrine armée de Mahomet envahit en peu de temps les trois Arabies, une partie de la Syrie et de la Perse (1).

---

(1) Dans ses 49e. et 50e. chapitres, Gibbon a présenté un

650-800   Après la mort du Prophète de la Mecque, ses lieutenans et les compagnons de ses premiers exploits poursuivirent son ouvrage. La vue des provinces conquises ajouta encore au fanatisme et à la bravoure des Sarrasins. Ils ne redoutaient point la mort sur le champ de bataille; d'après les paroles de leur Prophète, le Paradis avec toutes ses voluptés attendait ceux qui se précipitaient sur l'ennemi; derrière eux l'Enfer ouvrait ses abîmes. Leurs conquêtes furent d'autant plus rapides, qu'ils unissaient dans leur gouvernement militaire et religieux la volonté unique et prompte du despotime à toutes les passions qu'on trouve dans les républiques. Maîtres de la Perse et de la Syrie, ils s'emparèrent de l'Égypte; leurs bataillons victorieux se répandirent en Afrique, plantèrent l'étendard du Prophète sur les ruines de Carthage, et portèrent la terreur de leurs armes jusqu'au rivage de l'Atlantique. Depuis l'Inde jusqu'au détroit de Cadix, et depuis la mer Caspienne jusqu'à l'Océan, tout changea, langage, mœurs, religion; ce qui restait du paganisme fut anéanti, aussi bien que le culte des mages; le christianisme ne subsista qu'à peine; l'Europe elle-même fut menacée d'une pareille destruction. Constantinople, qui était le boulevard de l'Occident, vit devant ses murs des hor-

---

tableau exact des progrès de la religion de Mahomet. (Voy. aussi le savant ouvrage de Roland, *De Religion. Mahom.*) Le Coran pourrait servir à expliquer les conquêtes de Mahomet.

des innombrables de Sarrasins ; assiégée plusieurs 650-800
fois par terre et par mer, la ville de Constantin ne
dut son salut qu'au feu grégeois, au secours des
Bulgares, et à l'inexpérience des Arabes dans l'art
de la navigation.

Pendant le premier siècle de l'hégire, les conquêtes des Musulmans ne furent bornées que par
la mer qui les séparait de l'Europe ; mais lorsqu'ils eurent construit des vaisseaux, aucun peuple ne fut à l'abri de leur invasion ; ils ravagèrent
les îles de la Méditerranée, les côtes de l'Italie et
de la Grèce ; la fortune ou la trahison les rendit
maîtres de l'Espagne, où ils renversèrent la monarchie des Goths ; ils profitèrent de la faiblesse
des enfans de Clovis pour pénétrer dans les provinces méridionales de la Gaule, et ne furent arrêtés dans leurs invasions que par les victoires de
Charles-Martel.

Au milieu des premières conquêtes des Sarrasins, leurs regards s'étaient d'abord portés sur Jérusalem. Selon la foi des Musulmans, Mahomet
avait honoré de sa présence la ville de David et de
Salomon ; c'est de Jérusalem qu'il était parti pour
monter au ciel dans son voyage nocturne. Les Sarrasins regardaient Jérusalem comme la maison de
Dieu, comme la ville des saints et des miracles.
Peu de temps après la mort du Prophète, les soldats d'Omar s'emparèrent de la Palestine, et la capitale du royaume de Juda fut attaquée par les
hordes victorieuses des barbares. Les chrétiens,
animés par le désespoir, firent le serment de dé-

650-800 fendre la ville; le siége dura quatre mois; chaque jour on faisait des sorties, on livrait des assauts; les Sarrasins s'approchaient des murailles, en répétant ces paroles du Coran : *Entrons dans la terre sainte que Dieu nous a promise.* Après avoir souffert tous les maux d'un long siége, les habitans de Jérusalem se rendirent enfin au calife Omar, qui vint lui-même dans la Palestine pour recevoir les clefs et la soumission de la ville conquise (1).

Les chrétiens eurent la douleur de voir l'église du St.-Sépulcre profanée par la présence du chef des infidèles. Le patriarche Sophronius, qui accompagna le calife, ne put s'empêcher de répéter ces mots de Daniel : *L'abomination de la désolation est dans le saint lieu.* Jérusalem fut remplie de deuil; un morne silence régnait dans les églises et dans tous les lieux où avaient retenti si long-temps les hymnes des chrétiens. Quoique Omar leur eût laissé l'exercice de leur culte, ils furent obligés de cacher leurs croix et leurs livres sacrés. La cloche n'appelait plus les fidèles à la prière; la pompe des cérémonies leur était interdite; la reli-

---

(1) Sur la prise et la capitulation de la ville sainte par Omar, voyez *Oriens Christianus*, tom. III, pag. 277-280. Lebeau, dans son *Hist. du Bas-Empire*, tom. VI, pag. 136, a rapporté la traduction d'un traité conclu entre Omar et le patriarche de la ville sainte. Rien n'indique que cette pièce soit authentique. Il existe d'autres versions du même traité; mais elles sont évidemment apocryphes. La seule chose qu'on en puisse induire, c'est qu'Omar accorda réellement une sauve-garde aux chrétiens de Jérusalem, lesquels in-

gion ne paraissait plus que comme une veuve déso- 650-800
lée. Le calife fit élever une mosquée à la place où
avait été bâti le temple de Salomon. L'aspect de
cet édifice consacré au culte des infidèles augmenta encore l'affliction des chrétiens. L'histoire
rapporte que le patriarche Sophronius ne put supporter la vue de tant de profanations, et mourut
de désespoir en déplorant les malheurs et la captivité de la ville sainte (1).

Cependant la présence d'Omar, dont l'Orient
vantait la modération, contenait le fanatisme jaloux
des Musulmans. Les fidèles eurent beaucoup plus
à souffrir après sa mort ; ils furent chassés de leurs
maisons, insultés dans leurs églises ; on augmenta
le tribut qu'ils devaient payer aux nouveaux maîtres de la Palestine ; on ne leur permit point de porter des armes, de monter à cheval. Une ceinture de
cuir qu'ils ne pouvaient jamais quitter, était la
marque de leur servitude ; les vainqueurs allèrent
jusqu'à défendre aux chrétiens de parler la langue
arabe, réservée aux disciples du Coran (2) ; enfin,

---

quiétés par ses successeurs, en fabriquèrent diverses copies
à leur gré.

(1) Consultez l'*Oriens Christianus*, tom. III, p. 280-290.

(2) Au reste, cette défense ne fut pas maintenue ; car bientôt la langue arabe devint si familière aux communions
chrétiennes d'Orient, qu'elles finirent toutes par traduire les
livres saints de la Bible dans le nouvel idiome. On peut
consulter à ce sujet une savante dissertation de M. Silvestre de Sacy sur les versions samaritaines de la Bible. (*Mémoires de l'Acad. des Inscript.*, tom. XLIX, p. 1 et suiv.)

le peuple resté fidèle à Jésus-Christ n'eut pas la liberté de choisir ses pasteurs sans l'intervention des Sarrasins (1).

Tant de persécutions n'arrêtèrent point la foule des chrétiens qui se rendaient à Jérusalem ; la vue de la ville sainte soutenait leur courage en même temps qu'elle enflammait leur dévotion. Il n'était point de maux, point d'outrages qu'ils ne supportassent avec résignation, en se rappelant que Jésus-Christ avait été chargé de fers, et qu'il était mort sur la croix dans les lieux qu'ils allaient visiter. Parmi les fidèles de l'Occident qui arrivèrent en Asie au milieu des premières conquêtes des Musulmans, l'Histoire a retenu les noms de Saint-Arculphe et de Saint-Antonin de Plaisance (2). Ce dernier avait porté les armes avec distinction, lorsqu'il résolut de suivre les pèlerins qui partaient pour Jérusalem. Il parcourut la Syrie, la Palestine

---

(1) *Oriens Christianus*, pag. 280-290.

(2) Ces deux pèlerinages contiennent sur chacun des lieux visités par les pèlerins, des particularités plus ou moins curieuses. Il n'y a pas une seule église ou un seul fait se rapportant à J.-C. ou à l'histoire de l'Ancien-Testament qui n'y soit mentionné. Il y a plusieurs circonstances merveilleuses, surtout dans l'Itinéraire de S. Antonin, auxquelles il est difficile d'ajouter foi. On en trouvera quelques exemples dans l'Éclaircissement sur les pèlerinages, à la fin de ce volume. L'Itinéraire de S. Antonin a été imprimé à part, à Angers, en 1640, sous ce titre : *Itinerarium B. Antonini martyris*. Le pèlerinage de S. Arculphe se trouve dans les *Acta sanctorum ordin. sanct. Benedict.*, siècle III, partie II, p. 505.

et l'Égypte. A son arrivée sur les bords du Jour- 650-800
dain, la Judée n'était point encore tombée au
pouvoir des infidèles; mais le bruit de leurs victoires remplissait déjà l'Orient, et la ville sainte
redoutait leur approche. Plusieurs années après le
pélerinage de saint Antonin, Arculphe, accompagné de Pierre, ermite français, partit des côtes
d'Angleterre sur un vaisseau qui faisait voile pour
la Syrie; il séjourna neuf mois à Jérusalem, où
dominaient alors les ennemis de Jésus-Christ. A
son retour en Europe, il raconta ce qu'il avait vu
dans la Palestine et dans tous les lieux visités par
les pélerins de l'Occident. La relation de son pélerinage fut rédigée par un saint moine des îles
Hébrides, pour l'instruction et l'édification des
fidèles.

Cependant les chrétiens de la Palestine, au milieu des guerres civiles des Musulmans (1), eurent
quelques intervalles de sécurité. Si la cité de Dieu
resta dans la servitude, une tyrannie jalouse respecta du moins l'asile de la prière et les chaires de
l'Évangile. La dynastie des Ommiades, qui avait
établi le siége de l'empire musulman à Damas,
était odieuse au parti toujours redoutable des
Alides; elle s'occupa moins de persécuter le christianisme que de conserver sa puissance toujours.

---

(1) *Secundum dominorum dispositione plerumque lucida
intervalla recepit et ægrotantium more temporum præsen-
tium gravabatur aut respirabat qualitate.* (Guillaume de
Tyr, liv. 1, c. 3; *Gesta Dei per Francos*, pag. 630.)

menacée. Mérouau II, le dernier calife de cette famille, fut celui qui montra le plus d'intolérance pour la religion du Christ; et lorsqu'il succomba avec tous les siens sous les coups de ses ennemis, les chrétiens et les infidèles se réunirent pour remercier le ciel d'avoir délivré l'Orient.

Les abassides établis dans la ville de Bagdad qu'ils avaient fondée, éprouvèrent plusieurs révolutions, et chacune de ces révolutions portait le trouble et l'effroi parmi les chrétiens; au milieu des changemens qu'amenaient sans cesse les caprices de la fortune ou ceux du despotisme, le peuple fidèle était semblable, dit Guillaume de Tyr, à un malade dont les douleurs s'apaisent ou s'augmentent, selon que le ciel est serein ou chargé d'orage. Les chrétiens, toujours placés entre les rigueurs de la persécution et l'espoir d'une sécurité passagère, durent enfin des jours plus heureux à la sage domination d'Aaron-al-Réchid. Sous le règne de ce calife, que nos vieux chroniqueurs appellent *un homme admirable et digne de louanges*, la gloire de Charlemagne, qui s'était étendue jusqu'en Asie, protégea les églises d'Orient. Les pieuses libéralités (1) de l'empereur des Francs soulagèrent l'indigence des

---

(1) Un capitulaire de Charlemagne, de l'an 810, est conçu en ces termes : *De elemosyná mittendá ad Hyerusalem propter ecclesias Dei restaurandas.* « *Ob hoc maximè* » (dit Eginard) *transmarinorum regum amicitias expetens,*

chrétiens d'Alexandrie, de Carthage et de Jérusa- 650 800
lem. Les deux plus grands princes de leur siècle se
témoignèrent une estime mutuelle par de fréquentes
ambassades; ils s'envoyèrent de magnifiques présens (1); et, dans ce commerce d'amitié entre deux
puissans monarques, l'Orient et l'Occident firent
un échange des plus riches productions de leur
sol et de leur industrie. Les présens d'Aaron cau-
sèrent une vive surprise à la cour de Charles, et
donnèrent une haute idée des arts et des richesses
de l'Asie. Le monarque des Francs se plut à montrer aux envoyés du calife la magnificence des cérémonies religieuses. Témoins, à Aix-la-Chapelle,
de plusieurs processions où le clergé avait étalé ses

» *ut christianis sub eorum dominatu degentibus refrigerium*
» *aliquod ac relevatio proveniret.*» (*Vita Caroli Magni*,
cap. 27, pag. 101, édit. de Bredow, in-12, Helmstad, 1806.)

(1) Voici comment s'exprime, à l'égard des présens mu-
tuels que se firent les deux monarques, le poète saxon, bio-
graphe de Charlemagne :

Hoc de longinquis elephas regionibus anno
Primitus adductus, mira spectacula regno
Francorum dederat. Persarum denique princeps
Hunc Aaron. Idem, fuerat cui subditus Indis
Exceptis, Oriens totus, curaverat ultro
Ejus amicitiæ se fœdere jungere firmo.
. . . .
Nam gemmas aurum, vestes et aromata crebro
Ac reliquias Orientis opes direxerat illi
Ascribique locum sanctum Hyerosolymorum
Concessit propriæ Caroli semper ditioni.

(Poeta saxon Annal., lib. IV, *de Gest. Carol. Magn.*, ad ann. 841;
Dom. Bouquet, *Hist. de France*, tom. IV, pag. 167.)

ornemens les plus précieux, les ambassadeurs de Bagdad retournèrent dans leur patrie, en disant qu'ils avaient vu des *hommes d'or* (1).

La politique ne fut pas sans doute étrangère aux témoignages d'estime qu'Aaron prodiguait à l'empereur d'Occident ; il faisait la guerre aux maîtres de Constantinople, et pouvait craindre avec raison que les Grecs n'intéressassent à leur cause les plus braves d'entre les peuples chrétiens. Les traditions populaires de Bysance représentaient les Latins comme devant être un jour les libérateurs de la Grèce; et, dans un des premiers siéges de Constantinople par les Sarrasins, le bruit seul de l'arrivée des Francs avait ranimé le courage des assiégés et porté la terreur parmi les Musulmans (2). Au temps d'Aaron, le nom de

---

(1) Voyez la curieuse description que fait le moine de Saint-Gall des fêtes que Charlemagne donna dans la cour plénière d'Aix-la-Chapelle aux ambassadeurs d'Aaron. (*De Vitâ Carol. Magn.*) Les présens du calife consistaient en un éléphant, de l'ivoire, de l'encens et une horloge, dont le mécanisme ingénieux fixa long-temps l'attention de la cour de Charles : cette horloge, selon la tradition, est celle de la cathédrale d'Aix-la-Chapelle. Charlemagne donna au calife des draps blanc et vert de la Frise, et des chiens de chasse de la Saxe très renommés. Le chroniqueur suit avec beaucoup d'intérêt les détails de cette ambassade, et rapporte même que les chiens donnés par Charlemagne sauvèrent la vie au calife aux prises avec un lion, dans une chasse fameuse en Orient. (Monach. St.-Gall.

(2) Gibbon, *Décadence du Bas-Empire.*)

Jérusalem exerçait déjà une si puissante influence sur les chrétiens de l'Occident, qu'il suffisait de prononcer ce nom révéré pour réveiller leur enthousiasme belliqueux et lever des armées contre les infidèles. Afin d'ôter aux Francs tout prétexte d'une guerre religieuse qui aurait pu leur faire embrasser la cause des Grecs et les attirer en Asie, le calife ne négligea aucune occasion d'obtenir l'amitié de Charlemagne, et lui fit présenter les clefs du St.-Sépulcre et de la ville sainte. Cet hommage rendu au plus grand des monarques chrétiens, fut célébré avec enthousiasme par les légendes contemporaines, et fit croire, dans la suite, que l'empereur d'Occident avait fait le voyage et la conquête de Jérusalem (1).

650-800

Aaron traita les chrétiens de l'Église latine comme ses propres sujets; les enfans du calife imitèrent sa modération; sous leur règne, Bagdad fut le séjour des sciences et des arts. Le calife Almamon, dit un historien arabe, n'ignorait pas que ceux qui travaillent aux progrès de la raison,

800-1095

---

(1) Plusieurs chroniques de la première croisade ont parlé du voyage de Charlemagne à la Terre-Sainte; c'était alors une opinion répandue, et que la chronique de l'archevêque Turpin avait contribué à former. Le voyage de Charlemagne se trouve tout au long dans la chronique de S. Denis; ce n'est que depuis un siècle que la critique a élagué ce récit fabuleux de notre histoire. Il existe sur ce sujet une Dissertation dans les *Mémoires de l'Académie des Inscriptions*, et on peut aussi consulter la *Biblioth. des Croisades*, tom. 1.

sont les élus de Dieu. Les lumières polirent les mœurs des chefs de l'islamisme, et leur inspirèrent une tolérance jusqu'alors ignorée des Musulmans. Tandis que les Arabes d'Afrique poursuivaient leurs conquêtes vers l'Occident, qu'ils s'emparaient de la Sicile, et que Rome même avait vu ses faubourgs et les églises de St.-Pierre et de St.-Paul envahis et pillés par les infidèles, les serviteurs de Jésus-Christ priaient en paix dans les murs de Jérusalem. Les pélerins (1) de l'Occident, qui y arrivaient sans danger, étaient reçus dans un hospice dont on attribuait la fondation à Charlemagne. Au rapport du moine Bernard (2), qui fit lui-même le pélerinage de la Terre-Sainte vers le mi-

---

(1) Au commencement du ix°. siècle, les pélerins y affluaient, même des extrémités de l'Europe. Dicuil, qui écrivait en Irlande l'an 825, en donne quelques détails : *Fidelis frater..... narravit coram me... quod adorationis causâ in urbe Ierlm.* (Hierusalem) *clerici et laïci à Britanniâ usque ad Nilum velificaverunt.* (Dicuil, *de Mensurâ Orbis*, édit. Walckenaer, pag. 17.)

(2) *Ibi habetur hospitale, in quo suscipiuntur omnes qui causâ devotionis illum adeunt locum, linguâ loquentes romanâ, cui adjacet ecclesia in honore Sanctæ Mariæ, nobilissimam habens bibliothecam studio prædicti imperatoris Caroli-Magni.* Ce passage est tiré du voyage du moine Bernard à la Terre-Sainte. Ce moine était français de naissance; il partit pour la Palestine en 870, avec deux autres moines, dont l'un était du monastère de St.-Innocent, dans le pays de Bénévent, et l'autre un moine espagnol. La relation de ce pélerinage, quoique peu étendue, renferme des faits assez curieux. (Voyez l'Éclaircissement sur les pélerinages.)

lieu du neuvième siècle, l'hospice des pélerins de l'Église latine était composé de douze maisons ou hôtelleries. A ce pieux établissement étaient attachés des champs, des vignes et un jardin, situés dans la vallée de Josaphat. Cet hospice, comme ceux que l'empereur d'Occident fonda dans le nord de l'Europe, avait une bibliothèque toujours ouverte aux chrétiens et aux voyageurs. Dès le sixième siècle, on voyait dans le voisinage de la fontaine de Siloë un cimetière dans lequel étaient enterrés les pélerins qui mouraient à Jérusalem. Parmi les tombeaux des fidèles, habitaient les serviteurs de Dieu. Ce lieu, dit la relation de saint Antonin, couvert d'arbres fruitiers, parsemé de sépulcres et d'humbles cellules, réunissait les vivans et les morts, et présentait à-la-fois un tableau riant et lugubre.

Au besoin de visiter le tombeau de Jésus-Christ, se joignait le désir de recueillir des reliques, recherchées alors avec avidité par la dévotion des fidèles (1). Tous ceux qui venaient de l'Orient mettaient leur gloire à rapporter dans leur patrie quelques restes précieux de l'antiquité chrétienne, et surtout les ossemens des saints martyrs, qui faisaient l'ornement, la richesse des églises, et sur lesquels les princes et les rois juraient de respecter la vérité et la justice. Les productions de l'Asie

---

(1) On peut consulter, sur le prix que les fidèles mettaient alors aux reliques, le troisième discours de Fleury, IVe. partie, dans l'*Histoire ecclésiastique*.

attiraient aussi l'attention des peuples de l'Europe. On lit, dans Grégoire de Tours (1), que le vin de Gaza était renommé en France au règne de Gontran (2); que la soie et les pierreries de l'Orient formaient la parure des grands et des seigneurs; et que saint Éloi, à la cour de Dagobert, ne dédaignait pas de se vêtir des riches étoffes de l'Asie. Le commerce attirait un grand nombre d'Européens en Égypte, en Syrie et dans la Palestine (3). Les

---

(1) *Alii causâ negociationis acti, alii causâ devotionis et peregrinationis* (J. de Vitry). — *Quod latini devotionis gratiâ aut negotiationis advenientes* (Sanuti). — *Non defuerunt de occidentalibus multi qui loca sancta, licet in hostium potestate redacta aut devotionis, aut commerciorum, aut utriusque gratiâ, visitarent aliquoties* (Guill. de Tyr). — *Diversarum gentium undique propè innumera multitudo, 15 die septembris anniversario more, in Hierosolimam convenire solet ad commercia mutuis conditionibus et emptionibus peragenda* (Voyage de S. Arculphe).

(2) Il existe sur l'état du commerce avant les croisades plusieurs dissertations spéciales. Voici les plus intéressantes : Dissertation sur cette question : Quel fut l'état du commerce en France pendant la première et la seconde race, par l'abbé Carlier. (Amiens, 1756). — Dissertation sur la même question, par l'abbé Jausse. — Dissertation de M. de Guignes sur l'état du commerce en France avant les croisades, dans le 37e. volume de la collection des *Mémoires de l'Académie des Inscriptions*. Cette dernière Dissertation est entièrement puisée dans les deux autres, beaucoup moins connues.

(3) Il était dans les habitudes des rois de France d'avoir auprès d'eux un négociant juif qui allait toutes les années

Vénitiens, les Génois, les Pisans, les marchands d'Amalfi, ceux de Marseille, avaient des comptoirs à Alexandrie, dans les villes maritimes de la Phénicie et dans la ville de Jérusalem. Devant l'église de Ste.-Marie-la-Latine, dit le moine Bernard déjà cité, s'étendait une grande place qu'on appelait le marché des Francs. Tous les ans, le quinzième jour de septembre, on ouvrait sur le Calvaire une foire où s'échangeaient les productions de l'Europe et de l'Orient.

Les chrétiens grecs et syriens étaient établis jusque dans la ville de Bagdad, où ils se livraient au commerce, exerçaient la médecine et cultivaient les sciences. Ils parvenaient par leur savoir aux emplois les plus considérables, et quelquefois même ils obtinrent le commandement des villes et des provinces. Un des califes abassides (1) avait déclaré que les disciples du Christ étaient ceux qui méritaient le plus de confiance pour l'administration de la Perse. Enfin, les chrétiens de la Palestine et des provinces musulmanes, les pélerins et les voyageurs venus d'Europe, semblaient n'avoir plus de persécution à redouter, lorsque tout-à-coup de nouveaux orages éclatèrent sur l'Orient.

---

en Orient pour acheter les productions de l'Asie ; Grégoire de Tour cite le juif de Dagobert, et le moine de St.-Gall celui de Charlemagne. Souvent les juifs servaient d'ambassadeurs dans les négociations avec les princes de l'Asie.

(1) Mohamed.

Bientôt les enfans d'Aaron eurent le sort de la postérité de Charlemagne, et l'Asie, comme l'Occident, fut plongée dans l'abîme des révolutions et des guerres civiles.

Comme l'empire fondé par Mahomet avait pour mobile l'esprit de conquête; comme l'État n'était défendu par aucune institution prévoyante, et que tout y roulait sur le caractère personnel du prince, on put voir des symptômes de décadence dès qu'il ne resta plus rien à conquérir, et que les chefs cessèrent de se faire craindre et d'inspirer le respect. Les califes de Bagdad, enivrés par le luxe et corrompus par une longue prospérité, abandonnèrent les soins de l'empire, s'ensevelirent dans leurs sérails, et semblèrent ne se réserver d'autre droit que celui d'être nommés dans les prières publiques. Les Arabes n'avaient plus ce zèle aveugle et ce fanatisme ardent qu'ils apportèrent du désert. Amollis comme leurs chefs, ils ne ressemblaient plus à ces guerriers leurs ancêtres, qui pleuraient de n'avoir pas assisté à une bataille. L'autorité des califes avait perdu ses véritables défenseurs; et lorsque le despotisme s'entoura d'esclaves achetés sur les bords de l'Oxus, cette milice étrangère, appelée pour défendre le trône, ne fit que précipiter sa chute. De nouveaux sectaires, séduits par l'exemple de Mahomet, et persuadés que le monde devait obéir à ceux qui changeraient quelque chose à ses mœurs ou à ses opinions, ajoutèrent le danger des troubles religieux à celui des troubles politiques. Au milieu du désordre général, les émirs

ou lieutenans, dont plusieurs gouvernaient de vas- 800-1095
tes royaumes, n'adressaient plus qu'un vain hommage aux successeurs du Prophète, et refusaient de lui envoyer de l'argent et des troupes. L'empire gigantesque des abassides s'écroula de toutes parts, et le monde, selon l'expression d'un auteur arabe, demeura à celui qui put s'en emparer. La puissance spirituelle fut elle-même divisée; l'islamisme vit à-la-fois cinq califes qui prenaient le titre de commandeurs des croyans et de vicaires de Mahomet.

Les Grecs parurent alors se réveiller de leur long assoupissement, et cherchèrent à profiter des divisions et de l'abaissement des Sarrasins. Nicéphore Phocas se mit en campagne à la tête d'une puissante armée, et reprit Antioche sur les Musulmans. Déjà le peuple de Constantinople célébrait ses triomphes et le surnommait *l'Étoile d'Orient, la mort et le fléau des infidèles* (1). Il aurait peut-être mérité ces titres pompeux si le clergé grec eût secondé ses efforts.

Nicéphore voulait donner à cette guerre un caractère religieux et mettre au rang des martyrs tous ceux qui mouraient dans les combats. Les prélats de son empire condamnèrent son dessein comme sacrilége, et lui opposèrent un canon de saint Basile, dont le texte recommandait à celui qui

---

(1) Voy. Luitprand, *de Legatione*, et Lebeau, *Hist. du Bas-Empire*, liv. LXXV, consacré à Nicéphore Phocas.

avait tué un ennemi de s'abstenir pendant trois ans de la participation aux saints mystères(1). Privé du puissant mobile du fanatisme(2), Nicéphore trouva parmi les Grecs plus de panégyristes que de soldats, et ne put poursuivre ses avantages contre les Sarrasins, à qui, même dans leur décadence, la religion commandait la résistance et la victoire.

---

(1) Lebeau, dans l'*Histoire du Bas-Empire*, rapporte, d'après les historiens contemporains, un trait qui fait voir quel était alors l'esprit des Grecs. Une bourgade de la Cilicie ayant été envahie par les Sarrasins, le curé du lieu, nommé Themel, disait la messe; au bruit qu'il entend, il descend brusquement de l'autel sans quitter ses habits pontificaux, s'arme du marteau qui servait de cloche dans plusieurs églises d'Orient, va fondre sur les ennemis, blesse, fracasse, assomme tout ce qu'il rencontre et met les autres en fuite. Quoiqu'il eût délivré son pays de l'invasion des Sarrasins, le curé Themel fut censuré et interdit par son évêque. Il fut tellement maltraité qu'il se retira chez les Sarrasins et embrassa la religion de Mahomet.

(2) Dans les derniers temps, on a tellement abusé du mot de *fanatisme*, qu'on lui a fait perdre son véritable sens, et qu'on a besoin de l'expliquer quand on en fait usage. Il n'est pas douteux que le mot *fanatisme*, qui sert à exprimer un zèle outré et répréhensible, peut être pris en bonne part lorsqu'il exprime le dévouement sans bornes à une cause noble et grande. Tous les sentimens les plus généreux du cœur humain peuvent avoir leur fanatisme. L'amour de l'humanité, l'amour de la patrie ont le leur comme l'amour de la religion. Nous laissons à nos lecteurs éclairés le soin de juger dans quelle circonstance de notre récit ce mot, que nous avons employé quelquefois, doit être pris en bonne ou en mauvaise part.

Ses triomphes, qu'on célébrait à Constantinople avec emphase, se bornèrent à la prise d'Antioche, et ne servirent qu'à faire persécuter les chrétiens de la Palestine. Le patriarche de Jérusalem, accusé d'entretenir des intelligences avec les Grecs, expira sur un bûcher, et plusieurs églises de la ville sainte furent livrées aux flammes (1).

Une armée grecque, conduite par Temelicus, s'était avancée jusqu'aux portes d'Amide, ville située sur les bords du Tigre; cette armée fut surprise au milieu d'un ouragan par les Sarrasins, qui firent un grand nombre de prisonniers. Les soldats chrétiens tombés entre les mains des infidèles, apprirent dans les prisons de Bagdad la mort de Nicéphore; et comme Zimiscès, son successeur, ne s'occupait point de leur délivrance, leur chef lui écrivit en ces termes : « Vous, qui nous laissez périr sur une terre maudite, et qui ne nous trouvez pas dignes d'être ensevelis, selon nos usages chrétiens, dans les tombeaux de nos pères, nous ne pouvons vous reconnaître pour le chef légitime du saint empire grec. Si vous ne vengez pas ceux qui sont morts devant Amide et ceux qui gémissent sur des terres étrangères, Dieu vous en demandera compte au jour terrible du jugement. » Quand Zimiscès reçut cette lettre à Constantinople,

---

(1) Voyez Lebeau, *Histoire du Bas-Empire*, liv. LXXV, qui donne tous les détails sur l'expédition de Nicéphore Phocas.

dit un historien d'Arménie (1), il fut pénétré de douleur, et résolut de venger l'outrage fait à la religion et à l'empire. De toutes parts on s'occupa des préparatifs d'une nouvelle guerre contre les Sarrasins. Les peuples de l'Occident ne furent point étrangers à cette entreprise, qui précéda de plus d'un siècle les croisades. Les Vénitiens, qui avaient étendu leur commerce en Orient, défendirent, sous peine de la vie, ou d'une amende de cent livres d'or (2), de porter aux Musulmans de l'Afrique et de l'Asie, du fer, du bois, aucune espèce d'armes. Les chrétiens de Syrie et plusieurs princes arméniens se réunirent sous les drapeaux de Zimiscès, qui se mit en campagne et porta la guerre sur le territoire des Sarrasins. Il régnait alors une si grande confusion parmi les puissances musulmanes, les dynasties se succédaient avec tant de rapidité, que l'histoire peut à peine connaître

---

(1) Nous devons une grande partie de ces détails à un manuscrit arménien composé dans le xiie. siècle par Mathieu d'Édesse, et dont quelques fragmens ont été traduits en français par M. Chahan de Cirbied. Ces fragmens ont été imprimés sous le titre de *Détails historiques de la première expédition des chrétiens dans la Palestine, sous l'empereur Zimiscès*. On trouvera, dans les *Pièces justificatives* de cette histoire, une lettre intéressante de Zimiscès au roi d'Arménie.

(2) Muratory, *Annales d'Italie*, tom. v, p. 435 : Défense, dit ce savant, souvent renouvelée et toujours violée par l'avarice.

LIVRE I. 39

quel prince (1) exerçait sa domination sur Jé- 800-1095
rusalem. Après avoir vaincu les Musulmans sur
les bords du Tigre, et forcé le calife de Bagdad à payer un tribut aux successeurs de Constantin, Zimiscès s'avança dans la Syrie, s'empara de Damas, et traversant le Liban, soumit
toutes les villes de la Judée. Dans une lettre que
ce prince écrivit alors au roi d'Arménie, il regrette
que les événemens de la guerre ne lui aient pas
permis de voir la ville sainte, qui venait d'être délivrée de la présence des infidèles, et dans laquelle
il avait envoyé une garnison chrétienne (2).

Zimiscès s'occupait de poursuivre la guerre
contre les Musulmans, et se proposait de leur enlever par de nouvelles victoires toutes les provinces
de la Syrie et de l'Égypte, lorsqu'il mourut empoisonné; cette mort fut le salut de l'islamisme,
qui reprit partout son empire. Les Grecs portant
ailleurs leur attention, oublièrent leurs conquêtes ; Jérusalem et tous les pays arrachés au
joug des Turcs, tombèrent alors au pouvoir des
califes fatimites qui venaient de s'établir sur les

---

(1) On peut lire ici le second mémoire de l'abbé Guenée
sur la Palestine. Ce savant estimable parle des différentes
dynasties qui, à cette époque, avaient tour-à-tour conquis
Jérusalem. Nous avons pensé que tous ces détails, très bien
placés dans un mémoire, ne feraient qu'interrompre la
marche de notre récit sans fournir au lecteur des lumières
utiles.

(2) Voyez la Relation déjà citée à la page précédente.

bords du Nil, et profitaient du désordre jeté parmi les puissances d'Orient pour étendre leur domination.

Les nouveaux maîtres de la Judée traitèrent d'abord les chrétiens comme des alliés et des auxiliaires; dans l'espoir d'accroître leurs trésors et de réparer les maux de la guerre, ils favorisèrent le commerce des Européens et les pélerinages dans les saints lieux. Les marchés des Francs furent rétablis dans la ville de Jérusalem; les chrétiens rebâtirent les hospices des pélerins et les églises tombées en ruines; semblables au captif qui trouve quelquefois du soulagement à changer de maître, ils se consolaient d'être soumis aux lois des souverains du Caire, et devaient croire surtout que leurs maux allaient finir (1), lorsqu'ils virent monter sur le trône d'Égypte le calife Hakem, qui avait pour mère une chrétienne, et dont l'oncle maternel était patriarche de la ville sainte. Mais Dieu qui, selon l'expression des auteurs contemporains, voulait éprouver la vertu des fidèles, ne tarda pas à confondre leurs espérances, et leur suscita de nouvelles persécutions.

Hakem, le troisième des califes fatimites, signala son règne par tous les excès du fanatisme et de la démence. Incertain dans ses projets et flottant entre toutes les religions, il protégea et persécuta tour-à-tour le christianisme. Il ne respecta ni la

---

(1) Voyez Guillaume de Tyr, lib. 1.

politique de ses prédécesseurs, ni les lois qu'il avait 800-1095
lui-même établies. Il changeait le lendemain ce
qu'il avait fait la veille, et jetait partout le désordre
et la confusion. Dans l'irrésolution de ses pensées
et dans l'ivresse de son pouvoir, il poussa le délire
jusqu'à se croire un Dieu. La terreur qu'il inspira
lui fit trouver des adorateurs; on lui éleva des autels dans le voisinage de Fostat (le vieux Caire), qu'il
avait fait livrer aux flammes. Seize mille de ses sujets se prosternèrent devant lui (1) et l'implorèrent
comme le souverain des vivans et des morts (2).

Hakem méprisait Mahomet, mais il n'osa persécuter les Musulmans, trop nombreux dans ses
états. Le Dieu trembla pour l'autorité du prince,
et fit tomber toute sa colère sur les chrétiens qu'il
livra à la fureur de leurs ennemis. Les places que
les fidèles occupaient dans l'administration, les

---

(1) Guillaume de Tyr, lib. 1. Hakem est encore invoqué
comme un prophète par les Druses du mont Liban; le peu
qu'on sait sur cette peuplade se trouve dans Niebuhr.
(*Voyages*, tom. II, pag. 354-357; et dans le second volume
du *Voyage de M. de Volney*.) On peut aussi consulter
un Mémoire de M. Silvestre de Sacy, sur *le culte que les
Druses rendent au veau*. Tom. III des *Mémoires de l'Insti-
tut*, page 74 et suiv. Le caractère de Hakem a été très
bien tracé par Gibbon, chap. 57.

(2) On trouvera sur Hakem et ses extravagances les détails les plus curieux dans le premier volume de la *Chres-
tomathie arabe* de M. de Sacy, 2e. édition. Ce savant
y rassemble ce que nous apprennent Makrisi et les autres
auteurs arabes; il y a même joint une partie des textes ori-
ginaux.

abus introduits dans la levée des impôts dont ils étaient chargés, leur avaient attiré la haine de tous les Musulmans. Lorsque le calife Hakim eut donné le signal de la persécution, ils trouvèrent partout des bourreaux. On poursuivit d'abord ceux qui avaient abusé de leur pouvoir; on s'en prit ensuite à la religion chrétienne, et les plus pieux d'entre les fidèles furent les plus coupables (1). Le sang des chrétiens coula dans toutes les villes de l'Égypte et de la Syrie; leur courage, au milieu des tourmens, ne faisait qu'accroître la haine de leurs persécuteurs. Les plaintes qui leur échappaient dans leur misère, les prières même qu'ils adressaient à Jésus-Christ pour obtenir la fin de leurs maux, étaient regardées comme une révolte et punies comme le plus coupable des attentats.

Il est vraisemblable que les motifs de la politique se réunirent alors à ceux du fanatisme pour faire persécuter les chrétiens. Gerbert, archevêque de Ravennes, devenu pape sous le nom de Silvestre II, avait vu les maux des fidèles dans un pèlerinage qu'il fit à Jérusalem. A son retour, il excita les peuples de l'Occident à prendre les armes contre les Sarrasins. Dans ses exhortations, il faisait parler Jérusalem elle-même, qui déplorait ses mal-

---

(1) On est étonné de lire dans l'*Histoire arabe d'Égypte*, par Soyouti, qu'entr'autres vexations auxquelles les chrétiens furent en proie, on les obligea, sous peine de bannissement et même de la mort, à porter sur la poitrine des croix de bois du poids de quatre rotls ou livres d'Égypte.

heurs et conjurait ses enfans, les chrétiens, de venir briser ses fers. Les peuples furent émus des plaintes et des gémissemens de Sion (1). Les Pisans, les Génois, et le roi d'Arles, Boson, entreprirent une expédition maritime contre les Sarrasins, et firent une incursion jusque sur les côtes de Syrie (2). Ces hostilités et le nombre des pélerins, qui s'accroissait chaque jour, pouvaient donner de justes défiances aux maîtres de l'Orient. Les Sarrasins, alarmés par de sinistres prédictions et par les imprudentes menaces des chrétiens, ne virent plus que des ennemis dans les disciples du Christ (3).

Il est impossible, dit Guillaume de Tyr, de faire connaître tous les genres de persécutions que souffrirent alors les chrétiens. Parmi les traits de barbarie cités par les historiens, il en est un qui a donné au Tasse l'idée de son épisode touchant d'Olinde et Sophronie. Un des ennemis les plus acharnés des chrétiens, pour irriter davantage la haine de leurs persécuteurs, jeta pendant la nuit un chien mort dans une des principales mosquées de la ville; les premiers qui vinrent à la prière du

---

(1) La lettre de Gerbert, véritable morceau d'éloquence, est de l'année 986; elle a été imprimée dans le tom. x des *Historiens de France*, par Dom. Bouquet, et traduite dans la *Bibliothèque des Croisades*, tom. 1, pag. 659.

(2) Muratory, *Rerum italicar. Scriptores*, tom. III, pag. 400.

(3) Chronic. Ademar, Dom. Bouquet, *Historiens de France*, tom. x, pag. 152.

matin, furent saisis d'horreur à la vue de cette profanation; bientôt des clameurs menaçantes retentissent dans toute la ville; la foule s'assemble en tumulte autour de la mosquée; on accuse les chrétiens; on jure de laver dans leur sang l'outrage fait à Mahomet. Tous les fidèles allaient être immolés à la vengeance des Musulmans; déjà ils se préparaient à la mort, lorsqu'un jeune homme, dont l'histoire n'a pas conservé le nom, se présente au milieu d'eux : « Le plus grand malheur qui » puisse arriver, leur dit-il, est que l'Église de » Jérusalem périsse; l'exemple du Sauveur nous » apprend qu'un seul doit s'immoler au salut de » tous; promettez-moi de bénir tous les ans ma » mémoire, d'honorer toujours ma famille, et j'i- » rai, avec l'aide de Dieu, détourner la mort qui » menace tout le peuple chrétien. » Les fidèles acceptèrent le sacrifice de ce généreux martyr de l'humanité, et jurèrent de bénir à jamais son nom. Pour honorer sa race, il fut décidé sur l'heure même, que dans la procession solennelle qui se fait tous les ans aux fêtes de Pâques, chacun de ses parens porterait parmi des rameaux de palmiers, l'olivier consacré à Jésus-Christ. Content de ce qu'il obtenait ainsi en échange de sa vie périssable, le jeune chrétien quitte l'assemblée qui fondait en larmes, et se rend auprès des juges musulmans, devant lesquels il s'accuse du crime qu'on imputait à tous les disciples de l'Évangile; les juges, peu touchés de cet héroïque dévouement, prononcèrent contre lui seul la terrible sentence; dès-lors le glaive

ne fut plus suspendu sur la tête des fidèles; et 800-1095
celui qui s'était immolé pour eux, alla recueillir
dans le ciel le prix réservé à ceux qui brûlent du
feu de la charité (1).

Cependant d'autres malheurs attendaient les
chrétiens de la Palestine; toutes les cérémonies de
la religion furent interdites; la plupart des églises
converties en étables; celle du Saint-Sépulcre fut
renversée de fond en comble. Les chrétiens, chassés de Jérusalem, se dispersèrent dans toutes les
contrées de l'Orient. Les vieux historiens racontent que le monde partagea le deuil de la ville
sainte et qu'il fut saisi de trouble et d'effroi (2).
L'hiver, avec tous ses frimas, se montra dans des
régions où il était inconnu. Le Bosphore et le Nil
roulèrent des glaçons. Un tremblement de terre
se fit sentir dans la Syrie, dans l'Asie mineure; et
ses secousses, qui se répétèrent pendant deux
mois, renversèrent plusieurs grandes villes (3).
Lorsque la nouvelle de la destruction des saints

---

(1) *Et ita pro fratribus animam ponens cum pietate dormitionem accepit, optimam in domino repositam gratiam habens.* Guill. de Tyr, lib. 1, Bongars, pag. 632. Le traducteur de l'historien latin, du Préau, rend ainsi cette phrase : « Ainsi abandonnant sa vie pour ses frères, changea la misère du monde en l'heureux repos éternel, et reçut le haut loyer préparé à tous les amateurs de parfaite charité. »

(2) Guillaume de Tyr, lib. 1.

(3) Voyez Lebeau, *Histoire du Bas-Empire*, qui donne des détails sur ces tristes événemens, lib. 76.

lieux parvint en Occident, elle arracha des larmes à tous les chrétiens. On lit dans la chronique du moine Glaber, que l'Europe avait vu aussi les signes avant-coureurs d'une grande calamité : une pluie de pierres était tombée dans la Bourgogne; une comète et des météores menaçans avaient paru dans le ciel. L'agitation fut extrême parmi tous les peuples chrétiens; cependant ils ne prirent point encore les armes contre les infidèles, et leur vengeance tomba sur les juifs, que l'Europe tout entière accusa d'avoir provoqué la fureur des Musulmans (1).

Les calamités de la ville sainte la rendirent encore plus vénérable aux yeux des fidèles; la persécution redoubla le pieux délire de ceux qui allaient en Asie contempler une cité couverte de ruines et jouir de la vue d'un sépulcre vide. C'était dans Jérusalem pleine de deuil que Dieu distribuait plus particulièrement ses grâces, qu'il se plaisait à manifester ses volontés. Les imposteurs mirent souvent à profit cette opinion des peuples chrétiens, pour égarer la crédulité de la multitude. Afin de faire croire à leurs paroles, il leur suffisait de montrer des lettres tombées, disaient-ils, du ciel à Jérusalem. A cette époque, une prédiction

---

(1) La chronique de Glaber, qui rapporte les faits qu'on vient de lire, a été analysée dans la *Biblioth. des Croisades*, tom. 1, pag. 201, 202; le récit de cet historien est extrêmement curieux pour les temps antérieurs aux croisades.

qui annonçait la fin du monde (1) et la prochaine apparition de Jésus-Christ dans la Palestine, augmenta encore la vénération des peuples pour les saints lieux. Les chrétiens d'Occident arrivaient en foule à Jérusalem dans le dessein d'y mourir ou d'y attendre la venue du souverain Juge. Le moine Glaber nous apprend que l'affluence des pélerins surpassa alors tout ce qu'on pouvait attendre de la dévotion de ces temps reculés. On vit d'abord arriver les pauvres et les gens du peuple, puis les comtes, les barons et les princes, qui ne comptaient plus pour rien les grandeurs de la terre (2).

---

(1) La croyance de la fin prochaine du monde et de l'accomplissement des mille ans annoncé par l'Écriture, était si générale et affectait si profondément les esprits, que plusieurs chartes de l'époque commencent par ces expressions remarquables : *Appropinquante et enim mundi termino et ruinis crebrescentibus jam certa signa manifestantur, pertemiscens tremendi judicii diem.*

Voyez la charte de fondation du prieuré de St.-Germier de Muret, A. D. 948 ;

Celle de donation d'Arnaud, comte de Comminges, à l'abbaye de Lezat, A. D. 944 ;

Celle de donation de Roger, comte de Carcassonne, à l'abbaye de Lezat, A. D. 1001.

Elles ont été imprimées dans la preuve de l'*Histoire du Languedoc*, par D. Vaissette, tom. II, col. 86, 90 et 157.

(2) *Per idem tempus, ex universo orbe tam innumerabilis multitudo cœpit confluere ad sepulchrum Salvatoris Hierosolymis, quantum nullus hominum priùs sperare poterat. Primitus enim ordo inferioris plebis ; deindè verò mediocres ; post hæc per maximi quique reges comites, mar-*

800-1095 La clémence divine prit alors pitié de l'affliction des chrétiens; le méchant calife Hakem, dit Guillaume de Tyr, sortit de ce monde; Daher, qui lui succéda, adoucit les ordres cruels de son père et permit enfin aux fidèles de rebâtir l'église du Saint-Sépulcre. Les chrétiens de Jérusalem ne pouvant suffire aux frais de cette construction, implorèrent la charité de l'empereur de Constantinople, qui fournit de son propre trésor les sommes nécessaires. Trente-sept années après que le temple de la résurrection eut été renversé, il se releva tout-à-coup : image de Jésus-Christ lui-même qui, triomphant de la mort, sortit rayonnant de gloire de la nuit du tombeau (1).

Dans le onzième siècle, l'Église latine avait remplacé les pénitences canoniques par les pélerinages (2); les pécheurs étaient condamnés à quitter pour un temps leur patrie et à mener une vie er-

---

chiones ac præsules ad ultimum verò quod nunquàm contigerat mulieres multæ nobiles cum pauperibus illùc perexere. (Glabert. Rodolph. chroniq., cap. vi, lib. 4, tom. 1 de la *Biblioth. des Croisades.*)

(1) Guillaume de Tyr, lib. 1, p. 203.

(2) On voit déjà, dans le septième siècle, des exemples de pélerinages imposés par l'Église comme pénitence ecclésiastique.

Dans la vie de saint Bavon, qui vivait dans ce siècle, on lit ces expressions remarquables : *Dum nepotes inter se rixantes correptis armis alter alterum oppressit in se itaque reversùs fratricidium expavit, episcopum adiit ac more*

rante comme Caïn. Cette manière de faire pénitence s'accordait mieux avec le caractère actif et inquiet des peuples de l'Occident; on doit ajouter que la dévotion des pélerinages a été reçue et même encouragée dans toutes les religions anciennes et modernes, tant elle tient de près aux sentimens les plus naturels de l'homme. Si la vue d'une terre qu'ont habitée des héros et des sages, lors même que leur histoire ne se lie à aucune de nos croyances, suffit pour réveiller en nous de nobles et touchans souvenirs; si l'âme du philosophe se trouve émue à l'aspect des ruines profanes de Palmyre, de Babylone ou d'Athènes, quelles profondes émotions ne devaient pas éprouver les chrétiens en voyant des lieux que leur Dieu même avait sanctifiés par sa présence, et qui offraient à leurs yeux comme à leur imagination le berceau de cette foi vive dont ils étaient animés ?

Les chrétiens de l'Occident, presque tous malheureux dans leur patrie, et qui souvent oubliaient leurs maux dans des voyages lointains, semblaient

---

christianæ remissionis peregrinando pœnitentiam accepit. (Mabillon, dans la préface du II sæcul. act. S. B., pag. 30.)

La peine d'aller en pélerinage fut imposée à ceux qui avaient détourné les richesses de l'Église : *Illius manus vel pes circumcidatur aut in carcerem mittatur aut in peregrinationem injiciatur.*

Aux infracteurs de la trève de Dieu : *A propriâ patriâ ejectus Jerusalem tendens longinquum illic patiatur exilium.* (Perinens. episcop. Gall ad treugam Dei, *Hist. de France* de D. Bouquet, tom. XI, pag. 516.)

n'être occupés qu'à rechercher sur la terre les traces d'une divinité secourable ou de quelque saint personnage. Il n'était point de province qui n'eût un martyr ou un apôtre, dont ils allaient implorer l'appui; point de ville ou de lieu solitaire qui ne conservât la tradition d'un miracle et n'eût une chapelle ouverte aux pélerins. Les plus coupables des pécheurs (1) ou les plus fervens des fidèles s'exposaient à de plus grands périls, et se rendaient dans les lieux les plus éloignés. Tantôt ils dirigeaient leur course pieuse vers la Pouille et la Calabre; ils visitaient le mont Gargan, célèbre par l'apparition de S. Michel, ou le mont Cassin, fameux par les miracles de S. Benoît; tantôt ils traversaient les Pyrénées, et, dans un pays livré aux Sarrasins, allaient prier devant les reliques de S. Jacques, patron de la Galice. Les uns, comme le roi Robert, se rendaient à Rome et se prosternaient sur les tombeaux des apôtres S. Pierre et S. Paul; d'autres allaient jusqu'en Égypte, où

---

(1) Les pélerinages furent distingués en deux espèces : *Peregrinationes minores et peregrinationes majores.*

Ceux qu'on désignait par la première de ces dénominations, ne se dirigeaient pas au-delà de certains oratoires situés en France. (Ducange, V°. *Peregrinationes.*) Mss. de Chalvet, *de Hæretic.*

Les *peregrinationes majores* comprenaient tous les pélerinages à Saint-Jacques de Galice, à Rome ou à la Terre-Sainte. (Ducange , V°. *Peregrinationes.*) Voyez le discours de Fleury sur les pénitences canoniques et sur les pélerinages.

Jésus-Christ avait passé son enfance, et parcouraient les solitudes de Scété et de Memphis, habitées par les disciples de Paul et d'Antoine. 800-1095

Un grand nombre de pélerins dirigeaient leurs pas vers la Palestine; ils arrivaient à Jérusalem par la porte d'Éphraïm, où ils payaient un tribut aux Sarrasins. Après s'être préparés par le jeûne et la prière, ils se présentaient dans l'église du Saint-Sépulcre, couverts d'un drap mortuaire qu'ils conservaient avec soin toute leur vie, et dans lequel ils étaient ensevelis après leur mort. Ils parcouraient avec un saint respect la montagne de Sion, celle des Oliviers, la vallée de Josaphat; ils quittaient Jérusalem pour visiter Bethléem, où naquit le Sauveur du monde, le mont Thabor, où il fut transfiguré, et tous les lieux qui avaient été témoins de ses miracles. Les pélerins allaient ensuite se baigner dans les eaux du Jourdain (1), et cueillaient dans le territoire de Jéricho des palmes qu'ils rapportaient en Occident.

Tels étaient la dévotion et l'esprit des dixième et onzième siècles, que la plupart des chrétiens auraient cru montrer une coupable indifférence pour la religion, s'ils n'avaient entrepris quelques

---

(1) Ces détails et les suivans ont été puisés dans les relations de plusieurs pélerinages, dans Mabillon, dans le Recueil des Bollandistes et les chroniques du temps. (Voyez d'ailleurs, sur les pélerinages, le *Glossaire* de Ducange, V°. *Peregrinatio, Penitentia*, le discours sur l'*Histoire ecclésiastique* de Fleury.)

pélerinages. Celui qui avait échappé à quelque danger ou triomphé de ses ennemis, prenait le bâton de pélerin et se mettait en route pour les saints lieux ; celui qui avait obtenu par ses prières la conservation d'un père ou d'un fils, allait en remercier le ciel loin de ses foyers et dans les lieux consacrés par les traditions religieuses. Souvent un père vouait au pélerinage son enfant au berceau, et le premier devoir d'un fils, lorsqu'il sortait de l'enfance, était d'accomplir le vœu de ses parens. Plus d'une fois un songe, une apparition au milieu du sommeil imposait à un chrétien l'obligation de faire un pélerinage. Ainsi l'idée de ces pieux voyages ne tenait pas seulement à des sentimens religieux, mais elle se mêlait à toutes les vertus comme à toutes les faiblesses du cœur de l'homme, à tous les chagrins comme à toutes les joies de la terre.

On accueillait partout les pélerins, et, pour prix de l'hospitalité, on ne leur demandait que leurs prières, qui étaient souvent le seul trésor qu'ils emportassent avec eux. Un d'entre eux qui voulait s'embarquer à Alexandrie pour la Palestine, se présenta sur un navire avec son bourdon et sa panetière, et, pour payer son passage, il offrit *un livre des Évangiles*. Les pélerins n'avaient dans leur route d'autre défense contre les attaques des méchans que la croix de Jésus-Christ (1), et

---

(1) On peut voir dans l'Éclaircissement sur les pélerina-

d'autres guides que ces anges, à qui Dieu a dit de veiller sur ses enfans *et de les diriger dans toutes leurs voies.*

Les persécutions qu'ils éprouvaient dans leur voyage, ajoutaient à la réputation des pélerins, et les recommandaient à la vénération des fidèles. L'excès de leur dévotion les faisait souvent courir au-devant des dangers. L'histoire cite un moine nommé Richard, abbé de St.-Viton à Verdun, qui, arrivé dans le pays des infidèles, s'arrêtait à la porte des villes pour célébrer l'office divin, et sans cesse exposé aux outrages, aux violences des Musulmans, mettait sa gloire à souffrir toutes sortes de maux pour la cause de Jésus-Christ (1).

Le plus grand mérite aux yeux des fidèles, après celui du pélerinage, était de se vouer au service des pélerins. Des hospices étaient bâtis sur le bord des fleuves, sur le haut des montagnes, au milieu des villes, dans les lieux déserts, pour recevoir les voyageurs. Dès le neuvième siècle, les pélerins qui se rendaient de la Bourgogne en Italie, étaient reçus dans un monastère bâti sur le Mont-Cénis. Dans le siècle suivant, deux monastères où l'on recueillait les voyageurs égarés, remplacèrent les temples des idoles

---

ges, quelques dispositions du statut de Marseille, qui obligeaient les capitaines à réserver aux pélerins plusieurs places sur les navires qui partaient pour l'Orient.

(1) On trouvera, dans l'Éclaircissement sur les pélerinages, des détails merveilleux concernant l'abbé Richard.

sur les monts de Joux (1), qui dès-lors perdirent le nom qu'ils avaient reçu du paganisme, et prirent celui du pieux fondateur, S. Bernard de Menton. Les chrétiens qui partaient pour la Judée trouvaient sur les frontières de la Hongrie et dans les provinces de l'Asie mineure un grand nombre de ces asiles fondés par la charité.

Des chrétiens établis à Jérusalem et dans plusieurs villes de la Palestine (2), allaient au-devant des pélerins et s'exposaient à mille dangers pour les conduire dans leur route. La ville sainte avait des hospices pour recevoir tous les voyageurs. Dans l'un de ces hospices, les femmes qui faisaient le voyage de la Palestine étaient reçues par des religieuses vouées aux pratiques de la charité. Les marchands d'Amalfi, de Venise, de Gênes, les plus riches d'entre les pélerins, plusieurs princes de l'Occident, fournissaient par leurs aumônes à l'entretien de ces maisons ouvertes aux pauvres voyageurs (3). Chaque année des moines d'Orient

---

(1) Ces montagnes, appelées monts de Joux (*Montes Jovis*), portent aujourd'hui le nom de grand et petit Saint-Bernard. Lorsque saint Bernard fonda ces deux hospices, les habitans des Alpes étaient encore idolâtres, et les Sarrasins avaient pénétré dans le Valais, où ils troublaient sans cesse la marche des pélerins.

(2) Voyez l'Éclaircissement sur les pélerinages, et surtout ce qui est dit des chevaliers de St.-Lazare, établis à Ptolémaïs ou à St.-Jean-d'Acre.

(3) La piété des rois avait depuis long-temps fondé des établissemens pour recevoir les pélerins. L'antiquité des

venaient en Europe recueillir les tributs que s'im- 800-1095
posait la piété des chrétiens.

Un pélerin était comme un être privilégié parmi les fidèles. Lorsqu'il avait terminé son voyage, il acquérait la réputation d'une sainteté particulière; son départ et son retour étaient célébrés par des cérémonies religieuses. Lorsqu'il allait se mettre en route, un prêtre lui présentait, avec la panetière et le bourdon, des langes marqués de la croix; on répandait l'eau sainte sur ses vêtemens, et le clergé l'accompagnait en procession jusqu'à la prochaine paroisse. Revenu dans sa patrie, le pélerin rendait grâces à Dieu de son retour, et présentait au prêtre une palme pour être déposée sur l'autel de l'église, comme une marque de son voyage heureusement terminé (1).

---

fondations royales est constatée par les capitulaires. (Baluze, *Capitul.*, tom. 1, col. 715; tom. 11, col. 1404.) Plusieurs statuts des villes commerçantes, telle que Marseille, ont des dispositions sur le passage des pélerins à la Terre-Sainte. (Voyez l'Éclaircissement sur les pélerinages, à la fin du volume.)

(1) Les cérémonies dont le départ et l'arrivée des pélerins étaient accompagnés, sont indiquées par plusieurs monumens; voici ceux qui nous paraissent les plus curieux:

Cum peregrinus accepta in parochiá suá licenciá cum cruce et aquá benedictá et processione extra parochiam conducitur pergens Hierusalem Romam vel sanctum Jacobum vel in aliam peregrinationem per crucem signatorum. (*Consuetudo Normanniæ*, cap. 91, apud Ducange, V°. *Peregrinatio*.)

Dans l'église de Rouen on célébrait la seconde fête de

Les pauvres, dans leurs pélerinages, trouvaient des secours assurés contre la misère. En revenant dans leurs pays, ils recueillaient d'abondantes aumônes (1). La vanité portait quelquefois les riches à entreprendre ces longs voyages; ce qui fait dire au moine Glaber que plusieurs chrétiens allaient à Jérusalem pour se faire admirer et raconter à leur retour des choses merveilleuses. Plusieurs étaient entraînés par l'amour de l'oisiveté et du changement, d'autres par l'envie de parcourir des régions nouvelles. Il n'était pas rare de trouver des chrétiens qui avaient passé leur vie dans les saints pélerinages, et qui avaient vu plusieurs fois Jérusalem.

Tous les pélerins étaient obligés d'emporter

Pâques après l'ordinaire, par une solemnité en l'honneur des pélerins. On y figurait les cérémonies observées à leur arrivée et à leur départ.

Le passage que nous allons transcrire pourra donner une idée de cette cérémonie. *Statim recedens sacerdos fingens se longiùs ire et peregrini festinantes prosequentes eum detineant quasi ad hospitium invitantes et trahentes baculis ostendentes castellum, et dicentes mane nobiscum.* (Ducange, V°. *Peregrinantes*.)

(1) Tous les pélerins qui revenaient de Jérusalem n'avaient pas besoin de ces secours. Quelques-uns rendirent des services importans par les lieux où ils passèrent, tels que ces quarante pélerins normands qui, à leur retour en 1002, délivrèrent la ville de Salerne assiégée par les Sarrasins. (Voyez les annales de Baronius, et notre Éclaircissement à la fin du volume.)

avec eux une lettre de leur prince ou de leur évêque (1); précaution qui devait prévenir beaucoup de désordres. L'histoire ne raconte pas une seule violence exercée par tant de voyageurs, dont la foule couvrait les chemins de l'Orient. Un gouverneur musulman, qui en avait vu passer un grand nombre à Émesse, disait « Ils n'ont » point quitté leur demeure dans de mauvais » desseins; ils cherchent seulement à accomplir

---

(1) Voici quelle était la formule générale de ces lettres de recommandation, ou passeport des pélerins :

CHARTE DE VOYAGE.

« A tous les saints, aux vénérables frères, aux rois, aux seigneurs, aux évêques, aux comtes, aux abbés, etc, et au peuple chrétien en général, tant des villes que des campagnes et des monastères. Au nom de Dieu, nous fesons savoir à Votre Grandeur ou à Votre Sainteté, que le porteur des présentes chartes, notre frère, nous a demandé la permission d'aller paisiblement en pélerinage (ici on mettait le nom du lieu), ou pour réparer ses fautes, ou afin de prier pour notre conservation; c'est pourquoi nous lui avons expédié ces présentes lettres, dans lesquelles, en vous présentant nos salutations, nous vous prions, pour l'amour de Dieu et de St.-Pierre, de le recevoir comme votre hôte, et de lui être utile soit en allant, soit en revenant, de manière qu'il retourne sain et sauf dans ses foyers; et comme c'est votre bonne coutume, faites-lui passer des jours heureux. Que le Dieu qui règne éternellement vous protège et vous garde dans son royaume. Nous vous saluons vous tous avec la plus entière cordialité.

Ici l'évêque ou le seigneur apposait son sceau. (*Formul. de Bign.*, dans le cap. Baluz, tome II, p. 503.)

» leur loi (1). » On sait que les Musulmans portaient plus loin encore que les chrétiens la dévotion du pélerinage, et cette disposition leur inspira quelquefois des sentimens de tolérance pour les pieux voyageurs venus de l'Occident. Souvent les portes de Jérusalem s'ouvrirent à-la-fois pour les disciples du Coran qui allaient visiter la Mosquée d'Omar, et pour ceux de l'Évangile qui allaient adorer Jésus-Christ sur son tombeau; les uns et les autres trouvaient dans la ville sainte une égale protection lorsque la paix régnait en Orient, et que les révolutions des empires ou les événemens de la guerre ne venaient point réveiller les défiances des maîtres de la Syrie et de la Palestine.

Chaque année, à l'époque des fêtes de Pâques, des troupes innombrables de pélerins arrivaient dans la Judée pour célébrer le mystère de la rédemption, et pour assister au miracle du feu sacré que la multitude (2) des fidèles croyait voir descendre du ciel sur les lampes du Saint-

---

(1) *Non quærunt mala, sed legem eorum adimplere cupiunt*, est-il dit dans la relation du pélerinage de S. Guillebaud, rédigée par une religieuse sa parente. On verra un extrait curieux de ce pélerinage dans l'Éclaircissement déjà indiqué. Il se trouve dans les *Acta sanctorum ordin. bened.*, siècle III, part. II, pag. 372 et suiv.

(2) S. Bernard, moine, dans son itinéraire fait en 870, parle déjà du feu miraculeux. Sur l'apparition du feu sacré, on peut consulter les récits curieux de Foucher de Chartres et de Caffarus, témoins oculaires de ce miracle, et qui ont été analysés *Bibliothèque des Croisades*, tom. 1.

Sépulcre. Il n'était point de crime qui ne pût être expié par le voyage de Jérusalem et par des actes de dévotion sur le tombeau de Jésus-Christ. On voit dans les *Actes des Saints*, que, dès le temps de Lothaire, cette opinion se trouvait établie parmi les Francs. Une vieille relation conservée par un moine de Redon, nous apprend qu'un seigneur puissant du duché de Bretagne, nommé Frotmont, meurtrier de son oncle et du plus jeune de ses frères, se présenta en habit de pénitent devant le roi de France et une assemblée d'évêques. Le monarque et les prélats, après l'avoir fait lier étroitement avec des chaînes de fer, lui ordonnèrent, en expiation du sang qu'il avait versé, de partir pour l'Orient et de parcourir les saints lieux, le front marqué de cendre et le corps couvert d'un cicile (1). Frotmond, accompagné de ses serviteurs et des complices de son crime, partit pour la Palestine. Après avoir séjourné quelque temps à Jérusalem, il traversa le désert, se rendit sur les bords du Nil, parcourut une partie de l'Afrique, alla jusqu'à Carthage, et revint à Rome, où le pape Benoit III lui conseilla de faire un nouveau pélerinage pour achever sa pénitence et obtenir l'en-

---

(1) Le spectacle hideux que présentaient ces pélerins, le plus souvent nus et couverts de chaînes, avait fait défendre ces pénitences publiques pendant une partie du règne de Charlemagne; mais cet usage reprit bientôt une nouvelle force. (Voyez, à cet égard, la préface de Mabillon, *Acta sanct. ordin. sanct. bened.*)

tière rémission de ses péchés. Frotmond revit pour la seconde fois la Palestine, pénétra jusqu'aux bords de la mer Rouge, s'arrêta trois ans sur le mont Sinaï, et vint en Arménie visiter la montagne où s'était arrêtée l'arche de Noë après le déluge. De retour dans sa patrie, il fut accueilli comme un saint, s'enferma dans le monastère de Redon (1), et mourut regretté des cénobites qu'il avait édifiés par le récit de ses pélerinages.

Plusieurs années après la mort de Frotmond, Cencius, préfet de Rome, qui avait outragé le pape dans l'église de Ste.-Marie-Majeure, qui l'avait arraché aux autels et précipité dans un cachot, n'eut besoin, pour être absous de ce grand sacrilége, que d'entreprendre le pélerinage de la Terre-Sainte. Le comte d'Anjou, Foulque de Nerra, qui vivait dans le même siècle, était accusé d'avoir fait mourir sa première épouse, et de s'être plusieurs fois souillé du sang innocent. Poursuivi par la haine publique et par le cri de sa propre conscience, il lui semblait que les nombreuses victimes (2) immolées à sa vengeance ou à son am-

---

(1) Le récit du pélerinage de Frotmond, rédigé par un moine anonyme de Redon, est inséré dans les *Acta sanct. ordin. sanct. bened.*, *sæculi IV*, part. II.

(2) Foulque III, dit *Nerra* ou le *Noir*, et le Iérosolymitain, fut un prince belliqueux, violent et fourbe; il fit successivement la guerre aux comtes de Blois, de Rouen, et aux ducs de Bretagne. Sur les plaintes de la reine Constance sa nièce, femme du roi Robert, il fit assassiner Hugues de Beauvais, favori de ce monarque. L'histoire l'ac-

bition, sortaient de leurs tombeaux pour troubler 800-1095
son sommeil et lui reprocher sa barbarie. Afin d'é-
chapper à ces cruelles images qui le suivaient en
tous lieux, Foulque quitta ses états et se rendit en
habit de pélerin dans la Palestine. Les tempêtes
qu'il essuya dans les mers de Syrie lui rappelèrent
les menaces de la colère divine, et redoublèrent
l'ardeur de ses sentimens pieux. Lorsqu'il fut arrivé
à Jérusalem, il parcourut les rues de la sainte cité,
la corde au cou, battu de verges par ses serviteurs,
et répétant à haute voix ces paroles : *Seigneur, ayez
pitié d'un chrétien infidèle et parjure, d'un pécheur
errant loin de son pays.* Pendant son séjour dans
la Palestine, il distribua de nombreuses aumônes,
soulagea la misère des pélerins, et laissa partout
des souvenirs de sa dévotion et de sa charité.

Les chroniques contemporaines se plaisent à raconter la fraude pieuse à l'aide de laquelle Foulque
trompa les Sarrasins pour être admis en présence
du sépulcre de J.-C. Les mêmes chroniques ajoutent qu'en se prosternant devant le saint tombeau (1),

cuse d'avoir fait brûler sa première femme, et d'avoir con-
traint la seconde, par ses mauvais traitemens, à se retirer à la
Terre-Sainte. (*Art de vérifier les dates,* tom. II, pag. 836.)

(1) La chronique intitulée *Gesta consulum Andegav.*,
spicilegium, tom. X, pag. 463, rapporte cette circonstance.
*Dixerunt, nullo modo ad sepulchrum optatum pervenire
posset nisi super illud et crucem Dominicam mingeret;
quod vir prudens licet invitus annuit. Quæsitâ igitur arie-
tis vesicâ, purgatâ atque mundatâ, et optimo vino repletâ,
queis etiam aptè inter ejus femora posita est, et comes dis-
calciatus ad sepulchrum Domini accessit, vinumque super*

1.

il en détacha (1) furtivement une pierre, et qu'il revint en Occident chargé de ce précieux larcin. Rentré dans ses états, il voulut voir sous ses yeux une image des lieux qu'il avait visités, et fit bâtir, près du château de Loches, une église semblable à celle de la Résurrection. C'est là qu'il implorait chaque jour la clémence divine; mais ses prières n'avaient point encore fléchi le Dieu de miséricorde. Bientôt il sentit renaître dans son cœur le trouble qui l'avait si long-temps agité. Foulque se mit en route une seconde fois pour se rendre à Jérusalem, où il édifia de nouveau les fidèles par les expressions de son repentir et les austérités de sa pénitence. Revenu en Europe par l'Italie, il délivra le souverain pontife d'un ennemi formidable qui ravageait l'État romain. Le pape récompensa son zèle, loua sa dévotion, et lui donna l'absolution de tous ses péchés. Le noble pélerin revint enfin dans son duché, rapportant avec lui une foule de reliques dont il orna les églises de Loches et d'Angers. Dès-lors il s'occupa, au sein de la paix, de faire bâtir des monastères et des villes, ce qui lui acquit le surnom de *grand édificateur*. Ses services et ses bienfaits lui avaient mérité les bénédictions de l'Église et celles de ses peuples, qui remerciaient le ciel d'avoir rappelé leur prince à la mo-

---

sepulchrum fudit, et sic ad libitum cum sociis omnibus intravit; et fusis multis lacrymis peroravit. (Voyez d'ailleurs l'Éclaircissement sur les pélerinages.)

(1) Il l'arracha avec les dents. (Voy. l'Éclaircissement sur les pélerinages.)

dération et à la vertu. Foulque semblait n'avoir plus rien à craindre de la justice de Dieu ni de celle des hommes ; mais tel était le cri de sa conscience et le tourment de son âme agitée, que rien ne pouvait le défendre contre ses propres remords, et lui rendre la paix qu'il avait cherchée deux fois près du tombeau de Jésus-Christ. Le malheureux prince résolut de faire un troisième pélerinage à Jérusalem ; la Palestine le revit bientôt arrosant de nouvelles larmes le tombeau de Jésus-Christ, et remplissant les saints lieux de ses gémissemens. Après avoir visité la Terre-Sainte, et recommandé son âme aux prières des anachorètes chargés de recevoir et de consoler les pélerins, il quitta Jérusalem pour revenir dans sa patrie, qu'il ne devait plus revoir : il tomba malade et mourut à Metz. Son corps fut transporté et enseveli au monastère du Saint-Sépulcre qu'il avait fait bâtir près de Loches. On déposa son cœur dans une église de Metz, où l'on voyait encore, plusieurs siècles après sa mort, un mausolée qu'on appelait le tombeau de Foulque, comte d'Anjou.

Dans le même temps, vers le milieu du onzième siècle, Robert le Frison (1), comte de Flandre, et

---

(1) Le pélerinage de Robert le Frison, comte de Flandre, fait vers l'an 1082 ou 1085, est inséré dans le recueil des histoires des Gaules et de la France, publié par Dom. Bouquet, tom. XIII, pag. 418 a, 419 a, 457 e, 458 b.

Celui de Bérenger II, comte de Barcelone, est inséré dans le même ouvrage, tom. XII, pag. 376 a, b. Il a été fait à la même époque que celui de Robert le Frison.

Bérenger II, comte de Barcelone, résolurent aussi d'expier leurs péchés par le voyage de la Terre-Sainte. Le dernier mourut en Asie, n'ayant pu supporter les pénitences rigoureuses qu'il s'était imposées. Robert revint dans ses états, où son pélerinage lui fit trouver grâce auprès du clergé qu'il avait voulu dépouiller. Ces deux princes avaient été précédés dans la Palestine par Frédéric, comte de Verdun (1). Frédéric était de l'illustre famille qui devait un jour compter parmi ses héros Godefroy de Bouillon. En partant pour l'Asie, il renonça aux grandeurs de la terre, et céda son comté à l'évêque de Verdun. De retour en Europe, il résolut de terminer ses jours dans un monastère, et mourut prieur de l'abbaye de Saint-Wast, près d'Arras.

Un sexe faible et timide n'était point retenu par les difficultés et les périls d'un long voyage. Hélène, née d'une noble famille de Suède, quitta son pays, livré à l'idolâtrie, et se rendit à pied dans l'Orient. Lorsqu'après avoir visité les saints lieux, elle revint dans sa patrie, elle fut immolée au ressentiment de ses parens et de ses compatriotes, et reçut, dit une vieille légende, la palme du martyre (2). Quelques fidèles, touchés de sa piété,

---

(1) Dom Calmet fait mention du pélerinage de Frédéric, tom. 1, pag. 1072, de l'*Histoire civile de Lorraine*, et dans les preuves pour l'*Histoire des évêques de Lorraine*, même vol., pag. 203-205.

(2) On verra dans l'Éclaircissement sur les pélerinages

élevèrent en sa mémoire une chapelle dans l'île de Sééland, près d'une fontaine qu'on appelle encore la fontaine de Sainte-Hélène. Les chrétiens du Nord allèrent long-temps en pélerinage dans ce lieu, où ils contemplaient une grotte qu'Hélène avait habitée avant son départ pour Jérusalem.

Parmi les pélerins renommés de ce siècle, on cite encore Robert (1), duc de Normandie, père de Guillaume-le-Conquérant. L'histoire l'accuse d'avoir fait empoisonner son frère Richard (2). Le remords le conduisit dans la Terre-Sainte; il partit accompagné d'un grand nombre de chevaliers et de barons, portant le bourdon et la panetière, marchant les pieds nus et couvert du sac de la pénitence. Robert mettait, disait-il,

---

les motifs qui portèrent Ste. Hélène à entreprendre le voyage de Jérusalem. La vie de cette sainte est insérée dans le viie. volume du mois de juillet des Bollandistes, p. 332.

(1) Robert, duc de Normandie, avait entrepris son pélerinage vers l'an 1033; il mourut en Bithynie vers l'année 1034. Son pélerinage est inséré dans le recueil des historiens des Gaules et de la France de Dom. Bouquet, tom. x, pag. 51 d, e; 235 d, 246 d, e, 256 b, et 277 a. Il est aussi décrit par Raoul Glaber. (Voyez la collection de Duchesne, tom. iv, et la chronique de Normandie, *Bibliothèque des Croisades*, tom. i.)

(2) Cependant la chronique de St.-Martin de Tours (*Historiens de France*, tom. x, pag. 276), et le roman du Rou, lavent le duc Robert de cette accusation. (Voir sur ce sujet l'extrait du roman du Rou, que M. de Brequigny a inséré dans le tom. v des Notices des Mss. du Roi.

beaucoup plus de prix aux maux qu'il souffrait pour Jésus-Christ qu'à la meilleure ville de son duché. Arrivé à Constantinople, il dédaigna le luxe et les présens de l'empereur, et parut à la cour comme le plus simple des pélerins. Étant tombé malade dans l'Asie mineure, il refusa le service des chrétiens de sa suite, et se fit porter par des Sarrasins dans une litière. Un pélerin de la Normandie l'ayant rencontré, lui demanda s'il avait des ordres à lui donner pour son pays. « Va » dire à mon peuple, lui dit le duc, que tu as vu » un prince chrétien porté en Paradis par des » diables. » Lorsqu'il arriva à la porte de Jérusalem, il y trouva une foule de pélerins qui n'avaient pas de quoi payer le tribut aux infidèles ; ils attendaient l'arrivée de quelque riche seigneur qui daignât, par ses aumônes, leur ouvrir les portes de la ville sainte. Robert paya pour chacun d'eux une pièce d'or, et les suivit dans Jérusalem au milieu des acclamations des chrétiens. Pendant son séjour, il se fit remarquer par sa dévotion, et surtout par sa charité, qui s'étendait jusqu'aux infidèles. Comme il revenait en Europe, il mourut à Nicée en Bithynie, ne s'occupant que des reliques qu'il apportait de la Palestine, et regrettant de n'avoir pas fini ses jours dans la sainte cité.

Le plus grand bonheur pour les pélerins, celui qu'ils demandaient au ciel comme la récompense de leurs travaux et de leurs fatigues, était de mourir comme Jésus-Christ, dans la ville sainte. Lors-

LIVRE I. 67

qu'ils se présentaient devant le sépulcre du fils de Dieu, ils avaient coutume de faire cette prière : « Vous qui êtes mort pour nous, et qui fûtes enseveli dans ce saint lieu, prenez pitié de notre misère, et retirez-nous aujourd'hui de cette vallée de larmes. » L'histoire parle d'un chrétien né dans le territoire d'Autun, qui, arrivé à Jérusalem, chercha la mort dans l'excès du jeûne et des mortifications. Un jour il resta long-temps en prières sur la montagne des Oliviers, les yeux et les bras levés vers le ciel, où Dieu semblait l'appeler à lui. Lorsqu'il fut rentré dans l'hospice des pèlerins, il s'écria trois fois (1) : *Gloire à toi, Seigneur*, et mourut subitement à la vue de ses compagnons, qui ne pouvaient assez admirer le miracle de son trépas.

L'envie de se sanctifier par le voyage de Jérusalem, devint à la fin si générale, que les troupes de pèlerins alarmèrent par leur nombre les pays qu'elles traversaient; quoiqu'elles ne recherchassent point les combats, on les désignait déjà sous

800-1095

---

(1) Raoul Glaber a donné des détails curieux sur la mort de ce pèlerin, nommé Lethbald; on les trouvera à la fin du volume, dans l'Éclaircissement. Lethbald, dit Glaber, n'était point de ceux qui allaient à Jérusalem pour se faire admirer, *ut solummodo mirabiles habeantur*. On peut lire, dans les auteurs danois, le récit d'un pélerinage dans lequel un des plus grands seigneurs du Danemarck mourut comme Lethbald. (Voyez, dans la *Bibliothèque des Croisades*, l'Extrait de Glaber et la collection de Langebeck, tom. I, pag. 201, et tom. II, pag. 125.

5..

le nom d'*armées du Seigneur* (1), et plusieurs monumens historiques nous apprennent que les chrétiens (2) portaient souvent, dans leur pélerinage à Jérusalem, une image de la croix, comme on la porta plus tard dans les guerres entreprises pour la délivrance du saint tombeau. Dans l'année 1054, Lietbert, évêque de Cambrai, partit pour la Terre-Sainte, suivi de plus de trois mille pélerins des provinces de Picardie et de Flandre (3). Lorsqu'il se mit en marche, le peuple et le clergé l'accompagnèrent à trois lieues de la ville, et, les yeux mouillés de larmes, demandèrent à Dieu le retour de leur évêque et de leurs frères. Les pélerins traversèrent l'Allemagne sans rencontrer d'ennemis; mais, arrivés dans la Bulgarie, ils ne trouvèrent plus que des hommes sauvages qui habitaient les forêts et vivaient de brigandages. Plusieurs furent massacrés par ce peuple barbare; quelques-uns mouru-

---

(1) Dans la relation du pélerinage de Lietbert, et dans la chronique d'Adhémard de Chabanne, on trouve déjà ce mot remarquable, ***exercitus Domini***, servant à désigner les caravanes de pélerins. (**Voyez** l'Éclaircissement sur les pélerinages.)

(2) **Voyez** le pélerinage de saint Raymond de Palmier, dans l'Éclaircissement à la fin du volume.

(3) Le pélerinage de Lietbert est un des plus remarquables de ces temps. Il renferme des détails intéressans sur les mœurs des peuples chez lesquels les pélerins passèrent. On peut en lire l'extrait dans notre Éclaircissement. Ce pélerinage est inséré dans le tom. IV du mois de juin, pag. 595, des Bollandistes.

rent de faim au milieu des déserts. Lietbert arriva 800-1095 avec peine jusqu'à Laodicée, s'embarqua avec ceux qui le suivaient, et fut jeté sur le rivage de Chypre par la tempête. Il avait vu périr la plus grande partie de ses compagnons; les autres étaient près de succomber à leur misère. Revenus à Laodicée, ils apprirent que les plus grands dangers les attendaient encore sur la route de Jérusalem. L'évêque de Cambrai sentit son courage l'abandonner, et crut que Dieu lui-même s'opposait à son pélerinage. Il revint à travers mille dangers dans son diocèse, où il bâtit une église en l'honneur du Saint-Sépulcre qu'il n'avait pu voir (1).

Dix ans après le voyage de Lietbert, sept mille chrétiens, parmi lesquels on comptait l'archevêque de Mayence, les évêques de Ratisbonne, de Bamberg, d'Utrecht, partirent ensemble des bords du Rhin pour se rendre dans la Palestine. Cette nombreuse caravane, qui annonçait les croisades (2), traversa l'Allemagne, la Hongrie, la Bulgarie, la Thrace, et fut accueillie à Constan-

---

(1) Vers le même temps, saint Raymond de Palmier, avec sa mère, et saint Théodoric, abbé de St.-Avroul, firent chacun un pélerinage. Saint Théodoric mourut dans l'île de Chypre sans avoir vu Jérusalem. (Voyez l'Éclaircissement à la fin du volume.)

(2) Ce pélerinage, extrêmement intéressant, a été raconté par Ingulf, moine anglais, qui était un des pélerins, par Marian Scot, et par un nommé Lambert, auteur contemporain. Ce dernier est celui qui offre les détails les

tinople par l'empereur Constantin Ducas. Après avoir visité les églises de Bysance, et les nombreuses reliques, objet de la vénération des Grecs, les pélerins de l'Occident traversèrent sans danger l'Asie mineure et la Syrie; mais lorsqu'ils approchèrent de Jérusalem, la vue de leurs richesses éveilla la cupidité des Arabes bédouins, hordes indisciplinées qui n'avaient ni patrie, ni demeures, et qui s'étaient rendues redoutables au milieu des guerres civiles de l'Orient. Les Arabes attaquèrent les pélerins de l'Occident, et les forcèrent de se retirer dans un château abandonné. Ceux-ci, retranchés derrière des ruines, résistèrent pendant trois jours aux agressions des barbares, dont le nombre allait toujours croissant, et s'éleva enfin jusqu'à douze mille. Les pélerins, épuisés de faim et de fatigue, n'ayant pour armes que les pierres entassées autour d'eux, proposèrent à la fin de capituler. Les négociations et les pourparlers amenèrent tout-à-coup une querelle violente, et cette querelle allait devenir funeste aux chrétiens, qui n'étaient plus défendus que par leur désespoir, lorsque l'émir de Ramla, averti par quelques fugitifs, vint à leur secours, protégea leur vie, sauva leurs trésors, et, pour un modique tribut, leur donna une escorte qui les accompagna jusqu'aux portes de la ville

---

plus curieux. Le récit d'Ingulf est fort concis. Baronius a réuni dans ses Annales, sous l'année 1064, les trois récits. Nous les avons fondus ensemble dans notre Éclaircissement.

sainte. Le bruit de leurs combats et de leurs périls 800-1095
les avait précédés à Jérusalem. Ils y furent reçus en triomphe par le patriarche et conduits au son des timbales, à la lueur des flambeaux, dans l'église du Saint-Sépulcre. Le mont Sion, le mont des Oliviers, la vallée de Josaphat, furent témoins des transports de leur piété. Ils ne purent visiter les rives du Jourdain et les lieux les plus renommés de la Judée, exposés alors aux incursions des Arabes. Après avoir perdu plus de trois mille de leurs compagnons, ils revinrent en Europe raconter leurs tragiques aventures et les dangers du pélerinage à la Terre-Sainte (1).

De plus grandes calamités menaçaient alors les pélerins de l'Occident et les chrétiens de la Palestine. Une nation barbare, fléau des autres peuples, *enclume qui devait peser sur toute la terre* (2), allait être suscitée contre eux par la colère divine. Depuis plusieurs siècles, les riches contrées de l'Orient étaient sans cesse envahies par des hordes venues de la Tartarie. A mesure que les tribus victorieuses s'amollissaient par le luxe et s'énervaient par les loisirs de la paix, elles ne tardaient pas à

---

(1) En 1093, deux ans avant la première croisade, saint Uldaric, moine de Cluni, visita les saints lieux avec une troupe d'autres pélerins. En allant se laver dans le Jourdain, ils furent assaillis par des infidèles. Saint Uldaric fut renversé par une grosse pierre que lui lança l'un d'eux. (Voyez l'Éclaircissement.)

(2) Expression de Guillaume de Tyr.

être remplacées par d'autres qui avaient encore toute la rudesse et toute la barbarie des déserts ; les Turcs, sortis des contrées situées au-delà de l'Oxus, s'étaient rendus maîtres de la Perse, où l'imprévoyante politique du sultan Mahmoud avait reçu et toléré leurs tribus errantes. Le fils de Mahmoud leur livra une bataille, dans laquelle il fit des prodiges de valeur ; « mais la fortune, dit Féris-
» tha, s'était déclarée contre ses armes ; *il regar-*
» *da autour de lui pendant le combat, et, si on*
» *en excepte le corps qu'il commandait, toute*
» *son armée avait dévoré les sentiers de la fui-*
» *te* (1). » Sur le théâtre même de leur victoire, les Turcs procédèrent à l'élection d'un roi. Une multitude de traits furent rassemblés en faisceau. Sur chacun de ces traits était écrit le nom d'une tribu, d'une famille et d'un guerrier. Un enfant tira trois des flèches en présence de toute l'armée, et le sort donna la couronne à Togrul-Beg, petit-fils de Seldjouc. Togrul-Beg, dont l'ambition égalait la bravoure, embrassa avec ses soldats la foi de Mahomet, et joignit bientôt au titre de conquérant de la Perse, celui de protecteur de la religion musulmane (2).

---

(1) Ferishta est le nom d'un écrivain indien du dix-septième siècle de notre ère, lequel a composé en persan une *Histoire générale de l'Inde*. Le passage que nous citons ici fait partie de la traduction anglaise de Gérard Dow, tom. 1, pag. 112.

(2) Guillaume de Tyr, liv. 1, nous a laissé tous ces dé-

Les rives du Tigre et de l'Euphrate étaient alors 800-1095
troublées par la révolte des émirs, qui se partageaient les dépouilles des califes de Bagdad; le calife Cayem implora le secours de Togrul, et promit la conquête de l'Asie au nouveau maître de la Perse. Togrul, qu'il avait nommé son vicaire temporel, se mit en marche à la tête d'une armée, dispersa les factieux et les rebelles, ravagea les provinces, et vint dans Bagdad se prosterner aux pieds du calife, qui proclama le triomphe de ses libérateurs et leurs droits sacrés à l'empire. Au milieu d'une cérémonie imposante, Togrul fut successivement revêtu de sept robes d'honneur : on lui présenta sept esclaves nés dans les sept climats de l'empire des Arabes ; pour emblème de sa domination sur l'Orient et sur l'Occident, on lui ceignit deux cimeterres, et deux couronnes furent placées sur sa tête (1).

L'empire que le vicaire de Mahomet montrait à l'ambition des nouveaux conquérans, fut bientôt envahi par leurs armes. Sous le règne d'Alp-Arslan (2) et de Malek-Schah, successeurs de Togrul,

---

tails; il ne faut pas oublier que Guillaume de Tyr vivait en Orient, où devaient s'être conservées beaucoup de traditions de la conquête des Turcs. Il avait fait lui-même une Histoire des puissances musulmanes. Togrul-Beg, qui fut le premier sultan des Turcs, régna sur cette nation de 1038 à 1063.

(1) Ce fait curieux nous est fourni par de Guignes, *Histoire générale des Huns*, liv. x, pag. 197.

(2) Alp-Arslan, second sultan, régna de 1063 à 1072.

800-1095 les sept branches de la dynastie de Seldjouc se partagèrent les plus vastes royaumes de l'Asie. Trente ans s'étaient à peine écoulés, depuis que les Turcs avaient conquis la Perse, et déjà leurs colonies militaires et pastorales s'étendaient de l'Oxus jusqu'à l'Euphrate, et de l'Indus jusqu'à l'Hellespont.

Un lieutenant de Malek-Schah porta la terreur de ses armes sur les bords du Nil et s'empara de la Syrie soumise aux califes fatimites (1). La Palestine tomba au pouvoir des Turcs; le drapeau noir des abassides fut arboré sur les murs de Jérusalem. Les vainqueurs n'épargnèrent ni les chrétiens ni les enfans d'Ali, que le calife de Bagdad représentait comme des ennemis de Dieu. La garnison égyptienne fut massacrée; les mosquées et les églises furent livrées au pillage. La ville sainte nagea dans le sang des chrétiens et des Musulmans.

C'est ici que l'histoire peut dire avec l'Écriture, que Dieu avait *livré ses enfans à ceux qui les*

---

(1) On peut, à ce sujet, consulter avec fruit l'*Histoire générale des Huns*, par de Guignes, liv. x, pag. 215, et liv. xi, pag. 3, ainsi que les dissertations de l'abbé Guenée déjà citées. On trouvera aussi quelques nouveaux détails dans les *Mémoires géographiques et historiques sur l'Égypte*, par M. Étienne Quatremère, tom. ii, pag. 415, 442, etc. La Syrie s'étant trouvée jusque-là sous la dépendance de l'Égypte, ce savant a dû faire mention de l'invasion des peuplades turques.

haïssaient. Comme la domination des nouveaux conquérans de la Syrie et de la Judée était récente et mal affermie, elle se montra inquiète, jalouse et violente. Les chrétiens eurent à souffrir des calamités que leurs pères n'avaient point connues sous les règnes des califes de Bagdad et du Caire.

Lorsque les pélerins de l'Église latine, après avoir traversé des contrées ennemies, et couru mille dangers, arrivaient dans la Palestine, les portes de la ville sainte ne s'ouvraient que pour ceux qui pouvaient payer une pièce d'or; et comme la plupart étaient pauvres, et qu'on les avait dépouillés dans leur route, ils erraient misérablement autour de cette Jérusalem pour laquelle ils avaient tout quitté. Le plus grand nombre périssait par la soif, la faim, la nudité, ou par le glaive des barbares. Ceux qui parvenaient à entrer dans la ville n'étaient point à l'abri des plus grands périls : les menaces et les sanglans outrages des Musulmans les poursuivaient au Calvaire, sur le mont Sion et dans tous les lieux qu'ils allaient visiter (1). Lorsqu'ils étaient assemblés dans les églises avec leurs frères de la sainte cité, une multitude furieuse venait interrompre par ses cris l'office divin, foulait aux pieds les vases sacrés, montait sur les autels même du Dieu vivant, outrageait et battait de verges le clergé revêtu de la

---

(1) Voyez tous ces détails dans le 1er. livre de Guillaume de Tyr, consacré aux temps antérieurs à la croisade.

robe des pasteurs et de la tunique des lévites et des pontifes. Plus le peuple fidèle montrait de ferveur dans sa dévotion et ses prières, plus les Musulmans redoublaient de violence ; l'excès de leur barbarie éclatait surtout à l'époque des fêtes solennelles ; et chaque année, les jours les plus révérés dans l'Église chrétienne, ceux où naquit le Sauveur du monde, où il mourut et ressuscita, étaient marqués par la persécution et la mort de ses disciples.

Les pélerins qui revenaient en Europe, racontaient ce qu'ils avaient vu, ce qu'ils avaient souffert eux-mêmes. Leurs récits, exagérés par la renommée et volant de bouche en bouche, arrachaient des larmes à tous les fidèles.

Tandis que les Turcs, sous les ordres de Toutousch et d'Ortock, désolaient la Syrie et la Palestine, d'autres tribus de cette nation, conduites par Soliman, neveu de Malek-Schah, avaient pénétré dans l'Asie mineure. Elles s'étaient emparées de toutes les provinces que traversaient les pélerins de l'Occident pour arriver à Jérusalem (1). Ces contrées, où la religion chrétienne avait jeté ses premières clartés, la plupart des villes grecques dont le nom était illustré dans les annales de la primitive Église, avaient subi le joug des infidèles. L'étendard du Prophète de la Mecke flottait sur les murs d'É-

---

(1) L'ouvrage où ces invasions sont racontées avec le plus de détail, est l'*Histoire générale des Huns*, par de Guignes, liv. xi, pag. 1 et suiv.

desse, d'Iconium, de Tarse, d'Antioche. Nicée était devenue le siége d'un empire musulman, et l'on insultait à la divinité de Jésus-Christ dans cette ville où le premier concile œcuménique l'avait déclarée un article de foi. La pudeur des vierges avait été immolée à la brutalité des vainqueurs. Des milliers d'enfans avaient été circoncis (1). Partout le Coran remplaçait les lois de la Grèce et de l'Évangile. Les tentes noires ou blanches des Turcs couvraient les plaines et les montagnes de la Bithinie et de la Cappadoce, et leurs troupeaux erraient parmi les ruines des monastères et des églises.

Jamais les Grecs n'avaient eu d'ennemis plus cruels et plus redoutables que les Turcs. Tandis que la cour d'Alp-Arslan et de Malek-Schah étalait la magnificence et recueillait les lumières des anciens Persans, tout le reste de la nation était barbare, et conservait, au milieu des peuples vaincus, les mœurs féroces et sauvages de la Tartarie. Les enfans de Seldjouc aimaient mieux vivre sous

---

(1) Il faut voir, dans la lettre d'Alexis, rapportée par l'abbé Guibert, lib. 1, cap. IV, le tableau des excès et des infâmes débauches des Turcs après la conquête de l'Asie mineure : *Dicit eos quemdam abusione sodomiticâ intervenisse episcopum ; matres correptæ in conspectu filiarum multipliciter repetitis diversorum coitibus vexabantur. Filiæ existentiæ terminum præcinere saltando cogebantur, mox eadem passio ad filios*, etc. (Voyez Guibert, Collection de Bongars, dans le tome 1 de la *Bibliothèque des Croisades*.)

la tente que dans les villes; ils se nourrissaient du lait de leurs troupeaux, et dédaignaient l'agriculture et le commerce, persuadés que la guerre devait fournir à tous leurs besoins. Pour eux, la patrie était partout où triomphaient leurs armes, dans tous les lieux qui leur offraient de riches pâturages. Lorsqu'ils se transportaient d'un pays dans un autre, tous ceux de la même famille marchaient ensemble; ils entraînaient avec eux tout ce qu'ils aimaient, tout ce qu'ils possédaient. Une vie toujours errante, de fréquentes querelles qui éclataient parmi les hordes rivales, entretenaient leur esprit militaire. Chaque guerrier portait son nom écrit sur un javelot, et jurait de le faire respecter de ses ennemis. Les Turcs montraient tant d'ardeur pour les combats, qu'il suffisait à un chef d'envoyer ses flèches ou son arc à ceux de sa tribu pour les appeler à la guerre.

Ils supportaient la faim, la soif et la fatigue avec une patience qui les rendait invincibles. L'Orient n'avait aucun peuple qui les surpassât dans l'art de conduire un cheval et de lancer un trait; rien n'égalait l'impétuosité de leur attaque; redoutables même dans la fuite, ils se montraient implacables dans la victoire. Ils n'étaient conduits dans leurs expéditions, ni par la gloire, ni par l'honneur, mais par l'amour de la destruction et du pillage (1).

Le bruit de leurs invasions avait retenti parmi les peuplades qui demeuraient au-delà du Caucase

---

(1) Guillaume de Tyr, lib. 1.

et de la mer Caspienne; de nouvelles émigrations 800-1095 venaient chaque jour fortifier leurs armées. Comme ils étaient dociles dans la guerre, turbulens et rebelles dans la paix, les chefs les conduisaient sans cesse à de nouveaux combats. Maleck-Schah, pour se débarrasser de ses lieutenans bien plus que pour les récompenser, leur avait permis de conquérir les terres des Grecs et des Égyptiens. Ils levèrent facilement des armées, auxquelles on promettait les dépouilles des ennemis du Prophète et de son vicaire légitime. Tous ceux qui n'avaient point pris de part au butin des guerres précédentes, accoururent en foule sous les drapeaux, et les richesses de la Grèce furent bientôt la proie des cavaliers turcs qu'on avait vus sortir de leurs déserts avec un feutre de laine et des étriers de bois. De toutes les hordes soumises à la dynastie de Seldjouc, celles qui envahirent la Syrie et l'Asie mineure étaient les plus pauvres, les plus grossières et les plus intrépides.

Dans l'excès de leur misère, les Grecs des provinces conquises osaient à peine porter leurs regards vers les souverains de Bysance, qui n'avaient point eu le courage de les défendre, et ne leur laissaient aucun espoir de voir finir leurs maux. L'empire grec se précipitait vers sa ruine au milieu des révolutions et des guerres civiles. Depuis le règne d'Héraclius, Constantinople avait vu onze de ses empereurs mis à mort dans leur propre palais. Six de ces maîtres du monde avaient terminé leurs jours dans l'obscurité des cloîtres; plusieurs avaient été mutilés, privés de la vue, envoyés en exil ; le pourpre, flétri par tant de révolutions, ne décorait plus que de méchans princes, ou des hommes sans caractère et sans vertu. Ils ne s'occupaient que de leur conservation personnelle, et partageaient leur pouvoir avec les complices de leurs crimes, qu'ils redoutaient sans cesse ; souvent même ils sacrifiaient des villes et des provinces pour acheter des ennemis quelques momens de sécurité, et semblaient n'avoir rien à demander à la fortune, si ce n'est que l'empire durât autant que leur propre vie.

Les Grecs conservaient encore de grands noms, de grands souvenirs dont ils étaient fiers, et qui ne servaient qu'à montrer leur abaissement et leur faiblesse. Au milieu du luxe de l'Asie et des monumens de la Grèce et de Rome, ils n'étaient guère moins barbares que les autres peuples. Dans leurs disputes théologiques ils avaient perdu le véritable esprit de l'Évangile, et chez eux tout était corrompu jusqu'à la religion. Une bigoterie universelle, dit Montesquieu, abattait les courages et engourdissait l'empire. On oubliait les dangers de la patrie, et l'on se passionnait pour une relique, pour une secte. A la guerre, les Grecs avaient de bons et de mauvais jours, dans lesquels ils devaient combattre ou éviter l'ennemi ; comme la religion ne leur inspirait dans leurs revers que la résignation et la patience, ils se consolaient de la perte des provinces en les accusant d'hérésie.

Chez les Grecs, la ruse et la perfidie étaient décorées du nom de politique, et recevaient les mêmes éloges que la valeur; ils trouvaient aussi glorieux de tromper leurs ennemis que de les vaincre. Leurs soldats se faisaient suivre à la guerre par des chariots légers qui portaient leurs armes; ils avaient perfectionné toutes les machines qui peuvent suppléer à la bravoure dans les siéges et dans les batailles. Leurs armées déployaient un grand appareil militaire, mais elles manquaient de soldats. La seule chose qu'ils eussent conservée de leurs ancêtres, c'était un esprit turbulent et séditieux qui se mêlait à leurs mœurs efféminées, et qui éclatait surtout au milieu des dangers de la patrie. La discorde agitait sans cesse l'armée et le peuple, et l'on se disputait encore avec acharnement un empire menacé de toutes parts, et dont on abandonnait la défense à des barbares. Enfin la corruption des Grecs était si grande, qu'ils n'auraient pu supporter ni un bon prince, ni de bonnes lois. Nicéphore Phocas, qui avait formé le projet de rétablir la discipline, mourut sous le fer des meurtriers. Zimiscès avait aussi payé de sa vie ses efforts pour arracher les Grecs à leur mollesse. Lorsque l'empereur Romain Diogène fut fait prisonnier par les Turcs, ses malheurs furent le signal d'une révolte générale contre sa personne. Renvoyé avec honneur par le sultan de Perse, il ne trouva que des bourreaux dans un empire qu'il voulait défendre, et mourut de misère et de désespoir dans une île déserte de la Propontide (1).

---

(1) Montesquieu a rassemblé beaucoup de faits et indi-

Tandis que l'empire d'Orient touchait à son déclin et semblait miné par le temps et par la corruption, l'Occident était dans l'enfance des sociétés; il ne restait plus rien de l'empire et des lois de Charlemagne. Les peuples n'avaient presque point de rapports entre eux, et, méconnaissant leurs intérêts politiques, faisaient la guerre sans en prévoir les suites et les dangers, la paix sans en connaître les avantages; nulle part la royauté n'était assez forte pour arrêter les progrès de l'anarchie et les abus de la féodalité. Quoique l'Europe fût pleine de soldats et couverte de châteaux-forts, les états restaient souvent sans appui contre leurs ennemis, et n'avaient point d'armées pour leur propre défense. Au milieu de la confusion générale, il n'était de sécurité que dans les camps et les forteresses, tour-à-tour la sauve-garde et la terreur des bourgs et des campagnes. Les plus grandes villes n'offraient aucun asile à la liberté; la vie des hommes était comptée pour si peu de chose, qu'on pouvait, avec quelques pièces de monnaie, acheter l'impunité du meurtre. Souvent, pour reconnaître le crime ou l'innocence, les juges interrogeaient l'eau, le feu et le fer; sur le témoignage aveugle et muet des élémens, on envoyait des victimes à la

---

qué beaucoup de considérations sur l'empire de Bysance dégénéré, dans son admirable et rapide *Tableau de la grandeur et de la décadence de l'empire romain*. Gibbon l'a développé avec beaucoup d'art; Lebeau, long et diffus, a rempli la tâche laborieuse d'un érudit.

mort : c'est le glaive à la main qu'on invoquait 800-1095
la justice ; c'est par le glaive qu'on poursuivait la
réparation des torts et des injures. On n'aurait
point alors entendu un orateur profane ou sacré
qui eût parlé du droit de la nature et du droit des
gens : la langue des barons et des seigneurs n'avait
de mots que pour exprimer la guerre; la guerre
était toute leur science ; elle était toute la politique
des princes et des états (1).

Cependant cette barbarie des peuples de l'Occident ne ressemblait point à celle des Turcs, dont la religion et les mœurs repoussaient toute espèce de civilisation et de lumières; ni à celle des Grecs, qui n'étaient plus qu'un peuple corrompu et dégénéré. Tandis que les uns avaient tous les vices d'un état presque sauvage, et les autres toute la corruption d'un état en décadence,

---

(1) Dans les considérations générales, qui forment nos deux derniers livres, nous avons donné quelqu'extension à ce tableau de l'état social des peuples de l'Occident avant et pendant les croisades ; nous avons cherché surtout à prémunir le lecteur contre ces jugemens prompts et irréfléchis sur des institutions et des lois mauvaises sans doute, mais qui se trouvaient en rapport avec les besoins d'une civilisation qui s'avançait lentement; par exemple, l'institution du combat judiciaire était barbare; mais dans un temps d'ignorance où les actes ne pouvaient être écrits, où l'habitude du serment avait introduit l'habitude du parjure, le combat judiciaire, dans lequel Dieu était censé intervenir et juger, était moins absurde qu'on ne semble le supposer communément. D'ailleurs la société avait mieux aimé se confier à la force qu'au mensonge.

il se mêlait aux mœurs barbares des Francs quelque chose d'héroïque et de généreux qui semblait tenir des passions de la jeunesse. La barbarie grossière des Turcs leur faisait mépriser tout ce qui était noble et grand; les Grecs avaient une barbarie savante et polie qui les remplissait de dédain pour l'héroïsme et les vertus militaires. Les Francs étaient aussi braves que les Turcs, et mettaient plus de prix à la gloire que les autres peuples. Le sentiment d'honneur qui créa en Europe la chevalerie, dirigeait leur bravoure et leur tenait lieu quelquefois de justice et de vertu (1).

La religion chrétienne, que les Grecs avaient réduite à de petites formules et à de vaines pratiques de superstition, ne leur inspirait jamais de grands desseins et de nobles pensées. Chez les peuples d'Occident, comme on n'avait point encore soumis à de fréquentes disputes les dogmes du christianisme, la doctrine de l'Évangile conservait plus d'empire sur les esprits; elle disposait mieux les cœurs à l'enthousiasme, et formait à-la-fois des saints et des héros. Quoique la religion ne prêchât pas toujours sa morale avec succès, et qu'on abusât de son influence, elle tendait cependant à adoucir les mœurs des peuples barbares qui avaient

---

(1) L'état de l'Europe au moyen âge vient d'être l'objet d'un excellent ouvrage; M. Hallam (*A Wiew of Europe in midle age*) a offert un aperçu de cette époque aussi intéressant qu'érudit. (Voyez principalement le chap. v.)

envahi l'Europe ; elle prêtait au faible son autorité sainte; elle inspirait une crainte salutaire à la force, et corrigeait souvent les injustices des lois humaines.

800-1095

Au milieu des ténèbres qui couvraient l'Occident, la religion chrétienne conservait seule le souvenir des temps passés, et entretenait l'émulation parmi les hommes; elle conservait aussi pour un avenir plus heureux la langue du peuple-roi, la seule qui pût exprimer les grandes idées de la morale, et dans laquelle le génie de la législation avait élevé ses plus beaux monumens. Tandis que le despotisme et l'anarchie se partageaient les villes et les royaumes de l'Occident, les peuples invoquaient la religion contre la tyrannie, les princes contre la licence et la révolte. Souvent, dans le trouble des états, le titre de chrétien inspira plus de respect et réveilla plus d'enthousiasme que le titre de citoyen romain dans l'ancienne Rome. Comme la religion chrétienne avait précédé toutes les institutions, elle dut être long-temps la seule autorité environnée de la vénération et de l'amour des peuples. Sous plus d'un rapport, les nations semblaient ne reconnaître d'autres législateurs que les Pères des conciles, d'autre code que l'Évangile et les saintes Écritures. L'Europe pouvait être considérée comme une société religieuse où la conservation de la foi était le plus grand intérêt, où les hommes appartenaient plus à l'Église qu'à la patrie. Dans cet état de choses, il était facile d'enflammer l'esprit des peuples en leur présentant la cause de la religion et des chrétiens à défendre.

Dix ans avant l'invasion de l'Asie mineure par les Turcs, Michel Ducas, successeur de Romain Diogène, avait imploré le secours du pape et des princes de l'Occident. Il avait promis de faire tomber toutes les barrières qui séparaient l'Église grecque de l'Église romaine, si les Latins prenaient les armes contre les infidèles. Grégoire VII occupait alors la chaire de saint Pierre; ses talens, ses lumières, son activité, l'audace et l'inflexibilité de son caractère, le rendaient capable des plus grandes entreprises. L'espoir d'étendre l'empire de la religion et le pouvoir du Saint-Siége en Orient, lui fit accueillir les humbles supplications de Michel Ducas; il exhorta les fidèles à prendre les armes contre les Musulmans, et s'engagea à les conduire lui-même en Asie. « Les maux des chrétiens » d'Orient, disait-il dans ses lettres, l'avaient ému » jusqu'à désirer la mort; il aimait mieux exposer sa » vie pour délivrer les saints lieux que de comman- » der à tout l'univers. » Entraînés par ses exhortations, cinquante mille chrétiens prirent l'engagement de suivre Grégoire à Constantinople et à Jérusalem (1); mais Grégoire ne tint point la promesse qu'il avait faite, et les affaires de l'Europe, où l'ambition du pontife était plus intéressée que dans celles de l'Asie, vinrent suspendre l'exécution de ses projets.

---

(1) *Ultra quinquaginta millia, si me possunt in expedi-*

Chaque jour la puissance des papes s'augmentait par les progrès du christianisme et par l'influence toujours croissante du clergé latin. Rome était devenue une seconde fois la capitale du monde et semblait avoir repris, sous Hildebrand, l'empire qu'elle avait eu sous les Césars. Armé du double glaive de Pierre, Grégoire soutint hautement que tous les royaumes étaient du domaine du Saint-Siége, et que son autorité devait être universelle comme l'Église dont il était le chef. Ces dangereuses prétentions, encouragées par les opinions de son siècle, l'engagèrent d'abord dans de violens démêlés avec l'empereur d'Allemagne. Il voulut aussi dicter des lois à la France, à l'Espagne, à la Suède, à la Pologne, à l'Angleterre, et, ne s'occupant plus que de se faire reconnaître pour l'arbitre des états, il lança ses anathêmes jusque sur le trône de Constantin qu'il avait voulu défendre, et ne songea plus à délivrer Jérusalem.

Après la mort de Grégoire, Victor III, quoiqu'il suivît la politique de son prédécesseur, et qu'il eût à-la-fois à combattre l'empereur d'Allemagne et le parti de l'anti-pape Guibert, ne négligea point l'occasion de faire la guerre aux Musulmans. Les Sarrasins qui habitaient l'Afrique troublaient la

---

tione pro duce et pontifice habere, armatâ manu volunt in inimicos Dei insurgere et ad sepulchrum Domini ipso ducente pervenire. (Gregor. VII, epist. 11, 31, tom. XII, pag. 322, *Concili.*)

800-1095 navigation de la Méditerranée et menaçaient les côtes d'Italie. Victor invita les chrétiens à prendre les armes, et leur promit la rémission de tous leurs péchés s'ils allaient combattre les infidèles. Les habitans de Pise, de Gênes, et de plusieurs autres villes, poussés par le zèle de la religion et par l'envie de défendre leur commerce, équipèrent des flottes, levèrent des troupes, et firent une descente sur les côtes d'Afrique (1), où, si l'on en croit les chroniques du temps, ils taillèrent en pièces une armée de cent mille Sarrasins. Pour qu'on ne doutât point, dit Baronius, que Dieu s'intéressait à la cause des chrétiens, le jour même où les Italiens triomphèrent des ennemis de Jésus-Christ, la nouvelle en fut portée miraculeusement au-delà des mers. Après avoir livré aux flammes deux villes, Al-Mahadia et Sibila (2), bâties dans l'ancien territoire de Carthage, et forcé un roi de la Mauritanie à payer un tribut au Saint-Siége, les Génois, les Pisans revinrent en Italie, où les dé-

---

(1) Voyez les *Pièces justificatives* à la fin du volume. Cette expédition, qui est une véritable croisade, paraît avoir été oubliée par tous les historiens des guerres saintes.

(2) La principale des villes conquises par les chrétiens, Al-Mahadia, d'après les géographes orientaux, avait été fondée l'an 303 de l'hégire, par Obeidallah ou Abdallah; elle était encore très considérable au xve. siècle. Shaw, qui la visita en 1730, la nomme *El-Medea*; elle est à trente lieues marines au sud de Tunis. Sibila, qui est l'autre ville conquise dans cette expédition, et que Shaw prend pour l'ancienne *Turris Annibalis*, est à deux lieues plus au sud sur la même côte de la Méditerranée.

pouilles des vaincus furent employées à l'ornement des églises.

Cependant le pape Victor mourut sans avoir pu réaliser le projet d'attaquer les infidèles en Asie. La gloire de délivrer Jérusalem appartenait à un simple pèlerin, qui ne tenait sa mission que de son zèle, et n'avait d'autre puissance que la force de son caractère et de son génie. Quelques-uns donnent à Pierre l'Ermite une origine obscure; d'autres le font descendre d'une famille noble de Picardie; tous s'accordent à dire qu'il avait un extérieur ignoble et grossier. Né avec un esprit actif et inquiet, il chercha dans toutes les conditions de la vie un bonheur qu'il ne put trouver. L'étude des lettres, le métier des armes, le célibat, le mariage, l'état ecclésiastique, ne lui avaient rien offert qui pût remplir son cœur et satisfaire son âme ardente. Dégoûté du monde et des hommes, il se retira parmi les cénobites les plus austères. Le jeûne, la prière, la méditation, le silence de la solitude, exaltèrent son imagination. Dans ses visions, il entretenait un commerce habituel avec le ciel, et se croyait l'instrument de ses desseins, le dépositaire de ses volontés. Il avait la ferveur d'un apôtre, le courage d'un martyr. Son zèle ne connaissait point d'obstacles, et tout ce qu'il désirait lui semblait facile; lorsqu'il parlait, les passions dont il était agité animaient ses gestes et ses paroles et se communiquaient à ses auditeurs (1); rien

---

(1) Anne Comnène, lib. x, appelle Pierre l'Ermite

ne résistait ni à la force de son éloquence, ni à l'entraînement de son exemple. Tel fut l'homme extraordinaire qui donna le signal des croisades, et qui, sans fortune et sans renommée, par le seul ascendant des larmes et des prières, parvint à ébranler l'Occident pour le précipiter tout entier sur l'Asie.

Le bruit des pélerinages en Orient fit sortir Pierre de sa retraite; il suivit dans la Palestine la foule des chrétiens qui allaient visiter les saints lieux. A l'aspect de Jérusalem, il fut plus ému que tous les autres pélerins; mille sentimens contraires vinrent agiter son âme exaltée. Dans cette ville, qui conservait partout les marques de la miséricorde et de la colère de Dieu, tout enflamma sa piété, irrita sa dévotion et son zèle, le remplit tour-à-tour de res-

---

Cucupictlre, qui paraît tiré du mot picard *kiokio*, *petit*, et du mot *Petrus*, Pierre: petit Pierre. Si l'on en croit Oderic-Vital, l'Ermite portait encore un autre nom, et s'appelait *Pierre de Acheris*. Il est désigné de la même manière dans la chronique des comtes d'Anjou. *Heremita quidam Petrus Achiriensis*. Guillaume de Tyr nous apprend qu'il était ermite de nom et d'effet: *Heremita nomine et effectu*. Adrien Barland, dans son livre *De gestis ducum Brabantiæ*, s'exprime ainsi: *Petrus Heremita, Ambianensis, vir nobilis, primá ætate rei militari deditus, tametsi litteris optimè imbutus, sed corpore difformis ac brevis staturæ*, etc. La vie de Pierre l'Ermite a été écrite par André Thevet, dans son *Histoire des plus illustres et savans hommes de leur siècle*, et par le père d'Oultreman, jésuite. Plusieurs familles ont prétendu descendre de Pierre l'Ermite. La prétention la plus raisonnable et la mieux appuyée est celle de la famille de Souliers, qui existe encore dans le Limousin.

pect, de terreur et d'indignation. Après avoir suivi ses frères sur le calvaire et au tombeau de Jésus-Christ, il se rendit auprès du patriarche de Jérusalem. Les cheveux blancs de Siméon, sa figure vénérable, et surtout la persécution qu'il avait éprouvée, lui méritèrent toute la confiance de Pierre : ils pleurèrent ensemble sur les maux des chrétiens. L'Ermite, le cœur ulcéré, le visage baigné de larmes, demanda s'il n'était point de terme, point de remède à tant de calamités. « O le plus
» fidèle des chrétiens ! lui dit alors le patriarche,
» ne voyez-vous pas que nos iniquités nous ont
» fermé l'accès de la miséricorde du Seigneur ?
» L'Asie est au pouvoir des Musulmans; tout l'O-
» rient est tombé dans la servitude; aucune puis-
» sance de la terre ne peut nous secourir. » A ces paroles, Pierre interrompit Siméon, et lui fit entendre que les guerriers de l'Occident pourraient être un jour les libérateurs de Jérusalem. « Oui,
» sans doute, répliqua le patriarche ; quand la
» source de nos afflictions sera comblée, quand
» Dieu sera touché de nos misères, il amollira le
» cœur des princes de l'Occident et les enverra
» au secours de la ville sainte. » A ces mots, Pierre et Siméon ouvrirent leur âme à l'espérance et s'embrassèrent en versant des larmes de joie (1).

800-1095

___

(1) Beaucoup d'historiens contemporains des croisades ont donné, avec plus ou moins d'étendue, le premier pélerinage de Pierre l'Ermite; Guillaume de Tyr, que nous avons suivi, est le plus complet. (Voyez lib. 1er.)

800-1095 Le patriarche résolut d'implorer par ses lettres le secours du pape et des princes de l'Europe; l'Ermite jura d'être l'interprète des chrétiens d'Orient et d'armer l'Occident pour leur délivrance (1).

Après cet entretien, l'enthousiasme de Pierre n'eut plus de bornes; il fut persuadé que le ciel lui-même l'avait chargé de venger sa cause. Un jour qu'il était prosterné devant le Saint-Sépulcre, il crut entendre la voix de Jésus-Christ qui lui disait: « Pierre, lève-toi; cours annoncer les tribulations » de mon peuple; il est temps que mes serviteurs » soient secourus et les saints lieux délivrés. » Plein de l'esprit de ces paroles, qui retentissaient sans cesse à son oreille, chargé des lettres du patriarche, il quitte la Palestine, traverse les mers, débarque sur les côtes d'Italie, et va se jeter aux pieds du pape. La chaire de saint Pierre était alors occupée par Urbain II, qui avait été le disciple et

---

(1) Hélie, patriarche de Jérusalem, adressa à *tous les princes très magnifiques, très pieux de l'illustre race du très magnifique seigneur et grand empereur Charles, et à tous les catholiques orthodoxes de tous les pays*, une lettre dans laquelle le pieux serviteur de Dieu déplore le triste état des chrétiens dans l'Orient, et demande des secours. Le sultan leur avait permis de relever les églises; mais comme ils n'avaient pas d'argent, ils s'étaient vus forcés d'engager leurs terres, leurs vignes, leurs oliviers, et l'huile même leur manquait pour allumer les lampes du Saint-Sépulcre. (Voyez d'ailleurs cette curieuse lettre, *Bibliothèque des Croisades*, tome 1, page 446.) Quant à la lettre de Siméon, elle se trouve dans l'historien Paul-Émile.

le confident de Grégoire et de Victor. Urbain embrassa avec ardeur un projet dont ses prédécesseurs avaient eu la première pensée ; il reçut Pierre comme un prophète, applaudit à son dessein, et le chargea d'annoncer la prochaine délivrance de Jérusalem.

800-1095

L'ermite Pierre traversa l'Italie, passa les Alpes, parcourut la France et la plus grande partie de l'Europe, embrasant tous les cœurs du zèle dont il était dévoré. Il voyageait monté sur une mule, un crucifix à la main, les pieds nus, la tête découverte, le corps ceint d'une grosse corde, couvert d'un long froc et d'un manteau d'ermite de l'étoffe la plus grossière. La singularité de ses vêtemens était un spectacle pour le peuple ; l'austérité de ses mœurs, sa charité, la morale qu'il prêchait, le faisaient révérer comme un saint (1).

Il allait de ville en ville, de province en province, implorant le courage des uns, la piété des autres ; tantôt il se montrait dans la chaire des églises, tantôt il prêchait dans les chemins et sur les places publiques. Son éloquence était vive et emportée, remplie de ces apostrophes véhémentes qui entraînent la multitude. Il rappelait la profanation des saints lieux et le sang des chrétiens versé par torrens dans les rues de Jérusalem ; il invoquait tour-à-tour le ciel, les saints, les anges, qu'il pre-

---

(1) Voyez, pour tous ces détails, l'abbé Guibert, qui est le plus curieux de tous les historiens pour la prédication de Pierre l'Ermite. (*Biblioth. des Croisades*, tem. 1.)

nait à témoin de la vérité de ses récits ; il s'adressait à la montagne de Sion, à la roche du Calvaire, au mont des Oliviers, qu'il faisait retentir de sanglots et de gémissemens. Quand il ne trouvait plus de paroles pour peindre les malheurs des fidèles, il montrait aux assistans le crucifix qu'il portait avec lui ; tantôt il se frappait la poitrine et se meurtrissait le sein, tantôt il versait un torrent de larmes.

Le peuple se pressait en foule sur les traces de Pierre. Le prédicateur de la guerre sainte était partout reçu comme un envoyé de Dieu ; on s'estimait heureux de toucher ses vêtemens : le poil arraché à la mule qu'il montait était conservé comme une sainte relique (1). A sa voix, les différens s'apaisaient dans les familles, les pauvres étaient secourus, la débauche rougissait de ses excès (2) ; on ne parlait que des vertus de l'éloquent cénobite ; on racontait ses austérités et ses miracles ; on répétait ses discours à ceux qui ne les avaient point entendus et qui n'avaient pu s'édifier par sa présence (3).

Souvent il rencontrait dans ses courses des chrétiens d'Orient, bannis de leur patrie et parcou-

---

(1) *De ejus mulo pilis*, dit Guibert, *pro reliquiis raperentur*, lib. i, cap. viii.

(2) *Prostitutas mulieres non sine suo munere maritis honestans*, ibid.

(3) Au reste, Guibert ne paraît pas persuadé de tout ce qu'il raconte sur Pierre l'Ermite ; aussi a-t-il soin d'ajouter que son récit est moins fait pour la vérité que pour le peuple, qui aime en général les choses nouvelles et extraordinaires.

rant l'Europe en demandant l'aumône. L'ermite Pierre les présentait au peuple comme des témoignages vivans de la barbarie des infidèles ; en montrant les lambeaux dont ils étaient couverts, le saint orateur s'élevait avec violence contre leurs oppresseurs et leurs bourreaux. A ce spectacle, les fidèles éprouvaient tour-à-tour les plus vives émotions de la pitié et toutes les fureurs de la vengeance; tous déploraient dans leur cœur les malheurs et la honte de Jérusalem. Le peuple élevait la voix vers le ciel pour demander à Dieu qu'il daignât jeter un regard sur sa ville chérie ; les uns offraient leurs richesses, les autres leurs prières : tous promettaient de donner leur vie pour la délivrance des saints lieux.

Au milieu de cette agitation générale, Alexis Comnène, qui était menacé par les Turcs, envoya au pape des ambassadeurs pour solliciter les secours des Latins. Quelque temps avant cette ambassade, il avait adressé aux princes de l'Occident des lettres dans lesquelles il leur racontait d'une manière lamentable les conquêtes des Turcs dans l'Asie mineure. « Ces hordes sauvages qui, dans leurs débauches et dans l'ivresse de la victoire, avaient outragé la nature et l'humanité (1), étaient aux portes de Bysance, et sans le prompt secours

---

Non ad veritatem sed vulgo referimus amanti novitatem, lib. 1, cap. 8.

(1) Cette lettre d'Alexis est rapportée en extrait par l'abbé Guibert, et en entier dans l'*Amplissim. collect.* de Dom. Martenne. (Voyez en la traduction dans la *Biblioth. des*

800-1095 de tous les peuples chrétiens, la ville de Constantin allait tomber sous la plus affreuse domination. Alexis rappelait aux princes de la chrétienté, les saintes reliques renfermées dans Constantinople, et les conjurait de sauver ce dépôt sacré de la profanation des infidèles. Après avoir étalé la splendeur et les richesses de sa capitale, il exhortait les chevaliers et les barons à venir les défendre; il leur offrait ses trésors pour prix de leur courage, et leur vantait la beauté des femmes grecques, dont l'amour devait payer les exploits de ses libérateurs. Ainsi rien n'était oublié pour flatter les passions et

---

Crois., tom. 1, p. 395.) M. Heeren, dans son savant commentaire latin sur les historiens grecs, révoque en doute son authenticité. La principale raison qu'il donne de son opinion, est que cette lettre est trop opposée au caractère connu des empereurs grecs. Cette raison ne me paraît point suffisante ; on sait bien, il est vrai, que les empereurs de Constantinople affectaient ordinairement une grande hauteur dans leur correspondance, mais on sait aussi qu'ils n'épargnaient pas les prières lorsqu'ils étaient dans quelque danger et qu'ils avaient besoin de secours : rien ne s'allie mieux avec la vanité que la bassesse. Quelques critiques n'ont pu croire qu'Alexis ait parlé dans ses lettres des belles femmes de la Grèce; la chose peut cependant paraître très vraisemblable, quand on se rappelle que les Turcs qui attaquaient l'empire de Bysance, recherchaient les femmes grecques avec ardeur. Montesquieu en fait la remarque en parlant de la décadence de l'empire. Il semble donc assez naturel qu'Alexis ait parlé des belles femmes de Bysance, en s'adressant aux Francs, que les Grecs regardaient comme des barbares, et auxquels ils pouvaient supposer les goûts des Turcs. (Voy. d'ailleurs nos observations dans la *Biblioth. des Crois.*, tom. 1 et 11.)

réveiller l'enthousiasme des guerriers de l'Occident. « L'invasion des Turcs était aux yeux d'Alexis
» le plus grand des malheurs qu'eût à redouter le
» chef d'un royaume chrétien ; et, pour écarter un
» pareil danger, tout lui paraissait juste et conve-
» nable. Il pouvait supporter l'idée de perdre sa
» couronne, mais non la honte de voir ses états
» soumis aux lois de Mahomet; s'il devait un jour
» perdre l'empire, il s'en consolait d'avance, pour-
» vu que la Grèce échappât au joug des Musul-
» mans, et devînt le partage des Latins. »

Pour répondre aux prières d'Alexis et aux vœux des fidèles, le souverain pontife convoqua à Plaisance un concile, afin d'y exposer les périls de l'Église grecque et de l'Église latine d'Orient (1). Les prédications de Pierre avaient tellement préparé les esprits et échauffé le zèle des fidèles, que plus de deux cents évêques et archevêques, quatre mille ecclésiastiques et trente mille laïcs, obéirent à l'invitation du Saint-Siége. Le concile se trouva si nombreux, qu'il fut obligé de s'assembler dans une plaine voisine de la ville.

Dans cette assemblée des fidèles, tous les regards se portèrent sur les ambassadeurs d'Alexis : leur présence, au milieu d'un concile latin, annonçait assez les désastres de l'Orient. Lorsqu'ils eurent exhorté les princes et les guerriers à sauver

---

(1) Voyez le récit et les actes du concile de Plaisance dans la Collection des Conciles. (*Concilia*, tom. XII, p. 821.)

Constantinople et Jérusalem, Urbain appuya leurs discours et leurs prières de toutes les raisons que pouvaient lui fournir les intérêts de la chrétienté et la cause de la religion. Cependant le concile de Plaisance ne prit aucune résolution sur la guerre contre les infidèles. Il n'avait pas seulement pour objet la délivrance de la Terre-Sainte ; les déclarations de l'impératrice Adélaïde, qui vint révéler sa propre honte et celle de son époux, les anathêmes contre l'empereur d'Allemagne et contre l'antipape Guibert, occupèrent plusieurs jours l'attention d'Urbain et des pères du concile.

On doit ajouter que chez les peuples d'Italie, au milieu desquels se tenait le concile, l'esprit de commerce et l'esprit de liberté commençaient à affaiblir l'enthousiasme religieux. La plupart des villes ne songeaient qu'à profiter des troubles, les unes pour accroître leurs richesses, les autres pour assurer leur indépendance ; elles se laissaient moins entraîner que les autres peuples par la souveraine influence des papes. Tandis que le monde chrétien révérait dans Urbain le formidable successeur de Grégoire, les Italiens, dont il avait quelquefois imploré la charité, ne connaissaient que ses disgrâces et ses malheurs ; sa présence ne réchauffait point leur zèle, et ses décisions n'étaient pas toujours des lois pour ceux qui l'avaient vu, du sein de la misère et de l'exil, forger les foudres lancées sur les trônes de l'Occident.

Le prudent Urbain n'entreprit point de réveiller l'ardeur des Italiens ; il pensa d'ailleurs que leur

LIVRE I.

exemple n'était pas propre à entraîner les autres nations. Pour prendre un parti décisif sur la guerre sainte, et pour intéresser tous les peuples à son succès, il résolut d'assembler un second synode au sein d'une nation belliqueuse, et dès ces temps reculés accoutumée à donner l'impulsion à l'Europe (1). Le nouveau concile assemblé à Clermont en Auvergne, ne fut ni moins nombreux ni moins respectable que celui de Plaisance; les saints et les docteurs les plus renommés vinrent l'honorer de leur présence et l'éclairer de leurs conseils. La ville de Clermont put à peine recevoir dans ses murs tous les princes, les ambassadeurs et les prélats qui s'étaient rendus au concile; « de sorte » que, dit une ancienne chronique (2), vers le » milieu du mois de novembre, les villes et vil- » lages des environs se trouvèrent remplis de peu- » ple, et furent plusieurs contraints de faire dres- » ser leurs tentes et pavillons au milieu des champs » et des prairies, encore que la saison et le pays » fussent pleins d'extrême froidure (3). »

1095

---

(1) Voici comment le moine Robert parle de la nation française : *Gens nobilis, prudens, bellicosa, dapsilis et nitida. Quos enim Britonnes, Anglos, Ligures si bonis eos moribus videamus, non illico Francos homines appellamus?* (Robert, monach., apud Bongars, pag. 478; *Biblioth. des Croisades*, tom. 1.)

(2) Voyez Guillaume Aubert, *Histoire de la conquête de Jérusalem*, liv. 1.

(3) Urbain ne se rendit pas immédiatement au concile

1095   Avant de s'occuper de la guerre sainte, le concile porta d'abord son attention sur la réforme du clergé et de la discipline ecclésiastique; il s'occupa ensuite de mettre un frein à la licence des guerres entre particuliers. Dans ces temps barbares, les simples chevaliers vengeaient leurs injures par la voie des armes. Pour le plus léger motif, on voyait quelquefois des familles se déclarer une guerre qui durait plusieurs générations; l'Europe était pleine de troubles occasionnés par ces hostilités. Dans l'impuissance des lois et des gouvernemens, l'Église employa souvent son utile influence pour rétablir la tranquillité ; plusieurs conciles avaient

---

de Clermont; il parcourut auparavant toutes les provinces méridionales de France, où il tint quelques conciles particuliers. Nous avons dressé l'itinéraire qu'il suivit dans son voyage d'après les pièces diplomatiques de l'époque.

Urbain passa les Alpes au mois de juillet 1095, et arriva au commencement du mois d'août à Valence. Il se rendit ensuite au Puy en Valay, où il avait d'abord résolu d'assembler le concile ; mais ne trouvant aucun préparatif dans cette ville, il l'indiqua à Clermont pour le 18 novembre. (Ruin., *Vita Urb. II*, nos. 188 et suiv.) Urbain vint ensuite au monástère de Chisac, dont il consacra l'église, à laquelle il accorda certains priviléges à la prière de l'abbaye St.-Victor. (*Bull. Urban.*, citée par Dom. Vaissette, *Hist. du Languedoc*, tom. II, pag. 288.) Il arriva à Nîmes à la fin du mois d'août (Ruin., *Vita Urb.*, nos. 194 et suiv.; Mabill., ad ann. 1095, no. 21); il passa ensuite le Rhône, et se rendit à Tarascon (Martenne, *Collect. amplissim.*, tom. I, pag. 556); puis il vint à Avignon, parcourut toute la Bourgogne, et arriva à Clermont le 14 novembre. (Ruin., *Vita Urban.*, no. 195.) Après le concile, il alla à Angers,

interdit les guerres entre particuliers pendant quatre jours de la semaine, et leurs décrets avaient invoqué les vengeances du ciel contre les perturbateurs du repos public (1). Le concile de Clermont renouvela la trêve de Dieu, et menaça des foudres de l'Église tous ceux qui refuseraient d'*accepter la paix et la justice*. Un de ses décrets mit sous la sauve-garde de la religion, les veuves, les orphelins, les marchands, les laboureurs. On déclara, comme on l'avait déjà fait dans d'autres conciles, que les églises seraient autant d'asiles inviolables, et que les croix placées sur les chemins deviendraient aussi un refuge contre la violence.

L'humanité et la raison devaient applaudir à ces décrets salutaires; le souverain pontife, quoiqu'il se présentât comme le défenseur de la sainteté du mariage (2), ne mérita pas les mêmes éloges lorsqu'il

---

à Rouen, où la publication de la croisade fut le signal du massacre des juifs.

(1) La trêve de Dieu, *treva* ou *treuga Dei*, fut pour la première fois proclamée dans l'Aquitaine, A. D. 1032; mais elle fut souvent rejetée par une fière noblesse comme contraire à ses priviléges. (Voyez Ducange, *Gloss.*, tom. VI, pag. 682-685.)

(2) La cause pour laquelle Urbain II lança l'excommunication contre Philippe, roi de France, peut, jusqu'à un certain point, excuser cet exercice violent de l'autorité pontificale. Cette circonstance, du reste, nous fournit l'occasion d'une remarque qui n'a point été faite par les historiens ecclésiastiques, même les partisans les plus ardens de la cour de Rome. On sait que l'excommunication lancée contre Philippe Ier., aussi bien que celles que le Saint-

1095 prononça dans le concile un anathème contre Philippe Ier.; mais tel était le délire universel, que personne alors ne s'étonna qu'un roi de France fût excommunié au sein même de son royaume. La sentence d'Urbain ne put détourner l'attention générale d'un objet qui paraissait bien plus important, et l'excommunication de Philippe tient à peine une place dans l'histoire du concile de Clermont (1). Les fidèles accourus de toutes les provinces n'avaient qu'une seule pensée ; ils ne s'entretenaient que des maux des chrétiens dans la Palestine ; ils ne voyaient que la guerre qu'on allait déclarer aux infidèles. L'enthousiasme, le fanatisme, qui s'accroît toujours dans les nombreuses réunions, était porté à son comble. Urbain satisfit enfin l'impatience des fidèles, impatience qu'il avait peut-être adroitement excitée, et qui était le plus sûr garant du succès.

Le concile tint sa dixième séance dans la grande place de Clermont, qui se remplit bientôt d'une

---

Siége lança plus tard contre Louis VII et Philippe-Auguste, furent en grande partie fondées sur la violation des lois du mariage. On peut dire que la puissance des papes eut alors pour résultat de maintenir la sainteté d'une institution qui est la première base de la société. Dans les siècles barbares, quelle autre barrière eût pu être opposée à la licence, dans un contrat où les passions ont tant de part? Les papes, tout en abusant de leur pouvoir, ont donc rendu un très grand service à l'humanité.

(1) Les canons du concile de Clermont sont rapportés avec beaucoup de détails dans Orderic Vital, *Histoire ecclé-*

foule immense. Suivi de ses cardinaux, le pape 1095 monta sur une espèce de trône qu'on avait dressé pour lui ; à ses côtés on vit paraître l'ermite Pierre, dans ce costume grossier et bizarre qui lui avait attiré partout l'attention et le respect de la multitude. L'apôtre de la guerre sainte parla le premier des outrages faits à la foi du Christ ; il rappela les profanations et les sacrilèges dont il avait été témoin ; les tourmens et les persécutions qu'un peuple, ennemi de Dieu et des hommes, faisait souffrir à ceux qui allaient visiter les saints lieux. Il avait vu des chrétiens chargés de fers, traînés en esclavage, attelés au joug comme les plus vils des animaux ; il avait vu les oppresseurs de Jérusalem vendre aux enfans du Christ la permission de saluer le tombeau de leur Dieu, leur arracher jusqu'au pain de la misère, et tourmenter la pauvreté elle-même pour en obtenir des tributs ; il avait vu les ministres de Dieu, arrachés au sanctuaire, battus de verges, et condamnés à une mort ignominieuse. En racontant les malheurs et la honte des chrétiens, Pierre avait le visage abattu et consterné ; sa voix était étouffée par des sanglots ; sa vive émotion pénétrait tous les cœurs.

Urbain, qui parla après Pierre l'Ermite, représenta comme lui les saints lieux profanés par la domination des infidèles : « Un peuple sans Dieu,

---

siastique, liv. IX. Cet historien a été analysé dans la *Bibliothèque des Croisades*, tom. I.

1095 » le *fils de l'Égypte esclave*, occupait par la
» violence le berceau de notre salut et *la patrie* de
» notre Seigneur. La ville du Roi des rois, qui
» transmit aux autres les préceptes d'une foi pure,
» avait été contrainte de servir aux superstitions
» des païens; ce tombeau miraculeux où la mort
» n'avait pu garder sa victime; ce tombeau, source
» de la vie future, sur lequel s'était levé le soleil
» de la résurrection, avait été souillé par ceux qui
» ne doivent ressusciter eux-mêmes que pour *ser-*
» *vir de paille au feu éternel*. L'impiété victorieuse
» avait répandu ses ténèbres sur les plus riches
» contrées de l'Asie; Antioche, Éphèse, Nicée,
» étaient devenues des cités musulmanes; les
» hordes barbares des Turcs avaient planté leurs
» étendards aux rives de l'Hellespont, d'où elles
» menaçaient tous les pays chrétiens. Si Dieu lui-
» même, armant contre elles ses enfans, ne les
» arrêtait dans leur marche triomphante, quelle
» nation, quel royaume pourrait leur fermer les
» portes de l'Occident ? »

Le souverain pontife s'adressait à toutes les nations chrétiennes; il s'adressait surtout aux Français : « C'est dans leur courage que l'Église plaçait
» son espoir; c'est parce qu'il connaissait leur bra-
» voure et leur piété, qu'il avait traversé les Alpes
» et qu'il leur apportait la parole de Dieu. » A mesure que le pontife prononçait son discours, ses auditeurs se pénétraient des sentimens dont il était animé; il cherchait tour-à-tour à exciter dans le cœur des chevaliers et des barons qui l'écou-

taient, l'amour de la gloire, l'ambition des conquêtes, l'enthousiasme religieux, et surtout la compassion pour leurs frères les chrétiens. « Le peuple
» digne de louanges, leur disait-il, ce peuple que
» le Seigneur notre Dieu a béni, gémit et succombe sous le poids des outrages et des exactions les plus honteuses. La race des élus subit
» d'indignes persécutions; la rage impie des Sarrasins n'a respecté ni les vierges du Seigneur,
» ni le *collége royal des prêtres*. Ils ont chargé de
» fers les mains des infirmes et des vieillards; des
» enfans arrachés aux embrassemens maternels oublient maintenant, chez les barbares, le nom du
» Dieu véritable; les hospices qui attendaient les
» pauvres voyageurs sur la route des saints lieux,
» ont reçu sous leur toit profané une nation perverse; *le temple du Seigneur a été traité comme*
» *un homme infâme, et les ornemens du sanc-*
» *tuaire ont été enlevés comme des captifs.* Que
» vous dirai-je de plus? Au milieu de tant de
» maux, qui aurait pu retenir dans leurs demeures désolées les habitans de Jérusalem, les gardiens du Calvaire, les serviteurs et les *conci-*
» *toyens de l'Homme-Dieu*, s'ils ne s'étaient pas
» imposé la loi de recevoir et de secourir les pélerins, s'ils n'avaient pas craint de laisser sans
» prêtres, sans autels, sans cérémonies religieuses,
» une terre toute couverte encore du sang de
» Jésus-Christ?

» Malheur à nous! mes enfans et mes frères,
» qui avons vécu dans ces jours de calamités!

1095 « Sommes-nous donc venus dans ce siècle ré-
» prouvé du ciel, pour voir la désolation de la
» ville sainte, et pour rester en paix lorsqu'elle
» est livrée entre les mains de ses ennemis? Ne
» vaut-il pas mieux mourir dans la guerre que de
» supporter plus long-temps cet horrible spec-
» tacle? Pleurons tous ensemble sur nos fautes qui
» ont armé la colère divine; pleurons, mais que nos
» larmes ne soient point comme la semence jetée sur
» le sable, et que la guerre sainte s'allume au feu de
» notre repentir; que l'amour de nos frères nous
» anime au combat et soit *plus fort que la mort*
» *même* (1) contre les ennemis du peuple chré-
» tien.

.» Guerriers qui m'écoutez, poursuivait l'élo-
» quent pontife, vous qui cherchez sans cesse de
» vains prétextes de guerre, réjouissez-vous, car
» voici une guerre légitime; le moment est venu
» de montrer si vous êtes animés d'un vrai cou-
» rage; le moment est venu d'expier tant de vio-
» lences commises au sein de la paix, tant de vic-
» toires souillées par l'injustice. Vous qui fûtes si
» souvent la terreur de vos concitoyens, et qui
» vendez pour un vil salaire vos bras aux fureurs
» d'autrui, armés du glaive des Machabées, allez
» défendre la *maison d'Israël, qui est la vigne du*
» *Seigneur des armées.* Il ne s'agit plus de ven-
» ger les injures des hommes, mais celles de la
» divinité; il ne s'agit plus de l'attaque d'une ville

---

(1) Expression d'Isaïe.

» ou d'un château, mais de la conquête des lieux
» saints. Si vous triomphez, les bénédictions du
» ciel et les royaumes de l'Asie seront votre par-
» tage; si vous succombez, vous aurez la gloire de
» mourir aux mêmes lieux que Jésus-Christ, et
» Dieu n'oubliera point qu'il vous aura vus dans sa
» milice sainte. Que de lâches affections, que des
» sentimens profanes ne vous retiennent point
» dans vos foyers; soldats du Dieu vivant, n'écou-
» tez plus que les gémissemens de Sion; brisez tous
» les liens de la terre, et ressouvenez-vous de ce
» qu'a dit le Seigneur : *Celui qui aime son père*
» *ou sa mère plus que moi, n'est pas digne de*
» *moi; quiconque abandonnera sa maison, ou son*
» *père, ou sa mère, ou sa femme, ou ses enfans,*
» *ou son héritage, pour mon nom, sera récom-*
» *pensé au centuple, et possèdera la vie éternelle.*»

Ces paroles d'Urbain pénétraient, embrasaient tous les cœurs, et ressemblaient à la flamme ardente descendue du ciel. L'assemblée des fidèles, entraînée par un enthousiasme que jamais l'éloquence humaine n'avait inspiré, se leva tout entière et lui répondit par un cri unanime : *Dieu le veut ! Dieu le veut* (1)! « Oui, sans doute, Dieu
» le veut, reprit le saint pontife ; vous voyez
» aujourd'hui l'accomplissement de la parole du
» Sauveur, qui a promis de se trouver au mi-
» lieu des fidèles assemblés en son nom ; c'est

---

(1) *Dieu le veut!* était prononcé, dans le langage du temps, *Dieu li volt!* ou *Diex le volt !*

» lui qui vous a dicté ces paroles que je viens
» d'entendre; qu'elles soient votre cri de guerre,
» et qu'elles annoncent partout la présence du
» Dieu des armées. » En achevant ces mots, le
pontife montra à l'assemblée des chrétiens le signe
de leur rédemption. « C'est Jésus-Christ lui-même,
» leur dit-il, qui sort de son tombeau et qui vous
» présente sa croix : elle sera le signe élevé entre
» les nations, qui doit rassembler les enfans
» dispersés d'Israël; portez-la sur vos épaules ou
» sur votre poitrine; qu'elle brille sur vos armes
» et sur vos étendards; elle deviendra pour vous
» le gage de la victoire ou la palme du martyre;
» elle vous rappellera sans cesse que Jésus-Christ
» est mort pour vous, et que vous devez mourir
» pour lui (1). »

---

(1) Baronius, sous la date de 1095, copie trois discours du pape Urbain sur la croisade; ces discours diffèrent peu entre eux, et il est à croire que le pontife ayant tenu plusieurs conciles, les aura prononcés tour-à-tour. On ne sait pas précisément dans quelle langue s'exprima le souverain pontife : tous les historiens des croisades ont rapporté son discours en latin; mais leur témoignage unanime ne prouve pas que le pape ait parlé dans cette langue. Il suffit d'avoir les moindres notions sur le moyen âge, pour savoir que, bien que dans les dixième et onzième siècles la langue latine fût employée dans tous les actes de la vie civile, qu'elle fût pratiquée par les clercs et en usage dans la correspondance même avec les femmes, cependant elle ne fut jamais l'idiome populaire. Les laïques, la plupart illétrés, parlaient des dialectes qui variaient légèrement de province en province, quoiqu'une

Lorsqu'Urbain eut cessé de parler, de vives acclamations se firent entendre. La pitié, le désespoir, l'indignation, agitaient à-la-fois l'assemblée tumultueuse des fidèles ; les uns versaient des larmes sur Jérusalem et sur le sort des chrétiens ; les autres juraient d'exterminer la race des Musulmans ; mais tout-à-coup, au signal du souverain pontife, il régna un profond silence. Le cardinal Grégoire, qui monta depuis sur la chaire de S. Pierre, sous le nom d'Innocent, prononça à haute voix une formule de confession générale ; tous les assistans se prosternèrent à genoux, se frappèrent la poitrine et reçurent l'absolution de leurs péchés.

Adémar de Monteil (1), évêque du Puy, demanda le premier à entrer dans la *voie de Dieu*,

---

différence plus caractérisée se fût établie entre les provinces situées au-delà de la Loire et celles situées en-deçà ; ces dialectes étaient seuls entendus du peuple, seuls aussi devaient-ils être employés lorsqu'on voulait remuer ses passions. Il est présumable qu'Urbain s'exprima dans le dialecte roman alors communément parlé en Auvergne, où se tint le concile de Clermont. On doit faire observer d'ailleurs qu'Urbain était français, ce qui devait lui rendre plus facile l'emploi de l'idiome vulgaire.

(1) Adémar de Monteil, évêque du Puy, était fils du consul de la province de Valence ; il passait dans son siècle pour un homme sage et ferme. (Voyez la Chronique du monastère de Saint-Pierre-du-Puy, imprimée à la page 7 et suiv. des preuves de l'*Histoire du Languedoc* de Dom. Vaissette.) Cet historien avance même, avec la *Gallia christiana*, tom. I, pag. 701, qu'Adémar avait déjà porté les armes avec distinction. (tom. II, pag. 283.)

1095 et prit la croix des mains du pape ; plusieurs évêques suivirent son exemple. Raymond, comte de Toulouse, s'excusa, par ses ambassadeurs, de n'avoir pu assister au concile de Clermont ; il avait déjà combattu les Sarrasins en Espagne ; il promettait d'aller les combattre en Asie, suivi de ses plus fidèles guerriers. Les barons et les chevaliers qui avaient entendu les exhortations d'Urbain, firent tous le serment de venger la cause de Jésus-Christ ; ils oublièrent leurs propres querelles, et jurèrent de combattre ensemble les ennemis de la foi chrétienne ; tous les fidèles promirent de respecter les décisions du concile, et décorèrent leurs vêtemens d'une croix rouge, de drap ou de soie (1);

---

(1) La croix que portaient les fidèles dans cette croisade, était de drap et quelquefois même de soie couleur rouge. Dans la suite, elles furent de différentes couleurs. La croix, un peu relevée en bosse, se cousait sur l'épaule droite de l'habit ou du manteau, ou bien on l'appliquait sur le front du casque. Le père Montfaucon a gravé dans ses *Monumens de la monarchie française*, les peintures des vitraux de l'église de St.-Denis, qui représentent la première croisade ; on y voit les croisés avec des croix peintes sur les banderoles de leurs lances ou bien sur le devant de leurs casques. (*Monumens de la monarchie française*, tom. 1, pag. 384 et suiv.) Quelques personnes, soit par superstition, soit par pieuses fraudes, s'appliquaient des croix sur la chair avec un fer chaud. (Mabill., *Annal.*, ad ann. 1095.) Les croix étaient bénies par le pape et les évêques ; les cérémonies usitées dans ces occasions, se trouvent encore dans le *Rituel romain*. Au retour de la croisade, on détachait cette marque de dessus l'épaule et on l'attachait sur le dos, ou bien on la portait au cou.

ils prirent dès-lors le nom de *croisés*, et le nom de *croisade* fut donné à la guerre qu'on allait faire aux Sarrasins.

1095

Les fidèles sollicitèrent Urbain de se mettre à leur tête; mais le pontife, qui n'avait point encore triomphé de l'anti-pape Guibert, qui poursuivait à-la-fois par ses anathêmes, le roi de France et l'empereur d'Allemagne, ne pouvait quitter l'Europe sans compromettre la puissance et la politique du Saint-Siége. Il refusa d'être le chef de la croisade, et nomma l'évêque du Puy son légat apostolique auprès de l'armée des chrétiens.

Il promit à tous les croisés la rémission entière de leurs péchés (1). Leurs personnes, leurs familles, leurs biens furent mis sous la protection de l'É-

---

(1) *Quicumque pro solá devotione, non pro honoris vel pecuniæ adoptione, ad liberandam Dei Jerusalem fecerit iter illud, pro omni pœnitentiá reputetur.* (Canon concil. Clermont, II, pag. 829.)

« De tout temps, dit Fleury, on avait laissé la faculté
» aux évêques de remettre une partie de la peine au péni-
» tent, à raison de sa ferveur ou de sa repentance plus ou
» moins grande; mais jamais on n'avait vu qu'une seule
» œuvre du pécheur le déchargeât de toutes les peines tem-
» porelles dont il pouvait être redevable à la justice de
» Dieu; il ne fallait pas moins qu'un concile nombreux
» présidé par le pape en personne, pour autoriser un tel
» changement dans l'usage de la pénitence. » (Fleury, sixième discours sur l'*Histoire ecclésiastique*, tom. XVIII, pag. 4.) Ce judicieux historien examine dans ce discours, avec une rare sagacité, les causes et les effets religieux des croisades.

1095 glise et des apôtres S. Pierre et S. Paul. Le concile déclara que toute violence exercée envers les soldats de Jésus-Christ, devait être punie par l'anathême, et recommanda ses décrets en faveur des croisés, à la vigilance des prêtres et des évêques. Il régla la discipline, le départ de ceux qui s'étaient enrôlés dans la milice sainte ; et de peur que la réflexion n'en retînt quelques-uns dans leurs foyers, il menaça d'excommunication tous ceux qui ne rempliraient pas leurs sermens.

La renommée publia partout la guerre qu'on venait de déclarer aux infidèles. Urbain parcourut lui-même plusieurs provinces de France, pour achever son ouvrage si heureusement commencé. Dans les villes de Rouen, d'Angers, de Tours, de Nîmes, il assembla des conciles, où la noblesse, le clergé et le peuple accoururent pour entendre le père des fidèles, et pleurer avec lui sur les malheurs de Sion. Dans tous les diocèses, dans toutes les paroisses, les évêques et les simples pasteurs ne cessaient de bénir des croix pour les fidèles qui promettaient de s'armer pour la délivrance de la Terre-Sainte. L'Église a conservé dans ses annales les formules des prières récitées dans cette cérémonie. Le prêtre, après avoir invoqué le secours du Dieu qui a fait le ciel et la terre, priait le Seigneur de bénir, dans sa bonté paternelle, la croix des pèlerins, comme il avait béni autrefois la verge d'Aaron, la terreur des rebelles et des impies; il conjurait la miséricorde divine de ne point abandonner dans

les périls ceux qui allaient combattre pour Jé- 1095
sus-Christ, et de leur envoyer cet ange Gabriel
qui avait été autrefois le fidèle compagnon de Tobie. S'adressant ensuite à chaque pélerin prosterné
devant lui, il lui attachait la croix sur la poitrine,
et lui disait : « Reçois ce signe, image de la pas-
» sion et de la mort du Sauveur du monde, afin
» que, dans ton voyage, le malheur ni le péché
» ne puissent t'atteindre, et que tu reviennes plus
» heureux, et surtout meilleur, parmi les tiens (1). »
L'auditoire répondait, AMEN, et le saint enthousiasme qu'inspirait cette cérémonie, se répandant
de proche en proche, achevait d'embraser tous
les cœurs.

On eût dit que les Français n'avaient plus d'autre patrie que la Terre-Sainte, et qu'ils lui devaient le sacrifice de leur repos, de leurs biens et
de leur vie. Cet enthousiasme, qui n'avait plus de
bornes, ne tarda pas à se communiquer aux autres peuples chrétiens ; le feu qui embrasait la
France gagna l'Angleterre, encore ébranlée par la
conquête récente des Normands; l'Allemagne, troublée par les anathêmes de Grégoire et d'Urbain;
il gagna l'Italie, agitée par les factions ; l'Espagne même, qui combattait les Sarrasins sur son

---

(1) Ces formules de prières variaient selon les temps et
les lieux ; nous les faisons connaître ici telles qu'elles nous
ont été transmises par le *Pontifical romain*, pag. 359 et suiv.
(Voy. les *Pièces justificatives*, où nous en avons donné la
traduction littérale.)

TOM. I. 8

1095 propre territoire. Tel était l'ascendant de la religion outragée par les infidèles ; telle fut l'influence de l'exemple donné par les Français, que toutes les nations chrétiennes oublièrent tout-à-coup ce qui faisait l'objet de leur ambition ou de leurs alarmes, et fournirent à la croisade les soldats dont elles avaient besoin pour se défendre elles-mêmes. Tout l'Occident retentit de ces paroles : *Celui qui ne porte pas sa croix et ne vient pas avec moi, n'est pas digne de moi* (1).

La situation où se trouvait l'Europe contribua sans doute à augmenter le nombre des pèlerins : « Toutes choses allaient dans un tel désordre, dit Guillaume de Tyr, qu'il semblait que le monde penchât vers son déclin, et que la seconde venue du fils de l'homme dût être prochaine (2). » Partout le peuple, comme nous l'avons déjà dit, gémissait

---

(1) Voici comment une vieille chronique exprime ce mouvement de toutes les nations, ce concours de tous les peuples :

Concurrunt Itali, Galli, pariterque Alemanni,
Noricii, Suevi, tum Saxones atque Boemi,
Pisani ac Veneti propulsant æquora remis
Oceanus flavis distendit vela Britannis.

(*Hist. Gestor. viæ Hierosolymitanæ.* Duchesne, t. IV, p. 891.)

(2) Guillaume de Tyr peint avec les couleurs les plus noires la corruption générale et les désordres de l'Europe. D'après son tableau sombre et satirique, on a quelque peine à s'expliquer comment Jésus-Christ pouvait encore trouver des défenseurs. (Voy. Guillaume de Tyr, liv. I.)

dans une horrible servitude ; une disette affreuse, 1095
qui désolait depuis plusieurs années la France et
la plupart des royaumes de l'Occident, avait en-
fanté toutes sortes de brigandages ; et les brigandages, fléau de l'agriculture et du commerce,
augmentaient encore les horreurs de la famine (1).
Des villages, des villes même restaient sans habitans et tombaient en ruines. Les peuples abandonnèrent sans regret une terre qui ne pouvait
plus les nourrir et ne leur offrait ni repos, ni
sécurité : l'étendard de la croix leur parut un sûr
asile contre la misère et l'oppression. D'après les
décrets du concile de Clermont, les croisés se
trouvaient affranchis d'impôts ; ils ne pouvaient
être poursuivis pour dettes pendant leur voyage (2). Au seul nom de la croix, les lois suspen-
daient leurs menaces, la tyrannie ne pouvait trou-

---

(1) Quelques historiens ont rapporté qu'il régnait aussi
à cette époque une maladie épidémique qu'ils désignent
par l'expression *lues ignis cutanei*, le feu de sainte Ger-
trude. (Ex chronic. Gaufred. Vosiens, *Historiens de France*,
tom. XII, pag. 427.) (Voyez aussi l'ouvrage d'Eckkard intitulé : *De expugnatione Ierosolimitana*, analysé dans le
tom. I, pag. 258 de la Bibliographie.)

(2) Les priviléges concédés aux croisés ne l'ont été que
successivement, et ont éprouvé des modifications de la première à la dernière croisade. Néanmoins, comme ces modifications sont peu importantes, nous présenterons dans un
même tableau toute la législation qui les concerne, afin qu'il
soit plus facile d'en saisir l'esprit. Ces priviléges s'appliquaient à quatre objets : 1°. aux redevances féodales ;

8..

1095 ver ses victimes, ni la justice même des coupables parmi ceux que l'Église adoptait pour ses dé-

---

2º. aux dettes des croisés; 3º. à leurs possessions; 4º. à la juridiction particulière sous laquelle ils étaient placés.

1º. Les croisés furent dispensés de payer la taille personnelle pendant la première année de leur voyage ; mais ils ne cessèrent pas d'être soumis aux redevances foncières, qui, étant inhérentes à la possession du fonds, n'auraient pu être supprimées sans injustice. Ils eurent l'option de remplir en personne l'ost et la chevauchée, ou de s'en racheter ; ils furent dispensés de contribuer au paiement des impôts qui, après leur départ, pourraient être mis sur les communautés dont ils étaient membres, alors même qu'elles seraient la représentation de l'ost et de la chevauchée dont la communauté aurait été dispensée.

2º. Les dettes des croisés, quoique échues, ne furent point exigibles; les créanciers ne purent en exiger le paiement qu'au retour de la sainte expédition ; les intérêts ne couraient pas pendant ce temps ; toutefois les revenus des fiefs furent abandonnés aux créanciers et durent être imputés sur le capital de leurs créances, à quoi les croisés devaient faire consentir leur seigneur supérieur.

3º. Les possessions des croisés furent mises sous la protection de l'Église, et, par une faveur exorbitante et tout-à-fait contraire aux élémens du système féodal, ils purent engager leurs fiefs, les vendre, soit aux laïques, soit aux ecclésiastiques, sans la permission de leur seigneur supérieur.

4º. Les croisés ne furent justiciables que des cours ecclésiastiques; les baillifs devaient se déclarer incompétens dans toutes les causes où des croisés seraient intéressés; il était cependant libre à ces derniers d'opter pour la cour laïque. La compétence des cours laïques devenait même

fenseurs. L'assurance de l'impunité, l'espoir d'un 1095
meilleur sort, l'amour même de la licence et l'envie de secouer les chaînes les plus sacrées, firent accourir la multitude sous les bannières de la croisade.

Beaucoup de seigneurs qui n'avaient point d'abord pris la croix, et qui voyaient partir leurs vassaux sans pouvoir les arrêter, prirent le parti de les suivre comme chefs militaires pour conserver quelque chose de leur autorité. La plupart des comtes et des barons n'hésitèrent point d'ailleurs à quitter l'Europe, que le concile de Clermont venait de déclarer en état de paix, et qui ne devait plus leur offrir l'occasion de signaler leur valeur; ils avaient tous beaucoup de crimes à expier : « On leur promettait, dit Montesquieu, de les expier en suivant leur passion dominante; il prirent donc la croix et les armes. »

L'Église n'avait point encore renoncé à l'usage d'imposer des pénitences publiques; beaucoup de pécheurs rougissaient de reconnaître ainsi leurs

---

forcée dans toutes les affaires criminelles dont le résultat pouvait être la perte de la vie ou d'un membre; il en était de même dans toute contestation qui s'élevait entre le seigneur et le vassal à l'occasion du fief.

Ces priviléges, quoique établis pour favoriser les croisés, souvent leur devinrent à charge. Personne ne voulut plus prêter à des hommes qui ne pouvaient être poursuivis qu'à travers une foule d'entraves ; afin de s'assurer le crédit qui leur était refusé, les croisés y renonçaient,

1095 fautes devant leurs concitoyens et leurs proches (1) ; ils aimèrent mieux courir le monde et s'exposer aux dangers et aux fatigues d'un pélerinage lointain. D'un autre côté, le tribunal de la pénitence ordonnait quelquefois aux fidèles, surtout aux guerriers, de s'ensevelir dans la retraite et d'éviter avec scrupule la dissipation et les combats. Qu'on juge de la révolution qui dut s'opérer dans les esprits, lorsque l'Église elle-même sonna tout-à-coup la trompette guerrière, et qu'elle présenta comme agréables à Dieu, l'amour des conquêtes, la gloire de vaincre, l'ardeur des périls, dont on s'accusait naguère comme d'un péché. On peut croire que ces nouveautés dans la discipline ecclésiastique ne favorisèrent point l'amélioration des mœurs; mais il est certain qu'elles servirent merveilleusement la guerre sainte, et qu'elles augmentèrent beaucoup le nombre des pélerins et des soldats de la croix.

Le clergé donna lui-même l'exemple. La plupart des évêques, qui portaient le titre de comte et de baron, et qui faisaient souvent la guerre pour soutenir les droits de leurs évêchés, crurent devoir prendre les armes pour la cause de Jésus-

---

et l'on trouve dans Ducange plusieurs formules de ces renonciations.

Nous avons puisé les élémens de cette note dans l'ordonnance du mois de mars 1214, tome 1 de la collection du Louvre, et dans Ducange, V°. *Crucis privilegia*.

(1) Beaucoup de gens rougissaient de faire pénitence *inter notos*. (Voy. la Relation d'un officier du comte de Blois, *Biblioth. des Croisades*, tom. 1.)

Christ. Les prêtres, pour donner plus de poids à leurs prédications, prirent eux-mêmes la croix; un grand nombre de pasteurs résolurent de suivre leur troupeau jusqu'à Jérusalem ; quelques-uns d'entr'eux, comme nous le verrons dans la suite, avaient sans doute présens à la pensée les évêchés de l'Asie, et se laissaient entraîner à l'espoir d'occuper un jour les siéges les plus renommés de l'Église d'Orient.

1095

Au milieu de l'anarchie et des troubles qui désolaient l'Europe depuis le règne de Charlemagne, il s'était formé une association de nobles chevaliers qui parcouraient le monde en cherchant des aventures ; ils avaient fait le serment de protéger l'innocence, de secourir les faibles opprimés, et de combattre les infidèles. La religion, qui avait consacré leur institution et béni leur épée, les appela à sa défense, et l'ordre de la chevalerie, qui dut une grande partie de son éclat et de ses progrès à la guerre sainte, vit accourir ses guerriers sous les drapeaux de la croix (1).

L'ambition ne fut peut-être pas étrangère à leur dévouement pour la cause de Jésus-Christ. Si la religion promettait ses récompenses à ceux qui allaient combattre pour elle, la fortune leur promettait aussi les richesses et les trônes de la terre. Ceux qui revenaient d'Orient parlaient avec enthousiasme des merveilles qu'ils avaient vues, des

---

(1) Voyez l'excellent ouvrage de M. de Saint-Palaye, sur *la chevalerie*, et les Éclaircissemens du 6ᵉ. volume.

1095 riches provinces qu'ils avaient traversées. On savait que deux ou trois cents pélerins normands avaient conquis la Pouille et la Sicile sur les Sarrasins (1). Toutes les terres occupées par les infidèles, semblaient être promises comme un héritage aux preux chevaliers qui n'avaient, pour toute richesse, que leur naissance, leur bravoure et leur épée (2).

---

(1) En 1002, quarante Normands en habits de pélerins, revenant de Jérusalem où ils étaient allés pour prier, abordèrent à Salerne; c'étaient des hommes de haute taille et qui se faisaient remarquer par leur air et par leurs armes. Trouvant cette ville assiégée par les Sarrasins, ils demandèrent à Gaimar, qui était alors prince de ce pays, des chevaux et des armes, et fondirent tout-à-coup sur eux; ils en tuèrent plusieurs, mirent les autres en fuite et remportèrent une victoire admirable. On les combla de louanges; le prince leur fit de grands présens et les pressa de rester auprès de lui; mais les pélerins refusèrent les présens, en disant qu'ils n'avaient agi que par amour de Dieu et pour le triomphe de la foi chrétienne. Ils déclarèrent qu'ils ne pouvaient rester. Le prince ayant tenu conseil, envoya avec eux des ambassadeurs en Normandie, et les chargea de fruits du pays, invitant ainsi les Normands à venir dans la contrée qui les produisait. Cette ambassade ne fut point sans effet, puisque, dans une autre occasion, elle ouvrit aux Normands l'entrée en Italie et leur donna le moyen de la vaincre et d'y dominer. (Baronius, année 1002.)

(2) Robert-le-Frison, second fils des comtes de Flandre, ne pouvant avoir de part dans les biens de sa maison, dit à son père : « Donnez-moi des hommes et des vaisseaux, et » j'irai conquérir un état chez les Sarrasins d'Espagne. » Cette interpellation se rencontre souvent dans les romans

On ne doit pas oublier cependant que l'enthousiasme religieux était le premier et le principal mobile qui mettait tout le monde chrétien en mouvement. Dans les temps ordinaires les hommes suivent leurs penchans naturels, et n'obéissent qu'à la voix de leur propre intérêt; mais au temps dont nous parlons, la dévotion du pélerinage, qui devenait plus vive en se communiquant, et qu'on pouvait appeler, selon l'expression de saint Paul, la folie de la croix (1), était une passion ardente et jalouse qui parlait plus haut que toutes les autres. On ne voyait plus la religion que dans la guerre contre les Sarrasins, et la religion qu'on entendait ainsi, ne permettait point à ses défenseurs enthousiastes de voir une autre félicité, une autre gloire que celle qu'elle présentait à leur imagination exaltée. L'amour de la patrie, les liens de la famille, les plus tendres affections du cœur, furent sacrifiés aux idées et aux opinions qui entraînaient alors toute l'Europe. La modération était une lâcheté, l'indifférence une trahison, l'opposition un attentat sacrilége. Le pouvoir des lois n'était compté pour rien parmi ceux qui croyaient combattre pour la cause de Dieu. Les sujets reconnaissaient à peine l'auto-

---

du moyen âge, expression fidèle des mœurs contemporaines. « Beau sire, baillez-moi hommes suffisans, pour me
» faire état ou royaume. — Beau fils, aurez ce que vous
» demandez. »

(1) *Stultitiam crucis*.

1095 rité des princes et des seigneurs dans tout ce qui concernait la guerre sainte; le maître et l'esclave n'avaient d'autre titre que celui de chrétien, d'autre devoir à remplir que celui de défendre la religion les armes à la main.

Ceux que leur âge ou leur état semblait retenir en Europe, et que le concile avait dispensés des périls et des travaux de la croisade (1), faisaient parler le ciel qui les appelait à la guerre sainte. Les femmes, les enfans, les clercs, s'imprimaient des croix sur le front ou sur d'autres parties de leur corps, pour montrer la volonté de Dieu. Les moines (2) désertaient les cloîtres dans lesquels ils

---

(1) L'archevêque de Dol ne peut s'empêcher de montrer sa surprise par ces paroles remarquables pour le temps : *Excessit tamen medicina modum, quia plus quàm debuit in quibusdam eundi voluntas surrepsit.* (Baldric, *archi.*, lib. 1, pag. 28 *infrà.*) Guibert exerce encore une vive censure contre ces troupes confuses de pèlerins composées de femmes et d'enfans : « Vous chantez tous la guerre, dit-il, » et vous ne savez pas faire la guerre. » (Voy. *Biblioth. des Croisades*, tom. 1.)

(2) L'abbé Guibert cite l'exemple d'un moine qui se fit une large incision au front en forme de croix, et l'entretint avec des sucs préparés. Il eut soin de dire qu'un ange lui avait fait cette incision; ce qui lui procura, dans le voyage et pendant la guerre, tous les secours qu'il pouvait désirer. Il devint archevêque de Césarée. (Voy. liv. 1.) Foulcher de Chartres raconte qu'un vaisseau chargé de croisés ayant péri sur la côte de Brindes, tous les corps des naufragés parurent avec une espèce de croix empreinte sur la chair, à l'endroit même où, pendant leur vie, ils l'avaient portée sur leurs habits.

avaient fait serment de mourir, et se croyaient 1095 entraînés par une inspiration divine ; les ermites et les solitaires sortaient des forêts et des déserts, et venaient se mêler à la foule des croisés. Ce qu'on aura peine à croire, les voleurs, les brigands quittaient leurs retraites inconnues, venaient confesser leurs forfaits, et promettaient, en recevant la croix, d'aller les expier dans la Palestine (1).

Les artisans, les marchands, les laboureurs, abandonnaient leurs travaux et leur profession, ne songeant plus à l'avenir ni pour eux-mêmes ni pour leurs familles ; les barons et les seigneurs renonçaient aux domaines acquis par la valeur et les exploits de leurs pères. Les terres, les villes, les châteaux pour lesquels on s'était fait la guerre, perdirent tout-à-coup leur prix aux yeux de leurs possesseurs, et furent donnés pour des sommes modiques à ceux que la grâce de Dieu n'avait point touchés, et qui n'étaient point appelés au bonheur de visiter les saints lieux et de conquérir l'Orient.

Les auteurs contemporains racontent plusieurs miracles qui contribuèrent à échauffer l'esprit de

---

(1) *Fures et piratæ aliique scelerosi tactu spiritus sancti de profundo iniquitatis exurgebant ritus suos confitentes relinquebant, et pro culpis suis Deo satisfacientes peregrè pergebant.* (Orderic Vital, *Hist. ecclésiast.*; recueil des *Histor. norm.*, par Duchesne; *Biblioth. des Croisades*, tom. 1, pag. 310.)

1095 la multitude. On avait vu des étoiles se détacher du firmament et tomber sur la terre; mille feux inconnus couraient dans les airs et prêtaient à la nuit la clarté du jour; des nuages couleur de sang se levèrent tout-à-coup sur l'horizon vers l'Orient et vers l'Occident; une comète menaçante parut au midi; sa forme était celle d'un glaive belliqueux. On aperçut dans les plus hautes régions du ciel des cités avec leurs tours et leurs remparts; des armées prêtes à combattre et suivant l'étendard de la croix (1). Le moine Robert rapporte que le jour même où la croisade fut décidée au concile de Clermont, cette décision avait été proclamée au-delà des mers. « Cette nouvelle, ajoute-t-il, avait relevé le courage des chrétiens en Orient, et porté tout-à-coup le désespoir chez les peuples de l'Arabie. » Pour comble de pro-

---

(1) Plusieurs monumens indiquent l'apparition de ces signes célestes. Parmi ces signes, nous avons choisi ceux qui nous ont paru les plus précis : *Anno* 1095, *mense aprilis in nocte diei 4, subitò visi sunt igniculi cadere de cælo quasi stellæ per totam apuliam.* (Lupus Protropat, apud Muratory, *Script. rerum italicar.*, tom. IV, pag. 497.)

Anno Domini 1095, *pridiè nonas aprilis feria* IV, *luna* XXV, *in Galliis ab innumeris spectatoribus visus est tanta discursus stellarum ut grando nisi luceret pro densitate putarentur.* (Orderic Vital, *Hist. ecclésiast.*, lib. IX.)

Baudri n'ose avancer qu'il tomba réellement des étoiles, quoiqu'il avoue assez ingénument qu'il en tombe quelquefois. (*Bibliographie*, tom. I.) L'historien allemand Ekkeard est celui qui rapporte le plus de prodiges. (*Bibl. des Croisades*, tom. I.)

diges, les saints et les rois des âges précédens 1095
étaient sortis de leurs tombeaux, et plusieurs Français avaient vu l'ombre de Charlemagne exhortant les chrétiens à combattre les infidèles.

Nous ne redirons pas tous les autres miracles rapportés par les historiens, et qu'on croyait dans un siècle où rien n'était plus commun que les prodiges, où, selon la remarque de Fleury, le goût du merveilleux l'emportait sur celui du vrai. Les lecteurs de cette histoire trouveront assez de choses extraordinaires dans le récit de tant de grands événemens, pour lesquels le monde moral, la nature elle-même semblait avoir interrompu ses lois. Quel prodige en effet doit plus étonner le philosophe, que le spectacle de l'Europe qui s'agite, pour ainsi dire, jusque dans ses fondemens, se déplace tout entière et se lève comme un seul homme pour marcher en armes vers l'Orient.

Le concile de Clermont, qui s'était tenu au mois de novembre de l'an 1095, avait fixé le départ des croisés à la fête de l'Assomption de l'année suivante. Pendant l'hiver, on ne s'occupa que des préparatifs du voyage pour la Terre-Sainte; tout autre soin, tout autre travail fut suspendu dans les villes et dans les campagnes. Au milieu de l'effervescence générale, la religion, qui animait tous les cœurs, veillait à l'ordre public. Tout-à-coup on n'entendit plus parler de vols, de brigandages (1). L'Occident se tut, pour nous servir

---

(1) *Erat eo tempore antequam gentium fieret tanta pro-*

1095 d'une expression de l'Écriture, et l'Europe jouit pendant quelques mois d'une paix qu'elle n'avait jamais connue.

Parmi les préparatifs de la croisade, on ne doit pas oublier le soin que prenaient les croisés de faire bénir leurs armes et leurs drapeaux. Dans chaque paroisse, le pontife ou le pasteur, après avoir répandu l'eau sainte sur les armes déposées devant lui, priait le Seigneur tout-puissant d'accorder à celui ou à ceux qui devaient les porter dans les combats, le courage et la force qu'il donna autrefois à David, vainqueur de l'infidèle Goliath. En remettant à chaque chevalier l'épée qu'il avait bénie, le prêtre disait : *Recevez cette épée, au nom du Père, du Fils et du Saint-Esprit; servez-vous en pour le triomphe de la foi; mais qu'elle ne répande jamais le sang innocent.* La bénédiction des drapeaux se faisait avec la même solennité : le ministre de Dieu demandait au Ciel que ce signal de la guerre fût, pour les ennemis du

---

fectio, maxima ad invicem hostilitatibus totius Francorum regni facta turbatio ; crebra ubique latrocinia, viarum obsessio, passim audiebantur, immo fiebant incendia infinita.... Mox ergo et mirá et incredibili, ob insperabilitatem, animorum immutatione commoti, signum pontificis præceptione indictum, cruces videlicet, ab episcopis et presbyteris sibi precantur imponi, et sicuti rapidissimi venti impetus solet non magná pluviæ undá restringi ; ita illicò contigit ad invicem simultates universarum et bella sopiri, per inditam sibi aspirationem, haud dubium quin Christi. (Guibert, abb., lib. I, cap. VII.)

peuple chrétien, un sujet de terreur, et pour tous ceux qui espéraient en Jésus-Christ, un gage de la victoire. Le prêtre, après avoir répandu l'eau sacrée sur l'étendard, le remettait aux guerriers à genoux devant lui, en disant : « Allez combattre » pour la gloire de Dieu, et que ce signe vous » fasse triompher de tous les périls. » Ces cérémonies (1), inconnues jusqu'alors dans l'Église, attiraient l'immense concours des fidèles, et tous réunissaient leurs prières à celles du clergé, pour implorer la protection divine en faveur des soldats de la croix.

1095

Ceux qui avaient pris la croix s'encourageaient les uns les autres, et s'adressaient des lettres et des ambassades pour presser leur départ. Les bénédictions du ciel semblaient être promises aux croisés qui se mettraient les premiers en marche pour Jérusalem. Ceux même qui, dans les premiers momens, avaient blâmé le délire de la croisade, s'accusèrent de leur indifférence pour la cause de la religion, et ne montrèrent pas moins de ferveur que ceux qui leur avaient donné l'exemple (2). Tous étaient impatiens de vendre leurs possessions, et

---

(1) Voyez, pour ces cérémonies, le *Pontifical romain* cité plus haut, et traduit dans les pièces justificatives.

(2) L'abbé Guibert voulant peindre cette indifférence générale pour tout ce qui n'était pas la croisade, dit que les plus belles des épouses étaient dédaignées comme une chose vile et *quasi tabidum*, lib. 1er.; et que l'aspect des pierres précieuses agréables aux deux sexes, *promiscui sexus*, n'avait plus aucun charme, lib. 1.

ne trouvaient plus d'acheteurs. Les croisés dédaignaient tout ce qu'ils ne pouvaient emporter avec eux; les produits de la terre se vendaient à vil prix, ce qui ramena tout-à-coup l'abondance au milieu même de la disette (1).

Dès que le printemps parut, rien ne put contenir l'impatience des croisés; ils se mirent en marche pour se rendre dans les lieux où ils devaient se rassembler. Le plus grand nombre allait à pied; quelques cavaliers paraissaient au milieu de la multitude; plusieurs voyageaient montés sur des chars traînés par des bœufs ferrés; d'autres côtoyaient la mer, descendaient les fleuves dans des barques; ils étaient vêtus diversement, armés de lances, d'épées, de javelots, de massues de fer, etc. La foule des croisés (2) offrait un mélange

---

(1) *Erat itaque ibi videre miraculum, carò omnes emere et vili vendere; carò quidem quæ ad usum deferrentur itineris dum præproperam, vili vero dùm sumptuum impendi coaggerant, et quæ paulò ante nec carceres nec tormenta ab eis extorquere poterant brevi nummarum numero cuncta constabant.* (Guibert, lib. II, cap. VI.)

(2) En parlant de cette multitude sans chef, l'abbé Guibert cite un passage des *Proverbes*, où il est dit que les sauterelles n'ont pas de roi, et que c'est pourquoi tout est envahi par leur troupe dévorante. « Oui, sans doute, continue le chroniqueur, mais les sauterelles n'ont pas de pieuses intentions. La chaleur du soleil seule les excite dans leur course; mais les croisés quittaient leur demeure pour l'amour de Dieu; leur intention était sainte. Ils n'avaient point de roi, sans doute; mais qu'avaient-ils besoin de roi, puisque Dieu lui-même les conduisait.

bizarre et confus de toutes les conditions et de tous les rangs (1) : des femmes paraissaient en armes au milieu des guerriers; la prostitution et les joies profanes se montraient au milieu des austérités de la pénitence et de la piété. On voyait la vieillesse à côté de l'enfance, l'opulence près de la misère; le casque était confondu avec le froc, la mitre avec l'épée, le seigneur avec les serfs, le maître avec ses serviteurs. Près des villes, près des forteresses, dans les plaines, sur les montagnes, s'élevaient des tentes, des pavillons pour les chevaliers, et des autels, dressés à la hâte, pour l'office divin; partout se déployait un appareil de guerre et de fête solennelle. D'un côté, un chef militaire exerçait ses soldats à la discipline; de l'autre, un prédicateur rappelait à ses auditeurs les vérités de l'Évangile : ici, on entendait le bruit des clairons et des trompettes; plus loin, on chantait des psaumes et des cantiques. Depuis le Tibre jusqu'à l'Océan, et depuis le Rhin jusqu'au-delà des Pyrénées, on ne rencontrait que des troupes d'hommes revêtus de la croix, jurant d'exterminer les Sarrasins, et d'avance célébrant leurs conquêtes; de toutes parts retentissait le cri de guerre des croisés : *Dieu le veut! Dieu le veut!*

Les pères conduisaient eux-mêmes leurs enfans, et leur faisaient jurer de vaincre ou de mourir

---

(1) Voyez dans Guibert, Tudebode, et dans la chronique attribuée à un officier du comte de Blois, la description curieuse du départ des croisés. (*Biblioth. des Crois.*, tom. 1.)

1095 pour Jésus-Christ. Les guerriers s'arrachaient des bras de leurs épouses et de leurs familles, et promettaient de revenir victorieux (1). Les femmes, les vieillards, dont la faiblesse restait sans appui, accompagnaient leurs fils ou leurs époux dans la ville la plus voisine, et, ne pouvant se séparer des objets de leur affection, prenaient le parti de les suivre jusqu'à Jérusalem. Ceux qui restaient en Europe, enviaient le sort des croisés et ne pouvaient retenir leurs larmes; ceux qui allaient chercher la mort en Asie, étaient pleins d'espérance et de joie (2).

Parmi les pélerins partis des côtes de la mer, on remarquait une foule d'hommes qui avaient quitté les îles de l'Océan. Leurs vêtemens et leurs armes, qu'on n'avait jamais vus, excitaient la curiosité et la surprise. Ils parlaient une langue qu'on n'entendait point; et pour montrer qu'ils étaient chrétiens, ils élevaient deux doigts de leurs mains l'un sur l'autre, en forme de croix (3). Entraînés par

---

(1) Les maris, dit Foulcher de Chartres, s'arrachaient des bras de leurs épouses évanouies, et qui les pleuraient vivans comme s'ils étaient morts. (*Biblioth. des Croisades*, tom. 1, pag. 85.)

(2) *Tristitia remanentibus, gaudium autem euntibus erat.* (Foulcher de Chartres, lib. 1.)

(3) Nous devons ce fait à l'abbé Guibert : « J'atteste » Dieu, dit-il, que j'ignore le nom de tous les peuples qui » débarquèrent dans nos ports; leur langue nous était in- » connue, et pour nous montrer qu'ils étaient chrétiens,

leur exemple et par l'esprit d'enthousiasme ré- 1095
pandu partout, des familles, des villages entiers
partaient pour la Palestine; ils étaient suivis de
leurs humbles pénates; ils emportaient leurs provisions, leurs ustensiles, leurs meubles (1). Les
plus pauvres marchaient sans prévoyance, et ne
pouvaient croire que celui qui nourrit les petits
des oiseaux, laissât périr de misère des pèlerins
revêtus de sa croix. Leur ignorance ajoutait à leur
illusion, et prêtait à tout ce qu'ils voyaient un air
d'enchantement et de prodige; ils croyaient sans
cesse toucher au terme de leur pèlerinage. Les enfans des villageois, lorsqu'une ville ou un château
se présentait à leurs yeux, demandaient si *c'était
là Jérusalem* (2). Beaucoup de grands seigneurs
qui avaient passé leur vie dans leurs donjons rus-
tiques, n'en savaient guère plus que leurs vassaux;
ils conduisaient avec eux leurs équipages de pêche
et de chasse, et marchaient précédés d'une meute,
portant leur faucon sur le poing. Ils espéraient

» ils plaçaient l'un de leurs doigts sur l'autre en forme de
» croix. » (*Biblioth. des Croisades*, tom. 1, pag. 126.) Guillaume de Malsbury donne un catalogue assez plaisant des
peuples barbares qui prirent la croix. (*Bibliot. des Crois.*,
tom. 1.)

(1) *Magna quippè pars eorum cum conjugibus ac prole
totáque re familiari onusti proficiscebantur.* (Eckkard,
chap. 8; Martenne, tome 5, col. 517.)

(2) *Videres mirum quiddam; ipsos infantulos, dum ob-
viam habent quælibet castella vel urbes, si hæc esset Jerusalem, ad quam tenderent rogitare.* (Guibert, lib. 1.)

1095 atteindre Jérusalem en faisant bonne chère, et montrer à l'Asie le luxe grossier de leurs châteaux.

Au milieu du délire universel, aucun sage ne fit entendre la voix de la raison; personne ne s'étonnait alors de ce qui fait aujourd'hui notre surprise. Ces scènes si étranges, dans lesquelles tout le monde était acteur, ne devaient être un spectacle que pour la postérité (1).

---

(1) Gibbon, qui a décrit dans son tome XVI le départ des pélerins, remarque que l'abbé Guibert est le seul des chroniqueurs contemporains qui conserve une sorte de sang-froid philosophique en contemplant cet entraînement des peuples pour la guerre sainte. Nous avons lu et analysé Guibert, et nous devons dire que nous n'avons rencontré aucun des caractères que l'historien anglais attribue à ce chroniqueur. Guibert partageait la crédulité générale; son ouvrage est rempli des mêmes visions, et il y a loin de lui à ce que Gibbon appelle un philosophe. Nous renvoyons nos lecteurs, pour le juger, aux miracles, aux apparitions qu'il raconte dans son second et son troisième livre, et surtout aux notes des pages 127 et 128 de ce volume. Ce qui distingue Guibert, c'est l'obscurité d'un style toujours entortillé, souvent inintelligible, et quelques plaintes contre les excès des pélerins et contre la multitude. Des plaintes semblables se trouvent aussi dans Baudri. Nous avons eu l'occasion de remarquer, dans la *Bibliothèque des Croisades*, tome I, que les chroniqueurs qui n'avaient pas suivi les pélerins, jugeaient plus sévèrement les croisades, comme s'ils avaient cherché à s'excuser de n'avoir point pris part à la guerre sainte.

FIN DU LIVRE Ier.

HISTOIRE DES CROISADES.

LIVRE II.

La foule des chrétiens qui avaient pris la croix dans la plupart des contrées de l'Europe, suffisait pour former plusieurs grandes armées. Les princes et les capitaines qui devaient les conduire, convinrent entr'eux qu'ils ne partiraient point tous en même temps, qu'ils suivraient des routes différentes et se réuniraient à Constantinople.

Tandis qu'ils s'occupaient des préparatifs de leur départ, la multitude qui suivait Pierre l'Ermite dans ses prédications, se montra impatiente de devancer les autres croisés. Comme elle était sans chef, elle jeta les yeux sur celui qu'elle regardait comme un envoyé du Ciel, et choisit Pierre l'Ermite pour la conduire en Asie. Le cénobite, trompé par l'excès de son zèle, crut que l'enthousiasme pouvait seul répondre de tous les succès de la guerre, et qu'il lui serait facile de conduire une troupe indisciplinée qui avait pris les armes à sa voix. Il se rendit aux prières de la multitude, et, couvert de son manteau de laine, un froc sur la tête, des sandales aux pieds, n'ayant pour monture que la mule avec laquelle il avait parcouru l'Europe, il prit possession du commandement. Sa troupe, qui partit des bords de la Meuse et de la Moselle, se dirigea vers l'Allemagne, et se grossit en chemin d'une foule de pélerins accourus de la Champagne, de la Bourgogne et des provinces voisines. Pierre vit bientôt quatre-vingts ou cent mille hommes sous ses drapeaux. Ces premiers croisés, traînant à leur suite des femmes, des enfans, des vieillards, des malades, se mettaient en marche sur la foi des promesses miraculeuses de leur chef. Dans la persuasion où ils étaient que Dieu les appelait à défendre sa cause, ils espéraient que les fleuves s'ouvriraient devant leurs bataillons et que la manne tomberait du ciel pour les nourrir (1).

L'armée de Pierre l'Ermite était divisée en deux corps; l'avant-garde marchait sous les ordres de Gauthier *sans avoir* (2), dont le surnom, conservé

---

(1) Voyez, pour la marche des croisés, Albert d'Aix, tom. 1ᵉʳ., analysé *Biblioth. des Crois.*, tom. 1, pag. 44.

(2) Guillaume de Tyr désigne Gauthier par le surnom de *Sansaveir quidam Gualterus cognomento sensaveir, vir nobilis et in armis strenuus.* (Lib. 1, apud Bongars, p. 642.) Les autres historiens emploient pour le désigner, les mots *sine habere, sine pecuniâ.* Les vieilles chroniques françaises l'appellent *sens avehor, senz aveir*. Il ne faut pas croire que ce surnom fût alors très rare. Orderic Vital désigne par ce surnom un certain Hugues qui se croisa en 1106 (*Hist. de France*, de Dom. Bouquet, t. xii, p. 667). Peut-être ce fut là le surnom de tous ceux qui, n'ayant plus de fief, étaient consi-

par l'histoire, prouve que les chefs étaient aussi 1096 misérables que les soldats. Cette avant-garde ne comptait que huit cavaliers; tout le reste allait à la conquête de l'Orient en demandant l'aumône. Tant que les croisés furent sur le territoire français, la charité des fidèles qui accouraient sur leur passage, pourvut à leurs besoins. Ils échauffèrent le zèle des Allemands, parmi lesquels on n'avait point encore prêché la croisade. Leur troupe, qu'on regardait partout comme le peuple de Dieu, ne trouva point d'ennemis sur les bords du Rhin; mais de nouveaux Amalécites, les Hongrois et les Bulgares, les attendaient sur les rives de la Morava et du Danube.

Les Hongrois sortis de la Tartarie avaient une origine commune avec les Turcs, et, comme eux, s'étaient rendus formidables aux chrétiens. Dans le dixième siècle, ils avaient envahi la Pannonie, et porté les ravages de la guerre dans les plus riches contrées de l'Europe (1). Les peuples effrayés du

---

dérés comme *sans avoir* dans le système féodal. Gauthier était un gentilhomme bourguignon. Quelques historiens disent qu'un oncle de Gauthier *sans avoir*, fut nommé lieutenant de Pierre, et que celui-ci n'eut le commandement qu'après la mort de son oncle, c'est-à-dire en entrant sur le territoire des Bulgares.

(1) Les Hongrois furent souvent confondus avec les Scandinaves par la commune terreur qu'ils inspiraient; il existe, outre les monumens connus, un manuscrit à la Biblioth. du Roi, n°. 10307, où sont indiquées, jour par jour,

progrès de leurs armes, les regardaient comme un fléau avant-coureur de la fin du monde. Vers le commencement du onzième siècle, ils embrassèrent le christianisme qu'ils avaient persécuté (1). Soumis à la foi de l'Évangile, ils commencèrent à bâtir des villes, à cultiver les terres; ils connurent une patrie, et cessèrent d'être la terreur de leurs voisins. A l'époque de la première croisade, les Hongrois se glorifiaient d'avoir un saint parmi leurs monarques (2); mais ils ne partageaient point encore l'enthousiasme et la ferveur des soldats de la croix, et voyaient avec indifférence (3) les préparatifs de l'Europe pour la conquête de l'Asie (4).

---

les courses des Hongrois et des Scandinaves dans les royaumes chrétiens; il a été traduit à la fin de l'*Essai sur les invasions des Normands,* de M. Capefigue. (Paris, 1822.)

(1) On trouve, dans Otton de Frisingue, un passage instructif sur les mœurs et le gouvernement des Hongrois. (Voyez le tom. 1 de la *Biblioth. des Croisades*, pag. 536.)

(2) Saint Étienne avait été roi de Hongrie avant Coloman, qui régnait au temps de la première croisade.

(3) Les chroniques hongroises prétendent que les croisés de la France et de l'Allemagne firent offrir au roi de Hongrie le commandement de la guerre sainte. Cette assertion est peu vraisemblable. (Voy. le tom. II de la *Biblioth. des Croisades*, pag. 121.)

(4) Les Hongrois étaient depuis près d'un siècle habitués à voir passer sur leur territoire des troupes de pèlerins. On lit dans la chronique du moine Glaber, que depuis le règne de saint Étienne, les pèlerins qui se rendaient à Jérusalem

Les Bulgares, qui descendaient de l'ancien peuple des Slaves, avaient tour-à-tour protégé et ravagé l'empire de Constantinople. Leurs guerriers avaient tué Nicéphore dans une bataille, et le crâne d'un empereur, enchâssé dans de l'or, servit long-temps de coupe à leurs chefs dans les orgies de la victoire. Ils furent ensuite vaincus par Basile, qui fit crever les yeux à quinze mille prisonniers, et par cet acte de barbarie souleva toute la nation contre la Grèce. Au temps de la croisade, la Bulgarie était soumise à l'empire grec, mais elle méprisait les lois et la puissance de ses maîtres. Le peuple bulgare répandu sur les rives méridionales du Danube, au milieu de forêts inaccessibles, conservait sa sauvage indépendance, et ne reconnaissait les empereurs d'Orient qu'à la vue de leurs armées. Quoiqu'ils eussent embrassé le christianisme, les Bulgares ne regardaient point les chrétiens comme leurs frères; ils ne respectaient ni le droit des gens ni les lois de l'hospitalité; et pendant les deux siècles qui précédèrent les croisades, ils furent la terreur des pèlerins de l'Occident qui se rendaient à Jérusalem (1).

1096

---

ne passaient plus la mer, mais traversaient la Hongrie, et qu'ils trouvaient dans ce pays protection et sûreté. (Glaber, Rodulph., *Chronic.*, lib. III; *Hist. de France*, de Dom. Bouquet, tom. x, pag. 25; et *Biblioth. des Croisades*, tom. 1, pag. 202.)

(1) L'origine des Bulgares et leur histoire jusqu'au temps des croisades, font l'objet du 54e. chapitre de l'*Histoire de*

1096 — Tels étaient les peuples dont les croisés allaient traverser le territoire. Lorsque l'avant-garde de Pierre entra dans la Hongrie, elle ne fut troublée dans sa marche que par quelques insultes, que Gauthier supporta avec résignation, et dont il laissa la punition au Dieu qu'il servait; mais à mesure que les croisés s'avançaient dans des pays inconnus, la misère s'accroissait, avec elle la licence et l'oubli des vertus pacifiques. Arrivés dans la Bulgarie, les pélerins manquèrent tout-à-fait de vivres, et le gouverneur de Belgrade ayant refusé de leur en fournir, ils se répandirent dans les campagnes, enlevèrent les troupeaux, brûlèrent les maisons, massacrèrent quelques-uns des habitans qui s'opposaient à leurs violences. Les Bulgares irrités coururent aux armes et fondirent sur les soldats de Gauthier, chargés de butin. Cent quarante croisés périrent au milieu des flammes, dans une église où ils avaient cru trouver un asile; les autres cherchèrent leur salut dans la fuite (1). Après cette

---

la décadence du Bas-Empire de Gibbon. Jean Gotthelf Stritter a traduit en latin et compilé tous les passages de l'*Histoire Bysantine* qui ont rapport aux barbares; cette compilation a pour titre : *Memoriæ populorum ad Danubium, Pontum-Euxinum, Paludem, Mestidum, Concæsum, mare Caspium et inde magis ad septentriones incolentium.* (Petro pol., 1771-1779.) On trouve dans le pélerinage de Lietbert quelques détails précieux sur les mœurs de ces peuplades errantes. (Voyez l'Éclaircissement sur les pélerinages à la fin de ce volume.)

(1) Pour ces détails, consultez le premier livre d'Albert

défaite, qu'il ne chercha point à réparer, Gauthier 1096 pressa sa marche à travers les forêts et les déserts, poursuivi par la faim, et traînant les débris de son armée. Il se présenta en suppliant devant le gouverneur de Nissa, qui fut touché de la misère des croisés, et leur fit donner des vivres, des armes et des vêtemens.

Les soldats de Gauthier, persuadés que leurs revers étaient une punition du Ciel, furent ramenés à la discipline par la crainte de Dieu. Ils passèrent le mont Hémus, traversèrent Philopopolis et Adrianople sans commettre de désordres et sans éprouver de nouveaux malheurs. Après deux mois de fatigue et de misère, ils arrivèrent sous les murs de Constantinople, où l'empereur Alexis leur permit d'attendre l'armée de Pierre l'Ermite.

Cette armée, qui avait traversé la Bavière et l'Autriche (1), devait bientôt être plus maltraitée que son avant-garde. Lorsqu'elle fut entrée en Hongrie, on montra à Pierre les lieux où quelques-uns des soldats de son lieutenant avaient été massacrés par les habitans; des bruits sinistres

---

d'Aix, consacré à l'itinéraire des premières troupes de pélerins.

(1) Anne Comnène n'est point d'accord avec les historiens latins sur l'itinéraire suivi par Pierre; elle suppose qu'il traversa la Mer Adriatique, et qu'il se rendit ensuite à Constantinople par la Hongrie. (*Alexiad.*, lib. x; *Apud Bizant. script.*, pag. 285-286, et les notes de Ducange, pag. 351.)

vinrent lui annoncer en même temps un vaste complot formé contre lui-même et contre son armée. Au lieu de chercher à maintenir dans sa troupe la discipline (1), seul moyen de salut, il ne craignit point d'enflammer les passions de cette multitude; et dans l'impatience de venger des malheurs passés, il provoqua de nouveaux périls (2). Les armes et les dépouilles de seize croisés avaient été suspendues à la porte de Semlin. A cette vue, le cénobite ne peut contenir son indignation, et donne le signal de la guerre. La trompette sonne, les soldats courent au carnage, la terreur les a précédés dans la ville ; à leur première attaque tout le peuple prend la fuite et se réfugie sur une colline défendue d'un côté par des bois et des rochers, de l'autre par le Danube. Il est poursuivi et forcé dans ce dernier asile par la multitude furieuse des croisés; plus de quatre mille des habitans de Semlin tombent sous les coups du vainqueur ; les cadavres emportés par le fleuve vont annoncer cette horrible victoire jusque dans Belgrade.

A cette nouvelle, les Hongrois irrités se rassem-

---

(1) Tous les détails qui suivent sont extraits du premier livre d'Albert d'Aix, qui s'est longuement étendu sur la marche de l'armée de Pierre l'Ermite.

(2) Guibert, qui veut peindre toute l'insolence des pèlerins, après avoir raconté qu'ils violaient les femmes, pillaient les habitans, ajoute qu'ils arrachaient le poil de la barbe à leurs hôtes, *suis hospitibus barbas vellebant.* (*Biblioth. des Croisades*, tom. 1, p. 124.)

blent en armes ; les croisés restaient dans Semlin, se livrant à la joie de leurs triomphes, et s'emparant de toutes les richesses des habitans, lorsqu'on leur annonça l'arrivée de Coloman, roi de Hongrie, et de cent mille de ses sujets, impatiens de venger le massacre d'une population désarmée. Les soldats de la croix, qu'animait une aveugle fureur, manquaient du véritable courage, et leur chef avait plus d'enthousiasme que de vertus guerrières. N'osant point attendre l'armée de Coloman, ils quittèrent tout-à-coup Semlin, que leurs historiens appellent la *ville du malheur* (1), et se hâtèrent de traverser la Morava, qui séparait la Hongrie du pays des Bulgares.

En arrivant sur les terres de la Bulgarie, les croisés trouvèrent les villages et les villes abandonnés ; Belgrade, la capitale, était restée sans habitans ; tout le peuple avait fui dans les forêts et dans les montagnes. Les soldats de Pierre, après une marche pénible, manquant de vivres et trouvant à peine des guides pour les conduire, arrivèrent enfin aux portes de Nissa, place assez bien fortifiée pour être à l'abri d'une première attaque. Les Bulgares se montrant sur les remparts, et les

1096

---

(1) Guillaume de Tyr et les autres historiens latins appellent cette ville *Malle Villa*; d'abord parce qu'ils n'en savaient pas le nom, en second lieu parce qu'elle avait été funeste pour les croisés. Tous les historiens français qui avaient parlé des croisades, avaient traduit *Malle Villa* par *Malleville*. (Voy. Marsigli, *Danubius Pannonico-Mysicus*.)

croisés s'appuyant sur leurs armes, s'inspirèrent une crainte mutuelle. Cette crainte prévint d'abord les hostilités ; mais l'harmonie ne pouvait durer long-temps entre une armée sans discipline, et un peuple que les violences des croisés avaient irrité.

Les pélerins, après avoir obtenu des vivres, venaient de se remettre en marche, lorsqu'une querelle entre les habitans et quelques soldats fit éclater la guerre. Cent croisés allemands, que Guillaume de Tyr appelle des *enfans de Bélial*, et qui avaient à se plaindre de quelques marchands, voulurent se venger, et mirent le feu à sept moulins placés sur la Nissava. A l'aspect de l'incendie, les habitans de Nissa se précipitèrent hors de leurs remparts, tombèrent sur l'arrière-garde de Pierre, massacrèrent tout ce qui se rencontra sur leur passage, enlevèrent deux mille chariots, et firent un grand nombre de prisonniers (1). Pierre, qui avait déjà quitté le territoire de Nissa, averti du désastre de ses compagnons, revient sur ses pas avec son armée. Les croisés, en revenant vers la ville, entendent les plaintes de ceux qui ont échappé au carnage ; ils voient partout les cadavres de leurs amis et de leurs frères étendus sur les chemins ; leur troupe irritée ne respire que la vengeance ; mais le cénobite Pierre, craignant de nouveaux revers,

---

(1) Albert d'Aix dit que plusieurs années après, dans le temps où il écrivait son histoire, les femmes et les enfans de ces pélerins étaient encore retenus chez les Bulgares.

a recours aux négociations; des députés vont dans Nissa demander les prisonniers et les bagages de son armée, enlevés par les Bulgares. Ces députés rappellent au gouverneur que les pélerins ont pris la croix et qu'ils vont combattre en Orient les ennemis de Jésus-Christ. Le gouverneur leur rappelle avec colère leur manque de foi, leurs violences, et surtout le massacre des habitans de Semlin; il se montre inexorable à leurs prières. Au retour des députés dans le camp, les croisés n'écoutent plus que leur indignation ou leur désespoir; en vain le cénobite veut calmer les esprits et tenter de nouveaux moyens de conciliation, les plus ardens volent aux armes; de toutes parts on n'entend que des plaintes et des menaces; chacun des croisés ne prend des ordres que de lui-même. Tandis que Pierre essayait de ramener le gouverneur de Nissa à des sentimens pacifiques, deux mille pélerins, armés du glaive, s'approchent des remparts et s'efforcent de les escalader; ils sont repoussés par les Bulgares et soutenus par un grand nombre de leurs compagnons. Le combat devient général, et le feu du carnage s'allume autour des chefs qui parlaient encore des conditions de la paix: vainement l'ermite Pierre a recours aux supplications pour arrêter ses soldats; vainement il se place entre les combattans; sa voix, si connue des croisés, se perd dans le bruit des armes; les pélerins qui combattaient en désordre, sont mis en fuite; les uns périssent dans les marais, les autres tombent sous le fer des

1096 Bulgares. Les femmes, les enfans qui les suivaient, leurs chevaux, leurs bêtes de somme, la caisse de l'armée qui contenait les nombreuses aumônes des fidèles, tout devient la proie d'un ennemi enivré de sa victoire.

L'ermite Pierre se réfugia avec les débris de sa troupe sur une colline du voisinage ; il passa la nuit au milieu des alarmes, déplorant sa défaite et les suites funestes des violences dont il avait lui-même donné le signal et l'exemple chez les Hongrois. Il n'avait plus autour de lui que cinq cents hommes. Les trompettes et les clairons ne cessèrent de retentir pour rappeler ceux qui avaient échappé au carnage et qui s'étaient égarés dans leur fuite. Soit que les croisés ne pussent trouver de salut que sous leurs drapeaux, soit qu'ils se ressouvinssent encore de leur serment, aucun d'eux ne songea à retourner dans ses foyers. Le lendemain de leur défaite, sept mille fugitifs vinrent rejoindre leur chef. Peu de jours après, Pierre vit encore sous ses ordres trente mille combattans. Dix mille avaient péri sous les murs de Nissa. L'armée des croisés, réduite à un état déplorable, s'avança tristement vers les frontières de la Thrace; elle était sans moyens de subsister et de combattre; elle avait à craindre une nouvelle déroute si elle rencontrait les Bulgares, et toutes les horreurs de la famine (1) si elle trouvait un pays désert. Les sol-

---

(1) Albert d'Aix dit que les croisés faisaient rôtir les blés mûrs.

dats de Pierre se repentirent alors de leurs excès. 1096
Le malheur les rendit plus dociles et leur inspira
des sentimens de modération. La pitié qu'on eut
pour leur misère les servit mieux que la terreur
qu'ils avaient voulu répandre. Lorsqu'on cessa de
les redouter, on vint à leur secours. Comme ils entraient sur le territoire de la Thrace, l'empereur
grec leur envoya des députés pour se plaindre de
leurs désordres et leur annoncer en même temps
sa clémence. Pierre, qui craignait de nouveaux désastres, pleura de joie en apprenant qu'il avait trouvé grâce auprès d'Alexis. Plein de confiance et
d'espoir, il poursuivit sa marche, et les croisés
qu'il commandait, portant des palmes dans leurs
mains, arrivèrent sans obstacles sous les murs de
Constantinople (1).

Les Grecs, qui n'aimaient pas les Latins, applaudissaient en secret au courage des Bulgares, et contemplaient avec joie les guerriers de l'Occident,
couverts des lambeaux de l'indigence. L'empereur
voulut voir l'homme extraordinaire qui avait sou-
levé le monde chrétien par son éloquence. Pierre fut
admis à l'audience d'Alexis, et raconta sa mission et

---

qui couvraient les campagnes voisines de Belgrade. (Albert
d'Aix, liv. 1er.)

(1) Pour l'arrivée des pélerins à Constantinople, consultez Anne Comnène, lib. x, analysée *Biblioth. des Croisades*, tom. II. Elle dit que d'autres croisés étaient déjà arrivés sur les rives du Bosphore avant Pierre l'Ermite.

ses revers (1). En présence de toute sa cour, l'empereur vanta le zèle du prédicateur de la croisade, et comme il n'avait rien à craindre de l'ambition d'un ermite, il le combla de présens, fit distribuer à son armée de l'argent et des vivres, et lui conseilla d'attendre, pour commencer la guerre, l'arrivée des princes et des illustres capitaines qui avaient pris la croix (2).

Ce conseil était salutaire; mais les héros les plus renommés de la croisade n'étaient point encore prêts à quitter l'Europe; ils devaient être précédés de nouvelles troupes de croisés, qui, marchant sans prévoyance et sans discipline sur les traces de l'armée de Pierre, allaient commettre les mêmes excès et s'exposer aux mêmes revers.

Un prêtre du Palatinat avait prêché la croisade dans plusieurs provinces de l'Allemagne. A sa voix, quinze ou vingt mille hommes avaient fait le serment de combattre les infidèles et s'étaient rassemblés en corps d'armée. Comme les prédicateurs

---

(1) Anne Comnène dit qu'il était très prodigue de paroles; elle fait généralement ce reproche aux croisés français, et c'était un des ennuis d'Alexis. (Voyez, dans la *Biblioth. des Croisades*, tom. II, l'extrait d'Anne Comnène.)

(2) La partie la plus intéressante de l'histoire d'Anne Comnène, par rapport aux croisades, est celle qu'elle a consacrée au séjour des pèlerins à Constantinople. Son récit, toujours plein d'exagération, a besoin cependant d'être comparé avec celui d'Albert d'Aix. Ces deux historiens se trouvent dans la *Biblioth. des Croisades*, tom. I et II.

de la guerre sainte passaient pour des hommes
inspirés de Dieu, le peuple croyait obéir à la voix du
ciel en les prenant pour chefs de la croisade. Gotschalk obtint le même honneur que Pierre l'Ermite,
et fut choisi pour général par ceux qu'il avait entraînés à prendre les armes. Cette armée arriva en
Hongrie vers la fin de l'été. La récolte, qui était
abondante, fournit aux Allemands une occasion
facile de se livrer à l'intempérance. Au milieu des
scènes tumultueuses de la débauche, ils oublièrent
Constantinople, Jérusalem, et Jésus-Christ luimême, dont ils allaient défendre le culte et les
lois. Le pillage, le viol, le meurtre, laissèrent partout des traces de leur passage. Coloman (1) assembla des troupes pour châtier leur licence, et
pour leur rappeler les maximes de la justice et les
lois de l'hospitalité. Les soldats de Gotschalk
étaient pleins de bravoure ; ils se défendirent d'abord avec avantage. Leur résistance inspira même
de sérieuses alarmes aux Hongrois, qui résolurent
d'employer la ruse pour les réduire. Le général de
Coloman feignit de désirer la paix. Les chefs des
Hongrois se présentèrent dans le camp des croisés,
non plus comme des ennemis, mais comme des
frères. A force de protestations et de caresses ils
leur persuadèrent de se laisser désarmer. Les Allemands, livrés aux passions les plus brutales, mais

---

(1) Il faut voir, dans la chronique hongroise de Thuroz,
le portrait singulier du roi Coloman. (Voyez *Biblioth. des
Croisades*, tom. II.)

1096 simples et crédules, s'abandonnèrent aux promesses d'un peuple chrétien, et montrèrent une aveugle confiance dont ils furent bientôt les victimes. A peine eurent-ils déposé leurs armes, que le chef des Hongrois donna le signal du carnage. Les prières, les pleurs des croisés, le signe révéré qu'ils portaient sur la poitrine, ne purent arrêter les coups d'un ennemi perfide et barbare. Leur sort fut digne de pitié, et l'histoire leur eût donné des larmes s'ils avaient eux-mêmes respecté les lois de l'humanité (1).

On s'étonne moins sans doute des excès de ces premiers croisés, lorsqu'on sait qu'ils appartenaient à la dernière classe du peuple, toujours aveugle et toujours prête à abuser des noms et des choses les plus saintes, lorsqu'elle n'est point contenue par l'autorité des lois et des chefs. Les guerres civiles qui troublèrent long-temps l'Europe, avaient augmenté le nombre des vagabonds et des aventuriers. L'Allemagne, plus troublée que les autres pays de l'Occident, était pleine de ces hommes élevés dans le brigandage et devenus le fléau de la société. Ils s'enrôlèrent presque tous sous les

---

(1) Le moine Eckkard a ajouté quelques particularités au récit d'Albert d'Aix sur les croisades des Allemands; cet historien, plein de prodiges, a cependant le grand intérêt de nous offrir un récit laconique, mais original, et qui n'a pas été copié, comme la plupart de ceux de Bongars, sur un type commun. (Voyez *Bibliothèque des Croisades*, tom. 1.)

drapeaux de la croisade, et portèrent avec eux, dans la nouvelle expédition, l'esprit de licence et de révolte dont ils étaient animés.

1096

Il s'assembla sur les bords du Rhin et de la Moselle une nouvelle troupe de croisés, plus séditieuse, plus indisciplinée que celles de Pierre et de Gotschalk. On leur avait dit que la croisade devait racheter tous les péchés, et, dans cette persuasion, ils commettaient les plus grands crimes avec sécurité. Animés d'un fanatique orgueil, ils se crurent en droit de mépriser et de maltraiter tous ceux qui ne les suivaient point dans la sainte expédition. La guerre qu'ils allaient faire leur paraissait si agréable à Dieu, ils croyaient rendre un si grand service à l'Église, que tous les biens de la terre pouvaient à peine suffire à payer leur dévouement. Tout ce qui tombait entre leurs mains leur semblait une conquête sur les infidèles et devait être le juste prix de leurs travaux.

Aucun capitaine n'osait se mettre à la tête de cette troupe furieuse (1), qui errait en désordre et n'obéissait qu'à ceux qui partageaient son délire. Un prêtre, nommé Volkmar, et un comte Émicon, qui croyaient expier les déréglemens de

---

(1) Au milieu de cette multitude confuse, on distinguait Thomas de Feii, Guillaume Charpentier, un comte Herman, Clérembaut de Vendeuil. Après la déroute de Mersbourg, la plupart de ces chefs se réfugièrent en Italie, où ils rejoignirent le comte de Vermandois, qui s'embarqua l'année suivante à Barri.

sa jeunesse, en exagérant les sentimens et les opinions de la multitude, attirèrent par leurs déclamations l'attention et la confiance des nouveaux croisés. Ces deux chefs s'étonnèrent qu'on allât faire la guerre aux Musulmans qui retenaient sous leur loi le tombeau de Jésus-Christ, tandis qu'on laissait en paix un peuple qui avait crucifié son Dieu. Pour enflammer les passions, ils eurent soin de faire parler le ciel et d'appuyer leur opinion de visions miraculeuses. Le peuple, pour qui les juifs étaient partout un objet de haine et d'horreur, ne se montrait déjà que trop disposé à les persécuter (1). Le commerce qu'ils faisaient presque seuls, avait mis entre leurs mains une grande partie de l'or qui circulait en Europe. La vue de leurs richesses devait irriter les croisés, qui étaient la plupart réduits à implorer la charité des fidèles pour accomplir leur pélerinage. Il est probable aussi qu'ils insultèrent par leurs railleries à l'enthousiasme des chrétiens pour la croisade (2).

---

(1) Guibert fait dire à un croisé : « Quoi! nous allons chercher les ennemis de Dieu outre mer, tandis que les juifs, ses plus cruels ennemis, sont près de nous? *Nos Dei hostes orientem versus longis terrarum tractibus transmissis, desideramus agredi, cum ante oculos nostros sint Judei quibus inimicitior existat gens nulla Dei.* (Guibert, Dom. Bouquet, *Historiens de France*, tom. xii, pag. 240.)

(2) Voyez l'Éclaircissement sur l'état des juifs au moyen âge par rapport aux croisades, dans le 2ᵉ. volume de cette histoire.

Tous ces motifs, réunis à la soif du pillage, allumèrent le feu de la persécution. Émicon et Volkmar donnèrent le signal et l'exemple. A leur voix une multitude furieuse se répandit dans les villes voisines du Rhin et de la Moselle ; elle massacra impitoyablement tous les juifs qu'elle rencontra sur son passage (1). Dans leur désespoir, un grand nombre de ces victimes aimèrent mieux se donner la mort que de la recevoir de leurs ennemis. Plusieurs s'enfermèrent dans leurs maisons et périrent au milieu des flammes qu'ils avaient allumées ; quelques-uns attachaient de grosses pierres à leurs vêtemens et se précipitaient avec leurs trésors dans le Rhin et dans la Moselle. Les mères étouffaient leurs enfans à la mamelle, en disant qu'elles aimaient mieux les envoyer dans le sein d'Abraham, que de les voir livrés à la fureur des chrétiens. Les femmes, les vieillards sollicitaient la pitié pour les aider à mourir (2). Tous ces malheureux imploraient le trépas, comme les autres hommes demandent la vie. Au milieu de ces scè-

1096

––––––––––

(1) Les massacres des juifs sont racontés avec de grands détails par la chronique intitulée : *Gesta Archiepiscop. Trevirensium*, analysée dans la *Bibliothèque des Croisades*, tom. 1.

(2) Albert d'Aix s'élève contre le massacre des juifs, et rappelle à ses lecteurs que Dieu n'ordonne point de faire entrer qui que ce soit, malgré lui et par force, sous le joug de la foi catholique. Cependant, ajoute-t-il, je ne sais pas si ce fut par un jugement de Dieu ou par une erreur de leur esprit, que les croisés s'élevèrent ainsi contre eux, lib. 1.

nes de désolation, l'histoire se plaît à célébrer le zèle éclairé des évêques de Worms, de Trèves, de Mayence, de Spire, qui firent entendre la voix de la religion et de l'humanité, et dont le palais fut un asile ouvert aux juifs contre la poursuite des meurtriers et des bourreaux (1).

Les soldats d'Émicon s'applaudissaient de leurs exploits, et les scènes de carnage les enivraient d'orgueil. Fiers comme s'ils avaient vaincu les Sarrasins, ils se mirent en marche chargés de butin, invoquant le ciel qu'ils avaient si cruellement outragé. Ils étaient livrés à la plus brutale superstition, et se faisaient précéder d'une chèvre ou d'une oie, auxquelles ils attribuaient quelque chose de divin (2). Ces vils animaux, à la tête des bataillons, étaient comme leurs chefs, et parta-

---

(1) Les chroniques juives avancent cependant que les évêques reçurent de l'argent des juifs. (Voyez l'*Histoire des Juifs* de M. Capefigue, tom. II; Allemagne.)

(2) *Fuit et aliud scelus detestabile : in hác congregatione pedestris populi stulti et vesanæ levitatis anserem quemdam divino spiritu asserebant afflatum, et capellam non minus eodem repletam, et has sibi duces secundæ viæ fecerant in Jerusalem, quos et nimium venerabantur et bestiali more his intendebant ex toti animi intentione.* (Alb. Aq., lib. I, cap. 31.) Albert d'Aix, en parlant de cette superstition des croisés pour une chèvre et une oie, ajoute gravement que le Seigneur Jésus ne veut point que le sépulcre où il reposa soit visité par des bêtes brutes, et que ces bêtes guident ceux pour lesquels il a donné son sang : le peuple chrétien, dit-il encore avec la même

geaient le respect et la confiance de la multitude 1096 avec tous ceux qui donnaient l'exemple des plus horribles excès. Les peuples fuyaient à l'approche de ces redoutables champions de la croix. Les chrétiens que ceux-ci rencontraient sur leur route étaient forcés d'applaudir à leur zèle et tremblaient d'en être les victimes. Cette multitude effrénée, sans connaître les peuples et les contrées qu'elle avait à traverser, ignorant mêmes les désastres de ceux qui l'avaient précédée dans cette périlleuse carrière, s'avançait comme un violent orage vers les plaines de la Hongrie. Mersbourg leur ferma ses portes et leur refusa des vivres. Ils s'indignèrent qu'on eût si peu d'égards pour les soldats de Jesus-Christ, et se mirent en devoir de traiter les Hongrois comme ils avaient traité les juifs.

Mersbourg (1), situé sur la Leytha, rivière qui

---

naïveté, ne doit avoir pour chefs que les évêques et les abbés, et non des animaux brutes et privés de raison. (Lib. 1er.)

(1) Le Mersbourg des croisés s'appelle aujourd'hui, en hongrois, *Ovar*, en allemand, *Ungarisch-Altenburg*, en slavon, *Stare-Hrady*. Il est situé dans les marais que forme la Leytha à son embouchure dans le Danube. Sa position est telle qu'il est impossible d'aller d'Autriche en Hongrie de ce côté-là, sans y passer. (Voyez Busching, géogr.) Le nom de *Mersbourg*, qu'Albert d'Aix donne à cette place, n'est plus en usage; mais celui d'Altenburg qui lui a succédé, et qui signifie *vieille ville*, indique assez clairement un nom plus ancien; et le nom de *Moisson*, que d'autres historiens des croisades donnent à la même place, se retrouve encore

va se jeter dans le Danube, était défendue par des marais. Les croisés traversent le fleuve, abattent une forêt et forment une chaussée qui les conduit jusque sous les murs de la place. Après quelques préparatifs le signal est donné; les échelles sont dressées contre les remparts; on livre un assaut général. Les assiégés opposent une vive résistance, et font pleuvoir sur leurs ennemis une grêle de traits, de pierres et des torrens d'huile bouillante. Les croisés redoublent de fureur, s'encouragent les uns les autres. La victoire allait se déclarer pour eux, lorsque tout-à-coup quelques échelles fléchissent sous le poids des assaillans et entraînent dans leur chute les créneaux et les débris des tours que les béliers avaient ébranlées. Les cris des blessés, le fracas des ruines, répandent une terreur panique parmi les croisés. Ils abandonnent les remparts à demi-ruinés, derrière lesquels tremblaient leurs ennemis, et se retirent dans le plus grand désordre.

« Dieu lui-même, dit Guillaume de Tyr, ré-
» pandit l'effroi dans leurs rangs pour châtier leurs
» crimes et pour accomplir cette parole du sage:
» *L'impie fuit sans qu'on le poursuive.* » Les habitans de Mersbourg, étonnés de leur victoire, sortent enfin de leurs remparts, et trouvent la campagne couverte de fuyards qui avaient jeté

---

dans le nom latin et hongrois du comté de Wieselbourg, duquel dépend cette ville: *Mosony warmegye,* Mosoniensis comitatus.

leurs armes. Un grand nombre de ces furieux, à 1096 qui rien jusqu'alors n'avait pu résister, se laissent égorger sans défense. Plusieurs périssent engloutis dans les marais. Les eaux du Danube et de la Leytha sont rougies de leur sang et couvertes de leurs cadavres.

L'avant-garde de cette armée éprouva le même sort chez les Bulgares, sur le territoire desquels elle était parvenue. Dans les villes, dans les campagnes, ces indignes croisés trouvèrent partout des hommes qui étaient, comme eux, féroces et implacables, et qui semblaient, pour rappeler ici l'esprit des historiens du temps, avoir été placés sur le passage des pélerins, comme des instrumens de la colère divine. Parmi le petit nombre de ceux qui trouvèrent leur salut dans la fuite, les uns retournèrent dans leurs pays, où ils furent accueillis par les railleries (1) de leurs compatriotes, les autres arrivèrent jusqu'à Constantinople, où les Grecs apprirent les nouveaux désastres des Latins avec d'autant plus de joie, qu'ils avaient eu beaucoup à souffrir des excès auxquels s'était livrée l'armée de Pierre l'Ermite.

Cette armée, réunie à la troupe de Gauthier, avait reçu sous ses drapeaux des Pisans, des Vénitiens et des Génois; elle pouvait compter cent

---

(1) Le peuple leur disait qu'ils revenaient de *moisson*, faisant allusion au nom de la ville devant laquelle ils avaient été dispersés.

mille combattans (1). Le souvenir de leur misère leur fit respecter quelque temps les ordres de l'empereur et les lois de l'hospitalité; mais l'abondance, l'oisiveté, la vue des richesses de Constantinople, ramenèrent dans leur camp la licence, l'indiscipline et la soif du brigandage. Impatiens de recevoir le signal de la guerre, ils pillèrent les maisons, les palais et même les églises des faubourgs de Bysance. Pour délivrer sa capitale de ces hôtes destructeurs, Alexis leur fournit des vaisseaux et les fit transporter au-delà du Bosphore (2).

On ne devait rien attendre d'une troupe, mélange confus de toutes les nations, et des débris de plusieurs armées indisciplinées. Un grand nombre de croisés, en quittant leur patrie, n'avaient songé qu'à accomplir leur vœu et ne soupiraient qu'après le bonheur de voir Jérusalem; mais ces pieuses dispositions s'étaient évanouies dans la route. Quel que soit le motif qui les rassemble, lorsque les hommes ne sont contenus par aucun frein, les plus corrompus sont ceux qui ont le plus

---

(1) Anne Comnène, dans son x^e. livre, parle de ces troupes de pélerins italiens arrivées à Constantinople bien avant les soldats de Godefroy. (Voyez l'extrait de cet historien analysé au tom. II de la *Biblioth. des Croisades.*)

(2) Les croisés débarquèrent, selon le récit d'Anne Comnène, à Hélenopolis, ville de la Bithynie, dans le golfe de Nicomédie. Cette ville portait avant le nom de *Drepanum*; elle prit celui de Ste.-Hélène, mère de Constantin, qui y était née. (Ducange, *Not. ad Alexiad.*, pag. 351.)

d'empire, et les mauvais exemples font la loi. Aussitôt que les soldats de Pierre eurent passé le détroit, tous ceux qu'ils rencontrèrent dans leur marche furent des ennemis, et les sujets de l'empereur grec eurent plus à souffrir que les Turcs de leurs premiers exploits. Dans leur aveuglement ils alliaient la superstition à la licence, et, sous les bannières de la croix, commettaient des crimes qui font frémir la nature (1). Bientôt la discorde éclata parmi eux, et leur rendit tous les maux qu'ils avaient faits aux chrétiens.

Ils avaient établi leur camp dans les campagnes fertiles qui bordent le golfe de Nicomédie. Chaque jour des partis se répandaient dans le voisinage et revenaient chargés de dépouilles. Le partage du butin excitait entr'eux de fréquentes querelles. Les Français, d'un caractère présomptueux et railleur, s'attribuaient tout le succès de la guerre commencée, et traitaient avec mépris les Italiens et les Allemands. Ceux-ci se séparèrent de l'armée, et, sous la conduite d'un chef appelé Renaud (2), ils s'a-

---

(1) Il y avait dans l'armée de l'ermite Pierre, dit Anne Comnène, dix mille Normands, qui commirent d'horribles violences aux environs de Nicée. Ils hachèrent des enfans en pièces; ils en mirent d'autres à la broche, et exercèrent toutes sortes de cruautés contre des personnes plus âgées. (Voyez l'*Alexiade*, liv. x.) Nous n'avons pas besoin de dire ici qu'il faut se défier de l'exagération d'Anne Comnène, toujours prête à accuser les croisés. (Voyez l'extrait de cet historien, *Biblioth. des Croisades*, tom. II.)

(2) Ce Renaud, dont on ne sait autre chose, si ce n'est

vancèrent vers les montagnes qui avoisinent Nicée. Là, ils se rendirent maîtres d'une forteresse (1) dont ils massacrèrent la garnison, et quoique leur troupe fût peu nombreuse et qu'elle manquât de vivres, ils osèrent attendre l'armée ennemie qui vint les assiéger. En proie aux horreurs de la soif (2) et de la famine, ils ne purent résister long-temps aux attaques des Turcs, et furent presque tous passés au fil de l'épée ; leur général et quelques-uns de ses soldats désertèrent les drapeaux de la croisade, et n'obtinrent la vie qu'en embrassant la foi de Mahomet qu'ils avaient juré de détruire (3).

---

qu'il était italien, est le seul personnage ainsi appelé qui ait attaché son nom à un événement important de la première croisade. Le Tasse, qui a pris la plupart de ses personnages dans l'histoire, n'a pu trouver que dans son imagination le personnage et le caractère de Renaud de la *Jérusalem délivrée*.

(1) Anne Comnène appelle cette forteresse Ξερίγορδον ; Baudri Guibert et Guillaume de Tyr la désignent sous le nom de *Exerogorgon*. Ducange, dans ses notes sur l'*Alexiade*, la place à quelque distance de Nicée. (Ducange, pag. 351.)

(2) Selon Tudebode, qui donne beaucoup de détails sur ces événemens, ils furent tellement tourmentés par la soif, qu'ils saignèrent leurs chevaux et leurs ânes et burent leur sang ; ils furent à la fin forcés de boire leur urine. Tudebode est un historien contemporain, et son récit a été rapporté *Biblioth. des Croisades*, tome 1, page 252.

(3) Robert le Moine dit que Renaud traita secrètement avec les Turcs, et qu'ayant fait semblant d'engager le combat, il passa avec plusieurs autres du côté de l'ennemi au milieu de l'action. (*Biblioth. des Croisades*, tom. 1, p. 3.)

Lorsque la nouvelle de ce désastre parvint dans le camp des croisés, elle y porta l'agitation et le trouble. Les Français qui, peu de jours auparavant, ne pouvaient supporter les Allemands et les Italiens, pleurèrent leur sort tragique, et voulurent se mettre en marche pour les venger. En vain Gauthier qui les commandait, leur représenta que les croisés dont ils déploraient la perte étaient morts victimes de leur imprudence, et qu'il fallait surtout éviter leur exemple; rien ne pouvait contenir l'impatience et l'ardeur aveugle de ses soldats. Ceux-ci croyaient déjà voir les Turcs fuir devant eux, et craignaient de ne pouvoir les atteindre (1). Des murmures s'élevèrent dans l'armée chrétienne contre un général qu'on accusait de manquer de courage, parce qu'il prévoyait des revers. On passa des murmures à la révolte, et l'ordre du départ et de l'attaque fut arraché par la violence. Gauthier suivit en gémissant une multitude indocile, qui marcha en désordre vers Nicée, et que les Turcs devaient bientôt punir du mépris qu'elle montrait pour ses chefs.

Le sultan de Nicée, prévoyant leur imprudence, avait fait cacher une partie de son armée dans une forêt, et les attendait avec le reste de ses troupes dans une plaine au pied des montagnes (2). Après

---

(1) Albert d'Aix raconte avec de grands détails cette défaite des chrétiens, et les circonstances dont elle fut précédée, lib. 1.

(2) Anne Comnène attribue au sultan de Nicée un stra-

quelques heures de marche dans un pays qui leur était inconnu, les chrétiens sont attaqués à l'improviste par les Turcs qu'ils croyaient en fuite. Ils se rangent à la hâte en bataille, et se défendent d'abord vaillamment. Mais l'ennemi avait l'avantage de la position et du nombre; ils furent bientôt enveloppés de toutes parts et mis en déroute. Le carnage fut horrible; Gauthier, qui était digne de commander à de meilleurs soldats, tomba percé de sept flèches. A l'exception de trois mille hommes qui se réfugièrent dans un château voisin de la mer, toute l'armée périt dans un seul combat, et ne fut bientôt plus dans la plaine de Nicée qu'un monceau d'ossemens (1) entassés pêle-mêle : déplorable monument qui devait montrer aux autres croisés le chemin de la Terre-Sainte!

---

tagême pour attirer les chrétiens dans une position défavorable; elle suppose que le sultan envoya deux espions pour répandre adroitement le bruit dans le camp des fidèles, que les Normands s'étaient emparés de Nicée, et qu'ils pillaient toutes les richesses qui y étaient rassemblées. « A cette nou-
» velle, dit la princesse, les Latins brûlent de se mettre en
» marche; il n'est plus d'ordre, plus de discipline qui puisse
» les contenir; car dès que le pillage et le butin les appellent,
» il est difficile de contenir les Latins. (Lib. x, pag. 286.)
Voyez l'extrait dans la *Bibliothèque des Croisades*, tom. II.

(1) Anne Comnène compare cet amas d'ossemens ϭτων χολωνοτ à une montagne, *montis instar extiterit cum sublimi altitudine*. Elle n'est point d'accord sur les suites de cette bataille avec les Latins. (Voyez les observations dans le tom. II de la *Biblioth. des Croisades*.) Albert d'Aix est le seul historien qui entre dans de grands détails.

Tel fut le sort de cette multitude de pélerins 1096
qui menaçaient l'Asie, et ne purent voir les lieux
qu'ils allaient conquérir. Par leurs excès, ils avaient
prévenu toute la Grèce contre l'entreprise des croisades, et, par leur manière de combattre, ils
avaient appris aux Turcs à mépriser les armes des
chrétiens de l'Occident.

Pierre, qui était revenu à Constantinople avant la
bataille, et qui depuis long-temps avait perdu son
autorité parmi les croisés, déclama contre leur in-
docilité et leur orgueil (1), et ne vit plus en eux que
des brigands que Dieu avait jugés indignes de contempler et d'adorer le tombeau de son fils. Dès-
lors tout le monde put voir que l'apôtre passionné
de la guerre sainte n'avait rien de ce qu'il fallait
pour en être le chef. Le sang-froid, la prudence,
la fermeté, pouvaient seuls conduire une multitude que tant de passions faisaient agir, et qui
n'avait d'abord obéi qu'à l'enthousiasme. Le cénobite Pierre, après avoir préparé les grands événemens de la croisade par son éloquence, perdu dans
la foule des pélerins, ne joua plus qu'un rôle ordinaire, et, dans la suite, fut à peine aperçu au milieu
d'une guerre qui était son ouvrage.

---

(1) Au lieu de reconnaître sa faute, dit Anne Comnène,
il la rejeta sur ceux qui avaient désobéi à ses ordres et qui
avaient voulu se conduire par eux-mêmes, les appelant des
voleurs et des brigands, que Dieu avait jugés indignes de
voir et d'adorer le tombeau de son fils. (Voyez l'*Alexiade*,
liv. x, ch. VIII, analysée *Biblioth. des Croisades*, tom. II.)

1096 L'Europe apprit sans doute avec effroi la fin malheureuse de trois cent mille croisés qu'elle avait vus partir ; mais ceux qui devaient les suivre ne furent point découragés, et résolurent de profiter des leçons que les désastres de leurs compagnons leur avaient données. L'Occident vit bientôt sur pied des armées plus régulières et plus formidables que celles qui venaient d'être dispersées et détruites sur les bords du Danube et dans les plaines de la Bithynie.

En racontant la marche et les exploits de ces nouvelles armées, nous allons retracer de plus nobles tableaux. C'est ici que va se montrer dans tout son éclat l'esprit héroïque de la chevalerie, et que commence l'époque brillante de la guerre sainte.

Les chefs des armées chrétiennes qui allaient quitter l'Occident, étaient déjà célèbres par leur valeur et par leurs exploits. A leur tête, l'histoire, comme la poésie, doit placer Godefroy de Bouillon (1), duc de la Basse-Lorraine. Il était de l'il-

---

(1) Godefroy de Bouillon naquit à Baysy, village du Brabant-wallon, à deux lieues sud-est de Nivelles, et non loin de Fleurus. Aubert le Mire et le baron Leroy, dans la géographie du Brabant, rapportent qu'on voyait encore de leur temps les restes du château où Godefroy avait été élevé.

L'auteur de l'histoire en vers, intitulée *Historia gestorum Viæ nostri temporis Hierosolymitanæ*, fait ainsi le portrait de Godefroy :

Inclitus ille ducum Godefrieus culmen honosque
Omnibus exemplum bonitatis militiæque ,

lustre race des comtes de Boulogne, et descendait, par les femmes, de Charlemagne. Dès sa plus tendre jeunesse, il s'était distingué dans la guerre déclarée entre le Saint-Siége et l'empereur d'Allemagne. Il tua sur le champ de bataille Rodolphe de Rhinfeld, duc de Souabe, à qui Grégoire avait envoyé la couronne impériale. Lorsque la guerre s'alluma en Italie pour la cause de l'anti-pape Anaclet, Godefroy entra le premier dans la ville de Rome, assiégée et prise par les troupes de Henri. Il se repentit dans la suite d'avoir embrassé un parti que la victoire même ne put faire triompher, et que la plupart des chrétiens regardaient comme sacrilége. Pour expier des exploits inutiles et condamnés par l'esprit de son siècle, il fit vœu d'aller à Jérusalem, non point comme un simple pélerin, mais comme un libérateur (1).

1096

L'histoire contemporaine, qui nous a transmis

Sive hasta jaculans æquaret Parthica tela.
Cominus aut feriens terebraret ferrea scuta,
Seu gladio pugnans carnes resecaret et ossa,
Sive eques atque pedes propelleret agmina densa.
Hic inimicitiis cunctis sibi conciliatis
Cunctis possessis pro Christi pace relictis,
Arripuit callem, Christum sectando vocantem.

(*Histor. gest. viæ nostri temporis Hierosolym.*, Duchesne, tom. IV, pag. 890, analysée *Biblioth. des Croisades*, tom. 1.)

(1) Albert d'Aix rapporte que dès long-temps avant son pélerinage pour la Terre-Sainte, le duc Godefroy poussait de profonds soupirs et nourrissait au fond de son âme l'ardent désir d'aller aux saints lieux. (Voyez la vision singulière qu'il rapporte, *Biblioth. des Croisades*, tom. 1, p. 43.)

11..

son portrait, nous apprend qu'il réunissait la bravoure et les vertus d'un héros à la simplicité d'un cénobite (1). Son adresse dans les combats, une force de corps extraordinaire, le faisaient admirer au milieu des camps. La prudence et la modération tempéraient sa valeur, et jamais sur le champ de bataille il ne compromit ou ne déshonora sa victoire par un carnage inutile ou par une ardeur téméraire. Animé d'une dévotion sincère, et ne voyant la gloire que dans le triomphe de la justice, toujours prêt à se dévouer pour la cause du malheur et de l'innocence, les princes et les chevaliers le regardaient comme leur modèle, les soldats comme leur père, les peuples comme leur appui. S'il ne fut point le chef de la croisade, comme l'ont prétendu quelques historiens, il obtint du moins l'empire que donnent le mérite et la vertu. Au milieu de leurs divisions et de leurs querelles, les princes et les barons implorèrent souvent la sagesse de Godefroy; et dans les dangers de la guerre, toujours dociles à sa voix, ils obéissaient à ses conseils comme à des ordres suprêmes.

Au signal du duc de Lorraine, la noblesse de France et des bords du Rhin prodigua ses trésors

---

(1) Un historien anonyme des croisades s'exprime ainsi en parlant de Godefroy : *Tantum lenis ut magis in se monachum quam militem figuraret.* Guibert dit encore : *Cujus mira humilitas et monachis jam imitanda modestia.* (Voy. Bongars, pag. 548.)

pour les préparatifs de la croisade. Toutes les choses qui servent à la guerre prirent une valeur si excessive, que le prix d'un fonds de terre suffisait à peine pour acheter l'équipement d'un cavalier. Les femmes se dépouillaient de leurs ornemens les plus précieux pour fournir au voyage de leurs fils ou de leurs époux. Ceux même, disent les historiens, qui en d'autres temps auraient souffert mille morts plutôt que de renoncer à leurs domaines, les cédaient pour une somme modique, ou les échangeaient contre des armes. L'or et le fer paraissaient être les seules choses désirables.

1096

Alors on vit reparaître les richesses enfouies par la crainte ou par l'avarice. Des lingots d'or, des pièces de monnaie, dit l'abbé Guibert, se voyaient en monceaux dans la tente des principaux croisés, comme les fruits les plus communs dans les chaumières des villageois.

Plusieurs barons n'avaient à vendre ni terres ni châteaux; ils imploraient la charité des fidèles qui ne prenaient point la croix et qui croyaient participer aux mérites de la guerre sainte en fournissant à l'entretien des croisés. Quelques-uns ruinèrent leurs vassaux; d'autres, comme Guillaume (1), vicomte de Melun, pillèrent les bourgs et les villages pour se mettre en état d'aller combattre les infidèles.

---

(1) L'abbé Guibert parle ainsi de Guillaume, vicomte de Melun : *Cùm Jerosolymitanum esset agressurus iter, direptis contiguorum sibi pauperum substantiolis, profanum viaticum præparavit.* (Lib. IV, cap. VI .)

1096 Godefroy de Bouillon, conduit par une piété plus éclairée, se contenta d'aliéner ses domaines. On lit dans Robert Gaguin, qu'il permit aux habitans de Metz de racheter leur ville, dont il était le suzerain. Il vendit la principauté de Stenay à l'évêque de Verdun, et céda ses droits sur le duché de Bouillon à l'évêque de Liége, pour la somme modique de quatre mille marcs d'argent et une livre d'or (1); ce qui a fait dire à un historien des croisades (2) que les princes séculiers se ruinaient pour la cause de Jésus-Christ, tandis que les princes de l'Église profitaient de la ferveur des chrétiens pour s'enrichir.

Le duc de Bouillon avait rassemblé sous ses drapeaux quatre-vingt mille fantassins et dix mille cavaliers. Il se mit en marche huit mois après le concile de Clermont, accompagné d'un grand nombre de seigneurs allemands et français. Il emmenait avec lui son frère Eustache de Boulogne, son autre frère Baudouin, et son cousin Baudouin du Bourg. Ces deux derniers, qui devaient être un jour, comme Godefroy de Bouillon, rois de Jéru-

---

(1) On ne sait pas précisément pour quelle somme fut faite cette cession du duché de Bouillon à l'évêque de Liége. Dom. Calmet, dans son *Histoire de Lorraine*, t. II, p. 372, la porte seulement à 309 marcs d'argent, 4 marcs d'or. L'auteur de l'*Histoire du Monastère de St.-Laurent* l'élève jusqu'à 1300 marcs d'argent et 3 marcs d'or. (*Bibliographie*, pag. 347.) Verner Titien n'indique pas les trois marcs d'or. (*Ibid.*, pag. 347.)

(2) Le P. Maimbourg.

salem, tenaient alors le rang de simples chevaliers dans l'armée chrétienne. Ils étaient moins animés par une sincère piété que par l'espoir de faire une grande fortune en Asie, et quittaient sans regret les terres qu'ils possédaient en Europe. On remarquait encore à la suite du duc de Lorraine, Baudouin, comte de Hainaut; Garnier, comte de Grai; Conon de Montaigu, Dudon de Contz, si fameux dans la *Jérusalem délivrée;* les deux frères Henri et Godefroy de Hache, Gérard de Cherisi, Renaud et Pierre de Toul, Hugues de St.-Paul et son fils Engelran. Ces chefs conduisaient avec eux une foule d'autres chevaliers moins connus, mais tous impatiens d'accroître leur fortune et d'illustrer leurs noms dans la guerre déclarée aux peuples de l'Orient.

1096

L'armée que commandait le duc de Lorraine, composée de soldats formés à la discipline, éprouvés dans les combats, offrit à l'Allemagne un autre spectacle que la troupe de Pierre l'Ermite, et rétablit l'honneur des croisés dans tous les pays qu'elle traversa (1). Elle trouva des secours et des alliés partout où les premiers champions de la croix n'avaient trouvé que des obstacles et des ennemis. Godefroy déplora le sort de ceux qui l'avaient précédé, sans chercher à venger leur cause (2). Les

---

(1) On peut lire dans Albert d'Aix des détails curieux sur la marche de Godefroy à travers la Hongrie. (Voyez la *Biblioth. des Croisades*, tom. 1, p. 43.)

(2) Albert d'Aix a rapporté les lettres que Godefroy écri-

1096 Hongrois et les Bulgares oublièrent à leur tour les brigandages commis par les soldats de Pierre, de Gotschalk et d'Émicon; ils admirèrent la modération de Godefroy, et firent des vœux pour le succès de ses armes.

Tandis que le duc de Lorraine s'avançait vers Constantinople, la France levait d'autres armées pour la guerre sainte. Peu de mois après le concile de Clermont, les grands du royaume se réunirent pour délibérer sur les affaires de la croisade. Dans cette assemblée, tenue en présence de Philippe Ier., que le pape venait d'excommunier, personne ne s'opposa à la guerre prêchée sous les auspices du Saint-Siége, personne ne s'occupa de modérer ou de diriger les passions religieuses et guerrières qui agitaient la France et l'Europe.

Vers le milieu du dixième siècle, le chef de la troisième dynastie avait consacré l'usurpation des seigneurs; et, pour obtenir le titre de roi, il avait presque abandonné ce qui restait des droits de la couronne. Philippe Ier., petit-fils de Hugues Capet, voyait à peine ses domaines s'étendre au-delà de Paris et d'Orléans; le reste de la France était gouverné par de grands vassaux, dont plusieurs surpassaient le monarque en puissance. La royauté, seul espoir des peuples contre le pouvoir des

---

vit au roi de Hongrie Coloman, et les réponses de ce prince (lib. II, *in principio*) : elles sont pleines de noblesse et de modération; nous les avons traduites *Biblioth. des Crois.*, tom. I.

grands et du clergé, était si faible qu'on s'étonne aujourd'hui qu'elle n'ait pas succombé au milieu des entraves et des ennemis qui l'environnaient de toutes parts. Comme le monarque se trouvait en butte aux censures de l'Église, il était facile de porter les sujets à la désobéissance, et de légitimer en quelque sorte la révolte en la colorant d'un prétexte sacré.

1096

La croisade entraînait loin de l'Europe tous ceux qui auraient pu profiter de la circonstance malheureuse où se trouvait le royaume ; elle sauvait la patrie d'une guerre civile, et prévenait les sanglantes discordes qu'on avait vu éclater en Allemagne sous le règne de Henri et le pontificat de Grégoire.

Telles étaient les considérations qui auraient pu se présenter à l'esprit des hommes les plus éclairés (1); mais il serait difficile de croire que les conseillers du roi de France aperçussent alors dans toute leur étendue ces résultats salutaires de la

---

(1) Rien n'est plus commun que d'attribuer à des siècles reculés les combinaisons d'une profonde politique. Si on en croyait certains écrivains, c'est à l'enfance des sociétés qu'appartiendrait l'expérience. Je crois devoir rappeler, à ce sujet, l'opinion de Montesquieu : « Transporter dans » les siècles reculés toutes les idées du siècle où l'on vit, » c'est des sources de l'erreur celle qui est la plus féconde. » A ces gens qui veulent rendre modernes tous les siècles » anciens, je dirai ce que les prêtres d'Égypte dirent à » Solon : *O Athéniens ! vous n'êtes que des enfans.* » (*Esprit des Lois*, liv. xxx, ch. xv.)

croisade qu'on a reconnus long-temps après, et qui n'ont été véritablement appréciés que dans le siècle où nous vivons. D'un autre côté, on ne songea point aux désordres, aux malheurs inséparables d'une guerre à laquelle les passions les plus puissantes devaient concourir. On ne songea point que l'ambition, la licence, l'esprit d'exaltation, si redoutables pour les états, pouvaient entraîner aussi la ruine des armées levées pour la guerre sainte. Aucun de ceux qui avaient pris la croix, ou qui restaient dans leurs foyers, ne fit cette réflexion et ne fut assez prévoyant pour apercevoir dans l'avenir autre chose que des combats et des victoires. Les grands vassaux se précipitaient dans une guerre lointaine, sans savoir que cette guerre devait affaiblir leur puissance et ruiner leurs familles; les rois et les peuples étaient loin de trouver dans ces grandes expéditions l'espoir d'accroître un jour, les uns leur liberté, les autres leur pouvoir; les partisans du Saint-Siége, comme les partisans de la royauté, ceux qu'enflammait un zèle ardent pour la cause de l'Église, comme le petit nombre de ceux qu'animait l'amour éclairé de l'humanité et de la patrie; tout le monde, en un mot, se laissait aller aux événemens sans en connaître les causes, sans en prévoir les effets. Les cabinets des princes étaient entraînés comme la multitude, et les plus sages obéissaient aveuglément à cette suprême volonté qui ordonne les choses d'ici-bas comme il lui plaît, et se sert des passions des hommes comme d'un instrument pour accomplir ses desseins.

Dans un siècle superstitieux, la vue d'un prodi- 1096
ge, d'un phénomène extraordinaire, avait plus d'influence sur les esprits que les oracles de la sagesse et de la raison. Les historiens nous apprennent que dans le temps (1) où les barons étaient assemblés, la lune, au milieu d'une éclipse, se montra couverte d'un voile ensanglanté; ce spectacle sinistre se prolongea jusqu'à la fin de la nuit. Au lever du jour, la lune, que d'énormes taches de sang semblaient encore dérober aux regards, parut tout-à-coup environnée d'un éclat inconnu. Quelques semaines après, dit l'abbé Guibert, on vit l'horizon tout en feu du côté de l'Aquilon, et les peuples, saisis d'effroi, sortirent des maisons et des villes, croyant que l'ennemi s'avançait le fer et la flamme à la main. Ces phénomènes et plusieurs autres furent regardés comme des signes de la volonté du ciel, et des présages de la guerre terrible qu'on allait faire en son nom. Ils redoublè-

---

(1) *Eo tempore cum inter regni primates super hác expeditione res fieret, et colloquium ab eis, cum Hugone Magno, sub Philippi regis præsentiá, Parisiis haberetur, mense februario, tertio idus ejusdem, luna, eclipsim patiens, antè noctis medium, sanguineo paulatim cæpit colore velari, donec in cruentissimum tota horribiliter est conversa ruborem; at ubi aurora crepusculo naturæ rediit, circa ipsum lunarem circulum insolitus splendor emicuit.*

Quádam autem æstivi diei vespertiná irruente horá, tanta aquilonis plagæ efflagratio apparuit, ut plurimi è domibus suis sese proriperent, quærentes quinam hostes provincias suas adeo gravi ambustione vastarent. (Guibert, *Abb.*, lib. II, cap. XVII.)

rent partout l'enthousiasme pour la croisade. Ceux qui étaient restés indifférens jusqu'alors, partagèrent le délire général. La plupart des Français appelés au métier des armes, et qui n'avaient point encore fait le serment de combattre les infidèles, s'empressèrent de prendre la croix.

Ceux du Vermandois marchèrent avec les sujets de Philippe sous les drapeaux de leur comte Hugues, jeune prince dont la cour avait admiré les qualités brillantes (1). Fier d'être le frère d'un roi de France et le premier des chevaliers français, il se faisait remarquer par sa bravoure et par l'ostentation de ses manières. Rien n'égalait son ardeur

---

(1) Hugues dit *le Grand*, 2e. fils de Henri Ier., roi de France, devint duc de Vermandois par son mariage avec Adélaïde, fille d'Herbert IV et d'Hildebrante; cette princesse lui apporta en dot, outre le duché de Vermandois, celui de Valois et l'Avouerie de Moulin la Gache. (*Art de vérifier les Dates*, tome II, col. 705.) Ayant usurpé quelques possessions ecclésiastiques, Hugues fut condamné à les restituer par une assemblée d'évêques, dont la décision fut approuvée par Philippe Ier., son frère. (*Cartulaire de S. Pierre de Beauvais*, F°. 83, R°.)

Hugues était plein de noblesse et de générosité. Anne Comnène l'appelle βασιλ εως βασιλεων (*Alexiad.*, livre X, page 258.) Il justifiait (dit le moine Robert) sa naissance toute royale, *is honestate morum et elegantiâ corporis et animi virtute, regalem de quâ ortus erat commendabat prosapiam.* (Robert Monach, lib. II.) *Licet* (ajoute Guibert) *aliorum procerum multo major quam ipsius apud nos reputaretur autoritas, apud exteros tamen præsertim apud inertissimos hominum Græcos de regis Francorum fratre, prævolarat infinita celebritas.* (Guibert, lib. II, ch. XIX.)

belliqueuse sur le champ de bataille ; mais il se 1096 laissait trop aisément vaincre par la flatterie, et manquait de persévérance dans les revers. Quoique la fortune l'eût assez mal partagé, aucun des héros de la croisade ne montra d'intentions plus nobles et plus désintéressées. S'il n'avait pas mérité par ses exploits le surnom de *Grand*, que l'histoire lui a donné, il aurait pu l'obtenir pour n'avoir écouté que son zèle et n'avoir cherché que la gloire, dans une guerre qui offrait des royaumes à l'ambition des princes et des simples chevaliers (1).

Robert, surnommé *Courte-Heuze*, duc de Normandie, qui conduisait ses vassaux à la guerre sainte, était le fils aîné de Guillaume-le-Conquérant. Il unissait à de nobles qualités les défauts les plus répréhensibles dans un prince. Il ne put dans sa jeunesse supporter l'autorité paternelle ; mais plus entraîné par l'amour de l'indépendance que par une véritable ambition, après avoir fait la guerre à son père pour régner en Normandie, il négligea l'occasion de monter sur le trône d'Angleterre à la mort de Guillaume. Ni la paix ni les lois ne fleurirent sous son règne, car l'indolence et la faiblesse du prince enfantent toujours l'insubordination et la licence. Ses profusions ruinèrent ses peuples, et le réduisirent lui-même à un tel état de misère, qu'au rapport des chroniques contempo-

---

(1) Legendre, dans son Histoire de France, dit que Hugues avait été surnommé *Grand* à cause de sa haute stature.

raines, il restait quelquefois au lit faute de vêtemens, et que souvent il n'entendait point la messe parce que sa nudité l'empêchait d'y assister (1).

Ce ne fut pas l'ambition de conquérir des royaumes en Asie, mais son humeur inconstante et chevaleresque qui lui fit prendre la croix et les armes. Les Normands, peuple remuant et belliqueux, s'étaient fait remarquer, entre toutes les nations de l'Europe, par la dévotion des pélerinages; ils accoururent en foule sous les drapeaux de la croisade. Comme le duc Robert manquait de l'argent nécessaire pour entretenir une armée, il engagea la Normandie entre les mains de son frère Guillaume-le-Roux. Guillaume, que son siècle accusa d'impiété, et qui se moquait de la chevalerie errante des

---

(1) Sous la date de 1101, Orderic Vital, parlant du projet de Robert, duc de Normandie, de se révolter contre Henri son frère, roi d'Angleterre, dit que ce prince promit aux seigneurs de son parti, s'il devenait roi, plus qu'il ne pouvait leur donner. Comme il était sans cesse entouré de bouffons et de courtisanes, il leur abandonna tellement ses biens, que plusieurs fois il manqua de pain au milieu des richesses d'un grand duché; faute d'habit, il restait au lit jusqu'à *sexte*, et ne pouvait aller à l'église entendre l'office divin, parce qu'il était nu; car les courtisanes et les bouffons, qui connaissaient sa facilité, lui enlevaient impunément son haut-de-chausse, ses souliers et ses autres vêtemens.

Orderic Vital rapporte ce fait, comme nous le voyons par la date, après le retour de Robert en Europe; ce qui prouve que son pélerinage n'avait pas corrigé ce prince. (Voy. p. 786 de la *Collect. des Écrivains normands*, par Duchesne.)

croisés, saisit avec joie l'occasion de gouverner une province qu'il espérait un jour réunir à son royaume. Il leva des impôts sur le clergé qu'il n'aimait point, et fit fondre l'argenterie des églises pour payer la somme de dix mille marcs d'argent à Robert, qui partit pour la Terre-Sainte, suivi de presque toute la noblesse de son duché.

1096

Un autre Robert, comte de Flandre, se mit à la tête des Frisons et des Flamands (1). Il était fils de Robert, surnommé le *Frison*, qui avait usurpé la principauté de Flandre sur ses propres neveux, et qui, pour expier ses victoires, avait fait, quelque temps avant la croisade, un pélerinage à Jérusalem. Le jeune Robert trouva aisément des soldats pour son entreprise, dans un pays où tout le monde avait pris les armes pendant les guerres civiles, où le peuple était animé par les récits d'un grand nombre de pélerins revenus de la Terre-Sainte. Il acheva de ruiner les trésors de son père pour une expédition qui devait lui donner la réputation d'un intrépide chevalier, et le faire sur-

---

(1) Robert II, dont il est ici question, avait déjà gouverné le comté de Flandre pendant le pélerinage de son père en Palestine ; il lui succéda en 1093. (*Chronicon sanct.*, Bertin Sithiens; Dom. Bouquet, tom. XIII, p. 459.) Pendant la durée de son gouvernement, il n'avait pas montré un grand respect pour l'Église. (Extrait de la chronique de Cambrai, Dom. Bouquet, tom. XIII, p. 482.) Ce fut sans doute pour expier ces actes arbitraires, qu'il prit part à la croisade de Godefroy. Il y fit des exploits étonnans et mérita des Sarrasins eux-mêmes le nom de *St.-Georges*.

nommer la *Lance et l'Epée des chrétiens.* Cinq cents cavaliers, envoyés par Robert-le-Frison à l'empereur Alexis, l'avaient déjà précédé à Constantinople.

Étienne, comte de Blois et de Chartres, avait aussi pris la croix; il passait pour le plus riche seigneur de son temps. On comparait le nombre de ses châteaux à celui des jours de l'année. Ce qui pouvait être regardé comme un phénomène dans le onzième siècle, ce prince aimait l'étude et cultivait les lettres avec succès (1). Il était l'âme des conseils par son éloquence et ses lumières. Mais, amolli par son éducation et ses richesses, il avait négligé les exercices pénibles de la chevalerie, et préférait les charmes d'une vie paisible à de glorieux périls.

Ces quatre chefs étaient accompagnés d'une foule de chevaliers et de seigneurs, parmi lesquels

---

(1) Étienne, appelé aussi Henri VI, devint comte de Meaux et de Brie du vivant de son père Thibaut, comte de Blois; il fut d'abord rebelle à Philippe Ier.; mais n'ayant pas été heureux dans sa révolte, il devint un de ses vassaux les plus fidèles; Étienne avait épousé Adèle ou Alix, fille de Guillaume Ier., roi d'Angleterre; il est mis à la tête des bons poètes de son temps. Voici ce que lui écrivait Hildebert, évêque du Mans : « A la guerre, vous êtes un autre César, un autre Virgile dans la poésie. » Mais aucune de ses productions n'est parvenue jusqu'à nous. Adèle, sa femme, fit aussi des vers; on disait d'elle : *copia dictandi torrens.* (*Art de vérifier les Dates*, t. II, col. 616.)

Étienne fut un des admirateurs d'Alexis et de sa cour. Voir la lettre qu'il écrivit à sa femme et qui est traduite dans la *Bibliothèque des Croisades*, tome I, page 458.

l'histoire nomme Robert de Paris, Évrard de Pui- 1096
saye, Achard de Montmerle, Isouard de Muson,
Étienne, comte d'Albermale; Gauthier de Saint-
Valery, Roger de Barneville, Fergant et Conan,
deux illustres Bretons; Gui de Trusselle, Miles
de Braïes, Raoul de Baugency, Rotrou, fils du
comte de Perche; Odon, évêque de Bayeux, oncle du duc de Normandie; Raoul de Gader, Yve
et Albéric, fils de Hugues de Grandménil. La plupart des comtes et des barons emmenaient avec
eux leurs femmes et leurs enfans, et tous leurs
équipages de guerre. Ils traversèrent les Alpes et
dirigèrent leur marche vers les côtes d'Italie, avec
le dessein de s'embarquer pour la Grèce. Ils trouvèrent dans le voisinage de Lucques le pape Urbain, qui leur donna sa bénédiction, loua leur
zèle, et fit des prières pour le succès de leur entreprise. Le comte de Vermandois, après avoir
reçu l'étendard de l'Église des mains du souverain
pontife, se rendit à Rome avec les autres princes
pour visiter les tombeaux de S. Pierre et de
S. Paul. La capitale du monde chrétien était alors
le théâtre d'une guerre civile. Les soldats d'Urbain
et ceux de l'anti-pape Guibert se disputaient, les
armes à la main, l'église de S. Pierre, et tour-à-
tour enlevaient les offrandes des fidèles. Quoi qu'en
aient dit quelques historiens modernes, les croisés
ne prirent aucun parti au milieu des troubles qui
divisaient la ville de Rome; et, ce qui doit étonner,
Urbain n'appela à la défense de sa propre cause
aucun des guerriers auxquels il venait lui-même

de faire prendre les armes. Au reste, le spectacle que présentait la ville de S. Pierre dut être un grand sujet de scandale pour la plupart des croisés français (1). Quelques-uns, satisfaits d'avoir salué le tombeau des apôtres, et revenus peut-être de leur saint enthousiasme à la vue des violences qui profanaient le sanctuaire, abandonnèrent les drapeaux de la croisade et revinrent dans leur patrie. Les autres poursuivirent leur marche vers la Pouille ; mais lorsqu'ils arrivèrent à Bari, l'hiver commençait à rendre la navigation dangereuse ; ils furent forcés d'attendre pendant plusieurs mois le moment favorable pour s'embarquer.

Cependant le passage des croisés français avait éveillé le zèle des peuples d'Italie. Bohémond, prince de Tarente, résolut le premier de s'associer à leur fortune et de partager la gloire de la sainte expédition. Il était de la famille de ces chevaliers normands qui avaient conquis la Pouille et la Calabre. Cinquante ans avant la croisade, son père, Robert Guiscard (le Rusé), avait quitté le château d'Hauteville en Normandie avec trente

---

(1) Comparez le récit de Guibert et de Foulcher de Chartres, qui peignent l'étonnement des croisés à l'aspect des guerres civiles qui désolaient Rome chrétienne. « Qu'y a-t-il d'étonnant, s'écrie Foulcher, que le monde soit sans cesse agité, lorsque l'Église romaine, dans laquelle réside toute correction et toute surveillance, est elle-même tourmentée par les guerres civiles? » (Voyez *Bibliothèque des Croisades*, extrait de Foulcher.)

fantassins et cinq cavaliers. Secondé par quelques-uns de ses parens et de ses compatriotes, que l'espoir de s'enrichir avait attirés comme lui en Italie, il combattit avec avantage les Grecs, les Lombards et les Sarrasins, maîtres de la Sicile et du pays de Naples. Il devint bientôt assez puissant pour être tour-à-tour l'ennemi et le protecteur des papes. Il battit les armées des empereurs d'Orient et d'Occident, et, lorsqu'il mourut, il s'occupait de la conquête de la Grèce (1).

1096

Bohémond n'avait ni moins de courage, ni moins de génie que son père, Robert Guiscard. Les auteurs contemporains, qui ne manquent jamais de parler des qualités physiques des héros, nous apprennent que sa taille était si avantageuse qu'il surpassait d'une coudée les hommes d'une stature ordinaire ; ses yeux étaient bleus et montraient une âme fière et ardente. Sa présence, dit Anne Comnène, frappait autant les regards que sa réputation étonnait l'esprit (2). Lorsqu'il parlait, on eût dit qu'il avait étudié l'éloquence ; lorsqu'il se montrait sous les armes, on eût pu croire qu'il n'avait jamais fait que manier la lance et l'épée. Élevé à l'école des héros normands, il cachait les

---

(1) Voir sur les guerres des Normands avec les empereurs de Constantinople, les premiers livres de l'*Alexiade*.

(2) Bohémond avait vivement frappé l'imagination de la princesse grecque ; elle en a laissé un portrait qui peut étonner dans la bouche d'une femme. (Voyez *Biblioth. des Crois.*, tome II, extrait d'Anne Comnène.)

1096 froides combinaisons de la politique sous les dehors de la violence, et, quoiqu'il fût d'un caractère fier et hautain, il savait dissimuler une injure quand la vengeance ne lui était pas profitable. Son père lui avait appris à regarder comme ses ennemis tous ceux dont il enviait les états ou les richesses : ni la crainte de Dieu, ni l'opinion des hommes, ni la sainteté des sermens, ne pouvaient l'arrêter dans la poursuite de ses desseins. Il avait suivi Robert dans la guerre contre l'empereur Alexis, et s'était distingué dans les combats de Durazzo et de Larisse; mais, déshérité par un testament, il ne lui restait plus, à la mort de son père, que le souvenir de ses exploits et l'exemple de sa famille. Il avait déclaré la guerre à son frère Roger, et venait de se faire céder la principauté de Tarente, lorsqu'on parla en Europe de l'expédition d'Orient. La délivrance du tombeau de Jésus-Christ n'était point ce qui enflammait son zèle, ni ce qui le décida à prendre la croix. Comme il avait voué une haine éternelle aux empereurs grecs, il souriait à l'idée de traverser leur empire à la tête d'une armée ; et, plein de confiance dans sa fortune, il espérait se faire un royaume avant d'arriver à Jérusalem (1).

La petite principauté de Tarente ne pouvait lui

---

(1) *Callidiores in quibus Bœmundus et ejus consilii particeps, spes improbas in maliciosis animis venabant de urbe Constantinopoli obiter occupendá, imperioque specie belli Sarraceni quasi ex occasione comparando.* (*Alexiade*,

fournir une armée ; mais, au nom de la religion, 1096
un chef avait alors le pouvoir de lever des troupes
dans tous les états. L'enthousiasme pour la croisade vint bientôt seconder ses projets, et fit ranger un grand nombre de guerriers sous ses drapeaux.

Bohémond avait accompagné son frère et son oncle Roger au siége d'Amalfi, ville florissante qui rejetait avec mépris la protection des nouveaux maîtres de la Pouille et de la Sicile. Personne ne savait mieux parler à propos le langage de l'enthousiasme, et couvrir son ambition des couleurs du fanatisme religieux ; il prêcha lui-même la croisade dans l'armée des assiégeans. Il parcourut les rangs, en nommant les princes et les grands capitaines qui avaient pris la croix. Il parlait aux guerriers les plus pieux de la religion à défendre ; il faisait valoir devant les autres la gloire et la fortune qui allaient couronner leurs exploits. L'armée fut entraînée par ses discours ; tout le camp retentit bientôt des mots : *Dieu le veut! Dieu le veut!* Bohémond s'applaudit en secret du succès de son éloquence, et déchire sa cotte-d'armes pour en faire des croix qu'il distribue aux officiers et aux soldats. Il ne manquait plus qu'un chef pour la sainte expédition ; les nouveaux croisés viennent solliciter le prince de Tarente de se mettre à leur tête. Bohémond paraît d'abord hésiter ; il refuse ce

---

lib. x; la traduction latine est plus à portée de toutes les classes de lecteurs.

qu'il désire avec ardeur; les soldats assemblés autour de lui redoublent leurs sollicitations. Enfin il a l'air d'obéir et de se rendre à leur impatience. Alors l'empressement, l'enthousiasme devient plus vif et plus général; dans un moment toute l'armée a juré de le suivre dans la Palestine. Roger est obligé de lever le siége d'Amalfi, et l'heureux Bohémond ne s'occupe plus que des préparatifs de son voyage.

Il s'embarqua, peu de temps après, pour les côtes de la Grèce, avec dix mille chevaux et vingt mille fantassins. Tout ce que la Calabre, la Pouille et la Sicile avaient d'illustres chevaliers, suivit le prince de Tarente. Avec lui marchaient Richard, prince de Salerne, et Ranulfe son frère; Herman de Cani, Robert de Hanse, Robert de Sourdeval, Robert, fils de Tristan; Boile de Chartres, Homfroy de Montaigu; tous ces guerriers étaient déjà célèbres par leurs exploits; mais aucun d'eux ne méritait plus de fixer les regards de la postérité que le brave Tancrède (1). Quoiqu'il appartînt à une famille où l'ambition était héréditaire, il n'eut d'autre passion que celle de combattre les infidèles. La piété, la gloire, et peut-être son amitié pour

---

(1) Raoul de Caen a écrit moitié en prose, moitié en vers, les *Gestes de Tancrède*. (Voyez *Thesaurus Novus Anecdotarum* de D. Martenne, tom. I, ou le recueil de Muratory, tom. III. Nous avons analysé son histoire avec beaucoup de soin, *Bibliothèque des Croisades*, tom. I., page 496.)

Bohémond, pouvaient seules le conduire en Asie. 1096
Ses contemporains admiraient son orgueil romanesque et sa fierté pleine de rudesse. Il ne céda jamais qu'à l'empire de la vertu, et quelquefois à celui de la beauté. Étranger à toutes les considérations et à tous les intérêts de la politique, il ne connut d'autre loi que la religion et l'honneur, et fut toujours prêt à mourir pour leur cause. Les annales de la chevalerie n'offrent point de modèle plus accompli; la poésie et l'histoire se sont réunies pour le célébrer, et lui ont donné les mêmes éloges.

Les croisés des provinces méridionales de la France s'étaient mis en marche, sous les ordres d'Adhémar de Monteil, et de Raymond, comte de St.-Gilles et de Toulouse. L'évêque Adhémar était comme le chef spirituel de la croisade; son titre de légat apostolique et ses qualités personnelles lui méritèrent dans la guerre sainte la confiance et le respect des pélerins. Ses exhortations et ses conseils contribuèrent beaucoup à maintenir l'ordre et la discipline. Il consolait les croisés dans leurs revers, les encourageait dans les dangers. Revêtu à-la-fois des marques d'un pontife et de l'armure des chevaliers, il offrait sous la tente le modèle des vertus chrétiennes, et dans les combats il donna souvent l'exemple de la bravoure (1).

Raymond, compagnon d'Adhémar, avait eu la gloire de combattre en Espagne à côté du Cid, et de vaincre plusieurs fois les Maures sous Alphonse-

---

(1) Voyez la note pag. 109 du premier livre.

le-Grand, qui lui donna sa fille Elvire en mariage. Ses vastes possessions sur les bords du Rhône et de la Dordogne, et surtout ses exploits contre les Sarrasins, le faisaient remarquer parmi les principaux chefs de la croisade. L'âge n'avait point éteint dans le comte de Toulouse l'ardeur et les passions de la jeunesse : bouillant et impétueux, d'un caractère altier et inflexible, il mettait moins son ambition à conquérir des royaumes qu'à faire plier toutes les volontés sous la sienne. Les Grecs et les Sarrasins ont loué sa valeur. Ses sujets et ses compagnons d'armes le haïssaient pour son opiniâtreté et sa violence. Malheureux prince, il fit d'éternels adieux à sa patrie, qui devait être un jour le théâtre d'une croisade prêchée contre sa propre famille (1)!

---

(1) Raymond IV, dit de St.-Gilles, parce qu'il eut d'abord cette portion du diocèse de Nîmes dans son partage, fils de Pons, succéda à son frère Guillaume en vertu de la cession qu'il lui avait faite; il était déjà comte de Rouergue, de Nîmes et de Narbonne depuis 1066, et joignait à ce titre le marquisat de Gothie. Il avait déjà été marié deux fois lorsqu'il épousa Elvire, fille naturelle d'Alphonse-le-Grand. (Dom. Vaissette, *Histoire du Languedoc*, tom. II, p. 280.) On a mis en question si réellement Raymond avait combattu les Maures d'Espagne; nous renvoyons, à cet égard, à la savante dissertation du même historien, tom. II, p. 283, où ce fait est prouvé. Raymond avait déjà fait un pèlerinage au tombeau de saint Robert de la chaise en Dieu, lorsque la croisade fut publiée. (*Acta ord. sanct. Bened.*, sæcul. 6, t. II, pag. 215.) Les qualités brillantes de Raymond ont fixé particulièrement l'attention d'Anne Comnène, qui en trace un portrait avantageux.

Toute la noblesse de la Gascogne, du Languedoc, de la Provence, du Limousin et de l'Auvergne, accompagnait Raymond et Adhémar, dans lesquels le pape Urbain avait vu l'image vivante d'Aaron et de Moïse. Les historiens contemporains nomment parmi les chevaliers et les seigneurs qui avaient prix la croix, Héracle, comte de Polignac; Pons de Balazan, Guillaume de Sabran, Éléazar de Montrédon, Pierre Bernard de Montagnac, Éléasar de Castrie, Raymond de Lille, Pierre Raymond de Hautpoul, Gouffier de Lastours, Guillaume V, seigneur de Montpellier; Roger, comte de Foix; Raymond Pelet, seigneur d'Alais; Isard, comte de Die; Raimbaud, comte d'Orange; Guillaume, comte de Forez; Guillaume, comte de Clermont; Gérard, fils de Guillabert, comte de Roussillon; Gaston, vicomte de Béarn; Guillaume Amanjeu d'Albret; Raymond, vicomte de Turenne; Raymond, vicomte de Castillon (1); Guillaume d'Urgel, comte de Forcalquier. A l'exemple d'Adhémar, les évêques d'Apt, de Lodève, d'Orange, l'archevêque de Tolède, avaient pris la croix et conduisaient une partie de leurs vassaux à la guerre sainte.

---

(1) La famille de Castillon fut long-temps souveraine dans la Guyenne; elle existe encore aujourd'hui. M. l'abbé de Castillon, qui fut aumônier de MESDAMES, tantes de Louis XVI, appartient à cette ancienne famille. Nous n'avons pas besoin de parler de l'ancienne famille de Polignac, plusieurs fois mentionnée dans les chroniques que nous avons parcourues.

1096   Raymond, comte de Toulouse, suivi de son fils et de sa femme Elvire, se mit à la tête d'une armée de cent mille croisés, s'avança jusqu'à Lyon, où il passa le Rhône, traversa les Alpes, la Lombardie, le Frioul, et dirigea sa marche vers le territoire de l'empire grec, à travers les montagnes et les peuples sauvages de la Dalmatie (1).

Alexis, qui avait appelé les Latins à sa défense, fut effrayé du nombre de ses libérateurs. Les chefs de la croisade n'étaient que des princes du second ordre, mais ils entraînaient avec eux toutes les forces de l'Occident. Anne Comnène compare la multitude des croisés aux sables de la mer, aux étoiles du firmament, et leurs bandes innombrables à des torrens qui se réunissent pour former un grand fleuve (2). Alexis avait appris à redouter Bohémond dans les plaines de Durazzo et de Larisse.

---

(1) Il faut lire, dans l'histoire de Raymond d'Agiles, chapelain du comte de Toulouse, la relation de cette marche des croisés méridionaux, à travers des pays alors inconnus. Il est difficile de concilier son récit avec celui d'Anne Comnène, qui leur fait prendre une route par mer. (Voyez, en les comparant, Raymond d'Agiles, tom. 1 de la *Bibliot. des Croisades*, et Anne Comnène, tom. II.)

(2) Un historien arménien dit, des préparatifs de cette croisade : « Les portes des Latins furent ouvertes, et les » Occidentaux virent sortir de leur pays de formidables » armées et des soldats aussi nombreux que les saute- » relles et les sables de la mer. » Cette comparaison se trouve aussi plusieurs fois dans Anne Comnène. (*Alexiad.*, lib. x.)

Quoiqu'il connût moins le courage et l'habileté 1096
des autres princes latins, il se repentait de leur
avoir révélé le secret de sa faiblesse en implorant
leur secours. Ses alarmes, augmentées encore par
les prédictions des astrologues et par les opinions
répandues parmi le peuple, devenaient plus vives
à mesure que les croisés s'avançaient vers sa capitale (1).

Assis sur un trône d'où il avait précipité son
maître et son bienfaiteur, il ne pouvait croire à la
vertu, et savait mieux qu'un autre ce que peut
conseiller l'ambition. Il avait déployé quelque courage pour obtenir la pourpre, et ne gouvernait que
par la dissimulation, politique ordinaire des Grecs
et des états faibles. Sa fille Anne Comnène en a
fait un prince accompli; les Latins l'ont représenté
comme un prince perfide et cruel. L'histoire im-
partiale, qui rejette l'exagération des éloges et de
la satire, ne voit dans Alexis qu'un monarque
faible, d'un esprit superstitieux, plus entraîné par
l'amour d'une vaine représentation que par l'amour
de la gloire. Il aurait pu se mettre à la tête de la
croisade et reconquérir l'Asie mineure, en marchant avec les Latins à Jérusalem. Cette grande
entreprise alarma sa faiblesse. Sa timide prudence

---

(1) Rien n'est plus diffus, dans les historiens, que la marche des différens princes croisés; chaque corps de l'armée
chrétienne a son histoire particulière, ce qui nuit beaucoup
à la clarté. On a bien de la peine à suivre tant de récits
différens.

crut qu'il suffisait de tromper les croisés pour n'en avoir rien à craindre, et d'en recevoir un vain hommage pour profiter de leurs victoires. Tout lui parut bon et juste pour sortir d'une position dont sa politique augmentait les dangers, et que l'incertitude de ses projets rendait chaque jour plus embarrassante. Plus il s'efforçait d'inspirer la confiance, plus il faisait soupçonner sa bonne foi. En cherchant à inspirer la crainte, il découvrait toutes les alarmes qu'il avait lui-même. Sitôt qu'il fut averti de la marche des princes croisés, il leur envoya des ambassadeurs chargés de les complimenter et de pénétrer leurs desseins. En même temps, il fit partout distribuer des troupes pour les attaquer sur leur passage (1).

Le comte de Vermandois, jeté par la tempête sur les côtes de l'Épire, reçut les plus grands honneurs du gouverneur de Durazzo, et fut mené prisonnier à Constantinople, par les ordres d'Alexis, avec le vicomte de Melun, Clérembault de Vendeuil (2) et les principaux seigneurs de sa suite. L'empereur grec espérait que le frère du roi de France deviendrait entre ses mains un otage qui pourrait

---

(1) Voyez l'extrait d'Anne Comnène, qui avoue elle-même les soupçonneuses précautions de son père. (*Bibliothèque des Croisades*, tom. II.)

(2) La famille de Vendeuil subsiste encore en Picardie dans la personne du marquis de Clérembault de Vendeuil, qui fut aide-de-camp du vicomte de Mirabeau à l'armée de Condé.

le mettre à l'abri des entreprises des Latins (1); mais cette politique perfide dont il attendait son salut, ne fit qu'éveiller la défiance et provoquer la haine des chefs de la croisade. Godefroy de Bouillon était arrivé à Philippopoli lorsqu'il apprit la captivité du comte de Vermandois; il envoya demander à l'empereur la réparation de cet outrage; et comme les députés rapportèrent une réponse peu favorable, il ne put retenir son indignation et la fureur de son armée. Les terres qu'il traversait furent traitées comme un pays ennemi, et, pendant huit jours, les fertiles campagnes de la Thrace devinrent le théâtre de la guerre. La foule des Grecs qui fuyaient vers la capitale, apprit bientôt à l'empereur la terrible vengeance des Latins. Alexis, effrayé de sa politique, implora la clémence de son prisonnier, et promit de lui rendre la liberté lorsque les Français seraient arrivés aux portes de Constantinople. Cette promesse apaisa Godefroy, qui fit cesser la guerre, et se remit en marche, traitant partout les Grecs comme des amis et des alliés (2).

Pendant ce temps, Alexis redoublait d'efforts pour obtenir du comte de Vermandois le serment d'obéissance et de fidélité; il espérait encore que

---

(1) Les expressions entortillées d'Anne Comnène justifient les graves soupçons des Latins. (*Biblioth. des Croisades*, tom. 1.)

(2) Pour ces événemens, consultez Albert d'Aix, lib. 11, analysé *Biblioth. des Croisades*, tom. 1, page 43.

la soumission du prince français entraînerait celle des autres princes croisés, et qu'il aurait moins à redouter leur ambition, s'il pouvait les compter au nombre de ses vassaux. Le frère du roi de France, qui, en arrivant sur le territoire de l'empire, avait écrit des lettres pleines de hauteur et d'ostentation, ne put résister aux caresses et aux présens de l'empereur, et fit tous les sermens qu'on exigeait de lui (1). A l'arrivée de Godefroy, il parut dans le camp des croisés, qui se réjouirent de sa délivrance, mais qui ne purent lui pardonner de s'être soumis à un monarque étranger. Des cris d'indignation s'élevèrent contre lui lorsqu'il voulut presser Godefroy de suivre son exemple. Plus il avait montré de douceur et de soumission dans sa captivité, plus ses compagnons, qui avaient tiré l'épée pour venger ses outrages, montrèrent d'opposition et de résistance aux volontés de l'empereur.

Alexis leur refusa des vivres, et crut pouvoir les réduire par la famine; mais les Latins étaient accoutumés à tout obtenir par la violence et la victoire. Au signal de leur chef, ils se répandirent dans les campagnes, pillèrent les villages et les palais voisins de la capitale, et l'abondance revint dans leur camp avec la guerre (2). Ce désordre dura

---

(1) Voyez, dans l'extrait d'Anne Comnène, tom. II, la lettre hautaine écrite par Hugues à l'empereur Alexis.

(2) Comparez le récit d'Anne Comnène et d'Albert d'Aix, *Biblioth. des Croisades*, tom. II. Ces deux récits peuvent se rectifier l'un par l'autre.

plusieurs jours; mais comme on approchait des fêtes de Noël(1), l'époque de la naissance de Jésus-Christ inspira des sentimens généreux aux soldats chrétiens et au pieux Godefroy. On profita de ces heureuses dispositions pour faire la paix. L'empereur accorda des vivres, et les croisés déposèrent leurs armes.

Cependant l'harmonie ne pouvait subsister long-temps entre les Grecs et les Latins. Les Francs se vantaient avec hauteur d'être venus au secours de l'empire. Dans toutes les circonstances, ils parlaient en vainqueurs et agissaient en maîtres. Les Grecs méprisaient le courage barbare des Latins, mettaient toute leur gloire dans la politesse de leurs manières, et croyaient faire outrage à la langue de la Grèce en prononçant les noms des héros de l'Occident (2). La rupture qui s'était déclarée depuis long-temps entre le clergé de Rome et celui de Constantinople, ajoutait encore à l'antipathie qu'avait fait naître la différence des mœurs et des usages. De part et d'autre on se lançait des anathêmes, et les théologiens de la Grèce et de l'Italie

---

(1) La princesse grecque parle des fêtes de Pâques, assertion qui n'est point en rapport avec le récit des Latins ni avec la vraisemblance, les croisés étant partis dans le mois de septembre de l'Occident, et se trouvant déjà au printemps dans l'Asie mineure.

(2) Anne Comnène, lib. x; elle ne peut pas, dit-elle, elle ne veut pas souiller la langue des Grecs en prononçant le nom de ces barbares.

se détestaient plus entr'eux qu'ils ne détestaient les Sarrasins. Les Grecs, qui ne s'occupaient que de vaines subtilités, n'avaient jamais voulu mettre au nombre des martyrs ceux qui mouraient en combattant les infidèles. Ils abhorraient l'humeur martiale du clergé latin, se vantaient d'avoir dans leur capitale toutes les reliques de l'Orient, et ne pouvaient comprendre ce qu'on allait chercher à Jérusalem. De leur côté, les Francs ne pardonnaient point aux sujets d'Alexis de ne pas partager leur enthousiasme pour la croisade, et leur reprochaient une coupable indifférence pour la cause de Dieu. Tous ces motifs de haine et de discorde provoquèrent souvent des débats et des querelles, où les Grecs montrèrent plus de perfidie que de courage, et les Latins plus de valeur que de modération.

Au milieu de ces divisions, Alexis cherchait toujours à obtenir de Godefroy le serment de fidélité et d'obéissance. Tantôt il employait des protestations d'amitié, tantôt il menaçait de déployer des forces qu'il n'avait point. Godefroy bravait ses menaces et ne pouvait croire à ses promesses. Les troupes impériales et celles des Latins furent deux fois appelées à prendre les armes, et Constantinople, mal défendu par ses soldats, craignit de voir flotter sur ses murs les étendards des croisés.

Le bruit de ces sanglans démêlés porta la joie dans l'âme de Bohémond, qui venait d'arriver à Durazzo. Il crut que le moment était venu d'attaquer l'empire grec et de partager ses dépouilles;

il envoya des députés à Godefroy pour l'inviter à s'emparer de Bysance, promettant de se joindre à lui avec toutes ses forces pour cette grande entreprise; mais Godefroy n'oublia point qu'il avait pris les armes pour la défense du Saint-Sépulcre; il rejeta les propositions de Bohémond, en lui rappelant le serment qu'ils avaient fait de combattre les infidèles (1).

1096

Cette ambassade de Bohémond, dont l'objet ne pouvait être ignoré, redoubla les alarmes d'Alexis, et ne lui permit plus de négliger aucun moyen de fléchir Godefroy de Bouillon. Il envoya son propre fils comme otage à l'armée des croisés. Dèslors toutes les défiances furent dissipées; les princes de l'Occident jurèrent de respecter les lois de l'hospitalité, et se rendirent au palais d'Alexis. Ils trouvèrent l'empereur environné d'un pompeux cortége, et tout occupé de cacher sa faiblesse sous les dehors d'une vaine magnificence. Le chef des croisés, les princes et les chevaliers qui l'accompagnaient, dans un appareil où brillait le luxe martial de l'Occident, s'inclinèrent devant le trône de l'empereur, et saluèrent à genoux une majesté muette et immobile. Après cette cérémonie, où les Grecs et les Latins durent être les uns pour les autres un étrange spectacle, Alexis adopta Godefroy pour son fils, et mit l'empire sous la protec-

---

(1) C'est toujours Albert d'Aix que nous avons suivi; c'est le plus exact et le plus riche en détails de tous les historiens de la première croisade. (Voyez lib. II.)

1096 tion de ses armes (1). Les croisés s'engagèrent à remettre entre les mains de l'empereur les villes qui avaient appartenu à l'empire, et à lui rendre hommage pour les autres conquêtes qu'ils pourraient faire. Alexis, de son côté, promit de les aider par terre et par mer, de leur fournir des vivres, et de partager les périls et la gloire de leur expédition.

---

(1) L'adoption dont parlent ici les historiens n'avait pas les mêmes effets que celle qui était pratiquée chez les Romains. D'après la loi romaine, elle conférait à l'adopté tous les droits de l'enfant légitime, et par conséquent elle l'appelait à la succession de l'adoptant; il est impossible de supposer que tels furent les effets de celle qui fut conférée par Alexis à Godefroy; cette adoption était plutôt une sorte d'alliance entre les princes, qui se communiquaient par-là le titre de père et de fils, et qui créait entr'eux les rapports d'une bienveillance plus étroite; elle ne donnait aucune part à l'adopté dans la succession de l'adoptant : c'est ce qui fait dire à Nicéphore Briennius, qu'elle ne se faisait qu'en apparence, μεχρι λόγου (Nicéphor, lib. II, cap. 38). Ce fut de cette manière que Cosroës, roi de Perse, fut adopté par l'empereur Maurice. (Evan, lib. VI, cap. 16.)

Les cérémonies qui accompagnaient cette adoption n'étaient pas toujours les mêmes. Dans l'adoption par les armes, pratiquée chez les Occidentaux, l'adoptant ceignait l'épée à l'adopté (Ducange, dissertation sur Joinville, tom. III, pag. 372, des *Mémoires relatifs à l'histoire de France*); mais chez les Orientaux on pratiquait communément une espèce d'adoption qui consistait à faire passer l'adopté entre la chemise et la chair de l'adoptant. Ce fut de cette manière, comme nous le verrons plus tard, que le prince d'Édesse adopta Baudouin, frère de Godefroy de Bouillon. (Albert d'Aix, lib. III, cap. 21; Guib., lib. III, *Gest. Dei*, cap. 13.)

Alexis Comnène regarda cet hommage des princes latins comme une victoire. Les chefs des croisés retournèrent sous leurs tentes, où sa reconnaissance les combla de présens. Tandis que Godefroy faisait publier à son de trompe dans son armée l'ordre de garder le plus profond respect pour l'empereur et pour les lois de Constantinople, Alexis ordonnait à tous ses sujets d'apporter des vivres aux Francs et de respecter les lois de l'hospitalité. L'alliance qu'on venait de conclure semblait avoir été jurée de bonne foi de part et d'autre; mais Alexis ne pouvait détruire les préventions des Grecs contre les Latins; d'un autre côté, il n'était pas au pouvoir du pieux Godefroy de contenir la multitude turbulente de ses soldats. D'ailleurs l'empereur de Bysance, quoiqu'il fût rassuré sur les intentions du duc de Lorraine, redoutait encore l'arrivée de Bohémond et la réunion de plusieurs grandes armées dans le voisinage de sa capitale. Il engagea Godefroy à passer avec ses troupes sur la rive asiatique du Bosphore, et ne s'occupa plus que des moyens que lui suggérait sa politique pour abaisser la fierté, ou même pour diminuer les forces des autres princes latins qui marchaient vers Constantinople.

1096

Le prince de Tarente s'avançait à travers la Macédoine, tour-à-tour écoutant les harangues des députés d'Alexis, et combattant les troupes qui s'opposaient à son passage. Plusieurs provinces et plusieurs villes avaient été ravagées par les croisés italiens et normands, lorsque leur chef reçut de

1097 l'empereur une invitation de devancer son armée et de se rendre à Constantinople. Alexis faisait à Bohémond des protestations d'amitié, auxquelles celui-ci ne pouvait croire, mais dont il espérait tirer quelque avantage. Il protesta à son tour de son attachement, et se rendit auprès d'Alexis. L'empereur le reçut avec une magnificence proportionnée à la crainte qu'il avait de son arrivée. Ces deux princes étaient également habiles dans l'art de séduire et de tromper. Plus ils croyaient avoir à se plaindre l'un de l'autre, plus ils se témoignèrent d'amitié. Ils se complimentèrent publiquement sur leurs victoires, et cachèrent leurs soupçons et peut-être leur mépris sous les dehors d'une admiration réciproque. Peu scrupuleux l'un et l'autre sur la foi des sermens, Alexis promit de vastes domaines à Bohémond, et le héros normand jura sans peine d'être le plus fidèle des vassaux de l'empereur (1).

Robert, comte de Flandre; le duc de Normandie; Étienne, comte de Chartres et de Blois, à mesure qu'ils arrivaient à Constantinople, rendi-

---

(1) Voyez de curieux détails sur l'entrevue d'Alexis et de Bohémond dans l'extrait d'Anne Comnène; Alexis logea le prince de Tarente dans son propre palais, et lui fit servir un splendide dîner préparé, et un autre où les viandes étaient encore crues, afin de calmer les soupçons du prince normand, qui aurait pu craindre d'être empoisonné. Bohémond, toujours alarmé, offrit des viandes aux officiers de l'empereur, avant d'en manger lui-même. (Voyez *Biblioth. des Crois.*, t. II.)

rent à leur tour hommage à l'empereur grec, et 1097 reçurent, comme les autres, le prix de leur soumission. Le comte de Toulouse, qui arriva le dernier, répondit d'abord aux envoyés d'Alexis qu'il n'était point venu en Orient pour chercher un maître. L'empereur, pour faire plier l'orgueil de Raymond et de ses Provençaux (1), fut obligé de s'abaisser lui-même devant eux. Il flatta tour-à-tour leur vanité et leur avarice, et s'occupa plus de leur montrer ses trésors que ses armées. Dans les états en décadence, il est assez ordinaire de prendre la richesse pour la puissance, et le prince croit toujours régner sur les cœurs tant qu'il lui reste de quoi les corrompre. Le cérémonial était d'ailleurs, à la cour de Constantinople, la chose la plus sérieuse et la plus importante; mais quel que soit le prix qu'on peut mettre à de vaines formules, on s'étonne de voir des guerriers si fiers, qui allaient conquérir des empires, à genoux devant un prince qui tremblait de perdre le sien. Ils lui firent payer bien cher une soumission incertaine et passagère, et souvent le mépris perçait à travers les marques apparentes de leur respect.

Dans une cérémonie où Alexis recevait l'hom-

---

(1) Les croisés qui suivaient Raymond sont désignés par les historiens sous le nom de *Provençaux*. Cela provient de l'ancienne dénomination de *Provincia romana*, ou *Provincia narbonensis*, qui comprenait le Languedoc, le Dauphiné et la Provence. Raymond d'Agile est l'historien qu'il faut consulter sur tous ces détails.

mage de plusieurs princes français, un comte Robert de Paris alla s'asseoir à côté de l'empereur. Baudouin de Hainaut le tira alors par le bras, et lui dit : « Vous devez savoir que lorsqu'on est dans » un pays, on doit en respecter les usages. — » Vraiment ! répondit Robert ; voilà un plaisant » rustre qui est assis pendant que tant d'illustres » capitaines sont debout ! » Alexis voulut se faire expliquer ces paroles ; et lorsque les comtes furent partis il retint Robert, et lui demanda quelles étaient sa naissance et sa patrie. « Je suis Fran- » çais, lui dit Robert, de la noblesse la plus il- » lustre. Je ne sais qu'une chose, c'est que dans » mon pays on voit près d'une église une place où » se rendent tous ceux qui brûlent de signaler leur » valeur. J'y ai été souvent sans que personne ait » osé se présenter devant moi. » L'empereur se garda bien d'accepter cette espèce de défi, et s'efforça de cacher sa surprise et son dépit en donnant d'utiles conseils au guerrier téméraire. « Si » vous attendiez alors, lui dit-il, des ennemis » sans en trouver, vous allez maintenant avoir de » quoi vous satisfaire. Mais ne vous mettez jamais » à la tête ni à la queue de l'armée ; demeurez au » centre. J'ai appris comment il fallait se battre » contre les Turcs ; c'est la meilleure place que » vous puissiez choisir (1). »

---

(1) Nous avons traduit ce récit dans la *Biblioth. des Croisades*, tome II.

Cependant la politique de l'empereur ne resta 1097 pas sans effet. La fierté d'un grand nombre de comtes et de barons ne résista point à ses caresses et à ses présens. Il nous reste une lettre qu'Étienne de Blois adressait à Adèle sa femme, et dans laquelle il se félicite de l'accueil qu'il a reçu à la cour de Bysance. Après avoir rappelé tous les honneurs dont il a été comblé, il s'écrie, en parlant d'Alexis : « En vérité, il n'y a pas aujourd'hui un » tel homme sous le ciel (1). » Bohémond ne dut pas être moins touché des libéralités de l'empereur. A la vue d'une salle remplie de richesses : « Il y a là, dit-il, de quoi conquérir des royaumes. » Alexis fit aussitôt transporter ces trésors chez l'ambitieux Bohémond, qui les refusa d'abord par une espèce de pudeur, et finit par les accepter avec joie (2). Il alla jusqu'à demander le titre de grand domestique ou de général de l'empire d'Orient. Alexis, qui avait eu cette dignité, et qui savait qu'elle était le chemin du trône, eut le courage de la refuser, et se contenta de la promettre aux services futurs du prince de Tarente.

Ainsi les promesses de l'empereur retenaient un

---

(1) Voyez la lettre du comte de Blois dans la *Biblioth. des Croisades*, tome I, page 458. L'enthousiasme du comte de Blois pour Alexis rappelle un peu ce mot de madame de Sévigné, qui plaçait Louis XIV au-dessus de tous les princes, parce qu'il l'avait distinguée.

(2) Voyez toujours Anne Comnène, lib. x, et la *Biblioth. des Crois.*, tome II.

moment sous ses lois les princes latins. Par ses faveurs, par ses louanges adroitement distribuées, il avait fait naître la jalousie parmi les chefs des croisés. Raymond de St.-Gilles s'était déclaré contre Bohémond, dont il révélait les projets à Alexis; et tandis que ce prince s'abaissait de la sorte devant un monarque étranger, les courtisans de Bysance répétaient avec emphase qu'il s'élevait au-dessus de tous les autres chefs de la croisade, comme le soleil s'élève au-dessus des étoiles (1).

Les Francs, si redoutables sur le champ de bataille, n'avaient point de force contre l'adresse et la ruse d'Alexis, et ne pouvaient conserver leur avantage au milieu des intrigues d'une cour dissolue. Le séjour de Bysance pouvait d'ailleurs devenir dangereux pour les croisés, et le spectacle du luxe de l'Orient, qu'ils voyaient pour la première fois, était fait pour les corrompre. Les chevaliers, au rapport des historiens du temps, ne se lassaient point d'admirer les palais, les beaux édifices (2), les richesses de la capitale, et peut-être aussi les belles femmes grecques dont Alexis avait parlé dans ses lettres adressées aux princes de l'Occident. Tancrède seul, insensible à toutes les sol-

---

(1) Voyez Anne Comnène, lib. x. Raimond d'Agile, chapelain du comte de Toulouse, cherche à excuser son seigneur.

(2) Voyez avec quel enthousiasme Foulcher de Chartres et l'un de ses abréviateurs, parlent de Constantinople. (*Biblioth. des Crois.*, tom. 1.)

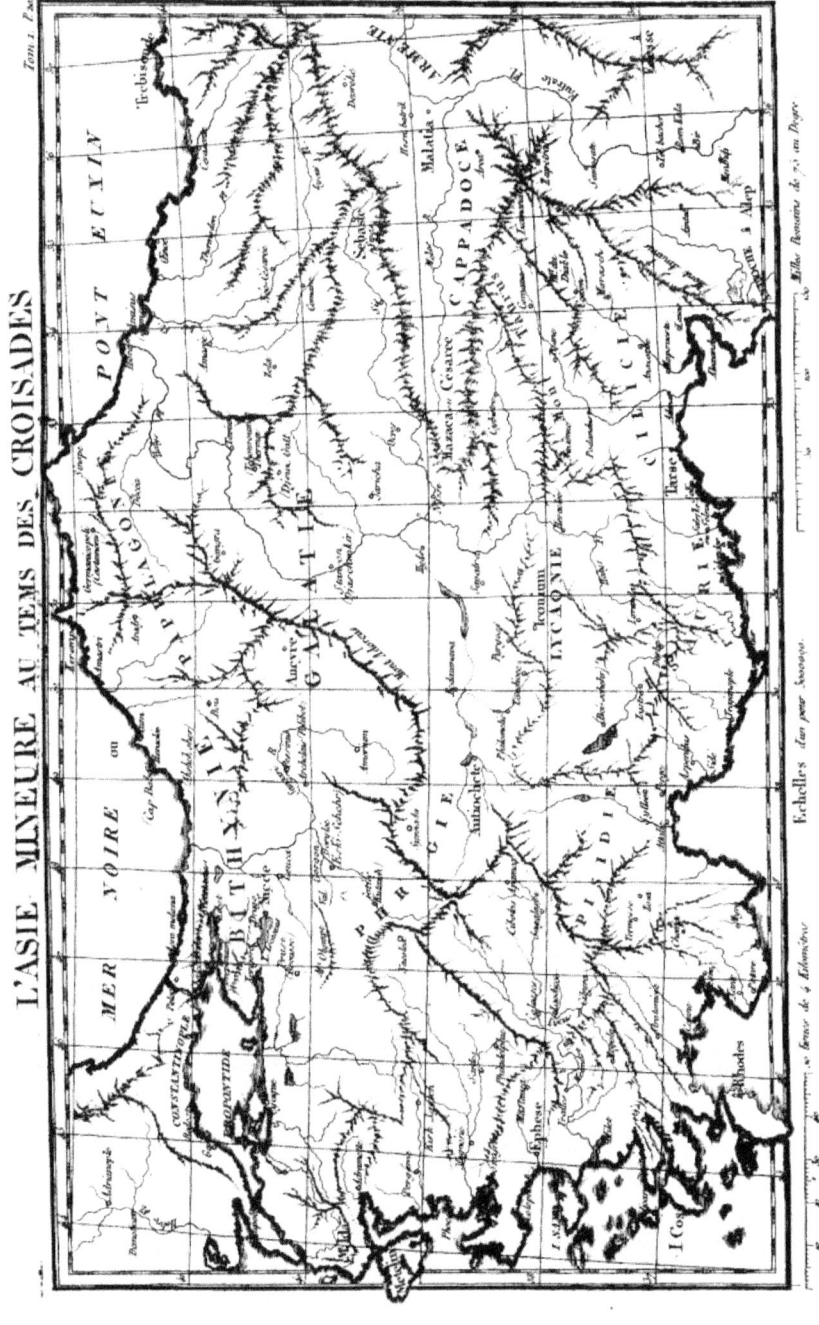

licitations, ne voulut point exposer sa vertu au milieu des séductions de Bysance. Il déplora la faiblesse de ses compagnons, et, suivi d'un petit nombre de chevaliers, il se hâta de quitter Constantinople sans avoir prêté serment de fidélité à l'empereur (1).

1097

Le départ et la résistance de Tancrède troublèrent la joie que donnait à Alexis le succès de sa politique. Il s'applaudissait d'avoir amolli, par ses largesses, les principaux chefs de la croisade; mais il ne comptait point assez sur ses moyens de corruption pour n'avoir plus d'alarmes. Chaque jour il arrivait de nouveaux croisés qu'il fallait séduire et combler de présens; les richesses même qu'il leur montrait pouvaient à la fin éveiller leur ambition et leur inspirer de funestes desseins. Il ne fut rassuré sur leurs entreprises que lorsque toutes les armées de l'Occident se trouvèrent au-delà du Bosphore. Là, sans pouvoir insulter à la capitale de l'empire, elles ne s'occupèrent plus que des préparatifs de la guerre contre les Sarrasins.

Comme les croisés s'avançaient dans les plaines de la Bithynie, ils virent accourir sous leurs tentes plusieurs soldats de l'armée de Pierre, qui, échappés au carnage, avaient vécu cachés dans les montagnes et les forêts. Les uns étaient couverts de

---

(1) Raoul de Caen dit que Tancrède, pour éviter les pièges d'Alexis, se déguisa et alla se joindre aux autres chefs qui assiégeaient Nicée. (*Bibliot. des Croisades*, t. 1, page 499.)

lambeaux, les autres nus; plusieurs blessés, exténués de faim, et soutenant à peine les restes d'une misérable vie qu'ils avaient disputée tour-à-tour à la rigueur des saisons, à la barbarie des Turcs. L'aspect de ces malheureux fugitifs, le récit de leurs misères, répandirent le deuil dans l'armée chrétienne; des larmes coulèrent de tous les yeux lorsqu'ils racontèrent les désastres des premiers soldats de la croix. A l'Orient ils montraient la forteresse où les compagnons de Renaud, pressés par la faim et par la soif, s'étaient rendus aux Turcs qui les avaient massacrés. Près de là, ils faisaient voir les montagnes au pied desquelles l'armée de Gauthier avait péri tout entière avec son chef. Les croisés s'avançaient en silence, rencontrant partout des ossemens humains, des lambeaux d'étendards, des lances brisées, des armes couvertes de poussière et de rouille, tristes restes d'une armée vaincue. Au milieu de ces tableaux sinistres, ils ne purent voir sans frémir de douleur et d'effroi le camp où Gauthier avait laissé les femmes et les malades, lorsqu'il fut entraîné par ses soldats vers la ville de Nicée. Là, les chrétiens avaient été surpris par les Musulmans, au moment même où leurs prêtres célébraient le sacrifice de la messe (1). Les femmes, les enfans, les vieillards, tous ceux que leur fai-

---

(1) « O l'heureux martyre d'un heureux prêtre! » s'écrie Guibert, en parlant de ce massacre des prêtres chrétiens. (Voyez *Biblioth. des Croisades*, extrait de Guibert.)

blesse ou la maladie retenait sous la tente, pour- 1097
suivis jusqu'au pied des autels, avaient été emmenés en esclavage ou immolés par un ennemi sans pitié. La multitude des chrétiens massacrés dans ce lieu était restée sans sépulture; on voyait encore les fossés tracés autour du camp; la pierre qui avait servi d'autel aux pélerins. A l'aspect de ces tristes débris, toute l'armée chrétienne se jetant à genoux, implore la miséricorde de Dieu et fait retentir l'air de ses cantiques funèbres (1). Le sentiment de l'indignation et de la vengeance se mêlait à la profonde tristesse dont tous les cœurs étaient pénétrés. Le souvenir d'un si grand désastre étouffa la discorde, imposa silence à l'ambition, réchauffa le zèle pour la délivrance des saints lieux. Les chefs profitèrent de cette terrible leçon, et firent d'utiles réglemens pour le maintien de la discipline. On était alors dans les premiers jours du printemps : les campagnes couvertes de verdure et de fleurs, les moissons naissantes, le climat fertile et le beau ciel de la Bithynie, l'assurance de ne point manquer de vivres, l'harmonie des chefs, l'ardeur des soldats, tout faisait présager aux croisés que Dieu bénirait leurs armes, et qu'ils seraient plus heureux que leurs compagnons dont ils foulaient les restes déplorables. A mesure qu'ils avançaient sur les terres des infidèles, l'espérance et la joie remplissaient leurs cœurs et remplaçaient les

---

(1) **Voyez** Tudebode et Albert d'Aix, *Bibl. des Crois.*, tome 1, page 254.

émotions douloureuses qu'ils avaient si vivement ressenties. L'armée formidable des pélerins marcha dans le meilleur ordre vers Nicée; quatre mille ouvriers armés de pioches et de pelles, s'occupaient d'aplanir les chemins, et des croix de fer ou de bois plantées de distance en distance, marquaient la route que devaient suivre les soldats de Jésus-Christ.

Quoique l'empire des Turcs Seljoucides, à l'arrivée des croisés en Asie, penchât déjà vers sa décadence, il présentait encore une barrière redoutable aux guerriers de l'Occident. Le royaume de Roum s'étendait depuis l'Oronte et l'Euphrate jusqu'au voisinage du Bosphore, et comprenait les plus riches provinces de l'Asie mineure. Les Turcs étaient animés par le double fanatisme de la religion et de la victoire. Abandonnant les soins de l'agriculture et du commerce aux Grecs leurs esclaves, ils ne connaissaient d'autre profession que celle des armes, et d'autre richesse que le butin fait sur l'ennemi. Ils avaient pour chef le fils de Soliman, que ses conquêtes sur les chrétiens avaient fait surnommer *le Champion sacré* (1). David, surnommé *Kilig-Arslan*, ou *l'Épée du lion*, élevé dans le trouble des guerres civiles, et long-temps enfermé dans une forteresse

―――――――――――

(1) Les auteurs latins du temps confondant le père avec le fils, n'ont fait mention que de Soliman. Nous renvoyons à Deguignes, dans le xie. livre de son *Histoire des Huns*.

du Korassan par les ordres de Malek-Schah, était 1097
monté sur le trône de son père et s'y maintenait
par sa bravoure. Il avait un génie fécond en ressources, un caractère inébranlable dans les revers.
A l'approche des croisés, il appela ses sujets et ses
alliés à sa défense. De toutes les provinces de l'Asie
mineure et même de la Perse, les plus courageux
défenseurs de l'islamisme vinrent se ranger sous
ses drapeaux.

Non content de rassembler une armée, il avait
mis d'abord tous ses soins à fortifier la ville de Nicée, sur laquelle devaient tomber les premiers coups
des chrétiens. Cette ville, capitale de la Bithynie,
et célèbre par la tenue de deux conciles, était le
siége de l'empire de Roum, et c'est là que les
Turcs, comme dans un poste avancé, attendaient
l'occasion d'attaquer Constantinople et de se précipiter sur l'Europe. De hautes montagnes qui s'é-
levaient dans le voisinage en défendaient l'approche. Vers l'Occident et le Midi, le lac Ascanius
baignait ses remparts et offrait aux habitans une
communication facile avec la mer. De larges fossés
remplis d'eau environnaient la place; trois cent
soixante-dix tours de brique ou de pierre protégeaient la double enceinte de ses murailles, sur
lesquelles on aurait pu faire rouler un char (1).
L'élite des guerriers turcs composait sa garnison,
et le sultan de Roum campait sur les montagnes

---

(1) Guillaume de Tyr a fait une description remarquable de Nicée, au commencement de son troisième livre.

1097 voisines, à la tête d'une armée de cent mille hommes.

Pleins d'une juste confiance en leurs forces, et sans connaître celles qu'on pouvait leur opposer, les croisés s'avancèrent vers Nicée. Jamais les campagnes de Bithynie n'offrirent un spectacle plus majestueux et plus terrible. Le nombre des croisés surpassait la population de plusieurs grandes villes de l'Occident, et leur multitude couvrait une plaine immense. Les Turcs, du sommet des montagnes où ils étaient campés, durent contempler avec effroi une armée composée de plus de cent mille cavaliers et de cinq cent mille fantassins (1), l'élite des peuples belliqueux de l'Europe, qui venaient leur disputer la possession de l'Asie.

Lorsqu'on eut résolu d'assiéger Nicée, les postes furent distribués à tous les corps de l'armée chrétienne. Le camp des croisés s'étendit dans une

---

(1) Les historiens contemporains qui ont parlé des croisades et qui ont fait ce dénombrement, avaient sans doute sous les yeux le dénombrement qui se trouve dans l'Écriture, et qui fait monter le nombre des combattans d'Israël à six cent trente-trois mille cinq cent cinquante. Je crois devoir ajouter ici quelques passages des historiens :

Si omnes qui de domibus suis egressi votum jam iter incœperant, simul illic adessent, procul dubio sexagies centum millia bellatorum adessent. (FULCH. CARN., lib. I, cap. IV.)

Opinionem hominum vincebat numerus, quamvis estimarentur sexagies centum millia itinerantium. (MALMESBURY, lib. IV.)

vaste plaine, coupée de ruisseaux qui tombaient des montagnes. Des flottes venues de la Grèce et de l'Italie transportaient les provisions et entretenaient l'abondance parmi les assiégeans. L'historien Foulcher de Chartres compte dans le camp des chrétiens dix-neuf nations, différentes de mœurs et de langage (1). Chaque nation avait son quartier qu'on environnait de murs et de palissades; et comme on manquait de pierres et de bois pour la construction des retranchemens, on employa les ossemens des croisés restés sans sépulture dans les campagnes voisines de Nicée; ce qui fait dire à Anne Comnène qu'on avait fait à-la-fois un tombeau pour les morts et une demeure pour les vivans (2). Dans chaque quartier on avait élevé à la hâte des tentes magnifiques qui tenaient lieu d'églises, et dans lesquelles les chefs et les soldats se rassemblaient pour les cérémonies religieuses. Différens cris de guerre, les tambours, dont les Sarrasins avaient introduit l'usage en Europe, et des cornes sonores percées de plusieurs trous, appelaient les croisés aux exercices militaires (3).

1097

---

(1) « Si un Anglais, un Allemand, ajoute-t-il, voulait me parler, je ne savais que répondre ; mais quoique divisés par le langage, nous paraissions ne faire qu'un seul peuple par notre amour pour Dieu. » (*Biblioth. des Croisades*, tome I, page 87.)

(2) *Bibliothèque des Croisades*, tome II.

(3) La splendeur des tentes des chrétiens excite l'en-

1097 Les barons et les chevaliers portaient un haubert, espèce de tunique faite de petits anneaux de fer et d'acier. Sur la cotte-d'armes de chaque écuyer flottait une écharpe bleue, rouge, verte ou blanche. Chaque guerrier portait un casque, argenté pour les princes, d'acier pour les gentilshommes, et de fer pour les autres. Les cavaliers avaient des boucliers ronds ou carrés; des boucliers longs couvraient les fantassins. Les croisés se servaient pour les combats, de la lance, de l'épée, d'une espèce de couteau ou poignard appelé *Miséricorde*; de la massue et de la masse d'armes, avec laquelle un guerrier pouvait d'un seul coup terrasser son ennemi; de la fronde, qui lançait des pierres ou des balles de plomb; de l'arc et de l'arbalète, arme meurtrière inconnue jusqu'alors aux Orientaux. Les guerriers de l'Occident n'étaient point encore couverts de cette pesante armure de fer décrite dans les historiens du moyen âge, et qu'ils empruntèrent dans la suite aux Sarrasins (1).

---

thousiasme de Baudri. Si Salomon avait vu les tentes des chrétiens, dit-il, ainsi que leur milice, il se serait écrié : « Que tu es belle, mon amie; tu es semblable au tabernacle de Cedar »

(1) Dans les vitraux de Saint-Denis, peints par l'ordre de Suger, les croisés sont représentés avec des casques, quelquefois en forme de pain de sucre, quelquefois plus ovale sans visières, mais retenus par des mentonnières qui les garantissent jusqu'à la bouche. Leurs armures paraissent

Les princes et les chevaliers avaient sur leurs bannières des images, des signes de différentes couleurs, qui servaient de point de ralliement à leurs soldats. Là on voyait peints sur les boucliers et sur les étendards, des léopards, des lions; ailleurs des étoiles, des tours, des croix, des arbres de l'Asie et de l'Occident. Plusieurs avaient fait représenter sur leurs armes des oiseaux voyageurs qu'ils rencontraient sur leur route, et qui, changeant chaque année de climat, offraient aux croisés un symbole de leur pélerinage. Ces marques distinctives animaient alors la valeur sur le champ de bataille, et devaient être un jour l'un des attributs de la noblesse chez les peuples de l'Occident (1).

---

plus légères que celles des Turcs, malgré la grossièreté du dessin; leurs chevaux ne sont point bardés de fer, et tout leur enharnachement paraît être en cordes; les croisés sont armés de courtes épées et de longues lances avec des banderoles décorées d'une croix, et de boucliers ronds ou ovales; les Turcs sont revêtus d'une armure presque semblable, seulement leurs casques sont visiblement plus ovales; leurs cuirasses sont couvertes d'écailles ; ce qui les distingue encore, c'est que leurs cheveux sont longs et pendans sur les côtés. (Voyez *Monument de la Monarchie française* de Montfaucon, tome I, page 396.)

(1) Les auteurs qui ont reporté l'origine des armoiries à une époque antérieure aux croisades, ont confondu les images symboliques employées dans les enseignes militaires avec les signes du blason proprement dit. Les antiquaires conviennent généralement aujourd'hui que le blason n'est pas plus ancien que le XIe. siècle. Les tournois en donnèrent

1097 Dans les circonstances importantes, le conseil des chefs dirigeait les entreprises de la guerre; dans les circonstances ordinaires, chaque comte, chaque seigneur ne recevait des ordres que de lui-même (1). L'armée chrétienne présentait l'image

---

l'idée, mais le droit de porter des armoiries fut restreint aux chevaliers qui avaient paru et joûté dans ces fêtes militaires. Ce furent les croisades qui généralisèrent cet usage et en rendirent la pratique invariable; ce furent elles aussi qui rendirent ce signe héréditaire dans les mêmes familles. On conçoit que les fils de ceux qui avaient assisté à ces saintes expéditions, se firent un devoir de religion de conserver et de transmettre à leurs propres enfans le symbole qu'avaient choisi leurs pères pendant la croisade. La plupart des signes et des termes du blason ont aussi leur origine dans les expéditions d'outre-mer. Ainsi la croix en tant de formes, et surtout les merlets, sorte d'oiseaux qui passent la mer tous les ans, et qui sont représentés sans pieds et sans bec, en commémoration des souffrances éprouvées par les chevaliers; ainsi, le nom des émaux du blason, tels que *azur, gueule, sinople* et *sable*, sont empruntés à l'Orient. Le premier signifie en arabe et en persan, la couleur bleue, *ceruleum pigmentum; gueule* est le mot qui exprime la couleur rouge chez les Orientaux; *Sinople* est le nom d'une ville de l'Asie mineure; *sable* est emprunté du *sabellina pellis*, animal commun dans les pays que traversèrent les croisés. (Voyez, sur les signes héraldiques et l'origine du blason, le Père Menestrier, *Origine des Armoiries*; Ducange sur Joinville, *Dissert. VI*, et le Mémoire de M. de Foncemagne, dans le tom. xx, pag. 574, de l'*Acad. des Inscript.*) Il existe aussi en manuscrit un curieux Mémoire sur les armoiries dans la grande collection de Fontanieu.

(1) *Quis tot principes, tot duces, tot equites, tot pedi-*

d'une république sous les armes. Cette république 1097 formidable, où tous les biens paraissaient être en commun, ne reconnaissait d'autre loi que l'honneur, d'autre lien que la religion. Le zèle était si grand que les chefs faisaient le service des soldats, et que ceux-ci ne manquaient jamais à la discipline. Les prêtres parcouraient sans cesse les rangs pour rappeler aux croisés les maximes de la morale évangélique. Leurs prédications ne furent pas inutiles, et si l'on en croit les auteurs contemporains, qui n'épargnent guère les champions de la croix dans leurs récits, la conduite des chrétiens pendant le siége de Nicée n'offrit que des modèles de vertus guerrières et des sujets d'édification (1).

Dès les premiers jours du siége, les chrétiens livrèrent plusieurs assauts, dans lesquels ils firent inutilement des prodiges de valeur. Kilig-Arslan, qui avait déposé dans Nicée sa famille et ses trésors, anima par ses messages le courage de la garnison, et réunit tous les guerriers qu'il put trouver dans la Romanie pour venir au secours des assié-

---

tes, sine rege, sine imperatore dimicante hactenùs audivit, neque, siquidem in isto exercitu alter alteri præfuit, alius aliis imperavit. (BALDRIC, ch. 13.)

(1) Il y avait dans l'armée un conseil suprême composé de tous les chefs, auquel les pèlerins étaient obligés d'obéir pour les opérations militaires; le comte de Blois était le chef de ce conseil; le clergé présidait à la discipline religieuse. (Voyez Albert d'Aix, liv. 11.)

1097 gés. Dix mille cavaliers musulmans, accourus à travers les montagnes, armés de leurs arcs de corne et couverts d'armure de fer, se précipitèrent tout-à-coup dans la vallée de Nicée, et pénétrèrent jusque dans le lieu où le comte de Toulouse, arrivé le dernier au camp, venait de dresser ses tentes (1). Les croisés, avertis de leur arrivée, les attendaient sous les armes. Tous les chefs étaient à la tête de leurs bataillons; l'évêque du Puy, monté sur son cheval de bataille, se montrait dans les rangs, invoquant tour-à-tour la protection du ciel et la piété belliqueuse des pèlerins. A peine le combat était-il engagé, que cinquante mille cavaliers sarrasins vinrent soutenir leur avantgarde qui commençait à s'ébranler. Le sultan de Nicée s'avançait à leur tête et cherchait à ranimer leur courage par son exemple et par ses discours. « Les deux armées, dit Mathieu d'É- » desse (2), qui parle de ce combat, s'attaquè- » rent avec une égale furie; on voyait partout

---

(1) Albert d'Aix dit que les chefs des croisés, prévenus de l'arrivée des Musulmans par un espion qu'ils avaient arrêté, envoyèrent en diligence avertir Raymond de St.-Gilles, qui n'était pas encore arrivé au camp, et le pressèrent de venir pour se trouver au combat. (Albert d'Aix, liv. II, §. 16.) Guillaume de Tyr prétend que les croisés surprirent deux espions, dont l'un fut tué et l'autre mené aux princes, auxquels il découvrit le secret des ennemis. (Guill. de Tyr, liv. III, §. 3.)

(2) L'histoire arménienne de Mathieu d'Édesse se trouve dans les manuscrits de la Bibliothèque royale, ancien fonds,

» briller les casques, les boucliers, les épées nues;
» on entendait au loin le choc des cuirasses et des
» lances qui se heurtaient dans la mêlée; l'air re-
» tentissait de cris effrayans; les chevaux recu-
» laient au bruit des armes, au sifflement des flè-
» ches; la terre tremblait sous les pas des combat-
» tans, et la plaine était couverte de javelots et
» de débris. » Tantôt les Turcs se précipitaient
avec fureur dans les rangs des croisés, tantôt ils
combattaient de loin et lançaient une multitude
de traits; quelquefois ils feignaient de prendre la
fuite et revenaient à la charge avec impétuosité.
Godefroy, son frère Baudouin, Robert, comte de
Flandre, le duc de Normandie, Bohémond et
le brave Tancrède, se montraient partout où les
appelait le danger, et partout l'ennemi tombait
sous leurs coups ou fuyait à leur aspect. Les Turcs
durent s'apercevoir, dès le commencement du
combat, qu'ils avaient devant eux des ennemis
plus redoutables que la multitude indisciplinée de
Pierre l'Ermite et de Gauthier. Cette bataille,
dans laquelle les Sarrasins montrèrent le courage
du désespoir uni à tous les stratagèmes de la guerre,
dura depuis le matin jusqu'à la nuit. La victoire
coûta la vie à deux mille chrétiens. Les Sarrasins
s'enfuirent en désordre dans les montagnes qui

---

nº. 99. Nous la citerons d'après une traduction manuscrite que possède la Bibliothèque du Roi; nous avons donné
un extrait de cette histoire à la fin du IIe. vol. de la *Biblioth. des Croisades.*

1097 leur servaient d'asile, et laissèrent quatre mille morts dans la plaine où ils avaient combattu.

Les croisés imitèrent en cette circonstance l'usage barbare des guerriers musulmans. Ils coupèrent les têtes de leurs ennemis restés sur le champ de bataille, et les attachant à la selle de leurs chevaux, ils les apportèrent au camp, qui retentit à cet aspect des cris de joie du peuple chrétien. Des machines lancèrent plus de mille de ces têtes dans la ville, où elles répandirent la consternation. Mille autres furent enfermées dans des sacs, et portées à Constantinople pour être présentées à l'empereur, qui applaudit au triomphe des Francs ; c'était le premier tribut que lui offraient les seigneurs et les barons qui s'étaient déclarés ses vassaux (1).

Les croisés, n'ayant plus à redouter le voisinage d'une armée ennemie, poussèrent le siége avec vigueur ; tantôt ils s'approchaient de la place, protégés par des galeries surmontées d'un double toit de planches et de claies ; tantôt ils poussaient vers les murailles des tours montées sur plusieurs roues, d'où l'on pouvait voir tout ce qui se passait dans la ville (2). On livra plusieurs assauts, dans lesquels périrent le comte de Forets, Baudouin de Gand et plusieurs chevaliers, que le peuple de

---

(1) Voyez Albert d'Aix, liv. II.

(2) Guillaume de Tyr, lib. III, rapporte que les croisés employèrent deux espèces de machines, les unes appelées

Dieu ensevelit, disent les chroniqueurs, avec des sentimens de piété et d'amour, *tels qu'ils sont dus à des hommes nobles et illustres*. Animés par le désir de venger le trépas de leurs compagnons d'armes, les croisés redoublaient d'ardeur, et les plus intrépides, formant la tortue avec leurs boucliers impénétrables, élevant au-dessus de leur bataillon serré de vastes couvertures d'osier, descendaient dans les fossés, s'approchaient du pied des remparts, battaient la muraille avec des béliers revêtus de fer, ou s'efforçaient d'arracher les pierres avec des pioches recourbées en crochet. Les Sarrasins, du haut des tours, jetaient sur les assaillans de la poix enflammée, de l'huile bouillante et toutes sortes de matières combustibles.

1097

---

scrophæ, propres à servir à la démolition des murailles, et des balistes vulgairement appelées *manganæ*.

On peut consulter, sur les fortifications, les machines et les siéges du moyen âge, la XXVIe. *Dissertation de Muratory*, pag. 452, 524, t. II, Annal. Ital.

On peut encore, pour prendre une juste idée des siéges des croisés, et des machines qui y furent employées, consulter Montfaucon, *Monumens de la monarchie française*, pag. 396. Il a gravé, planche LIII, les vitraux de St.-Denis, qui représentent le siége de Jérusalem. On y voit les croisés s'approchant des remparts au moyen de grandes machines; l'une d'elles, et la plus apparente, a la forme d'une charpente très élevée qui finit en forme de tour, au-dessus de laquelle paraissent des têtes de croisés.

Le Père de Montfaucon a gravé aussi, planche L, le siége de Nicée, pag. 386.

Souvent les machines des croisés et leurs armes défensives étaient dévorées par les flammes, et les soldats désarmés se trouvaient en butte aux javelots, aux pierres, qui tombaient sur eux comme les coups de la tempête ou les éclats de la foudre.

Une armée innombrable, comme nous l'avons dit, environnait Nicée; mais chaque nation n'avait qu'un point d'attaque qui lui était assigné, et ne s'occupait pas du reste du siége; soit que les machines ou l'espace manquassent à la multitude des combattans, on ne voyait jamais qu'un petit nombre de guerriers s'approcher des murailles, et chacune des attaques dirigées contre la ville, était comme un spectacle auquel assistait la foule oisive des pélerins répandus sur les hauteurs et les collines du voisinage. Dans un des assauts que livraient les soldats de Godefroy, un Sarrasin, que l'histoire nous représente comme un guerrier d'une taille et d'une force extraordinaires, s'était fait remarquer par des prodiges de bravoure : il ne cessait de défier les chrétiens; et quoique son corps fût couvert de flèches, rien ne pouvait ralentir son ardeur; les soldats de la croix semblaient n'avoir qu'un seul homme à combattre. A la fin, comme s'il eût voulu montrer qu'il n'avait rien à craindre, il jette loin de lui son bouclier, découvre sa poitrine, et se met à lancer d'énormes quartiers de roc sur les croisés pressés au pied de la muraille. Les pélerins, effrayés, tombaient sous ses coups sans pouvoir se défendre. Enfin le duc de Bouillon s'avance, armé d'une arbalète et précédé de deux écuyers qui tenaient leurs boucliers élevés devant lui; bientôt un trait est décoché d'une main vigoureuse, et le Sarrasin, blessé au cœur, tombe sans vie sur la muraille, à la vue de tous les croisés, qui applaudissent à l'adresse et à la valeur de Godefroy. Les assiégés restèrent immobiles d'effroi, et les murailles, à moitié démolies (1), semblaient demeurer sans défenseurs.

Cependant la nuit, qui vint suspendre les combats, ranima le courage des assiégés : le lendemain, au lever du jour, toutes les brèches faites la veille étaient réparées; de nouveaux murs s'élevaient derrière les remparts en ruines. En voyant la contenance de leurs ennemis et l'appareil de guerre déployé devant eux, les croisés sentaient se ralentir leur courage; et pour s'avancer au combat, dit Albert d'Aix, chacun d'eux attendait l'exemple de son voisin. Un seul chevalier normand osa sortir des rangs et franchir les fossés; mais il fut bientôt assailli à coups de pierres et de javelots, et sans pouvoir être défendu par son casque et sa cuirasse, il périt à la vue de tous les pèlerins, qui se contentèrent d'implorer pour lui la puissance divine. Les Sarrasins ayant saisi son corps inanimé avec des crochets de fer, l'exposèrent sur le rempart comme un trophée de leur victoire, et le lancèrent ensuite, à l'aide d'une ma-

---

(1) Albert d'Aix et Guillaume de Tyr rapportent tous deux en détail cette action de Godefroy. Albert d'Aix, liv. II, §. 24. Guillaume de Tyr, liv. III, §. 9.

1097 chine, dans le camp des chrétiens, où ses compagnons d'armes lui rendirent les honneurs de la sépulture, et se consolèrent de l'avoir laissé mourir sans secours, en pensant qu'il avait reçu la palme du martyre, et qu'il était entré dans la vie éternelle.

Les assiégés, pour réparer leurs pertes, recevaient chaque jour des secours par le lac Ascanius qui baignait leurs murailles, et ce ne fut qu'après sept semaines de siége que les croisés s'en aperçurent. Les chefs s'étant assemblés, envoyèrent au port de Civitot un grand nombre de cavaliers et de fantassins avec l'ordre de transporter sur les bords du lac des bateaux et des navires fournis par les Grecs. Ces navires, dont plusieurs pouvaient porter jusqu'à cent combattans, furent placés sur des chars auxquels on avait attelé des chevaux et des hommes robustes (1). Une seule nuit suffit pour les transporter depuis la mer jusqu'au lac Ascanius et pour les lancer dans les flots. Au lever du jour, le lac fut couvert de barques montées par des soldats intrépides ; les enseignes des chrétiens étaient déployées et flottaient

---

(1) Guillaume de Tyr, qui rend compte de ce fait, dit que les croisés réunirent ensemble trois ou quatre chariots, selon que l'exigeait la longueur des navires, et qu'après les avoir placés dessus, ils les traînèrent pendant la nuit sur un espace de plus de sept milles avec des cordes et des courroies qu'on avait attachées aux hommes et aux chevaux. (Guillaume de Tyr, liv. III, §. 7.)

LIVRE II.

sur les ondes. Tout le rivage retentissait de cris belliqueux et du son des trompettes. A cette vue, les défenseurs de Nicée furent frappés d'une grande surprise, et tombèrent dans le découragement ; les croisés se montrèrent plus impatiens de combattre ; jusque-là leurs machines de siége n'avaient point secondé leurs efforts ; plusieurs même de ces machines, construites à grands frais, avaient écrasé sous leurs débris les combattans qu'elles devaient protéger ; à la fin, une tour ou galerie de bois construite par un croisé lombard, fit renaître la confiance des pélerins et redoubla l'effroi des Musulmans. Elle résistait à l'action du feu, au choc des pierres, à toutes les attaques de l'ennemi. On la poussa au pied d'une tour formidable, attaquée depuis plusieurs jours par les guerriers de Raymond de Saint-Gilles ; les ouvriers qu'elle renfermait creusèrent la terre sous les murailles, et la forteresse ennemie chancela sur ses fondemens. Elle s'ébranla tout-à-coup au milieu des ténèbres de la nuit, elle s'écroula avec un fracas si horrible, que toutes les troupes chrétiennes et musulmanes se réveillèrent en sursaut, croyant que la terre avait tremblé, ou que le tonnerre tombait en éclats. Le jour suivant, la femme du sultan avec deux enfans en bas âge, voulut s'enfuir par le lac, et tomba entre les mains des chrétiens; cette nouvelle, portée dans la ville, y redoubla la consternation, et les Turcs perdaient l'espoir de défendre Nicée, lorsque la politique d'Alexis vint dérober cette conquête aux armes des croisés.

1097. Ce prince, qu'on a comparé à l'oiseau qui cherche sa pâture sur les traces du lion, s'était avancé jusqu'à Pélecane ; il avait envoyé à l'armée des croisés un faible détachement de troupes grecques et deux généraux chargés de sa confiance, moins pour combattre que pour négocier et saisir l'occasion de s'emparer de Nicée par la ruse. L'un de ses officiers, nommé *Butumite*, ayant pénétré dans la ville, fit redouter aux habitans l'inexorable vengeance des Latins, et les pressa de se rendre à l'empereur de Constantinople. Ses propositions furent écoutées, et lorsque les croisés se disposaient à livrer un dernier assaut, les étendards d'Alexis parurent tout-à-coup sur les remparts et les tours de Nicée.

Cette vue jeta l'armée chrétienne dans une vive surprise ; la plupart des chefs ne purent contenir leur indignation ; et les soldats, prêts à combattre, rentrèrent sous leurs tentes en frémissant de rage. Leur fureur s'accrut encore lorsqu'on leur défendit d'entrer plus de dix à-la-fois dans une ville qu'ils avaient conquise au prix de leur sang, et qui renfermait des richesses qu'on leur avait promises. En vain les Grecs alléguèrent les traités faits avec Alexis et les services qu'ils avaient rendus aux Latins pendant le siége, les murmures continuèrent à se faire entendre, et ne furent apaisés un moment que par les largesses de l'empereur (1).

---

(1) Les historiens de la première croisade ne sont pas

Ce prince reçut la plupart des chefs de la croisade à Pélecane, loua leur bravoure et les combla de présens. Après s'être emparé de Nicée, il voulut triompher de l'orgueil de Tancrède, qui n'avait point encore prêté serment d'obéissance et de fidélité. Tancrède, cédant aux prières de Bohémond et des autres chefs, promit d'être fidèle à l'empereur autant que l'empereur lui-même se-

1097

---

tout-à-fait d'accord entr'eux sur la manière dont Nicée fut remise à l'empereur grec. Robert le Moine, Baudri et l'abbé Guibert, disent que les assiégés traitèrent secrètement avec Alexis, à condition qu'il leur serait permis de sortir librement de la ville. Foulcher de Chartres prétend que les Turcs, qui étaient dans Nicée, y firent entrer les Turcopoles envoyés par l'empereur, lesquels, en répandant de l'argent dans la ville, la gardèrent pour Alexis, comme il le leur avait ordonné. Albert d'Aix dit que Tatice, familier du prince grec, obtint des chefs croisés, à l'aide de belles promesses, que Nicée lui fût remise, et des assiégés qu'ils ouvriraient leurs portes, en leur promettant qu'ils pourraient sortir librement, et que la femme et les enfans de Soliman seraient rendus à la liberté. Guillaume de Tyr dit aussi que Tatice traita secrètement avec les assiégés; mais il ajoute que les chefs croisés, sachant que la ville était sur le point de se rendre, envoyèrent des députés à Alexis pour le prier de faire venir au plus tôt des troupes qui reçussent et gardassent la ville, afin que l'armée chrétienne pût poursuivre sa marche. Les largesses de l'empereur n'empêchèrent point les soldats de la croix de murmurer contre cette capitulation. Albert d'Aix prétend qu'Alexis tint mal les promesses qu'il avait faites aux croisés.

1097 rait fidèle aux croisés (1); cet hommage, qui était à-la-fois une soumission et une menace, ne devait point satisfaire Alexis, et montrait assez qu'il n'avait ni l'estime ni la confiance des pèlerins de l'Occident. La liberté qu'il rendit à la femme et aux enfans du sultan, la manière affectueuse dont il traita les prisonniers turcs, laissèrent croire aux Latins qu'il cherchait à ménager les ennemis des chrétiens. Il n'en fallut pas davantage pour renouveler toutes les haines; depuis cette époque on ne cessa point de s'accuser, de se menacer réciproquement, et le plus léger prétexte aurait suffi pour allumer la guerre entre les Grecs et les croisés (2).

Un an s'était écoulé depuis que les croisés avaient quitté l'Occident. Après s'être reposés quelque temps dans le voisinage de Nicée, ils firent leurs dispositions pour se mettre en marche vers la Syrie et la Palestine. Les provinces de l'Asie mineure qu'ils allaient traverser, étaient encore occupées par les Turcs, qu'animaient le fanatisme et le désespoir, et qui formaient moins une nation qu'une armée toujours prête à combattre et à se

---

(1) On peut voir, dans Raoul de Caen, la franchise grossière avec laquelle Tancrède parla à l'empereur Alexis. (*Biblioth. des Croisades*, tom. 1. p. 502.)

(2) Anne Comnène explique la conduite d'Alexis; il est bon de ne jamais perdre de vue l'histoire de la princesse grecque, et de comparer souvent ses récits aux chroniques latines. (Voyez *Biblioth. des Croisades*, tom. 1.)

transporter d'un lieu à un autre. Dans un pays si long-temps ravagé par la guerre, les chemins étaient à peine tracés, toute communication se trouvait interrompue entre les villes. Dans les montagnes, les défilés, les torrens, les précipices devaient sans cesse arrêter la marche d'une armée nombreuse ; dans les plaines, la plupart incultes et désertes, la disette, le manque d'eau, l'ardeur dévorante du climat, étaient des fléaux inévitables. Les croisés croyaient avoir vaincu tous leurs ennemis dans Nicée, et, sans prendre aucune précaution, sans autres guides que les Grecs dont ils avaient à se plaindre, ils s'avançaient dans un pays qu'ils ne connaissaient point. Ils n'avaient aucune idée des obstacles qu'ils allaient trouver dans leur marche, et leur ignorance faisait leur sécurité (1).

Ils avaient divisé leur armée en deux corps, qui marchaient à quelque distance l'un de l'autre à travers les montagnes de la petite Phrygie. En marchant ainsi séparés, ils pouvaient se procurer plus facilement des vivres, mais ils couraient le danger d'être surpris par un ennemi actif et vigilant. Kilig-Arslan, après sa défaite, avait rassemblé de nouvelles forces. A la tête d'une armée que les historiens latins portent à deux cent mille hommes, il suivait les croisés, épiant l'occasion

---

(1) Les historiens arabes ne parlent point encore de la marche des pèlerins; ils ne commencent à donner quelques détails qu'à Antioche. (Voyez la *Bibliothèque des Croisades*, tom. II.)

1097 de les surprendre et de leur faire payer cher la conquête de Nicée.

Tandis que le corps d'armée commandé par Godefroy, Raymond, Adhémar, Hugues-le-Grand et le comte de Flandre, traversait la plaine de Dorylée, l'autre corps, que commandaient Bohémond, Tancrède, le duc de Normandie, dirigeait sa marche à la gauche; il côtoyait une petite rivière, et s'avançait dans une vallée à laquelle les historiens latins donnent le nom de *Gorgoni* ou d'*Ozellis* (1). Quelques avis, donnés par les Grecs, avaient appris qu'une armée musulmane s'approchait et menaçait d'attaquer les chrétiens ; mais les croisés croyaient n'avoir rien à craindre d'un ennemi qu'ils avaient vaincu plusieurs fois. Après un jour de marche, le soir du 31 juin, ils arrivèrent dans un lieu qui leur offrait d'abondans

---

(1) Cette vallée, formée au nord par la montagne *In-Eengni*, est arrosée par une rivière qui coule du couchant au levant, et qui est peut-être le Bathis des anciens, ayant les villages de *Taochanlu* et de *Gourmen* au levant, et celui de *Yen-Euglu* au couchant; * ce dernier n'est qu'à neuf milles, ou trois lieues marines de Dorylée. Albert d'Aix nomme cette vallée *Dogorganhi ;* ce qui paraît être le nom oriental, dont les historiens latins ont fait celui de *Gorgoni*, qui peint, en quelque sorte, l'horreur de cette fatale journée. *Ozellis* est apparemment le nom que lui donnaient les Grecs. Nous devons ces renseignemens aux savantes recherches de M. Walckenaer.

* *Voyez* Arrowsmith's, *Map of Constantinople and its environs*, quatre feuilles.

pâturages, et résolurent d'y asseoir leur camp. 1097
L'armée chrétienne passa la nuit dans la sécurité
la plus profonde ; le lendemain, au point du jour,
les coureurs et des nuages de poussière qui s'élevaient sur les hauteurs, annoncèrent tout-à-coup
la présence de l'ennemi. Aussitôt tout le camp se
réveille en sursaut et court aux armes. Bohémond,
devenu le chef de l'armée au milieu du péril, se
hâte de faire les dispositions nécessaires pour repousser les Turcs. Le camp des chrétiens était défendu d'un côté par la rivière, et de l'autre par
un marais couvert de roseaux. Le prince de Tarente le fait entourer de chariots et de palissades
faites avec les pieux qui servaient à dresser les tentes ; il assigne ensuite les postes à l'infanterie, et
fait placer au centre les femmes, les enfans et les
malades. La cavalerie, divisée en trois corps, s'a-
vance à la tête du camp et se prépare à disputer le
passage de la rivière. L'un de ces corps était commandé par Tancrède et Guillaume, son frère ;
l'autre par le duc de Normandie et le comte de
Chartres. Bohémond, qui commandait le corps
de réserve, se place avec ses cavaliers sur une
hauteur d'où il peut tout découvrir et suivre l'ordre du combat.

A peine le prince de Tarente a-t-il achevé ses
préparatifs, que les Sarrasins, en poussant de
grands cris, descendent des montagnes, et lorsqu'ils sont arrivés à la portée de l'arc, ils font
pleuvoir une grêle de traits sur les chrétiens. Cette

1097 décharge fait peu de mal aux cavaliers, défendus par leurs boucliers et leur armure ; mais un grand nombre de chevaux sont blessés et portent le désordre dans les rangs. Les archers, les frondeurs, les arbalétriers, répandus çà et là sur les flancs de l'armée chrétienne, lançaient de loin des pierres et des javelots qui allaient tomber sur la terre sans faire aucun mal aux ennemis. Les cavaliers chrétiens, impatiens de se servir de la lance et de l'épée, s'indignaient de rester spectateurs du combat ; les plus ardens traversent imprudemment la rivière et fondent sur les Sarrasins ; mais ceux-ci évitent la mêlée : à mesure que les croisés se présentent devant eux, ils ouvrent leurs rangs, se dispersent, se rallient à quelque distance, obscurcissent l'air d'une nouvelle nuée de flèches. La rapidité de leurs chevaux les seconde dans leurs évolutions, et les dérobe à la poursuite des croisés qu'ils combattent en fuyant.

Cette manière de combattre était tout à l'avantage des Turcs ; les dispositions faites dans l'armée chrétienne, avant la bataille, devenaient inutiles. Chaque chef, chaque cavalier, ne prenait plus de conseil que de lui-même et s'abandonnait à son ardeur. Les chrétiens combattaient en désordre sur un terrain qu'ils ne connaissaient point ; dans cette lutte terrible, le trépas était le seul prix de leur bravoure indisciplinée. Robert de Paris, le même qui s'était assis sur le trône impérial à côté d'Alexis, fut blessé mortellement, après avoir vu

tomber à ses côtés quarante de ses compagnons (1). 1097
Guillaume, frère de Tancrède, tomba percé de
flèches. Tancrède lui-même, dont la lance était
brisée, et qui n'avait plus pour défense que son
épée, ne dut son salut qu'à Bohémond, qui vint
à son secours et l'arracha des mains des infidèles.

Pendant que la victoire restait incertaine entre la force et l'adresse, entre l'agilité et la bravoure, de nouvelles troupes de Sarrasins descendirent des montagnes et vinrent se mêler au combat. Le sultan de Nicée profita du moment où la cavalerie des croisés résistait avec peine au choc de l'armée turque et dirigea contre leur camp sa principale attaque. Il assemble l'élite de ses soldats, traverse la rivière, et renverse toutes les barrières qui s'offrent devant lui. En un moment le camp des chrétiens est envahi et rempli d'une multitude de barbares. Les Turcs massacrent tout ce qui s'offre à leurs coups. Ils n'épargnent que les femmes qui ont de la jeunesse et de la beauté, et qu'ils destinent aux sérails. Si l'on en croit Albert d'Aix, les filles et les femmes des barons et des chevaliers préférèrent en cette occasion l'esclavage à la mort; car on les vit, au milieu du tumulte, se parer de leurs plus beaux vêtemens, et se présenter ainsi au-devant des Sarrasins, cherchant,

---

(1) Anne Comnène ne peut dissimuler la joie qu'elle éprouve de la mort du comte Robert, et la regarde comme une punition de son insolence. (*Alexiade*, lib. x, *Biblioth. des Croisades*, tom. 1.)

par la vue de leurs charmes, à toucher le cœur d'un ennemi impitoyable (1).

Cependant Bohémond vient secourir le camp des chrétiens, et force le sultan à regagner son armée. Alors le combat recommence sur les bords de la rivière avec plus d'acharnement. Le duc Robert, resté avec quelques-uns de ses chevaliers sur le champ de bataille, arrache des mains de celui qui le portait son drapeau blanc brodé d'or, et s'élance au milieu des Sarrasins, en criant : *A moi, Normandie!* Il frappe de son épée tout ce qu'il rencontre, et fait tomber à ses pieds un des principaux émirs. Tancrède, Richard, prince de Salerne, Étienne, comte de Blois, et les autres chefs, suivent son exemple et secondent sa valeur. Bohémond, que Raoul de Caen accuse d'avoir cédé un moment à la crainte (2), était revenu au combat ; comme il marchait au devant du sultan de Nicée, il rencontre une troupe de soldats qui fuyaient, et les ramène en disant : « Où fuyez-vous, » soldats chrétiens ? ne voyez-vous pas que leurs » chevaux, plus agiles que les nôtres, ne man- » queront pas de vous atteindre ? Suivez-moi, je

---

(1) *Hác crudelitate atrocissimæ mortis stupefactæ teneræ puellæ et nobilissimæ, vestibus ornari festinabant, se offerentes Turcis, ut saltem amore honestarum formarum accensi et placati, discant captivarum misereri.* (Alb. Aq., lib. II, cap. 40.)

(2) Tancrède lui-même, au rapport d'Albert d'Aix, avait laissé sa lance et son pennon dans ce combat. (Lib. II.)

» vais vous montrer un chemin plus sûr que la
» fuite (1). » A peine a-t-il prononcé ces paroles
qu'il se précipite avec eux au milieu des Sarrasins ; ils immolent tout ce qui ose leur résister, et
font partout un horrible carnage. Dans le désordre
de la mêlée, les femmes qui venaient d'être délivrées des mains des Musulmans, et qui brûlaient
de venger leur pudeur outragée, parcouraient les
rangs, apportaient des rafraîchissemens aux soldats, et les exhortaient à redoubler de courage
pour les sauver de la servitude (2).

Mais tant de généreux efforts allaient être inutiles ; les croisés étaient épuisés de fatigue et ne
pouvaient résister long-temps à un ennemi qui se
renouvelait sans cesse. L'armée chrétienne, un moment victorieuse, bientôt obligée de céder au
nombre, se retire, ou plutôt s'enfuit vers le camp
où les Turcs sont sur le point de rentrer avec elle.
On ne saurait peindre le désespoir des chrétiens,
le désordre de leurs bataillons dispersés et poursuivis par les vainqueurs. Là, des prêtres implorent par leurs gémissemens et leurs prières l'assistance du dieu des armées ; plus loin, des femmes
éperdues poussent vers le ciel des cris lamentables;
les plus courageuses rapportent sous la tente les
morts et les blessés ; des soldats, ne songeant plus

---

(1) Voy. le discours de Bohémond dans Baudri, *Biblioth.
des Croisades*, tom. 1.

(2) Voy. l'extrait de Robert le Moine, *Bibliothèque des
Croisades*, tom. 1.

qu'à mourir, se jettent à genoux devant les clercs et les évêques, et demandent l'absolution de leurs fautes. Dans ce tumulte affreux, on entendait à peine la voix des chefs; les plus intrépides tombaient couverts de blessures, accablés par la soif et par une chaleur dévorante ; rien ne pouvait relever leur courage, ranimer leurs forces et les ramener au combat, lorsque tout-à-coup mille cris de joie annoncent l'approche de Raymond et de Godefroy, qui s'avançaient avec le second corps de l'armée chrétienne.

Dès le commencement de la bataille, Bohémond les avait fait avertir de l'attaque des Turcs (1). A cette nouvelle, le duc de Lorraine, le comte de Vermandois, le comte de Flandre, à la tête de leur corps d'armée, avaient dirigé leur marche vers la vallée de Gorgoni, suivis de Raymond et d'Adhémar, qui escortaient les bagages à la tête de l'arrière-garde (2). Lorsqu'ils parurent sur le revers des montagnes du côté de l'Orient, le soleil était au milieu de son cours, et sa lumière se réfléchissait sur leurs boucliers, leurs casques et leurs épées nues ; les enseignes étaient déployées ;

---

(1) Ce fut Arnould de Rohez, chapelain du duc de Normandie, qui fut envoyé pour prévenir les croisés. (Voy. le discours d'Arnould contre Tancrède, dans Raoul de Caen, *Biblioth. des Croisades*, tom. 1.)

(2) Albert d'Aix s'exprime en ces termes : « Les fidèles, comme s'ils eussent été appelés aux plus délicieux festins, courent aux armes. (Lib. II, §. 41.)

le bruit des tambours et des clairons retentissait 1097
au loin ; cinquante mille cavaliers, couverts de
leurs armes et prêts au combat, s'avançaient en
bon ordre. Cette vue ranima l'espoir des croisés,
et jeta l'effroi parmi les infidèles.

Déjà Godefroy, suivi de cinquante chevaliers,
avait devancé son armée et s'était mêlé parmi les
combattans. Alors le sultan fait sonner la retraite
et se retire sur les hauteurs, où il espère que les
croisés n'oseront pas l'attaquer. Le second corps
de l'armée chrétienne est bientôt arrivé dans la
plaine fumante encore du sang des chrétiens. Les
croisés reconnaissent leurs frères et leurs compagnons étendus dans la poussière ; ils sont impatiens de venger leur mort, et demandent à grands
cris qu'on recommence le combat ; ceux même
qui avaient combattu depuis le matin ne veulent
point prendre de repos. L'armée chrétienne est
aussitôt rangée en bataille. Bohémond, Tancrède,
Robert de Normandie, se placent à la gauche ; Godefroy, le comte de Flandre, le comte de Blois,
conduisent l'aile droite ; Raymond commande le
centre, et l'arrière-garde ou corps de réserve est
sous les ordres d'Adhémar. Avant que les chefs
aient donné le signal, les prêtres parcourent les
rangs, exhortent les croisés au combat et leur
donnent la bénédiction. Les soldats et les chefs ti-
rant leur épée, s'écrient tous ensemble : *Dieu le
veut! Dieu le veut!* Ce cri de guerre est répété
par les échos des montagnes et des vallées. Enfin
l'armée chrétienne s'ébranle, et marche pleine

1097 d'assurance contre les Turcs, pour qui les rochers et les collines semblaient un sûr asile.

Les Sarrasins étaient immobiles sur les montagnes, et paraissaient avoir épuisé toutes leurs flèches. La position du terrain ne leur permettait plus de faire leurs rapides évolutions et de suivre leur tactique ordinaire. Ils ne semblaient plus d'ailleurs animés par l'espoir de la victoire; et dans une attitude qui annonçait l'effroi, ils attendaient leurs ennemis en silence. Le comte de Toulouse, qui les attaqua en front, enfonça leurs rangs du premier choc. Tancrède, Godefroy, Hugues-le-Grand, les deux Robert, les attaquèrent sur leurs flancs avec le même avantage. Adhémar, qui avait fait le tour des montagnes, dirigea son attaque sur les derrières des ennemis; il acheva de mettre le désordre dans leurs rangs. Les Sarrasins se trouvèrent environnés d'une forêt de lances et ne songèrent plus qu'à fuir à travers les rochers. Un grand nombre d'émirs, trois mille officiers et plus de vingt mille soldats perdirent la vie dans la bataille ou dans la fuite (1).

Le camp des ennemis, qui était à deux lieues de là, tomba au pouvoir des croisés. Les vain-

---

(1) Un seul Turc, plus que tous, au rapport d'Albert d'Aix, opposa une vive résistance : Gérard de Cherisi fondit sur lui la lance en arrêt; mais le Turc lui décocha une flèche et le perça entre le foie et les poumons : après cet exploit, il se décida à la retraite. (Albert d'Aix, lib. II, §. 42.)

queurs y trouvèrent beaucoup de vivres, des tentes 1097 magnifiquement ornées, d'immenses trésors, toutes sortes de bêtes de somme, et surtout un grand nombre de chameaux. La vue de ces animaux, qu'on ne connaissait point en Occident, leur causa autant de surprise que de joie. Ils montèrent les chevaux des Sarrasins pour poursuivre les débris de l'armée vaincue. Vers le soir ils revinrent dans leur camp, chargés de butin et précédés de leurs prêtres, qui chantaient des hymnes et des cantiques en actions de grâces. Les chefs et les soldats s'étaient couverts de gloire dans cette journée. Nous avons nommé les principaux de l'armée. Les historiens en citent plusieurs autres, tels que Baudouin de Beauvais, Galon de Calmon, Gaston de Béarn, Gérard de Cherisi; tous signalèrent leur bravoure par des exploits, dont la mémoire, dit Guillaume de Tyr, ne périra jamais.

Le lendemain de la victoire, les croisés se rendirent sur le champ de bataille pour enterrer les morts. Ils avaient perdu quatre mille de leurs compagnons; ils leur rendirent les derniers devoirs en versant des larmes. Le clergé fit pour eux des prières, et l'armée les honora comme des martyrs. On passa bientôt de ces cérémonies funèbres aux transports d'une folle joie. En dépouillant les Sarrasins, on se disputa leurs habits sanglans. Dans l'excès de leur ivresse, tantôt les soldats chrétiens endossaient l'armure de leurs ennemis, et se revêtaient des robes flottantes des Musulmans; tantôt ils s'asseyaient dans les tentes

1097 des vaincus, et se moquaient du luxe et des usages de l'Asie. Ceux qui n'avaient point d'armes prirent les épées et les sabres recourbés des Sarrasins, et les archers remplirent leurs carquois des flèches qu'on leur avait lancées dans le combat (1).

L'ivresse de la victoire ne les empêcha point cependant de rendre justice à la bravoure des Turcs, qui se vantaient dès-lors d'avoir une origine commune avec les Francs (2). Les historiens contemporains qui ont loué la valeur des Turcs, ajoutent qu'il ne manquait à ceux-ci que d'être chrétiens pour être en tout comparables aux croisés (3). Ce qui prouve d'ailleurs que les croisés avaient une haute idée de leurs ennemis, c'est

---

(1) Voyez le moine Robert, analysé dans la *Bibliothèque des Croisades*, tom. 1. Il était témoin oculaire.

(2) « Cette nation pleine de bravoure, dit Baudri, se » vantait d'avoir une origine commune avec les Francs. » (*Jactitant se de Francorum stirpe duxisse genealogiam*, lib. 11.)

(3) Voici comment Tudebode s'exprime à cet égard : « Certes, si les Turcs avaient été fermes dans la foi du » Christ; s'ils avaient cru avec raison qu'une des trois per- » sonnes de la Trinité était née d'une vierge-mère, qu'elle » avait souffert la passion, qu'elle était ressuscitée; que ré- » gnant également dans le ciel et sur la terre, elle avait » ensuite envoyé la consolation du Saint-Esprit, ils auraient » été les plus braves, les plus prudens, les plus habiles » dans la guerre, et aucun peuple n'aurait pu leur être » comparé. » Tudebode était si frappé du courage des Turcs, qu'il revient plus d'une fois sur leur éloge. (*Hist. franc. Script.*, François Duchesne, pag. 783.)

qu'ils attribuèrent leur victoire à un miracle. Deux 1097 jours après la bataille, dit Albert d'Aix, les infidèles fuyaient encore, sans que personne les poursuivît, *si ce n'est Dieu lui-même*. Après la victoire, l'armée chrétienne invoqua les noms de saint Georges et de saint Démétrius, qu'on avait vus, disait-on, combattre dans les rangs des chrétiens. Cette pieuse fable s'accrédita parmi les Latins et même parmi les Grecs. Long-temps après la bataille, les Arméniens élevèrent une église dans le voisinage de Dorylée. Le peuple s'y rassemblait chaque année le premier vendredi de mars, et croyait voir paraître saint Georges à cheval et la lance à la main.

Tandis que les croisés se félicitaient de leur victoire, le sultan de Nicée, qui n'osait plus se mesurer avec les chrétiens, entreprit de ravager le pays qu'il ne pouvait défendre. A la tête des débris de son armée vaincue, et suivi de dix mille Arabes qui étaient venus le joindre, il devança les croisés et dévasta ses provinces. Les Turcs brûlaient les moissons, pillaient les villes, les bourgs et les églises des chrétiens; ils entraînaient à leur suite les femmes et les enfans des Grecs, qu'ils gardaient en otage. Les rives du Méandre et du Caïstre, la Cappadoce, la Pisidie, l'Isaurie, tout le pays jusqu'au mont Taurus fut livré au pillage et ravagé de fond en comble (1).

---

(1) Les chroniqueurs prêtent un singulier discours au sultan. (Voyez l'extrait de Tudebode, *Biblioth. des Croisades*, tom. 1, p. 255; et le moine Robert, tom. 1, p. 7.)

1097 Quand les croisés se remirent en marche, ils résolurent de ne plus se séparer, comme ils l'avaient fait en entrant dans la Phrygie. Cette dernière résolution les mettait à l'abri de toute surprise, mais elle exposait une armée trop nombreuse à périr de faim et de misère dans un pays dévasté par les Turcs (1). Les chrétiens, qui marchaient sans prévoyance, et n'étaient jamais approvisionnés que pour quelques jours, ne tardèrent pas à manquer de vivres. Ils ne trouvèrent sur leur chemin que des campagnes désertes, et n'eurent bientôt pour subsister que les racines des plantes sauvages et les épis échappés au ravage des Sarrasins. Le manque d'eau et de fourrages fit périr le plus grand nombre des chevaux de l'armée.

La plupart des chevaliers, qui méprisaient les fantassins, furent obligés, comme eux, de marcher à pied et de porter leurs armes, dont le poids suffisait pour les accabler. L'armée chrétienne offrit alors un étrange spectacle : on vit des chevaliers montés sur des ânes et sur des bœufs, s'avancer à la tête de leurs soldats. Des béliers, des chèvres, des porcs, des chiens, tous les animaux qu'on pouvait rencontrer étaient chargés des bagages, qui,

---

(1) J'ai fait beaucoup de recherches pour savoir quels étaient les moyens d'approvisionnement dans l'armée chrétienne ; je n'ai pu découvrir autre chose, si ce n'est que les croisés emportaient avec eux des moulins à bras.

pour la plupart, restèrent abandonnés sur les che- 1097
mins (1).

Les croisés traversaient alors la partie de la
Phrygie que les anciens appelaient la *Phrygie brûlée*. Lorsque leur armée arriva dans le pays de
Sauria (2), elle y éprouva toutes les horreurs de
la soif; les plus robustes soldats ne pouvaient résister à ce terrible fléau. On lit dans Guillaume de
Tyr, que cinq cents personnes périrent dans un
seul jour. On vit alors, disent les historiens, des
femmes accoucher avant le temps, au milieu d'une
campagne brûlante ; on en voyait d'autres se dé-
sespérer auprès de leurs enfans qu'elles ne pouvaient plus nourrir, implorer la mort par leurs
cris, et, dans l'excès de leur désespoir, se rouler
par terre toutes nues à la vue de l'armée (3). Les
auteurs du temps n'oublient pas dans leurs récits,
les faucons et les oiseaux de chasse dont les chevaliers se faisaient suivre en Asie, et qui périrent

---

(1) *Tunc autem vere vel rideretis, vel forsitan pietate
lachrymaremini, cum multis nostrum jumentis egentes...
Verveces, capras, sues, canes, de rebus suis onerabant...
Equites, etiam supra boves cum armis suis interdum scan-
debant.* Nous avons traduit les réflexions de Foulcher de
Chartres, *Biblioth. des Croisades*, tom. 1.

(2) L'*Isauria trachea* des anciens.

(3) *Quam plurimæ namque fœtæ mulieres exsiccatis fau-
cibus, arefactis visceribus... mediâ plateâ in omnium as-
pectu fœtus suos enixæ relinquebant ; aliæ miseræ juxta
fœtus suos in viâ communi volutabantur, omnem pudorem
et secreta sua oblitæ...* (Albert d'Aix, lib. III, §. 1.)

1097 presque tous sous un ciel dévorant. Les croisés invoquèrent en vain les miracles que Dieu avait autrefois opérés dans le désert pour son peuple choisi. Les stériles vallées de la Pisidie retentirent pendant plusieurs jours de leurs prières, de leurs plaintes, et peut-être aussi de leurs blasphèmes.

Au milieu de ces campagnes embrasées ils firent enfin une découverte qui pouvait sauver l'armée, mais qui fut sur le point de lui devenir aussi funeste que les horreurs mêmes de la soif.

Les chiens qui suivaient les croisés avaient abandonné leurs maîtres, et s'égaraient dans les plaines et les montagnes pour chercher une source (1). Un jour qu'on en vit revenir au camp plusieurs dont le poil paraissait couvert d'une poussière humide, on jugea qu'ils avaient trouvé de l'eau; quelques soldats les suivirent et découvrirent une rivière. Toute l'armée s'y précipita en foule; les croisés, accablés de chaleur et de soif, se jetèrent dans l'eau et se désaltérèrent sans précaution. Plus de trois cents d'entr'eux en moururent presque subitement; plusieurs autres tombèrent gravement malades et ne purent continuer leur route.

Enfin l'armée chrétienne arriva devant Antiochette, qui lui ouvrit ses portes. Cette ville, capitale de la Pisidie, était située au milieu d'un territoire coupé de prairies, de rivières et de forêts. La

---

(1) Cette particularité remarquable est tirée de la vie de Godefroy, par Jean de Lannel, écuyer, seigneur du Chaintreau et de Chambord.

vue d'un pays riant et fertile engagea les chrétiens à se reposer quelques jours, et leur fit bientôt oublier tous les maux qu'ils avaient soufferts.

1097

Comme le bruit de leur marche et de leur victoire s'était répandu dans tous les pays voisins, on envoyait au-devant d'eux des députés pour leur offrir des secours et leur jurer obéissance. Alors ils se virent maîtres de plusieurs contrées dont ils ignoraient les noms et la position géographique. La plupart des croisés étaient loin de savoir que les provinces qu'ils venaient de soumettre avaient vu les armées d'Alexandre et les armées de Rome; et que les Grecs, habitans de ces provinces, descendaient des Gaulois qui, au temps du second Brennus, étaient partis de l'Illyrie et des rives du Danube, avaient traversé le Bosphore (1), pillé la ville d'Héraclée, et fondé une colonie sur les rives du Halys. Sans rechercher les traces de l'antiquité, les nouveaux conquérans ne songeaient qu'à vaincre les ennemis du Christ, et n'avaient point d'autre pensée. La population de l'Asie mineure, presque toute chrétienne, favorisait partout les progrès de leurs armes; et la plupart des cités, délivrées à leur approche, du joug des Musulmans, les saluaient comme des libérateurs.

Pendant leur séjour à Antiochette, la joie de leur conquête fut un moment troublée par la crainte

---

(1) Voyez, sur cette expédition, Pelloutier, *Hist. des Celtes*, tom. 1, et un Mémoire dans le volume de l'Académie des Inscriptions.

1097 qu'ils eurent de perdre deux de leurs chefs les plus renommés. Raymond, comte de Toulouse, tomba dangereusement malade. Comme on désespérait de sa vie, on l'avait déjà étendu sur la cendre, et l'évêque d'Orange récitait les litanies des mourans, lorsqu'un comte saxon vint annoncer que Raymond ne mourrait point de cette maladie, et que les prières de saint Gilles avaient obtenu pour lui *une trêve avec la mort*. Ces paroles, dit Guillaume de Tyr, rendirent l'espérance à tous les assistans, et bientôt Raymond se montra aux yeux de l'armée, qui célébra sa guérison comme un miracle (1).

Dans le même temps, Godefroy, qui s'était un jour égaré dans une forêt, avait couru le plus grand danger en défendant un soldat attaqué par un ours. Vainqueur de la bête féroce, mais blessé à la cuisse et perdant tout son sang, il fut ramené mourant dans le camp des croisés. La perte d'une bataille aurait répandu moins de consternation que le douloureux spectacle qui s'offrit alors aux yeux des chrétiens. Tous les croisés versaient des larmes, et

---

(1) Raymond d'Agiles, si avide de merveilleux, n'a pas manqué de rapporter cette singulière circonstance; *saint Gilles, suivant lui, avait promis d'être toujours avec le Comte*; et cette promesse l'avait fait survivre, quoique la maladie fût si grave, que *vix vitalem pulsum haberet*, lib. II. (Voyez *Biblioth. des Croisades*, tom. I.) Raymond se plaît à raconter ce fait, quoique, dit-il, il ne soit pas de nature à plaire aux incrédules.

faisaient des prières pour la vie de Godefroy. La 1097
blessure ne se trouva pas dangereuse ; mais affaibli
par la perte de son sang, le duc de Bouillon resta
long-temps sans reprendre ses forces. Le comte de
Toulouse eut, comme lui, une longue convales-
cence, et tous deux furent, pendant plusieurs semaines, obligés de se faire porter à la suite de l'armée, dans une litière (1).

De plus grand malheurs menaçaient l'armée des
croisées. Jusqu'alors la paix avait régné parmi eux,
et leur union faisait leur force. Tout-à-coup la discorde éclata entre quelques chefs, et fut sur le
point de gagner toute l'armée. Tancrède et Baudouin, frère de Godefroy, l'un conduisant une
troupe de guerriers flamands, l'autre des soldats
italiens, furent envoyés à la découverte, soit pour
dissiper les bandes éparses des Turcs, soit pour
protéger les chrétiens, et obtenir d'eux des secours
et des vivres. Ils s'avancèrent d'abord dans la Lycaonie jusqu'à la ville d'Iconium (2) ; mais n'ayant

---

(1) Albert d'Aix et Guillaume de Tyr racontent ce combat
avec des circonstances toutes semblables. Godefroy était
revêtu d'armes légères et telles qu'on les portait à la chasse.
Albert d'Aix dit qu'un nommé Huscelim vint au secours
de Godefroy, et que tous deux tuèrent l'ours. Lorsque cet
animal fut apporté au camp, les croisés, en se le partageant, convinrent qu'ils n'en avaient jamais vu d'une pareille grosseur. *Feram inter se dividentes, nullam illi ma-
gnitudine similem antea vidisse se fatebantur.* (Albert
d'Aix, liv. III, §. 4.) Voyez aussi *Biblioth. des Croisades*,
tom. I. (Extrait d'Albert d'Aix.)

(2) Aujourd'hui Konieh, dans la Caramanie.

1097 point rencontré d'ennemis, et trouvant le pays abandonné, ils dirigèrent leur marche vers le rivage de la mer, à travers les montagnes de la Cilicie. Tancrède, qui marchait le premier, après avoir traversé la vallée de Butrente, arriva sans obstacle sous les murs de Tarse, ville célèbre de l'antiquité, et qui se glorifiait d'avoir donné naissance à saint Paul. Les Turcs, chargés de défendre la place, consentirent à arborer le drapeau des chrétiens sur leurs murailles, et promirent de se rendre, s'ils n'étaient pas secourus. Tancrède, qui avait reçu les promesses des habitans et de la garnison, campait aux portes de la ville, lorsqu'il vit arriver la troupe commandée par Baudouin. Les soldats et les chefs se félicitèrent de leur réunion, et s'embrassèrent avec d'autant plus de joie que de loin ils s'étaient pris réciproquement pour des ennemis.

Les croisés réparèrent leurs forces par un frugal repas, et passèrent la nuit en paix; mais au lever du jour, la vue du drapeau de Tancrède, arboré sur les tours de la ville, excite la jalousie de Baudouin et de ses compagnons. Il prétend que sa troupe est plus nombreuse et que la ville doit lui appartenir. Comme on ne reconnaît point ses droits, il entre en fureur et se répand en injures grossières contre Tancrède, Bohémond et la *race des aventuriers normands*. Après de longs débats, on convient d'envoyer des députés aux habitans, pour savoir d'eux-mêmes auxquels des deux princes ils voulaient se soumettre : ceux-ci préférèrent

Tancrède. A cette réponse, Baudouin menace les Turcs et les Arméniens de sa vengeance, de celle de Godefroy; il leur promet en même temps sa protection et celle des princes croisés, si la bannière de Tancrède fait place à la sienne. Les habitans, tour-à-tour effrayés de ses menaces et séduits par ses promesses, se décident enfin à lui obéir, et son drapeau remplace sur la tour celui de Tancrède, qui est jeté honteusement hors des murailles (1).

1097

---

(1) Ce fait a été raconté diversement par Foulcher de Chartres, chapelain de Baudouin, et par Raoul de Caen, chapelain de Tancrède. Les affections particulières des deux historiens expliquent la diversité de leurs sentimens; nous devons dire que le récit de Raoul de Caen, favorable à Tancrède, est plus clair, moins entortillé que celui du chapelain de Baudouin. Albert d'Aix, tout-à-fait désintéressé dans la question, a rapporté les faits avec beaucoup de détails et avec une grande impartialité. (Voyez au reste le récit de Raoul de Caen dans la *Biblioth. des Croisades*, tom. 1, et les réflexions dont nous l'avons accompagné.)

L'histoire ancienne offre un rapprochement assez singulier avec ce qui est rapporté ici. Pendant les guerres civiles qui divisèrent l'empire romain sous le triumvirat, Cassius et Dolabella se disputèrent la possession de la ville de Tarse. Les uns, dit Appien, avaient couronné Cassius qui était arrivé le premier dans cette ville, les autres avaient couronné Dolabella qui était venu après lui. Chacun des deux partis avait donné un caratère d'autorité publique à cette démarche; et, en décernant alternativement des honneurs, tantôt à l'un, tantôt à l'autre, ils firent chacun le malheur d'une ville si versatile dans ses affections. (App., *Hist. des guerres civiles*, liv. IV, ch. 8.)

1097 Le sang allait couler pour venger cet outrage ; mais les croisés italiens et normands, apaisés par leur chef, écoutèrent la voix de la modération et quittèrent la ville qu'on leur disputait pour chercher d'autres conquêtes. A force de protestations, et même de prières, Baudouin parvint à se faire ouvrir les portes de la ville, dont la forteresse et plusieurs tours étaient encore au pouvoir des Turcs. Maître ainsi de la place, et craignant toujours des rivaux, il refusa de recevoir trois cents croisés que Bohémond envoyait sur les pas de Tancrède, et qui demandaient un asile pour passer la nuit. En vain les soldats de Baudouin implorèrent eux-mêmes sa pitié pour des pélerins accablés de fatigue et poursuivis par la faim, il repoussa leurs prières ; les guerriers de Bohémond, obligés ainsi de camper au milieu d'une campagne découverte, furent surpris et massacrés par des Turcs qui avaient profité du moment où tous les chrétiens se livraient au sommeil, pour sortir de la ville de Tharse qu'ils n'espéraient plus conserver. Le lendemain, la nouvelle de cette horrible catastrophe se répand dans la ville ; les croisés vont reconnaître leurs frères étendus sans vie, et dépouillés de leurs armes et de leurs vêtemens. La plaine et la ville retentissent de leurs gémissemens et de leurs plaintes : les plus ardens volent aux armes ; ils menacent les Turcs restés en petit nombre dans la place ; ils menacent leur chef qu'ils accusent de la mort tragique de leurs compagnons. Baudouin, poursuivi à coups de flèches, est obligé de fuir et de se retirer dans une tour. Peu de temps après, il reparaît au milieu des siens, gémit avec eux sur le malheur qui vient d'arriver, et s'excuse en alléguant les traités conclus avec les habitans. En parlant ainsi, il montre à ses soldats les tours qui sont encore occupées par les Turcs; au milieu du tumulte, des femmes chrétiennes, à qui les Musulmans avaient coupé le nez et les oreilles, viennent par leur présence redoubler la fureur des guerriers de la croix ; ceux-ci, oubliant tout-à-coup les griefs qu'ils avaient contre leur chef, jurent d'exterminer les Turcs; ils escaladent les tours où flottaient encore les étendards des infidèles ; rien ne résiste à leur furie ; tous les Turcs qu'ils rencontrent sont immolés aux mânes des soldats chrétiens.

Les croisés, après avoir ainsi vengé la mort de leurs frères, s'occupèrent de les ensevelir, et tandis qu'ils les accompagnaient au tombeau, la fortune vint au secours de Baudouin et lui envoya un renfort qu'il n'attendait pas : on avait aperçu de la côte une flotte qui s'avançait à pleines voiles. Les soldats de Baudouin, qui croyaient avoir affaire à des infidèles, accoururent en armes sur le rivage (1). A mesure que la flotte s'approche, ils interrogent l'équipage du premier navire. L'équipage répond dans la langue des Francs. Bientôt ils apprennent

---

(1) Ils leur demandent (dit Albert d'Aix) d'une voix ferme et assurée, pourquoi ils venaient en ces lieux. (Lib. 3.)

que ceux qu'ils avaient pris d'abord pour des Musulmans, sont des corsaires sortis des ports de la Flandre et de la Hollande. Ces corsaires parcouraient depuis dix ans la Méditerranée, où ils s'étaient rendus redoutables par leurs exploits et plus souvent par leurs brigandages. Comme ils avaient appris l'expédition des chrétiens d'Occident, ils faisaient voile pour la Syrie et la Palestine. Sur l'invitation des croisés, ils entrent avec joie dans le port de Tarse. Leur chef Guymer, qui était Boulonnais, reconnaît Baudouin, fils de son ancien maître, et promet de le servir avec ses compagnons. Ils prennent tous la croix, et font le serment de partager la gloire et les travaux de la guerre sainte (1).

Aidé de ce nouveau renfort, et laissant dans Tharse une garnison, Baudouin se remit en marche et suivit la route qu'avait prise Tancrède. Ce dernier, après avoir campé quelques jours devant la ville d'Adena qu'il trouva occupée par un seigneur bourguignon, s'était avancé vers Malmistra d'où il avait chassé les Turcs. Tancrède et ses fidèles guerriers n'oubliaient pas les outrages de Baudouin, et déploraient encore le massacre de leurs frères abandonnés au glaive des Turcs, lorsqu'on leur annonça que la troupe de Baudouin venait de dresser ses tentes dans une prairie voisine de la ville. A cette nouvelle, leur vif ressentiment éclata en paroles menaçantes ; tous se

---

(1) Voyez ce récit dans Albert d'Aix. (Lib. 3.)

persuadent que Baudouin vient encore insulter à 1097
leurs armes et leur disputer la possession de Malmistra; les chevaliers qui accompagnaient Tancrède (1), lui rappellent avec chaleur les outrages qu'il a reçus, et lui déclarent que l'honneur
de la chevalerie, que sa gloire et celle de ses
compagnons, exigent une vengeance éclatante ;
lorsqu'on lui parle de sa gloire outragée, Tancrède ne peut plus retenir sa colère ; il assemble
tous ses guerriers et marche à leur tête contre la troupe de Baudouin ; un combat meurtrier
s'engage entre des soldats chrétiens ; ni l'aspect
de la croix qu'ils portent sur leurs vêtemens, ni
le souvenir des maux qu'ils ont soufferts ensemble, ne peuvent suspendre l'animosité cruelle des
combattans; cependant la troupe de Tancrède, inférieure en nombre, et forcée d'abandonner le
champ de bataille, retourne en désordre dans la
ville, laissant plusieurs prisonniers entre les mains
du vainqueur (2) et déplorant en silence sa défaite.
La nuit ramena le calme dans les esprits. Les

---

(1) Albert d'Aix nomme parmi ces chevaliers, Richard,
prince de Salerne, normand et parent de Tancrède. « Va,
dit Richard à Tancrède, aujourd'hui même tu es devenu
le plus vil de tous les hommes. Ah! s'il y avait quelque courage en toi, tu ferais retomber sur Baudouin les outrages
que tu as reçus. » (Lib. 3.)

(2) Le prince de Salerne, qui avait le plus excité Tancrède à se venger, et Robert de Anse, furent faits prisonniers. Gislebert de Clermont, enveloppé par les gens de
Tancrède, fut emmené dans la ville.

soldats de Tancrède avaient reconnu la supériorité des Flamands, et croyaient n'avoir plus d'outrage à venger, puisque le sang avait coulé. Les soldats de Baudouin se ressouvinrent que ceux qu'ils avaient vaincus étaient des chrétiens; le lendemain, on n'écouta plus dans les deux partis que la voix de l'humanité et de la religion. Les deux chefs s'envoyèrent en même temps des députés, et, pour n'avoir pas l'air d'implorer la paix, l'un et l'autre attribuèrent leur démarche à l'inspiration du ciel. Ils jurèrent d'oublier leurs querelles et s'embrassèrent à la vue de leurs soldats, qui se reprochaient les tristes effets de leur animosité, et brûlaient d'expier le sang de leurs frères par de nouveaux exploits contre les Turcs.

Tancrède, après avoir soumis aux armes chrétiennes plusieurs villes de la Cilicie, revint à la grande armée des croisés. Tous les pèlerins louèrent son désintéressement, sa modération et sa bravoure. Baudouin, qui l'avait précédé (1), loin d'obtenir le même accueil, n'entendit dans tout

---

(1) Albert d'Aix ne parle point du retour de Baudouin à la grande armée des croisés. Il dit bien qu'il partit de Tarse pour prendre la route royale *viam regiam gradiens*, et qu'étant passé devant Malmistra, il y fut attaqué par Tancrède. Mais, après que la paix fut faite avec lui, il entra dans l'Arménie, d'après le conseil de Pancrace, et alla assiéger Turbessel. Guillaume de Tyr prétend qu'il revint à la grande armée; que le duc de Bouillon, son frère, lui fit des reproches, mais qu'il aima mieux suivre ses projets ambitieux que Pancrace entretenait.

le camp que des murmures élevés contre lui. Le sage Godefroy lui reprocha avec amertume sa conduite dans la ville de Tharse, et lui montrant le but sacré de la croisade, lui rappela les sermens et les devoirs des chevaliers de la croix. Mais Baudouin dédaigna les plaintes des pélerins, et n'écouta ni les reproches ni les conseils de son frère; la délivrance du Saint-Sépulcre n'était point la seule gloire qui occupât ses pensées; et l'Orient, où la victoire semblait distribuer des empires, offrait à son ambition des conquêtes plus désirables que celle de Jérusalem.

Les sanglantes révolutions qui changent la face des états et jettent au hasard les biens et les maux, marchaient à la suite de l'armée victorieuse des croisés; partout, à leur approche, les terres, les villes, les provinces, changeaient de maîtres, devenaient la proie du plus habile ou du plus heureux; et la fortune, se jouant des vainqueurs et des vaincus, couronnait tour-à-tour les brigues de l'ambition ou les entreprises de la valeur. Une foule d'aventuriers accouraient de toutes parts pour profiter des événemens de la guerre. Parmi ceux que l'espoir de s'enrichir avait attirés sous les drapeaux de l'armée chrétienne, on remarquait un prince arménien, nommé Pancrace. Il avait régné dans sa jeunesse sur l'Ibérie septentrionale; chassé de son petit royaume par ses propres sujets, il s'était retiré à Constantinople, où ses intrigues l'avaient fait jeter dans les fers. Lorsque les croisés eurent dispersé les forces du sultan de Nicée, il

1097 s'échappa de sa prison et vint offrir ses services aux chefs de l'armée chrétienne, persuadé que la terreur de leurs armes le ramènerait dans ses états, ou lui donnerait de nouvelles possessions. Pancrace s'était particulièrement attaché à la fortune de Baudouin, dont il connaissait le caractère entreprenant, et qu'il espérait associer à ses desseins. Réduit à la plus profonde misère, l'aventurier arménien n'avait rien à donner à son protecteur; mais il entretenait dans l'âme du frère de Godefroy la passion de conquérir des royaumes. Semblable à cet ange des ténèbres dont parle l'Évangile, qui transporta le fils de Dieu sur une haute montagne, et lui montrant de vastes contrées, lui dit: *Tout ceci est à toi, si tu veux me servir*, Pancrace, s'occupant sans cesse de séduire Baudouin, lui montrait, des hauteurs du Mont-Taurus, les plus riches provinces de l'Asie, et les promettait à son ambition: « Vous voyez au midi, lui disait-il,
» la Cilicie, où combattirent autrefois les armées
» d'Alexandre et de Darius, et dont les princi-
» pales villes ont vu naguère flotter vos étendards
» victorieux; vers le nord, s'étendent les plaines
» de la Cappadoce, célèbre dans l'antiquité; plus
» loin, on trouve le royaume d'Ibérie, et de vastes
» provinces sur lesquelles ont régné mes ancêtres;
» vers l'orient, roulent deux grands fleuves, l'Eu-
» phrate et le Tigre: le Tigre arrose les ruines de
» Ninive, et plusieurs contrées dont les vieilles
» annales du monde ont vanté la prospérité et les
» richesses; l'Euphrate, semblable au Nil, sort de

» son lit à certaines époques de l'année, et porte
» la fertilité sur ses rivages. Entre ces deux fleuves
» se trouve la Mésopotamie, où la tradition place
» le berceau du genre humain et le Paradis ter-
» restre ; toutes ces contrées, et surtout l'Armé-
» nie, sont peuplées de chrétiens qui ne peuvent
» supporter ni le joug des Turcs, ni celui des
» Grecs ; toute cette population vous tend les
» bras, et vous choisira pour roi si vous brisez
» ses fers (1). »

Ces discours enflammaient l'imagination de Baudouin, et lui inspiraient la résolution d'abandonner les autres chefs de la croisade. Ce fut alors qu'il perdit sa femme Gundeschilde, qui avait pris la croix et suivait son époux à la guerre sainte. L'épouse de Baudouin, dont les pélerins admiraient la piété et la vertu, emporta en mourant les regrets de l'armée chrétienne; ses funérailles furent célébrées avec une grande pompe. Cette perte et la douleur qu'elle causait à tous les croisés, auraient dû ramener Baudouin à l'esprit du saint pélerinage et des sermens de la croix; mais rien ne pouvait le détourner des rêves profanes de l'ambition; près d'un tombeau, entouré des images de deuil, il roulait sans cesse dans sa pensée des projets de conquêtes; et lorsque les prêtres chantaient les cantiques des morts, le frère de Godefroy n'était occupé que des grandeurs de la terre. Il avait

---

(1) Voyez Guillaume de Tyr, qui fait le portrait de Pancrace, en tête du liv. IV, §. 1.

1097 besoin, pour exécuter ses desseins, d'emmener avec lui un grand nombre de soldats; il s'adressa secrètement à quelques-uns des barons et des chevaliers de l'armée chrétienne, et les conjura de s'associer à sa fortune. Aucun d'eux ne voulut quitter les drapeaux de la croisade et se détourner du chemin de Jérusalem. Il s'adressa aux soldats, auxquels il promit un riche butin. Comme il n'était point aimé, et qu'on ne lui avait point encore pardonné sa conduite envers Tancrède, la plupart des guerriers qu'il voulait séduire, rejetèrent ses propositions et fermèrent l'oreille à ses discours; plusieurs même de ses propres soldats refusèrent de l'accompagner; il ne put entraîner avec lui que mille ou quinze cents fantassins, et deux cents cavaliers animés par l'espoir du pillage (1).

Lorsque son projet de quitter l'armée fut connu des principaux chefs, ceux-ci réunirent tous leurs efforts pour le détourner de son entreprise. Baudouin fut sourd aux prières de ses compagnons. On résolut, dans un conseil, d'employer pour le retenir sous les drapeaux, l'autorité des évêques et des princes qui commandaient l'armée des pèlerins; on arrêta qu'il serait défendu à tous les croisés de quitter l'armée. Cette décision des chefs parvint à la connaissance de Baudouin, il résolut de précipiter son départ; il profita des ténèbres de

---

(1) Albert d'Aix n'est point d'accord ici avec Guillaume de Tyr, qui paraît plus clair et plus net. (Liv. iv.)

la nuit et s'éloigna du camp avec la troupe qu'il avait enrôlée la veille même du jour où la défense du conseil suprême devait être publiée dans l'armée chrétienne (1). A la tête de sa petite armée, il s'avança dans l'Arménie, et ne trouva point d'ennemis capables de l'arrêter dans sa marche. La consternation régnait parmi les Turcs, et partout les chrétiens, prêts à secouer le joug des Musulmans, devenaient de puissans auxiliaires pour les croisés.

Les villes de Turbessel et de Ravenel furent les premières qui ouvrirent leurs portes à l'heureux conquérant. Cette conquête ne tarda pas à diviser Baudouin et Pancrace, qui avaient tous deux les mêmes projets d'ambition ; mais cette division n'arrêta point la marche du frère de Godefroy. Le prince croisé opposa la violence à la ruse ; il menaça son rival de le traiter comme un ennemi, et l'éloigna ainsi du théâtre de ses victoires.

Pancrace, qui avait eu d'abord tant d'influence sur les déterminations de Baudouin, rassembla quelques aventuriers, et se mit en mesure de profiter de la disposition des esprits pour se faire un établissement dans un pays où chaque province, chaque ville semblait attendre un conquérant et un maître. L'histoire contemporaine n'a pas daigné suivre ses traces ; ses expéditions, comme celles d'une foule d'autres aventuriers qui profitaient du

---

(1) Lorsque Baudouin quitta l'armée chrétienne, elle était arrivée à Marrash.

désordre général, se sont effacées du souvenir des hommes, telles que ces torrens nés subitement de la tempête qui se précipitent des hauteurs du Taurus dans les campagnes désolées, et disparaissent sans avoir un nom dans la géographie (1).

Baudouin ne manqua point de guides ni de secours dans un pays dont les habitans venaient partout au-devant de lui. A mesure qu'il poursuivait sa marche, la renommée publiait ses exploits dans les lieux les plus éloignés; le bruit de ses conquêtes le devança au-delà de l'Euphrate, et parvint jusqu'à la ville d'Édesse.

Cette ville, célèbre au temps de la primitive Église, était la métropole de la Mésopotamie. Comme elle avait échappé à l'invasion des Turcs, tous les chrétiens du voisinage s'y étaient réfugiés avec leurs richesses. Un prince grec, nommé Thoros ou Théodore (2), envoyé par l'empereur de Constantinople, en était gouverneur, et s'y maintenait en payant

---

(1) Pancrace, suivant Albert d'Aix, s'était refusé à rendre la forteresse de Ravenel qui lui avait été confiée par Baudouin; le prince le fit charger de chaînes et accabler de coups, pour le forcer à la lui rendre. N'en pouvant venir à bout, il ordonna qu'on lui déchirât les membres l'un après l'autre; alors Pancrace, effrayé à l'idée de ce supplice, consentit à remettre la forteresse.

(2) Aucun des historiens latins n'a donné le nom du gouverneur d'Édesse. Le nom de Théodore ou *Thoros*, se trouve dans l'histoire de Mathieu d'Édesse, dont nous avons tiré, d'après la traduction de M. Cirbied, plusieurs détails curieux qu'on chercherait vainement ailleurs.

des tributs aux Sarrasins. L'approche et les vic- 1097
toires des croisés produisirent la plus vive sensation dans la ville d'Édesse. Le peuple et le gouverneur se réunirent pour appeler Baudouin à leur secours. L'évêque et douze des principaux habitans furent députés auprès du prince croisé. Ils lui parlèrent des richesses de la Mésopotamie, du dévouement de leurs concitoyens à la cause de Jésus-Christ, et le conjurèrent de sauver une ville chrétienne de la domination des infidèles. Baudouin céda facilement à leurs prières, et se mit aussitôt en marche pour traverser l'Euphrate.

Il eut le bonheur d'éviter les Turcs, qui l'attendaient à son passage, et, sans avoir livré de combat, il arriva sur le territoire d'Édesse. Comme il avait placé des garnisons dans les villes tombées en son pouvoir, il ne conservait plus avec lui que cent cavaliers. Dès qu'ils approchèrent de la ville, tout le peuple vint à leur rencontre, portant des branches d'olivier et chantant des cantiques. C'était un singulier spectacle que celui d'un si petit nombre de guerriers, entourés d'une foule immense qui implorait leur appui et les proclamait ses libérateurs. Ils furent accueillis avec tant d'enthousiasme, que le prince ou gouverneur d'Édesse, qui n'était pas aimé du peuple, en conçut de l'ombrage et commença à voir en eux des ennemis plus à craindre pour lui que les Sarrasins. Pour s'attacher leur chef et l'engager à défendre son autorité, il lui offrit de grandes richesses. Mais l'ambitieux Baudouin, soit qu'il espérât obtenir davantage de l'affection du peuple et de la fortune de ses armes, soit qu'il regardât comme une chose honteuse de se mettre à la solde d'un petit prince étranger, refusa avec mépris les offres du gouverneur d'Édesse; il menaça même de se retirer et d'abandonner la ville. Les habitans, qui redoutaient son départ, s'assemblent en tumulte, et le conjurent à grands cris de rester parmi eux; le gouverneur lui-même fait de nouveaux efforts pour retenir les croisés et les intéresser à sa cause. Comme Baudouin avait fait entendre assez clairement qu'il ne défendrait jamais des états qui ne seraient pas les siens, le prince d'Édesse, qui était vieux et sans enfans, se détermina à l'adopter pour son fils, et à le désigner pour son successeur. La cérémonie de l'adoption se fit en présence des croisés et des habitans. Selon la coutume des Orientaux (1), le prince grec fit passer Baudouin entre sa chemise et sa chair nue, et lui donna un baiser en signe d'alliance et de parenté. La vieille épouse du gouverneur répéta la même cérémonie, et dès-lors Baudouin, regardé comme leur fils et leur héritier, ne négligea rien pour défendre une ville qui devait lui appartenir.

Un prince d'Arménie, Constantin, qui gouver-

---

(1) *Intra lineam interulam, quam nos vocamus camisam, nudum intrare eum faciens, sibi adstrinxit; et deindè omnia osculo libato firmavit; idem et mulier post modum fecit.* (Guib. Abb., lib. iii. Voyez aussi 'a note sur les adoptions, pag. 203 de ce volume.)

nait une province dans le voisinage du mont Tau- 1097
rus, était aussi venu au secours d'Édesse. A l'aspect
des soldats de la croix, toute la population de la
contrée était devenue guerrière, et les chrétiens,
qui n'avaient songé jusqu'alors qu'à fléchir les
Turcs, s'occupaient de les combattre. A quelques
lieues d'Édesse, vers l'Occident, se trouvait la ville
de Samosate, habitée par des Musulmans; l'émir
qui commandait dans cette ville, ravageant sans
cesse les terres des Édesséniens, et leur imposant
des tributs, avait exigé qu'ils lui livrassent leurs
enfans en otages. Depuis long-temps les habitans
d'Édesse ne montraient que la résignation des vaincus; maintenant l'espoir de la victoire et l'ardeur
de la vengeance les animent. Ils prennent les armes
et conjurent Baudouin d'être leur chef. Bientôt Samosate les voit devant ses portes; ils livrent
au pillage les faubourgs et les campagnes voisines;
mais la place opposait une vive résistance. Baudouin craignant de perdre un temps précieux en
efforts inutiles, revint à Édesse, où son absence
pouvait nuire à ses desseins. A son retour, des ru-
meurs sinistres s'étaient répandues parmi les habitans. On faisait un crime à Thoros de rester oi-
sif dans son palais, tandis que les chrétiens combattaient les Musulmans; on l'accusait d'avoir des
intelligences avec les Turcs. On forma contre sa
vie, si on en croit Mathieu d'Édesse, un complot
dont le secret ne fut point caché à Baudouin. Averti du danger qu'il courait, il se retira dans la citadelle qui dominait la ville, implorant tour-à-tour

1097 les armes des croisés et la miséricorde du peuple. Cependant le tumulte s'accroît; une multitude furieuse se répand dans les rues, et livre au pillage les maisons des partisans de Thoros. On court à la citadelle; les uns enfoncent les portes, les autres escaladent les murailles. Thoros, resté presque seul, ne cherche plus à se défendre et propose de capituler; il promet d'abandonner la place, de renoncer au gouvernement d'Édesse, et demande la permission de se retirer avec sa famille dans la ville de Mélitène. Cette proposition est acceptée avec joie; on signe la paix, et les habitans d'Édesse jurent, sur la croix et sur l'Évangile, d'en respecter les conditions.

Le jour suivant, lorsque le gouverneur préparait son départ, une nouvelle sédition éclate dans la ville. Les chefs du complot se repentent d'avoir laissé la vie à un prince qu'ils ont si cruellement outragé. De nouvelles accusations sont dirigées contre lui. On suppose qu'il n'a signé la paix que pour se donner les moyens de préparer la guerre et d'assurer sa vengeance. Bientôt la fureur du peuple ne connaît plus de bornes; mille voix s'élèvent et demandent la mort de Thoros. Les plus ardens pénètrent en tumulte dans la citadelle, saisissent le gouverneur au milieu de ses serviteurs éperdus et le précipitent du haut des remparts. Son corps tout sanglant est traîné dans les rues par la multitude, qui s'applaudit du meurtre d'un vieillard comme d'une victoire remportée sur les infidèles.

Baudouin, qu'on peut au moins accuser de n'avoir pas défendu son père adoptif, fut bientôt environné de tout le peuple, qui lui offrit le gouvernement de la ville. Il le refusa d'abord ; mais à la fin, cédant aux instances de la foule impatiente, et sans doute aussi aux mouvemens d'une ambition mal déguisée, il fut proclamé le libérateur et le maître d'Édesse. Assis sur un trône ensanglanté, et redoutant l'humeur inconstante du peuple, il inspira bientôt autant de crainte à ses sujets qu'à ses ennemis. Tandis que les séditieux tremblaient devant lui, il recula les limites de son territoire ; il acheta, avec les trésors de son prédécesseur, la ville de Samosate et plusieurs autres cités qu'il n'avait pu conquérir par les armes. Comme la fortune le favorisait en tout, la perte même qu'il venait de faire de sa femme Gundeschilde, vint servir ses projets d'agrandissement. Il épousa la nièce d'un prince arménien, et, par cette nouvelle alliance, il étendit ses possessions jusqu'au mont Taurus. Une partie de la Mésopotamie, les deux rives de l'Euphrate, reconnurent son autorité, et l'Asie vit alors un chevalier français régner sans obstacle sur les plus riches provinces de l'ancien royaume d'Assyrie.

Baudouin ne songea plus à délivrer Jérusalem, et ne s'occupa que de défendre et d'agrandir ses états (1). Beaucoup de chevaliers, éblouis par une

---

(1) Dans le premier livre de la *Jérusalem délivrée*, lorsque l'Éternel jette un regard sur les croisés, il voit dans

1097 fortune aussi rapide, accoururent dans Édesse pour grossir l'armée et la cour du nouveau prince.

Les avantages que retirèrent les croisés de la fondation de ce nouvel état, ont fait oublier à leurs historiens qu'elle fut le fruit de l'injustice et de la violence. La principauté d'Édesse servit à contenir les Turcs et les Sarrasins, et, jusqu'à la seconde croisade, fut le premier boulevard des chrétiens en Orient.

Édesse *l'ambitieux Baudouin, qui n'aspire qu'aux grandeurs humaines, dont il est occupé tout entier.*

Nous avons recueilli tous les détails de la révolution d'Édesse dans Albert d'Aix et Guillaume de Tyr, en les comparant avec l'historien arménien Mathieu d'Édesse.

FIN DU LIVRE II.

HISTOIRE DES CROISADES.

LIVRE III.

La grande armée des croisés venait de traverser 1097 les états du sultan de Nicée et d'Iconium ; partout sur son passage les mosquées étaient livrées aux flammes ou converties en églises ; mais les chrétiens avaient négligé de fortifier les villes dont ils s'étaient rendus maîtres, et de fonder une colonie militaire dans un pays où les Turcs pouvaient se rallier et rétablir leur puissance redoutable. Cette faute, qu'il faut imputer à la trop grande confiance dans la victoire, devint funeste pour les croisés, qui, au milieu de leurs triomphes, perdirent les moyens de communication avec l'Europe, et se privèrent ainsi des secours qu'ils pouvaient recevoir de la Grèce et de l'Occident.

La terreur ouvrit aux pélerins tous les passages du mont Taurus. Au milieu de leur marche triomphante, les chrétiens n'avaient plus à redouter que la disette, les ardeurs du climat et la difficulté des chemins. Ils eurent surtout beaucoup à souffrir en traversant une montagne située entre Coxon et Marash, et que leurs historiens ont appelée la

1097 *Montagne du Diable* (1). Cette montagne était très escarpée et n'offrait qu'un sentier étroit, où les hommes de pied marchaient avec peine; les chevaux ne pouvaient s'y soutenir; la chaleur était excessive, et les croisés ne voyaient autour d'eux que des rochers arides et brûlans; les soldats s'abandonnaient au désespoir; plusieurs jetèrent leurs armes dans des précipices; on ne rencontrait partout que des guerriers blessés par leur chute, des pèlerins épuisés de fatigues, qui ne pouvaient continuer leur route et remplissaient les montagnes de leurs cris et de leurs gémissemens.

Le passage de l'armée chrétienne à travers cette montagne dura plusieurs jours; quand les croisés eurent enfin dépassé les chaînes du mont Taurus et du mont Amanus, la vue de la Syrie releva leur courage et leur fit oublier toutes leurs souffrances. Ce pays, dans lequel ils allaient entrer, renfermait dans son territoire la Palestine, objet de tous leurs vœux et de tous leurs travaux. Dans tous les temps, la Syrie avait attiré les conquérans par

---

(1) Albert d'Aix est l'historien qui donne le plus de détails sur la marche des pèlerins. (Voy. son IIIe. liv.) Pierre Tudebode appelle cette contrée du nom de *deserta et inaquosa*. (Lib. IV.) Robert le Moine dit qu'on prit soin de mettre de l'eau dans des outres, ce qui soulagea un peu l'armée chrétienne. (Lib. III, *in fine*.) Foulcher de Chartres a décrit aussi d'une manière assez singulière les souffrances des pèlerins. (Lib. III.) Guibert ajoute que les croisés se mordaient les poings et s'arrachaient les cheveux. (*Bibliothèque des Croisades*, tom. I.)

la fertilité de son sol et par ses richesses. Au siècle 1097 de David et de Salomon, elle comptait déjà plusieurs villes florissantes. A l'époque des croisades, elle avait éprouvé un grand nombre de révolutions ; mais ses campagnes, couvertes de ruines célèbres, conservaient encore quelque chose de leur fécondité. La première des provinces de la Syrie qui s'offraient aux conquêtes des chrétiens, était le territoire d'Antioche. Vers l'Orient s'étendait le territoire d'Alep ; plus loin, au pied du Liban, on voyait la principauté de Damas. Ces provinces obéissaient à des gouverneurs qui avaient secoué le joug des sultans de la Perse. Sur la côte s'élevaient Laodicée, Tripoli, Bérithe, Tyr et Sidon ; toutes ces villes, où l'on trouvait à peine le souvenir de leur ancienne splendeur, étaient gouvernées par des émirs du calife d'Égypte (1).

Les croisés s'avancèrent jusqu'à l'ancienne *Chalcis*, appelée *Arthésie* ; ils battirent plusieurs fois les Turcs, et s'emparèrent de la ville, dont la population était chrétienne. Pour arriver devant la capitale de la Syrie, ils devaient traverser un pont bâti sur l'Oronte et défendu par deux tours formidables (2). Le duc de Normandie s'avança le premier, ensuite le comte de Flandre et la plupart

---

(1) C'est à ce moment que les auteurs arabes commencent à parler des guerriers chrétiens de l'Occident. (Voy. leur récit au tome II de la *Biblioth. des Crois.* ; on y voit quels étaient alors les divers maîtres de la Syrie.)

(2) Les auteurs arabes l'appellent *Pont-Ferrat* ou le

1097 des autres chefs ; le pontife Adhémar animait les courages par sa présence et par ses discours. Les Sarrasins, attaqués avec impétuosité (1), abandonnèrent le pont et coururent annoncer dans Antioche la marche triomphante des chrétiens.

L'aspect de cette ville célèbre dans les annales du christianisme, ranima l'enthousiasme religieux des croisés. C'était dans les murs d'Antioche que les disciples de Jésus-Christ avaient pris, pour la première fois, le titre de chrétiens, et que l'apôtre Pierre fut nommé le premier pasteur de l'Église naissante. Aucune ville n'avait renfermé dans son sein un plus grand nombre de martyrs, de saints et de docteurs ; aucune ville n'avait vu s'opérer plus de miracles pour la foi. Pendant plusieurs siècles les fidèles vinrent, dans un de ses faubourgs, prier sur le tombeau de S. Babylas, qui, sous le règne de Julien, avait fait taire les oracles d'Apollon. Long-temps Antioche fut regardée dans la chrétienté comme la fille aînée de Sion ; elle porta quelque temps le nom de *Théo-*

Pont de Fer. (Voyez, sur les combats qui s'y livrèrent, Albert d'Aix, liv. III, §. 30 et suiv.)

(1) Selon Guillaume de Tyr, l'armée chrétienne, en arrivant devant Antioche, comptait trois cent mille combattans; Albert en porte le nombre jusqu'à six cent mille : calcul fort exagéré, si l'on considère surtout les pertes qu'avait faites l'armée durant le siége de Nicée et pendant sa marche dans l'Asie mineure.

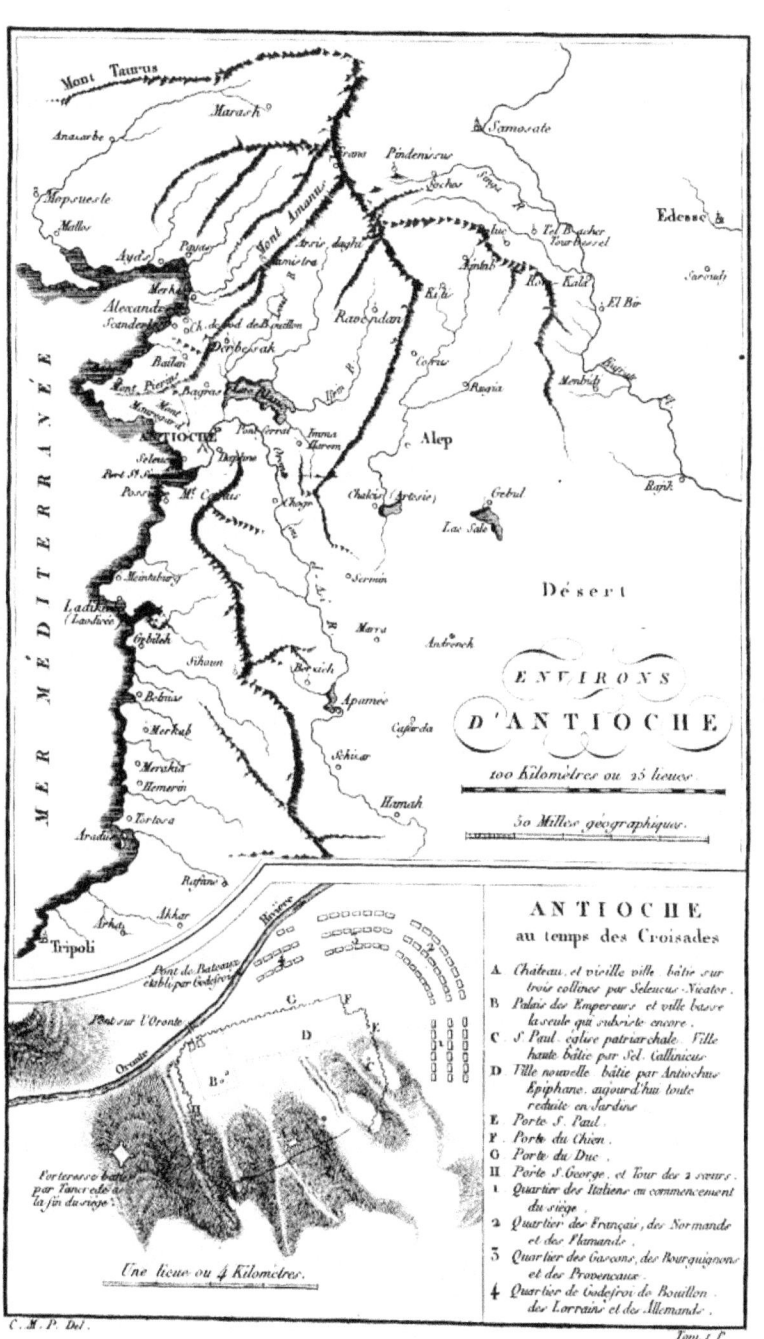

polis (cité de Dieu); les pélerins ne la visitaient pas avec moins de respect que Jérusalem (1).

1097

Antioche était aussi célèbre dans les annales de l'empire romain que dans celles de l'Église. La magnificence de ses édifices et le séjour de plusieurs empereurs, lui avaient fait donner le nom de reine d'Orient. Sa situation, au milieu d'un pays riant et fertile, attira de tout temps les étrangers. A deux lieues vers l'Orient, on voyait un lac, abondant en poissons, et qui communiquait avec l'Oronte; au midi, étaient le faubourg et la fontaine de Daphné, si renommée dans le paganisme. Non loin de là s'élevait la montagne d'Oronte, couverte de jardins et de maisons de plaisance; au septentrion, une autre montagne, tour-à-tour appelée la montagne Noire, à cause de ses forêts, et la montagne d'Eau, à cause de ses nombreuses sources. Le fleuve d'Oronte (2) coulait au pied des remparts d'Antioche, du côté de l'Occident, et se jetait dans la mer à trois ou quatre lieues de la ville.

L'enceinte des murailles renfermait quatre col-

---

(1) Albert d'Aix et Guillaume de Tyr font une description fort étendue de la ville d'Antioche. La description du premier porte principalement sur la situation et la force de la ville; celle du second a plus de rapport à son histoire et à son antiquité.

(2) Nommé aujourd'hui *el Aassy* (le Rebelle), ou *el Macloub* (le Renversé), parce qu'il coule du midi au nord, direction contraire à celle des autres fleuves de la même contrée.

lines séparées par un torrent qui se jetait dans le fleuve. Sur la colline occidentale était bâtie une très forte citadelle qui dominait la ville. Les remparts d'Antioche, dont la solidité égalait celle du rocher, avaient trois lieues de circuit (1). « Cette place, dit un vieil auteur, donnait frayeur (2) à ceux qui la regardaient, pour le nombre de ses amples et fortes tours, que l'on y comptait jusqu'à trois cent soixante. » De larges fossés, le fleuve d'Oronte, des marais, protégeaient encore les habitans d'Antioche et défendaient l'approche de la ville.

Malgré ces fortifications de la nature et de l'art (3), Antioche avait été prise plusieurs fois; elle était d'abord tombée au pouvoir des Sarrasins dans le premier siècle de l'hégire; elle avait été ensuite reprise par les Grecs, sous Nicéphore Phocas, et, depuis quatorze ans, les Turcs s'en étaient

---

(1) Albert d'Aix, en parlant de la citadelle principale d'Antioche, dit qu'elle avait quatre tours inexpugnables, *quatuor turres insuperabiles*. Il se sert de la même épithète en parlant d'une des portes de la ville, appelée par les modernes *Warfaru*. (Lib. III, §. 39.)

(2) Expressions de Guillaume de Tyr, traduction de Dupréau.

(3) On ne reconnaîtrait plus l'ancienne Antioche dans la bourgade que les Turcs appellent *Antakié*; il est même assez difficile de retrouver son ancienne étendue. On en peut voir la description dans Pococke, Drummond, et la comparer à ce qu'en disent Raymond d'Agiles, Albert d'Aix, Guillaume de Tyr et les anciens historiens.

rendus maîtres. A l'approche des chrétiens, la plupart des Sarrasins des villes et des provinces voisines s'étaient réfugiés dans Antioche avec leurs familles et leurs trésors. Baghisian (1), ou Accien, émir turcoman, qui avait obtenu la souveraineté de la ville, s'y était enfermé avec sept mille hommes de cavalerie et vingt mille fantassins.

1097

Le siége d'Antioche présentait beaucoup d'obstacles et de dangers. Les chefs des croisés délibérèrent entre eux pour savoir s'ils devaient l'entreprendre ; les premiers qui parlèrent dans le conseil pensèrent qu'il serait imprudent de commencer un siége à l'approche de l'hiver. « Ils ne crai-
» gnaient point les armes des Sarrasins, mais les
» pluies, les frimas, les maladies et la famine. Ils
» conseillaient aux croisés d'attendre dans les pro-
» vinces et les villes voisines l'arrivée des secours
» promis par Alexis, et le retour du printemps,
» époque où l'armée aurait réparé ses pertes et
» reçu sous ses drapeaux de nouveaux renforts

---

(1) Le nom de ce prince seljoucide a été défiguré par la plupart des historiens latins. Tudebode, le moine Robert, l'appellent Cassien (*Cassianus*); Foulcher de Chartres, Gratian (*Gratianus*); Guillaume de Tyr, Acxian (*Acxianus*); Albert d'Aix, Darsian (*Darsianus*); M. Deguignes, et la plupart des orientalistes, l'ont appelé, d'après Abulféda, *Baghisian;* mais dans les autres historiens orientaux, il est nommé *Akhy-Syan* (frère du noir), ce qui est plus conforme au nom corrompu d'Accien, qu'il porte dans nos histoires des croisades.

» venus de l'Occident. » Cet avis fut écouté avec impatience par la plupart des chefs, entre lesquels se faisaient remarquer le légat Adhémar et le duc de Lorraine. « Ne devait-on pas, disaient-ils,
» profiter de la terreur répandue parmi les enne-
» mis? Fallait-il leur laisser le temps de se rallier
» et de se remettre de leurs alarmes? Ne savait-
» on pas qu'ils avaient imploré le secours du ca-
» life de Badgad et du sultan de Perse? Toute
» espèce de délai pouvait fortifier les armées des
» Musulmans et faire perdre aux chrétiens le
» fruit de leurs victoires. On parlait de l'arrivée
» des Grecs; mais avait-on besoin des Grecs pour
» attaquer des ennemis déjà plusieurs fois vain-
» cus? Était-il nécessaire d'attendre les nouveaux
» croisés de l'Occident, qui viendraient partager
» la gloire et les conquêtes de l'armée chrétienne,
» sans avoir partagé ses dangers et ses travaux?
» Quant aux rigueurs de l'hiver, qu'on semblait
» redouter, c'était faire injure aux soldats de Jé-
» sus-Christ que de les croire incapables de sup-
» porter le froid et la pluie. C'était en quelque
» sorte les assimiler à ces oiseaux de passage qui
» fuient et se cachent dans les lieux écartés lors-
» qu'ils voient s'approcher la mauvaise saison. Il
» était d'ailleurs impossible de penser qu'un siége
» pût traîner en longueur avec une armée pleine
» d'ardeur et de bravoure. Les croisés n'avaient
» qu'à se souvenir du siége de Nicée, de la bataille
» de Dorylée et de mille autres exploits. Pour-
» quoi enfin paraissait-on retenu par la crainte

» de la disette et de la famine? Jusqu'alors n'a-
» vait-on pas trouvé dans la guerre les ressour-
» ces de la guerre ? On devait savoir que la vic-
» toire avait toujours fourni à tous les besoins des
» croisés : en un mot, l'abondance, la sécurité,
» la gloire, étaient pour eux dans les murs d'An-
» tioche; partout ailleurs la misère, et surtout la
» honte, la plus grande des calamités pour les
» chevaliers et les barons. »

1097

Ce discours entraîna les plus ardens et les plus braves. Ceux qui étaient d'un avis contraire craignirent d'être accusés de timidité et gardèrent le silence (1). Le conseil décida qu'on commencerait le siége d'Antioche. Aussitôt l'armée s'approcha des murs de la ville. Les croisés, selon le récit d'Albert d'Aix, étaient couverts de leurs boucliers dorés, verts, rouges, de diverses couleurs, et revêtus de leurs cuirasses où brillaient les écailles de fer et d'acier. A la tête des bataillons flottaient des bannières éclatantes d'or et de pourpre; le bruit des clairons et des tambours, le hennissement des chevaux, les cris des soldats retentissaient au loin. Les rives de l'Oronte virent alors six cent mille pélerins revêtus de la croix; trois cent mille portaient les armes.

---

(1) L'évêque du Puy avait invité tous les pélerins à la concorde lorsqu'il les vit réunis sous les murs d'Antioche, et leur avait demandé de diriger leur courage vers le but commun. (Voyez l'extrait d'Albert d'Aix, *Bibliothèque des Croisades*, tom. 1.)

1097. Dès le premier jour de son arrivée, l'armée chrétienne établit son camp et dressa ses tentes. Bohémond et Tancrède prirent leurs postes à l'Orient, vis-à-vis la porte de St.-Paul; à la droite des Italiens s'établirent les Normands, les Bretons, les Flamands, commandés par les deux Robert; le comte de Vermandois et le comte de Chartres campèrent vers le Septentrion devant la porte du Chien; le comte de Toulouse, l'évêque du Puy, le duc de Lorraine, s'étendirent avec les troupes qu'ils commandaient, depuis la porte du Chien jusqu'au lieu où l'Oronte, tournant vers l'Occident, s'approche des murailles d'Antioche. Les croisés laissèrent à découvert la partie méridionale défendue par la montagne de l'Oronte; ils négligèrent aussi d'investir le côté occidental de la ville que défendait le fleuve et par lequel les assiégés pouvaient faire des sorties ou recevoir des secours.

Les Turcs s'étaient enfermés dans leurs murailles; personne ne paraissait sur les remparts; on n'entendait aucun bruit dans la ville. Les croisés crurent voir, dans cette apparente inaction et dans ce profond silence, le découragement et la terreur. Aveuglés par l'espoir d'une conquête facile, ils ne prirent aucune précaution et se répandirent en désordre dans les campagnes voisines. Les arbres étaient encore couverts de fruits, les vignes de raisins; des fossés creusés au milieu des champs se trouvaient remplis des produits de la moisson; de nombreux troupeaux que les Sarrasins n'avaient

pu emmener avec eux, erraient dans de fertiles pâ- | 1097
turages. L'abondance des vivres, le beau ciel de la
Syrie, la fontaine et les bosquets de Daphné, les
rivages de l'Oronte, fameux dans l'antiquité païenne
par le culte de Vénus et d'Adonis, firent bientôt
oublier aux pélerins le but et l'esprit de leur pieuse
entreprise, et portèrent la licence et la corruption
parmi les soldats de Jésus-Christ.

L'aveugle sécurité et cette espèce d'inaction des
croisés, ne tardèrent pas à rendre la confiance et
le courage aux défenseurs d'Antioche. Les Turcs
firent des sorties, et surprirent leurs ennemis, les
uns s'occupant à peine de la garde du camp,
les autres dispersés dans les campagnes. Tous ceux
que l'espoir du pillage ou l'attrait des plaisirs
avaient attirés dans les villages et les vergers voisins
de l'Oronte, trouvèrent l'esclavage ou la mort. Le
jeune Albéron, archidiacre de Metz et fils de Conrad, comte de Lunebourg, paya de sa vie des amu-
semens qui s'accordaient peu avec l'austérité de sa
profession. Étendu sur l'herbe touffue (1), il jouait
aux dés avec une dame syrienne, *d'une rare beauté et d'une grande naissance* (2); les Turcs, sortis
d'Antioche et s'avançant à travers les arbres sans
être aperçus, se montrèrent tout-à-coup armés de
leur glaive et de leurs flèches. Plusieurs pélerins

---

(1) *Plenissimo et herbarum abundentiá.* (Albert d'Aix, lib. III, ch. 46.)

(2) *Quæ magna erat formositatis et ingenuitatis.* (Albert d'Aix, *ibid.*)

1097 qui entouraient l'archidiacre, auxquels la peur, dit Albert d'Aix, *fit oublier les dés*, furent dispersés et mis en fuite. Les barbares coupèrent la tête au malheureux Albéron, et l'emportèrent avec eux dans la ville; ils emmenèrent la dame syrienne, sans lui faire aucun mal; mais après avoir assouvi la passion brutale de ses ravisseurs (1), la captive infortunée périt sous leurs coups, et sa tête, avec celle de l'archidiacre, furent lancées à l'aide d'une machine dans le camp des chrétiens.

A ce spectacle, les croisés déplorèrent leurs désordres, et jurèrent de venger la mort de leurs compagnons surpris et massacrés par les Turcs. Mais l'armée chrétienne manquait d'échelles et de machines de guerre pour livrer un assaut; on fit construire un pont de bateaux sur l'Oronte, afin d'arrêter les courses des Musulmans vers la rive opposée. On redoubla d'efforts pour fermer tous les passages aux assiégés et les empêcher de franchir les portes de la ville. Les Turcs avaient coutume de sortir par un pont de pierre bâti sur un marais, en face de la porte du Chien; les croisés, rassemblant les pioches, les marteaux et tous les instrumens de fer qui se trouvaient dans le camp, entreprirent en vain de démolir le pont; une énorme tour de bois y fut placée, dans laquelle, dit le moine Robert, les pélerins accouraient *comme des abeilles dans leur ruche*. Cette tour s'écroula, con-

---

(1) *Plurimorum sceleratissimâ commixtione*, dit l'historien, lib. III, ch. 46.

sumée par les flammes ; enfin les assiégeans ne trouvèrent d'autre moyen, pour arrêter sur ce point les sorties de l'ennemi, que de traîner à force de bras, et d'entasser devant la porte même, d'immenses débris de rochers et les plus gros arbres des forêts voisines.

1097

Pendant qu'on fermait ainsi une des portes d'Antioche, les plus braves des chevaliers veillaient sans cesse autour de la ville (1). Tancrède, se trouvant un jour en embuscade vers les montagnes de l'Occident, surprit une troupe de Turcs sortis de la place pour chercher du fourrage (2); il tua tous ceux qui se présentèrent à ses coups, et soixante-dix têtes des Musulmans furent envoyées à l'évêque du Puy, comme *la dîme du carnage et de la victoire*. Dans une autre occasion, le même Tancrède, parcourant la campagne, suivi d'un seul écuyer, rencontra plusieurs Sarrasins ; tous ceux qui osèrent l'attendre éprouvèrent la force invincible de son épée. Au milieu de ce combat glorieux, le héros fit arrêter son écuyer, et lui commanda de jurer devant Dieu qu'il ne raconterait jamais les exploits dont il était témoin : exemple tout nouveau parmi les guerriers, que nos vieux chroniqueurs racontent avec surprise, et que l'histoire doit pla-

---

(1) Voyez l'extrait de Raoul de Caen, *Biblioth. des Croisades*, tom. 1.

(2) Albert d'Aix rapporte une de ces victoires partielles du comte Hugues de St.-Paul et de son fils sur les infidèles: (Voyez *Bibliothèque des Croisades*, tom. 1.)

cer parmi les faits les plus merveilleux de la chevalerie chrétienne (1).

Dès-lors les sorties des assiégés devinrent moins fréquentes; d'un autre côté, comme on manquait de machines de guerre, on ne pouvait attaquer les Sarrasins dans leurs remparts inaccessibles. Ainsi les chefs de l'armée chrétienne n'eurent plus d'autre parti à prendre que d'environner la ville, et d'attendre que le découragement des Turcs ou la faveur du ciel vînt leur ouvrir les portes d'Antioche. Les lenteurs d'un siége s'accordaient peu avec la valeur impatiente des croisés, et cette manière de poursuivre la guerre ne convenait point aux chevaliers et aux barons, qui ne savaient triompher de leurs ennemis que le glaive à la main, et ne se montraient formidables que sur le champ de bataille.

Pendant les premiers jours du siége, l'armée chrétienne avait dissipé les provisions de plusieurs mois (2); ainsi ceux qui voulaient réduire les ennemis par la famine, se trouvèrent eux-mêmes en

---

(1) Voyez le même Raoul de Caen, *Biblioth. des Croisades*, tom. 1. Cet historien ne sait comment exprimer sa surprise : « *Sed est*, s'écrie-t-il, *quod stupeam, nec satis valeam stupere; cùm homo tam prœtiosus laudis emptor mox prœsentis ora armigeri silentio concluserit abjurato.* (*Gest. Tancred.*, cap. 52.)

(2) Un témoin oculaire rapporte que dans les commencemens du siége, l'abondance qui régnait dans le camp des croisés était telle, qu'ils dédaignaient les parties moins délicates des animaux, et qu'ils avaient plus de viande que de pain. (Voyez *Biblioth. des Croisades*, tom. 1.)

proie aux horreurs de la faim. Quand l'hiver eut commencé, il tombait tous les jours des torrens de pluie; les plaines, dont le séjour avait amolli les soldats de Jésus-Christ, étaient presque ensevelies sous les eaux; le camp des chrétiens, surtout dans les vallées, fut submergé plusieurs fois; l'orage et l'inondation entraînaient les pavillons et les tentes; l'humidité détendait les arcs; la rouille rongeait les lances et les épées. La plupart des soldats restaient presque sans vêtemens; les plus pauvres des pélerins avaient coupé des arbres pour en construire des huttes ou des cabanes semblables à celles des bûcherons; mais l'eau et tous les vents pénétraient à travers ces cabanes fragiles, et le peuple n'avait point d'abri contre les rigueurs de la saison. Chaque jour la situation des croisés devenait plus affligeante; les pélerins, réunis en bandes de deux ou trois cents, parcouraient les plaines et les montagnes, enlevant tout ce qui pouvait les préserver du froid ou de la faim; mais chacun gardait pour soi ce qu'il avait trouvé, et l'armée restait toujours livrée à la plus horrible détresse (1); au milieu de la misère générale, les chefs se réunirent en conseil et résolurent de tenter une expédition dans des

---

(1) L'abréviateur de Foulcher de Chartres rapporte que telle était la misère des chrétiens, qu'on ne doutait pas, dans le camp, que les temps de peste et de famine dont parle l'histoire, ne fussent arrivés. (Voyez *Biblioth. des Croisades.*, tom. 1.)

1097 provinces voisines pour se procurer des vivres. Après avoir assisté à la messe de Noël et reçu les adieux de l'armée, quinze ou vingt mille pèlerins, commandés par le prince de Tarente et le comte de Flandre, s'éloignèrent du camp et se dirigèrent vers le territoire de Harenc; cette troupe choisie battit plusieurs détachemens de Sarrasins qu'elle rencontra, et revint sous les murs d'Antioche, avec un grand nombre de chevaux et de mulets chargés de provisions. Pendant cette expédition des croisés, les assiégés avaient fait une sortie et livré à l'armée chrétienne restée au camp, un combat opiniâtre, dans lequel l'évêque du Puy perdit son éentdard. L'historien Raymond d'Agiles, témoin de l'échec qu'essuyèrent les assiégeans, s'excuse *auprès des serviteurs de Dieu* de l'affligeante fidélité de son récit, et se justifie en disant que Dieu voulut alors rappeler les chrétiens au repentir par une défaite qui devait les rendre meilleurs, et leur montrer en même temps sa bonté par une victoire qui les délivrait de la famine (1).

---

(1) L'abbé Guibert examine gravement si les croisés qui mouraient de froid et de misère, étaient sauvés comme ceux qui périssaient par le fer et le glaive des infidèles. (Voyez *Biblioth. des Crois.*, tom. 1.) Selon Foulcher de Chartres, les croisés furent semblables à l'or qu'on éprouve trois fois et qu'on purifie sept fois. Selon le même historien, Dieu souffrait que les chrétiens fussent tués par les Turcs, afin d'assurer le salut des uns et de perdre les âmes des autres.

Cependant les provisions qu'avaient apportées le comte de Flandre et Bohémond, ne purent longtemps suffire à la multitude des pélerins ; chaque jour on faisait de nouvelles incursions, mais chaque jour elles étaient moins heureuses. Toutes les campagnes de la haute Syrie avaient été ravagées par les Turcs et les chrétiens ; les croisés, envoyés à la découverte, mettaient souvent en fuite les infidèles ; mais la victoire, leur unique et dernière ressource, ne pouvait plus ramener l'abondance dans leur camp. Pour comble de misère, toute communication était interrompue avec Constantinople ; les flottes des Pisans et des Génois ne côtoyaient plus les pays occupés par les croisés. Le port de Saint-Siméon, situé à trois lieues d'Antioche, ne voyait arriver aucun vaisseau de la Grèce et de l'Occident. Les pirates flamands qui avaient pris la croix à Tarse, après s'être emparés de Laodicée, avaient été surpris par les Grecs, et depuis plusieurs semaines étaient retenus prisonniers. Les croisés ne s'entretenaient plus dans leur camp que des pertes qu'ils avaient faites et des maux dont ils étaient menacés.

1097

L'archidiacre de Toul qui, suivi de trois cents pélerins, s'était retiré dans une vallée à trois mille d'Antioche, fut surpris par les Turcs et périt misérablement avec tous ses compagnons. Dans le même temps on apprit la mort tragique de Suénon, fils du roi de Danemarck ; ce jeune prince avait pris la croix et conduisait à la Terre-Sainte quinze cents pélerins danois. Comme il avait dressé ses

1097 tentes au milieu des roseaux qui couvrent les rives du lac de Finiminis, les Turcs, avertis par des Grecs perfides, descendirent des montagnes et vinrent attaquer son camp au milieu des ténèbres de la nuit. Il se défendit long-temps, et son glaive immola un grand nombre de Sarrasins ; mais à la fin, accablé par la fatigue et par la multitude des barbares, il succomba, couvert de blessures mortelles. Les chroniques ajoutent qu'une fille du duc de Bourgogne, nommée *Florine* (1), accompagnait l'infortuné Suénon dans son pélerinage. Cette princesse s'était éprise d'un chaste amour pour le héros danois, et devait l'épouser après la délivrance de Jérusalem ; mais le ciel ne permit

---

(1) L'historien de Bourgogne, Urbain Plancher, sans alléguer aucune raison et sans citer aucune autorité, traite de fable le récit de cet événement, qui est attesté par Guillaume de Tyr, Albert d'Aix, et plusieurs autres historiens presque contemporains. Mallet n'en parle point dans son *Histoire de Danemarck* ; cependant Langebeck, dans le Recueil des historiens danois, dit avoir vu un bas-relief en bronze, où le Suénon dont il s'agit dans cette histoire est représenté avec les attributs d'un croisé. Ce bas-relief avait été fait par ordre de Christien V ; au bas du portrait de Suénon, on lit plusieurs vers latins qui expriment sa mort tragique et glorieuse. On peut consulter, dans le *Scriptores rerum danicarum*, la dissertation où Langebeck discute les passages des anciens historiens, et démontre très bien la vérité de leurs récits. Cette dissertation est intitulée : *Infelix Suenonis Danici adversus Turcas*. Nous en avons donné un extrait au tome II de la *Bibliothèque des Croisades*, article de la Collection de Langebeck.

point qu'une si chère espérance fût accomplie, et la mort cruelle put seule unir ces deux amans, qui avaient pris ensemble la croix et se rendaient ensemble à la ville sainte; animés par la même dévotion et bravant les mêmes dangers, ils étaient tombés sur le même champ de bataille, après avoir vu périr à leurs côtés tous leurs chevaliers, et n'ayant plus un seul de leurs serviteurs qui pût recueillir leurs dernières paroles et leur donner la sépulture des chrétiens.

1097

« Telles vinrent au camp des croisés, dit
» Guillaume de Tyr, ces nouvelles pleines de
» tristesse et de douleur, et elles ajoutaient
» au sentiment de toutes les calamités qu'on
» éprouvait. » Tous les jours, le froid, la disette, l'épidémie, exerçaient de nouveaux ravages dans le camp des chrétiens. Si on en croit un historien qui partagea leurs misères, l'excès de leurs maux leur arracha des plaintes et des blasphèmes. Bohémond, dont l'éloquence était populaire, entreprit de les ramener à la patience et à la résignation évangélique. « O chrétiens pusillanimes ! leur di-
» sait-il, pourquoi murmurez-vous ainsi ? Quand
» Dieu vous tend la main, vous êtes pleins d'or-
» gueil ; quand il la retire, toute force d'âme vous
» abandonne : ce n'est donc point le Seigneur,
» mais la fortune et la victoire que vous adorez,
» puisque le Seigneur que, dans les jours heureux,
» vous appelez votre père, devient pour vous
» comme un étranger au temps de la disgrâce (1). »

---

(1) *Cum largitur Dominus amicus est, cum cessat ini-*

1097 Quelque singulier que nous paraisse aujourd'hui ce langage de Bohémond, on doit croire qu'il avait quelque rapport avec l'esprit du temps et les sentimens des croisés : mais que pouvaient les paroles les plus persuasives contre la faim, la maladie et le désespoir ! La mortalité était si grande dans le camp, qu'au rapport des témoins oculaires, les prêtres ne pouvaient suffire à réciter les prières des morts, et que l'espace manquait aux sépultures.

Le camp, rempli de funérailles, ne présentait plus l'aspect d'une armée ; à peine voyait-on quelques soldats sous les armes ; beaucoup de croisés, n'ayant plus de vêtemens, plus d'abri, languissaient couchés à terre, exposés à toutes les rigueurs de la saison, et remplissant l'air de leurs vains gémissemens. D'autres, pâles et décharnés, couverts de misérables lambeaux, erraient dans les campagnes comme des spectres ou des fantômes, arrachant avec un fer pointu les racines des plantes, enlevant aux sillons les graines récemment confiées à la terre, disputant aux bêtes de somme les herbes sauvages *qu'ils mangeaient sans sel, des chardons qui leur piquaient la langue, parce qu'ils manquaient de bois pour les faire cuire à point* (1).

---

micus vobis videtur esse et extraneus. (Robert le Moine, lib. IV.)

(1) Toutes ces expressions sont traduites d'Albert d'Aix, le plus détaillé et le plus complet des historiens de cette époque.

Des chiens morts, des insectes rampans, les animaux les plus immondes, apaisaient la faim de ceux qui naguère dédaignaient le pain des peuples de Syrie, et qu'on avait vus, dans leurs festins, rejeter avec dégoût les parties les moins exquises des bœufs et des agneaux. Un spectacle non moins affligeant pour les barons et les chevaliers, c'était de voir périr leurs chevaux de bataille, qu'ils ne pouvaient plus nourrir. Au commencement du siége, on avait compté dans l'armée jusqu'à soixante-dix mille chevaux; il n'en restait que deux mille, se traînant avec peine, incapables de servir dans les combats (1).

1097

La désertion vint bientôt se réunir à tous les autres fléaux. La plupart des croisés avaient perdu l'espoir de s'emparer d'Antioche et d'arriver dans la Terre-Sainte. Les uns allaient chercher un asile contre la misère dans la Mésopotamie, soumise à Baudouin; les autres se retiraient dans les villes de la Cilicie, tombées au pouvoir des chrétiens. Le duc de Normandie se retira à Laodicée et ne revint qu'après trois sommations qui lui furent faites par l'armée, au nom de la religion et de

---

(1) Nous aurons souvent l'occasion de remarquer que les historiens de la croisade calculent presque toujours le degré de la famine par le prix des denrées; et au milieu de la plus horrible description, ils ne manquent jamais de dire que la tête d'un cheval, qu'un œuf, qu'une poule, se vendaient *tant*. Nous aurons soin, dans des notes successives, d'indiquer la valeur comparative des monnaies, afin qu'on puisse connaître le prix réel des choses.

1097 Jésus-Christ. Tatice, général d'Alexis, quitta le camp des croisés avec les troupes qu'il commandait, en promettant de revenir avec des renforts et des vivres (1). Son départ laissa peu de regrets, et ses promesses, auxquelles on avait peu de confiance, ne calmèrent point le désespoir des croisés. Ce désespoir fut bientôt porté à son comble, lorsque les pélerins virent s'éloigner ceux qui devaient leur donner l'exemple de la patience et du courage. Guillaume, vicomte de Melun, que les vigoureuses expéditions de sa hache d'armes avaient fait appeler *Charpentier* (2), ne put supporter les misères du siége et déserta les drapeaux de Jésus-Christ. Le prédicateur de la croisade, Pierre l'Ermite, à qui les croisés reprochaient sans doute les malheurs qu'ils éprouvaient, ne put entendre leurs plaintes ni partager leur misère; il désespéra du succès de l'expédition et s'en-

---

(1) *Si adhuc mihi decreditis*, dit Tatice, *jurabo quod citius ad vos redibo;* mais, ajoute Robert, *ipse autem nec sacramentum tenuit nec verborum sponsionem implevit.* (Robert le Moine, lib. IV.)

(2) A cette occasion, Robert le Moine ne peut s'empêcher de s'écrier: « Qu'y a-t-il d'étonnant que les pauvres, que les faibles manquassent de courage, si ceux qui étaient comme les colonnes de l'expédition, fléchissaient? *Si illi qui videbantur quasi columnæ esse, deficiebant omninò?* » Cependant Guibert juge plus sévèrement Guillaume de Melun: « Il parlait beaucoup et faisait peu, dit-il; ombre d'un grand nom, il s'offrait pour toutes les entreprises, et n'en exécutait aucune. »

fuit secrètement du camp des chrétiens. Sa déser- 1097
tion causa un grand scandale parmi les pélerins
« et ne les étonna pas moins, dit l'abbé Guibert,
que si les étoiles étaient tombées du ciel. » Poursuivi et atteint par Tancrède, il fut ramené honteusement avec Guillaume-le-Charpentier. L'armée lui reprocha son lâche abandon, et lui fit
jurer sur l'Évangile de ne plus déserter une cause
qu'il avait prêchée. On menaça du supplice réservé
aux homicides tous ceux qui suivraient l'exemple
qu'il venait de donner à ses compagnons et à ses
frères (1).

Mais au milieu de la corruption qui régnait dans
l'armée chrétienne, la vertu elle-même devait songer à fuir et pouvait excuser la désertion. Si on en
croit les récits contemporains, tous les vices de
l'infâme Babylone régnaient parmi les libérateurs
de Sion. Spectacle étrange et inouï! Sous la tente
des croisés, on voyait ensemble la famine et la volupté; l'amour impur, la passion effrénée du jeu,
tous les excès de la débauche se mêlaient aux images de la mort. Dans leur malheur, la plupart des
pélerins semblaient dédaigner les consolations que
donnent la piété et la vertu (2)!

---

(1) Voyez dans les chroniqueurs, le discours de Tancrède à Pierre l'Ermite. Pierre y est traité avec beaucoup de dureté. (*Bibliothèque des Croisades*, tom. 1.)
Raoul de Caen est le seul qui ne parle point de l'Ermite :
il nomme Guy le Rouge et Pierre Charpentier.

(2) L'abbé Guibert fait cette réflexion : « Comment des

1097   Cependant l'évêque du Puy et la plus saine partie du clergé réunirent leurs efforts pour réformer les mœurs des croisés. Ils firent tonner la voix de la religion contre les excès du libertinage et de la licence; ils rappelèrent tous les maux qu'avait soufferts l'armée chrétienne, et les attribuèrent aux vices et aux débordemens des défenseurs de la croix. Un tremblement de terre qui se fit alors sentir, une aurore boréale (1) qui vint offrir un phénomène inconnu à la plupart des pélerins, leur furent présentés comme un avertissement de la colère du ciel. On ordonna des jeûnes et des prières pour fléchir le courroux céleste. Les croisés firent des processions autour du camp; de toutes parts on entendait retentir les hymnes de la pénitence. Les prêtres invoquaient les foudres de l'Église contre ceux qui trahissaient la cause de Jésus-Christ par leurs péchés. Pour ajouter à la crainte qu'inspiraient les menaces de la religion, un tribunal, composé des principaux de l'armée et du clergé, fut chargé de poursuivre et de punir les coupables (2).

---

hommes qui étaient toujours en présence de la mort, pouvaient-ils encore conserver quelque idée de volupté? (*Biblioth. des Croisades*, tom. 1.)

(1) Guibert, qui parle du signe céleste qu'on vit alors à l'Orient, ajoute que des sages auraient pu voir dans ce signe le pronostic de guerres sanglantes; mais la place qu'il occupait dans le ciel et la forme qu'il avait (la forme d'une croix), étaient, dit-il, le gage assuré du salut et de la victoire. (Lib. iv.)

(2) Voyez dans Albert d'Aix les mesures qui furent prises

Les hommes surpris dans l'ivresse, eurent les cheveux coupés; les blasphémateurs, ceux qui se livraient à la passion du jeu, furent marqués d'un fer rouge. Un moine, accusé d'adultère et convaincu par l'épreuve du feu, fut battu de verges et promené tout nu dans l'enceinte du camp. A mesure que les juges condamnaient les coupables, ils durent être effrayés de leur nombre. Les châtimens les plus sévères ne purent arrêter entièrement la prostitution, qui était devenue presque générale. On résolut d'enfermer toutes les femmes dans un camp séparé : mesure extrême et imprudente qui confondait la vice et la vertu, et qui fit connaître des crimes plus honteux que ceux qu'on voulait prévenir (1).

Au milieu de ces calamités, le camp des croisés était rempli de Syriens qui, chaque jour, allaient raconter dans la ville les projets, la détresse et le désespoir des assiégeans. Bohémond, afin d'en délivrer l'armée, employa un moyen fait pour révolter même des barbares. Ma plume se refuse à

---

pour arrêter le débordement des mœurs, liv. III, §. 57, et *Biblioth. des Croisades*, tom. I.

(1) Guibert dit que lorsqu'on trouvait dans le camp une femme enceinte et non mariée, on la livrait aux plus affreux supplices. (*Biblioth. des Croisades*, tom. I.) Ce fut dans cette investigation générale de tous les crimes et de toutes les fraudes, qu'on découvrit la supercherie d'un prêtre qui s'était fait une incision en forme de croix, et qui l'entretenait au moyen de sucs d'herbes, afin de s'attirer la charité des fidèles.

tracer de pareils tableaux, et je laisse parler ici Guillaume de Tyr, ou plutôt son vieux traducteur : « Bohémond, dit-il, commande que quel-
» ques Turcs qu'il tenait enforcés sous sûre garde,
» lui fussent amenés. Lesquels fait à l'instant par
» les officiers de haute justice exécuter, et puis
» allumer un grand feu, et les mettre à la broche
» et roistir comme pour viande préparée au sou-
» per de lui et des siens, leur commandant que
» s'ils estoient enquis quel appareil c'estoit-là,
» qu'ils respondissent en cette façon : *Les princes*
» *et gouverneurs du camp ont arretté cejour-*
» *d'hui en leur conseil, que touts les Turcs ou*
» *leurs espies qui d'ici en avant seroient trouvés*
» *dans leur camp, seront en cette manière forcés*
» *à faire viande de leurs propres corps, tant*
» *aux princes qu'à toute l'armée.* »

Les serviteurs de Bohémond suivirent exactement les ordres et les instructions qu'il leur avait donnés. Bientôt les étrangers qui se trouvaient dans le camp accoururent dans le quartier du prince de Tarente, « et lorsqu'ils virent ce qui se
» passait, ajoute notre ancien auteur, ils furent mer-
» veilleusement effrayés, craignant d'éprouver le
» même sort. Ils se hâtèrent de quitter le camp des
» chrétiens, et partout sur leur chemin annoncèrent
» ce qu'ils avaient vu. » Leurs discours volèrent de bouche en bouche jusqu'aux contrées les plus éloignées : les habitans d'Antioche, et tous les Musulmans des villes de Syrie, furent saisis de terreur et n'osèrent plus approcher du camp des croisés.

« A ce moyen, dit l'historien que nous avons cité 1097
» plus haut, advint que, par l'astuce et conduite
» du seigneur Bohémond, fut tollue du camp la
» peste des espies, et les entreprises des chrétiens
» furent moins divulguées aux ennemis (1). »

L'évêque du Puy employait dans le même temps une ruse plus innocente et plus conforme à l'esprit de son ministère et de sa profession ; il faisait labourer et ensemencer les terres voisines d'Antioche, pour rassurer l'armée chrétienne contre la famine, et pour faire croire aux Sarrasins que rien ne pouvait lasser la persévérance des assiégeans.

Cependant le froid, les orages pluvieux et toutes les rigueurs de l'hiver commençaient à s'apaiser ; on voyait diminuer le nombre des malades, et le camp des chrétiens prenait un aspect moins lugubre. Godefroy, qu'une blessure cruelle avait retenu jusqu'alors dans sa tente, se montra aux yeux de l'armée, et sa présence fit renaître l'espérance et la joie ; le comte d'Édesse, les princes et les monastères d'Arménie envoyèrent de l'argent et des provisions aux chrétiens (2) ; des vivres furent

---

(1) Baudri se borne à dire que Bohémond prit des mesures sévères pour se délivrer des espions; mais il ne parle pas de ce moyen barbare rapporté par Guillaume de Tyr. On ne peut s'empêcher de remarquer que ce moyen, fort bon pour éloigner les espions, devait aussi éloigner ceux qui apportaient des vivres dans le camp des chrétiens.

(2) Au rapport d'Albert d'Aix, Baudouin envoya d'abord

1097 apportés des îles de Chypre, de Chio et de Rhodes; l'armée cessa d'être livrée aux horreurs de la disette; l'amélioration du sort des pélerins fut attribuée à leur pénitence et à leur conversion; ils remercièrent le ciel de les avoir rendus meilleurs et plus dignes de sa protection et de sa miséricorde: ce fut alors que les croisés virent arriver dans leur camp les ambassadeurs du calife d'Égypte. En présence des infidèles, les soldats chrétiens s'efforcèrent de cacher les traces et les souvenirs des longues misères qu'ils avaient éprouvées (1); ils se paraient de leurs vêtemens les plus précieux; ils étalaient leurs armes les plus brillantes; les chevaliers et les barons se disputaient le prix de la force et de l'adresse dans des tournois; on ne voyait que des danses et des festins, au milieu desquels paraissaient régner l'abondance et la joie. Les ambassadeurs égyptiens furent reçus dans une tente magnifique, où s'étaient rassem-

---

de l'argent, puis des vivres, enfin le revenu d'une année de la ville de Turbessel, qui s'élevait à 50 mille besans. (*Bibliothèque des Croisades*, tom. 1.) Voyez aussi l'extrait de la Chronique arménienne de Mathieu d'Edesse, tom. II.

(1) La plupart des chroniqueurs s'accordent à parler de l'arrivée des ambassadeurs du Caire; mais ils ne sont pas d'accord sur l'objet spécial de leur mission. Quelques-uns disent que le calife promettait de se faire chrétien si on le délivrait des Turcs. On doit croire que ces ambassadeurs n'avaient été envoyés que pour connaître les forces, la marche et les projets des croisés.

blés les principaux chefs de l'armée. Ils ne dissimulèrent point dans leur discours l'extrême éloignement que leur maître avait toujours eu pour une alliance avec les chrétiens; mais les victoires que les croisés avaient remportées sur les Turcs, ces ennemis éternels de la race d'Aly, lui faisaient croire que Dieu lui-même les avait envoyés en Asie comme les instrumens de sa vengeance et de sa justice. Le calife égyptien était disposé à se rapprocher des chrétiens victorieux, et se préparait à rentrer avec ses armées dans la Palestine et la Syrie. Comme il avait appris que tous les vœux des croisés se bornaient à voir Jérusalem, il promettait de relever les églises des chrétiens, de protéger leur culte, et d'ouvrir les portes de la ville sainte à tous les pélerins, à condition qu'ils s'y présenteraient sans armes et qu'ils n'y séjourneraient pas plus d'un mois. Si les croisés se soumettaient à cette condition, le calife promettait d'être leur plus généreux appui; s'ils refusaient le bienfait de son amitié, les peuples de l'Égypte, de l'Éthiopie, tous ceux qui habitaient l'Asie et l'Afrique, depuis le détroit de Gades jusqu'aux portes de Bagdad, allaient se lever à la voix du vicaire légitime du Prophète, et montrer aux guerriers de l'Occident la puissance de ses armes (1).

Ce discours excita de violens murmures dans l'assemblée des chrétiens; un des chefs se leva pour

---

(1) Le discours de l'ambassade d'Égypte est tout entier rapporté par Robert le Moine, lib. v, *in principio*.

répondre, et s'adressant aux députés du calife :
« La religion que nous suivons, leur dit-il, nous a
» inspiré le dessein de rétablir son empire dans les
» lieux où elle est née ; nous n'avons pas besoin,
» pour accomplir nos sermens, du concours des
» puissances de la terre. Nous ne sommes point
» venus en Asie pour recevoir les lois ni les bien-
» faits des Musulmans ; nous n'avons point d'ail-
» leurs oublié les outrages faits aux pèlerins de
» l'Occident par les Égyptiens ; on se souvient
» encore que les chrétiens, sous le règne du calife
» Hakem, ont été livrés aux bourreaux, leurs égli-
» ses, et surtout celle du Saint-Sépulcre, renver-
» sées de fond en comble. Oui, sans doute, nous
» nous sommes proposé de visiter Jérusalem,
» mais nous avons fait aussi le serment de la déli-
» vrer du joug des infidèles. Dieu, qui l'a honorée
» par ses souffrances, veut y être servi par son
» peuple ; les chrétiens veulent en être les gar-
» diens et les maîtres. Allez dire à celui qui vous
» envoie, de choisir la paix ou la guerre ; dites-lui
» que les chrétiens, campés devant Antioche,
» ne craignent ni les peuples d'Égypte, ni ceux
» de l'Éthiopie, ni ceux de Bagdad, et qu'ils ne
» peuvent s'allier qu'avec les puissances qui res-
» pectent les lois de la justice et les drapeaux de
» Jésus-Christ (1). »

L'orateur qui parlait ainsi, exprimait l'opinion

---

(1) Le même Robert le Moine rapporte cette réponse des barons et des chevaliers, lib. v.

et les sentimens de l'assemblée; cependant on ne rejeta pas tout-à-fait l'alliance des Égyptiens. Des députés furent nommés dans l'armée chrétienne pour accompagner les ambassadeurs du Caire à leur retour, et porter au calife les dernières propositions de paix des croisés.

A peine les députés venaient-ils de quitter le camp des chrétiens que ceux-ci remportèrent une nouvelle victoire sur les Turcs. Les princes d'Alep, de Damas, les émirs de Schaizar, d'Émesse, d'Hiérapolis, avaient levé une armée de vingt mille cavaliers pour secourir Antioche; déjà les guerriers sarrasins s'étaient mis en marche et s'approchaient de la ville, lorsqu'une troupe d'élite sortit du camp et marcha à leur rencontre, conduite par l'infatigable Bohémond et par Robert, comte de Flandre. Dans une bataille qui fut livrée entre le lac et l'Oronte, les Turcs furent mis en fuite et perdirent mille chevaux avec deux mille combattans. La forteresse de Harenc, dans laquelle l'ennemi avait en vain cherché un asile après sa défaite, tomba au pouvoir des chrétiens.

Les croisés voulurent annoncer leur nouveau triomphe aux ambassadeurs du Caire, prêts à s'embarquer au port St.-Siméon, et quatre chameaux portèrent à ces derniers les têtes et les dépouilles de deux cents guerriers musulmans (1). Les vain-

---

(1) Albert d'Aix dit que les envoyés du Caire assistèrent à ce combat, et qu'ils apportèrent aussi au camp des têtes

1098 queurs jetèrent deux cents autres têtes dans la ville d'Antioche, dont la garnison s'attendait encore à être secourue; ils en exposèrent un grand nombre sur des pieux autour des murailles; ils étalaient ainsi les trophées sanglans de leur victoire pour que ce spectacle, dit Guillaume de Tyr, fût *comme une épine dans l'œil de leurs ennemis.* Ils voulaient aussi se venger des insultes que les Sarrasins assemblés sur leurs remparts, avaient prodiguées à une image de la Vierge, tombée entre leurs mains dans un combat précédent.

Bientôt les croisés devaient signaler leur valeur dans une bataille plus périlleuse et plus meurtrière. Une flotte de Génois et de Pisans était entrée au port St.-Siméon; la nouvelle de son arrivée causa une vive joie dans l'armée chrétienne; un grand nombre de soldats sortirent du camp et coururent vers le port, les uns pour apprendre des nouvelles d'Europe, les autres pour acheter les provisions dont ils avaient besoin. Comme ils revenaient chargés de vivres, et que la plupart d'entr'eux n'avaient point d'armes, ils furent attaqués à l'improviste et dispersés par un corps de quatre mille Sarrasins qui les attendaient sur leur passage. Bohémond et Raymond de St.-Gilles, qui accompagnaient les pélerins, ne purent les défendre contre un ennemi supérieur en nombre, et furent obligés de cher-

---

des Turcs attachées à la selle de leurs chevaux. (Liv. III. §. 62.)

cher eux-mêmes leur salut dans une retraite précipitée (1).

Bientôt la nouvelle de leur désastre se répandit parmi les croisés restés devant la ville. Aussitôt Godefroy, à qui le péril donnait la suprême autorité, ordonne aux chefs et aux soldats de voler aux armes. Suivi de son frère Eustache, des deux Robert et du comte de Vermandois, il traverse l'Oronte et va chercher l'ennemi occupé de poursuivre son premier avantage et de couper les têtes des chrétiens tombés sous ses coups. Lorsqu'il est en présence des Sarrasins, il commande aux autres chefs de suivre son exemple, et se jette, l'épée à la main, dans les rangs ennemis. Ceux-ci, accoutumés à combattre de loin et à se servir de l'arc et de la flèche, ne peuvent résister à l'épée et à la lance des croisés. Ils prennent la fuite, les uns vers les montagnes, les autres vers la ville. Accien qui, des tours de son palais, avait vu l'attaque victorieuse des croisés, envoie une troupe d'élite pour soutenir et rallier ceux qui fuyaient; il accompagne ses soldats jusqu'à la porte du Pont qu'il fait refermer, en leur disant qu'elle ne s'ouvrira plus pour eux qu'après la victoire.

Cette nouvelle troupe ne peut supporter le choc des croisés. Les Turcs n'avaient plus d'autre espoir que de rentrer dans la place; mais Godefroy, qui

---

(1) Albert d'Aix et Guillaume de Tyr, Robert et tous les historiens de la première croisade, n'épargnent point les détails sur ce combat et sur ceux qui suivirent.

1098 avait tout prévu, s'était déjà placé avec les siens sur une éminence entre les fuyards et la porte d'Antioche. Ce fut là que recommença le carnage; les chrétiens étaient animés par leur victoire, les Sarrasins par leur désespoir et par les cris des habitans de la ville assemblés sur le rempart. Rien ne peut peindre l'effroyable tumulte de ce nouveau combat. Le cliquetis des armes, les cris des combattans ne permettaient plus aux soldats d'entendre la voix de leurs chefs. On se battait corps à corps et sans ordre; des flots de poussière couvraient le champ de bataille; le hasard dirigeait les coups des vainqueurs et des vaincus; les Sarrasins se pressaient, s'embarrassaient dans leur fuite. La confusion était si grande, que plusieurs croisés furent tués par leurs compagnons et leurs frères (1). Un grand nombre de Sarrasins tombèrent presque sans résistance sous le fer des chrétiens; plus de deux mille, qui cherchaient à fuir, furent noyés dans l'Oronte. « Les vieillards d'Antioche, dit Guillaume de Tyr, en contemplant du haut des murailles cette sanglante catastrophe, s'affligeaient d'avoir vécu trop long-temps, et les mères, témoins du trépas de leurs fils, gémirent de leur fécondité. » Le carnage dura pendant toute la journée; ce ne fut que vers le soir qu'Accien fic

---

(1) La défaite sanglante des Sarrasins est racontée avec détails par tous les chroniqueurs, et surtout par le moine Robert, qui n'épargne pas les hyperboles en cette occasion.

ouvrir les portes de la ville et qu'il reçut les débris des troupes poursuivies par les croisés.

Ce fut pour nous, s'écrie ici Raymond d'Agiles, un spectacle ravissant que de voir nos pauvres pélerins revenant au camp après cette victoire. Les uns, qui n'étaient jamais montés à cheval, arrivaient suivis de plusieurs chevaux; d'autres, jusque-là couverts de lambeaux, portaient deux ou trois robes de soie; quelques-uns montraient trois ou quatre boucliers pris sur l'ennemi; leurs compagnons qui n'avaient point combattu, se réjouissaient avec eux, et tous ensemble remerciaient la bonté divine du triomphe des chrétiens.

Les chefs et les soldats de l'armée chrétienne avaient fait des prodiges de valeur. Bohémond, Raymond, Tancrède, Adhémar, Baudouin du Bourg, Eustache, s'étaient partout montrés à la tête de leurs guerriers. Toute l'armée racontait les coups de lance et les merveilleux faits d'armes du comte de Vermandois et des deux Robert. Le duc de Normandie soutint seul un combat contre un chef des infidèles qui s'avançait au milieu des siens; d'un coup de sabre il lui fendit la tête jusqu'à l'épaule et l'étendit à ses pieds, en s'écriant: « *Je dévoue ton âme impure aux puissances de l'Enfer.* » Godefroy, qui dans cette journée avait montré l'habileté d'un grand capitaine, signala sa bravoure et sa force par des actions que l'histoire et la poésie ont célébrées. Aucune armure ne pouvait résister au tranchant de son épée; il faisait voler en éclats les casques et les cuirasses. Un Sarrasin, qui surpassait tous les autres par sa stature, se présenta au fort de la mêlée pour le combattre, et, du premier coup qu'il lui porta, mit en pièces son bouclier. Godefroy, indigné de cette audace, se dresse sur ses étriers, s'élance contre son adversaire, et lui porte un coup si terrible qu'il partage son corps en deux parties. La partie supérieure, disent les historiens, tomba à terre, et l'autre, attachée à la selle, resta sur le cheval, qui rentra dans la ville, où cet aspect redoubla la consternation des assiégés (1).

Malgré de si prodigieux exploits, les chrétiens avaient essuyé une perte considérable. En célébrant la valeur héroïque des croisés, l'histoire contemporaine s'étonne de la multitude des martyrs que les Sarrasins envoyèrent dans le ciel, et qui, en arrivant dans le séjour des élus, la couronne sur la tête et la palme à la main, adressèrent à Dieu ces paroles : « Pourquoi n'avez-vous pas dé- » fendu notre sang, qui a coulé pour vous aujour- » d'hui (2) ? »

---

(1) L'action de Godefroy, coupant en deux un Sarrasin, ne pouvait être oubliée par les chroniqueurs ; aucun d'eux n'omet d'en parler. (Voyez sur ce combat, livré près du pont d'Antioche, le récit des chroniques, surtout celle d'Albert d'Aix, liv. III, §. 63 et suiv.)

(2) *Fueruntque in illâ die martyrisati ex nostris militibus seu peditibus plusquam mille, qui in cœlum lætantes ascendebant, atque candidati ferentes stolam recepti martyrii, glorificantes et magnificantes dominum Deum nostrum trinum et unum, in quo feliciter triumphabant ; et*

LIVRE III.

Les infidèles passèrent la nuit à ensevelir ceux des leurs qui avaient été tués sous les murailles de la ville. Ils les enterrèrent près d'une mosquée bâtie au-delà du pont de l'Oronte. Après cette funèbre cérémonie, ils rentrèrent dans Antioche, où régnaient le silence et le deuil. Comme les morts, selon l'usage des Musulmans, avaient été ensevelis avec leurs armes, leurs richesses et leurs vêtemens, ces dépouilles tentèrent la populace grossière qui suivait l'armée des croisés ; elle traversa l'Oronte, se précipita en foule sur les tombeaux des Sarrasins, exhuma les cadavres, leur arracha les armes et les habillemens dont ils étaient couverts. Bientôt elle vint montrer au camp les étoffes de soie, les boucliers, les javelots, les riches épées, trouvés dans les cercueils. Ce spectacle ne révolta point les chevaliers et les barons. Le lendemain d'une bataille, et parmi les dépouilles des vaincus, ils contemplèrent avec joie quinze cents têtes séparées de leurs troncs, qui furent promenées en triomphe dans l'armée et leur rappelèrent leur victoire et la perte qu'ils avaient fait essuyer aux infidèles (1).

Toutes ces têtes jetées dans l'Oronte, et les cadavres des Musulmans qui, la veille, s'étaient noyés dans le fleuve, allèrent porter la nouvelle

1098

---

dicebant concordabili voce : Quare non defendis sanguinem nostrum, qui hodiè pro tuo nomine effusus est. (*Gesta Francorum*, lib. xv, cap. 18, ap. Bongars, pag. 13.)

(1) Ce fait est raconté par l'abbé Guibert, ainsi que les combats qui le précédèrent. (Voyez liv. iv, §. 14.)

1098 de la victoire des chrétiens aux Génois et aux Pisans débarqués au port Saint-Siméon. Ceux des croisés qui, dans le commencement de la bataille, avaient fui vers la mer et vers les montagnes, et dont on avait pleuré la mort, revinrent au camp qui retentissait des acclamations de la joie. Les chefs ne songèrent plus alors qu'à profiter de la terreur qu'ils avaient inspirée aux Sarrasins. Maîtres du cimetière des Musulmans, les croisés démolirent la mosquée qui s'élevait hors de la ville, et se servant des pierres des tombeaux (1), ils bâtirent une forteresse devant la porte du Pont, par laquelle les assiégés avaient coutume de sortir pour se répandre dans la plaine et surprendre les pèlerins.

Raymond, comte de Toulouse, auquel on reprochait d'avoir jusque-là manqué de zèle pour la guerre sainte, se chargea de construire le fort à ses frais et de le défendre avec ses Provençaux, qu'on avait accusés pendant tout le siége, *d'éviter les combats pour courir aux vivres* (2). On proposa

---

(1) *Destruxerunt autem omnes tumulos lapideos mortuorum, et ex illis castrum munierunt.* (Robert le Moine, lib. v.) L'abbé Guibert dit la même chose en d'autres termes à l'endroit cité plus haut.

(2) *Franci ad bella, Provinciales ad victualia.* Voyez Raoul de Caen et le portrait qu'il a tracé des Francs et des Provençaux. (*Bibliothèque des Croisades*, tom. I.) Anne Comnène place les Provençaux bien au-dessus des autres croisés, pour la politesse de leurs manières et la grâce de leur

d'élever une nouvelle forteresse près de la première, et comme aucun des chefs ne se présentait pour en presser la construction, Tancrède vint offrir ses services aux croisés. Généreux et loyal chevalier, il ne lui restait plus que son épée et sa renommée. Il demanda de l'argent à ses compagnons, et se chargea des dangers de l'entreprise. Il surprit les Syriens qui avaient coutume de porter des vivres dans Antioche, et les força d'approvisionner l'armée chrétienne; deux mille chevaux qu'Accien avait envoyés dans une vallée à quelques lieues de la ville, tombèrent au pouvoir des croisés et furent amenés dans le camp.

Tandis que les Sarrasins se livraient au désespoir, le zèle et l'émulation redoublaient parmi les soldats de la croix; les chefs donnaient partout l'exemple de la vigilance et de l'activité; un esprit de concorde réunissait tous les pélerins; la discipline se rétablit, et la force de l'armée s'accrut avec elle. Les mendians mêmes et les vagabonds, dont la multitude enfantait le désordre et multipliait les périls de la guerre, furent alors employés aux travaux du siége, et servirent sous les ordres d'un capitaine qui prenait le titre de roi *truant* ou roi des gueux. Ils recevaient une solde de la caisse générale des croisés, et dès qu'ils étaient en état d'acheter des armes et des habits, leur roi les reniait pour ses sujets et les faisait entrer dans un

---

personne. (*Alexiad*, lib. x.) Le mot provençal (ou *provincialis*) s'appliquait alors à tous les habitans du midi de la France.

corps de l'armée. Cette mesure, en arrachant les vagabonds à une oisiveté dangereuse, en fit d'utiles auxiliaires. Comme ils étaient accusés de violer les tombeaux et de se nourrir de chair humaine, ils inspiraient une grande horreur aux infidèles, et leur seul aspect mettait en fuite les défenseurs d'Antioche, qui tremblaient de tomber entre leurs mains.

Dès-lors les chrétiens furent les maîtres de tous les dehors de la place assiégée; ils pouvaient se répandre avec sécurité dans les campagnes voisines; comme toutes les portes de la ville étaient fermées, les combats furent suspendus, mais de part et d'autre on se faisait encore la guerre par des actes de barbarie.

Le fils d'un émir étant tombé entre les mains des chrétiens, ceux-ci exigèrent que sa famille leur livrât une tour d'Antioche pour sa rançon. Comme on leur refusa ce qu'ils demandaient, ils accablèrent leur jeune captif des traitemens les plus barbares; son supplice se renouvela chaque jour pendant un mois; on le conduisit enfin au pied des remparts, où il fut immolé sous les yeux de ses parens et de ses concitoyens (1).

De leur côté, les Turcs ne cessaient de persécuter les chrétiens, habitans d'Antioche. Plus

---

(1) Le fait du jeune prisonnier musulman, maltraité et tué par les chrétiens devant les murs d'Antioche, se trouve rapporté par Albert d'Aix, lib. III, §. 56. Albert le place à une époque antérieure.

d'une fois le vénérable patriarche des Grecs, le corps meurtri de coups et chargé de liens, avait été traîné sur les murailles et montré aux assiégeans comme une victime dévouée à la mort. C'était surtout contre les prisonniers que s'exerçait la fureur des Turcs. Ils conduisirent un jour sur les remparts un chevalier chrétien, nommé Raymond Porcher, et le menacèrent de lui couper la tête, s'il n'exhortait les croisés à le racheter pour une somme d'argent. Celui-ci, feignant d'obéir, s'adressa aux assiégeans et leur dit : « Regardez-moi comme un homme mort, » et ne faites aucun sacrifice pour ma liberté ; tout » ce que je vous demande, ô mes frères ! c'est que » vous poursuiviez vos attaques contre cette ville » infidèle qui ne peut résister long-temps, et que » vous restiez fermes dans la foi du Christ, car » Dieu est avec vous et y sera toujours. » Accien s'étant fait expliquer le sens de ces paroles, exigea que Raymond Porcher embrassât sur-le-champ l'islamisme, lui promettant, s'il y consentait, toutes sortes de biens et d'honneurs, le menaçant de la mort s'il refusait. Alors le pieux chevalier, tombant à genoux, les yeux tournés vers l'Orient, les mains jointes, se mit à prier Dieu pour qu'il daignât le secourir et recevoir son âme dans le sein d'Abraham. A ces mots, Accien, plus irrité, ordonne qu'on lui tranche la tête (1) : les Turcs obéissent avec

---

(1) Ce trait, qui rappelle les plus beaux faits de l'antiquité profane, est rapporté par le seul Tudebode. Nous

1098 une joie barbare. En même temps les autres prisonniers chrétiens qui se trouvaient dans Antioche, sont amenés devant le prince musulman, qui commande à ses soldats de les dépouiller de leurs vêtemens, de les lier avec des cordes, et de les jeter au milieu des flammes d'un bûcher. Ainsi ces malheureux captifs reçurent tous, dans le même jour, la couronne du martyre, et *portèrent dans le ciel*, dit Tudebode, *des étoles blanches devant le Seigneur, à qui toute gloire appartient.*

Cependant Antioche était en proie à la disette qui avait si long-temps désolé les croisés, et voyait chaque jour diminuer le nombre de ses défenseurs; Accien demanda une trève et promit de se rendre s'il n'était bientôt secouru. Les croisés, toujours pleins d'une confiance aveugle, consentirent à une paix qui devait leur ôter tous leurs avantages et donner à l'ennemi les moyens de gagner du temps et de réparer ses forces.

Dès qu'on eut accepté la trève (1), la discorde s'introduisit dans le camp des chrétiens, et ce fut là un des premiers effets d'une paix imprudente. Baudouin, prince d'Édesse, avait envoyé des présens magnifiques à Godefroy, aux deux Robert, au comte de Vermandois, aux comtes de Blois et de Chartres; il avait fait distribuer des sommes

---

avons beaucoup abrégé son récit. (Voyez la *Biblioth. des Croisades*, tom. 1, p. 254.)

(1) Le moine Robert est le seul des historiens de la première croisade, qui parle de cette trève, qui ne fut pas sans doute de longue durée.

d'argent à toute l'armée, et, dans la répartition de ses largesses, il avait oublié à dessein Bohémond et ses soldats. Il n'en fallait pas davantage pour faire naître la division. Tandis que l'armée chrétienne célébrait la libéralité de Baudouin, le prince de Tarente et ses guerriers éclataient en plaintes et en murmures.

Dans le même temps, une tente richement ornée, qu'un prince arménien destinait à Godefroy, et qui, tombée entre les mains de Pancrace, fut envoyée à Bohémond, devint un nouveau sujet de trouble et de discorde. Godefroy réclama avec hauteur le présent qui lui était destiné; Bohémond refusa de le rendre; de part et d'autre on en vint aux injures et aux menaces; on était prêt à prendre les armes; le sang des chrétiens allait couler pour une misérable querelle; mais à la fin le prince de Tarente, abandonné par la plus grande partie de l'armée, vaincu par les prières de ses amis, rendit à son rival la tente qu'il retenait, et se consola, dans son dépit, par l'espoir que la guerre lui offrirait bientôt un plus riche butin.

Guillaume de Tyr, qui nous a transmis ce récit, s'étonne de voir le sage Godefroy réclamer avec autant de chaleur un objet si frivole; et dans sa surprise, il compare la faiblesse du héros au sommeil du bon Homère. Sa pensée eût été plus juste, s'il avait comparé les discordes et les querelles des chefs de la croisade à celles qui troublaient le camp des Grecs et qui retardèrent si long-temps la prise de Troie.

1098   Depuis que la trêve avait été proclamée, les chrétiens entraient dans Antioche, les Sarrasins venaient dans le camp; mais la haine implacable qui avait présidé à la guerre, vivait encore dans les cœurs. Un chevalier nommé Walon, ayant été surpris par les Turcs dans un lieu écarté, fut massacré et coupé en morceaux. Quand la nouvelle de ce crime affreux se répandit dans l'armée, tous les croisés furent saisis d'horreur et d'indignation. Au milieu de la foule des chrétiens qui demandaient vengeance, on remarquait avec attendrissement la jeune épouse de Walon, qui invoquait l'ombre de son époux et remplissait l'air de ses cris douloureux; le spectacle de son désespoir acheva d'enflammer les soldats de la croix et devint le signal de nouveaux combats (1).

Les assiégés avaient profité de la trêve pour se procurer les secours et les vivres nécessaires; les chrétiens ne déployèrent au pied des murs qu'une valeur impuissante, et la ville, après sept mois de siége, pouvait braver encore long-temps la force de leurs armes, si l'ambition et la ruse n'avaient

---

(1) « Oh! que je serais heureuse, s'écriait l'épouse de Wa-
» lon, d'après Robert le Moine, s'il m'eût été permis de
» le suivre dans la tombe, ou au moins de fermer ses yeux,
» de laver sa blessure, de l'essuyer de mes mains et de
» mes vêtemens. » Ce qui l'affligeait surtout, c'est que son époux n'étant pas mort les armes à la main pour le service du Christ, il n'était pas certain qu'il fût sauvé. (*Biblioth. des Croisades*, tom. 1.)

fait pour la cause des croisés ce que n'avaient pu 1098
faire la patience et la bravoure. Bohémond, que
le désir d'accroître sa fortune avait entraîné dans
la croisade, cherchait partout l'occasion de réaliser
ses projets. La fortune de Baudouin avait éveillé sa
jalousie et le poursuivait dans son sommeil. Il osa
jeter ses vues sur Antioche, et les circonstances le favorisèrent assez pour lui faire rencontrer un homme
qui pût remettre cette place entre ses mains. Cet
homme, qui se nommait *Phirous*, était, quoi qu'en
disent plusieurs historiens qui lui donnent une noble
origine, le fils d'un Arménien dont le métier consistait à faire des cuirasses. D'un caractère inquiet
et remuant, il aspirait sans cesse à changer de condition et d'état. Il avait abjuré la religion chrétienne par esprit d'inconstance et dans l'espoir
d'avancer sa fortune (1); il était doué d'un sang-
froid admirable, d'une audace à toute épreuve, et

---

(1) Mathieu d'Édesse ne nomme point le musulman qui
livra Antioche aux chrétiens. Abulfarage le nomme Ru-
zebach, et dit qu'il était Persan d'origine. Anne Comnène
prétend qu'il était Arménien. La plupart des historiens
l'appellent *Pyrrus* ou *Phirous*. Guillaume de Tyr lui donne
le nom d'*émir Feir*, et Sanuti le nomme *Hermuferus*. Ce
qu'on peut dire de plus probable, c'est qu'il avait abjuré
la religion chrétienne. Si les auteurs ne sont point d'accord
sur son nom, il faut croire que les uns l'ont appelé par son
nom propre, et que les autres l'ont désigné par une épithète qui exprimait sa profession. Guillame de Tyr dit
qu'il était né d'une famille appelée en arabe *Beni Zerrad*,
c'est-à-dire, la *famille des faiseurs de cuirasses*.

TOM. I.

1098 toujours prêt à faire pour de l'argent ce qu'on pouvait à peine attendre du plus ardent fanatisme. Pour satisfaire son ambition et son avarice, rien ne lui paraissait injuste ou impossible. Comme il était actif, adroit et insinuant, il avait obtenu la confiance d'Accien, qui l'admettait à son conseil. Le prince d'Antioche lui avait confié le commandement de trois des principales tours de la place. Il les défendit d'abord avec zèle, mais sans avantage pour sa fortune; il se lassa d'une fidélité stérile, dès qu'il put penser que la trahison pouvait lui être plus profitable.

Dans l'intervalle des combats, il avait eu plusieurs fois l'occasion de voir le prince de Tarente (1). Ces deux hommes se devinèrent à la première vue, et ne tardèrent pas à se confier l'un à l'autre. Dans les premiers entretiens, Phirous se plaignit des outrages qu'il avait reçus des Musulmans; il s'affligea d'avoir abandonné la religion de Jésus-Christ, et pleura sur les persécutions qu'éprouvaient les chrétiens d'Antioche. Il n'en fallait pas davantage au prince de Tarente pour connaître les secrètes pensées de

---

(1) Dans un de ces entretiens, Phirous avait demandé à Bohémond, suivant le moine Robert, quelle était une armée couverte de tuniques et de boucliers plus blancs que la neige, et qui avait combattu avec les chrétiens. Bohémond, qui commença d'abord par expliquer ce mystérieux secours de la milice céleste, se trouvant embarrassé de répondre aux captieuses questions de Phirous, fit appeler son chapelain, qui était clerc et bien instruit. (*Bibliothèque des Croisades*, tom. 1, extrait de Robert le Moine.)

Phirous; il loua ses remords et ses sentimens, et lui fit les plus magnifiques promesses. Alors le renégat lui ouvrit son cœur. Ils se jurèrent l'un à l'autre un inviolable attachement, et promirent d'entretenir une active correspondance. Ils se revirent ensuite plusieurs fois, et toujours dans le plus grand secret. A chaque entrevue, Bohémond disait à Phirous que le sort des croisés était entre ses mains, et qu'il ne tenait qu'à lui d'en obtenir de grandes récompenses. De son côté, Phirous protestait de son désir de servir les croisés, qu'il regardait comme ses frères; et pour assurer le prince de Tarente de sa fidélité, ou pour excuser sa trahison, il disait que Jésus-Christ, qui lui était apparu, lui avait conseillé de livrer Antioche aux chrétiens (1).

---

(1) Le Seigneur, suivant Foulcher de Chartres, était plusieurs fois apparu à Phirous pour lui ordonner de livrer Antioche aux Sarrasins; la dernière fois il s'irrita, et lui dit : « Pourquoi n'as-tu pas exécuté ce que je t'ai ordonné? » Phirous avait révélé sa vision au gouverneur d'Antioche, qui lui dit : « Brute, veux-tu obéir à un fantôme? » (*Voyez Bibliothèque des Croisades*, tom. 1.)

Raoul de Caen, d'accord avec l'auteur arabe Kemal-eddin, attribue à une vengeance toute particulière, Bernard le Trésorier, à un motif de jalousie, la détermination de Phirous. (Voyez *Bibliothèque des Croisades*, tom. 1.)

Guillaume de Tyr rapporte que le fils de Phirous avait surpris sa mère dans une entrevue criminelle avec un émir d'Accien; cette circonstance, qui n'a point effrayé la gravité de l'historien, nous a paru peu vraisemblable; en effet, il ne faut pas oublier que le fils de Phirous avait au moins une vingtaine d'années, puisqu'il était employé par

1098 Bohémond n'avait pas besoin d'une pareille protestation. Il n'eut pas de peine à croire ce qu'il désirait avec ardeur; et lorsqu'il fut convenu avec Phirous des moyens d'exécuter les projets qu'ils avaient long-temps médités, il fit assembler les principaux chefs de l'armée chrétienne. Il leur exposa avec chaleur les maux qui jusqu'alors avaient désolé les croisés, et les maux plus grands encore dont ils étaient menacés. Il ajouta qu'une puissante armée s'avançait au secours d'Antioche; que la retraite ne pouvait se faire sans honte et sans danger; qu'il n'était plus de salut pour les chrétiens que dans la conquête de la ville. « La place, il est vrai,
» était défendue par d'inexpugnables remparts;
» mais on devait savoir que toutes les victoires ne
» s'obtenaient pas par les armes et sur le champ
» de bataille; que celles qu'on obtenait par l'a-
» dresse n'étaient pas les moins importantes et les
» moins glorieuses. Il fallait donc séduire ceux
» qu'on ne pouvait vaincre, et prévenir les enne-
» mis par une entreprise adroite et courageuse.
» Parmi les habitans d'Antioche, différens de
» mœurs et de religion, opposés d'intérêts, il de-
» vait s'en trouver qui seraient accessibles à la sé-
» duction et à des promesses brillantes. Il s'agis-

---

son père comme l'agent d'un sérieux complot. Comment croire, d'après cela, que sa mère eût éveillé la passion d'un émir et la jalousie de son mari. Il suffit de savoir ce que sont les femmes en Orient, pour douter de cette partie du récit de Guillaume de Tyr.

» sait d'un service si important pour l'armée chré-
» tienne, qu'il était bon d'encourager toutes les
» tentatives. La possession même d'Antioche ne
» lui paraissait pas d'un trop haut prix pour ré-
» compenser le zèle de celui qui serait assez habile
» ou assez heureux pour faire ouvrir les portes de
» la ville aux croisés. »

1098

Bohémond ne s'expliqua pas plus clairement; mais il fut deviné par l'ambition jalouse de quelques chefs qui avaient peut-être les mêmes desseins que lui. Raymond repoussa surtout avec force les adroites insinuations du prince de Tarente. « Nous
» sommes tous, dit-il, des frères et des compa-
» gnons; il serait injuste qu'après avoir tous cou-
» ru la même fortune, un seul d'entre nous re-
» cueillît le fruit de nos travaux. Pour moi, ajou-
» ta-t-il en jetant un regard de colère et de mépris
» sur Bohémond, je n'ai pas traversé tant de
» pays, bravé tant de périls, prodigué mon sang,
» mes soldats et mes trésors, pour payer du prix
» de nos conquêtes quelque artifice grossier, quel-
» que stratagême honteux dont il faut laisser l'in-
» vention à des femmes. » Ces paroles véhémentes eurent tout le succès qu'elles devaient avoir parmi des guerriers accoutumés à vaincre par les armes, et qui n'estimaient une conquête que lorsqu'elle était le prix du courage. Le plus grand nombre des chefs rejetèrent la proposition du prince de Tarente, et mêlèrent leurs railleries à celles de Raymond. Bohémond, que l'histoire a surnommé l'Ulysse des Latins, fit tout ce qu'il put pour se

contenir et cacher son dépit. Il sortit du conseil en souriant, persuadé que la nécessité rappellerait bientôt les croisés à son avis (1).

Rentré dans sa tente, il envoie des émissaires dans tous les quartiers pour semer les nouvelles les plus alarmantes. Comme il l'avait prévu, la consternation s'empare des chrétiens. Quelques-uns des chefs de l'armée sont envoyés à la découverte pour reconnaître la vérité des bruits répandus dans le camp. Ils reviennent bientôt annoncer que Kerbogâ, prince de Mossoul, s'avance vers Antioche avec une armée de deux cent mille hommes rassemblés sur les rives de l'Euphrate et du Tigre. Cette armée, qui avait menacé la ville d'Édesse et ravagé la Mésopotamie, n'était plus qu'à sept journées de marche. A ce récit, la crainte redouble parmi les croisés. Bohémond parcourt les rangs, exagère le péril; il affecte de montrer plus de tristesse et d'effroi que tous les autres; mais au fond du cœur il se rassure, et sourit à l'idée de voir bientôt ses espérances accomplies. Les chefs se

---

(1) Comparez, sur ce conseil des barons, Albert d'Aix et presque tous les historiens de la croisade; Raoul de Caen dit que Bohémond s'était concerté avec l'évêque du Puy. (*Bibliothèque des Croisades*, tom. 1.)

L'historien arabe Kemal-eddin, d'accord avec les Latins, rapporte en outre qu'on résolut que chacun des chefs aurait la direction du siége pendant une semaine, et que celui pendant la semaine de qui la ville serait prise, en deviendrait le maître. (Voyez *Bibliothèque des Croisades*, tom. II.)

réunissent de nouveau pour délibérer sur les me- 1098
sures qu'ils ont à prendre dans une circonstance si
périlleuse. Deux avis partagent le conseil. Les uns
veulent qu'on lève le siége et qu'on aille à la rencontre des Sarrasins; les autres, qu'on divise l'armée en deux corps, qu'une partie marche contre
Kerbogâ, et que l'autre reste à la garde du camp.
Ce dernier avis allait prévaloir lorsque Bohémond
demande à parler. Il n'a point de peine à faire sentir les inconvéniens des deux partis proposés. Si
on levait le siége, on allait se trouver entre la garnison d'Antioche et une armée formidable. Si on
continuait le blocus de la ville, et que la moitié de
l'armée seulement allât à la rencontre de Kerbogâ, on devait éprouver une double défaite. « Les
» plus grands périls, ajouta le prince Tarente,
» nous environnent. Le temps presse; demain
» peut-être il ne sera plus temps d'agir; demain
» nous aurons perdu le fruit de nos travaux et de
» nos victoires: mais non, je ne puis le penser;
» Dieu, qui nous a conduits jusqu'ici par la main,
» ne permettra pas que nous ayons combattu en
» vain pour sa cause; il veut sauver l'armée chré-
» tienne, il veut nous conduire jusqu'au tombeau
» de son fils. Si vous accueillez la proposition que
» j'ai à vous faire, demain l'étendard de la croix
» flottera sur les murs d'Antioche, et nous mar-
» cherons en triomphe à Jérusalem. »

En achevant ces paroles, Bohémond montra les
lettres de Phirous, qui promettait de livrer les
trois tours qu'il commandait. Phirous déclarait

qu'il était prêt à tenir sa promesse, mais il ne voulait avoir affaire qu'au prince de Tarente. Il exigeait, pour prix de ses services, que Bohémond restât maître d'Antioche. Le prince italien ajouta qu'il avait déjà donné des sommes considérables à Phirous, que lui seul avait obtenu sa confiance, et qu'une confiance réciproque était le plus sûr garant du succès dans une entreprise aussi difficile. « Au reste, poursuivit-il, si on trouve un meilleur
» moyen de sauver l'armée, je suis prêt à l'approu-
» ver, et je renoncerai volontiers au partage d'une
» conquête d'où dépend le salut de tous les croi-
» sés (1). »

Le péril devenait tous les jours plus pressant : il était honteux de fuir, imprudent de combattre, dangereux de temporiser. La crainte fit taire tous les intérêts de la rivalité. Plus les chefs avaient montré d'abord d'opposition au projet de Bohémond, plus ils trouvèrent alors de bonnes raisons pour l'adopter. «Une conquête partagée n'était plus
» une conquête. Le partage d'Antioche pouvait
» d'ailleurs faire naître une foule de divisions dans
» l'armée, et la mener à sa perte. On ne donnait
» que ce qu'on n'avait point encore ; on le donnait
» pour assurer la vie des chrétiens. Il valait mieux
» qu'un seul profitât des travaux de tous, que de
» périr tous pour s'opposer à la fortune d'un seul.
» Au surplus, la prise d'Antioche n'était point le

---

(1) Lisez, en les comparant, Guillaume de Tyr et Bernard le Trésorier.

» but de la croisade; on n'avait pris les armes que 1098
» pour délivrer Jérusalem : tout retard était con-
» traire à ce que la religion espérait de ses soldats,
» à ce que l'Occident attendait de ses plus braves
» chevaliers. » Tous les chefs, excepté l'inflexible Raymond, se réunirent pour accorder à Bohémond la principauté d'Antioche, et le conjurèrent de presser l'exécution de son projet.

A peine sorti du conseil, le prince de Tarente fait avertir Phirous, qui lui envoie son propre fils en otage (1). L'exécution du complot est fixée au lendemain. Pour laisser les assiégés dans la plus grande sécurité, on décide que l'armée chrétienne quittera son camp, qu'elle dirigera d'abord sa marche vers la route par laquelle doit arriver le prince de Mossoul, et qu'au retour de la nuit elle se réunira sous les murs d'Antioche. Le lendemain, au point du jour, les troupes reçoivent l'ordre de préparer leur départ; les croisés sortent du camp quelques heures avant la nuit; ils s'éloignent, les trompettes sonnantes et les enseignes déployées. Après quelques momens de marche, ils retournent sur leurs pas et reviennent en silence vers Antioche. Au signal du prince de Tarente, ils s'arrêtent dans un vallon situé à l'Occident et voisin de la tour des Trois-Sœurs, où commandait Phirous. Ce fut là qu'on déclara à l'armée chré-

---

(1) Voyez, dans Bernard le Trésorier (*Bibliothèque des Croisades*, t. 1), tous les détails de la trahison de Phirous.

1098 tienne le secret de la grande entreprise qui devait lui ouvrir les portes de la ville (1).

Cependant les projets de Phirous et de Bohémond avaient été sur le point d'échouer. Au moment où l'armée chrétienne venait de quitter son camp et que tout se préparait pour l'exécution du complot, le bruit d'une trahison se répand tout-à-coup dans Antioche. On soupçonne les chrétiens et les nouveaux Musulmans; on prononce le nom de Phirous; on l'accuse sourdement d'entretenir des intelligences avec les croisés. Il est obligé de paraître devant Accien, qui l'interroge et tient les yeux fixés sur lui pour pénétrer ses pensées; mais Phirous dissipe tous les soupçons par sa contenance; il propose lui-même des mesures contre les traîtres, et conseille à son maître de changer les commandans des principales tours. On applaudit à ce conseil, qu'Accien se propose de suivre dès le jour suivant. En même temps des ordres sont donnés pour charger de fers et mettre à mort, pendant les ténèbres de la nuit, les chrétiens qui se trouvent dans la ville. Le renégat est renvoyé ensuite à son poste, comblé d'éloges pour son exactitude et sa fidélité. A l'approche de la nuit, tout paraissait tranquille dans Antioche, et Phirous, échappé au plus grand danger, attendait les croisés dans la tour qu'il devait leur livrer.

---

(1) Tancrède fit de grands reproches à Bohémond de lui avoir fait un secret de cette entreprise. (Voyez Raoul de Caen, *Bibliothèque des Croisades*, tom. 1.)

Comme son frère commandait une tour voisine 1098
de la sienne, il va le trouver et cherche à l'entraîner dans son complot. « Mon frère, lui dit-il,
» vous savez que les croisés ont quitté leur camp,
» et qu'ils vont au-devant de l'armée de Kerbo-
» gâ. Quand je songe aux misères qu'ils ont
» éprouvées et à la mort qui les menace, je ne
» puis me défendre d'une sorte de pitié. Vous n'i-
» gnorez pas non plus que cette nuit même tous
» les chrétiens qui habitent Antioche, après avoir
» souffert toutes sortes d'outrages, vont être mas-
» sacrés par les ordres d'Accien. Je ne puis m'em-
» pêcher de les plaindre; je ne puis oublier que
» nous sommes nés dans la même religion et que
» nous fûmes autrefois leurs frères. » Ces paroles
de Phirous ne produisirent pas l'effet qu'il en attendait. « Je m'étonne, lui répondit son frère, de
» vous voir plaindre des hommes qui doivent être
» pour nous un objet d'horreur. Avant que les
» croisés fussent arrivés devant Antioche, nous
» étions comblés de biens. Depuis qu'ils assiégent
» la ville, nous passons notre vie au milieu des
» dangers et des alarmes. Puissent les maux qu'ils
» ont attirés sur nous retomber sur eux! Quant
» aux chrétiens qui habitent parmi nous, ignorez-
» vous que la plupart d'entre eux sont des traîtres,
» et qu'ils ne songent qu'à nous livrer au fer de
» nos ennemis? » En achevant ces mots, il jette
sur Phirous un regard menaçant. Le renégat voit
qu'il est deviné; il ne reconnaît plus son frère dans
celui qui refuse d'être son complice, et, pour

toute réponse, il lui plonge son poignard dans le cœur (1).

Enfin on arrive au moment décisif. La nuit était obscure; un orage qui s'était élevé augmentait encore l'épaisseur des ténèbres; le vent qui ébranlait les toits, les éclats de la foudre, ne permettaient aux sentinelles d'entendre aucun bruit autour des remparts. Le ciel paraissait enflammé vers l'Occident, et la vue d'une comète qu'on aperçut alors sur l'horizon, semblait annoncer à l'esprit superstitieux des croisés les momens marqués pour la ruine et la destruction des infidèles (2).

Ils attendaient le signal avec impatience. La garnison d'Antioche était plongée dans le sommeil: Phirous seul veillait et méditait son complot. Un Lombard, nommé *Payen*, envoyé par Bohémond, monte dans la tour par une échelle de cuir. Phirous le reçoit, lui dit que tout est préparé; et pour lui donner un témoignage de sa fidélité, lui montre le cadavre de son propre frère qu'il venait d'égorger. Au moment où ils s'entretenaient de leur complot, un officier de la garnison vient visiter les postes; il se présente avec une lanterne devant la

---

(1) Lisez tous ces détails dans Bernard le Trésorier, analysé *Bibliothèque des Croisades*, tom. 1. D'autres historiens disent que Phirous garda le silence, et que son frère fut tué au moment où les tours furent livrées aux croisés.

(2) Une comète parut la nuit même de la prise d'Antioche (3 juin 1098). Voyez Robert, *Monach.*, lib. v, *ad finem*.

tour de Phirous. Celui-ci, sans laisser paraître le moindre trouble, fait cacher l'émissaire de Bohémond et vient au-devant de l'officier. Il reçoit des éloges sur sa vigilance, et se hâte de renvoyer Payen avec des instructions pour le prince de Tarente. Le Lombard revient auprès de l'armée chrétienne, où il raconte ce qu'il a vu, et conjure Bohémond, de la part de Phirous, de ne pas perdre un moment pour agir.

1098

Mais tout-à-coup la crainte s'empare des soldats; au moment de l'exécution, ils ont vu toute l'étendue du danger; aucun d'eux ne se présente pour monter sur le rempart. En vain Godefroy, en vain le prince de Tarente, emploient tour-à-tour les promesses et les menaces, les chefs et les soldats restent immobiles. Bohémond (1) monte lui-même par l'échelle de corde, dans l'espoir qu'il sera suivi par les plus braves; personne ne se met en devoir de marcher sur ses pas; il arrive seul dans la tour de Phirous, qui lui fait les plus vifs reproches sur sa lenteur. Bohémond redescend à

---

(1) L'auteur anonyme d'une chronique intitulée des *Passages de outre-mer*, s'exprime ainsi, pag. 46 : « Mais n'y » eut celluy qui ne reffusast monter le premier fors Bohé- » mond, lequel aemiserius reçut à grant joie, et lui mon- » tra son frère gisant en son lict, qu'il avoit freschement » occis, parce qu'il ne vouloit consentir à cette entreprise. » *Cunctis verò, qui cum Bohemondo erant, diffidentibus ad ascensum, solus Bohemondus fœderis fide fultus, per funem ascendit.* (*Bernardus Thesaurarius*, cap. 36; Muratory, tom. VII.)

1098 la hâte vers ses soldats, auxquels il répète que tout est prêt pour les recevoir. Son discours, et surtout son exemple, raniment enfin les courages. Soixante croisés se présentent pour l'escalade. Ils montent par l'échelle de cuir, encouragés par un chevalier nommé *Covel*, que l'historien de Tancrède compare à un aigle conduisant ses petits et volant à leur tête (1). Parmi ces soixante braves, on distingue le comte de Flandre et plusieurs des principaux chefs. Bientôt soixante autres croisés se pressent sur les pas des premiers; ils sont suivis par d'autres, qui montent en si grand nombre et avec

---

(1) *Sicut aquila provocans pullos suos ad volandum, et super eos volitans.* (Rad. Cad., tom. III, pag. 66.) Tous ces détails du siége et de la prise d'Antioche, qui semblent appartenir à l'épopée, sont tirés littéralement des anciens historiens des croisades. (*Voy.* Albert d'Aix, liv. III et IV; Guillaume de Tyr, liv. V; Robert, moine, liv. V et VI, et les autres du recueil de Bongars.) Tous ces historiens sont d'accord sur les principales circonstances. Le moine Robert, dans le récit qu'il en fait, exprime sa surprise par ces paroles : *Non est lingua carnis quæ satis valeat enarrare, quid Francorum manus valuit pessundare.* Le Foulcher dont il est ici question, ne doit pas être confondu avec l'historien de ce nom : il était frère d'un nommé Budalle, de Chartres. Raoul de Caen lui donne le nom de Covel.

Les chroniqueurs racontent l'escalade d'Antioche avec des circonstances différentes. Il serait difficile de savoir quel peut être à cet égard le meilleur guide. Pour nous, nous avons suivi, dans cette partie de notre narration, Guillaume de Tyr, qui connaissait lui-même les autres chroniques, et se trouvait plus à portée d'apprécier la vérité de chacun de leurs récits.

tant de précipitation, que le créneau auquel l'échelle était attachée, s'ébranle et tombe avec fracas dans le fossé. Ceux qui touchaient au sommet des murailles, retombent sur les lances et les épées nues de leurs compagnons. Le désordre, la confusion, règnent parmi les assaillans; cependant les chefs du complot voient tout d'un œil tranquille. Phirous, sur le corps sanglant de son frère, embrasse ses nouveaux compagnons; il livre à leurs coups un autre frère qui restait auprès de lui, et les met en possession des trois tours confiées à son commandement. Sept autres tours sont bientôt tombées en leur pouvoir. Phirous appelle alors à son aide toute l'armée chrétienne; il attache au rempart une nouvelle échelle, par laquelle montent les plus impatiens; il indique aux autres une porte qu'ils enfoncent et par laquelle ils pénètrent en foule dans la ville.

Godefroy, Raymond, le comte de Normandie, sont bientôt dans les rues d'Antioche à la tête de leurs bataillons. On fait sonner toutes les trompettes, et sur ses quatre collines la ville retentit du cri terrible : *Dieu le veut! Dieu le veut!* Au premier bruit de cette attaque tumultueuse, les chrétiens qui habitaient Antioche croient tous que leur dernière heure est venue, et que les Musulmans viennent pour les égorger. Ceux-ci, à moitié endormis, sortent de leurs maisons pour connaître la cause du bruit qu'ils entendent, et meurent sans savoir quels sont les traîtres, quelle main les a frappés. Quelques-uns, avertis du danger, fuient vers la

1098 montagne où s'élevait la citadelle; d'autres se précipitent hors des portes de la ville; tous ceux qui ne peuvent fuir, tombent sous les coups du vainqueur.

Au milieu de cette sanglante victoire, Bohémond ne négligea point de prendre possession d'Antioche; et lorsque le jour parut, on vit flotter son drapeau rouge sur l'une des plus hautes tours de la ville. A cet aspect, les croisés qui étaient restés à la garde du camp, font éclater leur joie; ils arrivent à la hâte dans la place pour prendre part à la nouvelle conquête des chrétiens. Le carnage des Musulmans se poursuivait avec fureur. La plupart des chrétiens, habitans d'Antioche, qui, pendant le siége, avaient beaucoup souffert de la tyrannie des infidèles, se réunirent à leurs libérateurs; plusieurs d'entr'eux montraient les fers dont ils avaient été chargés par les Turcs, et cette vue irritait encore la fureur de l'armée victorieuse. Les places publiques étaient couvertes de cadavres; le sang coulait par torrens dans les rues. On pénètre dans les maisons; des signes religieux indiquent aux croisés celles des chrétiens; des hymnes sacrés leur font connaître leurs frères. Tout ce qui n'est pas marqué d'une croix est l'objet de leur fureur; tous ceux qui ne prononcent pas le nom du Christ sont massacrés sans miséricorde (1).

---

(1) Consultez, sur la prise d'Antioche, toutes les chroniques recueillies par Bongars, et particulièrement le liv. IV d'Albert d'Aix.

Si on en croit l'abbé Guibert, beaucoup de chrétiens armé-

Dans une seule nuit, Antioche avait vu périr plus 1098 de dix mille de ses habitans. Plusieurs de ceux qui s'étaient enfuis dans les campagnes voisines, furent poursuivis et ramenés dans la ville, où les attendaient l'esclavage et la mort. Dans les premiers momens du désordre, Accien, voyant qu'il était trahi, et n'osant plus se confier à aucun de ses officiers, avait résolu de fuir vers la Mésopotamie et d'aller au-devant de l'armée de Kerbogâ. Sorti des portes, il s'avançait sans escorte, à travers les montagnes et les forêts, lorsqu'il fut rencontré par des bûcherons arméniens. Ceux-ci reconnurent le prince d'Antioche; et comme il était sans suite, comme il portait sur son visage les marques de l'abattement et de la douleur, ils jugèrent que la ville

---

niens et syriens furent tués à la prise d'Antioche; *ils méritaient cette mort pour leur perfidie;* on en aurait néanmoins épargné un grand nombre, ajoute le chroniqueur, si on avait remarqué une différence entre les chrétiens et les infidèles; on aurait pu les distinguer aux vêtemens et à la barbe; mais la nuit et le tumulte empêchaient de rien voir. L'évêque du Puy, qui avait prévu les suites d'une funeste méprise, avait ordonné aux siens de se raser et de porter sur leur poitrine une croix d'argent ou de tout autre métal.

Robert le Moine dit, en parlant de la prise d'Antioche, que l'armée chrétienne entra dans la place *par la vertu de celui qui brisa les portes de l'Enfer.* Selon lui, ce fut un nommé Foulcher de Chartres qui monta le premier par l'échelle de corde. Les chrétiens qui habitaient la ville chantaient le *Kyrie eleison* pour se faire reconnaître des croisés.

était prise. L'un d'entre eux s'approcha de lui, lui arracha son épée et la lui plongea dans le sein. Sa tête fut apportée aux nouveaux maîtres d'Antioche, et Phirous put contempler sans crainte les traits de celui qui, la veille, pouvait l'envoyer à la mort (1). Après avoir reçu de grandes richesses pour prix de sa trahison, ce renégat embrassa le christianisme qu'il avait abandonné, et suivit les croisés à Jérusalem. Deux ans après, comme son ambition n'était pas satisfaite, il revint à la religion de Mahomet, et mourut abhorré des Musulmans et des chrétiens, dont il avait tour-à-tour embrassé et trahi la cause.

Quand les chrétiens furent lassés du carnage, ils firent des dispositions pour attaquer la citadelle d'Antioche; comme elle s'élevait sur le sommet d'une montagne inaccessible de plusieurs côtés, tous leurs efforts furent inutiles. Ils se contentèrent de l'entourer de soldats et de machines de guerre pour contenir la garnison; ils se répandirent ensuite dans

---

(1) Sur la mort d'Accien, consultez les historiens arabes analysés *Biblioth. des Croisades*, tom. II, §. 1. Raoul de Caen dit qu'Accien, échappé d'Antioche, se cacha dans un taillis, semblable à un lièvre échappé à la dent des chiens, qui se tient blotti dans un buisson. Un paysan ayant passé près de lui, il lui demanda à boire; celui-ci le tua; la tête d'Accien, qui fut apportée aux chefs de l'armée, était, selon Albert d'Aix, d'une grosseur énorme; ses oreilles étaient larges et velues; ses cheveux étaient blancs, ainsi que sa barbe qui descendait jusqu'au bas de sa poitrine.

la ville, où ils s'abandonnèrent à toute l'ivresse que leur inspirait la victoire.

1098

La ville d'Antioche était tombée au pouvoir des croisés dans les premiers jours de juin de l'année 1098. Le siége avait commencé au mois d'octobre de l'année précédente. Après leur conquête, les soldats chrétiens passèrent plusieurs jours dans les réjouissances (1). Raymond d'Agiles rapporte que les chevaliers et les barons donnèrent des festins splendides dans lesquels on voyait figurer *les danseuses des païens*; ils oubliaient ainsi le Dieu qui les avait comblés de ses bienfaits ; mais bientôt la terreur et le deuil succédèrent à la joie ; une armée formidable de Sarrasins s'approchait d'Antioche. Dès les premiers temps du siége, Accien, et les princes du voisinage que les chrétiens avaient dépouillés de leurs états, s'étaient adressés à toutes leurs puis-

---

(1) Raymond d'Agiles censure avec amertume cette conduite des pélerins qui se livraient aux femmes musulmanes : *Interea dum nostri enumerando et recognoscendo spolia ab oppugnatione, superioris castri desisterent atque audiendo saltatrices paganorum, splendidè ac superbè epularentur nullatenus dei memores qui tantùm beneficium eis contulerat.* (Lib. IV.) Foulcher de Chartres est plus précis encore : *Cum civitatem ingressi fuissent confestim cum fæminis exlegibus concubuerunt plures ex eis.* (Lib. IV.)

Les chrétiens, suivant le témoignage d'Albert d'Aix, trouvèrent dans la ville fort peu de vivres ; il n'y avait en abondance que des épiceries, telles que du poivre, de la canelle ; des dés servant aux jeux du hasard. (*Bibliot. des Crois.*, tom. I, pag. 54.)

sances musulmanes pour obtenir des secours contre les guerriers de l'Occident (1). Le chef suprême des Seljoukides, le sultan de Perse, avait promis de les secourir. A sa voix tout le Korassan, dit Mathieu d'Édesse, la Médie, la Babylonie, une partie de l'Asie mineure, et tout l'Orient, depuis Damas et la côte de la mer jusqu'à Jérusalem et jusqu'à l'Arabie, s'étaient mis en mouvement pour attaquer les chrétiens. Kerbogâ, prince de Mossoul, commandait l'armée des Musulmans. Ce guerrier avait long-temps combattu, tantôt pour le sultan de Perse (Barkiarok), tantôt pour les autres princes de la famille de Malek-Schah, qui se disputaient l'empire. Souvent défait, deux fois prisonnier, il avait vieilli dans le tumulte des guerres civiles. Plein de mépris pour les chrétiens et de confiance en lui-même, véritable modèle de ce farouche circassien célébré par le Tasse, il se regardait déjà comme le libérateur de l'Asie, et traversait la Mésopotamie dans l'appareil d'un

---

(1) Albert d'Aix parle de l'ambassade envoyée par Accien au sultan de Perse, qui était alors, dit-il, à Samarcande. Il s'étend très longuement sur cette ambassade; il rapporte les discours qui se tinrent alors dans le conseil du sultan; il parle ensuite avec beaucoup d'étendue de la marche de Kerbogâ. Cette partie du récit d'Albert d'Aix mérite peu de confiance; on voit aisément qu'il veut en dire plus qu'il n'en sait: cependant il peint l'orgueil farouche de Kerbogâ comme une chose qui n'était pas ignorée des croisés eux-mêmes.

triomphateur. Les princes d'Alep, de Damas, 1098
le gouverneur de Jérusalem et vingt-huit émirs
de la Perse, de la Palestine et de la Syrie, marchaient à sa suite. Les soldats musulmans étaient
animés par la soif de la vengeance, et juraient,
par leur Prophète, d'exterminer tous les chrétiens.

Le troisième jour après la prise d'Antioche, les
chrétiens aperçurent, du haut des remparts, des
cavaliers musulmans qui parcouraient la plaine et
s'avançaient vers la ville ; un des plus braves chevaliers de l'armée, Roger de Barneville, sortit des
murs pour les combattre; mais bientôt ses compagnons (1) rapportèrent dans la place son corps mutilé
auquel les Sarrasins avaient coupé la tête. Tout le
peuple chrétien accompagna au cercueil ce qu'on
avait pu sauver des restes d'un généreux martyr;
et les plus sages, remplis de sombres pressentimens, commencèrent à envier le sort des guerriers que le glaive des combats avait moissonnés.
On ne tarda pas à voir flotter dans le lointain les
innombrables bannières de l'armée musulmane.
Vainement Godefroy, Tancrède, le comte de Flan-

---

(1) Comme Roger de Barneville fut tué par les Turcs à la vue de l'armée chrétienne, Albert d'Aix a soin de justifier les guerriers français, qui ne purent secourir leur compagnon faute de chevaux. « Nul pays dans le monde, ajoute le chroniqueur, ne nourrit plus que la France des hommes intrépides et audacieux dans les combats. » (Voy. Albert d'Aix, liv. IV, §. 27.)

dre se hâtèrent de se couvrir de leurs armes pour affronter cette multitude d'ennemis ; plusieurs de leurs guerriers perdirent la vie dans le combat, et leur retour précipité dans la ville répandit la consternation parmi tous les pélerins ; ce fut alors que les nouveaux maîtres d'Antioche, manquant de provisions et n'ayant point de ressources pour soutenir un long siége, purent voir tous les périls dont ils étaient menacés : les croisés avaient à se défendre à-la-fois contre un ennemi qui occupait auprès d'eux et dans l'intérieur de la place une position formidable, et contre l'armée de Kerbogâ, dont les tentes couvrirent bientôt le penchant des montagnes et les rivages de l'Oronte. Nous ne parlerons point des nombreux combats dans lesquels les soldats de la croix montrèrent leur bravoure accoutumée ; les croisés semblaient néanmoins n'avoir plus la même confiance dans leurs armes; car ils ne songèrent point à livrer une bataille générale et décisive, qui seule aurait pu prévenir les maux prêts à fondre sur une cité que l'ennemi environnait de toutes parts, et dont la population nouvelle n'avait aucun espoir ni d'être approvisionnée ni d'être secourue.

La disette ne tarda pas à se faire sentir, et les croisés, au milieu des richesses conquises sur les Sarrasins, furent condamnés à souffrir tous les genres de misères. Pendant les premiers jours, des pélerins, bravant tous les périls, se rendaient la nuit au port Saint-Siméon, et rapportaient quelques provisions qu'ils revendaient dans Antioche.

Mais à la fin ils furent surpris et massacrés par les Turcs, et les navires, arrivés à l'embouchure de l'Oronte, se hâtèrent de mettre à la voile pour s'éloigner des côtes de la Syrie (1). Dès-lors les croisés, enfermés dans la ville qu'ils venaient de conquérir, durent regretter ces temps où, assiégeant eux-mêmes la place et pressés par la disette, ils allaient chercher au loin des provisions, où la victoire venait quelquefois adoucir l'excès de leurs maux, et leur procurait une abondance passagère (2).

1098

Les chroniqueurs racontent avec douleur la famine qui désola le peuple chrétien, et ce qui paraît surtout les remplir de surprise et d'effroi, c'est l'énorme somme d'argent qu'il fallait donner pour un pain, pour un œuf, pour quelques fèves, pour la tête d'une chèvre maigre, ou pour la cuisse d'un chameau (3). L'un d'eux affirme qu'on lui a rapporté,

---

(1) Voyez, dans Albert d'Aix, les moyens dont se servaient les pélerins du port Saint-Siméon, et la manière dont ils furent surpris par les Musulmans. (*Bibliothèque des Croisades*, tom. 1.)

(2) Ils remplissaient, dit Albert d'Aix, leur ventre misérable, *miserabilem ventrem*, avec des orties et d'autres herbes des forêts. (*Bibliothèque des Croisades*, tom. 1.) La faim, dit Robert le Moine, s'empara de tous nos soldats, et leurs mains tremblantes pouvaient à peine arracher l'herbe des champs et les racines des plantes. (*Bibliothèque des Croisades*, tom. 1.)

(3) Voyez Albert d'Aix, *Bibliothèque des Croisades*, tom. 1. *Caput equinum*, dit Robert le Moine, *venderetur*

1098 sur les misères d'Antioche, des choses qui font frémir la nature, et lui-même en paraît si effrayé qu'il n'ose les révéler à ses lecteurs (1). Les croisés tuèrent d'abord leurs bêtes de somme; les guerriers en vinrent ensuite à tuer leurs chevaux de bataille, compagnons de leurs périls. Le malheureux peuple s'emparait de la peau de ces animaux, qu'il assaisonnait avec du poivre, du cumin, et d'autres épiceries qu'on avait trouvées lors du pillage de la ville; on voyait des soldats manger le cuir de leurs boucliers ou de leurs chaussures, amolli dans de l'eau chaude (2). Quand ces dernières ressources commencèrent à manquer, la misère devint plus affreuse; chaque jour, une foule avide se pressait à la porte de ceux qui conservaient

---

duobus vel tribus solidis; intestina capræ, quinque solidis; gallina octo vel novem solidis; de pane quid dicam? cum , quinque solidi non sufficerent ad pellandum famem unius. (Le *solidus* ou le sou valait alors, suivant Leblanc, *Traité des monnaies*, à-peu-près une once d'argent, ce qui répond à cq francs environ d'aujourd'hui.

(1) Cette réticence du chroniqueur semblerait faire supposer que, comme dans plusieurs circonstances semblables, les croisés se virent réduits à manger la chair humaine. Les princes croisés, dans la lettre qu'ils écrivirent en Occident, dirent que les croisés furent bien près de manger des corps morts.

(2) *Iners populus calceos suos ex corio pro famis angustiâ devorare cogebatur*, dit Albert d'Aix, lib. iv, p. 34. Le comte de Flandre et d'autres seigneurs mendiaient dans Antioche. (*Voyez Biblioth. des Croisades* t. 1.)

quelques vivres, et chaque jour, ceux dont on avait 1098 la veille invoqué la charité, se trouvaient réduits à implorer celle des autres; bientôt les soldats et les chefs, les pauvres et les riches, tous les rangs, toutes les conditions, furent confondus dans la même calamité; enfin le fléau de cette horrible disette devint si universel, qu'on vit des princes et des seigneurs, qui possédaient en Europe de grandes cités et de vastes domaines, souffrir avec tout le peuple le tourment de la faim, et mendier de porte en porte une subsistance grossière, quelques mets dégoûtans, tout ce qui pouvait servir à prolonger d'un jour ou d'une heure leur misérable vie.

Beaucoup de croisés cherchèrent à s'enfuir d'une ville qui ne leur présentait que l'image et la perspective de la mort (1); les uns fuyaient vers la mer à travers mille dangers; les autres allaient se jeter parmi les Musulmans, où ils achetaient un peu de pain par l'oubli de Jésus-Christ et de la religion. Les soldats durent perdre courage en voyant fuir pour la seconde fois ce vicomte de Melun, qui brava si souvent le trépas sur le champ de bataille, mais qui ne pouvait supporter la faim. Les déserteurs s'échappaient pendant les ténèbres de la nuit. Tantôt ils se précipitaient dans les fossés de la ville, au risque de perdre la vie; tantôt ils descendaient, à l'aide d'une corde, le long des

---

(1) Dans cette circonstance difficile, la générosité de Godefroy parut dans tout son éclat. (Voyez ce qu'en dit Albert d'Aix, *Biblioth. des Croisades*, tom. 1.)

I.

remparts. Chaque jour les chrétiens se voyaient abandonnés par un grand nombre de leurs compagnons. Ces désertions ajoutaient à leur désespoir. Le ciel fut invoqué contre les lâches ; on demanda à Dieu qu'ils eussent dans une autre vie le partage du traître Judas. L'épithète ignominieuse de *sauteurs de corde* (1) flétrit leurs noms et les dévoua au mépris de leurs contemporains. Guillaume de Tyr refuse de nommer la foule des chevaliers qui désertèrent alors la cause de Jésus-Christ, parce qu'il les regarde comme rayés à jamais du livre de vie. Les vœux des chrétiens contre ceux qui fuyaient les drapeaux de la croix, ne furent que trop exaucés, la plupart périrent de misère, d'autres furent tués par les Sarrasins.

Tandis que les croisés, pressés à-la-fois par la famine et par les Turcs, semblaient avoir perdu toute espérance de salut, l'empereur Alexis traversait l'Asie mineure avec une armée et s'avançait vers Antioche. Les bruits vagues de la renommée avaient d'abord annoncé les misères que souffraient les croisés, et bientôt le comte de Blois, qui avait quitté l'armée chrétienne et retournait en Occident, se présentant dans la tente de l'empereur, lui peignit sous les couleurs les plus noires la situa-

---

(1) *Furtivi funambuli*, dit Baudri. Suivant lui, les fugitifs allèrent au port Saint-Siméon et dirent aux nautonniers : « Coupez les câbles au plus vite, mettez les rames à la mer, car vous vous exposez à périr par le glaive. » (*Biblioth. des Croisades*, tom. 1.)

tion désespérée des pélerins. Les Latins qui sui- 1098
vaient l'armée des Grecs, ne pouvaient croire à de
si affligeantes nouvelles, et se demandaient pourquoi le vrai Dieu avait permis la ruine de son peuple. Parmi ceux qui se désolaient, on remarquait
surtout Guy, frère de Bohémond. Ce jeune guerrier se meurtrissait le visage, se roulait dans la
poussière, et se livrant à tout l'excès de son désespoir, il ne concevait point les mystères de la
Providence, qui détournait ainsi ses regards d'une
guerre entreprise en son nom. « O Dieu ! s'écriait-
» il, qu'est devenue ta puissance ? Si tu es encore
» le Dieu tout puissant, qu'est devenue ta justice ?
» Ne sommes-nous pas tes enfans, ne sommes-nous
» pas tes soldats ? Quel est le père de famille, quel
» est le roi qui laisse périr les siens lorsqu'il peut
» les sauver ? Si tu délaisses de la sorte ceux qui
» combattent pour toi, qui osera désormais se ran-
» ger sous tes bannières saintes (1) ? » Dans leur
aveugle douleur, tous les croisés répétaient ces paroles impies. Tel était l'égarement où le désespoir
les avait plongés, qu'au rapport des historiens contemporains, toutes les cérémonies de la religion furent interrompues, et qu'aucun prêtre latin, aucun
laïque ne prononça pendant plusieurs jours le nom
de Jésus-Christ.

---

(1) Voyez l'extrait de Robert le Moine, tom. 1 de la
Bibliothèque des Croisades, où nous avons traduit mot à
mot le discours de Guy ; l'empereur ne voulant point ajouter foi au discours de Guy, aima mieux s'en rapporter aux

1098   L'empereur Alexis, qui s'était avancé jusqu'à Philomélium, effrayé de tout ce qu'il avait entendu, résolut de suspendre sa marche; cette résolution et les motifs qui l'avaient dictée, répandirent la terreur dans toutes les provinces chrétiennes. On croyait déjà voir arriver les Turcs, vainqueurs des croisés, et les sujets d'Alexis ravagèrent eux-mêmes leur propre territoire, pour que l'ennemi, prêt à l'envahir, ne trouvât qu'un pays désert et couvert de ruines. Les femmes, les enfans, toutes les familles chrétiennes, emportant leurs biens, suivirent l'armée de l'empereur qui reprit le chemin de Constantinople. On n'entendait dans cette armée que des plaintes, des gémissemens; mais ceux qui montraient le plus de douleur étaient les latins; ils accusaient le comte de Blois d'avoir déserté l'étendard de Jésus-Christ et trompé l'empereur; ils s'accusaient eux-mêmes de n'avoir pas précédé l'armée des Grecs, et de n'être point arrivés assez tôt en Asie pour s'associer aux périls des croisés et mourir avec eux dans Antioche (1).

Cependant la famine redoublait ses ravages dans la ville assiégée; chaque jour ajoutait au dé-

---

paroles du comte de Blois, que l'historien appelle *nugax et fugitivus*. (Voy. aussi Tudebode, *Bibl. des Crois.*, tom. 1.)

(1) Anne Comnène a cherché à excuser la retraite de l'armée grecque et la conduite de son père en cette circonstance. (Voyez les motifs qu'elle donne dans la *Bibliothèque des Croisades*, tom. 11.)

sespoir des pélerins; leurs bras affaiblis pouvaient à peine supporter la lance et l'épée; au milieu de cette affreuse misère, ce n'était d'abord que pleurs et gémissemens; mais à la fin on ne pleurait plus, on n'entendait plus de sanglots; le silence était aussi grand dans Antioche que si la ville eût été ensevelie dans une profonde nuit, ou qu'il n'y fût plus resté personne : on eût dit que les croisés ne sentaient plus leurs calamités, ou qu'ils n'avaient plus besoin de rien, tant ils restaient immobiles et paraissaient plongés dans une morne indifférence. Le dernier sentiment de la nature, l'amour de la vie, s'éteignait chaque jour dans leurs cœurs (1); ils craignaient de se rencontrer sur les places publiques, et se renfermaient dans l'intérieur des maisons qu'ils regardaient comme leur tombeau.

Ainsi le désespoir et la mort régnaient dans la ville assiégée; au dehors, l'ennemi veillait sans cesse; les Musulmans s'étaient introduits dans une tour qu'ils avaient trouvée déserte; la garnison de la citadelle, qui, par une porte ouverte du côté de l'Orient, recevait chaque jour des renforts de l'armée de Kerbogâ, franchissait souvent les fossés et les murailles opposés à ses attaques, et portait le carnage jusque dans les rues habitées par les chrétiens. Ces provocations de l'ennemi, la pré-

---

(1) Raymond d'Agiles dit que le frère ne regardait pas son frère, et que le fils ne saluait pas son père.

sence du péril, les cris des blessés, rien ne pouvait réveiller l'activité et la bravoure engourdie de la plupart des croisés. Bohémond, qui avait pris le commandement de la ville, cherchait vainement à ranimer leur courage; en vain les trompettes et les sergens d'armes les appelaient au combat; pour les arracher à leurs retraites, le prince de Tarente prit le parti de faire livrer aux flammes plusieurs quartiers d'Antioche. Raoul de Caen déplore en vers pompeux l'incendie et la ruine des églises et des palais *construits avec les cèdres du Liban*, et dans lesquels brillaient *le marbre venu de l'Atlas, le cristal de Tyr, l'airain de Chypre, le plomb d'Amathonte* et *le fer de l'Angleterre* (1). Les barons, qui ne pouvaient plus se faire obéir de leurs soldats, n'avaient plus la force de leur donner l'exemple. Ils se rappelèrent alors leurs familles, leurs châteaux, les biens qu'ils avaient quittés pour une guerre malheureuse; ils ne pouvaient s'expliquer les revers de l'armée chrétienne, le triomphe des ennemis de Jésus-Christ, et peu s'en fallut, dit Guillaume de Tyr, qu'ils n'accusassent Dieu d'ingratitude pour avoir rejeté tant de sacrifices faits à la gloire de son nom.

Aboulféda et Mathieu d'Édesse rapportent que les chefs proposèrent à Kerbogâ de lui abandonner la ville, à la seule condition qu'il permettrait aux chrétiens de retourner dans leurs pays avec leurs bagages. Comme le général sarrasin rejeta

---

(1) Voyez dans la *Biblioth. des Croisades*, tom. I.

leur demande, plusieurs, poussés par le désespoir, formèrent le projet d'abandonner l'armée et de fuir dans la nuit vers les côtes de la mer : ils ne furent retenus que par les exhortations de Godefroy et de l'évêque Adhémar, qui leur montrèrent la honte dont ils allaient se couvrir aux yeux de l'Europe et de l'Asie.

Le farouche Kerbogà, pressant toujours le siége de la ville, paraissait plein de confiance dans la victoire, et regardait tous les croisés comme autant de victimes dévouées au glaive des Sarrasins. Quelques prisonniers chrétiens, affaiblis par la faim, et presque nus, lui ayant été présentés, il leur adressa d'insultantes railleries, et les envoya, avec leurs armes couvertes de rouille, au calife de Bagdad (1), pour lui montrer quels misérables en-

---

(1) Tudebode raconte que Kerbogà, après avoir vu ces armes, fit venir aussitôt son secrétaire, et lui dicta la lettre suivante adressée au calife : « A notre calife apostolique, » à notre roi le seigneur soudan, guerrier très courageux, » et à tous les braves guerriers du Korassan, salut et hon» neur immense ! Que tous se réjouissent dans la concorde; » que tous satisfassent leurs appétits ; qu'ils se livrent dans » tout le pays aux plaisirs de la conversation, de la table » et du lit; *omninò dent sese ad petulantiam luxuriæ ;* » qu'ils se félicitent d'avoir mis au jour des fils qui sont » venus combattre vaillamment contre les chrétiens; qu'ils » reçoivent ces trois armes enlevées aux Francs, et ap» prennent quelles sont ces armes avec lesquelles on pré» tend se mesurer avec nous ; comme elles sont bonnes et » parfaites! Quoi ! les Francs veulent le disputer à nos ar-

1098 nemis les Musulmans avaient à combattre. Dans toutes les cités musulmanes de la Syrie, on racontait avec joie les misères des croisés, on annonçait la ruine et la destruction prochaine de l'armée chrétienne; mais les infidèles, et Kerbogâ lui-même, ne savaient point que le salut des chrétiens pouvait leur venir de l'excès même de leur désespoir, et que cet enthousiasme crédule, cet esprit d'exaltation qui les avait amenés en Asie, et leur avait fait jusque-là surmonter tous les obstacles, devait les défendre encore contre de nouveaux périls, et les secourir efficacement dans leurs calamités présentes.

Chaque jour on racontait dans l'armée chrétienne des révélations, des prophéties, des miracles. Saint Ambroise avait apparu à un vénérable prêtre, et lui avait dit que les chrétiens, après avoir terrassé tous leurs ennemis, entreraient en vainqueurs dans Jérusalem, où Dieu récompenserait

---

» mes qui ont été deux ou trois ou quatre fois éprouvées
» comme l'argent ou l'or le plus pur. Que tous nos guer-
» riers sachent aussi que je tiens tous les Francs enfermés
» dans Antioche; je les ai tous dans ma main, et je leur
» ferai subir la peine capitale, ou les emmènerai dans le Ko-
» rassan en captivité..... Je jure, par Mahomet et par tous
» les noms des dieux, que je ne reparaîtrai point en votre
» présence avant d'avoir conquis, par la force de mon
» bras, à l'honneur des dieux, au vôtre, à celui de tous
» les Turcs, la ville royale d'Antioche, toute la Syrie, la
» Romanie et la Bulgarie jusqu'à la Pouille. » (*Histor.*
franc. scriptor., Duchesne, tome III, p. 795.)

leurs exploits et leurs travaux (1). Un ecclésiastique lombard ayant passé la nuit dans une église d'Antioche, avait vu Jésus-Christ accompagné de la Vierge et du prince des apôtres. Le fils de Dieu, irrité de la conduite des croisés, rejetait leurs prières et les abandonnait au sort qu'ils avaient trop mérité; mais la Vierge était tombée aux genoux de son fils; ses larmes et ses gémissemens avaient apaisé le courroux du Sauveur: « Lève-toi,
» avait dit alors le fils de Dieu au prêtre lombard;
» va apprendre à mon peuple le retour de ma mi-
» séricorde; cours annoncer aux chrétiens que s'ils
» reviennent à moi, le jour de leur délivrance est
» arrivé (2). »

Ceux que Dieu avait choisis ainsi pour les dépositaires de ses secrets et de ses volontés, offraient, pour attester la vérité de leurs visions, de se précipiter du sommet d'une tour, de passer au travers des flammes, de livrer leur tête aux bourreaux; mais ces épreuves n'étaient point nécessaires pour persuader les croisés, toujours prêts à croire aux

---

(1) Nous avons cru devoir rapporter ces visions miraculeuses, telles qu'elles se trouvent dans les historiens contemporains, parce qu'elles produisaient un grand effet sur l'esprit des croisés, et qu'en devenant l'origine et la cause des plus grands événemens, elles sont elles-mêmes d'importans événemens pour l'histoire.

(2) Voyez Robert le Moine et Raymond d'Agiles, *Bibliothèque des Croisades*, tom. 1; les chroniques attribuent beaucoup de choses à cette intercession de la Vierge; cette dévotion tenait un peu aux idées de chevalerie.

TOM. I.

prodiges, et devenus plus crédules encore au moment du danger et dans l'excès de leurs maux. L'imagination des chefs et des soldats fut bientôt entraînée par les promesses qui leur étaient faites au nom du ciel. L'espérance d'un meilleur avenir commença à ranimer leur courage. Tancrède, en loyal et brave chevalier, jura que, tant qu'il lui resterait soixante compagnons, il n'abandonnerait point le projet de délivrer Jérusalem. Godefroy, Hugues, Raymond, les deux Robert, firent le même serment. Toute l'armée, à l'exemple de ses chefs, promit de combattre et de souffrir jusqu'au jour marqué pour la délivrance des saints lieux.

Au milieu de cet enthousiasme renaissant, deux déserteurs se présentent devant l'armée chrétienne, et racontent que lorsqu'ils cherchaient à s'enfuir d'Antioche ils avaient été arrêtés, l'un par son frère, tué dans un combat, l'autre par Jésus-Christ lui-même. Le Sauveur des hommes avait promis de délivrer Antioche. Le guerrier tombé sous le fer des Sarrasins, avait juré de sortir de son tombeau, avec tous ses compagnons morts comme lui, pour combattre avec les chrétiens.

Afin de mettre le comble à toutes les promesses du ciel, un prêtre du diocèse de Marseille, nommé Pierre Barthélemi, vint révéler au conseil des chefs une apparition de saint André, qui s'était réitérée trois fois pendant son sommeil. Le saint apôtre lui avait dit : « Va dans l'église de mon frère Pierre à
» Antioche. Près du maître-autel tu trouveras,

» en creusant la terre, le fer de la lance qui perça 1098
» le flanc de notre Rédempteur. Dans trois jours,
» cet instrument de salut éternel sera manifesté à
» ses disciples. Ce fer mystique, porté à la tête de
» l'armée, opérera la délivrance des chrétiens et
» percera le cœur des infidèles (1). »

Adhémar, Raymond et les autres chefs des croi-

---

(1) La découverte de cette lance et les prodiges qu'elle opéra sont racontés par tous les historiens des croisades. L'historien arabe Ibn-giouzi s'accorde, pour les principales circonstances, avec les historiens latins. (Voyez au tome II de la *Bibliothèque des Croisades*, §. 2.) Le plus crédule des chroniqueurs, celui qui donne le plus de détails, est Raymond d'Agiles. Albert d'Aix, Guillaume de Tyr, Guibert, Robert, n'élèvent aucun doute sur l'authenticité de la lance. (*Biblioth. des Croisades*, tom. 1., p. 3, 20, 28, 43, 124, 138.) Foulcher de Chartres, moins crédule, dit, en racontant la découverte, *audi fraudem et non fraudem*. Il ajoute ensuite, en parlant de la lance, qu'elle avait été cachée dans le lieu d'où elle fut tirée : *Invenit lanceam, fallaciter occultatam forsitan*. Yves Duchat dit, en commençant son récit : « Alors il survint un cas merveilleux, ainsi
» que quelques-uns ont laissé par écrit, lequel je ne vou-
» drois bonnement affirmer au vray, ni aussi l'improuver
» comme faux. » Anne Comnène ne parle pas de la lance, mais des clous dont on s'était servi pour attacher Jésus-Christ sur la croix. (Voyez *Biblioth. des Croisades*, t. II.) Aboulfarage commet la même erreur. Raoul de Caen est le seul qui paraisse n'ajouter aucune foi à la découverte de la lance. Il n'en dit pas un mot, en parlant du second siége d'Antioche : ce n'est que quelques chapitres plus loin qu'il parle de l'épreuve à laquelle se soumit l'inventeur de la lance miraculeuse.

sés, crurent ou feignirent de croire à cette apparition. Le bruit s'en répandit bientôt dans toute l'armée. Les soldats disaient entre eux que rien n'était impossible au Dieu des chrétiens; ils croyaient d'ailleurs que la gloire de Jésus-Christ était intéressée à leur salut, et que Dieu devait faire des miracles pour sauver ses disciples et ses défenseurs. Pendant trois jours l'armée chrétienne se prépara par le jeûne et la prière à la découverte de la sainte lance.

Dès le matin du troisième jour, douze croisés choisis parmi les plus respectables du clergé et des chevaliers, se rendirent au lieu désigné par Barthélemi, avec un grand nombre d'ouvriers pourvus des instrumens nécessaires. On commença à creuser la terre sous le maître-autel. Le plus grand silence régnait dans l'église; à chaque instant on croyait voir briller le fer miraculeux. Toute l'armée, assemblée aux portes qu'on avait eu soin de fermer, attendait avec impatience le résultat des recherches. Les fossoyeurs avaient travaillé pendant plusieurs heures, et creusé la terre à plus de douze pieds de profondeur sans que la lance s'offrît à leurs regards. Ils restèrent jusqu'au soir sans rien découvrir. L'impatience des chrétiens allait toujours croissant. Au milieu de l'obscurité de la nuit, on fait enfin une nouvelle tentative. Tandis que les douze témoins sont en prières sur le bord de la fosse, Barthélemy s'y précipite, et reparaît, peu de temps après, tenant le fer sacré dans sa main. Un cri de joie s'élève parmi les assistans; il est répété par l'armée qui attendait aux portes de l'église, et retentit bientôt dans tous les quartiers de la ville. Le fer auquel sont attachées toutes les espérances, est montré en triomphe aux croisés; il leur paraît une arme céleste avec laquelle Dieu lui-même doit disperser ses ennemis. Toutes les âmes s'exaltent; on ne doute plus de la protection du ciel. L'enthousiasme donne une nouvelle vie à l'armée chrétienne, et rend la force et la vigueur aux croisés. On oublie toutes les horreurs de la famine, le nombre des ennemis. Les plus pusillanimes sont altérés du sang des Sarrasins, et tous demandent à grands cris qu'on les mène au combat (1).

Les chefs de l'armée chrétienne qui avaient préparé l'enthousiasme des soldats, s'occupèrent de le mettre à profit. Ils envoyèrent des députés au chef des Sarrasins, pour lui proposer un combat singulier ou une bataille générale. L'ermite Pierre, qui avait montré plus d'exaltation que tous les autres, fut choisi pour cette ambassade. Reçu avec mépris dans le camp des infidèles, il n'en parla pas avec

---

(1) Le moine Robert et Raymond d'Agiles ont peint, avec toutes les impressions contemporaines, l'effet miraculeux que produisit la découverte de la lance. (Voyez *Bibliothèque des Croisades*, tom. 1.) La partie la plus curieuse de leur récit, est celle où ils racontent toutes les circonstances particulières de la vision du prêtre Barthélemy; la conversation qu'il a avec Saint André peint admirablement les mœurs du temps. (Voyez *Biblioth. des Croisades*, tom. 1.)

moins de hauteur et de fierté. « Les princes chéris
» de Dieu, qui sont maintenant réunis dans An-
» tioche, dit l'ermite Pierre en s'adressant aux chefs
» des Sarrasins, m'envoient auprès de vous, et de-
» mandent que vous abandonniez le siége de cette
» ville. Ces provinces, ces cités marquées du sang des
» martyrs, ont appartenu à des peuples chrétiens,
» et comme tous les peuples chrétiens sont frères,
» nous sommes venus en Asie pour venger les ou-
» trages de ceux qui sont persécutés, et pour dé-
» fendre l'héritage de Jésus-Christ et de ses dis-
» ciples. Le ciel a permis qu'Antioche et Jérusa-
» lem tombassent quelque temps au pouvoir des
» infidèles pour châtier les crimes de son peuple ;
» mais nos larmes et nos pénitences ont arraché le
» glaive à sa justice ; respectez donc une posses-
» sion que le Seigneur nous a rendue dans sa di-
» vine clémence ; nous vous laissons trois jours
» pour lever vos tentes et préparer votre départ.
» Si vous persistez dans une entreprise injuste et
» réprouvée du ciel, nous invoquerons contre vous
» le Dieu des armées et la justice du glaive. Mais
» comme les soldats de la croix ne veulent point
» de surprise, et qu'ils ne sont point accoutumés
» à dérober la victoire, ils vous donnent le choix
» du combat. »

En achevant son discours, Pierre tenait les yeux
fixés sur Kerbogâ lui-même. « Choisis, lui dit-il,
» les plus braves de ton armée, et fais-les combat-
» tre contre un pareil nombre de croisés ; combats
» toi-même contre un des princes chrétiens, ou

» donne le signal d'une bataille générale. Quel que
» puisse être ton choix, tu apprendras bientôt
» quels sont tes ennemis, et tu sauras quel est le
» Dieu que nous servons. »

1098

Kerbogâ, qui connaissait la situation des chrétiens, et qui ne savait point l'espèce de secours qu'ils avaient reçu dans leur détresse, fut vivement surpris d'un pareil langage. Il resta quelque temps muet d'étonnement et de fureur ; mais à la fin prenant la parole : « Retourne, dit-il à Pierre, auprès
» de ceux qui t'envoient, et dis-leur que les vain-
» cus doivent recevoir les conditions, et non pas les
» dicter. De misérables vagabonds, des hommes
» exténués, des fantômes peuvent faire peur à des
» femmes. Les guerriers de l'Asie ne sont point
» effrayés par de vaines paroles. Les chrétiens apprendront bientôt que la terre que nous foulons
» nous appartient. Cependant je veux bien conserver pour eux quelque pitié, et s'ils reconnaissent Mahomet, je pourrai oublier que cette ville
» ravagée par la faim est déjà en ma puissance ; je
» pourrai la laisser en leur pouvoir et leur donner des armes, des vêtemens, du pain, des
» femmes, tout ce qu'ils n'ont pas ; car le coran
» nous prescrit de pardonner à ceux qui se soumettent à sa loi. Dis à tes compagnons qu'ils se
» hâtent et qu'ils profitent aujourd'hui de ma
» clémence ; demain, ils ne sortiront plus d'Antioche que par le glaive. Ils verront alors si leur
» Dieu crucifié, qui n'a pu se sauver lui-même de
» la croix, les sauvera du supplice qui les attend. »

1098 Pierre voulut répliquer ; mais le prince de Mossoul mettant la main sur son sabre, ordonna qu'on chassât ces *misérables mendians* qui réunissaient *l'aveuglement à l'insolence*. Les députés des chrétiens se retirèrent à la hâte, et coururent plusieurs fois le danger de perdre la vie en traversant l'armée des infidèles. De retour à Antioche (1), Pierre rendit compte de sa mission devant les princes et les barons assemblés. Dès-lors on se prépara au combat. Les hérauts d'armes parcoururent les différens quartiers de la ville. La bataille fut promise pour le lendemain à la valeur impatiente des croisés.

Les prêtres et les évêques exhortèrent les chrétiens à se rendre dignes de combattre pour la cause de Jésus-Christ. Toute l'armée passa la nuit en prières et en œuvres de dévotion. On oublia les injures ; on fit des aumônes ; toutes les églises étaient remplies de guerriers qui s'humiliaient devant Dieu et demandaient l'absolution de leurs péchés. La veille on avait trouvé encore des vivres, et cette abondance inattendue fut regardée comme une espèce de miracle. Les croisés réparèrent leurs forces par un frugal repas. Vers la fin de la nuit, ce qui restait de pain et de farine dans Antioche

---

(1) Lorsque Pierre revint à Antioche, il fut entouré par la foule des croisés, impatiens de savoir l'issue de sa mission. Comme le cénobite commençait à parler, Godefroy l'interrompit, et, le prenant à part, l'invita à ne redire à personne aucune des choses qu'il avait pu entendre dans le camp ennemi. (Voyez Albert d'Aix, liv. IV, §. 46.)

servit pour le sacrifice de la messe. Cent mille 1098
guerriers s'approchèrent du tribunal de la pénitence, et reçurent, avec toutes les marques de la piété, le Dieu pour lequel ils avaient pris les armes.

Enfin le jour parut, c'était la fête de saint Pierre et de saint Paul. Les portes d'Antioche s'ouvrirent ; toute l'armée chrétienne sortit divisée en douze corps, qui rappelaient les douze apôtres. Hugues-le-Grand, quoiqu'affaibli par une longue maladie, se montrait dans les premiers rangs et portait l'étendard de l'Église. Tous les princes, les chevaliers et les barons étaient à la tête de leurs hommes d'armes. Le seul de tous les chefs, le comte de Toulouse, ne se trouvait point dans les rangs ; retenu dans Antioche par les suites d'une blessure, il avait été chargé de contenir la garnison de la citadelle, tandis qu'on allait livrer la bataille à l'armée des Sarrasins (1).

Adhémar, revêtu de sa cuirasse et de la robe des pontifes, marchait entouré des images de la religion et de la guerre. Raymond d'Agiles nous apprend lui-même qu'il précédait l'évêque du Puy, et dit avec sa naïveté accoutumée : *J'ai vu ce que je raconte, et c'est moi qui portais la lance*

---

(1) Voyez, pour tous les détails de la bataille d'Antioche, Robert le Moine et Raymond d'Agiles, tous deux contemporains et témoins oculaires. Albert d'Aix, quoiqu'il ne fît pas partie de la croisade, a réuni une foule de circonstances curieuses sur cette bataille. Lib. iv.

du Seigneur (1) ; le prélat vénérable s'étant arrêté devant le pont de l'Oronte, adressa un discours pathétique aux soldats de la croix, et leur promit les secours et les récompenses du ciel. Tous ceux qui entendirent les paroles du saint évêque, inclinèrent le genou et répondirent : AMEN. Une partie du clergé s'avançait à la suite du légat du pape, et chantait le psaume martial : *Que le Seigneur se lève, et que ses ennemis soient dispersés.* Les évêques et les prêtres qui étaient restés dans Antioche, entourés des femmes et des enfans, bénissaient du haut des remparts les armes des soldats chrétiens, et levant les mains au ciel, comme Moïse pendant le combat des Hébreux et des Amalécites, priaient le Seigneur de sauver son peuple et de confondre l'orgueil des infidèles. Les rives de l'Oronte et les montagnes voisines semblaient répondre à ses invocations et retentissaient du cri de guerre des croisés : *Dieu le veut ! Dieu le veut !*

Au milieu de ce concert d'acclamations et de prières, l'armée chrétienne marchait lentement dans la plaine ; un grand nombre de guerriers avaient perdu l'armure de fer qui les rendait naguère si redoutables. La plupart des chevaliers et des barons étaient à pied ; quelques-uns montaient des ânes et des chameaux ; Godefroy était monté sur un cheval qui appartenait au comte de Toulouse,

---

(1) *Vidi ego quæ loquor et Domini ibi lanceam ferebam.* (Voyez *Bibliot. des Croisades*, tom. 1.)

et, pour l'obtenir, il avait été obligé d'invoquer la sainte cause que défendaient les croisés (1). Dans les rangs des guerriers on voyait des malades, des hommes exténués par la faim, supportant à peine le poids de leurs armes; ils n'étaient soutenus que par l'espoir de vaincre ou de mourir pour la gloire de Jésus-Christ.

1098

Toutes les campagne voisines d'Antioche étaient couvertes de bataillons musulmans. Les Sarrasins avaient divisé leur armée en quinze corps, rangés en forme d'échelons. Au milieu de tous ces corps d'armée, celui de Kerbogâ, dit l'historien d'Arménie, paraissait comme *une montagne inaccessible*. Le général sarrasin, qui ne s'attendait pas à une bataille (2), crut d'abord que les chrétiens venaient implorer sa clémence. Un drapeau noir arboré sur la citadelle d'Antioche, et qui était le signal convenu pour annoncer la résolution des

---

(1) On vit dans cette armée (dit Foulcher) d'illustres guerriers marcher contre l'ennemi sur une mule, sur un âne ou sur toute autre vile monture qu'ils avaient pu se procurer. (Voyez le tableau plein d'intérêt, dans Albert d'Aix, analysé *Biblioth. des Croisades*, tom. 1.)

(2) Toutes les chroniques contemporaines ont parlé des prédictions qui annoncèrent à Kerbogâ la perte de la bataille qu'il allait livrer; le moine Robert nous présente la mère de Kerbogâ fondant en larmes, et voulant, mais en vain, retenir son fils. (Voyez *Biblioth. des Croisades*, t. 1.) On trouve cette même circonstance dans tous les romanciers de la même époque. (Voyez les deux romans sur l'expédition de Jérusalem, analysés *Bibl. des Crois.*, tom. 1.)

1098 croisés, lui apprit bientôt qu'il n'avait point affaire à des supplians. Deux mille hommes de son armée, qui gardaient le passage du pont d'Antioche, furent vaincus et dispersés par le comte de Vermandois. Les fuyards portèrent l'effroi dans la tente de leur général, qui jouait alors aux échecs. Revenu de sa fausse sécurité, le prince de Mossoul fit trancher la tête à un transfuge qui lui avait annoncé la prochaine reddition des chrétiens, et songea sérieusement à combattre un ennemi qui avait pour auxiliaires la faim, le désespoir, et cette foi vive à qui il a été donné d'opérer des prodiges.

Après avoir traversé l'Oronte, toute l'armée chrétienne s'était rangée en bataille dans la vaste plaine qui s'étend entre le fleuve et les montagnes situées à l'Occident. Hugues-le-Grand, les deux Robert, le comte de Belesme, le comte de Hainault, se mirent à la tête de l'aile gauche; Godefroy se plaça à la droite, soutenu par Eustache, Baudouin Dubourg, Tancrède, Renaud de Toul, Évrard de Puyset; Adhémar était au centre de l'armée avec Gaston de Béarn, le comte de Die, Raimbaut d'Orange, Guillaume de Montpellier, Amenjeu d'Albret; Bohémond commandait un corps de réserve, prêt à se porter sur tous les points où les chrétiens auraient besoin d'être secourus.

Kerbogâ, qui vit les dispositions des croisés, ordonna aux émirs de Damas et d'Alep, de conduire leurs troupes sur le chemin du port Saint-Siméon, et de remonter l'Oronte pour se placer entre l'armée chrétienne et la ville d'Antioche. Il disposa ensuite les différens corps de son armée de manière à soutenir le premier choc des croisés. Son aile droite était commandée par l'émir de Jérusalem, accouru à la défense de l'islamisme (1); l'aile gauche par un des fils d'Accien, impatient de venger la mort de son père et la perte d'Antioche. Pour lui, il resta sur une colline élevée pour donner ses ordres et suivre les mouvemens des deux armées.

Au moment de commencer la bataille, Kerbogâ fut saisi de crainte. Il envoya proposer aux princes chrétiens de prévenir le carnage général, et de choisir quelques-uns de leurs chevaliers pour combattre contre un pareil nombre de Sarrasins. Cette proposition, qu'il avait rejetée la veille, ne pouvait être adoptée par les chefs d'une armée pleine d'ardeur et de confiance dans la victoire. Les chrétiens ne doutaient point que le ciel ne se déclarât pour eux, et cette persuasion devait les rendre invincibles. Dans leur enthousiasme, ils regardaient les événemens les plus naturels comme des prodiges qui leur annonçaient le triomphe de leurs armes.

---

(1) Cet émir se nommait Socman, fils d'Ortok : ce fut celui qui, selon Aboulfarage, montra le plus de courage dans l'armée musulmane. Guillaume de Tyr paraît l'avoir confondu avec Kilig-Arslan, sultan de Nicée, qu'il nomme Soliman, et qui devait être alors en Asie mineure, occupé à défendre ses états contre les Grecs et contre les nouveaux guerriers qui venaient chaque jour de l'Occident. (Voyez M. Wilken, *Commentatio de Bellis cruciatorum*, page 27.)

1098 Au moment même où ils sortaient d'Antioche, une légère pluie vint rafraîchir l'air embrasé, et il leur sembla que le ciel répandait sur eux sa bénédiction et la grâce du Saint-Esprit. Lorsqu'ils arrivèrent près des montagnes, un vent très fort qui poussait leurs javelots et retenait ceux des Turcs, parut à leurs yeux comme le vent de la colère céleste levé pour disperser les infidèles. Jamais parmi les soldats chrétiens l'ordre et la discipline n'avaient mieux secondé la bravoure et l'ardeur des combattans; à mesure que l'armée s'éloignait de la ville et s'approchait de l'ennemi, un silence profond régnait dans la plaine où brillaient de toutes parts les lances et les épées nues; on n'entendait plus dans les rangs que la voix des chefs, les hymnes des prêtres et les exhortations d'Adhémar (1).

Quand l'armée chrétienne arriva en présence de l'ennemi, les clairons et les trompettes se firent entendre; les enseignes se placèrent à la tête des bataillons; les soldats et les chefs se précipitèrent sur les infidèles. Les guerriers musulmans ne résistaient point au choc de Tancrède, du duc de Normandie et du duc de Lorraine, dont l'épée bril-

---

(1) Le discours d'Adhémar est dans le moine Robert. (*Bibl. des Croisades*, tom. 1.)

« Aucun malheur ne peut plus vous atteindre, dit-il en finissant. Celui qui mourra ici, sera plus heureux que celui qui survivra. » Adhémar leur parle ensuite, mais d'une manière indirecte, de l'armée céleste qui doit les secourir.

lait et frappait comme la foudre (1). A mesure que les autres chefs arrivaient au lieu du combat, ils se jetaient dans la mêlée, et la bataille avait à peine duré une heure, que déjà les Sarrasins ne pouvaient plus supporter l'attaque ni la présence des soldats de la croix. Mais tandis qu'au pied des montagnes la victoire paraissait se décider pour les croisés, les émirs de Damas et d'Alep, fidèles aux instructions qu'ils avaient reçues, et suivis de quinze mille cavaliers sarrasins, attaquaient avec avantage et pressaient vivement le corps de réserve de Bohémond, resté dans le voisinage de l'Oronte. Les Musulmans cherchaient ainsi à envelopper l'armée chrétienne, espérant, dit une chronique du temps, la vaincre sans péril, et *broyer le peuple de Dieu entre deux meules*. Godefroy, Tancrède, et quelques autres chefs, avertis de cette attaque imprévue, volent au secours de Bohémond, dont la troupe commençait à s'ébranler. Leur présence change bientôt la face du combat; les Sarrasins victorieux sont ébranlés à leur tour, et forcés d'abandonner le champ de bataille. Pour dernière ressource ils mettent le feu à des amas de paille et de foin qui se trouvaient dans la plaine (2). La flamme et la fumée cou-

---

(1) Raoul de Caen compare Tancrède à un léopard qui se rassasie de sang au milieu d'une bergerie. (Voyez la *Bibliothèque des Croisades*, tom. 1.)

(2) Raoul de Caen, dont le récit est toujours sur le ton de l'épopée, rapporte ainsi cette circonstance :

1098 vrent les bataillons des chrétiens ; mais aucun obstacle ne peut les arrêter, et leur troupe, animée au carnage, poursuit à travers l'incendie les ennemis qui fuient, les uns vers le port de St.-Siméon, les autres vers le lieu où s'élevaient les tentes de Kerbogâ.

Alors la crainte et le découragement se répandent dans tous les rangs de l'armée musulmane. Les Sarrasins se retiraient sur tous les points, et leur retraite était confuse et précipitée. Rappelés au combat par le bruit des trompettes et des tam-

---

« L'Eurus était venu des confins de la Perse au secours
» des infidèles. Il dirigeait lui-même les chevaux, les arcs,
» les carquois. Par des tourbillons continuels il repoussait
» les traits sur ceux mêmes qui les lançaient. L'épée des
» Francs résistait avec peine aux traits de l'Eurus. Le zé-
» phyre languissait dans les antres d'Éole. Il avait conduit
» jusque-là les croisés depuis Cadix, à travers les Pyrénées
» et les Alpes, à travers les mers et les syrtes, et leur avait
» fait braver Carybde et Sylla ; mais alors il leur refusait
» son secours et les laissait aux prises avec l'Eurus. Les Per-
» ses, qui s'en aperçoivent, essayent d'obtenir par le feu,
» par la fumée, ce que les armes leur refusent ; ils veulent
» envelopper les chrétiens comme dans une nuit ; ils mettent
» le feu aux roseaux, aux herbes sèches, et, secondés par
» l'Eurus, l'incendie qui s'élève en tourbillon de fumée,
» convertit le jour en ténèbres, affaiblit les forts et fortifie les
» faibles. Les chrétiens sont comme des taupes qui se battent
» contre des lynx. C'est ainsi que l'Eurus rend la victoire
» douteuse. Combien de fois les chrétiens s'écrient : Le-
» vez-vous, levez-vous, zéphyres paresseux. L'Eurus com-
» bat pour les Turcs ; levez-vous pour nous. » (Raoul de Caen.)

bours, les plus braves cherchent à se rallier sur une colline au-delà d'un profond ravin ; les croisés, pleins d'ardeur, franchissent l'abîme qui les sépare de leurs ennemis vaincus ; leur glaive triomphant moissonne tous ceux qui osent résister ; les autres se dispersent à travers les bois et les précipices ; bientôt les montagnes, les plaines, les rives de l'Oronte sont couvertes de Musulmans fugitifs qui ont abandonné leurs drapeaux et jeté leurs armes.

1098

Kerbogâ, qui avait annoncé la défaite des chrétiens au calife de Bagdad et au sultan de Perse, s'enfuit vers l'Euphrate, escorté d'un petit nombre de ses plus fidèles soldats. Plusieurs émirs avaient pris la fuite avant la fin du combat. Tancrède et quelques autres, montés sur les chevaux des ennemis, poursuivirent jusqu'à la nuit les troupes d'Alep et de Damas, l'émir de Jérusalem et les débris dispersés de l'armée des Sarrasins. Les vainqueurs mirent le feu à des retranchemens derrière lesquels s'était réfugiée l'infanterie ennemie. Un grand nombre de Musulmans y périrent au milieu des flammes.

Au rapport de plusieurs historiens contemporains, les infidèles avaient laissé cent mille hommes sur le champ de bataille. Quatre mille croisés perdirent la vie dans cette glorieuse journée, et furent mis au rang des martyrs (1).

---

(1) Voyez la petite dissertation de l'abbé Guibert, sur le sort des âmes de ceux qui moururent pour J.-C. (*Biblioth. des Croisades*, tom. 1.)

1098 Les chrétiens trouvèrent l'abondance sous les tentes de leurs ennemis (1); quinze mille chameaux, un grand nombre de chevaux, tombèrent entre leurs mains. Dans le camp des Sarrasins, où ils passèrent la nuit, ils admirèrent à loisir le luxe des Orientaux, et parcoururent avec surprise la tente du prince de Mossoul, où brillaient partout l'or et les pierreries, et qui, distribuée en longues rues, flanquée de hautes tours, ressemblait à une ville fortifiée (2). Ils employèrent plusieurs jours à transporter dans Antioche les dépouilles des vaincus. Parmi ces dépouilles, se trouvait une grande quantité de cordes et de chaînes de fer destinées aux soldats chrétiens, s'ils avaient succombé dans la bataille.

La vue du camp des Sarrasins, après la victoire, montrait assez qu'ils avaient déployé plus de faste et de magnificence que de véritable courage; les vieux guerriers, compagnons de Malek-Schah, avaient presque tous péri dans les guerres civiles, qui depuis plusieurs années désolaient l'empire des Seljoukides. L'armée venue au secours d'Antioche

---

(1) On trouva dans le camp des Musulmans des richesses immenses, et, au rapport d'Albert d'Aix, on s'empara d'un bon nombre de manuscrits où se trouvaient retracées les cérémonies des Musulmans *en caractères exécrables* (cum caracteribus execrabilibus), sans doute en arabe. (*Bibliothèque des Croisades*, tom. 1.)

(2) Cette tente pouvait contenir près de deux mille personnes. Bohémond l'envoya en Italie, où on la conserva long-temps.

était composée de nouvelles troupes levées à la hâte, et comptait sous ses drapeaux plusieurs nations rivales, toujours prêtes à prendre les armes les unes contre les autres. L'histoire doit ajouter que les vingt-huit émirs qui accompagnaient Kerbogâ, étaient presque tous divisés entre eux, et reconnaissaient à peine l'autorité d'un chef (1). La plus grande union, au contraire, régnait dans cette journée parmi les chrétiens.

Les différens corps de leur armée combattaient sur un seul point, et se prêtaient un mutuel appui, tandis que Kerbogâ avait divisé ses forces. Dans cette bataille, et surtout dans les circonstances qui la précédèrent, le prince de Mossoul montra plus de présomption que d'habileté. Par la lenteur de sa marche, il perdit l'occasion de secourir Accien et de surprendre les croisés.

On peut ajouter ici que les Francs obtinrent en cette circonstance la victoire, par la raison même qui leur faisait redouter une défaite. Comme ils avaient perdu leurs chevaux, ils s'étaient exercés à

---

(1) Kemal-eddin, celui de tous les auteurs arabes qui donne le plus de détails sur la prise et la bataille d'Antioche, rapporte qu'il s'était élevé une violente querelle entre les chefs de l'armée musulmane, et que le jour même de la bataille, les Turcomans s'enfuirent sans combattre. Les chrétiens, croyant que la fuite des Sarrasins était une ruse de guerre, s'abstinrent de les poursuivre. « Dieu » le voulut ainsi, ajoute l'auteur ; sans cela il n'échappait » aucun Musulman. » (Voyez au tome II de la *Biblioth. des Crois.*, §. 2.)

1098 combattre à pied (1), et la cavalerie musulmane ne put triompher d'une infanterie redoutable, formée par les nombreux périls et les longs travaux du siége d'Antioche.

Beaucoup de croisés attribuèrent la victoire remportée sur les Sarrasins à la découverte de la sainte lance. Raymond d'Agiles atteste que les ennemis n'osaient approcher des bataillons au milieu desquels brillait l'arme miraculeuse. Albert d'Aix ajoute qu'à l'aspect de la lance, Kerbogâ fut frappé de terreur, et qu'il semblait *avoir oublié l'heure des combats* (2). Le moine Robert rapporte une circonstance qui n'est pas moins merveilleuse. Au milieu de la mêlée on vit descendre une troupe céleste couverte d'une armure blanche, et conduite par les martyrs saint Georges, Démétrius et Théodore ; ces visions qu'on racontait dans l'armée chrétienne, et qu'on regardait alors comme autant de vérités, montrent assez l'enthousiasme et la crédulité qui régnaient parmi les pélerins. Cette crédulité et cet enthousiasme qu'avait portés à l'excès l'extrême misère ou le désespoir des chrétiens,

---

(1) Le moine Robert, en parlant d'un combat livré aux Sarrasins pendant le premier siége d'Antioche, remarque que l'ennemi tuait moins de fantassins que de cavaliers. Cette observation est digne de fixer l'attention des lecteurs éclairés.

(2) Raymond d'Agiles ajoute : « qu'aucun de ceux qui » combattaient autour de la sainte lance, ne fut blessé. Si » quelqu'un me dit, ajoute-t-il, que le comte d'Héraclé, » porte-étendard de l'évêque, fut blessé, c'est qu'il avait

contribuèrent sans doute à les rendre invincibles ; 1098 et c'est là qu'il faut voir le miracle (1).

Quand le danger fut passé, la sainte lance, qui avait donné tant de confiance aux croisés pendant la bataille, n'excita plus leur vénération et perdit sa merveilleuse influence. Comme elle était restée entre les mains du comte de Toulouse et des Provençaux, à qui elle attirait une grande quantité d'offrandes, les autres nations ne voulurent point leur laisser l'avantage d'un miracle qui augmentait leur considération et leurs richesses. On ne tarda pas, comme nous le verrons dans la suite, à élever des doutes sur l'authenticité de la lance qui avait opéré de si grands prodiges, et l'esprit de rivalité fit ce qu'aurait pu faire la raison dans un siècle plus éclairé.

La victoire d'Antioche parut un événement si extraordinaire aux Sarrasins, que plusieurs abandonnèrent la religion de leur Prophète. Ceux qui défendaient la citadelle de la ville, frappés de surprise et de terreur, se rendirent à Raymond le jour même de la bataille (2). Trois cents d'entre eux

―――――

» remis l'étendard à un autre et qu'il s'était un peu éloi-
» gné. » (Voyez *Biblioth. des Croisades*, tom. 1.)

(1) Raymond d'Agiles attribue ce grand courage à la vertu du Seigneur, qui agissait non-seulement sur les hommes, mais encore sur les chevaux. *Operabatur Dominus tam in viris quàm in equis nostris.* (Voy. *Bibl. des Crois.*, t. 1.)

(2) Au témoignage de Raymond d'Agiles, telle était la terreur qu'avait inspirée la victoire d'Antioche, que si les chrétiens avaient marché subitement sur Jérusalem, ils

1098 embrassèrent la foi de l'Évangile, et plusieurs allèrent publier dans les villes de Syrie que le Dieu des chrétiens était le Dieu véritable.

Après cette mémorable journée, les Turcs ne firent plus aucun effort pour arrêter la marche des croisés. La plupart des émirs de la Syrie, qui s'étaient partagé les dépouilles du sultan de Perse, regardaient l'invasion des chrétiens comme un fléau passager, et, sans songer aux suites qu'elle pouvait avoir pour la cause de l'islamisme, enfermés dans leurs places-fortes, ils attendaient que cet orage violent portât ses ravages dans d'autres lieux, pour établir leur domination et proclamer leur indépendance. Le vaste empire élevé par Togrul, Alp-Arslan, Malek-Schah, cet empire formé vers le milieu du onzième siècle, dont l'accroissement subit avait alarmé Constantinople et porté l'effroi jusque chez les peuples de l'Occident, devait bientôt voir d'autres états s'élever sur ses débris; car, selon la remarque d'un historien, on eût dit que Dieu se plaisait à montrer combien la terre est peu de chose à ses yeux, en faisant passer ainsi de main en main, comme un jouet d'enfans, une puissance qui était monstrueuse et qui semblait menacer l'univers (1).

---

n'auraient rencontré aucune résistance. (Voyez *Bibliothèque des Crois.*, tom. I.)

(1) Pour la situation des états musulmans à cette époque, et la politique des princes mahométans, on n'a presque pas de secours à tirer des auteurs arabes. Aucun écrivain de cette nation, la seule qui aurait pu nous conserver des dé-

Le premier soin des croisés après leur victoire, 1098
fut de mettre, si on peut parler ainsi, Jésus-Christ
en possession des pays qu'ils venaient de conquérir, en rétablissant son culte dans Antioche. La capitale de la Syrie eut tout-à-coup une religion
nouvelle, et fut habitée par un peuple nouveau.
Une grande partie des dépouilles des Sarrasins fut
employée à réparer et à orner les églises qui avaient
été converties en mosquées. Les Grecs et les Latins confondirent leurs vœux et leurs cantiques,
et prièrent ensemble le Dieu des chrétiens de les
conduire à Jérusalem (1).

---

tails intéressans, ne vivait dans ce moment critique, ou du
moins aucun n'est parvenu jusqu'à nous. On est obligé de
s'en tenir au récit incomplet et sec des chroniqueurs posté-
rieurs. Nous en avons donné un extrait fait par M. Reinaud, dans le deuxième volume de la *Biblioth. des Crois.*,
§. 1 et suiv.

(1) Albert d'Aix parle assez longuement de la restaura-
tion des églises dans Antioche. Nous nous contenterons de
citer quelques circonstances assez curieuses rapportées dans
le livre intitulé : *Belli sacri Historia*, et publiées dans le
Musée italique de Mabillon.

« Depuis que les Turcs étaient entrés dans Antioche,
» pour la punition des péchés et des offenses des chrétiens,
» l'honorable patriarche avait été chassé de l'église de St.-
» Pierre avec cinq cents chanoines, moines et autres clercs.
» Ils avaient été envoyés à celle de Sainte-Marie pour y
» servir leur Dieu. Les Turcs s'étaient emparés de l'église
» de St.-Pierre, ou plutôt l'avaient profanée en la faisant
» servir à leur culte diabolique. Ils avaient couvert de
» chaux et de boue toutes les statues d'or et d'argent qui y
» brillaient, et avaient écrit sur toutes les images les noms

1098 Les chefs de l'armée se réunirent ensuite pour adresser aux princes et aux peuples de l'Occident une lettre dans laquelle ils faisaient le récit de leurs

---

» de leurs démons. L'émir avait fait placer devant la porte
» de l'église, sur la droite, la figure de son oracle, ornée
» d'or et de matières précieuses, et avait défendu à aucun
» chrétien de s'y présenter. Le patriarche, apprenant que
» la sainte église était ainsi souillée, fut pénétré de douleur
» et regretta amèrement ses précieuses images. Il envoya
» prier l'émir de ne pas couvrir celle du Sauveur, qui était
» placée au milieu et au-dessus de l'autel, et offrit pour la
» racheter 500 sous par an. L'émir y consentit. Ceci se
» passa avant que les Francs entreprissent leur pèlerinage.
» Un jour que la ville était vivement pressée par les
» assiégeans, et que les Turcs étaient assemblés dans l'église
» de St.-Pierre pour y tenir conseil, parce qu'elle était très
» belle et ornée d'un parvis admirable, l'image du Sau-
» veur leur apparut au haut de l'église aussi belle, aussi
» précieuse qu'elle était autrefois, et sembla leur adresser
» la parole. *Que fais-tu ici?* lui dirent les Turcs : *tes ser-*
» *viteurs nous assiégent au-dehors, et tu nous observes ici*
» *au-dedans. Nous ne voulons ni de toi ni de tes servi-*
» *teurs; descends de là-haut, autrement nous allons t'acca-*
» *bler de flèches*, et ils commencèrent aussitôt à en lancer
» contre l'image; mais aucune n'osait en approcher : et si
» par hasard quelqu'une passait auprès, elle retombait sur-
» le-champ, brisée par la vertu de Dieu, aux pieds des
» Turcs. Ceux-ci voyant que leurs traits étaient impuis-
» sans, furent très irrités. L'émir ordonna alors à l'un d'eux
» de monter à l'endroit où était l'image, et de la jeter en
» bas. Le Turc qui reçut cet ordre étant monté avec con-
» fiance, voulut s'approcher de l'image; mais l'endroit de
» la voûte où il s'appuyait venant à s'entr'ouvrir, il tomba
» au milieu de l'église, ayant le cou fracassé, tous les mem-

travaux et de leurs exploits. Pour ne point trou- 1098
bler la joie que devaient causer leurs victoires, ils
eurent soin de dissimuler les pertes et les désastres
de l'armée chrétienne. Le patriarche d'Antioche
et les chefs du clergé latin, qui écrivirent aussi
en Europe, prirent la même précaution; mais
ils durent faire pressentir les malheurs qu'ils voulaient cacher, en appelant de nouveaux croisés en
Asie. « Venez, disaient-ils aux fidèles de l'Occi-
» dent, venez combattre dans la milice du Sei-
» gneur; que dans chaque famille où il y a
» deux hommes, le plus propre à la guerre
» prenne les armes.... Que ceux qui ont pris la
» croix, et qui ne sont point partis, se hâtent
» d'accomplir leur vœu; s'ils ne viennent rejoindre
» leurs frères de la croisade, qu'ils soient rejetés
» de la société des fidèles, que la malédiction du
» ciel tombe sur leur tête, et que l'église leur re-
» fuse la sépulture sainte. »

Ainsi parlaient les chefs et les pasteurs du peuple croisé (1); ils envoyèrent en même temps à
Constantinople une ambassade, composée de Hugues, comte de Vermandois, et de Baudouin,
comte de Hainault. Cette ambassade avait pour
objet de rappeler à l'empereur Alexis la promesse
qu'il avait faite d'accompagner les chrétiens à Jé-

» bres rompus; il resta mort sur la place : les autres Turcs
» furent saisis de terreur à ce spectacle. »

(1) Voyez les lettres des croisés dans les Pièces justificatives de ce volume.

rusalem avec une armée. Le comte de Hainault, qui marchait le premier, traversait les montagnes voisines de Nicée, lorsqu'il fut surpris et attaqué par des Turcomans; l'histoire n'a pu savoir quelle fut sa fin. Le comte de Vermandois, averti du malheur de son compagnon, se cacha dans une forêt et se déroba ainsi à la poursuite des barbares. Ce prince, arrivé à Constantinople, oublia les soldats de Jésus-Christ, dont il était l'ambassadeur, et ne daigna pas même leur rendre compte de sa mission; soit qu'il craignît de retourner dans une armée où il ne pouvait plus soutenir l'éclat de son rang, soit que les travaux et les périls de la guerre sainte eussent lassé son courage, il prit la honteuse résolution de retourner en Occident, où sa désertion le fit comparer au *corbeau de l'Arche*.

Cependant les pélerins conjurèrent les chefs de les conduire vers la ville sainte. Le peuple fidèle était persuadé que la terreur des armes chrétiennes lui ouvrirait tous les chemins, et que sur la route qui lui restait à parcourir, il ne trouverait pas une ville d'où on *osât lui jeter une pierre*. Ce fut alors qu'on put voir combien il est difficile de pousser avec une activité constante une entreprise qui exige le concours de plusieurs volontés. Dans le conseil des chefs, chacun avait un avis différent; en vain les plus sages répétaient-ils qu'on ne devait point laisser à l'ennemi le temps de reprendre son courage et de retrouver ses forces. Les princes et les barons, qui avaient tout supporté jusqu'alors, craignirent tout-à-coup les ardeurs de la saison et résolurent de rester à Antioche jusqu'aux premiers 1098 jours de l'automne.

Parmi les motifs de cette résolution inattendue, il en était plusieurs que n'auraient point avoués les chefs de l'armée chrétienne. On doit croire que la vue des riches contrées de la Syrie, que l'exemple de Bohémond, devenu prince d'Antioche, celui de Baudouin, devenu maître d'Édesse, avaient éveillé leur ambition, et devaient quelquefois distraire leurs pensées du but pieux de leur entreprise.

Les croisés eurent bientôt à se repentir de la détermination qu'ils avaient prise. Une maladie épidémique fit les plus grands ravages dans leur armée. « On ne voyait dans Antioche, dit une ancienne chronique, que des enterremens et des funérailles, et la mort y déployait sa faux comme dans les journées les plus sanglantes de la guerre. » La plupart des femmes et des pauvres qui suivaient l'armée, furent les premières victimes de ce fléau. Un grand nombre de croisés qui arrivaient de l'Allemagne et de toutes les parties de l'Europe, trouvèrent la mort à leur arrivée dans Antioche. L'épidémie fit périr dans un mois plus de cinquante mille pélerins. Les chrétiens eurent à regretter parmi leurs chefs, Henri d'Asques, Renaud d'Amerbach, et plusieurs chevaliers renommés par leurs exploits. Au milieu du deuil général, l'évêque du Puy, qui consolait les croisés dans leur misère, succomba lui-même à ses fatigues, et mourut, comme le chef des Hébreux, sans avoir vu la

Terre-Promise. Tel était l'empire qu'exerçait un seul homme sur la multitude des croisés, que tant qu'Adhémar vécut on respecta les lois de l'Évangile, et l'union régna parmi les chefs ; lorsqu'il eut fermé les yeux, on ne connut plus la justice dans l'armée, et la paix fut bannie du conseil des princes (1). Ses restes furent ensevelis dans l'église de St.-Pierre d'Antioche, au lieu même où la lance miraculeuse avait été découverte. Tous les pèlerins, dont il était le père, et qu'il nourrissait, selon l'expression d'un contemporain, *des choses du ciel*, assistèrent en pleurant à ses funérailles. Les chefs qui le regrettaient sincèrement, écrivirent au pape pour lui annoncer la mort de son légat apostolique (2). Ils sollicitèrent en même temps Urbain de venir se mettre à leur tête, pour sanctifier les drapeaux de la croisade et pour mettre l'union et la paix dans l'armée de Jésus-Christ.

---

(1) Le Tasse fait mourir Adhémar au siége de Jérusalem, et le fait mourir de la main d'une femme. Quelques écrivains attribuent à l'évêque Adhémar le cantique : *Salve Regina*. Les évêques du Puy ses successeurs, portaient, dans leurs armoiries, l'épée d'un côté, et de l'autre le bâton pastoral. On ajoute que les chanoines de la même ville portaient tous les ans, le jour de Pâques, une fourrure en forme de cuirasse.

(2) Raymond d'Agiles, qui s'est beaucoup occupé de l'évêque du Puy, le fait apparaître après sa mort avec l'apôtre saint André. (Voy. *Bibliothèque des Croisades*, où le récit du chroniqueur a été traduit.) On crut d'abord toutes ces choses, dit le chroniqueur, puis ensuite on les oublia.

La vue du fléau qui dévorait l'armée chrétienne, 1098
et dont les ravages s'accroissaient chaque jour, ne
put fermer les cœurs ni à l'ambition, ni à la discorde. Le comte de Toulouse, qui voyait avec peine
la fortune de Bohémond, refusa de lui livrer la citadelle dont il s'était rendu maître le jour où les
chrétiens avaient détruit l'armée de Kerbogâ; afin
de donner à son refus l'apparence de la loyauté
et de la justice, il rappelait le serment que le
prince de Tarente avait fait à l'empereur Alexis,
et lui reprochait d'avoir manqué à la foi jurée,
en retenant pour lui une ville conquise par les
pélerins. De son côté, Bohémond accusait l'ambition jalouse, l'humeur opiniâtre de Raymond,
et le menaçait d'employer la force pour appuyer
tous les droits que lui avait donnés la victoire.
Un jour que les princes et les chefs de l'armée
chrétienne, assemblés dans la basilique de St.-
Pierre, s'occupaient de régler les affaires de la
croisade, leur délibération fut troublée par les
plus violentes querelles. Malgré la sainteté du lieu,
Raymond, au milieu du conseil, fit éclater son dépit et son ressentiment. Au pied même des autels
de Jésus-Christ, Bohémond n'épargna point les
fausses promesses pour attirer les autres chefs à son
parti, et renouvela plusieurs fois un serment qu'il
ne voulait point tenir, celui de les suivre à Jérusalem.

Pour arrêter les progrès de la contagion et prévenir la disette des vivres, les princes et les barons
décidèrent entre eux qu'ils sortiraient d'Antioche

1098 avec leurs troupes, et qu'ils iraient faire des excursions dans les provinces voisines. Bohémond conduisit ses guerriers dans la Cilicie, où il prit possession de Tarse, de Malmistra, et de plusieurs autres villes qu'il réunit à sa principauté. Les troupes de Raymond s'avancèrent dans la Syrie et plantèrent leur drapeau victorieux sur les murs d'Albarée, dont toute la population périt par le glaive (1). La Syrie, qui n'avait plus d'armée musulmane pour sa défense, fut couverte des étendards de la croix. On ne voyait de toutes parts que des bandes errantes qui accouraient dans les lieux où elles espéraient un riche butin, se disputant, les armes à la main, le fruit de leur bravoure ou de leur brigandage lorsque la fortune les favorisait, et livrées à toutes les horreurs de la misère lorsqu'elles arrivaient dans un pays ravagé, ou qu'elles rencontraient une résistance imprévue (2).

Cependant les pélerins ne cessaient de montrer leur valeur accoutumée; chaque jour on racontait les exploits héroïques, les aventures merveilleuses des chevaliers. Les seigneurs et les barons, traî-

---

(1) Guillaume de Tyr, liv. vi, rapporte que la ville d'Albarée fut confiée par Raymond à Guillaume du Tillet, chevalier provençal : il lui donna sept lances et trente hommes de pied ; ce dernier se conduisit si bien, ajoute le même historien, qu'il eut bientôt sous ses ordres quarante autres cavaliers et quatre-vingts hommes de pied.

(2) Sur toutes ces expéditions particulières, consultez Albert d'Aix, lib. iv; Robert le Moine, lib. vii; Baudri. lib. vi, et Guillaume de Tyr, lib. vii.

nant à leur suite leurs équipages de chasse et leur attirail de guerre, tantôt poursuivaient les animaux sauvages dans les forêts, tantôt attaquaient les Sarrasins retirés dans les forteresses. Un guerrier français, appelé Guicher, s'était rendu célèbre parmi les croisés pour avoir terrassé un lion. Un autre chevalier, Geoffroi de la Tour, s'était fait une grande renommée par une action qui paraîtra sans doute incroyable. Il trouva un jour dans une forêt un lion qu'un serpent environnait de replis monstrueux, et qui remplissait l'air de ses gémissemens; Geoffroi vole au secours de l'animal qui semblait implorer sa pitié, et d'un coup de sabre abat le serpent acharné sur sa proie. Si on en croit une vieille chronique, le lion ainsi délivré s'attacha à son libérateur comme à son maître; il l'accompagna pendant toute la guerre, et lorsqu'après la prise de Jérusalem les croisés s'embarquèrent pour retourner en Europe, l'animal reconnaissant, et compagnon fidèle de leur pélerinage, se noya dans la mer en suivant le vaisseau sur lequel Geoffroi de la Tour était monté (1).

1098

---

(1) Ce trait, qu'on cite ici sans lui donner plus d'importance qu'il ne mérite, est rapporté dans le *Magnum Chronicon Belgicum*, qui se trouve dans le Recueil des historiens d'Allemagne de Pistorius. L'auteur dit que le lion suivait Geoffroi *comme un lièvre. Eum sequitur, sicut lepus; et quandiù fuit in terrâ, nunquam recedens, multa ei commoda contulit, tam in venationibus quam in bello; qui carnes venaticas abundanter dabat leo vero quæcumque domino suo adversari videbat, prosternabat; quem, ut*

1098 Plusieurs croisés, en attendant le signal du départ pour Jérusalem, allaient visiter leurs frères qui s'étaient établis dans les villes conquises. Un grand nombre d'entre eux se rendaient auprès de Baudouin et se réunissaient à lui pour combattre les Sarrasins de la Mésopotamie, ou protéger son gouvernement sans cesse menacé par ses nouveaux sujets qu'avait irrités sa domination violente. Un chevalier nommé Foulque, qui allait avec plusieurs de ses compagnons chercher des aventures sur les bords de l'Euphrate, avait été surpris et tué par les Turcs. Sa femme, qu'il conduisait avec lui, fut amenée devant l'émir de Hazart ou Ézaz, ville de la principauté d'Alep. Comme elle était d'une rare beauté, un des principaux officiers de l'émir en devint épris, et la demanda en mariage à son maître, qui la lui accorda et lui permit de l'épouser. Ce dernier, plein d'amour pour une femme chrétienne, évita de combattre les croisés, et cependant, rempli de zèle pour le service de l'émir, fit des incursions sur le territoire du prince d'Alep, contre qui son maître

---

dicunt, in navi positum cùm domum rediret, delinquere noluit, sed nolentibus eum, ut crudele animal, in navem recipere nautis, secutus est dominum suum natando per mare, usque quo labore defecit.

Le même fait est rapporté par le père Mainbourg, qui ajoute à son récit cette réflexion singulière : « Étrange ins-
» truction de la nature, qui fait honte aux hommes, en
» leur donnant, comme elle a fait plus d'une fois, des lions
» pour maîtres. »

avait pris les armes. Redouan voulut s'en venger, 1098 et se mit en marche avec une armée de quarante mille hommes pour venir attaquer la ville d'Ézaz. Alors l'officier qui venait d'épouser la veuve de Foulque, conseilla à l'émir d'implorer le secours des chrétiens.

L'émir fit proposer une alliance à Godefroy de Bouillon. Godefroy hésita d'abord; mais le prince musulman revint à la charge, et, pour dissiper toutes les défiances des princes chrétiens, leur envoya son fils Mahomet en otage. Alors le traité fut signé; deux pigeons, dit un historien latin, chargés d'une lettre, en portèrent la nouvelle à l'émir, et lui annoncèrent en même temps la prochaine arrivée des chrétiens (1). L'armée du prince d'Alep fut battue en plusieurs rencontres par Godefroy, et forcée d'abandonner le territoire d'Ézaz qu'elle

---

(1) Quelques savans ne font pas remonter les messages des pigeons au-delà du règne de Noureddin : il est vrai que ce fut sous le règne de ce prince qu'on organisa des postes régulières servies par des pigeons. On peut voir, au tom. II de la *Biblioth. des Crois.*, §. 30, un passage curieux à ce sujet; mais ce moyen de communication était très ancien dans l'Orient, seulement il n'était encore mis en usage que par accident et selon la fantaisie des particuliers. Outre le passage d'Albert d'Aix, qui ne peut être révoqué en doute, et qui peint très bien la surprise que la vue de ces sortes de messages produisit parmi les croisés, nous en indiquerons un autre de Kemal-èddin, qui se rapporte à la même époque. (Voy. au tome II de la *Biblioth. des Crois.*, §. 6.) On verra un nouvel exemple de ce moyen de communication dans le quatrième livre de notre histoire.

commençait à livrer au pillage. Peu de temps après cette expédition, le fils de l'émir mourut à Antioche de la maladie épidémique qui désolait les pélerins d'Occident. Godefroy fit, selon l'usage des Musulmans, envelopper le corps du jeune prince d'une riche étoffe de pourpre et le renvoya à son père. Les députés qui accompagnaient ce convoi funèbre étaient chargés d'exprimer au prince musulman les regrets de Godefroy, et de lui dire que leur chef avait été aussi affligé de la mort du jeune Mahomet, qu'il aurait pu l'être de la mort de son frère Baudouin (1).

Le temps s'écoulait au milieu de toutes ces entreprises qui n'avaient aucun objet important, et déjà les croisés avaient vu passer l'époque où ils devaient se mettre en route pour Jérusalem. La plupart des chefs étaient dispersés et retenus dans les contrées voisines; pour différer leur départ, ils avaient allégué d'abord les chaleurs de l'été; ils alléguaient maintenant les pluies et les rigueurs de l'hiver qui s'approchait. Ce dernier motif, quoiqu'il parût plus raisonnable que le premier, ne suffisait pas cependant pour calmer l'ardeur impatiente des pélerins; et comme le peuple, au milieu de cette guerre religieuse, était toujours plus disposé à chercher les règles de sa conduite dans les

---

(1) L'historien arabe Kemal-eddin nous apprend que l'émir d'Ézaz, quand les croisés se furent éloignés, fut fait prisonnier, conduit à Alep, et tué par les ordres de Redouan. (Voyez au tome II de la *Biblioth. des Crois.*, §. 3.)

visions miraculeuses et dans l'apparition des corps célestes, que dans les lumières de la raison et de l'expérience, un phénomène extraordinaire qui s'offrit alors aux regards des soldats de la croix, attira toute leur attention et frappa vivement leurs crédules esprits. Les croisés qui gardaient les remparts d'Antioche, aperçurent pendant la nuit une masse lumineuse arrêtée dans un point élevé du ciel. Il leur semblait que toutes les étoiles, selon l'expression d'Albert d'Aix, s'étaient réunies dans un espace qui n'était guère plus étendu qu'un jardin de trois arpens. « Ces étoiles, dit le même his-
» torien, jetaient le plus vif éclat et *brillaient*
» *comme des charbons dans une fournaise.* » Elles restèrent long-temps suspendues sur la ville; mais le cercle qui paraissait les contenir s'étant brisé, elles se dispersèrent dans les airs. A l'aspect de ce prodige, les gardes et les sentinelles jetèrent de grands cris et coururent réveiller les chrétiens d'Antioche. Tous les pélerins sortis des maisons trouvèrent dans ce phénomène un signe manifeste des volontés du ciel. Les uns crurent voir dans les étoiles réunies une image des Sarrasins, qui s'étaient rassemblés à Jérusalem, et qui devaient se dissiper à l'approche des croisés ; d'autres, également pleins d'espérance, y voyaient les guerriers chrétiens réunissant leurs forces victorieuses, et se répandant ensuite sur la terre pour y conquérir les villes enlevées au culte et à l'empire de Jésus-Christ ; mais beaucoup de pélerins ne s'abandonnaient point à ces illusions consolantes. Dans une

1098 ville où le peuple avait beaucoup à souffrir, et vivait depuis plusieurs mois au milieu des funérailles, l'avenir devait se présenter sous des couleurs plus tristes et plus sombres. Tous ceux qui souffraient et qui avaient perdu l'espoir de voir Jérusalem, n'aperçurent, dans le phénomène offert à leurs yeux, qu'un symbole effrayant de la multitude des pélerins, qui diminuait chaque jour et qui allait bientôt se dissiper comme le nuage lumineux qu'on avait vu dans le ciel. « Toutefois, dit
» naïvement Albert d'Aix, les choses tournèrent
» beaucoup mieux qu'on ne l'espérait; car, peu de
» temps après, les princes, de retour à Antioche,
» se remirent en campagne, et la victoire leur ouvrit les portes de plusieurs villes de la haute
» Syrie. »

La plus importante de leurs expéditions fut le siége et la prise de Marra, située entre Hamath et Alep. Raymond se rendit le premier devant cette ville. Les comtes de Normandie et de Flandre vinrent se réunir à lui avec leurs troupes. La crainte d'éprouver le sort des habitans d'Antioche avait rassemblé sur les remparts menacés toute la population de la ville, déterminée à se défendre. L'espoir de s'emparer d'une riche cité animait les soldats chrétiens. Chaque jour les assiégeans plantaient les échelles au pied des murailles ; une grêle de traits et de pierres, des torrens de bithume enflammé pleuvaient sur leurs têtes. Guillaume de Tyr ajoute qu'on lançait aussi du haut des tours de la chaux-vive et des ruches remplies d'abeilles.

LIVRE III.

Les combats sanglans se renouvelèrent pendant plusieurs semaines : enfin l'étendard des chrétiens flotta sur les tours de la ville. Comme l'opiniâtre résistance des Musulmans et les outrages prodigués pendant le siége à la religion du Christ avaient irrité les croisés, toute la population, retirée dans les mosquées ou cachée dans des souterrains, fut immolée aux fureurs de la guerre. Au milieu d'une ville qui avait perdu tous ses habitans, les vainqueurs manquèrent bientôt de vivres ; et comme si le ciel eût voulu punir l'excès de leur barbarie, ils ne trouvèrent pour apaiser leur faim que les cadavres de ceux qu'ils avaient tués, et, ce qu'on aura peine à croire, beaucoup de croisés se soumirent sans répugnance à cette horrible nécessité (1).

1098

---

(1) C'est ici que les réflexions des chroniqueurs sont beaucoup plus curieuses que les événemens qu'ils rapportent. Albert d'Aix s'étonne que les croisés aient mangé des Musulmans morts ; mais il s'étonne bien davantage qu'ils aient mangé des chiens. Baudri, archevêque de Dôle, cherche à justifier les croisés, en disant que la faim qui les tourmentait, ils l'éprouvaient pour Jésus-Christ, et que cette cause peut les rendre excusables. Au reste, ajouta-t-il, les soldats chrétiens faisaient encore la guerre aux Sarrasins, en les dévorant de la sorte. *Manibus et dentibus inimicabantur.* (Voy. les extraits des chroniqueurs de la première croisade, *Bibliot. des Croisades*, tom. 1.) Raoul de Caen exprime l'horreur que lui inspira la conduite barbare des chrétiens. *Pudet referre quod audierim, quodque dedicerim ab ipsis pudoris auctoribus*; mais, ajoute-t-il, ces hommes étaient comme des chiens, *torrendo homines sed caninos.*

1098 Au milieu de tant de scènes révoltantes, ce que l'histoire ne doit pas moins déplorer, c'est que les princes chrétiens se disputèrent, avec une malheureuse obstination, la ville même dont la conquête leur avait coûté tant de maux et les réduisait à de telles extrémités. Parmi les croisés victorieux, les plaintes, les menaces, se mêlaient aux cris que leur arrachait la faim. Bohémond, qui était venu au siége, voulait garder un quartier de la ville conquise; Raymond prétendait que Marra devait lui appartenir sans partage. Les princes et les barons se réunirent près de Rugia, et cherchèrent à rétablir la paix sans pouvoir y parvenir. « Mais Dieu, » qui était le chef véritable de la grande entreprise, » dit le père Maimbourg, répara par le zèle des » faibles et des petits, ce que la passion des grands » et des sages du monde avait détruit. » Les soldats s'indignèrent à la fin de répandre pour de misérables débats, un sang qu'ils avaient juré de verser pour une cause sacrée. Tandis qu'ils éclataient en plaintes et en murmures, la renommée leur apprit que Jérusalem venait de tomber au pouvoir des Égyptiens. Ceux-ci avaient profité de la défaite des Turcs et des funestes retards de l'armée chrétienne pour envahir la Palestine (1). Cette

---

(1) Le chroniqueur allemand Eckkard est presque le seul historien latin de la croisade qui ait parlé de la prise de Jérusalem par les Égyptiens avec quelques détails. (Voyez l'analyse dans les collections allemandes, tom. II de la *Biblioth. des Croisades.*) Albert d'Aix ajoute qu'il n'y avait

nouvelle redoubla le mécontentement des croisés; 1098
ils accusèrent hautement Raymond et ceux qui les
conduisaient, d'avoir trahi la cause de Dieu; ils
annoncèrent le dessein de se choisir des chefs qui
n'eussent d'autre ambition que celle d'accomplir
leurs sermens et de conduire l'armée chrétienne
à la Terre-Sainte (1).

Le clergé menaça Raymond de la colère du ciel;
ses propres soldats le menaçaient d'abandonner ses
drapeaux; enfin tous les croisés qui se trouvaient à
Marra, résolurent de démolir les fortifications
et les tours de la ville. L'ardeur du peuple était si
grande, qu'on vit des infirmes et des malades se
traîner à l'aide d'un bâton sur les remparts, arracher du mur, et faire rouler dans les fossés, des
pierres *que trois paires de bœufs n'auraient pu
transporter*. Dans le même temps, Tancrède
s'emparait, par force ou par adresse, de la citadelle d'Antioche, où il remplaça le drapeau du
comte de St.-Gilles par celui de Bohémond (2).

---

plus que trois cents Turcs à Jérusalem lorsque les Égyptiens s'en emparèrent.

(1) Quoi! disaient-ils, toujours des querelles pour Marra,
pour Antioche! (Voyez Raymond d'Agiles, tom. 1 de la
Bibliothèque des Croisades, sur le mécontentement des
pélerins.)

(2) Voyez dans Raoul de Caen, *Biblioth. des Croisades*,
tom. 1, des détails assez curieux sur ces querelles. Les soldats du comte de St.-Gilles s'étant introduits dans la citadelle d'Antioche, Tancrède les fit renvoyer à coups de bâton
et *non sine colaphis*. (Ibid.)

1098 Raymond, resté seul pour soutenir ses prétentions, essaya en vain de ramener à lui les chefs en leur ouvrant ses trésors, et d'apaiser les murmures du peuple en lui distribuant les dépouilles des cités voisines : on fut insensible à ses dons comme à ses prières. Obligé enfin de se rendre aux vœux de l'armée, il parut céder à la voix de Dieu (1). Après avoir fait mettre le feu à la ville de Marra, il en sortit à la lueur des flammes, les pieds nus, versant des larmes de repentir; en présence du clergé, qui chantait les psaumes de la pénitence, il abjura son ambition et renouvela le serment fait tant de fois et si souvent oublié, de délivrer le tombeau de Jésus-Christ.

Le signal du départ fut donné à l'armée chrétienne; le comte de Toulouse était suivi de Tancrède et du duc de Normandie, impatiens d'accomplir leur vœu. De toutes parts les Musulmans et les chrétiens du pays accouraient au-devant des croisés, pour implorer, les uns leurs secours, les autres leur miséricorde. Les pèlerins recevaient partout sur leur passage, des vivres et des tributs qui ne leur coûtaient point de combats. Au milieu de leur marche triomphante, le fruit le plus doux de leurs travaux et de la crainte qu'inspiraient leurs armes, fut le retour d'un grand nombre de

---

(1) *Intellexit divinum esse*, dit Raymond d'Agiles. (Voy. *Bibliothèque des Croisades*, tome 1.) On peut voir dans Guillaume de Tyr tout ce qui concerne ces expéditions. (Liv. vii.)

prisonniers chrétiens dont ils avaient pleuré la mort, et que les Sarrasins s'empressaient de remettre en liberté. Les croisés traversèrent ainsi le territoire d'Émesse, de Hamah, et s'avancèrent presque sans obstacles jusque dans le voisinage d'Archas, situé au pied du Liban, et dans la riche province de Phénicie.

1098

Cependant les princes restés à Antioche ne se préparaient point à se mettre en marche et dédaignaient les plaintes des pélerins. Chacun d'eux attendait l'exemple des autres, et tous restaient ainsi dans l'inaction. Godefroy, qui s'était rendu à Édesse pour voir son frère Baudouin, n'entendit à son retour que les cris et les gémissemens des croisés, qui déploraient leur oisiveté et demandaient à marcher vers Jérusalem. « Ne suffit-il pas, di-
» saient-ils, à ceux que Dieu a chargés de nous
» conduire, que nous soyons restés ici plus d'une
» année, et que deux cent mille soldats de la croix
» aient succombé? Périssent ceux qui veulent de-
» meurer à Antioche, comme ont péri ses habitans
» infidèles! Puisque chaque conquête est un obsta-
» cle à notre sainte entreprise, qu'Antioche et tou-
» tes les cités conquises par nos armes soient livrées
» au feu; donnons-nous des chefs qui n'aient point
» d'autre ambition que la nôtre, et mettons-nous
» en route sous la conduite du Christ, pour lequel
» nous sommes venus. Mais si Dieu, à cause de
» nos péchés, repousse notre dévouement et no-
» tre sacrifice, hâtons-nous de retourner dans
» notre pays, avant que nous ne soyons détruits par

» la famine et par toutes les misères qui nous ac» cablent. » En vain ces plaintes retentissaient dans l'armée chrétienne; le duc de Lorraine et les autres chefs hésitaient encore à donner le signal du départ. La plupart des pélerins, que toute espèce de retard mettait au désespoir, ne songèrent plus dès-lors qu'à quitter la Syrie pour revenir en Occident; le conseil suprême fut obligé de placer dans tous les ports du voisinage, des gardes chargés de retenir tous ceux qui se présenteraient pour s'embarquer. A la fin, les princes, ne pouvant plus résister aux vives instances de la multitude, décidèrent que l'armée partirait d'Antioche dans les premiers jours de mars.

Quand l'époque marquée fut venue, Bohémond accompagna Godefroy et le comte de Flandre jusqu'à Laodicée, mais il se hâta de retourner à Antioche, craignant toujours qu'on ne lui enlevât sa principauté. Ce fut dans la ville de Laodicée que l'armée chrétienne vit arriver sous ses drapeaux un grand nombre de croisés qui s'étaient retirés à Édesse et dans la Cilicie, ou qui arrivaient d'Europe. Parmi ces derniers on remarquait plusieurs chevaliers anglais, anciens compagnons d'Harold et d'Edgard Adeling (1). Ces nobles guerriers,

---

(1) Guillaume de Malmesbury fait mention des croisés anglais, irlandais et écossais. Orderic Vital parle aussi de l'expédition de ces croisés; il nous apprend en outre qu'un grand nombre d'Anglais avaient quitté leur pays après la conquête de Guillaume, et qu'ils s'étaient réfugiés dans l'empire

vaincus par Guillaume-le-Conquérant et bannis de leurs propres foyers, allaient sous l'étendard de la guerre sainte oublier leurs malheurs, et, ne conservant plus aucune espérance de délivrer leur patrie, marchaient, pleins d'un zèle pieux, à la délivrance du saint tombeau (1).

En attendant l'arrivée de Godefroy et de ses compagnons, Raymond avait entrepris le siége

---

grec; le même auteur ajoute que l'empereur Alexis avait fait bâtir la ville de *Civitot* pour les fugitifs qui s'étaient soustraits à la domination du vainqueur : *qui à facie Guillelmi nostri fugerant.*

Orderic raconte que pendant le siége de Jérusalem, Hugues Buduel, fils de Robert de Calgée, vint trouver le duc de Normandie avec une troupe bien armée, et lui offrit ses services comme à son seigneur naturel. Hugues fut très bien accueilli, et fut d'un grand secours au duc, autant par ses conseils que par son courage. Ce Hugues, long-temps auparavant, avait coupé par morceaux en Normandie la comtesse Mabilie, parce qu'elle lui avait enlevé de force son héritage paternel. Après ce crime, Hugues s'était enfui avec ses frères Raoul, Ricard et Goisnel dans la Pouille, puis en Sicile, et s'était enfin retiré auprès de l'empereur Alexis; mais il ne pouvait demeurer nulle part long-temps en sûreté, parce que le roi Guillaume d'Angleterre, d'accord avec toute la famille de Mabilie, le faisait chercher partout par des espions, auxquels il avait promis des presens et des honneurs s'ils tuaient ce meurtrier fugitif là où ils pourraient le trouver; Hugues Buduel fut très utile aux croisés, car il avait appris à connaître les ruses, les stratagêmes et la manière de combattre des Sarrasins.

(1) Voyez, pour l'arrivée de ces pélerins, le récit d'Orderic Vital.

d'Archas. Pour enflammer le courage et le zèle de ses soldats, et les associer aux projets de son ambition, il promettait à leurs travaux le pillage de la ville et la délivrance de deux cents prisonniers chrétiens. Telle était la disposition des esprits parmi les croisés, et surtout parmi les chefs, que chaque cité leur faisait oublier Jérusalem. A peine sortis de Laodicée, Godefroy et le comte de Flandre prirent possession de Tortose (1), abandonnée de ses habitans, et ne purent résister à la tentation d'assiéger Giblet, dont ils s'éloignèrent ensuite, trompés par des avis mensongers et perfides. On accusait Raymond d'avoir reçu six mille pièces d'or pour délivrer une ville musulmane des dangers d'un siége; et quand toute l'armée se trouva réunie sous les murs d'Archas, Godefroy et Trancrède reprochèrent avec amertume au comte de Toulouse de les avoir détournés de leur entreprise par le mensonge et la trahison (2).

Cependant les croisés poursuivirent le siége d'Archas. La ville était bâtie sur des rochers élevés, et ses remparts paraissaient inaccessibles. Les assiégeans invoquèrent la famine contre leurs ennemis; mais la famine ne tarda pas à les désoler eux-mêmes. Bientôt les plus pauvres des croisés furent réduits, comme au siége d'Antioche, à se nourrir de racines, et disputèrent aux animaux les

---

(1) Tortose avait déjà été prise par Raymond Pelet.
(2) Voir, pour les détails, Albert d'Aix, liv. v, et Guillaume de Tyr, liv. vii.

plantes et les herbes sauvages. Ceux qui pouvaient 1099 combattre allaient ravager les pays voisins et vivaient de pillage; mais ceux à qui leur âge, leur sexe ou leurs infirmités ne permettaient point de porter les armes, n'avaient d'espoir que dans la charité des soldats chrétiens. L'armée vint à leur secours et leur abandonna la dîme du butin fait sur les infidèles (1).

Un grand nombre de croisés succombèrent aux fatigues du siége et périrent de faim et de maladie; plusieurs tombèrent sous les coups de l'ennemi. Parmi ceux dont la perte fut le plus regrettée, l'histoire a conservé le nom de Pons de Balasun; il s'était fait estimer dans l'armée chrétienne par ses lumières, et jusqu'à sa mort il avait, de concert avec Raymond d'Agiles, écrit l'histoire des principaux événemens de la croisade. Les croisés donnèrent aussi des larmes à la mort d'Anselme de Ribaumont, comte de Bouchain, dont les chroniques du temps vantent le savoir, la piété et la bravoure (2). Cette mort fut accompagnée de circonstances merveilleuses que racontent les chroniques contemporaines, et qu'on pourrait prendre dans notre siècle pour une invention de la poésie.

Un jour (nous suivons la relation de Raymond d'Agiles) Anselme vit entrer dans sa tente le jeune

---

(1) Voyez ce que dit Raymond d'Agiles de la distribution de cette dîme, lib. vi.

(2) Il a laissé une lettre curieuse analysée *Biblioth. des Croisades*, tom. 1.

1099 Angelram, fils du comte de Saint-Paul, tué au siége de Marra. « Comment, lui dit-il, êtes-vous maintenant plein de vie, vous que j'ai vu mort sur le champ de bataille?— Vous devez savoir, répondit Angelram, que ceux qui combattent pour Jésus-Christ ne meurent point. — Mais d'où vient, reprit Anselme, cet éclat inconnu dont je vous vois environné? » Alors Angelram montra dans le ciel un palais de cristal et de diamans. « C'est de là, ajouta-t-il, que me vient la beauté qui vous a surpris; voilà ma demeure; on vous en prépare une plus belle que vous viendrez bientôt habiter. Adieu : nous nous reverrons demain. » A ces mots, ajoute l'historien, Angelram retourna au ciel. Anselme, frappé de cette apparition, fit appeler dès le lendemain matin plusieurs ecclésiastiques, reçut les sacremens, et, quoiqu'il fût plein de santé, fit ses derniers adieux à ses amis, en leur disant qu'il allait quitter ce monde où il les avait connus. Peu d'heures après, les ennemis ayant fait une sortie, Anselme courut au-devant d'eux l'épée à la main, et fut atteint au front d'une pierre qui, disent les historiens, l'envoya au ciel dans le beau palais préparé pour lui (1). Ce récit merveilleux, qui s'accrédita parmi les pé-

---

(1) Voyez le récit de Raymond d'Agiles, *Bibliothèque des Croisades*, tome 1, et celui de Raoul de Caen, dont le fond est le même, mais dans lequel on trouve quelques détails qui ajoutent encore au merveilleux.

Le Tasse a pris dans Raymond d'Agiles l'idée du songe

lerins, n'est pas le seul de ce genre que l'histoire ait recueilli. Il est inutile de rappeler ici que l'extrême misère rendait toujours les croisés plus superstitieux et plus crédules.

Dans une multitude livrée à l'indiscipline et à la licence, la superstition devenait un moyen de se faire obéir. Les comtes et les barons avaient besoin d'exalter l'imagination des soldats, pour conserver leur autorité. Mais comme les passions de la discorde troublaient sans cesse l'armée des croisés, tandis que les uns fondaient leur crédit sur des miracles, les autres se montraient quelquefois incrédules par esprit d'opposition et de jalousie. Des partis se formaient parmi les pélerins, et, selon le parti qu'on avait embrassé, on s'échauffait, on se passionnait pour ou contre les récits miraculeux qu'on débitait au peuple agité.

Ce fut au siége d'Archas que des doutes s'élevèrent parmi les croisés sur la découverte de la lance dont la vue avait relevé le courage des croisés à la bataille d'Antioche (1). Le camp des assiégeans se trouva tout-à-coup divisé en deux grandes

---

de Godefroy, qui, au milieu de son sommeil, se trouve tout-à-coup transporté dans le ciel; il y voit Hugues, son fidèle ami, qui lui dit : « C'est ici le temple de l'Éternel; » c'est ici que reposent ses guerriers; ta place y est mar- » quée. » Le poète, au reste, a beaucoup agrandi le cadre fourni par le chroniqueur. (Voy. le liv. xiv de la *Jérusalem délivrée*.)

(1) Une dispute, dit Albert d'Aix, s'éleva au siége d'Archas sur cette question : *La lance était-elle bien celle qui*

factions animées l'une contre l'autre. Arnould de Rohes, homme de mœurs dissolues, selon Guillaume de Tyr, mais très versé dans l'histoire et dans les lettres, osa le premier contester ouvertement la vérité du prodige. Cet ecclésiastique, chapelain du duc de Normandie, entraîna dans son parti tous les Normands et les croisés du nord de la France; ceux du midi se rangèrent du parti de Barthélemi, prêtre de Marseille, attaché au comte de Saint-Gilles. Barthélemi, homme simple, et qui croyait ce qu'il faisait croire aux autres, eut une révélation nouvelle, et raconta dans le camp des chrétiens, qu'il avait vu Jésus-Christ attaché sur la croix, maudissant les incrédules, dévouant au supplice et à la mort de Judas les sceptiques impies dont l'orgueilleuse raison osait sonder les vues mystérieuses de Dieu. Cette apparition et plusieurs autres semblables enflammèrent l'imagination des Provençaux, qui ne croyaient pas moins, selon Raymond d'Agiles, aux récits de Barthélemi qu'au témoignage des saints et des apôtres. Mais Arnould s'étonnait que Dieu ne se manifestât qu'à un simple prêtre, tandis que l'armée était remplie de vertueux prélats; et, sans nier l'intervention de la puissance divine, il n'admettait d'autres prodiges que ceux de la valeur et de l'héroïsme des soldats chrétiens.

Comme le produit des offrandes faites aux dépositaires de la sainte lance était distribué aux

---

avait percé le sein de notre Seigneur? On se partagea dans le camp. (Voy. *Biblioth. des Croisades*, tom. I.)

pauvres, ceux-ci, qui se trouvaient en grand nombre dans l'armée, éclataient en murmures contre le chapelain du duc de Normandie. Ils attribuaient à son incrédulité et à celle de ses partisans tous les maux qu'avaient soufferts les croisés. Arnould et son parti qui s'accroissait chaque jour, attribuaient au contraire les malheurs des chrétiens à leurs divisions et à l'esprit turbulent de quelques visionnaires. Au milieu de ces débats, les croisés des provinces du nord reprochaient à ceux du midi de manquer de bravoure dans les combats, d'être moins avides de gloire que de pillage, et de passer leur temps à *parer leurs chevaux et leurs mulets* (1). Ceux-ci, de leur côté, ne cessaient de reprocher aux partisans d'Arnould leur peu de foi, leurs railleries sacriléges, et sans cesse opposaient de nouvelles visions aux raisonnemens des incrédules. Tantôt on avait vu saint Marc l'évangéliste, et la Vierge, mère de Dieu, qui attestaient tout ce qu'avait dit Barthélemi; tantôt c'était l'évêque Adhémar qui avait apparu la barbe à demi-brûlée, et le front couvert de tristesse, annonçant qu'il avait été retenu quelques jours en Enfer, pour avoir lui-même refusé un moment d'ajouter foi à la découverte de la sainte lance.

1099

---

(1) Raoul de Caen, qui n'était point partisan de la lance, et qui s'écrie en parlant de cette prétendue découverte : *O fatuitas rustica! o rusticitas credula!* n'épargne point les Provençaux, et nous a transmis les reproches qu'on leur faisait dans l'armée chrétienne.

Ces récits ne firent qu'échauffer davantage les esprits. Plusieurs fois la violence vint à l'appui de la fourberie ou de la crédulité. Enfin Barthélemi, séduit par l'importance du rôle qu'il avait joué jusqu'alors, et peut-être aussi par les récits miraculeux de ses partisans, qui pouvaient fortifier ses propres illusions, résolut, pour terminer tous les débats, de se soumettre à l'épreuve du feu. Cette résolution ramena le calme dans l'armée chrétienne, et tous les pèlerins furent convoqués pour être témoins du jugement de Dieu. Au jour fixé (c'était un vendredi-saint), un bûcher, formé de branches d'olivier, fut dressé au milieu d'une vaste plaine. La plupart des croisés étaient rassemblés, et tout se préparait pour l'épreuve terrible, lorsqu'on vit arriver Barthélemi, accompagné des prêtres qui s'avançaient en silence, les pieds nus, et revêtus de leurs habits sacerdotaux. Couvert d'une simple tunique, le prêtre de Marseille portait la sainte lance dont le fer était enveloppé d'une étoffe de soie. Lorsqu'il fut arrivé à quelques pas du bûcher, le chapelain du comte de Saint-Gilles prononça à haute voix ces paroles: « Si celui-ci a
» vu Jésus-Christ face à face, et si l'apôtre André
» lui a révélé la divine lance, qu'il passe sain et
» sauf à travers les flammes ; si, au contraire,
» il est coupable de mensonge, qu'il soit brûlé
» avec la lance qu'il porte dans ses mains (1). »

---

(1) Nous avons emprunté tout ce récit à Raymond d'A-

A ces mots, les assistans s'inclinèrent, et répondirent tous ensemble : « *Que la volonté de Dieu soit faite!* »

1099

Alors Barthélemi se jette à genoux, prend le ciel à témoin de la vérité de ses paroles, et s'étant recommandé aux prières des prêtres et des fidèles, il entre dans le bûcher où deux piles de bois entassé laissaient un espace vide pour son passage.

Il resta un moment, dit Raymond d'Agiles, au milieu des flammes, et il en sortit par la *grâce de Dieu*, sans que sa tunique fût brûlée, et même sans que le voile très léger qui recouvrait la lance du Sauveur, eût reçu aucune atteinte. Il fit aussitôt sur la foule empressée à le recevoir, le signe de la croix avec la lance, et s'écria à haute voix : *Que Dieu me soit en aide* ; *Deus, adjuva*. Comme chacun voulait s'approcher de lui et le toucher, dans la persuasion où l'on était qu'il avait changé de nature, il fut violemment pressé et foulé par la multitude; ses vêtemens furent déchirés, son corps couvert de meurtrissures ; il aurait expiré, si Raymond Pelet, suivi de quelques guerriers, n'eût écarté la foule et ne l'eût sauvé au péril de sa vie.

Le chapelain du comte de Toulouse accompagne son récit de plusieurs circonstances merveilleuses que nous croyons devoir passer sous silence (1). Le chroniqueur ne peut assez exprimer

---

giles ; on en peut voir la traduction mot à mot dans la *Biblioth. des Croisades*, tom. 1.)

(1) Voyez son récit dans la *Biblioth. des Crois.*, tom. 1.

la douleur qu'il éprouve, en racontant le déplorable sort de Barthélemi, qui mourut peu de jours après, et qui, dans les angoisses de la mort, reprocha à ses plus chauds partisans de l'avoir mis dans la nécessité de prouver la vérité de ses discours par une épreuve aussi redoutable (1).

Son corps fut enseveli au lieu même où le bûcher avait été dressé. Cette crédulité opiniâtre, qui l'avait poussé à devenir le martyr de ses propres visions, fit révérer sa mémoire parmi les Provençaux; mais le plus grand nombre des pèlerins se laissèrent entraîner *au jugement de Dieu;* ils refusèrent de croire aux merveilles qu'on leur avait annoncées, et la lance miraculeuse cessa dès-lors d'opérer des prodiges (2).

On peut comparer ce récit avec celui de Raoul de Caen, qui dit que Barthélemi tomba brûlé au sortir de l'épreuve, et mourut le lendemain. Raoul ajoute que l'armée eut honte de sa crédulité, et se repentit de son erreur. Pour remplacer la lance, on convint de faire fabriquer une image du Sauveur en or fin, laquelle fut bientôt achevée. Cette circonstance prouverait que les croisés avaient avec eux des ouvriers en métaux.

(1) Voyez le discours de Barthélemi, *Biblioth. des Croisades*, tom. 1.

(2) Albert d'Aix dit que la lance n'avait été qu'une invention de l'industrie et de l'avarice (*industria et avaritia*) du comte de Toulouse. (Voyez *Biblioth. des Croisades*, tom. 1.)

On ignore ce que devint ensuite la sainte lance. Plusieurs églises s'en disputent à présent la possession. Les Arméniens

Pendant que les croisés étaient réunis sous les murs d'Archas, ils reçurent une ambassade d'Alexis. L'empereur grec, voulant ménager les Latins, leur promettait de les suivre en Palestine avec une armée, s'ils lui donnaient le temps de faire des préparatifs nécessaires. Alexis se plaignait dans ses lettres de l'inexécution des traités qui devaient le rendre maître des villes de la Syrie et de l'Asie mineure tombées au pouvoir des croisés; mais il s'en plaignait sans amertume, et mettait dans ses reproches une circonspection qui montrait assez qu'il avait lui-même des torts à réparer. Cette ambassade fut mal accueillie dans l'armée chrétienne. La plupart des chefs, au lieu de se justifier des torts qu'on leur imputait, reprochèrent à l'empereur sa fuite honteuse pendant le siége d'Antioche, et l'accusèrent d'avoir trahi la foi jurée aux soldats chrétiens.

1099

Le calife du Caire avait la même politique qu'Alexis. Ce prince musulman entretenait avec les croisés des relations que les circonstances rendaient plus ou moins sincères, et qui étaient subordonnées à la crainte que lui inspiraient leurs armes. Quoiqu'il négociât à-la-fois avec les chrétiens et avec les Turcs, il haïssait les uns parce qu'ils étaient les ennemis du Prophète; les autres, parce qu'ils lui avaient enlevé la Syrie. Profitant

---

croient posséder la véritable. (Voy. les *Mémoires sur l'Arménie*, de M. de St.-Martin, tom. II, pag. 431 et 433.)

de la décadence des Turcs, il venait de se rendre maître de la Palestine, et comme il tremblait pour ses nouvelles conquêtes, il envoya des ambassadeurs à l'armée chrétienne. Cette ambassade arriva au camp des croisés peu de temps après le départ des députés d'Alexis. Les Francs virent en même temps revenir dans leur camp ceux de leurs compagnons qu'ils avaient envoyés en Égypte pendant le siége d'Antioche. Ceux-ci avaient été traités avec distinction ou avec mépris, selon que la renommée annonçait les revers ou les victoires des chrétiens. Dans les derniers temps de leur mission périlleuse, ils furent conduits devant Jérusalem, qu'assiégeaient les soldats du Caire, et promenés en triomphe au milieu des Égyptiens, qui se vantaient d'avoir pour alliée la brave nation des Francs. A leur aspect, disent les vieilles chroniques (1), les Turcs, saisis d'effroi, avaient ouvert les portes de la ville aux assiégeans.

La foule des pélerins accueillit avec empressement les députés de l'armée chrétienne, dont elle déplorait déjà la mort ou l'éternelle captivité. On ne se lassait point de les interroger sur les maux qu'ils avaient soufferts, sur les pays qu'ils avaient parcourus, sur la ville de Jésus-Christ qu'ils venaient de voir; on se demandait dans le camp quelle était la mission des ambassadeurs d'Égypte,

---

(1) Voyez la chronique d'Eckkard, *Biblioth. des Croisades*, tom. I.

s'ils apportaient la paix ou la guerre; ceux-ci, admis dans le conseil, après avoir protesté des dispositions bienveillantes de leur maître, finirent par déclarer en son nom que les portes de Jérusalem ne s'ouvriraient qu'à des chrétiens désarmés : à cette proposition, qu'ils avaient déjà rejetée au milieu des misères du siége d'Antioche, les chefs de l'armée chrétienne ne purent retenir leur indignation. Pour toute réponse, ils prirent la résolution de hâter leur marche vers la Terre-Sainte, et menacèrent les ambassadeurs d'Égypte de porter leurs armes jusque sur les bords du Nil.

Les croisés ne s'occupèrent plus que des préparatifs de leur départ. Le camp dans lequel ils avaient souffert tant de maux, fut livré aux flammes au milieu des vives acclamations de l'enthousiasme et de la joie. Le seul Raymond s'indignait qu'on eût levé le siége d'Archas, et lorsque l'armée chrétienne s'éloigna d'une ville qu'il voulait soumettre à ses armes, il suivit en murmurant ses compagnons, qui n'avaient plus d'autre pensée que celle de délivrer Jérusalem (1).

---

(1) Voy. sur ces événemens Albert d'Aix., lib. v.

FIN DU LIVRE III.

HISTOIRE DES CROISADES.

LIVRE IV.

1099 ON se rappelle qu'Antioche avait vu devant ses remparts plus de trois cent mille croisés sous les armes ; deux cent mille avaient été moissonnés par les combats, la misère et les maladies. Un grand nombre de pélerins n'avaient pu supporter les fatigues de la guerre sainte, et, perdant l'espoir de voir Jérusalem, ils étaient retournés en Occident. Plusieurs avaient fixé leur demeure dans Antioche, dans Édesse, et d'autres villes qu'ils avaient délivrées de la domination des infidèles. Enfin l'armée qui devait faire la conquête des saints lieux, comptait à peine sous ses drapeaux cinquante mille combattans.

Cependant les chefs n'hésitèrent point à poursuivre leur entreprise. Les guerriers qui restaient dans les rangs avaient résisté à toutes les épreuves. Ils ne traînaient plus à leur suite une multitude inutile et embarrassante. Moins ils étaient nombreux, moins on avait à redouter l'indiscipline, la licence et la disette. Fortifiés en quelque sorte par leurs pertes, ils étaient peut-être plus redoutables qu'au commencement de la guerre. Le souvenir de leurs exploits soutenait leur confiance et leur bravoure, et la terreur qu'inspiraient leurs armes pouvait faire croire à l'Orient qu'ils avaient encore une armée innombrable.

Après avoir vaincu l'émir de Tripoli dans une sanglante bataille, et l'avoir forcé d'acheter la paix et le salut de sa capitale par un tribut (1), tous les croisés se mirent en marche pour Jérusalem; on était alors à la fin de mai; la moisson couvrait les champs; les chrétiens trouvaient partout des vivres. Ils admiraient sur leur passage les richesses de l'Orient, et les regardaient déjà comme le prix de leurs travaux. A leur gauche s'élevaient les montagnes du Liban, si souvent célébrées par les prophètes; entre les montagnes et la mer, les campagnes qu'ils traversaient étaient couvertes d'oliviers qui s'élevaient à la hauteur des ormes et des chênes; dans les plaines, sur les coteaux croissaient des orangers, des grenadiers, et plusieurs sortes d'arbres inconnus dans la plupart des contrées de l'Occident.

Parmi ces productions, dont la vue les remplissait de surprise et de joie, une plante, dont le suc était plus doux que le miel, attira surtout l'attention des pélerins. Cette plante était la canne à su-

---

(1) Robert le Moine, liv. VIII, parle assez longuement de la marche des pélerins vers Tripoli : ceux-ci firent partout un butin immense ; ils s'emparèrent en un seul jour de 3,000 chameaux. (*Bibliothèque des Croisades*, tom. I.)

cre; on la cultivait dans plusieurs provinces de la Syrie, et surtout dans le territoire de Tripoli, où l'on avait trouvé le moyen d'en extraire la substance, que les habitans appelaient *zucra* (1). Au rapport d'Albert d'Aix, elle avait été d'un grand secours aux chrétiens poursuivis par la famine aux siéges de Marra et d'Archas. Cette plante, qui est aujourd'hui une production si importante dans le commerce, avait été jusqu'alors ignorée dans l'Occident. Les pélerins la firent connaître en Europe, et vers la fin des croisades elle fut transportée en Sicile et en Italie, tandis que les Sarrasins l'introduisaient dans le royaume de Grenade, d'où les Espagnols la transportèrent dans la suite à Madère et dans les colonies d'Amérique.

---

(1) Albert d'Aix et Jacques de Vitry donnent quelques détails sur les cannes à sucre. (Voy. Albert d'Aix, liv. v, §. 37, et Jacques de Vitry, §. 85.) Nous citerons ici le texte même d'Albert d'Aix, qui nous a paru fort curieux :

Calamellos mellitos per camporum planiciem abundanter repertos, quos vocant zucra, suxit populus, illorum salubri succo lætatus et vix ad saturitatem præ dulcedine expleri hoc gustato valebant. Hoc enim genus herbæ summo labore agricolarum, per singulos excolitur annos. Deinde, tempore messis maturum mortariolis indigenæ contundunt, succum colatum in vasis suis reponentes quousquè coagulatum indurescat sub specie nivis vel salis albi. Quem rasum cum pane miscentes aut cum aquá terentes, pro pulmento sumunt, et supra favum mellis gustantibus dulce ac salubre videtur..... His ergo calamellis melliti saporis populus in obsidione Albariæ, Marræ et Archas multum horrendá fame vexatus, est refocillatus. (Alb. Aq., lib. v, cap. 37.)

L'armée chrétienne suivait les côtes de la mer, 1099 où elle pouvait être approvisionnée par les flottes des Pisans, des Génois, et par celle des pirates flamands (1). Une foule de chrétiens et de pieux solitaires qui habitaient les montagnes voisines, accouraient pour visiter leurs frères d'Occident, leur apportaient des vivres, et les conduisaient dans leur route (2).

Les chroniques contemporaines se plaisent à célébrer l'ordre admirable qui régnait dans cette armée si long-temps agitée par la discorde. Des porte-étendards marchaient à la tête des pélerins; venaient ensuite les différens corps de l'armée; au milieu d'eux se trouvaient les bagages : le clergé, la foule du peuple sans armes, fermaient la marche (3). Les trompettes retentissaient sans cesse, et les premiers rangs s'avançaient lentement pour

---

(1) Raymond d'Agiles dit que les vaisseaux anglais et génois qui arrivèrent alors furent d'un grand secours à l'armée des croisés. (Page 173 de la collection de Bongars.) Les pirates flamands, retenus prisonniers par les Grecs à Laodicée, avaient été délivrés par Bohémond.

(2) Raymond d'Agiles parle d'une peuplade de 60,000 chrétiens dans le Mont-Liban; les chrétiens du pays servirent de guides à l'armée des pélerins : il y avait, dit Robert, trois routes pour se rendre à Jérusalem, l'une par Damas, facile et presque toujours en plaine; l'autre par le Mont-Liban, difficile pour les transports; la dernière enfin par le long de la mer. (Voyez *Bibliothèque des Croisades*, tom. 1.)

(3) Voyez la description pleine d'intérêt que donne Bau-

que les plus faibles pussent suivre les drapeaux. Chacun veillait à son tour pendant la nuit, et lorsqu'on avait quelque sujet de crainte, toute l'armée était prête à combattre. On punissait ceux qui manquaient à la discipline, on instruisait ceux qui n'en connaissaient pas les lois ; les chefs et les prêtres exhortaient tous les croisés à s'aider les uns les autres, à donner l'exemple des vertus évangéliques ; tous étaient braves, patiens, sobres, charitables, *ou s'efforçaient de l'être.*

Les croisés eurent souvent à passer dans des chemins détruits par les torrens et des défilés suspendus sur des abîmes. Telle était la crainte qui se répandait à leur approche, parmi les Musulmans, qu'ils ne rencontrèrent point d'ennemis dans des lieux où, d'après le récit d'un témoin oculaire, *cent guerriers Sarrasins auraient suffi pour arrêter le genre humain tout entier.* Descendus dans la plaine, ils traversèrent les terres de Berithe, de Tyr et de Sidon. Les Musulmans, enfermés dans leurs murailles, envoyèrent aux pèlerins des provisions, les conjurant de respecter les jardins et les vergers, parure et richesse de leur territoire. Comme les croisés séjournèrent trois jours près du fleuve Adonis, ils y furent assaillis par des serpens ou des insectes qu'on appelait *ta-*

---

dri de la marche des croisés : le camp, dit-il, ressemblait à une école de morale. (*Bibliothèque des Croisades*, tom. 1.)

renta, et dont la piqûre leur causait une enflure subite avec des douleurs insupportables et mortelles. La vue de ces reptiles, qu'ils chassaient soit en frappant des pierres les unes contre les autres, soit en faisant retentir leurs boucliers, remplit les pèlerins de crainte et de surprise; mais ce qui dut les étonner encore davantage, c'est l'étrange remède que leur indiquèrent les habitans, et qui, sans doute, fut pour eux bien plus un sujet de scandale qu'un moyen de guérison (1). Quelques soldats musulmans, sortis de Sidon, osèrent menacer les croisés à leur départ, et telle était la disposition des chefs de l'armée chrétienne, qu'ils ne profitèrent point de ce prétexte pour s'emparer de la ville, ou pour arracher quelques tributs aux habitans; rien ne pouvait plus les distraire de leur

---

(1) Gautier Vinisauf parle aussi de la piqûre de ces animaux, qu'il appelle insectes. Il ne dit rien de l'étrange remède qu'indique Albert d'Aix; mais il prétend qu'on venait à bout de les chasser en faisant un grand bruit. (Voy. *Bibliothèque des Croisades*, tom. I.) Nous croyons pouvoir citer le passage latin d'Albert d'Aix, qui parle du remède indiqué par les habitans du pays contre la morsure de la *tarenta*. *Similiter et aliam edocti sunt medicinam, ut vir percussus sine mord coiret cum muliere, cum viro mulier et sic ab omni tumore veneni liberaretur uterque.* (Alb. Aq., lib. v, cap. 40.) Le même historien parle d'un autre remède, qui consistait à presser fortement le lieu de la morsure pour empêcher la communication du venin avec les autres parties. Le remède qu'on employait au temps de Gauthier Vinisauf, était la thériaque.

grande entreprise. La plupart des princes que la guerre avait ruinés, ne cherchaient plus à s'enrichir par des conquêtes, et pour entretenir leurs soldats, ils s'étaient mis à la solde du comte de Toulouse qu'ils n'aimaient point. Cette espèce d'abaissement dut coûter à leur fierté; mais à mesure qu'ils approchaient de la ville sainte, on eût dit qu'ils perdaient quelque chose de leur ambition ou de leur indomptable orgueil, et qu'ils oubliaient leurs prétentions et leurs querelles.

Les chrétiens ayant toujours suivi les côtes de la mer, arrivèrent devant les murs d'Accon, l'ancienne Ptolémaïs, aujourd'hui St.-Jean d'Acre. L'émir qui commandait dans cette ville pour le calife d'Égypte, leur envoya des vivres, et leur promit de se rendre lorsqu'ils seraient maîtres de Jérusalem. Comme les croisés n'avaient point le projet d'attaquer Ptolémaïs, ils reçurent avec joie la soumission et les promesses de l'émir égyptien ; mais le hasard leur fit bientôt connaître que le gouverneur de la ville n'avait d'autre intention que celle de les éloigner de son territoire, et de leur susciter des ennemis dans le pays qu'ils allaient traverser. L'armée chrétienne, après avoir quitté les campagnes de Ptolémaïs, s'était avancée entre la mer et le mont Carmel, et campait près de l'étang de Césarée, lorsqu'une colombe, échappée des serres d'un oiseau de proie, tomba sans vie au milieu des soldats chrétiens. L'évêque d'Apt, qui ramassa cet oiseau, trouva sous ses ailes une lettre écrite par l'émir de Ptolémaïs à celui de Césarée :

« La race maudite des chrétiens, disait l'émir, 1099
» vient de traverser mon territoire; elle va passer
» sur le vôtre : que tous les chefs des villes mu-
» sulmanes soient avertis de sa marche, et qu'ils
» prennent des mesures pour écraser nos enne-
» mis (1). » Cette lettre fut lue dans le conseil des
princes et devant toute l'armée. Les croisés, au
rapport de Raymond d'Agiles, témoin oculaire,
firent éclater leur surprise et leur joie, et ne dou-
tèrent plus que Dieu ne protégeât leur entreprise,
puisqu'il leur envoyait les oiseaux du ciel pour
leur révéler les secrets des infidèles. Remplis d'un
nouvel enthousiasme, ils continuèrent leur route,
s'éloignèrent des côtes de la mer, et laissèrent à
leur droite Antipatride et Joppé. Ils saluèrent à
l'Orient les cimes d'Éphraïm, et s'emparèrent de
Lydda (l'ancienne Diospolis), célèbre par le martyre de saint Georges. On se rappelle que saint
Georges était le patron des guerriers chrétiens, et
que souvent ils avaient cru le voir au milieu des
batailles, combattant avec eux les infidèles (2).
Les croisés laissèrent à Lydda un évêque et des

---

(1) Voyez Raymond d'Agiles, pag. 173 de la collection de Bongars. Le récit de Raymond d'Agiles a évidemment ins-piré au Tasse la fiction de son XVIIIe. livre, dans lequel un pigeon, qui se dirigeait vers Solime, est poursuivi par un faucon et s'abat sur les genoux de Godefroy.

(2) C'était St. Georges qui commandait la légion céleste, laquelle, suivant le chroniqueur, venait si souvent au secours des chrétiens dans les combats : *Quoniam*, dit Raymond d'Agiles, *si ducem nostrum professus est visum est majo-*

1099 prêtres pour desservir les autels de l'illustre martyr, et lui consacrèrent la dîme de toutes les richesses enlevées aux Musulmans. Ils s'emparèrent ensuite de Ramla, ville qui n'est point nommée dans l'Écriture, mais que les croisades devaient rendre célèbre ; réunis dans cette cité qu'ils avaient trouvée sans habitans, les croisés n'étaient plus qu'à dix lieues de Jérusalem. On aura quelque peine à croire ce que nous allons rapporter. Ces guerriers magnanimes, qui avaient bravé tant de périls et vaincu tant de peuples pour arriver sous les murs de la cité sainte, délibérèrent alors pour savoir s'ils iraient assiéger le Caire ou Damas (1). Ne voyant plus autour d'eux cette multitude de combattans qui avaient conquis Antioche et Nicée, leur confiance dans la victoire parut un moment les abandonner ; les dangers et les malheurs qui les attendaient aux portes de la ville promise à leurs

---

ribus et omni populo ne episcopum ibi eligeremus. (Raymond d'Agiles, pag. 173.)

L'évêque qui réunit à son diocèse la ville de Ramla, resta dans cette cité avec les siens, riches d'or et d'argent, et d'une grande quantité de chevaux et d'animaux de toute espèce. (Voyez *Bibliothèque des Croisades*, tom. 1.)

(1) C'est Raymond d'Agiles seul qui parle de cette étrange délibération des chefs ; si cet historien n'avait point été présent, nous ne pourrions y ajouter foi. (Voyez Raymond d'Agiles, dans le Recueil de Bongars, pag. 173.) Albert d'Aix se contente de dire que les chefs, après avoir traversé le territoire de Ptolémaïs, délibérèrent s'ils n'iraient point à Damas.

armes, vinrent tout-à-coup effrayer leurs pensées, et touchant à la dernière de leurs épreuves, ils semblaient se dire au fond du cœur, comme l'Homme-Dieu au moment d'achever son douloureux sacrifice, *que ce calice passe loin de nous*. Cependant le souvenir de leurs exploits, les sentimens que devait leur inspirer le voisinage des saints lieux, triomphèrent de leur hésitation, et d'une voix unanime les chefs résolurent de poursuivre leur marche vers Jérusalem.

1099

Tandis que l'armée chrétienne s'avançait à travers les montagnes de la Judée, les Musulmans qui habitaient les deux rives du Jourdain, les frontières de l'Arabie et les vallées de Sichem, accouraient dans la capitale de la Palestine, les uns pour la défendre les armes à la main, les autres pour y chercher un asile avec leurs familles et leurs troupeaux. Sur leur passage, les chrétiens du pays étaient accablés d'outrages et chargés de fers, les oratoires et les églises livrés au pillage et aux flammes. Toutes les contrées voisines de Jérusalem présentaient le spectacle de la désolation; les campagnes et les cités retentissaient partout du tumulte et des menaces de la guerre (1).

Lorsque les croisés arrivèrent à Emmaüs, ville considérable au temps des Machabées, et qui n'é-

---

(1) Voyez ces détails dans Albert d'Aix, *Biblioth. des Croisades*, liv. v, §§. 44 et 45.

tait plus qu'une bourgade connue sous le nom de Nicopolis, quelques chrétiens de Bethléem vinrent implorer leur secours. Touché de leurs prières, Tancrède partit au milieu de la nuit avec trois cents guerriers, et planta le drapeau des croisés sur les murs de la ville, à l'heure même où Jésus-Christ prit naissance, et qu'il fut annoncé aux bergers de la Judée (1).

Dans cette même nuit, un phénomène apparut dans le ciel et frappa vivement l'imagination des pélerins; une éclipse de lune répandit tout-à-coup les plus profondes ténèbres; la lune se montra ensuite couverte comme d'un voile ensanglanté. Plusieurs des croisés furent saisis de terreur; « mais
» *ceux qui connaissaient la marche et le mou-*
» *vement des astres*, dit Albert d'Aix, rassurèrent
» leurs compagnons, en leur disant qu'une éclipse
» de soleil aurait pu être funeste aux chrétiens,
» mais qu'une éclipse de lune annonçait évidem-
» ment la destruction des infidèles (2). »

Pendant cette nuit mémorable, personne dans l'armée chrétienne ne put se livrer au sommeil; jamais on n'attendit le jour avec plus d'impatience; à peine les ténèbres commençaient-elles à se dissiper, que plusieurs pélerins, devançant leurs drapeaux et bravant tous les dangers, allèrent jus-

---

(1) Voyez l'extrait de Raoul de Caen, *Biblioth. des Croisades*, tom. 1, pag. 314, et Albert d'Aix, au livre cité plus haut.

(2) Albert d'Aix, liv. v, §. 43.

qu'aux portes de la ville sainte, et revinrent dire à leurs compagnons ce qu'ils avaient vu. L'enthousiasme des croisés était à son comble. Quand le soleil se leva sur l'horizon, toute l'armée s'avança les enseignes déployées, et tout-à-coup la cité révérée s'offrit aux regards des soldats de la croix, rangés en bataille. Les premiers qui l'aperçoivent, s'écrient d'une seule voix : *Jérusalem! Jérusalem!* Le nom de *Jérusalem* vole de bouche en bouche, de rang en rang ; les mots de *Jérusalem! Dieu le veut!* sont répétés à-la-fois par soixante mille pélerins, et retentissent sur le mont Sion et sur la montagne des Oliviers (1). Tous les croisés précipitent leur marche ; le pieux délire qui les anime leur fait oublier que l'ennemi est près d'eux et ré-

---

(1) Robert le Moine a décrit l'impression profonde des pélerins à l'aspect de la sainte cité avec toute la chaleur d'un témoin oculaire. (*Voyez* le commencement de son liv. ix.) Baudri est plus froid parce qu'il n'avait pas vu ; Raymond d'Agiles y mêle des prodiges et des apparitions selon sa coutume ; Albert d'Aix est froid, mais exact ; l'abbé Guibert ajoute des réflexions pieuses et les souvenirs de l'Écriture.

L'historien arabe de Jérusalem et d'Hébron, dit que lorsque le pélerin arrive dans la ville sainte, son cœur se remplit d'une joie inexprimable. Hasiz, dit le même auteur musulman, fit à son arrivée à Jérusalem quatre vers dont voici le sens : « Quand nous » approchâmes de la ville, le Seigneur nous montra Jé-» rusalem : nous avions beaucoup souffert dans notre » voyage ; mais nous crûmes alors entrer au ciel. »

pand le désordre dans leurs bataillons. Les cavaliers descendent de cheval et s'avancent les pieds nus ; les uns se jettent à genoux, les yeux tournés tantôt vers le ciel, tantôt vers la ville sainte ; les autres, prosternés dans la poussière, baisent avec dévotion une terre honorée par la présence du Sauveur du monde. Dans leur transport, ils passent de la joie à la tristesse, et de la tristesse à la joie ; tantôt ils se félicitent de toucher au dernier terme de leurs travaux ; tantôt ils pleurent sur leurs péchés, sur la mort de Jésus-Christ, sur son tombeau profané ; tous renouvellent le serment qu'ils ont fait tant de fois, de délivrer Jérusalem du joug sacrilége des Musulmans (1).

---

(1) Dans le troisième chant de la *Jérusalem délivrée*, le Tasse décrit, comme les chroniques, l'impatience et l'enthousiasme des croisés à l'approche de Jérusalem. Tous les détails fournis par les chroniqueurs entrent dans sa pompeuse description ; le poète épique parle même du combat de Tancrède, qui s'avança au-devant de l'armée, combat qui se trouve raconté par Guillaume de Tyr. C'est ici que le Tasse ajoute au récit des contemporains, la fiction de Clorinde, qui est de son invention ; cette fiction peut avoir un grand mérite poétique, mais elle est tout-à-fait contraire aux mœurs guerrières des Orientaux. Nous verrons quelquefois des femmes, revêtues d'une armure, figurer dans les armées chrétiennes ; mais l'histoire des armées musulmanes ne nous en offre aucun exemple. Dans le même chant, le Tasse fait paraître Herminie, qui nomme au vieux Aladin les principaux guerriers de l'armée de Godefroy. Cette fiction est également contraire à la vraisemblance

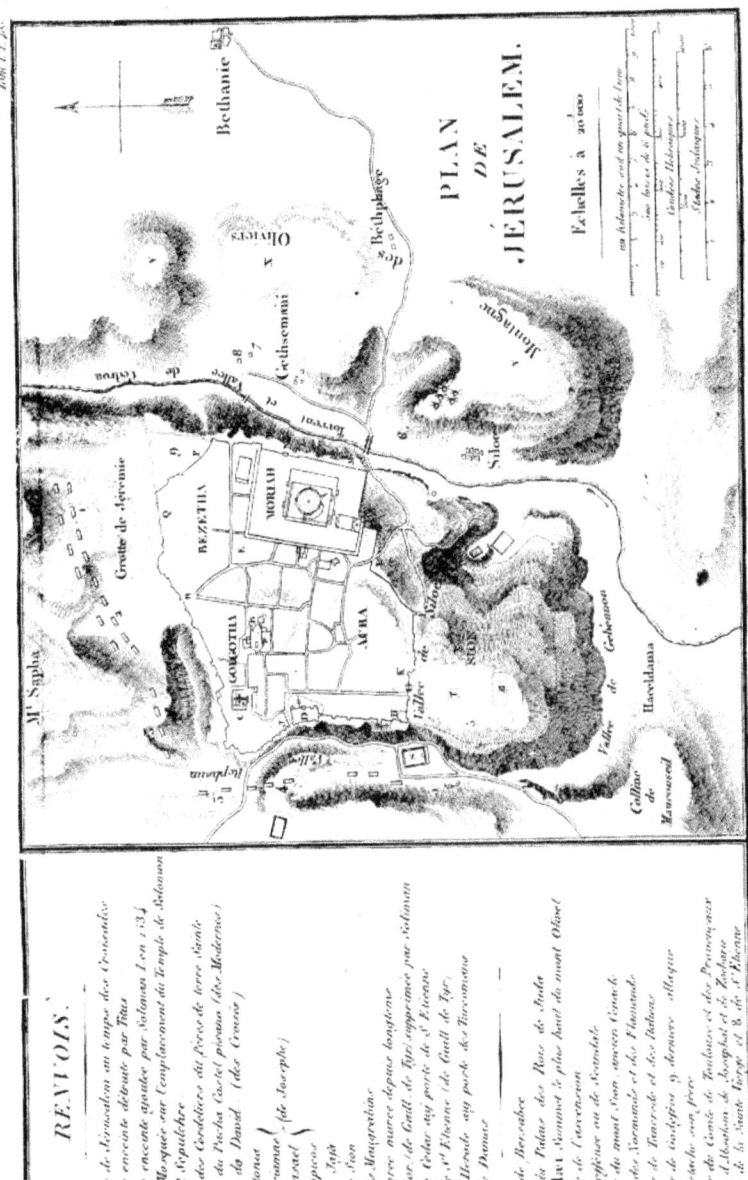

L'histoire fournit peu de notions positives sur la fondation et l'origine de Jérusalem. L'opinion commune est que Melchisedec, qui est appelé roi de *Salem*, dans l'Écriture, y faisait sa résidence; elle fut ensuite la capitale des Jébuséens, ce qui lui fit donner le nom de ville de *Jébus*. Il est probable que du nom de *Jébus* et de celui de *Salem*, qui signifie *vision* ou *séjour de la paix*, on aura formé le nom de *Jérusalem* (1), qu'elle porta sous les rois de Juda.

Dès la plus haute antiquité, Jérusalem ne le cédait en magnificence à aucune des villes de l'Asie. Jérémie la nomme *ville admirable* à cause de sa beauté; David l'appelle *la plus glorieuse et la plus illustre des villes d'Orient*. Par la nature de sa législation toute religieuse, elle montra toujours un invincible attachement pour ses lois; mais elle fut

---

historique. Si la *Jérusalem délivrée* était jamais traduite dans une langue de l'Asie, ce qui étonnerait le plus les lecteurs orientaux, et ce qu'ils croiraient moins que la chute du ciel, serait sans doute ce que dit le poète italien des personnages de Clorinde et d'Herminie. On peut voir ce que dit le chroniqueur Orderic Vital de la véritable princesse d'Antioche, dont tout le chagrin était de ne point manger de la chair de porc, et ce qu'il dit de la belle *Mélal*, qui visitait Bohémond dans sa prison, et que son père Doliman appelait pour cela *Meretrix* ; c'est tout ce que les chroniques de cette époque nous disent des femmes musulmanes. (Voyez la *Biblioth. des Crois.*, tom. I.)

(1) Le nom de *Solyme* a été formé de celui de *Hierosolyma*.

souvent en butte au fanatisme de ses ennemis et de ses propres habitans. Ses fondateurs, dit Tacite, ayant prévu que l'opposition des mœurs serait une source de guerres (1), avaient mis tous leurs soins à la fortifier, et, dans les premiers temps de l'empire romain, elle était une des places les plus fortes de l'Asie.

Après avoir éprouvé un grand nombre de révolutions, elle fut enfin renversée de fond en comble par Titus, et, selon les menaces des prophètes, ne présenta plus qu'une horrible confusion de pierres (2). L'empereur Adrien détruisit ensuite jusqu'aux ruines de la ville sainte, fit bâtir une nouvelle cité, et lui donna le nom d'*Aelia Capitolina* (3) pour qu'il ne restât rien de l'ancienne Jérusalem. Les chrétiens et surtout les juifs en furent bannis; le paganisme y éleva ses idoles; Vénus et Jupiter eurent des autels sur le tombeau même de Jésus-Christ (4). Au milieu de tant de profanations et de vicissitudes, les peuples de l'Orient et de l'Occident conservaient à peine le sou-

---

(1) *Histoire*, lib. v. Il est clair que Tacite a voulu peindre par ces mots le gouvernement et la législation tout entière des juifs, etc.

(2) Sur le siége de Jérusalem, comparez Joseph, *de Bello Judaic.*, et Tacite, *Hist.*, lib. v.

(3) Voyez Dion Cassius, lib. LXIX, et Spartian, *Vita Adrian.*, page 141.

(4) C'est ce qui occasionna un grand nombre de révoltes parmi les juifs, et celle principalement célèbre de Barcochéba. (Dion Cass., lib. LXIX.)

venir de la ville de David, lorsque Constantin lui rendit son nom, y rappela les fidèles et en fit une cité chrétienne. Conquise ensuite par les Perses, reprise par les Grecs, elle était tombée enfin comme une proie sanglante entre les mains des Musulmans, qui s'en disputaient la possession et portaient tour-à-tour dans ses murs le double fléau de la persécution et de la guerre (1).

Au temps des croisades, Jérusalem formait, comme aujourd'hui, un carré plus long que large, d'une lieue de circuit (2). Elle renfermait dans son étendue quatre collines : à l'Orient le *Moriah*, où la mosquée d'Omar avait été bâtie à la place du temple de Salomon ; au midi et au couchant l'*Acra*, qui occupait toute la largeur de la ville ; au septentrion le *Bezetha*, ou la ville neuve ; au nord-ouest le *Golgotha* ou le Calvaire, que les Grecs regardaient comme le centre du monde, et sur lequel s'élevait l'église de la Résurrection. Dans l'état où se trouvait alors Jérusalem, elle avait beaucoup perdu de sa force et de son étendue. Le mont Sion n'était plus enfermé dans son enceinte

---

(1) Les Musulmans appellent Jérusalem *El Cods* (la sainte), *Béit-ül-Mocaddès* (la maison sainte), et quelquefois *El Chérif* (la noble). On peut voir la description de Jérusalem dans les extraits de l'*Histoire* arabe *de Jérusalem et d'Hébron*, traduits en français, et insérés dans le journal allemand intitulé les *Mines de l'Orient*.

(2) Voyez le plan de Jérusalem, et, dans les Pièces justificatives, le mémoire de M. Pillet, sur les cartes et les plans qui sont joints à cette histoire.

et dominait ses murailles entre le midi et l'occident. Les trois vallées qui environnaient ses remparts avaient été en plusieurs endroits comblées par Adrien, et l'accès de la place était beaucoup moins difficile, surtout du côté du nord. Cependant comme Jérusalem, sous la domination des Sarrasins, excitait sans cesse l'ambition des conquérans, et que chaque jour de nouveaux ennemis s'en disputaient la possession, on n'avait point négligé de la fortifier. Les Égyptiens, qui venaient de la conquérir sur les Turcs, se préparaient à la défendre, non plus contre les guerriers qu'ils avaient vaincus, mais contre des ennemis que les remparts d'Antioche et d'innombrables armées n'avaient pu arrêter dans leur marche victorieuse.

A l'approche des croisés, le lieutenant du calife, Iftikhar-edaulé, avait fait combler ou empoisonner les citernes, et s'était environné d'un désert où les chrétiens devaient se trouver en proie à tous les genres de misères. Les vivres, les provisions nécessaires à un long siége avaient été transportées dans la place. Un grand nombre d'ouvriers s'occupaient jour et nuit de creuser les fossés, de réparer les tours et les remparts. La garnison s'élevait à quarante mille hommes; vingt mille habitans avaient pris les armes. Les Imans parcouraient les rues, exhortant le peuple à la défense de la ville; des sentinelles veillaient sans cesse sur les minarets, sur les hauteurs de Sion et du Mont des Oliviers.

Dans la nuit qui précéda l'arrivée de l'armée

chrétienne, plusieurs guerriers Sarrasins s'étaient 1099 avancés au devant des croisés. Baudouin du Bourg avec ses chevaliers marcha à leur rencontre : accablé par le nombre, il fut bientôt secouru par Tancrède, qui accourait de Bethléem. Après avoir poursuivi l'ennemi jusqu'aux portes de la ville sainte, le héros normand laissa ses compagnons et se rendit seul sur le mont des Oliviers, d'où il contempla à loisir la cité promise aux armes et à la dévotion des pélerins. Il fut troublé dans sa pieuse contemplation par cinq Musulmans qui sortirent de la ville et vinrent l'attaquer (1). Tancrède ne cherche point à éviter le combat ; trois Sarrasins tombèrent sous ses coups ; les deux autres s'enfuirent vers la ville (2). Sans hâter ni ralentir sa marche, Tancrède vint ensuite rejoindre le gros de l'armée, qui, dans son enthousiasme, s'avançait

---

(1) Ce fait, que le Tasse a mêlé à quelques fictions, est rapporté par Raoul de Caen, *Gesta Tancredi*, cap. 112. Le même historien ajoute que Tancrède rencontra sur le mont des Oliviers un ermite qui était né en Sicile, et qui regardait Robert Guiscard comme l'ennemi de son pays. Cet ermite accueillit avec respect le héros italien, et lui montra autour de Jérusalem les lieux les plus révérés des pélerins. Il vit, dit Raoul de Caen, le peuple répandu dans les rues de la sainte cité ; les milices frémissantes, les femmes éplorées, et les prêtres invoquant le ciel.

(2) Ce qui facilita la victoire de Tancrède, c'est que les guerriers sarrasins s'étaient séparés les uns des autres. (Voy. Raoul de Caen, *Bibliothèque des Croisades*, tome I.)

sans ordre et s'approchait de la sainte cité (1), en chantant ces paroles d'Isaïe : *Jérusalem, lève les yeux, et vois le libérateur qui vient briser tes fers.*

Dès le lendemain de leur arrivée, les croisés s'occupèrent de former le siége de la place. Le duc de Normandie, le comte de Flandre, Tancrède, campèrent vers le septentrion, depuis la porte d'Hérode jusqu'à la porte de Cédar ou de Saint-Étienne. Près des Flamands, des Normands et des Italiens, se placèrent les Anglais commandés par Edgard Adeling, et les Bretons conduits par leur duc Alain Fergent, le sire de Château-Giron, le vicomte de Dinan. Godefroy, Eustache, Baudouin du Bourg, établirent leurs quartiers entre l'occident et le nord, autour de l'enceinte du Calvaire, depuis la porte de Damas jusqu'à la porte de Jaffa. Le comte de Toulouse plaça son camp à la droite de Godefroy, entre le midi et l'occident; il avait près de lui Raimbaud d'Orange, Guillaume de Montpellier, Gaston de Béarn. Ses troupes s'étendirent d'abord sur le penchant de Sion, et, peu de jours après, il fit dresser ses tentes sur le haut de la montagne, au lieu même où Jésus-Christ avait célébré la Pâque avec ses disciples. Par ces dispositions, les croisés laissèrent libres les côtés de la ville qui étaient défendus au midi par la vallée de

---

(1) Voyez, pour cette arrivée des chrétiens, Guillaume de Tyr, liv. VII, chap. 23.

Gibon ou de Siloë, et vers l'orient par la vallée de Josaphat (1).

Autour de Jérusalem, chaque pas que faisaient les pélerins leur rappelait un souvenir cher à la religion. Ce territoire révéré des chrétiens n'avait point de vallée, point de rocher qui n'eût un nom dans l'histoire sacrée. Tout ce qu'ils voyaient réveillait ou échauffait leur enthousiasme. Ils ne pouvaient surtout détacher leurs regards de la ville sainte, et gémissaient sur l'état d'abaissement où elle était tombée. Cette cité, jadis si superbe, semblait ensevelie dans ses propres ruines, et l'on pouvait alors, pour nous servir des expressions de Josèphe, se demander dans Jérusalem même où était Jérusalem. Avec ses maisons carrées, sans fenêtres, et surmontées d'une terrasse plate, elle s'offrait aux yeux des croisés comme une masse énorme de pierres entassées entre des rochers. On n'apercevait çà et là, dans son enceinte, que quelques cyprès et des bosquets d'aloës et de térébinthes, parmi lesquels s'élevaient des clochers dans le quartier des chrétiens, et des mosquées dans celui des infidèles. Dans les vallées et les campagnes

---

(1) En comparant la description du siége de Jérusalem par les croisés, tel que le rapportent les témoins oculaires, à celle du siége qu'en firent les Romains sous Vespasien, on trouve que les quartiers de Godefroy étaient au même lieu que ceux de Titus lorsqu'il dirigea ses premières attaques contre la ville. (Voyez l'*Histoire de Josèphe*, lib. v.)

voisines de la ville que les antiques traditions représentaient comme couvertes de jardins et d'ombrage, croissaient avec peine des oliviers épars et l'arbuste épineux du rhamnus. L'aspect de ces campagnes stériles et des montagnes brûlées par un soleil ardent, présentait partout aux pélerins des images de deuil, et mêlait une sombre tristesse à leurs sentimens religieux. Il leur semblait entendre la voix des prophètes qui avaient annoncé la servitude et les malheurs de la cité de Dieu, et, dans l'excès de leur dévotion, ils croyaient être appelés à lui rendre son éclat et sa splendeur.

Ce qui enflamma encore le zèle des croisés pour la délivrance de la ville sainte, ce fut l'arrivée parmi eux d'un grand nombre de chrétiens sortis de Jérusalem, et qui, privés de leurs biens, chassés de leurs maisons, venaient chercher des secours et un asile au milieu de leurs frères d'Occident. Ces chrétiens racontaient les persécutions qu'avaient fait essuyer les Musulmans à tous ceux qui adoraient Jésus-Christ. « Les femmes, les enfans, les
» vieillards étaient retenus en otage; les hommes
» en état de porter les armes se trouvaient condamnés à des travaux qui surpassaient leurs forces. Le chef du principal hospice des pélerins
» avait été jeté dans les fers avec un grand nombre
» de chrétiens. On avait pillé les trésors des églises
» pour fournir à l'entretien des soldats musulmans.
» Le patriarche Siméon s'était rendu dans l'île de
» Chypre, pour y implorer la charité des fidèles
» et sauver son troupeau menacé de la destruction,

» s'il ne payait point l'énorme tribut imposé par
» les oppresseurs de la ville sainte. Chaque jour
» enfin les chrétiens de Jérusalem étaient accablés
» de nouveaux outrages, et plusieurs fois les infi-
» dèles avaient formé le projet de livrer aux flam-
» mes et de détruire de fond en comble le Saint-
» Sépulcre et l'église de la Résurrection (1). »

1099

Les chrétiens fugitifs, en faisant aux pèlerins ces douloureux récits, les exhortaient à presser l'attaque de Jérusalem. Dès les premiers jours du siége, un solitaire, qui avait fixé sa retraite sur le mont des Oliviers, vint réunir ses prières à celles des chrétiens chassés de la ville, et conjura les croisés, au nom de Jésus-Christ, dont il se disait l'interprète, de livrer un assaut général. Ceux-ci, qui n'avaient ni échelles, ni machines de guerre, s'abandonnèrent aux conseils du pieux ermite, et crurent que leur audace et leurs épées suffisaient pour renverser les remparts des Sarrasins. Les chefs, qui avaient vu tant de prodiges opérés par la valeur et l'enthousiasme des soldats chrétiens, et qui n'avaient point oublié les longues misères du siége d'Antioche, cédèrent sans peine à l'impatience de l'armée; d'ailleurs, la vue de Jérusalem avait enflammé les croisés d'une ardeur qu'on pouvait croire invincible, et les moins crédules ne doutaient point que Dieu ne secondât leur bravoure par des miracles.

---

(1) Voir Albert d'Aix, lib. v.

1099 Au premier signal, l'armée chrétienne s'avança en bon ordre vers les remparts. Les uns, réunis en bataillons serrés, se couvraient de leurs boucliers, qui formaient sur leurs têtes une voûte impénétrable; ils s'efforçaient d'ébranler les murailles à coups de piques et de marteaux, tandis que les autres, rangés en longues files, restaient à quelque distance et se servaient de la fronde et de l'arbalète. L'huile et la poix bouillantes, de grosses pierres, d'énormes poutres, tombaient sur les premiers rangs des chrétiens. Rien ne pouvait intimider l'audace des assaillans. Déjà l'avant-mur s'était écroulé sous leurs coups; mais la muraille intérieure leur opposait un obstacle invincible. Il ne se trouvait qu'une seule échelle qui pût atteindre la hauteur des murs; mille braves se disputent l'honneur d'y monter (1), et quelques-uns d'entre eux, parvenus au sommet de la muraille, combattent corps à corps avec les Sarrasins, qui ne peuvent comprendre le prodige d'un si grand courage. Sans doute les croisés seraient entrés ce jour-là même dans Jérusalem, s'ils avaient

---

(1) Tancrède, suivant Raoul de Caen, se précipita vers cette échelle pour y monter le premier, mais, nobles et soldats, tous s'opposèrent à sa résolution; on fut obligé de le tirer par le bras et de lui ôter son épée. Un jeune homme (Rembaud Croton) le remplace; bientôt il arrive au haut de l'échelle; mais couvert de blessures, il est obligé de se retirer. (Voy. *Bibliothèque des Croisad.*, tom. 1.)

eu les instrumens et les machines nécessaires (1); mais les assiégés ne tardèrent pas à revenir de leur surprise; le ciel ne fit point les miracles promis par le solitaire; les premiers des assaillans, accablés par le nombre, ne purent être secourus par leurs compagnons, et ne trouvèrent qu'une mort glorieuse sur les murs qu'ils avaient franchis.

Les chrétiens rentrèrent dans leur camp en déplorant leur imprudence et leur crédulité. Ce premier revers leur apprit qu'ils ne devaient pas toujours compter sur des prodiges, et qu'il leur fallait avant tout construire des machines de guerre ; mais il était difficile de se procurer le bois nécessaire dans un pays qui n'offrait qu'un sable inculte et des rochers stériles. Plusieurs détachemens furent envoyés à la découverte dans les campagnes voisines. Le hasard leur fit trouver, au fond d'une caverne, de grosses poutres qui furent transportées dans le camp. On démolit les maisons et même les églises du voisinage qui n'avaient point été livrées aux flammes, et tout le bois échappé aux ravages des Sarrasins fut employé à la construction des machines.

Cependant les travaux du siége ne répondaient point à l'impatience des croisés, et ne pouvaient prévenir les maux qui menaçaient en-

---

(1) *Si tunc*, dit Robert le Moine, *scalarum copiam habuissent, labor ità primus ultimus fuisset.* (Rob., *Monact.*, lib. ix.)

core l'armée chrétienne. Les plus grandes chaleurs de l'été avaient commencé au moment où les pélerins étaient arrivés devant Jérusalem. Un soleil dévorant et les vents du midi chargés de la poussière du désert, embrasaient l'horizon. Le torrent de Cédron était desséché; toutes les citernes du voisinage avaient été comblées ou empoisonnées (1). La fontaine de Siloë, qui coulait par intervalle, ne pouvait suffire à la multitude des pélerins. Sous un ciel de feu, au milieu d'une campagne aride, l'armée chrétienne se trouva bientôt en proie à toutes les horreurs de la soif.

Dès-lors il n'y eut plus parmi les chefs et les soldats, qu'une seule pensée, qu'une seule occupation, celle de se procurer l'eau nécessaire. Les riches y employaient leurs trésors, le peuple tout son temps, toute son activité. La foule des pélerins, au risque de tomber entre les mains des Musulmans, erraient nuit et jour dans les montagnes et les vallées; lorsqu'ils avaient découvert une source ou une citerne, ils y accouraient, ils s'y pressaient en foule, et souvent on se disputait les armes à la main quelques gouttes d'une eau fangeuse. Les habitans du pays apportaient au camp des outres remplies d'une eau qu'ils avaient puisée dans de vieilles

---

(1) On peut lire dans le Tasse une admirable peinture de cette sécheresse, qui se trouve aussi décrite par le moine Robert, Baldric, Raymond d'Agiles, Albert d'Aix, Guillaume de Tyr, et par Gilles ou Gilon, dans son poëme latin sur la première croisade.

citernes ou dans des marais; la foule haletante se 1099
pressait autour d'eux, et les plus pauvres des pélerins donnaient deux pièces de monnaie pour obtenir une boisson fétide où se trouvaient mêlés des vers malfaisans, et parfois même des sangsues qui leur causaient des maladies mortelles. Les chevaux, abreuvés à grands frais, rejetaient par les naseaux l'eau corrompue qu'on leur présentait (1); et loin des verts pâturages, tristement étendus sur le sol poudreux du camp, ils ne s'animaient plus au bruit des clairons et n'avaient plus la force de porter leurs cavaliers dans les combats. Les bêtes de somme, abandonnées à elles-mêmes, périssaient misérablement, et leurs cadavres, frappés d'une putréfaction soudaine, répandaient dans l'air des exhalaisons empoisonnées (2).

Chaque jour ajoutait aux maux que souffraient les croisés ; chaque jour les feux du midi devenaient plus ardens; l'aurore n'avait plus de rosée, la nuit plus de fraîcheur; les plus robustes des

---

(1) *Equi ea odorata nares contractas rugubant et præ fastidio nausæ sternutabant.* (Baudri, lib. IV.)

(2) Voici le tableau que fait à ce sujet la chronique en vers de Gillon : « Voilà qu'une soif ardente vint dévorer
» le peuple de Dieu; le soldat creusait la terre avec la
» pointe de son épée, et y appliquant sa bouche brûlante,
» cherchait ainsi à apaiser la soif qui le dévorait; quel-
» ques autres recueillaient avec une lèvre avide la rosée
» qui, pendant la nuit, avait humecté le sable. Qui le
» croirait? lorsqu'on tuait un bœuf dans l'armée, on dé-
» daignait la chair et on buvait le sang. » (Voy. *Biblioth. des Croisades*, tom. I.)

TOM. I. 27*

guerriers languissaient immobiles dans leur tente, implorant la pluie des orages, ou les miracles par lesquels le dieu d'Israël avait fait jaillir une eau rafraîchissante des rochers du désert. Tous maudissaient ce ciel étranger, dont le premier aspect les avait remplis de joie, et qui, depuis le commencement du siége, semblait verser sur eux toutes les flammes de l'Enfer; les plus fervens s'étonnaient surtout de souffrir ainsi à l'aspect de la ville du salut; mais ne perdant rien de leur enthousiasme, et ne cherchant plus que la mort, on les voyait quelquefois se précipiter vers les remparts de la cité de Dieu, et baiser avec transport des pierres insensibles, en s'écriant d'une voix entrecoupée de sanglots: *O Jérusalem ! reçois nos derniers soupirs; que tes murailles tombent sur nous, et que la sainte poussière qui t'environne, recouvre nos ossemens* (1).

Cette calamité de la soif était si grande, qu'on s'apercevait à peine de la disette des vivres. Tous les genres de misère s'étaient réunis pour accabler les croisés. Si les assiégés avaient attaqué alors l'armée chrétienne, ils en auraient triomphé facilement; mais l'Orient n'avait point oublié les victoires des soldats de la croix, et ce souvenir les protégeait dans leur détresse; ils connurent un moment le désespoir, mais jamais la crainte. Leur sécurité héroïque au milieu de tant de maux et de périls, les fit respecter de leurs ennemis, qui

---

(1) Albert d'Aix, analysé *Biblioth. des Croisades*, t. 1.

tremblaient encore à leur aspect et les croyaient toujours invincibles.

1099

Tandis que les chrétiens déploraient leur misère et se désolaient surtout de n'avoir point assez de machines de guerre pour livrer un assaut, il leur arriva tout-à-coup un secours qu'ils n'espéraient point. On apprit dans le camp qu'une flotte génoise était entrée au port de Joppé, chargée de munitions et de provisions de toute espèce. Cette nouvelle rendit quelque joie à la multitude des pélerins, qui n'avaient plus que de tristes pensées. Un corps de trois cents hommes, commandé par Raymond Pelet, partit du camp pour aller au devant du convoi que le ciel semblait envoyer à l'armée chrétienne. Ces trois cents croisés, après avoir, dans le voisinage de Lidda, battu et dispersé les Sarrasins, entrèrent dans la ville de Joppé, abandonnée par ses habitans; la flotte chrétienne avait été surprise et brûlée par celle des infidèles; mais on avait eu le temps d'en retirer des vivres et une grande quantité d'instrumens propres à construire des machines de guerre ; tout ce qu'on avait pu sauver, fut transporté au camp des chrétiens; ce convoi, échappé aux attaques renouvelées des infidèles, arriva sous les murs de Jérusalem, suivi d'un grand nombre d'ingénieurs et de charpentiers génois, dont la présence ranima l'émulation et le courage parmi les assiégeans (1).

---

(1) Voy. Albert d'Aix, pour ces événemens, en le com-

27..

1099 Comme on n'avait point assez de bois pour la construction des machines, un Syrien, selon Guillaume de Tyr, Tancrède lui-même, si on croit Raoul de Caen, conduisit les croisés à quelques milles de Jérusalem, vers l'ancien pays de Samarie et vers le territoire de Gabaon, fameux par le miracle du soleil arrêté dans sa course. Là, les chrétiens découvrirent la forêt dont parle le Tasse dans la *Jérusalem délivrée*; cette forêt s'étendait depuis les hauteurs de Naplouse jusqu'au torrent de Lidda et à la plaine d'Arsur; elle n'offrait point l'aspect mystérieux et terrible que lui prête l'imagination du poète italien; les soldats de la croix y pénétrèrent sans éprouver de crainte et sans rencontrer d'obstacles. Les chênes de moyenne grandeur qu'on y trouva, ne furent défendus de la hache, ni par les enchantemens d'Ismen, ni par les armes des Sarrasins (1); des chars auxquels on

---

parant à tous les autres chroniqueurs, qui tous rapportent avec détail le siége de Jérusalem.

(1) Cette forêt était située, dit Raoul de Caen, sur une montagne voisine de la ville de Naplouse, dans un lieu alors ignoré des nôtres, mais maintenant le chemin le plus connu et le plus fréquenté des pélerins. *Adhuc ignotâ viâ, nunc celebri et fermè peregrinantium unicâ.* Le comte Robert fut chargé d'aller chercher le bois nécessaire au siége. (Voy. l'extrait de Raoul de Caen, *Bibliothèque des Croisades*, tom. 1, ainsi que l'Éclaircissement placé à la fin de ce volume, sur cette forêt, et la description qu'en a faite sur les lieux mêmes M. Lepautre, aide-de-camp du général Kléber, qui a fait la campagne de Syrie sous Buonaparte.)

avait attelé des chameaux, transportèrent au camp les arbres abattus ; à mesure que ce bois arrivait, on l'employait aux travaux du siége. Comme les chefs manquaient d'argent, le zèle et la charité des pélerins vinrent à leur secours ; plusieurs offrirent ce qu'ils avaient conservé du butin fait sur l'ennemi ; personne ne resta dans l'inaction ; les chevaliers et les barons se mirent eux-mêmes au travail ; tous les bras furent employés, tout fut en mouvement dans l'armée chrétienne. Tandis que les uns construisaient des béliers, des catapultes, des galeries couvertes, les autres rapportaient dans des outres de l'eau, qu'ils allaient chercher à la fontaine d'Elpire, sur la route de Damas, à celle des apôtres près d'Émaüs, ou dans un ruisseau qui coulait au-delà de Bethléem, vers le désert de St.-Jean. Quelques-uns préparaient les peaux enlevées aux bêtes de somme qui avaient péri par la sécheresse, pour en couvrir les machines et prévenir les effets du feu ; d'autres parcouraient les plaines et les montagnes voisines, et ramassaient, pour en former des claies et des fascines, des branches de figuier, d'olivier et des arbustes de la contrée, tels que le *ramnus*, qui, selon quelques traditions, avait composé la couronne d'épines du Sauveur.

Quoique les chrétiens eussent encore beaucoup à souffrir de la soif et de l'ardeur de la saison et du climat, l'espoir de voir bientôt finir leurs maux leur donnait la force de les supporter. Les préparatifs de l'attaque se pressaient avec une incroyable activité ; chaque jour des machines formidables s'élevaient et menaçaient les remparts des Sarrasins. Leur construction était dirigée par Gaston de Béarn, dont les historiens vantent la bravoure et l'habileté (1). Parmi ces machines on remarquait trois énormes tours d'une structure nouvelle; chacune de ces tours avait trois étages; le premier destiné aux ouvriers qui en dirigeaient les mouvemens, le second et le troisième aux guerriers qui devaient livrer un assaut. Ces trois forteresses roulantes s'élevaient plus haut que les murailles de la ville assiégée (2). On avait adapté au sommet une espèce de pont-levis qu'on pouvait abattre sur le rempart, et qui devait offrir un chemin pour pénétrer jusque dans la place (3).

Mais ces puissans moyens d'attaque n'étaient pas les seuls qui allaient seconder les efforts des croisés; l'enthousiasme religieux d'où étaient nés tant de prodiges, devait encore augmenter leur ar-

---

(1) *Quemdam egregium et magnificum virum, dominum videlicet Gastonem de Bearn, operi præfecerunt.* (Guill. Tyren., lib. VIII, cap. 10.) Raymond d'Agiles et l'abbé Guibert parlent aussi de Gaston de Béarn.

(2) Le chevalier de Folart, dans son *Traité de l'attaque des places*, à la suite de son Commentaire sur Polybe, parle de la tour de Godefroy, qu'il appelle mal-à-propos *la tour de Frédéric Ier. à Jérusalem*. Il donne une description détaillée et un plan exact de cette tour, qui est d'ailleurs assez bien décrite dans les historiens contemporains.

(3) Voyez l'extrait de Raoul de Caen, *Bibliothèque des Croisades*, tom. I.

deur et leur préparer une nouvelle victoire (1). Le clergé se répandit dans les quartiers, exhortant les pélerins à la pénitence et à la concorde. La misère, qui enfante presque toujours les plaintes et les murmures, avait aigri leurs cœurs; elle avait semé la division parmi les chefs et les soldats. Dans d'autres temps, les guerriers chrétiens s'étaient disputé des villes et des provinces; ils se disputaient alors les choses les plus communes, et tout devenait pour eux un sujet de ▓▓▓▓ et de querelle. Les plus recommandables ▓▓▓ évêques parvinrent à ramener l'esprit de paix et de fraternité parmi

---

(1) Le Tasse a pris dans les chroniques l'idée du solitaire qui conseille aux croisés de se préparer à l'assaut par la prière et par la pénitence; il nous semble que le poète, en parlant de la procession des croisés autour de Jérusalem, a négligé l'heureuse occasion de peindre les lieux saints, et de rappeler tous les souvenirs poétiques qui pouvaient animer et orner son sujet. Les hommes d'un goût sévère pourraient en général reprocher au Tasse d'avoir mis trop peu de vérité dans les descriptions de lieux; que de couleurs originales et vives offrait à son génie l'aspect austère et tout religieux du pays de Jérusalem; on s'étonne de voir dans ses tableaux des grottes, des bois, des vallons, en un mot des paysages comme on en trouve sous un ciel riant : c'est toujours l'aurore au teint vermeil, la nuit au char d'ébène, le printemps avec sa parure, les bocages avec leur harmonie. On peut dire en général que les peintures de la *Jérusalem délivrée* semblent plus inspirées par le climat de la belle Italie que par le spectacle triste et sévère de la Palestine. Il est trop facile de voir que la muse du poète n'a point habité les roches du Calvaire, ou foulé le sol brûlant et desséché du mont Sion et de la vallée de Josaphat.

les croisés. Le solitaire du mont des Oliviers vint ajouter ses exhortations à celles du clergé, et s'adressant aux princes et au peuple : « Vous, qui êtes » venus, leur dit-il, des régions de l'Occident » pour adorer Jésus-Christ sur son tombeau, ai» mez-vous comme des frères, et sanctifiez-vous par » le repentir et les bonnes œuvres. Si vous obéissez » aux lois de Dieu, il vous rendra maîtres de la » ville sainte; si vous lui résistez, toute sa colère » tombera sur vous. » Le solitaire conseilla aux croisés de faire une procession autour de Jérusalem en invoquant la miséricorde et la protection du ciel.

Les pèlerins, persuadés que les portes de la ville assiégée ne devaient pas moins s'ouvrir à la dévotion qu'à la bravoure, écoutèrent avec docilité les exhortations du solitaire, et tous s'empressèrent de suivre son conseil, qu'ils regardaient comme le langage de Dieu même. Après trois jours d'un jeûne rigoureux, ils sortirent en armes de leurs quartiers, et marchèrent les pieds nus, la tête découverte, autour des murailles de la sainte cité. Ils étaient devancés par leurs prêtres vêtus de blanc, qui portaient les images des saints et chantaient des psaumes et des cantiques. Les enseignes étaient déployées ; le bruit des timbales et des trompettes retentissait au loin. C'est ainsi que les Hébreux avaient fait autrefois le tour de Jéricho, dont les murailles s'étaient écroulées au son d'une musique belliqueuse (1).

---

(1) Guibert exprime même cette pensée : *Præsules me-*

Les croisés partirent de la vallée de Réphraïm, 1099
qui se trouve en face du Calvaire; ils s'avancèrent
vers le nord et saluèrent, en entrant dans la vallée
de Josaphat, les tombeaux de Marie, de saint
Étienne et des *premiers élus de Dieu*. En continuant leur marche vers la montagne des Oliviers,
ils contemplèrent avec respect la grotte où Jésus-
Christ répandit une sueur de sang, et le lieu où
le Sauveur du monde pleura sur Jérusalem. Lorsqu'ils furent arrivés sur le sommet de la montagne,
le plus imposant spectacle se découvrit à leurs
yeux. A l'orient ils voyaient les plaines de Jéricho, les rivages de la Mer-Morte et du Jourdain;
à l'occident ils voyaient à leurs pieds la ville
sainte et son territoire couvert de ruines sacrées.
Assemblés dans le lieu même d'où Jésus-Christ
monta au ciel, et sur lequel ils croyaient voir
encore les vestiges de ses pas, ils entendirent
les dernières exhortations des prêtres et des
évêques.

Arnould de Rohes, chapelain du duc de Normandie, leur adressa un discours pathétique, et
les conjura de redoubler de zèle et de persévérance. En terminant son discours, il se tourna vers
Jérusalem. « Vous voyez, leur dit-il, l'héritage de
» Jésus-Christ foulé par les impies; voici enfin le
» digne prix de tous vos travaux; voici les lieux

---

*mores quod Israelitæ tubis aliquando clangentibus circu-
mitu septenno et sacræ arcæ circum latione diruerant per-
fidæ mœnia civitatis.* (Guibert, Abbat., pag. 534.)

» où Dieu vous pardonnera toutes vos fautes et bé-
» nira toutes vos victoires. » A la voix de l'orateur,
qui leur montrait l'église de la Résurrection et les
roches du Calvaire prêtes à les recevoir, les défenseurs de la croix s'humiliaient devant Dieu et tenaient leurs regards attachés sur Jérusalem.

Comme Arnould les invitait, au nom de Jésus-
Christ, à oublier les injures, à se chérir les uns et
les autres, Tancrède et Raymond, qui avaient eu
entre eux de longs démêlés, s'embrassèrent en
présence de toute l'armée chrétienne. Les soldats
et les autres chefs suivirent leur exemple. Les plus
riches promirent de soulager par leurs aumônes
les pauvres et les orphelins qui portaient la croix.
Tous oublièrent leurs fatales discordes, et jurèrent
de rester fidèles aux préceptes de la charité évangélique (1).

Tandis que les croisés se livraient ainsi aux
transports de leur dévotion et de leur piété, les
Sarrasins, rassemblés sur les remparts de Jérusalem,
élevaient en l'air des croix qu'ils accablaient d'outrages (2); ils insultaient par leurs gestes et leurs clameurs aux cérémonies des chrétiens (3). «Vous en-

---

(1) Voyez, pour cette procession, Baldric, évêque de
Dol, liv. iv; Accolti, liv. iv; Albert d'Aix, liv. vi; Guillaume de Tyr, liv. vii, chap. 2.

(2) *Cruces fixerunt, super quas aut spuebant, aut in
oculis omnium mingere non abhorrebant.* (Alb. Aq., lib. vi.)

(3) *Cum circumiremus*, dit Raymond d'Agiles, *civitatem cum processionis tumultu Sarraceni et Turci, infra*

» tendez, leur dit alors l'ermite Pierre, vous enten-
» dez les menaces et les blasphêmes des ennemis du
» vrai Dieu; jurez de défendre Jésus-Christ persé-
» cuté, crucifié une seconde fois par les infidèles.
» Vous le voyez qui expire de nouveau sur le Cal-
» vaire pour racheter vos péchés. » A ces mots, le
cénobite est interrompu par des gémissemens et
des cris d'indignation. Toute l'armée brûle de venger les outrages du fils de Dieu. « Oui, j'en jure
» par votre piété, poursuit l'orateur, j'en jure par
» vos armes, le règne des impies touche à son
» terme. L'armée du Seigneur n'a plus qu'à pa-
» raître, et tout ce vain amas de musulmans se
» dissipera comme l'ombre. Aujourd'hui encore
» pleins d'orgueil et d'insolence, demain vous les
» verrez saisis de terreur, et sur ce Calvaire où
» vous allez monter à l'assaut, ils seront devant
» vous comme ces gardiens du sépulcre qui sen-
» tirent leurs armes s'échapper de leurs mains, et
» tombèrent morts de frayeur lorsqu'un tremble-
» ment de terre annonça la présence d'un Dieu
» ressuscité. Encore quelques momens, et ces mu-
» railles, trop long-temps l'abri du peuple infi-
» dèle, deviendront la demeure des chrétiens;
» ces mosquées qui s'élèvent sur des ruines chré-
» tiennes, serviront de temple au vrai Dieu, et Jé-
» rusalem n'entendra plus que les louanges du
» Seigneur. »

1099

---

civitatem se gerebant multo modo nos deridentes. (Raymond d'Agiles, pag. 176.)

1099 A ces dernières paroles de Pierre, les plus vifs transports éclatent parmi les croisés ; ils s'exhortent les uns et les autres à supporter ensemble des fatigues et des maux dont ils allaient enfin recevoir la glorieuse récompense. Les chrétiens descendent du mont des Oliviers pour regagner leur camp, et, prenant leur route vers le midi, ils saluent à leur droite le tombeau de David, et passent près de la piscine de Siloë, où Jésus-Christ rendit la vue à l'aveugle-né ; ils aperçoivent plus loin les ruines du palais de Juda, et s'avancent sur le penchant de la montagne de Sion, où d'autres souvenirs viennent ajouter à leur enthousiasme. Dans cette course pieuse, la troupe des pélerins se trouva souvent exposée aux traits que lançaient les Sarrasins du haut de leurs murailles, et plusieurs, frappés d'un coup mortel, expirèrent au milieu de leurs frères, bénissant Dieu et implorant sa justice contre les ennemis de la foi. Vers le soir, l'armée chrétienne revint dans ses quartiers en répétant ces paroles du Prophète : *Ceux d'Occident craindront le Seigneur, et ceux d'Orient verront sa gloire.* Rentrés dans leur camp, la plupart des pélerins passent la nuit en prières ; les chefs et les soldats confessent leurs péchés aux pieds de leurs prêtres, et reçoivent dans la communion le Dieu dont les promesses les remplissaient de confiance et d'espoir (1).

---

(1) *Sacri viatici communione præmuniti*, dit Baudri, lib. vi.

Tandis que l'armée chrétienne se préparait ainsi 1099
au combat, le plus profond silence régnait autour
des murs de Jérusalem ; seulement on entendait
d'heure en heure des hommes qui, du haut des
mosquées de la ville, appelaient les Musulmans
à la prière. Les infidèles couraient en foule dans
leurs temples pour y implorer la protection de
leur Prophète ; ils juraient par la pierre mystérieuse de Jacob, de défendre une ville qu'ils appelaient *la Maison de Dieu*. Les assiégés et les assiégeans avaient la même ardeur de combattre et de
verser leur sang, les uns pour conserver Jérusalem,
les autres pour en faire la conquête. La haine qui
les animait était si violente, que, pendant tout le
cours du siége, aucun député musulman ne vint
dans le camp des chrétiens, et que les chrétiens
n'avaient pas daigné sommer la garnison de se rendre. Entre de tels ennemis, le choc devait être
terrible et la victoire implacable.

Les chefs de l'armée chrétienne furent convoqués pour décider le jour où l'on attaquerait la
ville. On résolut dans le conseil de profiter de l'enthousiasme des pèlerins qui était à son comble, et
de presser l'assaut dont on poursuivait les préparatifs (1). Comme les Sarrasins avaient élevé un

---

(1) Raymond d'Agiles rapporte que dans cette assemblée
on délibéra si on donnerait un roi à la sainte cité ; les ecclésiastiques voulaient qu'on se bornât à nommer un avocat,
un défenseur à Jérusalem, *advocatus Dei*, parce qu'il ne
devait pas y avoir de roi là où Jésus-Christ avait été cru-

grand nombre de machines vers les côtés de la ville qui paraissaient le plus menacés par les chrétiens, on arrêta qu'on changerait les dispositions du siége, et que la principale attaque serait dirigée vers les points où l'ennemi n'avait pas fait des préparatifs de défense.

Pendant la nuit, Godefroy fit placer ses quartiers à l'Orient, vers la porte de Cédar, et non loin de la vallée où Titus était campé lorsque ses soldats pénétrèrent dans les galeries du temple. La tour roulante et les autres machines de guerre que le duc de Lorraine avait fait construire, furent transportées avec d'incroyables efforts en face des murailles qu'il voulait attaquer. Tancrède et les deux Robert dressèrent leurs machines entre la porte de Damas et la tour angulaire, qui fut dans la suite appelée *la tour de Tancrède* (1).

---

cifié. (Voyez Raymond d'Agiles, *Biblioth. des Croisades*, tom. 1.)

(1) Raymond d'Agiles dit que la tour de Godefroy fut transportée à un mille du lieu où elle avait été construite ; ce qui fait croire que l'attaque principale fut dirigée du côté de la porte de Cédar, vers l'entrée de la vallée de Josaphat. Au reste, on doit regretter que M. de Châteaubriant, qui a fait une dissertation très intéressante sur les positions militaires du Tasse, n'ait point éclairci sur les lieux les obscurités que présentent, dans cette circonstance du siége, les récits des historiens.

Aucun écrivain n'a peint avec plus de vérité les ruines saintes qu'il a visitées lui-même ; je n'oublierai jamais les jours où la renommée marquait en quelque sorte les traces

Au lever du jour, les Sarrasins, en voyant ces dispositions nouvelles, furent saisis d'étonnement et d'effroi. Les croisés auraient pu profiter avec avantage des alarmes que ce changement inspirait à leurs ennemis; mais sur un terrain escarpé, il leur était difficile de faire avancer les tours jusqu'au pied des murailles. Raymond surtout, qui était chargé de l'attaque méridionale, se trouvait séparé du rempart par un ravin qu'il fallait combler. Il fit publier par un héraut d'armes qu'il paierait un denier à chaque personne qui y jetterait trois pierres. Aussitôt une foule de peuple accourut pour seconder les efforts de ses soldats (1). Une grêle de traits et de flèches lancés du haut des remparts ne put ralentir l'ardeur et le zèle des travailleurs. Enfin, au bout du troisième jour, tout fut achevé, et les chefs donnèrent le signal d'une attaque générale.

Le jeudi 14 juillet 1099, dès que le jour parut, les clairons retentirent dans le camp des chrétiens; tous les croisés volèrent aux armes, toutes les machines s'ébranlèrent à-la-fois; des pierriers et des mangonneaux vomissaient contre l'ennemi une grêle de cailloux, tandis qu'à l'aide des tortues et

---

de ses pas en Orient. Avec quel intérêt ne l'avons-nous pas suivi sous le ciel de la Grèce, sur les rives du Jourdain et sur la côte de Tunis? Dans son itinéraire, M. de Châteaubriant nous fait très bien connaître les lieux qui furent le théâtre des croisades, en même temps qu'il nous rappelle les plus nobles souvenirs de l'histoire.

(1) Voyez l'abbé Guibert, liv. VII, §. 8.

1099 des galeries couvertes, les béliers s'approchaient du pied des murailles. Les archers et les arbalétriers dirigeaient leurs traits contre les Sarrasins qui gardaient les murs et les tours; des guerriers intrépides, couverts de leurs boucliers, plantaient des échelles dans les lieux où la place paraissait offrir moins de résistance. Au midi, à l'orient et au nord de la ville, les tours roulantes s'avançaient vers le rempart au milieu du tumulte et parmi les cris des ouvriers et des soldats. Godefroy paraissait sur la plus haute plate-forme de sa forteresse de bois, accompagné de son frère Eustache et de Baudouin du Bourg. Il animait les siens par son exemple. Tous les javelots qu'il lançait, disent les historiens du temps, portaient la mort parmi les Sarrasins. Raymond, Tancrède, le duc de Normandie, le comte de Flandre, combattaient au milieu de leurs soldats; les chevaliers et les hommes d'armes, animés de la même ardeur, se pressaient dans la mêlée et couraient de toutes parts au devant du péril (1).

Rien ne peut égaler la fureur du premier choc des chrétiens; mais ils trouvèrent partout une résistance opiniâtre. Les flèches et les javelots, l'huile bouillante, le feu grégeois, quatorze machines que

---

(1) Raoul de Caen cite principalement Bernard de St.-Valéry, Lithbald et Engelbert. (*Biblioth. des Croisades*, t. 1.) Le moine Robert cite Lithbald et Guicher, guerrier d'une force prodigieuse qui avait terrassé un lion. (*Bibliothèque des Croisades.*)

les assiégés avaient eu le temps d'opposer à celles de leurs ennemis, repoussèrent de tous côtés l'attaque et les efforts des assaillans. Les infidèles, sortis par une brèche faite à leur rempart, entreprirent de brûler les machines des assiégeans, et portèrent le désordre dans l'armée chrétienne. Vers la fin de la journée, les tours de Godefroy et de Tancrède ne pouvaient plus se mouvoir; celle de Raymond tombaient en ruines. Le combat avait duré douze heures sans que la victoire parût se décider pour les croisés; la nuit vint séparer les combattans. Les chrétiens rentrèrent dans leur camp en frémissant de rage et de douleur; les chefs, et surtout les deux Robert, ne pouvaient se consoler de ce que *Dieu ne les avait point encore jugés dignes d'entrer dans la ville sainte et d'adorer le tombeau de son fils* (1).

---

(1) Lorsque les chrétiens, dit Guibert, revinrent du combat sans succès, vous auriez vu les chevaliers et les soldats, se frappant dans la main en signe de désespoir, gémir comme si Dieu les avait abandonnés. Il m'est revenu que les ducs Robert de Normandie et de Flandre avaient mêlé leurs larmes, et s'étaient écrié : « Misérables que nous sommes, » Dieu nous juge encore indignes de pénétrer dans sa sainte » cité et de voir son sépulcre. » *Est etiam mihi non inferiori relatione compertum, Robertum Normaniæ comitem, Robertumque alterum Flandriarum principem, junctis pariter convenisse mæroribus; et se cum fletibus uberrimis conclamasse miserrimos, quos suæ adoratione crucis, et visione, immo veneratione sepulchri tantoperè Jesus Dominus judicaret indignos.* (Lib. VII, cap. 6.)

1099

La nuit se passa de part et d'autre dans les plus vives inquiétudes; chacun déplorait ses pertes et tremblait d'en essuyer de nouvelles. Les Sarrasins redoutaient une surprise; les croisés craignaient que les Sarrasins ne brûlassent les machines qu'ils avaient laissées au pied des remparts. Les assiégés s'occupèrent sans relâche de réparer les brèches faites à leurs murailles; les assiégeans, de mettre leurs machines en état de servir pour un nouvel assaut. Le jour suivant ramena les mêmes combats et les mêmes dangers que la veille.

Les chefs cherchaient par leurs discours à relever le courage des croisés. Les prêtres et les évêques parcouraient les tentes des soldats en leur annonçant les secours du ciel. L'armée chrétienne, pleine d'une nouvelle confiance dans la victoire, parut sous les armes, et s'avança en silence vers les lieux de l'attaque, tandis que le clergé marchait en procession autour de la ville.

Le premier choc fut impétueux et terrible. Les chrétiens, indignés de la résistance qu'ils avaient trouvée la veille, combattaient avec fureur. Les assiégés, qui avaient appris l'arrivée d'une armée égyptienne, étaient animés par l'espoir de la victoire; des machines formidables couvraient leurs remparts. On entendait de tous côtés siffler les javelots; les pierres, les poutres lancées par les chrétiens et les infidèles, s'entrechoquaient dans l'air avec un bruit épouvantable et retombaient sur les assaillans. Du haut de leurs tours les Musulmans ne cessaient de lancer des torches enflammées et des pots à feu. Les forteresses de bois des chrétiens 1099 s'approchaient des murailles au milieu d'un incendie qui s'allumait de toutes parts. Les infidèles s'attachaient surtout à la tour de Godefroy, sur laquelle brillait une croix d'or (1), dont l'aspect provoquait leurs fureurs et leurs outrages. Le duc de Lorraine avait vu tomber à ses côtés un de ses écuyers et plusieurs de ses soldats. En butte lui-même à tous les traits des ennemis, il combattait au milieu des morts et des blessés, et ne cessait d'exhorter ses compagnons à redoubler de courage et d'ardeur. Le comte de Toulouse, qui attaquait la ville au midi, opposait toutes ses machines à celles des Musulmans ; il avait à combattre l'émir de Jérusalem, qui animait les siens par ses discours, et se montrait sur les murailles, entouré de l'élite des soldats égyptiens. Vers le nord, Tancrède et les deux Robert paraissaient à la tête de leurs bataillons. Immobiles sur leur forteresse roulante, ils se montraient impatiens de se servir de la lance et de l'épée. Déjà leurs béliers avaient, sur plusieurs points, ébranlé les murailles derrière lesquelles les Sarrasins pressaient leurs rangs, et s'offraient comme un dernier rempart à l'attaque des croisés.

Au milieu du combat, deux magiciennes parurent sur les remparts de la ville, conjurant, disent

---

(1) *Erat crux in summitate quam idem Sarraceni jactu mangenarum assidue moliebantur percutere.* (Albert d'Aix, tom. VI, p. 16.)

les historiens (1), les élémens et les puissances de l'Enfer. Elles ne purent éviter la mort qu'elles invoquaient contre les chrétiens, et tombèrent sous une grêle de traits et de pierres. Deux émissaires égyptiens, venus d'Ascalon pour exhorter les assiégés à se défendre, furent surpris par les croisés lorsqu'ils cherchaient à entrer dans la ville. L'un d'eux tomba percé de coups; l'autre, après avoir révélé le secret de sa mission, fut lancé, à l'aide d'une machine, sur les remparts où combattaient les Sarrasins.

Cependant le combat avait duré la moitié de

---

(1) Comme le Tasse emploie souvent la magie, nous avons recherché avec soin ce qui pourrait avoir rapport avec ce genre de merveilleux dans les historiens contemporains. Le trait que nous citons ici, d'après Guillaume de Tyr et Bernard le Trésorier, est le seul que nous ayons pu trouver. Quelques historiens ont dit encore que la mère de Kerbogâ était sorcière, et qu'elle avait annoncé à son fils la défaite d'Antioche. C'est en vain qu'on chercherait d'autres traits semblables dans l'histoire de la première croisade. Nous devons ajouter que la magie était beaucoup moins en vogue dans le douzième siècle que dans celui où le Tasse a vécu. Les croisés étaient sans doute très superstitieux; mais leur superstition ne s'attachait point aux petites choses: ils étaient frappés des phénomènes qu'ils voyaient dans le ciel; ils croyaient à l'apparition des Saints, à des révélations faites par Dieu lui-même, mais non aux magiciens. Les féeries nous viennent des peuples du Nord qui s'établirent dans la Normandie avec leurs scaldes et leur mythologie particulière; leurs idées se combinèrent peut-être avec l'alchimie des Arabes d'Espagne.

la journée sans que les croisés eussent encore aucun espoir de pénétrer dans la place. Toutes leurs machines étaient en feu; ils manquaient d'eau et surtout de vinaigre (1), qui seul pouvait éteindre l'espèce de feu lancé par les assiégés. En vain les plus braves s'exposaient aux plus grands dangers pour prévenir la ruine des tours de bois et des béliers; ils tombaient ensevelis sous des débris, et la flamme dévorait jusqu'à leurs boucliers et leurs vêtemens. Plusieurs des guerriers les plus intrépides avaient trouvé la mort au pied des remparts; un grand nombre de ceux qui étaient montés sur les tours roulantes avaient été mis hors de combat; les autres, couverts de sueur et de poussière, accablés sous le poids des armes et de la chaleur, commençaient à perdre courage. Les Sarrasins, qui s'en aperçurent, jetèrent de grands cris de joie. Dans leurs blasphèmes, ils reprochaient aux chrétiens d'adorer un Dieu qui ne pouvait les défendre. Les assaillans déploraient leur sort, et, se croyant abandonnés par Jésus-Christ, restaient immobiles sur le champ de bataille.

Mais le combat allait bientôt changer de face. Tout-à-coup les croisés voient paraître sur le mont des Oliviers un cavalier agitant un bouclier (2)

---

(1) Nous rapportons cette circonstance pour faire connaître la nature du feu qu'on lançait sur les machines des chrétiens. Albert d'Aix s'exprime ainsi : *Qualiter ignis, aquâ inextinguibilis, solo aceti liquore restingui valeat.* (ALB. AQ., lib. VI, cap. 18.)

(2) Ce trait est rapporté par Guillaume de Tyr et quel-

et donnant à l'armée chrétienne le signal pour entrer dans la ville. Godefroy et Raymond, qui l'aperçoivent des premiers et en même temps, s'écrient que saint Georges vient au secours des chrétiens. Le tumulte du combat n'admet ni réflexion ni examen, et la vue du cavalier céleste embrase les assiégeans d'une nouvelle ardeur : ils reviennent à la charge. Les femmes mêmes, les enfans, les malades, accourent dans la mêlée, apportent de l'eau, des vivres, des armes, réunissent leurs efforts à ceux des soldats pour approcher des remparts les tours roulantes, effroi des ennemis. Celle de Godefroy (1) s'avance au milieu d'une terrible décharge de pierres, de traits, de feu grégeois, et laisse tomber son pont-levis sur la muraille. Des dards enflammés volent en même temps contre les machines des assiégés, contre les sacs de paille et de foin et les ballots de laine qui recouvraient les derniers murs de la ville. Le vent allume l'incendie et pousse la flamme sur les Sarrasins. Ceux-ci, enveloppés de tourbillons de feu et de fumée, recu-

---

ques autres. *Miles quidam*, dit l'archevêque de Tyr, *de monte Oliveti splendidum et refulgentem ventilando clypeum signum dabat nostris legionibus ut redirent in idipsum et congressionem iterarent.* Raymond d'Agiles dit naïvement : *Quis autem miles iste fuerit cognoscere non potuimus.* (Raym. d'Ag., p. 178, Bongars.)

(1) Mathieu d'Edesse dit que Godefroy portait dans cet assaut l'épée de Vespasien, qui servit, pour la troisième fois, à la destruction de Jérusalem. L'auteur se sert peut-être du langage métaphorique.

lent à l'aspect des lances et des épées des chrétiens. 1099. Godefroy, précédé des deux frères Lethalde et Engelbert de Tournai, suivi de Baudouin du Bourg, d'Eustache, de Reimbaud Croton (1), de Guicher, de Bernard de St.-Vallier, d'Amenjeu d'Albret, enfonce les ennemis, les poursuit et s'élance sur leurs traces dans Jérusalem. Tous les braves qui combattaient sur la plate-forme de la tour, suivent leur intrépide chef, pénètrent avec lui dans les rues, et massacrent tout ce qu'ils rencontrent sur leur passage.

En même temps le bruit se répand dans l'armée chrétienne que le saint pontife Adhémar et plusieurs croisés morts pendant le siége, viennent de paraître à la tête des assaillans, et d'arborer les

---

(1) Orderic Vital attribue à Reimbaud Croton, du Cambresis, la gloire d'être entré le premier dans Jérusalem. Plusieurs historiens, témoins oculaires, le nomment seulement parmi ceux qui suivirent de plus près les frères Lethalde et Engelbert de Tournai. Voici le texte d'Orderic Vital : *Reimboldus Croton qui primus in expugnatione Jerusalem ingressus est*, etc. Les descendans de Reimbaud Croton ont porté indifféremment jusqu'au seizième siècle, les noms de Croton ou d'Estourmel. Cette famille avait conservé pour devise ces mots: *vaillant sur la crète*.

Raoul de Caen raconte différemment ce qui regarde Reimbaud Croton. Il prétend que ce fut lui qui, au premier assaut livré à la ville, monta sur l'échelle où Tancrède avait voulu monter, et que, près d'atteindre au haut des murs, il fut blessé et ramené au camp pour être guéri de sa blessure. Selon Raoul, Reimbaud était de Chartres.

drapeaux de la croix sur les tours de Jérusalem (1). Tancrède et les deux Robert, animés par ce récit, font de nouveaux efforts, et se jettent enfin dans la place, accompagnés de Hugues de St.-Paul, de Gérard de Roussillon, de Louis de Mouson, de Conon et Lambert de Montaigu, de Gaston de Béarn. Une foule de braves les suivent de près; les uns entrent par une brèche à demi-ouverte, les autres escaladent les murs avec des échelles, plusieurs s'élancent du haut des tours de bois. Les Musulmans fuient de toutes parts, et Jérusalem retentit du cri de victoire des croisés : *Dieu le veut! Dieu le veut!* Les compagnons de Godefroy et de Tancrède vont enfoncer à coups de hache la porte de Saint-Étienne, et la ville est ouverte à la foule des croisés, qui se pressent à l'entrée et se disputent l'honneur de porter les derniers coups aux infidèles.

Raymond éprouvait seul encore quelque résistance (2). Averti de la conquête des chrétiens par les cris des Musulmans, par le bruit des armes et le tumulte qu'il entend dans la ville, il relève le courage de ses soldats. Ceux-ci, impatiens de rejoindre leurs compagnons, abandonnent leur tour et leurs machines qu'ils ne pouvaient plus faire mouvoir. Se pressant sur des échelles et s'aidant

---

(1) « Quelques personnes, dit Raymond d'Agiles, assu-
» rèrent l'avoir vu. » (*Bibliothèque des Croisades*, t. 1.)

(2) Voyez Raymond d'Agiles, toujours occupé du comte de Toulouse. (*Bibliothèque des Croisades*, tom. 1.)

les uns et les autres, ils parviennent au sommet du rempart : ils sont précédés du comte de Toulouse, de Raymond Pelet, de l'évêque de Bira, du comte de Die, de Guillaume de Sabran. Rien ne peut arrêter leur attaque impétueuse; ils dispersent les Sarrasins, qui vont se réfugier avec leur émir dans la forteresse de David (1), et bientôt tous les croisés réunis dans Jérusalem s'embrassent, pleurent de joie, et ne songent plus qu'à poursuivre leur victoire.

Cependant le désespoir a rallié un moment les plus braves des Sarrasins; ils fondent sur les chrétiens qui s'avançaient en désordre et couraient au pillage (2). Ceux-ci commençaient à reculer devant l'ennemi qu'ils avaient vaincu, lorsque Évrard de

---

(1) Les auteurs orientaux ne donnent presque point de détails sur le siége de Jérusalem. Les histoires manuscrites arabes qui se trouvent à la Bibliothèque royale, et dont M. Reinaud a traduit le récit, *Bibliothèque des Croisades*, §. 3., ne renferment que des renseignemens vagues. Il y est dit seulement que le siége dura plus de quarante jours, que les chrétiens tuèrent un grand nombre de Musulmans. On peut faire ici une remarque générale : les historiens arabes, lorsque les Musulmans éprouvent des revers, sont avares de détails, et se contentent de dire des choses vagues, en ajoutant ces mots : *Ainsi Dieu l'a voulu, que Dieu maudisse les chrétiens!* Aboulféda ne donne guère plus de détails que les autres. Il dit que le massacre des Musulmans dura sept jours de suite, et que soixante-dix mille personnes furent tuées dans la mosquée d'Omar : ce qui est évidemment exagéré.

(2) Raoul de Caen, cap. 132 et 133.

1099 Puysaie, dont Raoul de Caen a célébré la bravoure, ranime le courage de ses compagnons, se met à leur tête, et porte de nouveau la terreur parmi les infidèles. Dès-lors les croisés n'eurent plus d'ennemis à combattre.

L'histoire a remarqué que les chrétiens étaient entrés dans Jérusalem un vendredi à trois heures du soir (1); c'était le jour et l'heure où Jésus-Christ expira pour le salut des hommes. Cette époque mémorable aurait dû rappeler leurs cœurs à des sentimens de miséricorde; mais irrités par les menaces et les longues insultes des Sarrasins, aigris par les maux qu'ils avaient soufferts pendant le siége, et par la résistance qu'ils avaient trouvée jusque dans la ville, ils remplirent de sang et de deuil cette Jérusalem qu'ils venaient de délivrer et qu'ils regardaient comme leur future patrie. Bientôt le carnage devint général; ceux qui échappaient au fer des soldats de Godefroy et de Tancrède, couraient au-devant des Provençaux également altérés de leur sang. Les Sarrasins étaient massacrés dans les rues, dans les maisons; Jérusalem n'avait point d'asile pour les vaincus: quelques-uns purent échapper à la mort en se précipitant des remparts, les autres couraient en foule se réfugier dans les palais, dans les tours, et sur-

---

(1) Raymond d'Agiles remarque que l'époque où les croisés s'emparèrent de Jérusalem, était la même que celle où les apôtres furent chassés de cette ville et dispersés dans le monde.

tout dans leurs mosquées, où ils ne purent se dérober à la poursuite des chrétiens.

Les croisés, maîtres de la mosquée d'Omar, où les Sarrasins s'étaient défendus quelque temps, y renouvelèrent les scènes déplorables qui souillèrent la conquête de Titus. Les fantassins et les cavaliers y entrèrent pêle-mêle avec les vaincus. Au milieu du plus horrible tumulte, on n'entendait que des gémissemens et des cris de mort; les vainqueurs marchaient sur des monceaux de cadavres pour poursuivre ceux qui cherchaient vainement à fuir. Raymond d'Agiles, témoin oculaire, dit que sous le portique et le parvis de la mosquée, le sang s'élevait jusqu'aux genoux et jusqu'au frein des chevaux (1). Pour peindre ce terrible spectacle que

---

(1) Nous nous contenterons de rapporter ici les propres paroles de Raymond d'Agiles, de Foulcher de Chartres et du moine Robert.

In eodem templo decem fermè millia decollati sunt ; pedites nostri usque ad bases cruore peremptorum tingebantur ; nec feminis nec parvulis pepercerunt. (Ful. Carn., ap. Bong., p. 398.)

Tantum enim ibi humani sanguinis effusum est, ut cœsorum corpora, undâ sanguinis impellente, volverentur per pavimentum, et brachia sive truncatæ manus super cruorem fluitabant. (Robert. Mon., lib. IX ; Bong, pag. 76.)

In templo et porticu Salomonis equitabatur in sanguine usque ad genua et usque ad frenos equorum. (Raym. d'Ag., Bong., p. 179.) Ces paroles de Raymond d'Agiles sont évidemment une hyperbole, et prouvent que les his-

1099 la guerre a présenté deux fois dans le même lieu, il nous suffira de dire, en empruntant les paroles de l'historien Josèphe, que le nombre des victimes immolées par le glaive surpassait de beaucoup celui des vainqueurs accourus de toutes parts pour se livrer au carnage, et que les montagnes voisines du Jourdain répétèrent en gémissant l'effroyable bruit qu'on entendait dans le temple.

L'imagination se détourne avec effroi de ces scènes de désolation, et peut à peine, au milieu du carnage, s'arrêter au tableau touchant des chrétiens de Jérusalem, dont les croisés venaient de briser les fers. A peine la ville venait-elle d'être conquise, qu'on les vit accourir au-devant des vainqueurs; ils partageaient avec eux les vivres qu'ils avaient pu dérober à la recherche des Sarrasins; tous remerciaient ensemble le Dieu qui avait fait triom-

---

toriens latins exagéraient les choses qu'ils auraient dû atténuer ou cacher.

Dans une lettre écrite au pape, aux évêques et aux fidèles, par Daimbert, archevêque de Pise, Godefroy de Bouillon et Raymond de St.-Gilles, on trouve ce passage remarquable : « Si vous voulez savoir, disent-ils, ce qu'on » a fait des ennemis trouvés dans Jérusalem, sachez que » dans le portique de Salomon et dans le temple, les nô- » tres avaient du sang vil des Sarrasins jusqu'aux genoux » des chevaux. » *Si scire desideratis quid de hostibus ibi repertis factum fuerit, scitote quia in porticu Salomonis, et in templo, nostri equitabant in sanguine fœdo Sarracenorum usque ad genua equorum.* (Voyez *Novus Thesaurus anecdotarum*, t. 1, pag. 262, et la *Bibliothèque des Croisades*, t. 1.)

pher les armes des soldats de la croix. L'ermite Pierre qui, cinq ans auparavant, avait promis d'armer l'Occident pour la délivrance des fidèles de Jérusalem, dut jouir alors du spectacle de leur reconnaissance et de leur joie. Les chrétiens de la ville sainte, au milieu de la foule des croisés, semblaient ne chercher, ne voir que le généreux cénobite qui les avait visités dans leurs souffrances, et dont toutes les promesses venaient d'être accomplies. Ils se pressaient en foule autour de l'ermite vénérable; c'est à lui qu'ils adressaient leurs cantiques, c'est lui qu'ils proclamaient leur libérateur : ils lui racontaient les maux qu'ils avaient soufferts pendant son absence; ils pouvaient à peine croire ce qui se passait sous leurs yeux, et, dans leur enthousiasme, ils s'étonnaient que Dieu se fût servi d'un seul homme pour soulever tant de nations et pour opérer tant de prodiges.

1099

A la vue de leurs frères qu'ils avaient délivrés, les pélerins se rappelèrent sans doute qu'ils étaient venus pour adorer le tombeau de Jésus-Christ. Le pieux Godefroy, qui s'était abstenu du carnage après la victoire, quitta ses compagnons, et, suivi de trois serviteurs, se rendit sans armes et les pieds nus dans l'église du Saint-Sépulcre (1). Bientôt la

---

(1) Albert d'Aix nomme ces trois serviteurs, *Baldric*, *Adelberon* et *Stabulon*.

En parlant de la procession de Godefroy, il raconte une ancienne vision de Stabulon, maître-d'hôtel du duc de Bouillon, et qui annonçait depuis bien des années la conquête de la cité sainte. (*Biblioth. des Crois.*, t. 1.)

nouvelle de cet acte de dévotion se répand dans l'armée chrétienne ; aussitôt toutes les vengeances, toutes les fureurs s'apaisent ; les croisés se dépouillent de leurs habits sanglans, font retentir Jérusalem de leurs gémissemens, de leurs sanglots, et, conduits par le clergé, marchent ensemble, les pieds nus, la tête découverte, vers l'église de la Résurrection.

Lorsque l'armée chrétienne fut ainsi réunie sur le Calvaire, la nuit commençait à tomber ; le silence régnait sur les places publiques et autour des remparts (1) ; on n'entendait plus dans la ville sainte que les cantiques de la pénitence et ces paroles d'Isaïe : *Vous qui aimez Jérusalem, réjouissez-vous avec elle.* Les croisés montrèrent alors une dévotion si vive et si tendre, qu'on eût dit, selon la remarque d'un historien moderne (2), que ces hommes qui venaient de prendre une ville d'assaut et de faire un horrible carnage, sortaient d'une longue retraite et d'une profonde méditation de nos mystères. Ces contrastes inexplicables se font souvent remarquer dans l'histoire des croisades. Quelques écrivains ont cru y trouver un prétexte pour accuser la religion chrétienne ; d'autres, non moins aveugles et non moins passionnés, ont

---

(1) Quelques historiens disent que les chrétiens n'allèrent au Saint-Sépulcre que le lendemain de la conquête. Nous adoptons ici l'opinion d'Albert d'Aix, qui nous a paru plus conforme à la vérité.

(2) Le P. Maimbourg, *Histoire des Croisades.*

voulu excuser les déplorables excès du fanatisme; 1099
l'historien impartial se contente de les raconter,
et gémit en silence sur les faiblesses de la nature
humaine.

La pieuse ferveur des chrétiens ne fit que suspendre les scènes du carnage. La politique de quelques-uns des chefs put leur faire croire qu'il était nécessaire d'inspirer une grande terreur aux Sarrasins; ils pensèrent peut-être aussi que, s'ils renvoyaient ceux qui avaient défendu Jérusalem, il faudrait encore les combattre, et qu'ils ne pouvaient, dans un pays éloigné, environnés d'ennemis, garder sans dangers des prisonniers dont le nombre surpassait celui de leurs soldats. On annonçait d'ailleurs l'approche de l'armée égyptienne, et la crainte d'un nouveau péril ferma leurs cœurs à la pitié. Dans leur conseil, une sentence de mort fut portée contre tous les Musulmans qui restaient dans la ville (1).

Le fanatisme ne seconda que trop cette politique barbare. Tous les ennemis qu'avait d'abord épargnés l'humanité ou la lassitude du carnage, tous

---

(1) Albert d'Aix rapporte la sentence émanée du conseil des chefs. Cette sentence est appuyée sur les motifs que nous indiquons ici. Comme cette pièce est très remarquable, nous la rapportons tout entière dans la *Biblioth. des Croisades*, tom. 1. Le récit fait par le même Albert d'Aix, des massacres qui durèrent pendant une semaine, et dont nous avons affaibli plutôt qu'exagéré la peinture, se trouve aussi dans l'extrait de cet historien, *ibid.*

1099 ceux qu'on avait sauvés dans l'espoir d'une riche rançon, furent égorgés. On forçait les Sarrasins à se précipiter du haut des tours et des maisons; on les faisait périr au milieu des flammes; on les arrachait du fond des souterrains; on les traînait sur les places publiques, où ils étaient immolés sur des monceaux de morts. Ni les larmes des femmes, ni les cris des petits enfans, ni l'aspect des lieux où Jésus-Christ pardonna à ses bourreaux, rien ne pouvait fléchir un vainqueur irrité. Le carnage fut si grand, qu'au rapport d'Albert d'Aix on voyait des cadavres entassés, non-seulement dans les palais, dans les temples, dans les rues, mais dans les lieux les plus cachés et les plus solitaires. Tel était le délire de la vengeance et du fanatisme, que ces scènes ne révoltaient point les regards. Les historiens contemporains les retracent sans chercher à les excuser; et dans leurs récits pleins de détails révoltans, ils ne laissent échapper aucun mouvement d'horreur et de pitié (1).

Ceux des croisés dont l'âme n'était point fermée aux sentimens généreux, ne purent arrêter la fu-

---

(1) Nous avons déjà cité quelques-uns de ces historiens; les autres racontent à-peu-près les mêmes détails et avec le même sang-froid. Nous ne citerons plus que Raymond d'Agiles; il s'exprime ainsi : *Alii namque illorum*, QUOD LEVIUS ERAT, *obtruncabantur capitibus; alii autem sagittati, de turribus saltare cogebantur; alii verò diutissimè torti et ignibus adusti flammeriebantur* (sic). *Videbantur per vicos et plateas civitatis aggeres capitum et manuum atque pedum.* (RAYM. D'AG., p. 178.)

reur d'une armée qui, emportée par les passions de la guerre, croyait venger la religion outragée. Trois cents Sarrasins réfugiés sur la plate-forme de la mosquée d'Omar, furent immolés le lendemain de la conquête, malgré les prières de Tancrède, qui leur avait envoyé son drapeau pour sauve-garde, et s'indignait qu'on respectât si peu les lois de l'honneur et de la chevalerie (1). Les Sarrasins retirés dans la forteresse de David, furent presque les seuls qui échappèrent au carnage. Raymond accepta leur capitulation; il eut le bonheur et la gloire de la faire exécuter, et cet acte d'humanité parut si étrange à la plupart des croisés, qu'ils louèrent moins la générosité du comte de Saint-Gilles qu'ils n'accusèrent son avarice (2).

Le carnage ne cessa qu'au bout d'une semaine.

1099

―――――――――――

(1) *Tankredus miles gloriosus super hac sibi illatâ injuriâ vehementi irâ succensus est.* (ALB. AQ., lib. VI, cap. 29.) Voyez aussi la *Bibliothèque des Croisades*, t. I.

(2) *Comes Raymundus, avaritiâ corruptus, Sarracenos milites, quos in turrim David fugâ elapsos obsederat, acceptâ ingenti pecuniâ, illæsos abire permisit.* (ALB. AQ., lib. VI, cap. 28.) Cette réflexion se trouve dans presque toutes les occasions où les chefs spirituels ou temporels de la croisade osent suivre les lois de l'humanité; dans le délire général qui s'était emparé de la multitude, on ne connaissait alors d'autre sentiment que l'intérêt qui pût balancer l'exaltation religieuse. Guibert est le seul historien qui ose faiblement s'élever contre le massacre de Jérusalem; il est bon de rappeler qu'il n'avait point pris part à la croisade.

1099 Ceux des Sarrasins qui pendant cet intervalle avaient pu se dérober à la poursuite des chrétiens, furent réservés pour le service de l'armée. Les historiens orientaux, d'accord avec les Latins, portent le nombre des Musulmans tués dans Jérusalem à plus de soixante-dix mille. Les juifs ne furent pas plus épargnés que les Sarrasins. On mit le feu à la synagogue où ils s'étaient réfugiés, et tous périrent au milieu des flammes.

Cependant les cadavres entassés sur les places publiques, le sang qui avait coulé dans les rues et dans les mosquées, pouvaient faire naître des maladies pestilentielles. Les chefs donnèrent des ordres pour nettoyer la ville et pour éloigner de leurs yeux un spectacle qui leur devenait sans doute odieux, à mesure que la fureur et la vengeance se calmaient dans les cœurs des soldats chrétiens. Quelques prisonniers musulmans, qui n'avaient échappé au fer du vainqueur que pour tomber dans une horrible servitude, furent chargés d'enterrer les corps défigurés de leurs amis et de leurs frères. « Ils pleuraient, dit le moine Ro- » bert (1), et ils transportaient les cadavres hors » de Jérusalem. » Ils furent aidés dans cet emploi douloureux par les soldats de Raymond, qui étaient entrés les derniers dans la ville, et qui, ayant eu peu de part au butin, cherchaient encore parmi les morts quelques dépouilles des Sarrasins.

---

(1) Le moine Robert s'exprime ainsi : *Flebant et extrahebant*, lib. IX.

Bientôt la ville de Jérusalem présenta un nouveau spectacle. Dans l'espace de quelques jours elle avait changé d'habitans, de lois et de religion. Avant le dernier assaut on était convenu, suivant la coutume des croisés dans leurs conquêtes, que chaque guerrier resterait le maître et le possesseur de la maison ou de l'édifice dans lequel il se présenterait le premier. Une croix, un bouclier, ou tout autre signe placé sur une porte, était pour chacun des vainqueurs le titre de sa possession (1). Ce droit de propriété fut respecté par des soldats avides de pillage, et l'on vit tout-à-coup régner le plus grand ordre dans une ville qui venait d'être livrée à toutes les horreurs de la guerre. Une partie des trésors enlevés aux infidèles fut employée à soulager les pauvres et les orphelins, et à décorer les autels de Jésus-Christ qu'on venait de relever dans la cité sainte. Les lampes, les candelabres d'or et d'argent, les riches ornemens qui se trouvaient dans la mosquée d'Omar, devinrent le partage de Tancrède. Une chronique du temps rapporte que ces somptueuses dépouilles suffisaient à la charge de six chariots, et qu'on employa deux jours pour les transporter hors de la mosquée. Tancrède par-

1099

---

(1) *Quicunque primus domum intrasset, sive pauper, sive dives esset, nullatenus ab aliquo alio fieret illi injuriâ, quin domum ipsam aut palatium, aut quodcumque in ea reperisset, ac si omnino propriâ, sibi assumeret et possideret hoc itaque jus tenendum invicem stabilierant.* (Foulcher de Chartres, pag. 399. Bongars.)

1099 tagea ces richesses immenses avec le duc de Bouillon, qu'il avait adopté pour son seigneur (1).

Mais les croisés détournèrent bientôt leurs regards des trésors promis à leur valeur, pour admirer une conquête plus précieuse à leurs yeux : c'était la vraie croix enlevée par Cosroès et rapportée à Jérusalem par Héraclius. Les chrétiens enfermés dans la ville l'avaient dérobée, pendant le siége, aux regards des Musulmans. Son aspect excita les plus vifs transports parmi les pélerins. *De cette chose*, dit une vieille chronique, *furent les chrétiens si joyeux comme s'ils eussent vu le corps de Jésus-Christ pendu dessus icelle*. Elle fut promenée en triomphe dans les rues de Jérusalem, et replacée ensuite dans l'église de la Résurrection.

Dix jours après leur victoire, les croisés s'occupèrent de relever le trône de David et de Salomon, et d'y placer un chef qui pût conserver et maintenir une conquête que les chrétiens venaient de faire au prix de tant de sang. Le conseil des princes étant assemblé (2), un des chefs (l'histoire nomme le comte de Flandre) se leva au milieu d'eux, et leur parla en ces termes (3) : « Mes

---

(1) On verra plus bas qu'il fut obligé de sacrifier une partie de ces richesses pour complaire au clergé.

(2) *Nostri tenuerunt consilium ut unusquisque faceret elemosinas cum orationibus quatenus, sibi eligeret quem velut regnum super alios teneret.* (Anonym., Bong., §. 28.)

(3) Voyez, pour cette délibération et pour ce discours, l'histoire d'Accolti, liv. IV, et celle d'Yves Duchat.

» frères et mes compagnons, nous sommes réunis
» pour traiter une affaire de la plus haute impor-
» tance; nous n'eûmes jamais plus besoin des con-
» seils de la sagesse et des inspirations du ciel :
» dans les temps ordinaires, on désire toujours
» que l'autorité soit aux mains du plus habile; à
» plus forte raison devons-nous chercher le plus
» digne pour gouverner ce royaume qui est en-
» core en grande partie au pouvoir des barbares.
» Déjà nous avons appris que les Égyptiens mena-
» cent cette ville à qui nous allons choisir un
» maître. La plupart des guerriers chrétiens qui
» ont pris les armes sont impatiens de retourner
» dans leur patrie, et vont abandonner à d'autres
» le soin de défendre leurs conquêtes. Le peuple
» nouveau qui doit habiter cette terre, n'aura point
» dans son voisinage de peuples chrétiens qui
» puissent le secourir et le consoler dans ses dis-
» grâces. Ses ennemis sont près de lui, ses alliés
» sont au-delà des mers. Le roi que nous lui au-
» rons donné sera son seul appui au milieu des
» périls qui l'environnent. Il faut donc que celui
» qui est appelé à gouverner ce pays ait toutes
» les qualités nécessaires pour s'y maintenir avec
» gloire ; il faut qu'il réunisse à la bravoure na-
» turelle aux Francs, la tempérance, la foi et
» l'humanité; car l'histoire nous l'apprend : *c'est*
» *en vain qu'on a triomphé par les armes, si on*
» *ne confie les fruits de la victoire à la sagesse et*
» *à la vertu.*

» N'oublions point, mes frères et mes compa-

1099

» gnons, qu'il s'agit moins aujourd'hui de donner
» un roi qu'un fidèle gardien au royaume de Jé-
» rusalem. Celui que nous choisirons pour chef
» doit servir de père à tous ceux qui auront quitté
» leur patrie et leur famille pour le service de
» Jésus-Christ et la défense des saints lieux. Il
» doit faire fleurir la vertu sur cette terre où Dieu
» lui-même en a donné le modèle; il doit rame-
» ner les infidèles à la religion chrétienne, les ac-
» coutumer à nos mœurs, leur faire bénir nos lois.
» Si vous venez à élire celui qui n'en est pas digne,
» vous détruirez votre propre ouvrage, et vous
» amènerez la ruine du nom chrétien dans ce
» pays. Je n'ai pas besoin de vous rappeler les ex-
» ploits et les travaux qui nous ont mis en posses-
» sion de ce territoire; je n'ai pas besoin de redire
» ici les vœux les plus chers de nos frères qui sont
» restés en Occident. Quelle serait leur désolation,
» quelle serait la nôtre si, de retour en Europe, nous
» entendions dire que le bien public a été trahi et
» négligé, la religion abolie dans ces lieux où
» nous avons relevé ses autels ! Plusieurs alors ne
» manqueraient pas d'attribuer à la fortune et non
» à la vertu les grandes choses que nous avons
» faites, tandis que les maux qu'éprouverait ce
» royaume passeraient aux yeux des hommes pour
» être le fruit de notre imprudence.

» Ne croyez pas cependant, mes frères et mes
» compagnons, que je parle ainsi parce que j'am-
» bitionne la royauté et que je recherche votre
» faveur et vos bonnes grâces. Non; je n'ai point

» tant de présomption que d'aspirer à un tel hon-
» neur; je prends le ciel et les hommes à témoin
» que, lors même que vous voudriez me donner
» la couronne, je ne l'accepterais point, étant ré-
» solu de retourner dans mes états. Ce que je
» viens de vous dire n'est que pour l'utilité et la
» gloire de tous. Je vous supplie, au reste, de re-
» cevoir ce conseil comme je vous le donne, avec
» affection, franchise et loyauté, et d'élire pour
» roi celui qui, par sa vertu, sera le plus capable
» de conserver et d'étendre ce royaume auquel
» sont attachés l'honneur de vos armes et la cause
» de Jésus-Christ. »

1099

A peine le comte de Flandre avait cessé de parler que tous les autres chefs donnèrent de grands éloges à sa prudence et à ses sentimens. La plupart d'entre eux songèrent même à lui offrir le titre de roi qu'il venait de refuser; car celui qui, dans une pareille circonstance, refuse une couronne, en paraît toujours le plus digne : mais Robert s'était exprimé avec franchise et bonne foi; il soupirait après le moment de revoir l'Europe, et se contentait du titre de fils de Saint-Georges, qu'il avait obtenu par ses exploits dans la guerre sainte (1).

Parmi les autres chefs qui étaient appelés à régner sur Jérusalem, on devait mettre au premier rang Godefroy, Raymond, le duc de Normandie et Tancrède. Ce dernier ne recherchait que la gloire

---

(1) Voyez à cet égard le premier livre de cette histoire, où se trouve le portrait de Robert.

des armes, et mettait le titre de chevalier beaucoup au-dessus de celui de roi. Robert de Normandie avait également montré plus de bravoure que d'ambition. Après avoir dédaigné le royaume d'Angleterre, il devait peu rechercher celui de Jérusalem. Si on en croit un historien anglais (1), il aurait pu obtenir le suffrage de ses compagnons; mais il refusa le trône de David par indolence et par paresse; ce qui irrita tellement Dieu contre lui, ajoute le même auteur, que rien ne lui prospéra pendant le reste de sa vie. Le comte de Toulouse avait fait le serment de ne plus revenir en Europe; mais on craignait son ambition, on redoutait sa fierté opiniâtre, et jamais dans la croisade il n'avait obtenu la confiance et l'amour des pélerins, ni même de ses serviteurs (2).

Pendant que les opinions restaient incertaines,

---

(1) L'historien anglais Brompton s'exprime ainsi en racontant les malheurs que Robert éprouva dans la suite : *Sic reddidit dominus vicem pro vice duci Roberto, quia cum gloriosum in actibus Jerosolimitanis eum dominus redderet, regnum Jerosolimitanum sibi oblatum renuit, magis eligens quieti et desidiæ in Normanniâ deservire quam regi regum in sanctâ civitate militare. Damnavit igitur eum Deus desidiâ perenni et carcere sempiterno.* (Voyez les *Historiæ anglicæ scriptores*, tom. 1, pag. 1002.)

(2) Cependant Raymond d'Agiles rapporte qu'on avait offert la couronne au comte de Toulouse, et qu'il la refusa positivement : c'est aussi ce que dit Anne Comnène. Ces deux témoignages sont un peu suspects. (*Biblioth. des Croisades*, tom. 1.)

le clergé s'indignait qu'on s'occupât de nommer un roi avant de donner un chef spirituel à la ville sainte. Mais la plupart des ecclésiastiques, si on en croit l'archevêque de Tyr, avilis par la misère, livrés à la dissolution pendant leur pélerinage (1), inspiraient peu de respect aux croisés; et ce clergé voyageur, depuis la mort de l'évêque du Puy, avait dans son sein peu d'hommes qui se recommandassent aux suffrages des pélerins, par leur rang, leurs vertus ou leurs lumières. Les chefs de l'armée ne daignèrent point écouter ses réclamations; enfin il fut décidé que le choix serait fait par un conseil composé de dix hommes les plus recommandables du clergé et de l'armée. On ordonna des prières, des jeûnes et des aumônes pour que le ciel daignât présider à la nomination qu'on allait faire. Ceux qui étaient appelés à choisir le roi de Jérusalem jurèrent, en présence de l'armée chrétienne, de n'écouter aucun intérêt, aucune affection particulière, et de couronner la sagesse et la vertu. Ces électeurs, dont l'histoire n'a point conservé le nom, mirent le plus grand soin à étudier l'opinion de l'armée sur chacun des chefs. Guillaume de Tyr rapporte qu'ils allèrent jusqu'à interroger les familiers et les serviteurs de tous ceux qui

---

(1) Guillaume de Tyr, liv. IX, dit, au sujet du clergé de la croisade, qu'après la mort d'Adhémar, on vit se vérifier ces paroles du Prophète : *Tel peuple, tel prêtre*. Il n'y avait lieu, ajoute-t-il, à faire une exception qu'en faveur de l'évêque d'Albarie et d'un bien petit nombre d'autres.

avaient des prétentions à la couronne de Jérusalem, et qu'ils leur firent prêter serment de révéler tout ce qu'ils savaient sur les mœurs, le caractère et les penchans les plus secrets de leurs maîtres. Les serviteurs de Godefroy de Bouillon rendirent le témoignage le plus éclatant à ses vertus domestiques, et, dans leur sincérité naïve, ils ne lui reprochèrent qu'un seul défaut, celui de contempler avec une vaine curiosité les images et les peintures des églises, et de s'y arrêter si long-temps, même après les offices divins, *que souvent il laissait passer l'heure du repas, et que les mets préparés pour sa table se refroidissaient et perdaient leur saveur* (1).

---

(1) Il est facile de reconnaître ici le témoignage particulier du cuisinier et du maître-d'hôtel de Godefroy de Bouillon; rien n'est plus curieux que la gravité avec laquelle cette circonstance est racontée par l'archevêque de Tyr. Voici ses propres expressions :

Responderunt quod in omnibus domini ducis actibus id magis absonum domesticis suis videbatur quod ecclesiam ingressus, etiam post divinorum consummatam celebrationem, indè separari non poterat; sed de singulis imaginibus et picturis rationem exigebat a sacerdotibus et iis qui horum videbantur aliquam habere peritiam; ita quod sociis suis affectis aliter, in tædium verteretur et nauscam; et prandia quæ certo et opportuno tempore parata erant diurtinâ et importunâ nimis expectatione, minus tempestive, magisque insipidâ sumerentur. Raymond d'Agiles dit cependant que les Provençaux inventèrent beaucoup de choses honteuses contre Godefroy, afin qu'il ne fût pas élu roi : *Provinciales multa de eo turpia composuerunt, ne eligeretur in regem.* On voit par ce témoignage que la calomnie, dans le siècle de la religion, comme dans ceux

Pour ajouter à cet honorable témoignage, on 1099
racontait les exploits du duc de Lorraine dans la
guerre sainte. On se rappelait qu'au siége de Nicée
il avait tué le plus redoutable des Sarrasins ; qu'il
pourfendit un géant sur le pont d'Antioche, et que
dans l'Asie mineure il exposa sa vie pour sauver
celle d'un soldat poursuivi par un ours. On racontait de lui plusieurs autres traits de bravoure qui,
dans l'esprit des croisés, le plaçaient au-dessus de
tous les autres chefs.

Godefroy avait pour lui les suffrages du peuple
et de l'armée ; et pour que rien ne manquât à ses
droits au rang suprême, pour que son élévation
fût en tout point conforme à l'esprit du temps, il
se trouva que des révélations miraculeuses l'avaient
annoncée d'avance. Le duc de Lorraine était apparu en songe à plusieurs personnes dignes de foi;
à la première, assis sur le trône même du soleil,
environné des oiseaux du ciel, image des pélerins;
à la seconde, tenant à la main une lampe semblable
à une étoile de la nuit, et montant par une échelle
d'or dans la Jérusalem céleste; une troisième avait
vu sur le mont Sinaï le héros chrétien salué par
deux messagers divins et recevant la mission de
conduire et de gouverner le peuple de Dieu (1).

Les chroniqueurs contemporains racontent beau-

---

de la politique, était un moyen d'écarter les suffrages dans
les élections quelle que fût leur nature.

(1) Albert d'Aix rapporte longuement ces visions. (Voy.
Bibliothèque des Croisades, tom. 1.)

coup d'autres merveilles, et trouvent, dans les visions qu'ils rapportent, la claire manifestation des desseins de la Providence. L'un d'eux commente gravement ces songes prophétiques, et déclare que l'élection du roi de Jérusalem, arrêtée dès longtemps dans le conseil de Dieu, ne pouvait être regardée comme l'ouvrage des hommes.

Dans cette disposition des esprits, les croisés attendaient avec impatience les effets de l'inspiration divine. Enfin les électeurs, après avoir mûrement délibéré et pris toutes les informations nécessaires, proclamèrent le nom de Godefroy. Cette nomination causa la plus vive joie dans l'armée chrétienne, qui remercia le ciel de lui avoir donné pour chef et pour maître celui qui l'avait si souvent conduite à la victoire. Par l'autorité suprême dont il venait d'être revêtu, Godefroy se trouvait le dépositaire des intérêts les plus chers des croisés. Chacun d'eux lui avait en quelque sorte confié sa propre gloire en lui laissant le soin de veiller sur les nouvelles conquêtes des chrétiens. Ils le conduisirent en triomphe à l'église du Saint-Sépulcre, où il prêta serment de respecter les lois de l'honneur et de la justice. Godefroy refusa le diadême et les marques de la royauté, en disant qu'il n'accepterait jamais une couronne d'or dans une ville où le Sauveur du monde avait été couronné d'épines (1).

---

(1) « Il ne volt (disent les Assises) estre sacré et corosné
» roy de Jérusalem, porce qui il ne vult porter corosne
» d'or là où le roy des roys Jésus-Christ, le fils de Dieu,

Il se contenta du titre modeste de défenseur et de baron du Saint-Sépulcre. On a prétendu qu'il ne fit en cela qu'obéir aux insinuations du clergé, qui craignait de voir l'orgueil s'asseoir sur un trône où l'esprit de Jésus-Christ devait régner. Quoi qu'il en soit, Godefroy mérita par ses vertus le titre de roi que l'histoire lui a donné, et qui lui convenait mieux sans doute que le titre de royaume ne convenait à ses faibles états.

Tandis que les princes confiaient ainsi au duc de Bouillon le gouvernement du pays conquis par leurs armes, le clergé s'occupait de consacrer des églises, de nommer des évêques et d'envoyer des pasteurs dans toutes les villes soumises à la domination des chrétiens. La piété et le désintéressement auraient dû présider au choix des ministres de Jésus-Christ; mais si on en croit Guillaume de Tyr, l'adresse et la brigue usurpèrent ouvertement les suffrages, et l'esprit de la religion qui venait de donner à Jérusalem un bon roi, ne put réussir à lui donner des prélats recommandables par leur sagesse et par leur vertu (1). Les prêtres

---

» porta corosne d'espines le jjour de sa passion. » (Préface des Assises.) Une chronique d'Italie dit que Godefroy fut couronné de paille. (Voyez *Biblioth. des Crois.*, tom. 1.)

(1) On peut voir, dans Raoul de Caen, les débats qui survinrent à ce sujet, et qui durent être un sujet de scandale pour les soldats de la croix.

Guillaume de Tyr s'élève avec beaucoup d'amertume contre un évêque de Martharo, qu'il accuse d'avoir soufflé un esprit de faction parmi le clergé latin.

grecs furent, malgré leurs droits, sacrifiés à l'ambition du clergé romain. Le chapelain du duc de Normandie se présenta pour occuper la chaire patriarchale de Siméon, qui avait appelé les guerriers de l'Occident. Ce dernier était encore dans l'île de Chypre, d'où il n'avait cessé d'envoyer des vivres aux croisés pendant le siége. Il mourut au moment où les ecclésiastiques latins se disputaient ses dépouilles, et sa mort vint fort à propos pour excuser leur injustice et leur ingratitude. Arnould, dont les mœurs étaient plus que suspectes, et dont la conduite a mérité la censure des plus graves historiens, fut nommé le pasteur de l'église de Jérusalem (1).

A peine eut-il été revêtu de cette fonction sainte, qu'il réclama les richesses enlevées par Tancrède dans la mosquée d'Omar; il les réclama comme un bien appartenant à l'église de Jérusalem, dont il

---

(1) Quelques chroniqueurs accusent l'incontinence de ses mœurs; Raymond d'Agiles dit qu'il n'était pas sous-diacre, et qu'il avait été accusé d'incontinence pendant le pélerinage. Guillaume de Tyr ajoute qu'il avait été l'objet de chansons qui occupaient le loisir des hommes lascifs et frivoles. *Ita ut in expeditioni populis se canticum exhiberet et esset materia fatuis et lascivis hominibus in chorò canentibus.* (Guillaume de Tyr, lib. ix.)

Les historiens de la première croisade ne sont pas d'accord entr'eux sur le titre que reçut le prêtre Arnould. Les uns disent qu'il fut élu patriarche; d'autre qu'il fut simplement nommé administrateur de l'église de Jérusalem. L'élection de l'archevêque de Pise, qui eut lieu peu de temps après, semble confirmer cette dernière opinion.

était le chef provisoire. Tancrède repoussa cette prétention avec dédain. Arnould en appela à tous les princes assemblés. Dans un discours adroit il leur représenta que son élévation était leur ouvrage, et que Tancrède, par son refus, méprisait leur propre puissance. « La perte est pour moi, » disait-il, mais pour qui est la honte ? Pourquoi » celui qui ne respecte pas les volontés de Dieu, » respecterait-il les vôtres ? Pourquoi celui qui dé- » pouille les autels du Seigneur, vous laisserait-il » vos manteaux ? » Arnould termina son discours en rappelant les services qu'il avait rendus à la cause des croisés pendant les siéges d'Antioche, d'Archas et de Jérusalem. Quand il eut cessé de parler, Tancrède prit la parole : « Seigneurs, ré- » pondit-il en s'adressant à ses compagnons d'ar- » mes, vous savez que c'est mon épée et ma lance, » et non l'art de discourir, qui ont honoré ma » vie ; ainsi je n'entreprendrai point de lutter de- » vant vous contre un adversaire dont toute la ma- » lice est dans la langue, comme le venin est *dans* » *la queue du scorpion*. On m'accuse d'avoir dé- » pouillé le sanctuaire, d'avoir détourné, ou plu- » tôt *éveillé* l'or qui *dormait* dans les églises ; mais » l'ai-je gardé pour moi ? l'ai-je *donné à mes niè-* » *ces ?* ne l'ai-je pas pris pour l'employer au ser- » vice du peuple de Dieu, et pour le *rendre au* » *créancier* après la moisson (1) ? Vous le savez,

1099

---

(1) Voici les expressions de Tancrède, ou plutôt de son historien : *OEs vacans et quasi dormiens excitavi, ne qui*

» d'ailleurs, n'avait-on pas décidé, avant la prise
» de Jérusalem, que chacun de nous posséderait
» les trésors et les biens dont il s'emparerait le
» premier? Change-t-on de résolution tous les
» jours? N'ai-je pas combattu en face ceux qu'on
» n'osait regarder par derrière? N'ai-je pas le pre-
» mier pénétré dans des lieux où personne n'osait
» me suivre? A-t-on vu Arnould me disputer alors
» la gloire du péril? Pourquoi vient-il aujour-
» d'hui demander le prix du combat? »

En lisant, dans les chroniques contemporaines, ces deux discours que nous abrégeons, on croit assister à l'un de ces conseils décrits dans l'*Iliade*. Aussi Raoul de Caen ne manque-t-il pas de comparer l'éloquence d'Arnould de Rohes à celle du prudent Ulysse; il aurait pu comparer Tancrède au bouillant Ajax, ou plutôt à ce Diomède, que les plus pieux des Grecs (1) surnommaient le *con-*

---

servierat fulgens, eidem melius serviret bellans. Non indè cudi murenulas neptibus meis gratiosus, restantem transtuli, non consumpsi... Seminavi ut metam, post messem. (*Gesta Tancredi*, collect. de Muratori, tom. v, pag. 285.) Arnould avait des nièces qui le suivirent dans la Terre-Sainte, et qui furent mariées dans la suite à des seigneurs de la Palestine. (Voy. dans la *Bibliothèque des Croisades*, tom. i, les deux discours que Raoul de Caen met dans la bouche de Tancrède et d'Arnould.)

(1) On avait déjà accusé Tancrède, dans un conseil des chefs, d'avoir fait arborer son drapeau sur l'église de Bethléem comme sur une maison commune. Dans sa *Jérusalem conquise*, le Tasse compare en effet Tancrède à Diomède.

templeur des dieux. Les chefs de l'armée chrétienne, appelés à juger ce grand débat, ne voulurent point condamner Arnould, ni blesser l'orgueil de leur compagnon; ils décidèrent que sur les trésors de la mosquée d'Omar on prélèverait, comme dîme du butin, sept cents marcs d'argent pour les donner à l'église du Saint-Sépulcre, et Tancrède se soumit avec respect à leur décision.

1099

Cependant rien ne fut épargné pour l'éclat et la pompe des cérémonies chrétiennes; on orna les autels, on purifia les sanctuaires; on fit fondre des cloches, qui devaient appeler les fidèles à la prière. Jamais l'airain sacré n'avait retenti dans Jérusalem depuis la conquête d'Omar. Un des premiers actes du règne de Godefroy fut d'attacher à l'église du Saint-Sépulcre vingt ecclésiastiques, chargés de célébrer les offices divins et de chanter des cantiques à la louange du Dieu vivant.

La renommée avait annoncé la conquête de la ville sainte aux nations les plus éloignées. Dans toutes les églises que les croisés avaient relevées sur leur passage, on rendit à Dieu des actions de grâces pour une victoire qui devait faire triompher en Orient le culte et les lois de Jésus-Christ. Les chrétiens d'Antioche, d'Édesse, de Tarse, ceux qui habitaient la Cilicie, la Cappadoce, la Syrie et la Mésopotamie, venaient en foule à Jérusalem, les uns pour y fixer leur demeure, les autres pour visiter les saints lieux.

Tandis que les fidèles se réjouissaient de cette conquête, les Musulmans se livraient au désespoir.

1099 Ceux qui avaient échappé aux vainqueurs de Jérusalem répandaient partout la consternation. Les historiens Mogir-eddin, Elmacin et Aboul-Féda, ont parlé de la désolation qui régnait à Bagdad. Zein-eddin, cadi de Damas, s'arracha la barbe en présence du calife. Tout le divan versa des larmes au récit lamentable des malheurs de Jérusalem. On ordonna des jeûnes et des prières pour fléchir la colère du ciel. Les imams et les poètes déplorèrent dans des vers et des discours pathétiques le sort des Musulmans devenus les esclaves des chrétiens. « Que de sang, disaient-ils, a été répandu ! que de
» désastres (1) ont frappé les vrais croyans ! Les
» femmes ont été obligées de fuir en cachant leur
» visage. Les enfans sont tombés sous le fer du
» vainqueur. Il ne reste plus d'autre asile à nos
» frères, naguère maîtres de la Syrie, que le dos
» de leurs chameaux agiles et les entrailles des
» vautours. »

Nous avons vu qu'avant la prise de Jérusalem, les Turcs de la Syrie et de la Perse étaient en

---

(1) Nous avons donné en entier l'élégie dont ces vers font partie, dans le tome II de la *Biblioth. des Croisades*, §. 3. C'est à M. Reinaud que nous en devons la traduction. L'auteur se nommait Modaffer Abivardi. Ces vers sont d'autant plus curieux, que c'est tout ce qui nous reste des écrivains arabes contemporains de cette époque; l'histoire rapporte que ces vers furent d'abord récités devant le calife de Bagdad, qui ne put retenir ses larmes, et que la douleur fut générale.

guerre avec l'Égypte. Les discordes qui accompagnent la chute des empires, avaient partout jeté le trouble et la division parmi les infidèles. Mais telle fut leur douleur lorsqu'ils apprirent les derniers triomphes des chrétiens, qu'ils se réunirent et pleurèrent ensemble sur les outrages faits à la religion de Mahomet. Les habitans de Damas et de Bagdad mirent leur dernier espoir dans le calife du Caire, qu'ils avaient long-temps regardé comme l'ennemi du Prophète ; et de toutes les provinces musulmanes d'intrépides guerriers vinrent en foule rejoindre l'armée égyptienne qui s'avançait vers Ascalon.

Quand la nouvelle de cette marche se répandit parmi les croisés, Tancrède, le comte de Flandre, Eustache de Boulogne, envoyés par Godefroy pour prendre possession du pays de Naplouse et de l'ancien territoire de Gabaon, s'avancèrent vers les côtes de la mer, afin de connaître les forces et les dispositions de l'ennemi. Bientôt un message de ces princes annonça au duc de Lorraine que le visir Afdal, le même qui avait conquis la ville sainte sur les Turcs, venait de traverser le territoire de Gaza avec une armée innombrable, et que, dans peu de jours, il serait aux portes de Jérusalem. Ce message, arrivé vers le soir, fut proclamé à la lueur des flambeaux et au son des trompettes dans tous les quartiers de la ville (1). On in-

---

(1) *Per totam civitatem preconarentur quo in crastinum summum mane omnes ad eclesiam convenirent ut post*

30..

1099 vita tous les guerriers à se rendre le lendemain dans l'église du Saint-Sépulcre, pour se préparer à combattre les ennemis de Dieu, et sanctifier leurs armes par la prière. Telle était la sécurité des croisés et leur confiance dans la victoire, que l'annonce du péril ne causa aucune agitation dans les esprits, et que le repos de la nuit ne fut troublé que par l'impatience de voir naître le jour des nouveaux combats. Dès que l'aurore parut, les cloches appelèrent les fidèles à l'office divin (1); la parole de l'Évangile et le pain céleste furent distribués à tous les croisés, qui, à peine sortis de l'église, et *remplis de l'esprit de Dieu*, se revêtirent de leurs armes, et sortirent de la ville par la porte de l'Occident, pour marcher au-devant des Sarrasins. Godefroy les conduisait; le nouveau patriarche Arnould portait devant eux le bois de la vraie croix. Les femmes, les enfans, les malades, une partie du clergé, sous la conduite de l'ermite Pierre, restèrent à Jérusalem, visitant en procession les lieux saints, adressant jour et nuit des prières à Dieu, pour obtenir de sa miséricorde le dernier triomphe des soldats chrétiens et la destruction des ennemis de Jésus-Christ.

---

sacra missarum solemnia Dominici corporis Eucharistiam perciperent et ad bellam adversùs Ascalonitam equitarent. (Robert le Moine, pag. 77.)

(1) Raymond d'Agiles dit que les princes et les croisés se rendirent nu-pieds (*nudis pedibus*) au St.-Sépulcre, avant de marcher vers Ascalon. (Raymond d'Agiles, pag. 180.)

Cependant le comte de Toulouse et le duc de Normandie hésitaient à suivre les drapeaux de l'armée chrétienne; Robert alléguait que son vœu était accompli. Raymond, qui avait été forcé de rendre au roi de Jérusalem la forteresse de David, ne voulait point servir la cause de Godefroy, et refusait de croire à l'approche des Musulmans (1). Tous les deux ne cédèrent enfin qu'aux instances réitérées de leurs compagnons d'armes, et surtout aux prières du peuple fidèle.

Toute l'armée chrétienne réunie à Ramla, laissa vers sa gauche les montagnes de la Judée, et s'avança jusqu'au torrent de Sorrec, qui se jette dans la mer entre Ascalon et Joppé. Sur les bords de ce torrent, se trouvait alors rassemblée une multitude immense de buffles, d'ânes, de mulets et de chameaux ; un si riche butin tenta d'abord l'avidité des soldats ; mais le sage Godefroy, qui ne voyait dans cette rencontre qu'un stratagème de l'ennemi, défendit à ses guerriers de quitter leurs rangs, *sous peine d'avoir les nez et les oreilles coupées* (2). Le

―――――――

(1) Tudebode fait dire au comte de St.-Giles et à Robert: « Nous ne sortirons pas à moins d'une bataille nécessaire et » imminente. » Il ajoute qu'ils envoyèrent des hommes pour voir si en effet l'armée des infidèles s'avançait ; et comme ceux-ci vinrent leur dire qu'en effet l'armée s'approchait, il les renvoyèrent pour s'en assurer encore une fois de leurs propres yeux.

(2) *Et quicunque de peregrinis prædam ante prelium contigerit, auribus et naribus truncatis puniatur.* (Alber d'Aix, lib. vi, §. 42.)

patriarche ajouta à cette peine les menaces de la colère divine (1); tous les pélerins obéirent, et respectèrent les troupeaux errant autour d'eux, comme s'ils en eussent été les gardiens.

Les croisés, qui avaient fait quelques prisonniers, apprirent d'eux que l'armée musulmane était campée dans la plaine d'Ascalon; d'après cet avis, les chrétiens passèrent la nuit sous les armes (2). Le lendemain matin (c'était la veille de l'Assomption) les héraults annoncèrent qu'on allait combattre; dès le lever du jour, les chefs et les soldats se réunirent sous leurs drapeaux; le patriarche de Jérusalem, étendant la main, donna la bénédiction à l'armée; il montra dans les rangs le bois de la vraie croix, comme un gage assuré de la victoire. Bientôt le signal est donné, et tous les bataillons, impatiens de vaincre, se mettent en marche. Plus les croisés s'approchaient de l'armée égyptienne, plus ils paraissaient pleins d'ardeur et d'espoir (3).

―――――――――――――――――――――

(1) *Patriarcha anathematisavit omnes qui in illo conflictu aliquid raperent ante consecutam victoriam.* (Robert Monach., lib. III.)

(2) Nous passâmes assez mal cette nuit, dit Raymond d'Agiles; nous n'avions point de tente, peu de pain, point de vin, moins encore d'avoine et de sel; mais, par contraire, nous avions autant de viande que de sable; nous mangeâmes donc de la viande, et pour pain nous cûmes de la chair de mouton. *Vescebamur carnibus et pro pane ovium caro erat.* (Raymond d'Agiles, lib. IV.)

(3) Les croisés étaient animés d'une telle ardeur, dit encore Raymond d'Agiles, que nous ne craignions pas plus nos

Les tambours, les trompettes, les chants de guerre
animaient leur enthousiasme. Ils allaient au-devant du péril, dit Albert d'Aix, comme à *un joyeux festin*. L'émir de Ramla, qui suivait l'armée chrétienne comme auxiliaire, ne pouvait assez admirer, si on en croit les historiens du temps, cette joie des soldats de la croix à l'approche d'un ennemi formidable ; il exprima sa surprise au roi de Jérusalem, et jura devant lui d'embrasser une religion qui donnait tant de bravoure et tant de force à ses défenseurs.

Les croisés descendirent enfin dans la plaine où brillaient les étendards et les pavillons des Sarrasins. Cette vaste plaine est bornée à l'Orient par de hautes collines, et s'étend vers l'Occident jusqu'à la mer. Sur la côte s'élevait la ville d'Ascalon, avec ses tours et ses minarets. Derrière la ville, de nombreux vaisseaux, chargés d'armes et de machines de guerre, couvraient la mer de leurs voiles. A l'extrémité de la plaine, vers le midi, était rassemblée l'armée d'Égypte, adossée à des montagnes de sable. Semblable, dit Foulcher de Chartres, à un cerf qui porte en avant ses cornes rameuses, cette armée avait étendu ses ailes pour envelopper les chrétiens.

Les deux armées se trouvant tout-à-coup en présence, furent l'une pour l'autre un spectacle

---

ennemis que s'ils avaient été plus innocens que des brebis, plus timides que des cerfs. *Cervis timidiores, ovibus innocentiores.* (Raymond d'Agiles, lib. IV.)

imposant et terrible. Cependant les chrétiens ne furent point étonnés de la multitude de leurs ennemis (1); les troupeaux qu'ils avaient rencontrés sur les bords du Sorrec, attirés par le bruit des clairons et des trompettes, se rassemblèrent autour de leurs bataillons et suivirent tous leurs mouvemens. Au bruit confus de ces animaux, à la poussière élevée sur leurs pas, on les aurait pris de loin pour des escadrons de cavalerie (2).

On avait persuadé aux soldats musulmans que les chrétiens n'oseraient pas même les attendre dans les murs de Jérusalem; plus ils avaient montré jusque-là de confiance et de sécurité, plus ils furent remplis d'une soudaine terreur. En vain le visir Afdal entreprit de relever leur courage; tous ses guerriers crurent que des millions de croisés venaient d'arriver de l'Occident; ils oublièrent leurs sermens et leurs menaces, et ne se ressouvinrent plus que de la fin tragique des Musulmans immolés après la conquête d'Antioche et de Jérusalem.

Les croisés, sans perdre de temps, firent leurs

---

(1) *Commissum est*, dit Albert d'Aix, *hoc prælium a viginti millibus christianorum adversùs trecenta millia gentilium.* (Albert d'Aix, lib. VI, §§. 23 et suiv.)

(2) *Greges et universa armenta quæ nemo denumerare potest sponte se gregata et directa sunt sine rectore et sine magistris ad locum prælii.* (Albert d'Aix, lib. VI, p. 45.) Eckkard donne de plus grands détails sur cette circonstance. (*Bibliot. des Crois.*, tom. I.)

dernières dispositions pour le combat. Godefroy, 1099 avec deux mille cavaliers et trois mille fantassins, se porta vers Ascalon, pour empêcher une sortie de la garnison et des habitans pendant la bataille; le comte de Toulouse, avec les guerriers provençaux, alla prendre son poste dans des vergers spacieux qui avoisinaient les murailles de la ville, et se plaça entre l'armée musulmane et la mer où flottaient les voiles des Égyptiens. Le reste des troupes chrétiennes, sous les ordres de Tancrède et des deux Robert, dirigea son attaque contre le centre et l'aile droite de l'armée ennemie. Les hommes de pied firent d'abord plusieurs décharges de leurs javelots; en même temps la cavalerie doubla la marche et se précipita dans les rangs des infidèles. Les Éthiopiens, que les chroniqueurs appellent *Azoparts*, supportèrent avec courage le premier choc des chrétiens; combattant un genou en terre, ils commencèrent à lancer une nuée de flèches; ils s'avancèrent ensuite au premier rang de l'armée, affectant de montrer leurs visages noirs, et poussant de féroces clameurs. Ces terribles Africains portaient des fléaux armés de boules de fer, avec lesquels ils battaient les boucliers et les cuirasses, et frappaient à la tête les chevaux des croisés (1).

---

(1) Les infidèles, dit Baudri, avaient mis en avant une certaine nation qu'on appelle Éthiopiens; ils combattaient avec l'arc et l'épée, un genou fixé à terre, et faisaient beaucoup de mal aux nôtres. Un bruit horrible de trompettes et de cimbales se fit entendre, ajoute Albert d'Aix, c'étaient les

1099 Derrière eux accourait une foule d'autres guerriers armés de la lance, de la fronde, de l'arc et de l'épée : mais tant d'efforts réunis ne purent arrêter l'impétuosité des soldats de la croix (1). Tancrède, le duc de Normandie, le comte de Flandre, par des prodiges de valeur, renversèrent les premiers rangs de l'ennemi; le duc Robert pénétra jusqu'à l'endroit où le visir Afdal donnait ses ordres pour le combat, et s'empara du grand étendard des infidèles. A ce premier signal de leur défaite, le désordre se répandit parmi les Sarrasins consternés. Leur regard ne put supporter plus long-temps la présence des guerriers chrétiens, et le glaive tomba de leurs mains tremblantes; toute l'armée musulmane abandonna le champ de bataille, et bientôt on ne vit plus que les tourbillons de poussière qui couvraient sa fuite.

Les bataillons musulmans qui fuyaient vers la mer, rencontrèrent les guerriers (2) de Raymond de Saint-Giles. Plusieurs périrent par le glaive. La cavalerie chrétienne les poursuivit jusque dans les flots; trois mille furent submergés en cherchant à gagner la flotte égyptienne qui s'était approchée du rivage.

Azoparts, hommes horribles et tout noirs ; ils frappaient les boucliers des chrétiens avec des boules de fer, et atteignaient quelquefois le front des chevaux. (Lib. vi, p. 46.)

(1) Robert le Moine remarque que les Sarrasins prirent la fuite à l'heure où Jésus-Christ expira sur la croix.

(2) Voyez Raymond d'Agiles, *Biblioth. des Croisades*, tom. 1.

Quelques-uns s'étant jetés dans les jardins et les vergers, et montant sur les arbres, se cachaient dans les branches et le feuillage des sycomores et des oliviers. Ils étaient poursuivis à coups de lances, percés à coups de flèches, et tombaient sur la terre, comme l'oiseau abattu par les traits du chasseur (1). Quelques corps musulmans voulurent se rallier pour un nouveau combat, mais Godefroy (2), à la tête de ses chevaliers, fond sur eux avec impétuosité, enfonce leurs rangs et dissipe leurs bataillons. C'est alors que le carnage fut horrible; les Sarrasins, dans leur mortel effroi, jetaient bas leurs armes et se laissaient égorger sans se défendre; leur foule consternée restait immobile sur le champ de bataille; et le glaive des chrétiens, pour employer ici le langage poétique d'une

1099

---

(1) On trouve la mention de ce fait dans plusieurs auteurs latins, et dans l'Histoire de Jérusalem et d'Hébron du cadi Mogir-eddin. (Voy. au tom. II de la *Bibliothèque des Croisades*, §. 3.)

(2) Nous n'avons pas besoin de faire observer ici que rien n'est plus difficile que de suivre avec précision la marche des batailles d'après les chroniques; car toutes les chroniques sont écrites par des ecclésiastiques ou des moines qui, la plupart, étaient étrangers aux opérations militaires, et ne mettaient quelqu'importance qu'aux principaux résultats et à quelques faits d'armes extraordinaires. En lisant les chroniqueurs, il serait impossible de savoir quels étaient les plus habiles des chefs de la croisade; on ne peut reconnaître cette habileté qu'à la confiance des croisés; et, sous ce rapport, on doit croire que Godefroy de Bouillon l'emportait sur tous les autres.

chronique contemporaine, les moissonnait comme les épis des sillons ou l'herbe touffue des prairies.

Ceux qui étaient loin de la mêlée s'enfuirent dans le désert, où la plupart périrent misérablement. Ceux qui étaient près d'Ascalon, cherchèrent un refuge dans ses murs, mais ils s'y précipitèrent en si grand nombre, qu'à la porte de la ville deux mille furent étouffés par la foule ou écrasés sous les pieds des chevaux. Au milieu de la déroute générale, Afdal fut sur le point de tomber entre les mains du vainqueur, et laissa son épée sur le champ de bataille; les historiens rapportent qu'en contemplant du haut des tours d'Ascalon la destruction de son armée, il ne put retenir ses larmes. Dans son désespoir, il maudit Jérusalem, la cause de tous ses maux, et blasphéma contre Mahomet, qu'il accusait d'avoir abandonné ses serviteurs et ses disciples (1). Bientôt, ne se croyant plus en sûreté dans cette ville, il s'embarqua sur la flotte venue d'Égypte; vers le milieu de la journée, tous les vaisseaux égyptiens s'éloignèrent de la rive et gagnèrent la pleine mer. Dèslors, nul espoir de salut ne resta à l'armée dispersée de ces infidèles, qui devaient, disaient-ils, délivrer l'Orient, et dont la multitude était si

---

(1) « O Mahomet! fait dire le moine Robert au visir, serait-il vrai que le pouvoir du crucifié fût plus grand que le tien, puisque les chrétiens ont dispersé tes disciples? » (Voy. ces plaintes traduites dans l'extrait du moine Robert, *Bibliothèque des Croisades*, tom. 1.)

grande, que, selon les expressions des vieux historiens, Dieu seul pouvait savoir leur nombre.

1099

Cependant les croisés qui, par respect pour les ordres de leurs chefs et du patriarche, s'étaient jusque-là abstenu du pillage, s'emparèrent de tout ce que les Sarrasins avaient laissé dans leur camp. Comme ils n'avaient point apporté de vivres, ceux de l'armée ennemie servirent à apaiser leur faim. Au milieu du sable brûlant qui couvrait la plaine, ils trouvèrent avec joie des vases remplis d'eau, que les Sarrasins portaient à leur cou, et qui restaient parmi les dépouilles des morts. Le camp renfermait tant de richesses et des provisions en si grande quantité, qu'ils furent rassasiés jusqu'au dégoût du miel et des gâteaux de riz apportés d'Égypte, et que les derniers soldats de l'armée purent dire en cette circonstance, *l'abondance nous a rendus pauvres* (1).

---

(1) Le Tasse décrit longuement cette bataille, mais il la fait livrer sous les murs de Jérusalem; il suppose que la citadelle de la ville n'avait point encore été prise, et que les croisés se trouvaient placés entre la garnison et l'armée d'Égypte. On se rappelle que ces circonstances appartiennent au siége d'Antioche, et non à celui de Jérusalem. Du reste, cette bataille, telle qu'elle est écrite dans la *Jérusalem délivrée*, ne ressemble en rien à celle d'Ascalon. Le désespoir d'Armide occupe la grande moitié de cette description, ce qui donne peu de vraisemblance, et j'ose dire peu d'intérêt au récit du poète. Le Tasse, dans sa *Jérusalem conquise*, s'était plus rapproché de l'histoire, non-seulement pour ce combat, mais pour d'autres événemens qu'il raconte. C'est

Telle fut cette bataille dont la poésie s'est plu à célébrer les prodiges, et qui ne fut pour les chrétiens qu'une victoire facile, dans laquelle ils n'eurent besoin ni de leur bravoure accoutumée, ni du secours des visions miraculeuses. Dans cette journée la présence des légions célestes ne vint point animer les bataillons des croisés, et les martyrs saint Georges et Démétrius, qu'on croyait toujours voir dans les grands périls, ne furent point aperçus au milieu du combat. Les princes chrétiens qui avaient remporté cette victoire, en parlent avec une noble simplicité dans une lettre qu'ils écrivirent peu de temps après en Occident. « Tout
» nous favorisa, disent-ils, dans les préparatifs
» de la bataille; les nuées nous dérobaient aux
» feux du soleil; un vent frais tempérait l'ardeur
» du midi. Les deux armées étant en présence,
» nous fléchîmes le genou et nous invoquâmes le
» Dieu qui seul donne la victoire; le Seigneur
» exauça nos prières et nous remplit d'une telle
» ardeur, que ceux qui nous auraient vus courir à
» l'ennemi, nous eussent pris pour une troupe de
» cerfs (1) qui vont apaiser leur soif dans une

---

principalement pour la vérité historique que le poëte italien préférait la *Jérusalem conquise* à la *Jérusalem délivrée*. Si on traduisait aujourd'hui en français la *Jérusalem conquise*, il ne serait pas impossible que le public éclairé fût de l'avis du Tasse.

(1) Nous avons déjà vu un chroniqueur comparer au cerf l'armée musulmane. Ces images, inspirées par les habi-

» claire fontaine. » Les princes victorieux racontent ensuite la déroute des Musulmans, dont la multitude fut vaincue au premier choc, et ne songea pas même à résister, comme si elle n'avait pas eu des armes pour se défendre.

Les chrétiens durent reconnaître en cette rencontre que leurs nouveaux adversaires étaient beaucoup moins redoutables que les Turcs. L'armée égyptienne se trouvait composée de plusieurs nations divisées entr'elles; la plupart des troupes musulmanes, levées à la hâte, se montraient pour la première fois en présence du péril; l'armée des croisés, au contraire, était éprouvée par plusieurs victoires; leurs chefs déployèrent autant d'habileté que de bravoure; la résolution hardie que prit Godefroy d'aller au-devant de l'ennemi, releva la confiance de ses soldats, et suffit pour jeter le désordre et l'effroi parmi les Égyptiens (1). Si on en

---

tude de la chasse, peignent assez bien le caractère et la vie habituelle des chevaliers et des barons. (Voyez la lettre des princes croisés dans les pièces justificatives de ce volume.)

(1) Les auteurs arabes semblent au contraire attribuer l'honneur du succès à Raymond de St.-Giles. On lit dans l'Histoire arabe de Jérusalem et d'Hébron, qu'après le combat un poëte musulman, pour faire sa cour à Raymond, lui adressa cette louange : « Tu as vaincu par l'épée du Messie. » O Dieu ! quel homme que Saint-Giles ! la terre n'avait » pas vu d'exemple d'une déroute semblable à celle d'Af- » dal. » Le visir, ajoute l'auteur, fut si sensible à cet outrage, qu'il fit mourir le poëte. (Voy. au deuxième volume de la *Biblioth. des Croisades*, §. 3.)

1099 croit Guillaume de Tyr et le moine Robert, témoin oculaire, les chrétiens n'avaient pas vingt mille combattans, et l'armée musulmane comptait trois cent mille hommes sous ses drapeaux (1). Les vainqueurs auraient pu se rendre maîtres d'Ascalon, mais l'esprit de discorde qu'avait fait taire le danger, ne tarda pas à renaître parmi les chefs, et les empêcha de mettre à profit leur victoire. Après la déroute des Égyptiens, Raymond avait envoyé dans la place un chevalier chargé de sommer la garnison de se rendre; il voulait arborer son drapeau sur la ville et retenir pour lui cette conquête. Godefroy en réclamait la possession, et soutenait qu'Ascalon devait faire partie du royaume de Jérusalem. Alors le comte de Toulouse, n'écoutant plus qu'une aveugle colère, partit avec ses troupes, après avoir conseillé aux habitans de la ville de ne point se rendre au duc de Lorraine, qui allait rester seul devant leurs remparts. Bientôt le plus grand nombre des croisés abandonnèrent les drapeaux de Godefroy, et lui-même fut obligé de

---

(1) *Vigenti millibus christianorum adversus trecentis millibus gentilium.* Au contraire l'auteur arabe Ibn-Giouzi ne fait monter l'armée égyptienne qu'à vingt mille hommes, et suppose que les chrétiens formaient une multitude innombrable. (Voy. *Bibliothèque des Croisades*, tom. II, §. 3.)

« On ne perdit aucun homme considérable dans cette bataille, dit Albert d'Aix; on n'eut à regretter que quelques fantassins de la foule et presqu'inconnus de leurs frères. » (Albert d'Aix, VI, 50.)

s'éloigner, n'ayant pu obtenir qu'un tribut passager d'une ville où régnait la terreur des armes chrétiennes.

1099

La querelle élevée entre Raymond et Godefroy devant Ascalon, se renouvela peu de jours après devant la ville d'Arsouf, située sur le bord de la mer, à douze milles au nord de Ramla. Le comte de St.-Gilles, qui marchait le premier avec sa troupe, entreprit d'assiéger cette place : comme on lui opposa une vive résistance, il abandonna le siége et continua sa marche, après avoir averti la garnison qu'elle n'avait rien à redouter des attaques du roi de Jérusalem. Peu de temps après, Godefroy étant venu assiéger la ville, trouva les Sarrasins déterminés à se défendre, et comme il apprit que leur résistance était le fruit des conseils de Raymond, il ne put retenir sa colère, et résolut de venger par les armes une si noire félonie. Il marchait les enseignes déployées contre le comte de St.-Gilles, qui, de son côté, venait à sa rencontre et se préparait au combat, lorsque les deux Robert et Tancrède se jettent entre les deux rivaux et s'efforcent de les apaiser. Après de longs débats, le duc de Lorraine et Raymond, vaincus par les prières des autres chefs, s'embrassèrent en présence de leurs soldats, qui avaient partagé leur animosité. La réconciliation fut sincère de part et d'autre. Le pieux Godefroy, dit Albert d'Aix, exhortait ses compagnons à oublier la division qui venait d'éclater, et les conjurait, les larmes aux yeux, de se rappeler qu'ils avaient délivré ensemble le saint tombeau, qu'ils étaient tous frères en Jésus-Christ, et que la concorde leur était nécessaire pour défendre Jérusalem (1).

Lorsque l'armée chrétienne s'approcha de la ville sainte, elle fit sonner toutes ses trompettes et déploya ses enseignes victorieuses (2). Une foule de pèlerins qui étaient venus au-devant d'elle, remplissaient l'air de leurs chants d'allégresse : ces vives expressions de la joie se mêlaient aux cantiques des prêtres; les échos, dit le moine Robert, répétaient les sons des instrumens guerriers, les acclamations des chrétiens, et semblaient offrir une application de ces paroles d'Isaïe : *Les montagnes et les collines chanteront devant vous les louanges du Seigneur* (3). Bientôt les croisés rentrèrent en triomphe dans la ville sainte. Le grand étendard du visir et son épée furent suspendus aux colonnes de l'église du St.-Sépulcre. Tous les pèlerins, assemblés dans ces lieux mêmes que l'émir Afdal avait juré de détruire de fond en comble, rendirent au ciel des actions de grâces pour une victoire qui venait de couronner tous leurs exploits.

---

(1) Pour tous ces détails, lisez surtout Albert d'Aix, qui s'est le plus étendu sur cette partie de la croisade, lib. VI, §§. 51 et 52.

(2) Robert le Moine raconte avec enthousiasme l'entrée triomphante des chrétiens à Jérusalem, et parle surtout de *la suave et délectable harmonie des chants de triomphe qui retentissaient dans les vallons et sur les montagnes. Suavitas et delectabilis harmonia.* (Voy. lib. IV.)

(3) *Montes et colles cantabunt coram vobis laudem.* (Ib.)

La bataille d'Ascalon fut la dernière de cette croisade; libres enfin de leur vœu, après quatre ans de travaux et de périls, les princes croisés ne songèrent plus qu'à quitter Jérusalem, qui devait bientôt n'avoir pour sa défense que trois cents chevaliers, la sagesse de Godefroy, et l'épée de Tancrède, résolu de terminer ses jours en Asie. Quand ils eurent annoncé leur départ, tous les cœurs se remplirent de deuil et de tristesse; ceux qui restaient en Orient embrassaient leurs compagnons les larmes aux yeux, et leur disaient : « N'oubliez jamais vos frères que
» vous laissez dans l'exil; de retour en Europe, ins-
» pirez aux chrétiens le désir de visiter les saints
» lieux que nous avons délivrés; exhortez les guer-
» riers à venir combattre avec nous les nations infi-
» dèles. » Les chevaliers et les barons, fondant en pleurs, juraient de conserver un éternel souvenir des compagnons de leurs exploits, et d'intéresser la chrétienté au salut et à la gloire de Jérusalem (1).

1099

Après ces touchans adieux, les uns s'embarquèrent sur la Méditerranée, les autres traversèrent la Syrie et l'Asie mineure. Quand ils arrivèrent dans l'Occident, les soldats et les chefs portaient des palmes dans leurs mains, et la multitude des fidèles accourait sur leur passage en répétant des cantiques. Leur retour fut regardé comme un miracle, comme une espèce de résurrection, et leur présence était partout un sujet d'édification et de

---

(1) Les touchans adieux des pélerins sont rapportés par Foulcher de Chartres et par Albert d'Aix, lib. vi, §. 53.

saintes pensées. La plupart d'entre eux s'étaient ruinés dans la guerre sacrée; mais ils rapportaient d'Orient de précieuses reliques, que leur piété mettait au-dessus des plus riches trésors (1). On ne pouvait se lasser d'entendre le récit de leurs travaux et de leurs exploits. Des larmes se mêlaient sans doute aux transports de l'admiration et de la joie lorsqu'ils parlaient de leurs nombreux compagnons que la mort avait moissonnés en Asie. Il n'était point de famille qui n'eût à pleurer un défenseur de la croix, ou qui ne se glorifiât d'avoir un martyr dans le ciel (2).

---

(1) On lit dans une histoire généalogique de plusieurs maisons de Bretagne, ce passage assez curieux : « Rion de Lo-
» heac acquit en ce voyage de belles et riches dépouilles
» sur les ennemis de la chrétienté, les Sarrasins; et sur
» toutes choses, il fut curieux de faire recherche, amas et
» provisions des sacrées et précieuses reliques qui étaient
» en ces régions-là, du nombre desquelles était une partie
» et portion de la vraie croix, en laquelle notre Sauveur
» Jésus-Christ endura la mort pour le salut du genre hu-
» main, et de la pierre du sépulcre auquel ledit Sauveur
» fut enseveli. Lesquelles reliques il avait intention d'ap-
» porter en son pays; mais étant prévenu d'une maladie
» dont il mourut audit pays de Syrie, il les envoya à son
» frère Gauthier de Loheac, par un sien écuyer appelé
» Simon de Ludron, qui l'avait accompagné en ce voyage. »
On pourrait citer beaucoup d'autres faits semblables, qui prouvent que les chrétiens de l'Occident mettaient le plus grand prix aux reliques apportées d'Orient.

(2) Voyez, aux pièces justificatives, la liste des noms des principaux croisés.

Les anciennes chroniques ont célébré l'héroïque dévouement d'Ida, comtesse de Hainaut, qui fit le voyage d'Orient et brava tous les périls pour chercher les traces de son époux. Les uns disaient qu'il était prisonnier chez les Turcs, les autres qu'il avait été tué. Ida parcourut les forêts et les déserts de la Romanie, sans que personne répondît à sa voix. Arrivée à Jérusalem, c'est en vain qu'elle redemanda l'objet de sa tendresse au Dieu qui racheta le monde : elle revint en Europe avec toutes ses craintes, avec tous ses chagrins; et l'amour de ses fidèles vassaux ne put consoler la veuve infortunée d'un martyr de la croix (1).

Le comte de Toulouse, qui avait juré de ne plus revenir en Occident, s'était retiré à Constantinople, où l'empereur l'accueillit avec distinction et lui donna la principauté de Laodicée. Raymond d'Orange voulut suivre le sort du comte de Toulouse et finir ses jours en Orient. Parmi les chevaliers, compagnons de Raymond de St.-Gilles, qui revinrent dans leur patrie, nous ne pouvons oublier Étienne et Pierre de Salviac de Viel Castel, que leur siècle admira comme des modèles de la piété fraternelle.

---

(1) Cette circonstance est rapportée dans la chronique de Hainaut, *Gisleberti chronica Haunoniæ*. *Tacendum non est*, dit cette chronique, *quod uxor ejus Yda comitissa domini sui occasum ut audivit, sed incerta si occisus fuerit, vel captus teneretur, Deum et virum suum diligens, partes illas cum labore magno et gravibus expensis adire non dubitavit; unde ipsa priùs de viro suo incerta, incertior rediit.* (Pag. 37.)

1099 Étienne et Pierre de Salviac étaient deux frères jumeaux ; la plus tendre amitié les unissait dès leur enfance. Pierre avait pris la croix au concile de Clermont ; Étienne, quoique marié et père de plusieurs enfans, voulut suivre son frère en Asie et partager avec lui les périls d'un si long voyage : on les voyait toujours à côté l'un de l'autre dans les batailles ; ils avaient assisté ensemble au siége de Nicée, d'Antioche et de Jérusalem. Peu de temps après leur retour dans le Quercy, ils moururent tous deux dans la même semaine, et furent ensevelis dans le même tombeau. Sur leur tombe on lit encore aujourd'hui une épitaphe qui nous a transmis le souvenir de leurs exploits et de leur touchante amitié. Gaston de Béarn revint avec eux en Europe. Quelques années après être rentrés dans ses états il prit de nouveau les armes contre les infidèles, et mourut en Espagne en combattant les Maures.

L'ermite Pierre, revenu dans sa patrie, se déroba à l'empressement des fidèles, et s'enferma (1)

---

(1) Voyez la vie de Pierre l'Ermite, par le P. d'Oultremant. Pierre l'Ermite revenait de la Terre-Sainte en 1102, avec un seigneur du pays de Liége, nommé le comte de Montaigu, lorsque, assailli d'une violente tempête, il fit vœu de bâtir une abbaye. C'est en exécution de ce vœu qu'il fonda en effet l'abbaye de *Neufmoutier* (à Huy dans le Condroz, sur la rive droite de la Meuse), en l'honneur du St.-Sépulcre de Jérusalem. Alexandre, évêque de Liége, en fit la dédicace en 1130. Pierre y mourut dans un âge avancé, et voulut, par humilité, être enterré hors de l'église. Ce ne

LIVRE IV. 487

dans un monastère qu'il avait fondé à Huy. Il y 1103 vécut seize ans dans l'humilité et la pénitence, et fut enseveli parmi les cénobites qu'il avait édifiés par ses ver... Eustache, frère de Godefroy et de Baudouin, vint recueillir le modeste héritage de sa famille, et n'occupa plus la renommée du bruit de ses exploits. Alain Fergent, duc de Bretagne, et Robert, comte de Flandre, rentrèrent dans leurs états, réparèrent les maux que leur absence avait causés, et moururent regrettés de leurs sujets (1).

Le duc de Normandie fut moins heureux que ses compagnons. La vue des saints lieux et de longs malheurs soufferts pour Jésus-Christ, n'avaient pas changé son caractère indolent et léger. A son retour de la Terre-Sainte, de profanes amours et des aventures galantes le retinrent plusieurs mois en Italie. Lorsqu'il rentra enfin dans ses états, il y fut reçu avec des transports de joie; mais ayant repris les rênes du gouvernement, il ne montra que de la faiblesse et perdit l'amour et la confiance de ses sujets. Du sein de l'oisiveté et de la débauche, sans trésors et sans armée, il

---

fut que plus d'un siècle après sa mort, que l'abbé et le chapitre firent transporter ses reliques dans un cercueil revêtu de marbre, devant l'autel des douze apôtres, l'an 1242, avec une épitaphe assez longue, que M. Morand, de l'académie des sciences, y a lue en passant à Huy en 1761, et qui est rapportée dans le tom. III des Manuscrits de la bibliothèque de Lyon, par M. Delandine. (Pag. 481.)

(1) Robert, comte de Flandre, mourut d'une chute de cheval.

1103 osa disputer la couronne britannique au successeur de Guillaume-le-Roux, et tandis que livré aux conseils des histrions et des courtisanes, il rêvait la conquête de l'Angleterre, il ▓▓▓▓▓ duché de Normandie. Vaincu dans une bataille, ce malheureux prince tomba entre les mains de son frère Henri Ier., qui l'emmena en triomphe au-delà de la mer et le fit enfermer au château de Cardiff, dans la province de Clamorgan. Le souvenir de ses exploits dans la guerre sainte ne put adoucir son infortune. Après vingt-huit ans de captivité, il mourut oublié de ses sujets, de ses alliés et de ses anciens compagnons de gloire.

La conquête de Jérusalem avait excité un vif enthousiasme et renouvelé la ferveur de la croisade et des pélerinages parmi les peuples de l'Occident. L'Europe vit une seconde fois les scènes qui avaient suivi le concile de Clermont. De nouveaux prodiges annoncèrent la volonté de Dieu. On avait remarqué dans le ciel des nuages de feu qui représentaient une grande cité. Eckkard, auteur contemporain, rapporte que pendant plusieurs jours on avait vu une multitude innombrable d'insectes ailés passer de la Saxe dans la Bavière, image des pélerins qui devaient aller de l'Occident en Orient. Les orateurs sacrés ne parlaient plus, dans leurs prédications, des périls et des misères du peuple de Jérusalem, mais des triomphes remportés par les armes chrétiennes (1) sur les infidèles.

———

(1) La plupart des historiens de la première croisade se

On lisait dans les chaires des églises les lettres que les princes croisés avaient écrites en Occident, après la prise d'Antioche et la bataille d'Ascalon; ces lettres enflammaient l'imagination de la multitude; et comme les princes n'épargnaient point les déserteurs de l'armée chrétienne, tous ceux qui avaient pris la croix et n'étaient point partis, tous ceux qui avaient quitté les drapeaux de la croisade, devinrent tout-à-coup l'objet du mépris et de l'animadversion universelle. La puissance des grands et des seigneurs ne put les défendre des traits d'une amère censure. Un cri d'indignation s'éleva de toutes parts contre le frère du roi de France, auquel on ne pardonnait point d'avoir lâchement abandonné ses compagnons, et d'être revenu en Europe sans voir Jérusalem. Étienne, comte de Chartres et de Blois, ne put rester en paix dans ses états et dans sa propre famille; ses peuples s'étonnaient de sa désertion honteuse (1), et sa femme, mêlant les reproches aux prières, lui rappelait sans cesse les devoirs de la religion et de la chevalerie. Ces malheureux princes et tous ceux qui avaient suivi leur exemple, se trouvèrent forcés de quitter une seconde fois leur patrie et de reprendre le chemin de l'Orient.

---

sont peu étendus sur les préparatifs de cette dernière expédition.

(1) Les discours qu'Adèle adressait à son mari, sont mentionnés ou indiqués par Orderic Vital. (Voy. l'extrait d'Orderic, *Bibliothèque des Croisades*, tom. 1.)

1103 Plusieurs des seigneurs et des barons qui n'avaient point partagé l'enthousiasme des premiers croisés, s'accusèrent d'une coupable indifférence, et furent entraînés par le mouvement général. Parmi ces derniers, on remarquait Guillaume IX, comte de Poitiers, parent de l'empereur d'Allemagne et le vassal le plus puissant de la couronne de France; prince aimable et spirituel, d'un caractère peu belliqueux, il quitta, pour le pélerinage de Jérusalem, une cour voluptueuse et galante (1) qu'il avait souvent réjouie par ses chansons. L'histoire littéraire nous a conservé ses adieux poétiques au Limousin, au Poitou, *à la chevalerie qu'il avait tant aimée, aux vanités mondaines, qu'il désignait par les habits de couleur et les belles chaussures.* Après avoir engagé ses états à Guillaume-le-Roux (2), il prit la croix à Limoges, et partit pour l'Orient, accompagné d'un grand nombre de ses vassaux, les uns armés de la lance et de l'épée, les autres ne portant que le bâton des pélerins. Son exemple fut suivi par Guillaume, comte de Nevers, par Harpin, comte de

---

(1) Orderic Vital nous représente Guillaume de Poitiers comme un homme hardi, brave, enjoué, et surpassant les histrions eux-mêmes par ses facéties. (Duchesne, *Hist. Norman.*, pag. 789.)

(2) C'est Orderic Vital qui nous apprend que le comte de Poitou engagea ses domaines à Guillaume-le-Roux. (Voy. l'extrait de cet auteur, *Bibliothèque des Croisades*, tom. 1.)

Bourges, par Eudes, duc de Bourgogne : ce dernier partait pour la Syrie, moins peut-être dans le dessein de voir Jérusalem, que dans l'espoir de recueillir les restes de sa fille Florine, tuée avec Suénon dans l'Asie mineure.

En Italie et en Allemagne, l'enthousiasme fut beaucoup plus général et l'affluence des pèlerins plus grande qu'après le concile de Clermont : la seule province de Lombardie vit accourir sous les drapeaux de la croix plus de cent mille chrétiens, conduits par Albert, comte de Blandrat, et par Anselme, évêque de Milan. Un grand nombre de pèlerins allemands suivirent Wolf IV, duc de Bavière, et Conrad, maréchal de l'empereur Henri, célèbre par sa bravoure et par ses exploits. Parmi les croisés d'Allemagne on remarquait plusieurs autres seigneurs puissans, d'illustres prélats et la princesse Ida, margrave d'Autriche.

Dans cette nouvelle expédition (1), comme dans la première, on était entraîné par l'envie de chercher des aventures et de parcourir des régions lointaines. La fortune de Baudouin, de Bohémond, de Godefroy, avait réveillé l'ambition des comtes et des barons restés en Europe. Humbert II, comte de Savoie, qui partit pour la Terre-

---

(1) Cette expédition devrait être reportée au règne de Baudouin Ier., qui succéda à son frère Godefroy; mais comme elle est une suite de la première croisade, je n'ai pas cru devoir les séparer dans mon récit.

1103 Sainte avec Hugues-le-Grand, fit une donation aux religieux du Bourget (1), afin d'obtenir par leurs prières *un heureux consulat en son voyage d'ou-*

---

(1) Guichenon s'exprime ainsi dans son *Histoire généalogique de la maison de Savoie:*

« Guillaume Paradin raconte que ce prince (Humbert II, comte de Savoie) fut au voyage de la Terre Sainte à la croisade qui fut conclue au concile de Clermont, sous Godefroy de Bouillon : ce qu'après lui ont confirmé la plupart des historiens (Pingon, Vanderb. Dogliani, Chiesa, Balderan, Buttet, Henning). Papyre Masson a rejeté cela, parce que la chronique manuscrite n'en a point parlé, ni les auteurs des croisades, qui nomment pourtant bien des seigneurs moins considérables. Botero n'en a fait aucune mention.

» Cependant il ne faut pas douter de ce voyage; car environ ce même temps ce prince donna aux religieux du Bourget en Savoie un mas appelé Gutin, pour le salut de son âme, de celle du comte Amé son père, et de ses prédécesseurs. Cette donation, datée d'Yenne en Savoie (et non de Jéna en Thuringe, comme le dit l'*Art de vérifier les dates*), porte que le comte faisait cette libéralité pour obtenir de Dieu un heureux consulat en son voyage d'outre-mer. Or, ce mot de consulat désignait alors une principauté, gouvernement ou souveraineté. Orderic Vital donne à Roger, comte de Sicile, le titre de consul de Sicile. » Guichenon ajoute ici beaucoup d'autres exemples du même genre.

Ce qui fait élever des doutes sur le voyage de Humbert, c'est le silence des historiens de la première croisade, ainsi que les actes qu'on a conservés de ce prince, et qui font voir qu'il était resté en Europe jusqu'à l'an 1100; mais tous les doutes se dissipent, lorsqu'on sait qu'il partit dans la seconde expédition.

tre-mer. On doit croire que beaucoup de seigneurs 1103
et de chevaliers firent de pareilles donations ; d'autres fondèrent des monastères et des églises ; ils partaient avec l'espoir que Dieu bénirait leurs armes, et que la victoire leur donnerait de riches principautés en Orient.

Les croisés lombards (1) furent les premiers qui se mirent en marche. Arrivés dans la Bulgarie et les provinces grecques, ils se livrèrent à toutes sortes de violences, enlevant les bœufs, les moutons sur leur route, et ce qui était plus déplorable encore, dit Albert d'Aix, se nourrissant de la chair de ces animaux dans le saint temps du carême. A leur arrivée à Constantinople, on vit éclater de plus grands désordres. Alexis fut menacé dans sa capitale (2) et jusque dans son palais. Si on en croit les chroniques du temps, l'empereur grec n'opposa d'abord à la multitude des pèlerins ni ses gardes ni ses soldats, mais des léopards (3) et

---

(1) Cette expédition est racontée par trois chroniqueurs du temps, Albert d'Aix, Orderic Vital, Eckkard ; le premier de ces historiens est le plus complet, et paraît le plus digne de foi dans ce qu'il raconte. Le second, selon sa coutume, s'attache plus aux choses extraordinaires qu'aux choses vraies. Le troisième, quoiqu'il ait été lui-même de l'expédition, n'en donne qu'une idée incomplète et confuse.

(2) Voyez, dans l'extrait d'Orderic Vital, le récit du siége de Constantinople par les Aquitains. Quelques circonstances de ce récit paraissent fabuleuses.

(3) C'est Orderic Vital qui parle des lions et des léo-

des lions; et dans un combat aussi étrange, ce ne furent point les animaux, long-temps l'effroi des déserts, qui se montrèrent les plus audacieux et les plus barbares. Les Grecs, selon le rapport d'Albert d'Aix, eurent à déplorer la perte d'un prince de la famille impériale, et la mort d'un lion apprivoisé (1) *qui faisait les délices du palais.* Les chefs des croisés s'efforcèrent en vain d'apaiser leurs soldats indisciplinés. L'empereur, qui avait menacé les pélerins de sa colère, se trouva réduit à les implorer pour avoir la paix; et ce ne fut qu'à force de présens et de prières qu'il put déterminer ses hôtes redoutables à traverser le détroit de St.-Georges.

Les croisés lombards, campés sur la rive asiatique, virent bientôt arriver dans leur camp le connétable Conrad avec deux mille guerriers allemands, le duc de Bourgogne, le comte de Chartres, les évêques de Laon et de Soissons, avec une foule de guerriers français partis des rives de la Loire, de la Seine et de la Meuse. Cette multitude de pélerins s'élevait à deux cent soixante mille (2), parmi lesquels on comptait un grand nombre de clercs, de moines, de femmes et d'enfans. Le comte de Toulouse, qui était venu de Laodicée à Constantinople, fut chargé par Alexis

---

pards qu'on opposa aux croisés. (Voyez l'extrait de cet auteur, tom. 1 de la *Bibliothèque des Croisades.*)

(1) La mort de ce lion est rapportée par Albert d'Aix.

(2) Orderic Vital porte le nombre des croisés au-delà de cinq cent mille, *plus quam quingenta millia.*

de conduire l'armée des croisés à travers l'Asie mineure; il avait avec lui quelques guerriers provençaux et cinq cents turcopoles, soldats de l'empereur grec. Les Lombards étaient si pleins d'audace et de confiance, qu'ils dédaignèrent la route qu'avait suivie Godefroy de Bouillon, et qu'ils forcèrent leurs chefs à les suivre sur le chemin du Korassan, qu'ils se vantaient de conquérir. On marcha pendant trois semaines sans manquer de vivres et sans rencontrer d'ennemis, ce qui augmentait la licence et l'orgueil des pélerins. Ancyre, ville de la Paphlagonie qui se trouvait sur leur passage, fut attaquée, prise d'assaut, et tous ceux qui la défendaient périrent par le glaive. Plus loin, une forteresse que les chroniques latines appellent Gangras, mieux fortifiée et mieux défendue (1), opposa une résistance opiniâtre aux attaques des soldats de la croix. Ce fut alors que les croisés virent commencer toutes leurs misères. Tandis qu'ils s'enfonçaient dans des pays inconnus et déserts, ils se trouvèrent en proie aux tourmens de la soif et de la faim. Au milieu des fléaux qui les poursuivaient, ils rencontrèrent l'armée des Turcs accourus de toutes les provinces de l'A-

---

(1) Albert d'Aix s'étend beaucoup sur cette marche des croisés et sur les combats qu'ils eurent à soutenir avant de livrer une bataille aux Turcs; ils la livrèrent dans une plaine située au-delà des montagnes de la Paphlagonie. (Voy. l'extrait d'Albert d'Aix, *Bibliothèque des Croisades*, tome I.)

sie mineure, de la Syrie et de la Mésopotamie. Les infidèles ne cessaient d'attaquer les chrétiens, poursuivant ceux qui fuyaient, fuyant eux-mêmes lorsqu'on leur résistait. Tous les croisés qui s'écartaient de l'armée pour chercher de l'eau et des vivres, tombaient dans les embuscades de l'ennemi, et périssaient, dit Eckkard, *broyés comme la paille* (1). Les Musulmans mettaient le feu aux forêts de sapin, aux bruyères desséchées par le soleil. La flamme courait (2) sous les pieds des chevaux, et des nuages de fumée couvraient l'armée dans sa marche. L'incendie dévora plusieurs pèlerins, qui mouraient ainsi sans combattre. Chaque jour les ennemis devenaient plus audacieux, les chemins plus difficiles, les périls plus grands; il ne restait aux chrétiens qu'un moyen de salut, c'était de vaincre et de disperser les Turcs (3). Le conseil des chefs résolut de livrer une bataille. Dès le lever du jour, l'évêque de Milan parcourut les rangs de l'armée, exhortant les pèlerins à confesser leurs péchés, et leur montrant le bras du bienheureux Ambroise comme un gage de la bénédiction du ciel. Raymond de St.-Gilles, qui avait apporté avec lui la lance découverte à Antioche, la pré-

---

(1) *Stipularum eos terebant more.*

(2) La circonstance de l'incendie allumé autour des croisés est rapportée par Eckkard; Albert d'Aix dit que mille pèlerins furent brûlés ainsi dans une vallée.

(3) Orderic Vital exagère le nombre des Turcs qu'il porte à un million, *mille millia.*

senta aux soldats de la croix, en leur rappelant les prodiges qu'elle avait opérés. L'armée fut ensuite rangée en plusieurs bataillons (1), et les trompettes donnèrent le signal du combat. Les chefs et les soldats ne manquèrent ni de courage ni de confiance dans la victoire; mais les différens corps de l'armée ne combattirent jamais ensemble, et furent tour-à-tour obligés de fuir devant les Turcs. Raymond, qui combattit le dernier, se trouva tout-à-coup abandonné par ses guerriers, et se défendant presque seul sur une roche élevée où il avait cherché un asile, il ne dut son salut qu'à la généreuse bravoure du comte de Blois. Cette journée, sans être décisive, fut malheureuse pour les chrétiens; mais c'était la nuit suivante que tous les maux devaient tomber sur eux. Les deux armées, rentrées dans leurs camps, déploraient leurs pertes en silence, lorsque le comte de Toulouse abandonna (2) tout-à-coup ses pavillons et prit avec tous ses soldats la route de Sinope. A peine la nouvelle de cette fuite est-elle répandue dans l'armée chrétienne, que les princes, les seigneurs et les chevaliers, saisis d'une terreur panique, se hâtent de fuir à leur tour, laissant au camp les charriots, les bagages et la multitude éperdue des pélerins. Bientôt les Turcs sont

1103

---

(1) Voyez, pour cette bataille, le récit étendu d'Albert d'Aix, liv. VIII.

(2) Albert d'Aix dit que Raymond s'enfuit d'abord au château de Pulverel, ensuite à Sinope, puis à Constantinople, où Alexis lui fit quelques reproches.

avertis de ce qui se passe parmi les chrétiens (1), et leur foule innombrable accourt au bruit des clairons et des tambours; ils ne trouvent plus qu'un peuple désarmé, des moines, des femmes qui faisaient entendre des cris déchirans. Albert d'Aix peint, dans son histoire, le désespoir des matrones et des vierges livrées à la fureur des Turcs; et pour donner une idée de leur infortune, il s'arrête à décrire la barbe et la chevelure hideuse (2), la figure horrible de leurs ravisseurs. On aime à voir le pieux chanoine d'Aix s'attendrir sur le sort d'un sexe faible et timide (3), condamné au trépas ou au déshonneur; mais on s'étonne que dans sa douleur il n'adresse aucun reproche à cette foule de chevaliers chrétiens qui, ne songeant qu'à fuir, avaient si honteusement abandonné leurs propres femmes et tant d'innocentes victimes de la guerre. Au reste, la fuite ne sauva personne, et la barbarie des Turcs se chargea de punir en cette circonstance les lâches et les félons. Dès le lever

---

(1) Albert d'Aix et Orderic Vital disent que les Turcs avaient de leur côté le projet d'opérer leur retraite, n'espérant plus vaincre les chrétiens. (Voy. l'extrait d'Albert d'Aix, *Biblioth. des Croisades*, tom. 1.)

(2) Nous avons donné dans l'extrait d'Albert d'Aix, *Biblioth. des Croisades*, tom. 1, le portrait que cet auteur fait des soldats turcs.

(3) Il faut lire ce que dit Albert d'Aix de ces malheureuses femmes chrétiennes, *abandonnées par leurs tendres maris, les uns morts, les autres fugitifs, et entraînées par l'impérieuse nécessité*, liv. VIII.

du jour, leur troupe dispersée et fugitive fut poursuivie par un ennemi sans pitié. De toutes parts ils tombaient sous le glaive comme les épis sous la faucille du moissonneur. Ni la profondeur des cavernes, ni l'épaisseur des bois, ni leur course rapide, ne purent les dérober à la mort. Les dépouilles des riches pélerins (1) couvraient les plaines et les vallées, et les Turcs qui les poursuivaient, marchaient sur des étoffes de soie, sur des manteaux de pourpre et de zibeline, tristes débris d'un luxe que n'avaient jamais vu les déserts de la Cappadoce, et dont l'étrange spectacle se mêlait partout aux scènes du plus affreux carnage. Toutes les richesses des chrétiens (2) tombèrent entre les mains des Turcs, et cent soixante mille croisés périrent dans cette déroute malheureuse.

Une seconde armée, conduite par le comte de Nevers et le comte de Bourges, arrivée à Constantinople dans les premiers jours de juin, s'était mise en marche à travers l'Asie mineure, vers la fête de la St.-Jean-Baptiste. Après avoir parcouru des contrées arides et de vastes forêts, elle arriva à

---

(1) Albert d'Aix fait une longue énumération des richesses et des trésors semés sur la route des pélerins. (Lib. VIII.)

(2) Orderic Vital, qui décrit la déroute de l'armée avec moins de détails qu'Albert d'Aix, dit que quarante mille chrétiens seulement y périrent *corporellement*, mais qu'ils vivent sans doute *spirituellement* dans un repos éternel avec le Christ, dans lequel ils sont morts. (Voyez Orderic Vital.)

1403 Ancyre, dont les ruines offrirent à leurs yeux les premières traces de ceux qui les avaient précédés. Désespérant d'atteindre les Lombards, ils quittèrent la route du Nord, pour se porter vers la ville de Stancon (1). C'est là qu'ils rencontrèrent l'armée victorieuse des Turcs, et que la nouvelle du désastre de leurs compagnons vint les remplir de douleur et d'effroi. Les malheureux pélerins commençaient à manquer de vivres; ils traversaient un pays brûlant et stérile; plus de trois cents succombèrent à l'excès de la chaleur et au tourment de la soif. Leur troupe éperdue se livrait au désespoir, lorsque l'armée musulmane vint les attaquer; leurs forces étaient épuisées; ils ne purent résister à un ennemi qu'animait le souvenir de sa récente victoire. Toute l'armée périt sur le champ de bataille, ou fut dispersée dans les bois et les lieux sauvages. Les femmes, les enfans, les bagages, les chevaux, les armes, tout devint la proie des Turcs. Le duc de Nevers, fuyant à travers les montagnes, se réfugia avec peine à Germanicopolis; ayant pris des guides parmi les soldats grecs, il fut dépouillé et laissé

---

(1) Il est difficile de suivre les croisés dans un pays que les géographes eux-mêmes connaissent à peine, et dans lequel les Turcs ont tout changé, jusqu'aux noms. Quand ces contrées seront mieux connues, il sera curieux de suivre les croisés et de voir périr leurs armées innombrables dans les lieux mêmes qu'avait illustrés chez les anciens la retraite des *dix mille*.

seul dans un lieu désert; il erra pendant plusieurs 1103
jours au milieu des bois, et parvint enfin à Antioche (1), exténué de fatigues et couvert des lambeaux de la misère.

Pendant que les Turcs remportaient cette sanglante victoire près de Stancon, l'armée du comte de Poitiers, à laquelle s'étaient réunis Wolf, duc de Bavière, et la margrave d'Autriche, arrivait à Constantinople. Les Allemands et les Aquitains ne savaient rien des désastres arrivés dans l'Asie mineure; car, disent les vieilles chroniques, on ne revenait pas plus de la Romanie que du royaume des morts. Néanmoins, les derniers croisés avaient de sinistres pressentimens, et ces pressentimens se manifestaient par de violens murmures contre la politique d'Alexis. C'est ici que nous laisserons parler un auteur contemporain et témoin oculaire.
« On accusait l'empereur grec d'entretenir des
» intelligences perfides avec les Turcs, et de ten-
» dre des embûches aux pélerins jusque sur les
» flots de la mer, de telle sorte que chacun ne
» voyait plus devant soi que des périls. Au milieu
» des incertitudes les plus cruelles, on voyait le
» père se séparer du fils, le frère de son frère,
» l'ami de son ami, et dans cette séparation, où cha-
» cun avait pour but de sauver sa vie, il y avait plus
» d'amertume et de regrets qu'on n'en éprouve

---

(1) Orderic Vital est d'accord avec Albert d'Aix pour les principales circonstances de la marche, de la défaite et de la ruine des croisés.

» pour mourir. L'un voulait se confier aux flots ; » l'autre traverser la Romanie ; quelques-uns, » après avoir pris place dans un vaisseau, se pré- » cipitaient sur le rivage, et rachetant les che- » vaux qu'ils avaient vendus, couraient à la mort » qu'ils voulaient éviter. » Tel est le récit abrégé d'Eckkard, qui était de cette expédition; lui-même, après avoir hésité long-temps, prit le parti de s'embarquer, et, sans courir aucun des dangers qu'il craignait, il arriva, avec beaucoup d'autres pélerins, au port de Jaffa, *secondé par la clémence de Dieu.*

La clémence divine ne se montra pas aussi favorable à ceux qui prirent la route de l'Asie mineure. Le duc de Bavière, Guillaume de Poitiers, et le comte de Vermandois, qui s'était réuni à leur armée, partirent vers le temps de la moisson et traversèrent la province de Nicomédie. Arrivés dans la Lycaonie, ils trouvèrent le pays ravagé ; les Turcs avaient comblé les puits et les citernes, brûlé les récoltes. La fatigue, les combats, les maladies, tout se réunit pour épuiser les forces des croisés. Leur désespoir les fit d'abord redouter des Turcs : ils s'emparèrent même d'une ville fortifiée ; mais quelle victoire pouvait les délivrer de la misère, de la faim, de la chaleur dévorante? Errans dans des lieux inconnus, et pressés par la soif, ils s'approchèrent du fleuve Halis, et s'y précipitèrent en désordre ; car plus le péril était grand, moins la multitude respectait les lois de la discipline. Ce désordre fut comme un signal pour les

Turcs, qui fondirent sur les chrétiens. Quelques 1103
guerriers intrépides résistèrent au premier choc;
mais la foule consternée se laissa massacrer sans combattre. Cent mille pélerins furent moissonnés par le
glaive musulman, ou périrent misérablement dans
les montagnes voisines du Halis. Le comte de Poitiers, fuyant parmi les déserts, arriva presque nu à
Antioche; le comte de Vermandois, percé de deux
flèches, parvint avec une faible escorte jusque dans
la ville de Tarse, où il mourut de ses blessures. La
margrave d'Autriche, avec plusieurs nobles dames, disparut dans le tumulte du combat et de la
fuite (1); les uns disaient qu'elle avait été écrasée
sous les pieds des chevaux, les autres, que les
Turcs l'avaient conduite dans le Korassan, pays,
dit Albert d'Aix, séparé du reste du monde par
des marais et des montagnes inaccessibles, et dans
lequel les *captifs chrétiens restaient enfermés
comme le troupeau dans l'étable.*

Ainsi avaient disparu trois grandes armées, qui
étaient comme plusieurs nations sous les armes.
Toutes les trois bravèrent les mêmes périls, tombèrent dans les mêmes embûches, éprouvèrent les
mêmes revers; aussi les chroniques du temps, dans
cette partie de leurs récits, ne nous offrent-elles
que les tableaux monotones de la destruction et de
la mort. Ce qu'il y a de remarquable, c'est que
ces nouvelles troupes de pélerins égalaient presque

---

(1) Eckkard dit que la margrave Ida fut tuée. Albert
d'Aix rapporte des versions différentes.

1103 la multitude des premiers croisés, et qu'elles furent anéanties par ces mêmes Turcs que les compagnons de Godefroy avaient dispersés dans leur marche triomphante vers le mont Taurus. Les Latins reprochèrent aux Grecs d'avoir provoqué leurs défaites; de vives accusations s'élevèrent contre Raymond de St.-Gilles (1). La vérité est que les chefs et les soldats furent les victimes de leur imprévoyance ou de leur indiscipline, et que par une fatalité malheureuse, ils s'offrirent eux-mêmes au glaive exterminateur des infidèles. Presque tout le peuple qui suivait l'étendard de la croix périt dans cette expédition; aucune des femmes qui avaient quitté l'Europe ne revit sa patrie et sa famille; beaucoup de seigneurs, de chevaliers et d'ecclésiastiques, qui avaient échappé à la fureur des Turcs, moururent dans leur fuite, les uns sur les côtes de la Méditerranée ou de la mer Noire, les autres à Paphos, à Rhodes; ils moururent loin de leurs amis, loin de leurs proches, et Dieu voulut que leurs

---

(1) Raymond fut vivement accusé parmi les chrétiens; Bernard l'Etranger ou l'Externe le retint prisonnier au port St.-Siméon; Tancrède le fit mettre en liberté, à la sollicitation des autres princes, qui lui donnèrent ensuite Tortose. (Voyez l'extrait d'Albert d'Aix, *Bibliothèque des Croisades*, tome I.) Le même Albert d'Aix ne paraît pas croire à la trahison d'Alexis. Eckkard l'accuse au contraire violemment, et dit, dans son histoire, que les Turcs envoyèrent à l'empereur la moitié du butin fait sur les chrétiens; ce qui paraît peu vraisemblable.

essemens fussent dispersés comme le sable et la feuille qu'emportent les vents.

1103

Cependant quelques soldats de la croix échappèrent à la ruine des armées chrétiennes : ils furent sauvés par des chrétiens (1) habitans du pays, qui les accueillirent dans leurs demeures, et les conduisirent, au milieu des ténèbres de la nuit, dans les villes occupées par les Latins ou par les Grecs. Au printemps suivant, dix mille croisés (2) se trouvèrent réunis dans Antioche; ils se mirent en route pour Jérusalem, sous la conduite des chefs que le ciel leur avait conservés. Les habitans de la ville sainte vinrent à leur rencontre, et tous, adorant les mystères de la Providence, gémirent ensemble sur les calamités du peuple chrétien. Après avoir célébré, dans la ville de Jésus-Christ, la fête de la Résurrection, les uns retournèrent en Occident, les autres prirent les armes contre les Sarrasins qui menaçaient la Palestine. Le duc de Bourgogne (3) et le comte de Blois furent tués dans une bataille près de Ramla; Harpin, comte

---

(1) C'est Orderic Vital qui nous apprend que plusieurs croisés durent leur salut à des chrétiens du pays. Le même auteur compare la captivité des chrétiens dans le Korassan à celle des juifs chez les Assyriens.

(2) Orderic fait monter à cent mille le nombre des pélerins qui purent se sauver. La plupart revinrent en Occident sans songer au pélerinage de Jérusalem.

(3) Le corps du duc de Bourgogne fut rapporté en France et inhumé à Cîteaux. Urbain Plancher dit, dans son *Histoire de Bourgogne*, qu'on célébrait tous les ans à Cîteaux un

1103 de Bourges (1), tomba dans les fers des Musulmans; le duc de Bavière, revenant par mer en Europe, mourut et fut enseveli dans l'île de Chypre. L'histoire parle à peine du retour du comte de Nevers, du comte de Blandrat, et de plusieurs autres princes. Guillaume de Poitiers revint presque seul dans l'Aquitaine, où la chevalerie, les dames et la *science gaie*, lui firent bientôt oublier ses tristes aventures en Orient (2).

Tels sont les principaux événemens de la première croisade, dont le commencement et la fin furent marqués par les plus grands désastres, et qui enleva à l'Europe plus d'un million d'hommes. Lorsqu'on songe aux forces que l'Occident déploya dans cette expédition, on s'étonne d'abord qu'elle n'ait pas eu de plus grands résultats.

On a souvent répété, en parlant de cette première guerre sainte où l'Orient vit une armée de

---

anniversaire pour la mort de ce prince, le vendredi avant le dimanche de la Passion.

(1) Arpin, en partant pour la croisade, avait vendu à Philippe, roi de France, le comté de Berry, pour la somme de 60,000 écus. « Le roi Philippe, dit Chaumeau dans son *Histoire de Berry*, retira sa ville de Bourges, qu'Henri son père avait engagée pour soixante mille écus; ainsi retourna Bourges à son prince naturel. »

(2) Il chanta ses aventures en Asie dans un poëme qui, selon Orderic Vital, provoquait plutôt le rire qu'il ne faisait répandre de larmes.

six cent mille croisés, qu'Alexandre avait conquis l'Asie avec une armée de trente mille hommes. Il est probable que les Grecs qui ont écrit l'histoire d'Alexandre ont diminué ses forces pour augmenter l'éclat de ses victoires (1); mais, quoi qu'il en soit, il faut convenir que l'expédition du conquérant macédonien ne présentait pas les mêmes dangers et les mêmes écueils que l'entreprise des croisades. Les armées qui partaient de la Grèce pour l'Asie avaient moins à souffrir du changement de climat, de la longueur et de la difficulté des chemins, que celles qui partaient des extrémités de l'Occident. Les Macédoniens, dans leur invasion de l'Orient, n'eurent guère à combattre que les Perses, nation efféminée et déjà plusieurs fois vaincue par les Grecs, tandis que les croisés eurent à traverser une foule de peuples inconnus et barbares, et qu'arrivés en Asie ils se trouvèrent aux prises avec plusieurs nations de conquérans.

Les Grecs de l'expédition d'Alexandre ne venaient point en Asie pour y apporter de nouvelles lois et pour changer les mœurs et la religion des peuples; ils prirent même quelque chose des coutumes et des usages de la Perse, ce qui facilita

---

(1) Alexandre, disent les historiens grecs, avait trente mille hommes d'infanterie et cinq mille hommes de cavalerie; en tout trente-cinq mille hommes. Un seul historien, Anaximène, fait monter l'armée macédonienne à quarante-huit mille hommes.

beaucoup leurs conquêtes. Dans les croisades, au contraire, on voit deux religions armées l'une contre l'autre, qui redoublaient la haine des combattans et ne leur permettaient point de se rapprocher. Dès que le drapeau de Mahomet flottait sur une ville, on voyait fuir les chrétiens, et l'étendard de la croix faisait fuir à son tour tous les Musulmans. Comme la plupart des villes musulmanes qui tombaient au pouvoir des croisés restaient désertes, ceux-ci se trouvaient obligés de peupler les provinces qu'ils avaient envahies, et d'épuiser leurs armées pour fonder en quelque sorte des colonies dans les lieux où triomphaient leurs armes. S'il n'est point de guerres plus meurtrières que les guerres religieuses (1), il n'en est point aussi où

---

(1) Les Turcs, trente ans avant la prise de Jérusalem par les chrétiens, avaient à peine trouvé quelque résistance dans leur invasion des plus riches provinces de l'Asie, parce que la religion musulmane qu'ils venaient d'embrasser était celle des pays où ils portaient leurs armes. Si les Tartares, dans des époques différentes, ont envahi plusieurs contrées du globe, et s'y sont maintenus, c'est qu'en sortant de leurs déserts ils ne connaissaient presque aucune religion, et qu'ils se trouvaient ainsi disposés à adopter toutes les croyances qu'ils rencontraient sur leur passage. On m'objectera que les Arabes, dans les premiers siècles de l'hégire, avaient envahi une grande partie de l'Asie et de l'Afrique, où ils avaient trouvé d'autres religions que la leur, établies depuis long-temps; mais on peut répondre que ces religions tombaient en décadence. Lorsque les Musulmans se sont présentés en Europe, où la religion chré-

il soit plus difficile au vainqueur d'étendre et de conserver ses conquêtes. Cette observation est très importante pour apprécier le résultat de cette croisade.

Dans toutes les occasions où il ne fallait que de la bravoure, on ne trouve rien de comparable aux exploits des croisés. Réduits à un petit nombre de combattans, ils ne triomphèrent pas moins de leurs ennemis que lorsqu'ils avaient des armées innombrables. Quarante mille croisés s'emparèrent de Jérusalem défendue par une garnison de soixante mille Sarrasins. Il restait à peine vingt mille hommes sous leurs drapeaux lorsqu'ils eurent à combattre toutes les forces de l'Orient dans les plaines d'Ascalon.

Si Alexandre fit de plus grandes choses, et surtout s'il conquit un plus grand nombre de pays, c'est qu'il commandait une armée disciplinée, et qu'il en était le chef absolu. Toutes ses opérations militaires et politiques étaient dirigées par un même esprit et par une seule volonté. Il n'en était pas ainsi dans l'armée des croisés, qui se trouvait composée de plusieurs nations différentes, et qui, commandée par un grand nombre de chefs, portait avec elle les germes funestes de la licence et du désordre. L'anarchie féodale, dont l'Europe était troublée, avait suivi les défenseurs de la croix en Asie, et cet esprit turbulent des chevaliers, qui

---

tienne était mieux établie qu'en Orient, cette religion leur a offert une barrière insurmontable.

leur mettait sans cesse les armes à la main, fut précisément ce qui arrêta et borna leurs conquêtes.

Quand on songe à leurs discordes sans cesse renaissantes, aux calamités qui en furent la suite, à cet excès de bravoure qui leur fit commettre tant de fautes, à cet esprit d'imprévoyance qu'ils montrèrent presque toujours à la veille des plus grands dangers, on ne s'étonne plus que d'une chose, c'est qu'ils n'aient pas succombé dans leur entreprise.

La philosophie peut, avec quelque justice, opposer ses raisonnemens au merveilleux de cette guerre; mais elle y trouvera une source féconde d'observations profondes et nouvelles. C'est là qu'elle verra l'homme avec ses inexplicables contrastes; c'est là qu'elle trouvera les passions avec tout ce qui les caractérise, avec tout ce qu'elles ont de plus propre à faire connaître le cœur et l'esprit humain. La raison doit sans doute déplorer les désordres, les excès, le délire des croisés; mais telle est la faiblesse humaine, que nous nous intéressons toujours aux grands événemens où l'homme s'est montré tout entier.

L'imagination des hommes les plus indifférens sera toujours frappée des traits d'héroïsme que nous présente l'histoire des croisades. Si plusieurs scènes de cette grande époque excitent notre indignation ou notre pitié, combien d'événemens nous remplissent d'admiration et de surprise! Que de noms illustrés par cette guerre sont encore aujourd'hui l'orgueil des familles et de la patrie! Ce qu'il y a peut-être de plus positif dans les résultats de la première croisade, c'est la gloire de nos pères, cette gloire qui est aussi un bien réel pour une nation; car les grands souvenirs fondent l'existence des peuples comme celle des familles, et sont la plus noble source du patriotisme.

Dans la plus haute antiquité, une de ces passions qui s'emparent quelquefois de tout un peuple, avait précipité la Grèce sur l'Asie. Cette guerre, fameuse et féconde en exploits, enflamma l'imagination des Grecs et fut long-temps célébrée dans leurs temples et sur leurs théâtres. Si les grands souvenirs de la patrie nous inspiraient le même enthousiasme, si nous avions le même respect que les anciens pour la mémoire des ancêtres, la conquête de la Terre Sainte serait peut-être pour nous une époque aussi glorieuse et aussi mémorable que la guerre de Troie pour les peuples de la Grèce. Ces deux guerres, différentes par leurs motifs, présentent presque les mêmes résultats à l'observateur éclairé; l'une et l'autre offrent de grandes leçons à la politique, et d'illustres modèles à la valeur; l'une et l'autre ont fondé de nouveaux états, de nouvelles colonies, établi des rapports entre des peuples éloignés. Toutes les deux ont eu une influence marquée sur la civilisation des âges qui les ont suivies; toutes les deux, enfin, ont développé de grandes passions, de beaux caractères, et fourni le plus heureux sujet à la muse épique, qui ne célèbre que des prodiges et des merveilles.

En comparant ces deux guerres mémorables et

les chefs-d'œuvre des poètes qui les ont chantées, on doit ajouter que le sujet de la *Jérusalem délivrée* est plus merveilleux que celui de l'*Iliade*. On peut dire encore que les héros du Tasse sont plus intéressans que ceux d'Homère, et leurs exploits moins fabuleux. La cause qui arma les Grecs avait beaucoup moins d'importance que celle qui fit prendre les armes aux croisés. Ceux-ci s'étaient en quelque sorte armés pour la cause du malheur et de la faiblesse opprimée. Ils allaient défendre une religion qui les rendait sensibles à des maux qu'on souffrait loin d'eux, et leur faisait trouver des frères dans des régions qu'ils ne connaissaient point. Ce caractère de sociabilité ne se trouve dans aucune croyance des anciens.

Les croisés offraient un autre spectacle ignoré de l'antiquité, c'est la réunion de l'humilité religieuse et de l'amour de la gloire. L'histoire nous présente sans cesse ces guerriers si fiers, l'effroi de l'Asie et des Musulmans, abaissant leur front victorieux dans la poussière, et marchant de conquête en conquête, couverts du sac de la pénitence. Les prêtres qui les exhortent aux combats, ne relèvent leur courage qu'en leur reprochant leurs fautes. Lorsqu'ils éprouvent des revers, mille voix s'élèvent parmi eux pour accuser leur conduite; lorsqu'ils sont victorieux, c'est Dieu seul (1) qui leur

---

(1) Daimbert, Godefroy de Bouillon et Raymond de St.-Gilles, en écrivant au pape et aux fidèles de l'Occident, disent que la victoire de Dorylée avait enflé l'orgueil des

a donné la victoire, et la religion leur défend de s'en glorifier.

Il est permis à l'historien de penser que cette différence entre les héros de l'*Iliade* et ceux de la guerre sainte n'est point assez marquée dans le poëme de la *Jérusalem délivrée* (1). On pourrait adresser un autre reproche au chantre de Renaud et de Godefroy; les idées de magie et de galanterie qu'il a trop prodiguées dans son poëme, ne s'accordent point avec la vérité de l'histoire. La magie surtout, qui n'est en quelque sorte qu'une superstition dégénérée, et qui ressemble trop à la séduction et au mensonge, ne pouvait s'allier à la franchise et aux vertus belliqueuses des chevaliers et des barons. La superstition des croisés (2), quoique grossière, avait quelque chose de noble et de grand qui les rapprochait assez des mœurs de l'épopée sans que le poëte, pour nous intéresser à leurs exploits, eût besoin de recourir à des enchantemens imaginaires; leur caractère et leurs mœurs étaient graves et austères, et convenaient

---

pélerins, et que Dieu, pour les punir, leur opposa Antioche, qui les arrêta pendant neuf mois.

(1) Le Tasse lui-même était de cet avis, comme on peut le voir dans la lettre de M. Dureau-Delamalle, que nous renvoyons aux *Pièces justificatives*.

(2) Dans les romans du moyen âge, souvent le mot de magie se trouve assimilé à celui de *couardise*; et dans les lois qui règlent le combat judiciaire, on déclare que le chevalier doit se présenter franc de *son corps, exempt de magie et de couardise*.

1103 très bien à la dignité d'une épopée religieuse. Ce n'est que long-temps après la première croisade que la magie est venue se mêler à la superstition des Francs, et que leurs mœurs guerrières ont quitté le caractère éminemment épique qui les distinguait, pour prendre le caractère romanesque qu'elles ont conservé dans les livres de chevalerie. Il nous semble qu'on retrouve bien plus dans le Tasse les mœurs du temps où il a écrit, que celles du douzième siècle, époque des événemens qui forment le sujet de son poëme (1).

Qu'on me permette ici une observation générale qui a pour objet de faire connaître, non-seulement l'esprit des croisades, mais l'esprit des siècles où s'est accomplie la grande révolution des guerres saintes. Deux opinions, dont le but et les résultats devaient être différens et même contraires, se partageaient alors la société chrétienne. La première poussait les hommes à la vie solitaire et contemplative; l'autre les portait à parcou-

---

(1) M. Ginguené, dans son *Histoire littéraire d'Italie*, a daigné adopter, en les modifiant, quelques-unes de ces observations, ce qui est le plus digne prix de mon travail et de mes recherches. On m'accusera peut-être de juger le Tasse avec témérité; mais on doit pardonner à un historien de placer la vérité avant toutes choses. Je n'en admire pas moins les grandes beautés de la *Jérusalem délivrée*, et, pour réparer le tort qu'on pourrait me reprocher, je ne puis mieux faire que de renvoyer mes lecteurs à l'ouvrage de M. Ginguené, qui nous fait si bien connaître tout le mérite du Tasse.

rir le monde et à chercher la rémission de leurs péchés dans le tumulte et le bruit des guerres saintes.
D'une part on disait aux chrétiens : « C'est dans la
» solitude qu'on trouve le salut, c'est là que le Sei-
» gneur distribue ses grâces, c'est là que l'homme
» devient meilleur et plus digne de la miséricorde
» divine. » D'un autre côté on leur répétait sans
cesse : « Dieu vous appelle à sa défense ; c'est dans
» le tumulte des camps, c'est dans les périls d'une
» guerre sainte, que vous obtiendrez les bénédic-
» tions du ciel. » Ces deux opinions si opposées
étaient prêchées avec le même succès, et trouvaient partout des partisans, des apôtres ou des
martyrs. Parmi les plus fervens des fidèles, les uns
ne voyaient d'autre moyen de plaire à Dieu que de
s'ensevelir dans les déserts ; les autres croyaient
sanctifier leur vie en parcourant, l'épée à la main
et la croix sur la poitrine, les régions les plus éloignées. Le besoin de la solitude, comme le zèle de
la guerre sacrée, était si ardent, que jamais l'Europe n'avait vu tant de reclus et tant de soldats ;
jamais on ne vit s'établir tant de monastères que
dans le douzième siècle ; jamais on ne vit d'aussi
nombreuses, d'aussi formidables armées. Nous
ne chercherons point à caractériser cet étrange
contraste ; mais il nous semble qu'un seul homme
suffirait ici pour expliquer tout un siècle, et cet
homme est Pierre l'Ermite. On se rappelle que le
prédicateur de la croisade obéit tour-à-tour aux
deux opinions dominantes de son temps. Né avec
une imagination ardente, avec un esprit chau-

1103 geant et inquiet, il se voua d'abord à la vie austère des cénobites, se montra ensuite au milieu de cette multitude qui avait pris les armes à sa voix, et revint enfin mourir dans un cloître. L'ermite Pierre fut donc éminemment l'homme des temps où il vécut, et c'est pour cela qu'il exerça une si grande influence sur ses contemporains. Nous avons eu plusieurs fois l'occasion de remarquer que le plus souvent les hommes qui passent dans la postérité pour avoir dominé leur siècle, sont ceux qui s'en laissaient le plus dominer eux-mêmes, et se montraient ses interprètes les plus passionnés.

Il n'entre point dans le plan et dans l'objet de cet ouvrage de pousser plus loin ces sortes d'observations. Après avoir parlé des faits héroïques et du merveilleux de la première croisade, je dois me borner à dire quels furent ses effets immédiats sur l'état de l'Europe et de l'Asie. On connaît assez les malheurs dont elle fut suivie. Les grands désastres sont familiers à l'histoire; mais les progrès lents et presqu'insensibles du bien qui peut résulter d'une grande révolution, sont beaucoup moins faciles à apercevoir.

Le premier résultat de cette croisade fut de porter l'effroi parmi les nations musulmanes, et de les mettre pour long-temps dans l'impuissance de tenter aucune entreprise sur l'Occident. Grâce aux victoires des croisés, l'empire grec recula ses limites, et Constantinople, qui était le chemin de l'Occident pour les Sarrasins, fut à l'abri de leur attaque. Dans cette expédition lointaine, l'Europe perdit la fleur de sa population; mais elle ne fut point, comme l'Asie, le théâtre d'une guerre sanglante et désastreuse, d'une guerre dans laquelle rien n'était respecté, où les villes et les provinces étaient tour-à-tour ravagées par les vainqueurs et les vaincus. Tandis que les guerriers sortis de l'Europe versaient leur sang dans les plaines de l'Orient, l'Occident était dans une profonde paix. Parmi tous les peuples chrétiens, on regardait alors comme un crime de porter les armes pour une autre cause que pour celle de Jésus-Christ. Cette opinion contribua beaucoup à arrêter les brigandages et à faire respecter *la trève de Dieu* (1), qui fut, dans le moyen âge, le germe ou le signal des meilleures institutions. Quels que fussent les revers de la croisade, ils étaient moins déplorables que les guerres civiles et les fléaux de l'anarchie féodale, qui avaient longtemps ravagé toutes les contrées de l'Occident.

Cette première croisade procura d'autres avantages à l'Europe (2). L'Orient, dans la guerre sainte, fut en quelque sorte révélé à l'Occident qui le connaissait à peine; la Méditerranée fut plus fréquentée

---

(1) Nous parlerons de la trève de Dieu dans nos considérations générales sur les croisades, et sur les résultats qu'elles ont eus pour la société. (Voyez le dernier livre de cette histoire.)

(2) Dans les conclusions générales, nous citerons les ouvrages de M. Heeren et de M. Choiseul d'Aillecourt sur l'influence des croisades.

1103 par les vaisseaux européens ; la navigation fit quelques progrès, et le commerce, surtout celui des Pisans et des Génois, dut s'accroître et s'enrichir par la fondation du royaume de Jérusalem. Une grande partie, il est vrai, de l'or et de l'argent qui se trouvait en Europe, avait été emportée en Asie par les croisés ; mais ces trésors, enfouis par la crainte ou par l'avarice, étaient perdus depuis long-temps pour la circulation ; l'or qui ne fut point emporté dans la croisade circula plus librement, et l'Europe, avec une moindre quantité d'argent, parut tout-à-coup plus riche qu'elle ne l'avait jamais été.

On ne voit pas, quoi qu'on en ait dit, que dans la première guerre sainte l'Europe ait reçu de grandes lumières de l'Orient. Pendant le onzième siècle, l'Asie était devenue le théâtre des plus sanglantes révolutions. A cette époque les Sarrasins et surtout les Turcs ne cultivaient point les arts et les sciences. Les croisés n'eurent avec eux d'autres rapports que ceux d'une guerre d'extermination. D'un autre côté, les Francs méprisaient trop les Grecs, chez qui d'ailleurs les sciences et les arts tombaient en décadence, pour en emprunter aucun genre d'instruction. Cependant comme les événemens de la croisade avaient vivement frappé l'imagination des peuples, ce grand et imposant spectacle suffisait pour donner une espèce d'essor à l'esprit humain dans l'Occident. Plusieurs écrivains entreprirent de tracer l'histoire de cette époque mémorable. Raymond d'Agiles, Robert, moine de St.-Remy, Tudebode, Foulcher de

Chartres, l'abbé Guibert, Baudry, évêque de Dol, Albert d'Aix, sont des historiens contemporains, et la plupart témoins oculaires des conquêtes et des exploits qu'ils ont décrits. Les histoires qu'ils nous ont laissées ne sont point dépourvues de mérite, et quelques-unes valent mieux que ce qu'on écrivait alors dans le même genre chez les Grecs et chez les Arabes. Ces écrivains étaient animés dans leur travail par cet esprit de piété qui conduisait les héros de la croix. Ils auraient cru manquer à leurs devoirs de chrétiens, s'ils n'avaient employé leur talent et leurs lumières à transmettre les événemens de la guerre sainte à la postérité. Tous étaient persuadés qu'ils travaillaient à l'édification des fidèles, et qu'ils annonçaient l'œuvre de Dieu. De quelque manière qu'on juge leurs motifs, on ne peut s'empêcher de convenir qu'ils ont rendu de grands services à l'histoire, et que sans eux les temps héroïques de nos annales seraient restés sans monumens.

Le merveilleux de cette première croisade avait aussi réveillé la muse de l'épopée. Raoul de Caen (1), qui, dans son histoire, embouche quelquefois la trompette épique pour raconter les gestes de Tancrède, ne manque point de chaleur et de verve. La conquête de Jérusalem a été, dans le douzième siècle, le sujet de plusieurs ouvrages en vers. Un chevalier limousin, Geoffroi de la Tour, dit le

---

(1) Les vers de cet écrivain valent mieux que sa prose, qui est très incorrecte et souvent inintelligible.

1103 prieur ou l'abbé du Vigeois, *exposa décemment les faits des guerres saintes en un gros volume tout écrit dans sa langue maternelle, et en rhythme vulgaire, afin que le peuple en eût pleine intelligence.* Ce poëme, écrit en vers, et qui était le fruit d'un travail de douze années, n'est pas venu jusqu'à nous; beaucoup d'autres ouvrages pareils ont sans doute eu le même sort; mais ce qui nous reste suffit pour prouver que les lumières commençaient à se répandre dès le commencement du douzième siècle.

Avant cette époque, la science de la législation, qui est la première et la plus importante de toutes, n'avait fait que très peu de progrès. Quelques villes d'Italie et les provinces voisines des Pyrénées, où les Goths avaient fait fleurir les lois romaines, voyaient seules renaître quelques lueurs de civilisation. Parmi les règlemens et les ordonnances que Gaston de Béarn avait rassemblés avant de partir pour la croisade, on trouve des dispositions qui méritent d'être conservées par l'histoire, parce qu'elles nous présentent les faibles commencemens d'une législation que le temps et d'heureuses circonstances devaient perfectionner. *La paix,* dit ce législateur du onzième siècle, *sera gardée en tout temps aux clercs, aux moines, aux voyageurs, aux dames et à leur suite. — Si quelqu'un se réfugie auprès d'une dame, il aura sûreté pour sa personne en payant le dommage. — Que la paix soit avec le rustique; que ses bœufs et ses instrumens aratoires ne puissent être sai-*

sis (1). Ces dispositions bienfaisantes étaient inspi- 1103
rées par l'esprit de chevalerie, qui avait fait des
progrès dans les guerres contre les Sarrasins d'Espagne; elles étaient surtout l'ouvrage des conciles (2) qui avaient entrepris d'arrêter les guerres
entre particuliers et les excès de l'anarchie féodale.
Les guerres saintes d'outre-mer achevèrent ce que la
chevalerie avait commencé; elles perfectionnèrent
la chevalerie elle-même. Le concile de Clermont
et la croisade qui le suivit ne firent que dévelop-
per et consolider tout ce que les conciles précédens, tout ce que les plus sages des seigneurs et
des princes avaient fait pour l'humanité.

---

(1) Nous avons tiré ces détails d'une histoire manuscrite
du Béarn, qu'a bien voulu nous communiquer un de nos
magistrats les plus distingués, qui consacre ses loisirs à la
culture des lettres. Cette histoire, remarquable par une
sage érudition et une saine critique, doit jeter une grande
lumière sur les temps reculés dont nous parlons.

(2) On peut retrouver toutes les ordonnances de Gaston
de Béarn, dans les décrets du synode ou concile tenu au
diocèse d'Elne en Roussillon, le 16 mai 1027. Ces dispositions avaient pour objet la trêve de Dieu. Le concile avait
décrété qu'on ne pouvait attaquer un moine ou un clerc sans
armes, ni un homme allant à l'église ou qui en revenait,
ou qui marchait avec des femmes. Au concile de Bourges,
en 1031, et dans plusieurs autres, on renouvela les mêmes
règlemens; on mit sous la sauve-garde de la religion les
laboureurs, leurs bœufs et les moulins. (Voyez la *Collection des Conciles*, par le P. Labbe.) Il n'est pas inutile de
remarquer que ces règlemens furent d'abord reçus dans
l'Aquitaine. Le concile de Clermont les fit adopter dans la
plus grande partie de l'Europe.

1103   Plusieurs des princes croisés, tels que le duc de Bretagne, Robert, comte de Flandre, signalèrent leur retour par de sages règlemens. Quelques institutions salutaires commencèrent à prendre la place des abus violens de la féodalité, et l'on put voir, au moins dans quelques provinces, ce qu'un régime fondé par le glaive avait de plus modéré dans sa législation.

Ce fut surtout en France qu'on remarqua ces changemens, parce que la France avait pris la plus grande part à la croisade. Beaucoup de seigneurs avaient affranchi leurs serfs qui les suivaient dans la sainte expédition. Giraud et Giraudet Adhémar de Montheil, qui avaient suivi leur frère, l'évêque du Puy, à la guerre sainte, pour encourager et récompenser quelques-uns de leurs vassaux dont ils étaient accompagnés, leur accordèrent plusieurs fiefs par un acte dressé l'année même de la prise de Jérusalem. On pourrait citer plusieurs actes semblables faits pendant la croisade et dans les premières années qui la suivirent. La liberté attendait dans l'Occident le petit nombre de ceux qui revenaient de la guerre sainte, et qui semblaient n'avoir plus d'autre maître que Jésus-Christ.

Dans cette croisade, la noblesse perdit quelque chose d'un pouvoir dont elle abusait ; mais elle eut plus d'éclat et plus d'illustration. Le roi de France, quoiqu'il eût été long-temps en butte aux censures de l'Église, et qu'il ne se distinguât par aucune qualité personnelle, eut un règne plus heureux et plus tranquille que ses prédécesseurs; il commença à secouer le joug des grands vassaux de la couronne, dont plusieurs s'étaient ruinés ou avaient péri dans la guerre sainte. On a souvent répété que la croisade mit de plus grandes richesses dans les mains du clergé (1). C'est un fait qu'on ne saurait nier quoiqu'il ne soit pas également vrai pour les guerres saintes qui suivirent; mais ne pourrait-on pas dire que le clergé était alors la partie la plus éclairée de la nation, et que cet accroissement de prospérité se trouvait dans la nature des choses. Après la première croisade on put remarquer ce qui se voit chez tous les peuples qui marchent à la civilisation. La puissance tendit à se centraliser dans les mains de celui qui devait protéger la société. La gloire fut le partage de ceux qui étaient appelés à défendre la patrie; la considération et la richesse se dirigèrent vers la classe par laquelle devaient arriver les lumières.

Plusieurs villes d'Italie étaient parvenues à un certain degré de civilisation avant la croisade; mais cette civilisation, fondée sur l'imitation des Grecs et des Romains, bien plus que sur les mœurs, le caractère et la religion des peuples, ne présentait en quelque sorte que des accidens passagers, sem-

---

(1) On ne peut nier que le clergé ne s'enrichît par la première croisade; mais il n'en fut pas de même dans les guerres saintes qui suivirent. Nous traiterons cette question importante avec plus d'étendue dans nos considérations générales qui terminent cette histoire.

blables à ces lueurs soudaines qui se détachent du ciel et brillent un moment dans la nuit. Nous montrerons, dans les considérations générales qui terminent cet ouvrage, combien toutes ces républiques éparses et divisées entr'elles, combien toutes ces législations servilement empruntées aux anciens, combien toutes ces libertés précoces, qui n'étaient point nées du sol et ne s'accordaient point avec l'esprit du temps, nuisirent à l'indépendance de l'Italie dans les âges modernes. Pour que la civilisation produise ses salutaires effets, et que ses bienfaits soient durables, il faut qu'elle prenne ses racines dans les sentimens et les opinions dominantes d'une nation, et qu'elle naisse pour ainsi dire de la société elle-même. Ses progrès ne sauraient être improvisés, et tout doit tendre à-la-fois à la même perfection. Les lumières, les lois, les mœurs, la puissance, tout doit marcher ensemble. C'est ce qui est arrivé en France; aussi la France devait-elle un jour devenir le modèle et le centre de la civilisation en Europe. Les guerres saintes contribuèrent beaucoup à cette heureuse révolution, et l'on put s'en apercevoir dès la première croisade.

FIN DU LIVRE IV.

ÉCLAIRCISSEMENS.

N°. Ier.

Notice bibliographique, critique et géographique, sur l'itinéraire de Bordeaux à Jérusalem.

De tous les itinéraires romains qui sont parvenus jusqu'à nous, le plus détaillé et le plus exact est sans contredit l'*Itinéraire de Bordeaux à Jérusalem*. Il a été imprimé pour la première fois en 1588, par les soins du célèbre Pierre Pithou, d'après un manuscrit sur vélin de sa bibliothèque. Cette première édition a sans doute été tirée à petit nombre, et distribuée seulement à des amis (1). André Schott ayant fait réimprimer cet itinéraire dans l'édition qu'il donna en 1600 de l'itinéraire d'Antonin, s'exprime ainsi sur le titre de ce livre : *Itinerarium Antonini Augusti et Burdigalense quorum hoc nunc primum est editum*, et dans l'intitulé de cet itinéraire de Bordeaux à Jérusalem, p. 135, il répète encore ces mots, *ex antiquissimo exemplari nunc primum editum*. Il ne fait nulle part mention de l'édition de 1588, donnée par Pierre

---

(1) Elle a été inconnue au P. Niceron et à tous les bibliographes que j'ai consultés. Je possède ce livre, qui est rare ; c'est un très petit in-12 de 38 pages, sans nom de ville ni d'imprimeur ; le nom de Pithou ne s'y trouve nulle part ; on lit cependant en tête la préface qu'il a composée pour cet itinéraire, et que Schott et Wesseling ont réimprimée sous son nom.

Pithou : cependant cette édition n'a pas été entièrement inconnue à Wesseling, qui a réimprimé cet itinéraire, avec un excellent commentaire, dans son beau recueil des anciens itinéraires romains, in-4°., 1735 ; mais Wesseling dit qu'il n'a pu se procurer cette première édition de Pierre Pithou, ce qui le force à se conformer à celle d'André Schott : *Scilicet vestigiis editionis A. Schotti, primam enim Pithœi videre non licuit, pressius inhæsisse me* (1). Rien ne prouve mieux l'extrême rareté de cette première édition, d'autant plus précieuse à consulter, que les manuscrits de cet itinéraire sont très rares, et que toutes les éditions ne sont que des réimpressions de celle-là. En effet, Bertius l'avait réimprimé en 1618 dans son tome II du *Theatrum Geographiæ veteris*, d'après André Schott. Si, à ces quatre éditions, vous ajoutez celle qu'a donnée M. de Châteaubriand à la fin du tome III de son voyage à Jérusalem, vous aurez la liste de toutes les éditions ou réimpressions qui en ont été faites ; du moins je n'ai pu en découvrir d'autre.

Quant aux manuscrits, je crois que le seul connu jusqu'à présent est celui qui a servi à Pithou pour imprimer sa première édition, et qui appartient aujourd'hui à la Bibliothèque royale de Paris (2). J'ai collationné avec soin ce manuscrit, et je me suis convaincu que les variantes

---

(1) Wesselingii, *Vetera Romanorum Itineraria*, pag. 545.
(2) Il est décrit dans le *Catalogus codicum manuscriptorum bibliothecæ regiæ*, pars tertia, tom. 4, pag. 2, n°. IV, M. DCCVIII. Ce manuscrit renferme une cosmographie d'Æthicus, l'itinéraire d'Antonin, et d'autres morceaux, parmi lesquels on distingue une description de Jérusalem et de ses environs, qui est encore inédite. L'itinéraire de Jérusalem ne comprend que quatorze pages dans ce manuscrit.

ÉCLAIRCISSEMENS.

écrites par Vossius en marge de son exemplaire de l'édition d'André Schott, et dont Wesseling a fait usage, se trouvent toutes dans le manuscrit de Pithou. Ces variantes ne prouvent donc pas, comme le croyait Wesseling, que Vossius ait eu un second manuscrit, différent de celui de Pithou (1).

Cet itinéraire a été composé vers l'an 333 de l'ère chrétienne.

En effet, l'auteur nous apprend lui-même qu'il alla de Constantinople à Chalcédoine, et qu'il retourna à Constantinople sous le consulat de Dalmatius et de Xenophilus : *Item ambulavimus Dalmatio et Dalmaticeï Zenophilo* (2) *cons. III kal. jun. à Ralcidoniá, et reversi sumus ad Constantinopolim, VII. kalend. jan., consule suprascripto.* Or, nous savons par Cassiodore, la chronique d'Alexandrie, celle de Prospère, et d'autres monumens (3), que Flavius Valérius Dalmatius ou Delmatius, frère de l'empereur Constantin, et Marcus Aurelius Xenophilus, furent consuls ensemble dans l'année 333.

L'exactitude des mesures données dans cet itinéraire prouve qu'il n'a point été fait par un particulier, mais qu'il a été extrait de ces recueils d'itinéraires dressés par les ordres des empereurs, d'après les arpentages très

---

(1) Wesseling, *Itineraria*, pag. 570.

(2) Nous copions d'après le texte, tel qu'il est rétabli dans l'édition de Wesseling; mais il y a dans le manuscrit *item ambulanis nis Dalmaticeï Zenophilo const.* Pithou, dans la première édition, a d'abord, sans en prévenir, corrigé ainsi, *ambulavimus Dalmaticeï Zenophilo* André Schott a ajouté le mot *Dalmatio*. Dans tout le reste de cette phrase, les éditions sont conformes au manuscrit.

(3) Petri Relandi, *Fasti consulares*, pag. 332.

exacts, exécutés dans tout l'empire pour l'usage des fonctionnaires publics et pour la marche des troupes.

L'auteur de cet extrait était un chrétien de Bordeaux, qui, dans ce travail, eut pour but de faciliter à ses compatriotes le voyage de la Terre-Sainte qu'il avait lui-même achevé.

Ceci se trouve démontré par la direction de cet itinéraire, qui conduit de Bordeaux à Jérusalem, et qui indique le retour jusqu'à Milan; enfin par la description minutieuse des lieux saints, et par les autres remarques que notre pélerin a ajoutées aux routes qu'il avait extraites des itinéraires impériaux, lesquels ne contenaient que des noms et des distances, comme le prouvent les fragmens que nous en avons, et qui sont connus sous le nom d'*Itinéraire d'Antonin*.

L'exemple de l'impératrice Hélène et la magnificence avec laquelle elle avait orné l'humble lieu qui avait donné naissance au Sauveur du monde, excitaient singulièrement, à cette époque, le zèle et la curiosité des chrétiens pour de semblables voyages. Un passage des psaumes mal interprété en grec, était regardé comme une prophétie et un commandement à tous les fidèles de visiter les saints lieux. On y lisait : *Adorons le Seigneur dans le lieu où ses pieds se sont posés*, et les saints évêques de ce temps répétaient sans cesse : « Le psalmiste a prophétisé, » et a dit : Adorons le Seigneur dans le lieu où ses pieds » se sont posés (1). »

Il est donc peu étonnant qu'un pélerin zélé de l'Aqui-

---

(1) C'est dans le verset 7 du psaume 132. Saint Jérôme, *Epist. ad Marcellam*, et Eusèbe, lib. III, *Vita Constant.*, cap. 42, ne l'ont point entendu autrement; la Vulgate traduit *Adorabimus in loco ubi steterunt pedes ejus*; mais l'hébreu dit seulement : « Nous nous pros-

ÉCLAIRCISSEMENS.

taine ait voulu faciliter à ses compatriotes les moyens d'obéir aux exhortations des évêques et d'accomplir la prophétie du psalmiste.

On voit, d'après ce que je viens de dire, que l'*Itinéraire de Bordeaux à Jérusalem* peut être considéré sous deux aspects : l'un, comme le fragment le plus précieux, le plus exact et le plus détaillé qui nous reste de ces *Itineraria annotata*, dont parle Végèce, que les empereurs avaient fait dresser, et qui, embrassant toute l'étendue de l'empire romain, fourniraient les moyens de rétablir presque toute la géographie ancienne, si nous les avions tous; et si nous possédions pour toutes ces contrées des cartes modernes assez bien faites et assez détaillées.

Sous un autre point de vue, nous devons considérer cet itinéraire comme le premier voyage à la Terre-Sainte, qui nous reste. C'est sous ce dernier rapport que nous allons en présenter l'analyse géographique.

Bordeaux, le lieu de départ de notre pèlerin, était à cette époque une des principales villes des Gaules. Son enceinte, qui avait la forme d'un parallélogramme, s'annonçait de loin par ses hautes tours et comptait quatorze portes où aboutissaient les chemins qui entrecoupaient son riant territoire, dès-lors renommé par l'excellence de ses vignobles. Les arts, les sciences et le christianisme y fleurissaient; et ce siècle y vit briller Exupère, qui fut le maître d'éloquence des neveux de Constantin; Alcime, poète, orateur et historien; Minervius, le Quintilien de son temps, ainsi que d'autres hommes illustres, parmi lesquels on doit surtout nommer Ausone,

---

» ternerons devant ton marche-pied, » c'est-à-dire devant l'arche sainte.

qui les a célébrés tous, et S. Paulin, son disciple et son ami, aussi distingué par ses talens pour la poésie que par sa vertu et sa piété (1).

En sortant de cette ville célèbre, notre pèlerin se rend à Toulouse en passant par Auch, et suivant le chemin le plus direct; ensuite de Toulouse à Narbonne, en passant par Carcassonne, et de Narbonne à Arles, en passant par Beziers et Nîmes.

Notre pèlerin arrivé à Arles, alors surnommée la petite Rome des Gaules (2), récapitule les nombres de milles parcourus et le nombre des *mutationes* (lieux de relais) et *mansiones* (stations ou lieux de séjour), dont il a donné le détail.

Il continue sa route vers l'Italie, et après avoir traversé les villes d'Avignon, d'Orange, de Valence, de Die, de Gap, d'Embrun, il arrive au pied des Alpes Cottiennes *Alpes Cottiæ* : à Briançon il commence à gravir le mont Genèvre, et se trouve bientôt à Suse en Italie. Il entre ensuite à Turin, suit le Pô, traverse les belles plaines du Piémont qui sont au nord de cette rivière jusqu'à Pavie; il remonte après vers le nord, et fait son entrée à Milan, où tout, dit Ausone, est digne d'admiration (3), et qui en effet était à cette époque la première ville de l'Italie après Rome, tant par son étendue que par la multitude de ses habitans et l'abondance de ses richesses. Ici le pèle-

---

(1) Pour la description de Bordeaux à cette époque, consultez les œuvres d'Ausone, surtout aux pages 123, 133 et 168 de l'édition *in usum Delphini*, Paris, in-4°., 1730; Élie Vinet, *Discours sur l'antiquité de Bourdeaux et de Bourg-sur-mer*; et Venuti, *Dissertations sur les antiquités de la ville de Bordeaux*, in-4°., 1754.

(2) *Gallula Roma Arelas* (Auson., *Claræ urbes*, VIII, édition *in usum*; in-4°., 1730, pag. 216.)

(3) *Et Mediolani mira omnia* (Auson., *Claræ urbes*, V, p. 213.)

rin fait une nouvelle récapitulation des distances et du nombre de lieux qu'il a traversés.

En continuant sa route vers l'est, le pèlerin passe à Bergame, Bresce, Vérone, Vicence, et arrive à *Aquileia*, ville alors considérable, détruite depuis par Attila, et qui ne présente plus que de faibles vestiges entre Marano et Monfalcone. Ici le voyageur fait encore la récapitulation accoutumée.

Il gravit ensuite les Alpes Juliennes ou les montagnes qui séparent le Frioul de la Carniole; il arrive à *Æmona*, Laybach, et à vingt-trois milles au-delà il marque les limites de l'Italie et de la Norique (1). Ces limites étaient aussi à cette époque celles de l'Empire d'Occident et de l'empire d'Orient.

Notre pèlerin, après avoir quitté le vicariat d'Italie ou l'ancienne Gaule Cisalpine, entre dans le diocèse d'Illyrie, passe à Cilley et arrive dans la Styrie moderne, à la ville de Petau qui avait alors un pont sur la Drave : audelà de cette rivière il entre dans la Pannonie inférieure ou seconde (2); mais il continue à suivre les bords septentrionaux de la Drave, ou les frontières méridionales de la Hongrie des modernes, et traversant la Pannonie supérieure ou première, dont il indique le commencement

---

(1) Dans mon ouvrage sur les itinéraires des deux Gaules, qui s'imprime en ce moment, j'ai déterminé sur les cartes de Cassini et sur les meilleures cartes topographiques du nord de l'Italie, toutes les positions mentionnées dans cet itinéraire, depuis Bordeaux jusqu'à cette limite de l'Italie et de la Norique. Partout j'ai trouvé les mesures anciennes rigoureusement exactes et conformes à nos cartes modernes, ou ne présentant que quelques légères bévues de copiste qui se rectifient facilement d'après l'itinéraire d'Antonin, ou la table de Peutinger.

(2) Voyez *Libellus provinciarum*, dans Gronovii, *Varia geographia*, pag. 31.

à la *Mutatio Serena*, il se dirige au midi et atteint les bords de la Save à *Cibalis*; cette ville, bien décrite par Zozime (1), occupait le même emplacement que le village moderne de Svilaï, à l'est de Brod. Continuant ensuite vers l'est, il entre enfin dans *Sirmium*, alors une des villes les plus considérables de l'empire d'Orient, située au confluent de la Bozzeut et de la Save, et dont il ne reste aujourd'hui presque plus de vestiges. Ici, nouvelle récapitulation depuis *Aquileia* jusqu'à *Sirmium*. A peu de distance de *Sirmium*, notre pélerin joint le confluent de la Save et du Danube à *Singidunum*, où est aujourd'hui Belgrade, et il nous apprend qu'à cette ville se terminait la Pannonie supérieure.

En passant la Save, il se trouve dans la Mysie supérieure, aujourd'hui la Servie, et il suit la rive du Danube. Les deux Pannonies et la Mysie supérieure n'étaient alors que des subdivisions du diocèse d'Illyrie. A *Viminacium*, aujourd'hui en ruines, près de Vi-Palanka et de Ram, notre pélerin a soin de remarquer que ce fut dans ce lieu que Dioclétien tua Carinus, ce qui s'accorde avec le récit d'Eutrope sur cet événement (2). Notre pélerin, qui a quitté à *Viminacium* les bords du Danube, se dirige au sud-est, en suivant la voie romaine, qui s'écartait peu des rives de la Morava, et à environ cinquante milles avant *Naissus* ou Nissa moderne, il nous indique à une station nommée *Mansio Oromago*, les limites de la Mysie et de la Dace; mais on doit remarquer que c'est

---

(1) Zozim, lib. 11, cap. 18, n°. 4, pag. 130, édit. Heyni, in-8°., 1794; conférez d'Anville, *Mémoires de l'Académie des inscriptions*, tom. XXVIII, pag. 423, et Riedl, *Carte de la Servie et de la Bosnie*, 4 feuilles.

(2) Eutropius, lib. IX, cap. 19.

de la Dace d'Aurélien qu'il s'agit, et non de celle de Trajan. Après avoir traversé Nissa dans la Servie, il arrive à la ville de *Sardica*, dont les ruines se voient près de Sophia ou Triaditza. En continuant de suivre toujours la même route, qui est encore celle dont on se sert aujourd'hui pour aller de Belgrade à Constantinople, notre pélerin remarque au-delà de la *Mutatio Soncio*, la limite de la Dace et de la Thrace. Arrêtons-nous ici pour rectifier une erreur considérable qui se trouve sur la carte de l'empire romain par M. d'Anville, et par conséquent sur toutes les cartes de géographie ancienne, qui, pour cette partie, ont été copiées sur celle de ce savant géographe.

Notre Itinéraire place à quarante-deux milles de *Philippopolis*, ou Félibé des modernes, une *Mansio* nommée *Bana* ou *Bona*, qu'il indique à six milles de distance de *Ponteucasi*, première *Mansio* que notre pélerin rencontre en passant de la Dace dans la Thrace. Si sur l'une des deux cartes modernes de Riedl ou de Palma (1) on part de Félibé, et qu'on suive vers l'occident la route tracée, en mesurant avec une ouverture de compas d'un mille romain, ou de la 75me. partie d'un degré, les quarante-deux milles donnés par l'Itinéraire nous portent jusqu'au village moderne de Bana, que personne jusqu'ici n'a remarqué (2), et qui se trouve situé sur un petit ruisseau qui

---

(1) Riedl., *General charte von Rumeli Morea und Bosnia*, Wien, 1812, une feuille. — Palma, *Carte de la plus grande partie de la Turquie*, Trieste, 1812, une feuille.

(2) A un mille au nord-est de Bana se trouve un petit lieu nommé Kostendsché sur la carte de Riedl. Il semble que c'est le même lieu que M. d'Anville désigne sous le nom de Giustendil, et où il veut mettre *Justiniana prima*; mais il l'a mal placé sur sa carte. (Voy. *Académie des Inscriptions*, tom. XXXI, hist. pag. 287.)

porte le nom de Yuruk-Bana ; dans l'intervalle est Tatar-Basargik (1), qui répond à la *Mansio Basapare* de notre Itinéraire. Nous sommes donc certains que la *Mansio Ponteucasio* était à six milles romains de Bana moderne, et cette dernière mesure, en faisant remonter la route vers le nord, nous porte précisément au pied de la haute chaîne de l'*Hæmus*, ou du mont Balkan des modernes, qui forme aujourd'hui la limite de la Boulgarie et de la Romélie, comme elle séparait autrefois la Dace d'Adrien, de la Thrace. La carte de Riedl indique dans cet endroit des monts Balkans, deux étroits défilés traversés par des routes qui toutes deux mènent à Félibé; l'un est le Kupuli-Derbend, l'autre le Sulu-Derbend; le nom latin que porte ce dernier, est, suivant Riedl, *Porta Trajani*. C'est par le Sulu-Derbend que passe la grande route qui conduit à Félibé ; c'est aussi ce défilé qui conduit à *Bana*. C'est donc par cet endroit que notre pèlerin a franchi le mont *Hæmus*. Les deux défilés dont nous venons de parler, sont bien évidemment les *Succorum Angustiæ* qu'Ammien Marcellin indique au passage du mont *Hæmus*, et sur les limites de la Dace et de la Thrace (2), et que M. d'Anville a transportés à un degré, ou près de soixante-milles romains trop à l'ouest (3). Il en résulte que les li-

---

(1) Tsapar-Basar, suivant d'Anville, *Académie des Inscriptions*, tom 31, hist., pag. 290 ; mais Hadjy-Khalfa, ou le géographe turc, appelle ce lieu Tatar-Basar. (Voyez Hammer, *Rumeli und Bosna, geogr. beschrieben, von Hadschi Chalfa aus dem Türkischen übersetzt*, in-8°., 1812, Wien, pag. 55.)

(2) *Cujus* (Thraciæ) *in summitate occidentali montibus præruptis densitatæ Succorum patescunt angustiæ, Thracias dirimentes et Daciam; partem vero sinistram Æminontanæ celsitudines claudunt.* — Ammianus Marcellin. — *Rerum gest.*, lib. xxvii, cap. 4, pag. 482, édit. Wales, in-fol.

(3) Sur la carte de M. d'Anville, on trouve *Succorum Augustiæ*

mites de la Dace d'Aurélien et de la Thrace sont mal tracées sur la carte de ce savant géographe, et ne s'accordent ni avec notre Itinéraire, ni avec Ammien Marcellin, ni avec la position immuable de la principale chaîne de montagnes de ce pays.

De *Philippopolis* (1) ou Félibé, notre pélerin se rend à *Heraclia*, aujourd'hui Érékli, sur la côte de la mer de Marmara, et enfin à Constantinople, la capitale de l'empire. Ici, récapitulation particulière des distances et du nombre des villes ou des stations depuis *Sardica*, et récapitulation générale depuis Bordeaux jusqu'à Constantinople. C'est aussi dans cet endroit que notre pélerin nous donne la date de son voyage selon les termes que j'ai rapportés dans le commencement de cette analyse.

« Après Constantinople, » dit notre voyageur, « vous » traversez le Bosphore, vous arrivez à Chalcédoine, et » vous parcourez la Bithynie. » Ce peu de mots est suivi de l'itinéraire que notre pélerin continue de transcrire. A *Libyssa*, aujourd'hui Gebyzeh, sur les côtes de la Propontide, notre pélerin a soin d'observer que dans ce lieu se trouve le tombeau d'Annibal. Pline (2), Plutarque, Eutrope (3), Ammien Marcellin (4) et Aurélius Victor (5)

---

au lieu de *Succorum Angustiæ*. C'est une faute du graveur. M. d'Anville place ces défilés près d'un lieu qu'il nomme *Zuccora* dans sa carte d'Europe moderne, et qui est nommé par la carte de Riedl *Schekirkoi*, sur celle de Palma, *Sarkiu*, entre Nissa et Sophia.

(1) C'est par erreur que le copiste de l'itinéraire a écrit *Eilopopuli* au lieu de *Pilopopuli* ou mieux *Philippopoli*.
(2) Plin., *Nat. hist.*, lib. v, cap. 43.
(3) Eutrop., *Hist. Rom.*, lib. IV, cap. 5, édit. Tzschucke, p. 194.
(4) Ammian, lib. XXII, cap. 9, édit. Vales, p. 319.
(5) Aurelius Victor, *in Annibale*, v. 1, 42, 6, édit. Arntzen, in-4°, 1733, p. 188.

confirment ce fait. Tournefort et Belon (1), parmi les modernes, disent avoir vu ce tombeau dans ce lieu même (2). Arrivé à *Nicomédia* (Isnikmid), notre pélerin fait sa récapitulation accoutumée, et, continuant sa route, il passe à *Nicée* (Isnik), et marque après *Ceratæ* les limites de la Bithynie et de la Galatie. A *Ancyra*, aujourd'hui Angora, nouvelle récapitulation. Après *Andrapa*, qui a dû se trouver dans les environs des confluens des rivières Janngou et Kara-Sou de la carte d'Arrowsmith, notre pélerin place la limite de la Galatie et de la Cappadoce. Marchant toujours vers le sud-est dans la Karamanie des modernes, avant d'arriver à *Tyana*, notre pélerin remarque que près d'une *Mansio* qu'il nomme *Andavilis*, il y a une *villa* nommée *Pampati*, « d'où l'on » tire les chevaux curules; » c'était probablement quelque haras fameux. Arrivé à *Tyana* (Tayana sur la Schoun (3), le voyageur Aquitain a soin de dire que ce lieu est la patrie du magicien *Apollonius*. A quarante milles au-delà il marque les limites de la Cappadoce et de la Cilicie à une *Mansio* nommée *Pilas*, ce qui nous indique un détroit dans le mont *Taurus*, qui paraît être le Gulundi Kalah, qui commande les *Piles* ou le détroit de Cilicie marqué sur la carte d'Arrowsmith; car notre voyageur arrive aussitôt à *Tarsus* (Tarsous); là, il fait observer que c'est la patrie de l'apôtre saint Paul, et il donne encore une nouvelle récapitulation. La province de Cilicie, dans laquelle

---

(1) Ces voyageurs nomment ce lieu *Diacibize* ou *Diacibiza*, qu'il porta en effet dans le moyen âge. Voyez Wesseling, pag. 572.

(2) Wesseling a relevé avec raison l'erreur que ces deux mots de l'itinéraire *Annibalianus rex*, ont fait commettre à Pithou dans sa préface.

(3) Voyez la carte de *Constantinople and its environs*, par Arrowsmith, 4 feuilles, 1804.

entre notre pèlerin, était la *Cilicia secunda*, qui formait une des divisions de l'empire d'Orient.

A neuf milles au-delà d'*Alexandria* (Alexandrette ou Scanderoun), notre pèlerin indique la limite de la Cilicie et de la Syrie, et il arrive enfin à la ville d'Antioche (Antakia), où il fait une nouvelle récapitulation : il remarque que le palais de Daphné est à cinq milles de la ville ; et en effet, à l'époque où il écrivait, ce palais, construit originairement par les Séleucides, venait d'être agrandi et considérablement embelli par l'empereur Constantin. Notre voyageur continue ensuite sa route le long de la voie romaine qui bordait le rivage de la Syrie, et à *Balnea*, Belnias des modernes, il indique les limites de la Syrie et de la Phénicie : c'est la Phénicie proprement dite dont il est ici question, car il y en avait alors une autre au-delà du Liban, nommée *Phenicia Libani*; en passant à une simple *Mansio* nommée *Antaradus* (Contre-Aradus), qui est la Tortose du temps des croisades, il a bien soin de dire que la ville même d'*Aradus* est à deux milles du rivage. Cette ville puissante était, comme on sait, bâtie dans la petite île nommée *Ruad* par les modernes. Notre voyageur traverse *Tripolis* (Tarabolos), ensuite *Berytus* (Baïrout), et arrive à *Sidona* (Saïde). Un peu au-delà de cette ville, il dit : « Là, le prophète Élie de- » manda à une veuve de quoi se nourrir. » Cette remarque et les distances démontrent que le nom de *Sarepta*, aujourd'hui Sarfand, a été oublié par le copiste dans cet endroit de l'itinéraire (1). A Tyr (aujourd'hui le petit village de Sour), notre voyageur fait encore une nouvelle récapitulation.

---

(1) Conférez *Les Rois*, liv. 1, cap. 17, vers. 10; S. Jérôme, *in Epitaphio Paullæ*.

Arrivé à *Ptolémaïs*, aujourd'hui St.-Jean-d'Acre, et à la *Mansio* nommée *Sycamenos*, il se trouve au pied du mont Carmel, « où Élie, dit-il, sacrifiait au Seigneur. » A huit milles de là notre voyageur place les confins de la Syrie et de la Palestine, et il arrive enfin à *Césarée* de Palestine, ou Qaïsarich. Les ruines de l'ancienne cité, qui existaient encore du temps d'Aboul-Féda, semblent inconnues aux voyageurs modernes. Le nôtre remarque dans cette ville les bains qu'avait fait construire le centurion Cornélius, qui faisait beaucoup d'aumônes, *qui multas eleemosynas faciebat*.

C'est au sortir de Césarée, où il fait une récapitulation de distances, que notre pélerin quitte enfin la route directe qui conduisait à Jérusalem. Pour mieux remplir le but de son voyage, et visiter la Palestine, il se dirige, à l'orient, vers les eaux révérées du Jourdain. « A trois milles » de Césarée, dit-il, est le mont Syna, où il y a une » source qui a la vertu de rendre enceintes les femmes » qui s'y baignent. » Albert d'Aix, un des historiens des croisades, parle aussi de ce mont Syna, près de Césarée (lib. 6, cap. 41).

Notre pélerin commence à transcrire l'itinéraire, mais il l'interrompt presque aussitôt dans un lieu nommé *Stradela* (l'ancienne *Jezrael*); il nous apprend que là « s'ar- » rêta le roi Achab, et qu'Élie y prophétisa (1); que tout » près est le champ où David tua Goliath. » Notre pélerin se trouve enfin rendu sur les bords du Jourdain, à *Scythopolis* (2) ou *Bethsan*, nommé par les modernes Bisan; puis se dirigeant ensuite au midi du côté de Jérusalem, il passe à *Aser*, « où était la maison de Job, »

---

(1) Voyez *Les Rois*, lib. 1, cap. 18, vers 42.
(2) Le copiste de l'itinéraire a écrit par erreur *Civitas Sciopoli*

et à quinze milles de là il entre dans *Néapolis* ou *Sichem*, Nabolos des modernes.

Notre pélerin, dès qu'il est arrivé dans la Palestine première, qui était, ainsi que la Phénicie et la Cilicie, une subdivision du diocèse d'Orient, cesse de copier l'itinéraire romain, et même de suivre les routes battues; il se porte dans tous les lieux que des souvenirs pieux rendaient recommandables, et il les décrit en détail; c'est le mont Agazar, près de Sichem (nommé par divers auteurs mont *Garizi* ou *Argarizi*), où les Samaritains prétendent que se fit le sacrifice d'Abraham, et dont la hauteur est, suivant lui, de trois cents pas romains, ou deux cent vingt-huit toises : c'est ensuite l'endroit où Dina a été enlevée par les Amorrhéens. A un mille de là, dans un lieu nommé *Sechar*, notre Seigneur Jésus-Christ s'entretint avec la Samaritaine. Une source voisine est celle où Jacob se baignait, et les platanes qui l'ombragent ont été plantés par lui. Près de la *villa*, qu'on nomme *Bethar*, un bel amandier marque juste le lieu où ce patriarche s'endormit, et où l'ange lui apparut, etc., etc. Toutes ces choses se trouvent sur la route de *Néapolis* à *Jérusalem*, où notre pélerin arrive enfin.

Après sa récapitulation accoutumée, il commence une longue description de la ville sainte et de ses environs. Les piscines, la caverne où Salomon tourmentait les démons, les vestiges du palais de ce roi et de celui de David, deux statues de l'empereur Adrien, la maison d'Ézéchias, la source de Siloë, la colonne près de laquelle notre Seigneur fut flagellé, et un grand nombre d'autres curiosités du même genre, attirent son attention. On doit lire tous ces détails dans l'ouvrage même; nous citerons seulement un passage pour donner une idée de l'exactitude minutieuse de la description du pélerin aquitain, et aussi

parce qu'il fournit une nouvelle preuve de l'époque où il écrivit son itinéraire : « Lorsque vous êtes sorti de l'en-
» ceinte de l'ancienne Sion, et que vous marchez vers la
» porte de *Néapolis*, sur la droite et dans la vallée vous
» voyez des murailles qui sont les restes de la maison de
» Ponce-Pilate, préfet du prétoire; c'est là que notre Sei-
» gneur fut interrogé avant d'être conduit au supplice ; sur
» la gauche est le monticule Golgotha, où il fut crucifié;
» près de là est la pierre creuse où fut placé le corps de
» Jésus-Christ, et d'où il ressuscita le troisième jour. C'est
» dans ce lieu qu'on a construit depuis peu, par l'ordre de
» l'empereur Constantin, une *Basilique* (1) ou un temple
» du Seigneur d'une admirable beauté. De chaque côté
» sont des réservoirs où l'on puise de l'eau, et par derrière
» un bain où l'on baigne des enfans. » Eusèbe, dans la vie de Constantin, lib. III, chap. 31, fait aussi mention de la construction de ce temple, qui fut commencé vers l'an 326, et qui ne fut consacré qu'en 335; ainsi il est présumable que cette église s'achevait à l'époque même où notre pélerin visitait Jérusalem, en 333 ou 334. Notre voyageur sort par la porte orientale, traverse la vallée de Josaphat, plantée de vignes, et gravit sur le mont des Oliviers. Il voit la pierre sur laquelle Juda Iscariot livra

---

(1) *Ibidem modo jussu Constantini imperatoris, basilica facta est, id est Dominicum miræ pulchritudinis.* Wesseling, *Itiner.*, pag. 594; editio prima 1588, p. 14. Le mot *basilica* désignait, dans le langage de ce siècle et dans le moyen âge, une église remarquable par sa grandeur et sa magnificence. L'abbé le Beuf, dans l'*Histoire du Diocèse de Paris*, et Jaillot, dans ses *Recherches sur Paris*, rapportent des exemples qui semblent ne devoir laisser aucun doute à cet égard. Cependant le savant Valois prétend que ce mot s'employait seulement pour signifier une église bâtie pour des moines ou un monastère. Mais s'il en était ainsi, il faudrait voir des moines partout.

notre Seigneur. Il admire près de là deux magnifiques tombeaux, dont l'un, d'une seule pierre, est celui du prophète Isaïe, et l'autre celui du roi Ézéchias. Sur le sommet du mont des Oliviers, il indique encore une autre basilique faite par l'ordre de Constantin; ce qui est de même confirmé par Eusèbe. Notre pélerin monte sur la colline où pria Jésus-Christ, et où Moïse et Élie apparurent. De là, tournant à l'est, il se rend à *Béthanie*, où il voit le tombeau de Lazare, que notre Seigneur a ressuscité.

Notre pélerin, se dirigeant vers le nord de Jérusalem, arrive à *Jéricho*, qu'il décrit de même, en rappelant toujours les traits de l'Ancien et du Nouveau-Testament, relatifs aux lieux qu'il mentionne. C'est à quinze cents pas romains de Jéricho qu'il trouve la fontaine d'Elisée; qui donne aux femmes la faculté de produire des enfans mâles. Au-dessus de cette fontaine est la maison de Rahab, qui cacha chez elle les Israélites chargés par Josué de reconnaître Jéricho. Il examine ensuite la mer Morte, dont l'eau est, dit-il, très amère, ne nourrit aucun poisson, et ne porte point de bateaux. Il remarque sur la rive du Jourdain un petit monticule, où le prophète Elie se trouvait lorsqu'il fut enlevé dans le ciel. Il arrive à cet endroit du Jourdain où Jésus-Christ fut baptisé par saint Jean. Il se rend à *Bethléem*, où naquit notre Seigneur; dans ce lieu, l'empereur Constantin a fait construire une basilique. Entre Bethléem et Jérusalem, il voit à droite, et sur le bord de la route, le monument de Rachel, femme de Jacob. Près de là il contemple les tombeaux d'Ezéchiel, d'Asaph, de Job et de Salomon. Puis, marchant au midi de Jérusalem, il se rend à *Bethasora*, où est la source avec laquelle l'apôtre Philippe baptisa un eunuque. Saint Jérôme et Eusèbe confirment encore ce détail. En continuant au midi, il visite *Terebinthus* et *Hebron*, illustrés par divers ressouvenirs relatifs à Abraham; et, dans le premier de ces lieux, notre pélerin nous indique encore une basilique bâtie par l'ordre de Constantin. Dans Hébron (le copiste a écrit *Cébron*), il admire un tombeau construit de pierres d'une rare beauté, qui renferme les cendres d'Abraham, d'Isaac, de Jacob, de Sarah, de Rebecca et de Lia.

Il retourne à Jérusalem, et se met en route pour revenir en Occident; c'est alors qu'il recommence à transcrire l'itinéraire avec autant de détail et d'exactitude qu'auparavant. Nous y voyons qu'il se rend de nouveau à Césarée, mais par une autre route que celle qu'il avait prise d'abord. Cette dernière traversait *Nicopolis* ou *Emmaüs*, *Lidda* ou *Diospolis* et *Antipatris*, dont les ruines se voient encore aujourd'hui au sud-est de Tiret (1); cette route était beaucoup plus méridionale que l'autre.

Après Césarée se trouvent deux récapitulations, l'une des distances entre Constantinople et Jérusalem, l'autre de Jérusalem à Césarée en passant par *Nicopolis*. Ensuite nous nous trouvons transportés tout-à-coup à Héraclée en Thrace, ce qui a fait croire à quelques critiques qu'il y a une lacune dans l'itinéraire; mais c'est une erreur, et il me paraît évident que le pélerin aquitain ayant déjà décrit en détail sa route depuis Héraclée jusqu'à Césarée, n'a pas voulu se répéter. Il faut donc nous placer à Erekli, sur la côte de Marmara, et le suivre dans son retour. Il se dirige au sud du mont Rhodope, le Despoto-dag des modernes, tandis qu'il était venu par la route qui se prolonge au nord de cette chaîne de montagnes : il traverse la ville d'*Apris*, qui, après Théodose, avait pris le nom de *Théodosiopolis*. Or, comme ce dernier nom est inconnu à notre voyageur, c'est encore une nouvelle preuve

---

(1) Voyez la *Carte de la Syrie* par Paultre.

qu'il a écrit avant Théodose. A peu de distance d'*Apris*, notre pélerin indique la limite de la province d'*Europe* et de celle de *Rhodope*. Pour bien comprendre ceci, il faut se rappeler qu'à l'époque où écrivait le pélerin aquitain, le diocèse de Thrace était divisé en six provinces, parmi lesquelles on comptait celles d'Europe et Rhodope ; dans la province d'Europe on distinguait les villes de Constantinople, d'Héraclée et d'Apris (1). Notre pélerin atteint *Trajanapolis*, que les Turcs nomment Orichovo, et continuant toujours vers l'ouest dans la Macédoine ou la Romanie des modernes, et le long des rivages septentrionaux des mers de Marmara et de l'Archipel, il indique après une *Mutatio* nommée *Purdis*, la limite de la province Rhodope et de celle de la Macédoine : il traverse *Neapolis*, aujourd'hui la Cavale, et *Philippi*, qui est en ruines. Il observe que dans ce lieu Paul et Silas furent mis en prison. Peu après il visite la célèbre *Amphipolis* sur le Strymon, dont on place les ruines près d'un petit village nommé *Ieni-Keui*. A vingt milles au-delà notre pélerin contemple le tombeau du poète Euripide, qu'Ammien Marcellin a aussi décrit, et qu'il dit exister à une station nommée *Arethusa*, située dans une vallée de même nom (2). Notre pélerin passe par *Thessalonique* (Saloniki), qui est encore une des villes les plus considérables de ces contrées. Il arrive à *Pella*, cette célèbre capitale de la Macédoine, qui ne présente plus aujourd'hui que

---

(1) Voyez le *Libellus provinciarum romanorum*, dans *Gronovii, varia Geogr.*, ou dans l'Eutrope de Verheyk, p. 763. — Gruter, inscript. 361. — Sext. Rufus, breviar., cap. 9, in Eutrop, édit. Verheyk, p. 707. — Ammianus Marcellinus, lib. 14, cap. 2, et lib. 27, cap. 4. — Vopiscus, *in Aureliano*, cap. 17.

(2) Ammian Marcellin, lib. 27, cap. 4, édit. Vales, p. 483.

des ruines connues sous le nom de *Palatia* ou les *Palais*. Notre pélerin ne manque pas de nous montrer, comme de coutume, son érudition en remarquant qu'Alexandre-le-Grand était de cette ville, *civitas Pelli, unde fuit Alexander magnus Macedo.*

Ici notre pélerin se dirigeant vers le nord-ouest, suit la fameuse voie Egnatienne construite par les Romains à travers la Macédoine, dont il est question dans Polybe, cité par Strabon. Cette voie passait à *Édesse*, à *Héraclée* en Macédoine, et là, cessant de se diriger vers le nord, elle allait droit à l'ouest à *Dyrrachium*; mais une branche de cette voie, avant d'arriver à *Dyrrachium*, aujourd'hui Durazzo, redescendait vers le midi à *Appollonia*, maintenant en ruines sous le nom de *Polina* : c'est ce dernier chemin que prit notre pélerin. A trente-trois milles d'Héraclée, après une *Mutatio* nommée *Brucida*, il indique les limites de la Macédoine et de l'Épire, deux provinces qui n'étaient alors que des subdivisions du grand diocèse de Macédoine. A vingt-quatre milles d'*Appollonia*, le voyageur aquitain atteint le rivage à *Aulona* (Valona), dans l'endroit où l'Épire, ou la côte de l'Albanie des modernes, se rapproche le plus de l'Italie. Ici il récapitule les nombres des milles qu'il a parcourus et des lieux qu'il a rencontrés depuis Héraclée en Thrace jusqu'à *Aulona*, et il traverse ensuite le détroit entre *Aulona* ou Valone et *Hydruntum*. Ce dernier nom a été défiguré par le copiste de l'itinéraire du pélerin dans celui d'*Otronto* : c'est aujourd'hui Otranto.

Arrivé en Italie, notre pélerin va à *Brindusium*, Brindes, et prend ensuite la voie Appienne, de toutes la plus belle et la plus fréquentée ; elle conduit d'abord à Capoue, *Capua*, où il fait sa récapitulation depuis *Aulona*. Entre Brindes et Capoue, il a soin d'indiquer au-delà de

ÉCLAIRCISSEMENS.

Mutatio Aquilonis, et près de Castel-Franco, la limite précise de l'Apulie et de la Campanie des modernes. De Capoue, notre pèlerin continue par la même voie à Rome, en traversant les marais Pontins. A Rome, le pèlerin fait sa récapitulation, non-seulement de Capoue à Rome, mais même d'Héraclée à Rome. Il quitte Rome, et suit la voie Flaminienne, qui traversait les Apennins et qui aboutissait à *Ariminium*, Rimini, par Spoleto, Fano et Pesaro.

De Rimini, notre pèlerin prend la voie Émilienne, qui traçait et qui trace encore aujourd'hui une ligne droite; et traversant Bologne, Modène, Parme et Plaisance, il arrive enfin à *Mediolanum*, Milan, qui semble avoir été le terme de son voyage (1), à en juger d'après le titre même de son itinéraire qui est ainsi conçu : ITINÉRAIRE DE BORDEAUX A JÉRUSALEM, ET D'HÉRACLÉE A MILAN, EN PASSANT PAR AULONA ET LA VILLE DE ROME. *Itinerarium à Burdigalâ Hierusalem usque, et ab Heracleâ per urbem Romam Mediolanum usque.*

Mais en y réfléchissant, on aperçoit bientôt que l'auteur en a agi ici de même que pour la route du retour de Césarée à Héraclée, et qu'il n'a pas terminé son voyage par l'Itinéraire de Milan à Bordeaux, parce qu'il aurait fallu répéter, en sens inverse, les mêmes noms, les mêmes mesures et les mêmes détails qu'il avait donnés en commençant. On ne doit donc pas douter que notre pèlerin

---

(1) Dans mon ouvrage sur les itinéraires anciens de la Gaule cisalpine, et dans mes recherches sur le mille romain, j'ai présenté le tableau de toutes les distances de l'itinéraire de Bordeaux, relatives aux voies Flaminienne et Émilienne, ainsi que celles de la voie Appienne, entre Terracine et Rome, et l'on verra qu'elles sont d'une admirable exactitude et conformes à nos meilleures cartes.

TOM. I.

ne soit retourné de Milan à Bordeaux par la route qu'il a décrite, et que ce ne soit dans cette dernière ville, et principalement pour l'usage de ses concitoyens, qu'il ait composé cet Itinéraire.

C. A. WALCKENAER.

N°. II.

Éclaircissement sur les Pélerinages.

Si l'on a bien suivi l'enchaînement des causes qui préparèrent les croisades, on a dû se convaincre que l'esprit des pélerinages contribua puissamment à ce grand mouvement des peuples chrétiens de l'Europe ; presque tout un livre de l'histoire des croisades a été consacré à ce point important du sujet ; des notes, placées au bas de chaque page, ont développé le texte dans quelques parties, et indiqué ce qui avait été omis ; l'itinéraire des pélerins, qui forme le premier éclaircissement, est encore un document intéressant pour le lecteur qui veut suivre les pieux voyageurs pas à pas. Reste maintenant à tracer l'histoire des pélerinages proprement dits, et nous entendons par-là une sorte de collection des itinéraires des pieux voyageurs qui visitèrent la Palestine avant les croisades ; c'est à quoi cet éclaircissement est consacré ; nous nous efforcerons surtout de faire ressortir les traits de mœurs, les habitudes des pélerins, en un mot, la physionomie générale des sociétés qui virent cette ardeur des chrétiens à visiter Jérusalem et le tombeau de Jésus-Christ.

Dans les troisième et quatrième siècles, les pélerinages à la Terre-Sainte étaient si fréquens, qu'ils entraînaient déjà beaucoup d'abus. Saint Augustin, *Serm. III, de martyr. verb.*, s'exprimait ainsi : *Dominus non dixit:*

Vade in Orientem et quære justitiam : naviga usque ad Occidentem, ut accipias indulgentiam. Le même dit ailleurs, *Serm. I, de verb. apost. Petri ad Christum : Noli longa itinera meditari; ubi credis, ubi venis; ad eum enim, qui ubique est, amando venitur, non navigando.* Saint Grégoire de Nysse, dans une lettre qui a pour titre : *De euntibus Hierosolymam*, s'élève encore avec plus de véhémence contre les pélerinages ; il pensait que les femmes surtout pouvaient trouver sur leur route plusieurs occasions de pécher; que Jésus-Christ, le Saint-Esprit, n'étaient pas dans un lieu plutôt que dans un autre : il censure avec amertume, dans sa lettre, les mœurs des habitans de Jérusalem, qui se rendaient coupables des plus grands crimes, quoiqu'ils eussent sans cesse sous les yeux le Calvaire et tous les lieux visités par les pèlerins. Saint Jérôme, quoiqu'il eût fait lui-même le pélerinage, partageait cette opinion dans une lettre qui a été conservée. *De Hierosolymis*, disait-il, *et de Britanniá æqualiter patet aula cœlestis.* Il ajoutait qu'une foule innombrable de saints et de docteurs jouissaient de la vie éternelle sans avoir vu Jérusalem; il disait dans la même lettre, que, depuis le règne d'Adrien jusqu'à celui de Constantin, une image de Jupiter avait reçu les adorations des païens sur la roche même du Calvaire, et qu'on rendait un culte à Adonis et à Vénus dans les murs de Bethléem.

Une des plus anciennes relations de pélerinage (1) nous paraît être celle de saint Porphyre, évêque de Gaza, qui vivait à la fin du quatrième siècle. Né à Thessalonique, d'une famille distinguée, Porphyre avait à peine atteint sa vingtième année qu'il se retira dans les déserts de la

---

(1) Bolland., tom. III, mois de février, pag. 646.

Thébaïde, pour y mener la vie austère des ermites ; le pieux anachorète, après y être demeuré cinq années, se sentit pressé du désir d'aller à Jérusalem et de visiter les saints lieux ; il était alors attaqué d'un squirre au foie et une fièvre lente le consumait ; appuyé sur un bâton, car ses jambes ne pouvaient plus supporter son corps affaibli par les plus austères pénitences, il se mit en marche accompagné de Marc, son disciple, qui a écrit son pélerinage. Après une route péniblement achevée, Porphyre vit enfin la cité de Dieu. Dans la ferveur de sa piété, il chargea son disciple Marc d'aller à Thessalonique pour vendre ses biens, afin d'en distribuer le prix entre les fidèles ; cette commission achevée, Marc retourna à la cité sainte ; mais quel fut son étonnement, lorsqu'il vit son maître, jusqu'alors dans un état toujours maladif, plein de santé et d'embonpoint ; il ne le reconnut pas d'abord ; mais Porphyre courant l'embrasser, lui apprit bientôt la cause de ce changement miraculeux : un jour étant allé, toujours appuyé sur son bâton, vers le mont Calvaire, pour prier Jésus-Christ de soulager ses maux, Porphyre avait eu une pieuse extase ; il avait vu Jésus-Christ attaché à la croix, et le bon larron à ses côtés ; plein d'étonnement, Porphyre s'était écrié : « Seigneur, souvenez-vous de moi quand vous viendrez dans votre royaume. » Jésus-Christ souriant avait dit au bon larron : « Allez au secours de Porphyre ; » alors le bon larron s'était subitement avancé, et prenant le pieux cénobite par la main, l'avait conduit auprès de Jésus-Christ, qui, touché de sa dévotion, lui avait dit, en lui présentant sa croix : « Reçois et garde ce bois, précieuse relique. » Porphyre, l'ayant reçu et porté, sortit de son extase et ne sentit plus aucune douleur. Le cénobite distribua tous ses biens, comme il l'avait promis, aux pauvres chré-

ÉCLAIRCISSEMENS.

tiens, aux monastères de la Palestine et de l'Égypte ; comme saint Paul, il voulut vivre du travail de ses mains ; et parmi toutes les professions, il choisit la plus vile, il se fit cordonnier ; par la suite, il fut élevé à l'évêché de Gaza, et l'Église le compte parmi ses saints.

Nous donnons ici un extrait du pélerinage de saint Eusèbe de Crémone (1), et de saint Jérôme son ami, tiré d'une notice écrite par François Ferrarius, tom. Ier. des Bollandistes, mois de mars.

Selon saint Jérôme, saint Eusèbe naquit à Crémone de parens distingués qui n'épargnèrent rien pour son éducation. Ils en furent récompensés par les progrès rapides de leur fils dans les belles-lettres, et surtout par les vertus rares qu'on remarqua en lui dès sa plus tendre enfance. Uniquement occupé d'idées religieuses, Eusèbe, jeune encore, abandonna ses parens, sa patrie, et tous les avantages que sa naissance et ses richesses lui promettaient, pour se rendre à Rome et y visiter les monumens sacrés que renferme cette ville. Uni bientôt par les liens d'une étroite amitié, à saint Jérôme, saint Eusèbe se détermina à l'accompagner dans un voyage que celui-ci avait dessein de faire à Jérusalem.

Saint Jérôme demeurait à Rome depuis quelques années, occupé à l'enseignement des néophites et à l'instruction des vierges : comme il avait vivement censuré la conduite des jeunes clercs qui, *parfumés dès le matin, cherchaient à pénétrer dans les chambres des matrones lorsqu'elles dormaient encore* (2), il avait été en butte à tous

---

(1) Saint Eusèbe de Crémone fit le pélerinage avec saint Jérôme entre 390-423 ; il est inséré dans le tome 1er. du mois de mars des Bollandistes, pag. 371-380, et décrit par François Ferrarius.

(2) *Epistol.*, §. 2, 99-100.

les traits de la calomnie ; on l'avait accusé d'avoir des liaisons criminelles avec les femmes et les vierges auxquelles il enseignait l'Écriture-Sainte ; et c'était alors qu'il avait pris la résolution de quitter la ville corrompue pour se rendre dans la Palestine. Les deux cénobites s'embarquèrent à Porto pendant le mois de juin 385, accompagnés d'une troupe nombreuse de pieuses personnes animées du désir de voir la Terre-Sainte ; au milieu des tempêtes, ils traversèrent la mer Ionienne, parcoururent les Cyclades, vinrent à Chypre, où ils furent accueillis par saint Épiphane. Ils passèrent ensuite à Antioche, où ils furent reçus par saint Paulin, qui en était évêque, et arrivèrent sains et saufs à Jérusalem.

Après avoir fait leurs dévotions dans les lieux sanctifiés par la présence de Jésus-Christ, ils visitèrent Bethléem, où notre Seigneur vint au monde ; le Calvaire, les monts des Oliviers et du Thabor, la vallée de Josaphat, le château d'Emmaüs, et poussèrent même leur pélerinage jusqu'en Égypte, pour être témoins des jeûnes et des austérités auxquels se livraient les solitaires de la Thébaïde. De retour en Judée, la ville de Bethléem fixa plus particulièrement leur attention, et ils résolurent d'y fonder un monastère, qui bientôt fut rempli d'hommes religieux disposés à suivre la règle établie par saint Jérôme lui-même. Mais la foule des pélerins y devenant de jour en jour plus considérable, et ne sachant plus comment les nourrir et les loger, les deux amis se virent obligés de repasser en Italie pour y vendre les biens qu'ils y avaient, et dont ils destinaient le produit à des œuvres pieuses.

Les deux pélerins furent suivis immédiatement par Ste. Paule que la calomnie poursuivait aussi ; elle partit de Rome, emmenant sa fille déjà nubile, et s'embarqua sur les côtes d'Italie ; arrivée à Sidon, elle visita la tour d'Élie ; à Césarée, elle vit la maison du centenier Corneille changée en église, la maison de saint Philippe et les chambres des quatre vierges prophétesses ses filles; près de Jérusalem, elle contempla le tombeau d'Hélène, reine d'Adiadène. Le gouverneur de Palestine, qui connaissait la famille de Ste.-Paule, envoya au-devant d'elle des officiers pour lui préparer un palais; elle refusa ses offres, elle aima mieux une pauvre cellule; elle visita les saints lieux avec une telle dévotion qu'elle ne quittait les uns que par l'empressement de voir les autres; prosternée devant la croix, elle y adorait le Sauveur comme si elle l'y eût vu attaché; elle entrait ensuite dans le sépulcre, baisant la pierre que l'ange avait ôtée pour l'ouvrir; au mont Sion, on lui montra la colonne où Jésus-Christ avait été attaché pendant la flagellation; elle était encore teinte de son sang, et soutenait alors la galerie d'une église; on lui montra le lieu où le Saint-Esprit était descendu sur les Apôtres le jour de la Pentecôte. Après avoir distribué d'abondantes aumônes, elle prit le chemin de Bethléem; sur la route, elle visita le sépulcre de Rachel; lorsqu'elle fut arrivée à Bethléem, elle descendit dans la grotte de la Nativité, et, dans son pieux enthousiasme, elle croyait y voir encore l'Enfant-Jésus adoré par les Mages et les Bergers; elle visita ensuite la tour d'Ader ou des troupeaux; à Bethphagé, elle contempla le sépulcre du Lazare et la maison de Marthe et de Marie; et sur le mont Ephraïm, elle révéra le sépulcre de Josué et du pontife Éliazar; à Sichem, elle entra dans l'église bâtie sur le puits de Jacob, où Jésus-Christ parla à la Samaritaine; puis elle vit les sépulcres des douze Patriarches; et à Sebaste ou Samarie, ceux d'Élisée et d'Abdias, et surtout celui de saint Jean-Baptiste, où elle fut épouvantée des terribles effets des démons sur l'âme des possédés qu'on y amenait de toutes parts pour être délivrés.

Sainte Paule, toujours accompagnée de sa fille et de plusieurs autres vierges, passa ensuite en Égypte, vint à Alexandrie, puis au désert de Nitrice, où l'évêque Isidore, suivi d'une troupe de moines, se porta à sa rencontre; elle visita les solitaires de l'Égypte, se prosternant à leurs pieds, et sollicitant, les yeux baignés de larmes, leurs saintes bénédictions. Elle se fût volontiers plongée dans ces tristes retraites du désert, si le désir de revoir les saints lieux ne l'eût entraînée de nouveau dans la Palestine; elle vint s'établir à Bethléem, dans une petite cellule, où elle suivit toutes les inspirations de saint Jérôme; elle fit bâtir des cellules, des maisons d'hospitalité pour les voyageurs et des hôpitaux pour les malades. Elle acheva sa vie à Bethléem dans la piété et la retraite; son pélerinage a été écrit par saint Jérôme (1).

Le pélerinage de saint Antonin, qui parcourut les lieux saints dans le septième siècle, est empreint de ce même esprit; le pèlerin de Jésus-Christ contempla avec la même vénération le tombeau et la grotte mystérieuse du Sauveur; cependant quelques particularités remarquables nous ont paru devoir fixer l'attention du lecteur : saint Antonin dit que lorsqu'on allait adorer le bois de la vraie croix conservé dans l'église bâtie sur le Calvaire, au lieu appelé Golgotha, ce bois s'avançait de lui-même, qu'une étoile du firmament venait se reposer sur le sommet de la croix, et s'y tenait pendant tout le temps de l'adoration ; on apportait alors de l'huile la plus fine, et on l'approchait du bois sacré afin de la bénir; au moment où elle le touchait, l'huile entrait en ébullition, et elle se serait entièrement évaporée si on ne l'avait à l'instant retirée;

---

(1) *Epistol.* 27.

quand la cérémonie était finie, la croix retournait à sa place et l'étoile remontait au firmament. A ces choses incroyables, le pélerin ajoute qu'il y avait dans un endroit du mont Sinaï une idole des Sarrasins, en marbre très blanc, et qu'au temps de la fête de cette idole, elle changeait de couleur et devenait tout-à-fait noire et semblable à la poix ; sa fête finie, elle redevenait blanche. « Nous en fûmes fort surpris, ajoute-t-il naïvement. »

En parlant de Nazareth, le pieux voyageur remarque que les femmes des Hébreux y sont beaucoup plus belles que toutes les autres, et qu'elles doivent cet avantage à la protection de la Sainte-Vierge ; il ajoute qu'elles sont pleines de charité pour les chrétiens, quoique les juifs n'aient pour eux, en général, que de la haine. Après avoir parlé des habitans, saint Antonin s'occupe des productions de la contrée ; la terre de Nazareth est prodigieusement fertile ; elle excelle en vin, en huile et en miel ; le millet y vient plus haut qu'ailleurs, et la paille en est fort grosse.

Saint Antonin, comme les autres pélerins, parcourut l'Égypte ; il se rendit d'abord à Alexandrie, ville fort belle, dont le peuple est léger, mais ami des voyageurs ; il y vit dans le Nil une multitude de crocodiles ; on avait réuni beaucoup de ces animaux dans un étang. Après avoir parcouru les déserts de la Thébaïde, admiré la piété des cénobites qui l'habitaient, il revint à Jérusalem où il tomba malade, et fut accueilli dans un hospice destiné aux pauvres et aux pélerins ; il descendit ensuite dans la Mésopotamie, et s'embarqua pour revenir en Italie, sa patrie (1).

Dans le huitième siècle, saint Arculphe entreprit le

---

(1) *Itinerarium B. Antonin. martyr. Julio. Mag. And.*, 1641.

voyage d'outre-mer, et se rendit à Jérusalem; entr'autres particularités de son pélerinage, le cénobite rapporte que chaque année, le 15 septembre, il se tenait une foire sur le Calvaire, où arrivait de toutes les contrées une foule de marchands et de pélerins. Dans cette foire se trouvaient des chameaux, des ânes, et plusieurs autres animaux qui, séjournant pendant la durée de la foire, remplissaient la ville d'immondices : « Mais, chose miraculeuse, » s'écrie-t-il; « le lendemain toutes ces impuretés avaient disparu. » Quelques lignes plus bas cependant il explique la cause de ce phénomène : « Jérusalem, dit-il, commence au sommet septentrional de la montagne de Sion, et la pente se prolonge jusqu'à la partie des murs du côté de l'Orient et du Nord, de telle sorte que les eaux des pluies abondantes ne peuvent séjourner ni dans les rues, ni dans les places; elles se précipitent comme un fleuve rapide des endroits les plus élevés, emportant avec elles toutes les immondices de la ville; et traversant ensuite la vallée de Josaphat, elles vont grossir le torrent du Cédron. »

Ce pélerinage, qui diffère peu, quant aux particularités curieuses, d'avec ceux qui l'ont précédé, a été rédigé par Adaman, abbé d'un couvent fondé dans les îles Hébrides. Arculfe, en revenant de la Terre-Sainte, avait fait naufrage sur les rivages de ces îles, et accueilli par les moines, il avait raconté dans les loisirs de la solitude, ce qu'il avait vu durant son long pélerinage (1).

On place, dans le même siècle, le pélerinage de saint Guillebaut. Guillebaut était issu d'une riche famille du comté de Southampton; dès l'âge le plus tendre, consacré par ses parens à la vie monastique, il reçut une pieuse éducation et tous les enseignemens religieux d'un

---

(1) *Act. Sanct. ord. S. Benedict.*; 3e. siècle, part. II, pag. 505.

vieux prêtre. A peine avait-il atteint l'âge viril, qu'il abandonna sa patrie pour se rendre à Jérusalem ; il partit avec son père, son frère Wunebald et sa sœur Walpurga ; un grand nombre de ses parens, de ses serviteurs, se joignirent à ce pèlerinage de famille. Guillebaut perdit son père à Lucques, et se sépara en Italie de son frère et de sa sœur qui revinrent en Angleterre ; s'étant embarqué, il parcourut les côtes de la Grèce et plusieurs îles de l'Archipel, aborda à l'île de Chypre et arriva enfin à la Terre-Sainte ; à Émesse, Guillebaut et ses compagnons de voyage furent conduits devant un riche vieillard musulman (un émir, sans doute), afin qu'ils déclarassent quel était leur pays et leur intention en venant dans la Terre-Sainte ; après que le pèlerin eut répondu aux questions de l'émir, celui-ci s'adressant à l'auditoire, lui dit : « J'ai souvent vu venir de ces hom- » mes de leur pays ; ils ne cherchent point le mal, mais » désirent accomplir leur loi. » Cependant Guillebaut et ses compagnons furent quelque temps retenus dans la ville. Pendant leur séjour ils eurent le bonheur d'y rencontrer un marchand espagnol qui d'abord les secourut de toutes les manières, et qui, par le crédit de son frère, officier du sultan, les rendit ensuite à la liberté, et leur obtint la permission de continuer leur pèlerinage. Guillebaut visita quatre fois Jérusalem ; ayant perdu la vue à Gaza, il fut, pendant deux mois, obligé de se servir du bras d'un de ses compagnons pour se diriger. Ce fut en allant pour la seconde fois dans la ville sainte, que ses yeux se rouvrirent à la lumière en entrant dans l'église où la croix du Seigneur fut trouvée. Ce pèlerinage s'accomplit en 736 (1). Guillebaut devint ensuite évêque d'Eischa-

---

(1) *Act. Sanct. ord. S. Bened.* ; 3e siècle, part. II, pag. 372 et suiv.

taed, et son pélerinage a été écrit par une religieuse de Heidenheim, sa parente.

Sous le règne de Charles-le-Chauve, le moine Bernard s'embarqua au port de Barry, pour visiter les saints lieux. Comme il connaissait tous les périls d'un long voyage à travers les pays infidèles, il eut le soin de se munir de lettres de recommandation adressées par les commerçans de Barry au sultan d'Alexandrie et du Caire. Après une navigation périlleuse, ce pieux voyageur aborda sur les rivages de l'Egypte; il présenta ses lettres aux émirs qui le reçurent assez bien, mais qui obligèrent chaque pélerin à payer 13 deniers; c'était le tribut qu'acquittaient annuellement au prince les pauvres chrétiens résidant en Egypte; ceux qui étaient riches payaient une, deux et jusqu'à trois pièces d'or. Le frère Bernard vit un grand nombre de chrétiens retenus dans les fers, parce qu'ils n'avaient pu acquitter le tribut imposé; ils y restaient jusqu'à ce qu'un ange, envoyé de Dieu, les délivrât, ou qu'ils fussent rachetés par quelques chrétiens charitables. Il y avait à Alexandrie une sorte de communauté, instituée pour remplir ce saint devoir. Le pélerin et ses compagnons sortirent d'Alexandrie; afin de voyager en toute sûreté, ils furent obligés de se munir d'un cachet gravé en caractère arabe, et qu'ils achetèrent deux deniers. « Il est bon de dire, ajoute-t-il, que la coutume des Sarrasins étant de peser les monnaies avec leurs propres poids, six deniers n'en font pour eux que trois, et qu'il faut toujours tout doubler. » Le frère Bernard et ses compagnons se rendirent ensuite à Jérusalem, qu'ils visitèrent avec la plus ardente piété; ils furent reçus dans un hospice qui était bâti dans la ville même; on y accueillait tous les pauvres pélerins parlant la langue romane, qui ne pouvaient à leurs propres frais se procurer un asile;

l'empereur Charlemagne l'avait doté d'une bibliothèque; et une église, sous le nom de *Sainte-Marie*, y était attenante. Quand un pèlerin arrivait d'Europe, ceux qui vivaient dans l'hospice venaient le recevoir à la porte avec la croix, et on le conduisait dans une cellule. On lui donnait à manger; mais la nourriture était frugale et les repas peu fréquens. Le moine Bernard logea dans cet hospice avec ses compagnons. Lorsqu'il eut accompli son vœu, il revint en France par l'Italie (1).

Le pélerinage de Frotmond est du même temps que celui de Bernard. Frotmond, dit le moine de Redon qui a écrit sa vie, était issu d'une des plus illustres familles de France, et ses parens avaient occupé les plus hautes dignités à la cour. A la mort de son père commencèrent tous ses malheurs; car lorsque lui et ses frères s'occupaient du partage de la succession paternelle, leur grand-oncle, ecclésiastique respectable, leur ayant suscité quelques contestations, cette contrariété les mit dans une telle fureur qu'ils se jetèrent sur lui et le massacrèrent, ainsi que leur frère cadet. Frotmond se repentit bientôt d'une action aussi atroce; déchiré par les remords, il se rendit au palais du roi Lothaire pour invoquer les conseils des évêques et recevoir la mesure de sa pénitence. Un conseil fut convoqué et rassemblé dans le palais même; Frotmond et ses coupables frères s'y présentèrent; on les plaça au milieu de l'assemblée des prélats, qui ordonnèrent qu'on leur liât les bras, qu'on leur serrât les reins avec des chaînes; et dans cet état de gêne, revêtus d'un cilice, le corps et les cheveux couverts de cendre, ils durent parcourir les lieux saints et subir toutes les rigueurs de la pénitence. Ils se dirigèrent

---

(1) *Act. Sanct. ordin. S. Benedict.*, 3e. siècle, part. II, pag. 513.

d'abord vers Rome pour y visiter les tombeaux, alors fameux dans l'église chrétienne, de saint Pierre et de saint Paul. Après avoir reçu la bénédiction et des lettres de Benoît III, ils traversèrent la Méditerranée et arrivèrent à Jérusalem, où ils demeurèrent très long-temps, se livrant à toutes les austérités de la pénitence, se déchirant le corps à coups de discipline; mais toutes ces rigueurs ne parurent point encore suffisantes aux coupables bourrelés de remords; ils parcoururent l'Egypte partageant toutes les austérités des cénobites de la Thébaïde, observant les jeûnes, les punitions secrètes des solitaires. Après deux ans de séjour dans le désert, les pélerins passèrent en Afrique pour se prosterner devant le tombeau de saint Cyprien, archevêque et martyr, à deux lieues de Carthage et sur le bord de la mer. Ayant ainsi parcouru, pendant quatre ans, les contrées sanctifiées par des miracles, ils revinrent à Rome les pieds tellement meurtris et couverts de plaies, les traits tellement altérés, que le peuple romain, versant des larmes de pitié, leur procura tout ce dont ils avaient besoin. Ce qu'ils désiraient le plus ardemment, *ce qui leur était le plus nécessaire*, selon l'auteur du pélerinage, c'était le pardon de leur crime, et le pape ne jugea pas à propos encore de le leur accorder; il voulut éprouver leur constance et leurs remords dans un nouveau pélerinage. Ils repassèrent la mer et revinrent à Jérusalem; de là à Cana en Galilée, où Jésus-Christ avait changé l'eau en vin. Se dirigeant ensuite vers la mer Rouge, ils revinrent vers la montagne d'Arménie, dans le lieu où s'arrêta l'arche de Noé. Dans ce pénible voyage, ils eurent à souffrir toutes sortes d'outrages de la part des infidèles; ils furent mis à nu et cruellement fouettés jusqu'au sang; ils sauvèrent leur vie avec peine. Ils n'en continuèrent pas moins leur route, et se rendirent au mont Sinaï, où ils demeurèrent pendant trois ans. Vers la quatrième année ils retournèrent encore à Rome, sollicitant, avec une ardeur nouvelle, cette absolution qui, selon les paroles de Jésus-Christ, devait les réconcilier avec Dieu le père. Ils repassèrent en France sans pouvoir l'obtenir, et furent reçus dans l'hospice de Rennes; là, le frère aîné de Frotmond mourut de fatigues et de langueur. Tous les fidèles admirèrent sa constance et sa fermeté, et l'évêque lui rendit les plus grands honneurs. Frotmond vint ensuite au monastère de Redon; il y passa sept jours, pleurant sans cesse sur le tombeau de saint Marcellin, pape et martyr; ensuite il se mit de nouveau en chemin pour se rendre à Rome. Sur sa route un vieillard, entouré d'un rayon céleste, lui apparut. « O homme de Dieu ! dit le vieillard à Frotmond, » retourne dans le sanctuaire que tu viens de quitter, je » te l'ordonne au nom de notre Seigneur ; car c'est là qu'il » faut te faire absoudre par la miséricorde de Dieu. » Frotmond se leva, retourna au monastère où les religieux le reçurent avec joie, et implorèrent pour lui la miséricorde de Dieu. Les chaînes qu'il portait pénétraient jusque dans ses entrailles; le sang et l'humeur (*sanies*) coulaient de ses plaies. Il ne pouvait plus se tenir debout ; heureusement l'heure de sa délivrance était proche. La nuit suivante, s'étant abandonné au sommeil, le vieillard lui apparut revêtu des habits sacerdotaux, tenant un livre à la main, et, précédé de deux beaux adolescens portant des flambeaux, se plaça devant le lit du pénitent. L'un des adolescens dit au vieillard : « Mon saint maître, il est temps de rendre la santé » à ce pèlerin. » Le vieillard répondit : « Mon fils, ce n'est » point à cette heure qu'il doit guérir ; c'est lorsque les » solitaires se lèveront pour chanter les vigiles. » Il ouvrit alors son livre et fit des prières. Le pèlerin s'étant réveillé et entendant sonner la cloche, se leva et se rendit avec tout le monde à l'église, où, assis sur un banc, il fut saisi d'un sommeil profond, malgré le bruit des prières et des chants des religieux. Le vieillard apparut au pélerin, détacha les chaînes de son corps et les jeta sur le pavé de l'église qui retentit de leur bruit. Le pélerin poussa un grand cri et tomba à terre. Les religieux, après l'avoir conduit dans leur retraite, pansèrent ses plaies, et le laissèrent reposer sur sa couche pendant trois jours. Quelque temps après, étant parfaitement guéri, mais sa conscience n'étant pas entièrement satisfaite, il résolut de faire un nouveau pélerinage, et se mit en route, malgré les instances des solitaires, qui n'obtinrent de lui que la promesse de revenir se fixer parmi eux après avoir terminé son voyage; mais Dieu en disposa autrement, et le jour fixé pour son départ son âme quitta pour toujours le séjour de la terre.

Le récit du pélerinage de Frotmond a été recueilli par un moine de Redon sur les traditions du monastère (1).

Quelque temps après, la pieuse Hélène entreprit le long pélerinage d'outre-mer. Hélène, née en Suède de parens nobles, avait été élevée comme la chaste Suzanne dans la loi du Seigneur; lorsqu'elle eut atteint l'âge nubile, on lui donna un mari afin de la préserver des tentations du démon; elle le reçut, comme Sara, épouse de Tobie, par la crainte de Dieu; elle eut la fécondité de Rachel, et, comme Esther, elle fit l'ornement de son sexe; son mari étant mort, elle aima mieux se livrer tout entière à Dieu que de passer à de nouvelles noces; suivant ainsi l'exemple de Judith, elle servit le Seigneur dans le jeûne et dans la prière; sa maison était ouverte aux voyageurs comme

---

(1) *Acta Sanct. ordin. S. Bened.*, 4e. siècle, part. II.

celle du saint homme Job; le pauvre fut rechauffé par les tisons de son feu, par la laine de ses brebis.

Elle avait marié sa fille à un noble hautain et cruel; comme il maltraitait sa femme, ses serviteurs et ses vassaux, ceux-ci conjurèrent contre lui et le tuèrent; ses parens poursuivirent les serviteurs, et accusèrent la pieuse Hélène du meurtre de son gendre. Au milieu de ces accusations, elle eut à souffrir plusieurs tribulations, et ce fut alors que le Seigneur lui inspira la pensée de son pélerinage; elle partit, traversa l'Allemagne, s'embarqua en Italie, et partout sur son passage fut accueillie comme une sainte. Après avoir visité la Palestine, Hélène revint en Suède, où elle fut assassinée un jour qu'elle allait assister à la consécration de l'église de Gothène, qu'elle avait fait construire sur les débris d'un temple dédié aux divinités du Nord (1).

Des pays les plus lointains l'esprit de pélerinage s'étendait jusqu'aux contrées situées presqu'aux portes de la cité sainte. Saint Macaire né en Arménie, élevé à l'évêché d'Antioche, forma le difficile projet de visiter les saints lieux en prêchant la parole de Dieu au milieu des Juifs et des Sarrasins; il partit donc d'Antioche, et après avoir appris les langues arabe et hébraïque, il visita les lieux saints, annonçant à haute voix la religion de Jésus-Christ; se mêlant à tous les groupes, il disputait avec les uns, cherchait par de douces paroles à persuader les autres. Ce prélat eut beaucoup à souffrir pendant sa laborieuse mission; les Sarrasins le battirent de verges et le tourmentèrent cruellement; enfermé dans une étroite prison, un ange vint le voir et le consoler, et, comme saint Pierre, il

---

(1) Bolland., 7e. vol., mois de juillet, pag. 329-333.

fut bientôt miraculeusement délivré de sa captivité. Le pieux évêque d'Antioche ne recouvra la liberté que pour faire entendre de nouveau la prédication du Seigneur; plusieurs Sarrasins écoutèrent ses paroles, et leur âme endurcie fléchit devant ses douces exhortations. Des députés du siége d'Antioche vinrent lui rappeler que depuis son départ l'église de cette antique cité était veuve de son pasteur; le saint prélat, préoccupé de sa mission apostolique, repoussa leurs pressantes sollicitations; les députés voulurent alors lui faire violence et l'emmener de force; mais, ô miracle! leur langue devint immobile et leurs membres furent frappés d'une cruelle paralysie; les prières du saint obtinrent cependant leur délivrance, et ils allèrent proclamant partout ses miracles. Saint Macaire parcourut de nouveau la Palestine, visita les saints lieux une croix à la main; et traversant ensuite les mers, il prêcha la loi de Jésus-Christ à travers les pays barbares de la Germanie, et vint mourir à Gand dans le monastère de Bavon.

Les Princes et les grands suivaient l'impulsion des évêques et partageaient les opinions de la multitude; un des pèlerinages les plus curieux de ce siècle est incontestablement celui de Foulques de Nera ou le Noir (1). Quoiqu'on en ait déjà assez longuement parlé dans le texte de l'*Histoire des Croisades*, et dans la *Bibliothèque des Croisades*, nous croyons que les lecteurs verront avec plaisir quelques traits de ce curieux pèlerinage, qu'il a été impossible de faire entrer dans le texte ou dans les extraits de la bibliothèque; tel est par exemple le récit de la chronique des comtes d'Anjou sur ce pèlerinage, et particulièrement le chapitre intitulé: *Sainte et bénigne astuce du comte d'Anjou*. Ce comte est arrivé à Jérusalem; les portes du

---

(1) Gesta consulum Andeg. SPICILEG., tome x, page 463.

Saint-Sépulcre lui sont fermées par les Sarrasins. Voici comment s'exprime la chronique (1) :

« Lors offrit le comte grant somme d'or pour le laisser entrer, mais ne voulurent consentir, sinon que le comte feist ce qu'ils disoient faire faire aux autres princes chrestiens. Le comte, pour le desir qu'il avoit de y entrer, leur promist qu'il feroit tout ce qu'ils voudroient. Lors lui dirent les Sarrasins, que jamais ne souffreroient qu'il y entrast, s'il ne juroit de pisser et faire son urine sur le sépulchre de son Dieu. Le comte, qui eust mieux aimé mourir de mille morts (si possible lui fust), que l'avoir feist, voyant toutefois que autrement ne lui seroit permis de entrer à veoir le sainct lieu, auquel il avoit si charitable affection, pour la visitation duquel il estoit par tant de de périls et travaux de lointain pays là arrivé, leur accorda ce faire, et fut convenu par entr'eux qu'il y entreroit le lendemain. Le soir se reposa le comte d'Anjou en son logis, et au lendemain matin print une petite fiole de verre assez plate, laquelle il remplit de pure, nette et redolente eaue rose (ou vin blanc, selon l'opinion d'aucuns), et la mit en la braye de ses chausses, et vint vers ceux qui l'enstrée lui avoient promise; et après avoir payé telles sommes que les pervers infidelles lui demandèrent, fut mis au vénérable de lui tant désiré lieu du Sainct-Sépulcre, auquel notre Seigneur, après sa triumphante passion reposa, et lui fut dist que accomplist sa prommesse, ou que on le mestroit dehors. Alors le comte, soy disant prêt de ce faire, destacha une esguillette de sa braye, et, feignant pisser, épandit de cette claire et pure eaue rose sur le Sainct-Sépulcre ; de quoi les payens cuidant pour vrai qu'il eust pissé dessus, se prinrent à rire

---

(1) Gesta consulum Andeg. Spicileg., tome x, page 463.

et à moquer, disant l'avoir trompé et abusé; mais le dévot comte d'Anjou ne songeoit en leurs moqueries, estant en grands pleurs et larmes prosterné sur le Sainct-Sépulchre.

» Adonc s'approche le comte pour ce Sainct-Sépulchre baiser, et lors la clémence divine montra bien qu'elle avoit le bon zèle du comte pour agréable, car la pierre du Sépulchre, qui dure et solide estoit, au baiser du comte devint molle et flexible comme cyre chauffée au feu. Si mordit le comte dedans et en apporta une grande pièce à la bouche, sans que les infidelles s'en apperçussent, et puis après tout à son aise visita les autres saincts lieux. »

Le pélerinage et la mort si curieuse de Lethbald (1), indiqués dans notre histoire, offrent aussi des circonstances dignes de fixer l'attention du lecteur. Lethbald était des environs d'Autun (dit le moine Glaber); lorsqu'après avoir visité les saints lieux il fut arrivé à la montagne des Oliviers, d'où le Sauveur monta au ciel en présence de tant de témoins, pour revenir un jour juger les vivans et les morts, il se prosterna à terre les mains en croix et répandit d'abondantes larmes; se relevant ensuite, il fit à Dieu cette prière : « Seigneur Jésus, qui avez daigné des-
» cendre du trône de votre majesté sur la terre pour
» sauver le genre humain, et qui de ce lieu que je vois
» maintenant êtes retourné au ciel, revêtu de la forme
» humaine, je supplie votre bonté toute puissante que
» si mon âme doit cette année quitter mon corps, ce soit
» ici, dans le lieu même de votre ascension; car je crois
» que de même que je vous ai suivi ici corporellement,
» de même mon âme entrera pleine de joie après vous

---

(1) Voyez l'extrait du chroniqueur Glaber, dans la *Bibl. des Crois.*, t. 1.

» dans le Paradis. » Après cette prière, Lethbald retourna dans l'hôpital avec ses compagnons ; c'était alors l'heure du repas. Pendant que les autres étaient à table, Lethbald alla d'un air gai vers son lit, comme pour s'y livrer à un profond sommeil ; il s'endormit en effet sur-le-champ ; on ne sait ce qu'il vit pendant son sommeil, mais il s'écria en dormant : « Gloire à vous, Seigneur ! gloire à vous ! » A ces mots ses compagnons le pressèrent de se lever pour manger ; il refusa, et se tournant d'un autre côté il dit à ses compagnons qu'il souffrait un peu ; jusqu'au soir il resta couché ; alors il rappela les pèlerins, et demanda le saint-viatique ; il le reçut et rendit doucement l'âme.

Un pélerinage qui est encore plein d'intérêt est celui de saint Bononius, abbé du monastère de Lucques. Des malheurs domestiques, les inspirations de la piété, lui firent prendre la résolution de visiter la Palestine. Il avait conçu le projet, en satisfaisant les vœux de son ardente piété, de prêcher la foi aux infidèles à travers l'Egypte et la Syrie. Une navigation heureuse le conduisit à Babylone (le vieux Caire); il se retira d'abord dans une solitude d'où il sortait secrètement pour répandre la parole de Dieu et les consolations de la foi. La pieuse réputation de ses vertus se répandit bientôt même parmi les infidèles ; les princes et les émirs vinrent le visiter dans sa solitude, et lui donnèrent toutes les marques du plus vif attachement. Il devint ainsi le protecteur de ses frères ; les églises dévastées furent réparées, les autels relevés, les déserts se peuplèrent de monastères, et les infidèles entendirent sans crainte les louanges du Fils de Dieu. Comme il se rendait à Alexandrie sur un vaisseau musulman, une tempête horrible s'éleva ; le ciel, la mer, tout se confondait, et, au milieu des élémens en furie, le vaisseau était prêt à périr. Alors tout l'équipage se précipite aux pieds du saint voyageur ; le cri de *sauvez-nous!* se fait entendre de toutes parts. Bononius écoute la prière de l'équipage, mais il exige que les Musulmans embrassent le christianisme ; tous reçoivent le baptême. Aussitôt le saint se met en oraison, et à mesure qu'il avançait dans sa prière, les flots perdaient de leur furie ; et lorsqu'il prononça le mot *amen*, la tempête était apaisée. Le vaisseau entra en bon port à Alexandrie. Craignant que les honneurs et ses succès ne lui donnassent quelque mouvement d'orgueil, il revint à Babylone dans sa première solitude et se dévoua à la vie la plus austère, ne couchant que sur la terre, couvert seulement de son cilice. Le sort des chrétiens captifs fixa surtout son attention. Il forma le projet de l'adoucir par ses prières et par son crédit à la cour de Babylone. Le roi se promenant un jour dans ses jardins, où l'on était occupé à recueillir le baume qui coulait des arbres, ses serviteurs voyant qu'il était de bonne humeur, se jetèrent à ses pieds, et le supplièrent d'accorder, aux sollicitations de saint Bononius, la liberté de tous les prisonniers chrétiens. La reine se joignit à eux, et bientôt les malheureux captifs virent tomber leurs fers. Bononius s'embarqua ensuite pour Jérusalem, et se choisit une habitation sur le mont Sinaï, et, après un assez long séjour, vint à Constantinople, suivi d'un grand nombre des chrétiens qu'il avait délivrés de l'esclavage. Leur nombre ayant d'abord inspiré quelque méfiance, ils furent tous arrêtés et jetés dans les cachots ; mais les chrétiens qui habitaient la ville ayant rassuré l'empereur sur leur compte, ils furent mis en liberté, et reçurent même de l'argent du trésor impérial pour continuer leur voyage. Ils arrivèrent enfin dans leur patrie. L'évêque de Verceil, qui était au nombre de ces pèlerins, revint dans son diocèse ; mais saint Bononius retourna à Jérusalem, et vint habiter de nouveau son ancienne retraite du mont Sinaï, jusqu'à la mort de l'abbé du monastère de Lucques, qu'il fut appelé à remplacer. Il mourut au mois de septembre 1026.

A-peu-près vers le même temps, un jeune homme, né à Plaisance, se rendait à la Terre-Sainte pour pleurer sur le tombeau de Jésus-Christ. Raymond, né à Plaisance de parens qui n'étaient ni riches ni pauvres, avait été mis, à l'âge de dix ans, en apprentissage chez un cordonnier. Cet état n'étant pas du goût de Raymond (1), il revint auprès de sa mère. Un penchant irrésistible l'entraînait vers la piété; on le voyait dans les églises prosterné sans cesse devant la croix et les images des saints. Plaisance était alors un lieu de passage, et les troupes nombreuses de pélerins traversaient cette cité pour se rendre à la Palestine. Le spectacle de ces pieuses caravanes pleines d'ardeur et récitant des cantiques, avait fait une impression profonde sur l'âme de Raymond; il tomba dans une profonde mélancolie qui le conduisit insensiblement aux portes du tombeau. Long-temps il cacha la cause de son mal; on n'osait pénétrer jusqu'au fond de son âme pour y lire le sujet de ses peines. Vaincu enfin par les larmes de sa mère, Raymond lui découvrit l'état de son cœur; celle-ci, qui ne soupçonnait pas un aussi pieux motif aux chagrins de son fils, resta quelque temps muette de joie et de surprise. Raymond craignit d'abord de l'avoir affligée; mais sa mère l'embrassant tendrement, le tira bientôt de cette inquiétude en lui disant: « Je suis veuve, » et je puis imiter l'exemple de sainte Anne, qui, dans » son veuvage, ne quitta plus le temple de Jérusalem, » pas même la nuit. » Elle promit donc à son fils de l'accompagner; ils firent leurs préparatifs, et allèrent, avant de partir, trouver l'évêque de Plaisance pour lui demander

---

(1) Bollandiste, sixième volume du mois de juillet, p. 646-649.

sa bénédiction. L'évêque les accueillit avec joie, et plaça sur leur poitrine (circonstance remarquable) une croix rouge, et leur recommanda surtout de se souvenir de leur patrie, menacée de grandes calamités. En effet, une colonne de feu avait été aperçue dans les airs, et le peuple et les ecclésiastiques croyaient y lire un sanglant avenir. Après avoir pris le bourdon et la panetière, les pélerins sortirent de la ville, accompagnés de leurs amis et de leurs parens, faisant des vœux pour leur prochain retour.

Le voyage, quoique long et fatigant, fut assez heureux pour les deux pélerins, qu'accompagnaient partout les prières et le respect; ils arrivèrent sans accident à Jérusalem. A la vue de la cité sainte, objet de leur désir, ils pleurèrent sur l'étrange aveuglement des juifs qui avaient osé livrer à la mort l'Auteur de toute vie. La majesté sombre et lugubre du tombeau de Jésus-Christ produisit une telle impression sur leurs âmes ardentes, que, s'étant prosternés devant la croix, ce signe révéré des chrétiens, et l'ayant arrosée de leurs larmes, ils en vinrent jusqu'à désirer, dans l'enthousiasme qui les animait, d'expirer à la même place où jadis le Sauveur avait rendu le dernier soupir. Ils se rendirent ensuite à Bethléem, et se prosternèrent dans l'étable où Jésus vint au monde; de là ils visitèrent le tombeau de la sainte Vierge, situé dans la vallée de Josaphat, et, remplis de joie d'avoir accompli leur vœu, ils se rembarquèrent pour retourner dans leur pays.

A peine étaient-ils en mer que Raymond tomba dangereusement malade, par suite des fatigues qu'il avait essuyées. Le mauvais air du vaisseau augmenta son mal, et bientôt il fut sans espoir de guérison. Les matelots, livrés à la plus absurde comme à la plus cruelle superstition, craignant, selon les préjugés d'alors, qu'un malade à bord du navire ne le fît périr, voulurent jeter Raymond à la mer, quoiqu'il respirât encore. Il ne fallut pas moins que les vives instances et les prières réitérées de sa mère pour faire abandonner ce projet funeste à ces hommes grossiers et ignorans. Heureusement pour lui, sa jeunesse et la force de son tempérament produisirent une crise heureuse, et, en peu de jours, il recouvra sa santé première.

Après une heureuse navigation, nos deux pélerins se disposaient à continuer leur route par terre, lorsqu'une maladie subite vint frapper la mère de Raymond. Cette femme pieuse ne devait plus revoir sa patrie. Sentant sa fin approcher, elle consola son fils, l'exhorta à persévérer dans le chemin de la vertu, et lui donnant sa bénédiction, elle expira dans ses bras. Après avoir rendu à cette mère chérie les derniers devoirs, Raymond, seul et délaissé, se remit en chemin. Étant près d'arriver à Plaisance, les habitans et le clergé vinrent en procession au-devant de lui, et le conduisirent à l'église métropolitaine. Il déposa, suivant l'usage des pélerins, une palme, qu'il avait apportée, sur l'autel principal, et c'est depuis cette époque qu'il porta le nom de *Palmarius* ou de *Palmier*. Raymond, cédant aux conseils de ses parens, reprit sa profession commerciale; il se maria même, et vécut au sein de sa famille jusqu'à un âge fort avancé. Durant toute sa vie il fut le soutien des pauvres pélerins, dont il avait connu toutes les souffrances.

Le pélerinage de Richard, abbé de St.-Viton (1), nous paraît offrir aussi des circonstances curieuses; c'est la première troupe de pélerins un peu nombreuse qui se rend à la Palestine, et qui annonce non-seulement l'esprit des expéditions saintes, mais encore la croisade tout entière.

Richard avait formé depuis long-temps le projet de se rendre dans la Palestine. Avant de tenter cette périlleuse

---

(1) Bollandiste, deuxième volume du mois de juillet, page 545.

expédition, il choisit parmi les religieux de son ordre ceux qu'il jugeait les plus propres à le remplacer. Après avoir obtenu la bénédiction du souverain pontife, il partit (à ce qu'on présume, entre 1040 et 1046) à la tête de sept cents pélerins, que Richard, duc de Normandie, avait rassemblés et dont il paya toutes les dépenses. Cette pieuse caravane traversa l'Italie et vint à Constantinople. L'empereur et le patriarche, touchés de ce qu'ils avaient entendu dire de la piété de Richard, de ses ardentes stations dans tous les lieux saints que possédait Constantinople, l'invitèrent à se rendre auprès d'eux, l'accueillirent avec de grandes marques de distinction, lui firent des présens, entr'autres deux morceaux de la sainte croix, et d'autres reliques qu'il rapporta dans son monastère après son pélerinage. Richard se rendit ensuite avec ses compagnons de voyage dans les lieux consacrés par le passage douloureux de Jésus-Christ sur la terre; il vit la colonne élevée sur la place qu'occupait le palais de Pilate et à laquelle Jésus fut attaché, et se représenta, en pleurant, toutes ses souffrances. Parvenu sur les bords du Jourdain, il se lava dans le fleuve, où il eut la douleur de laisser tomber la croix qu'il portait à son cou. Ce ne fut qu'après s'être remis en route qu'il s'aperçut de cette perte, qui l'affligea beaucoup. Il retourna à l'endroit où il s'était baigné. Quelles furent sa joie et son admiration, lorsqu'il vit cette sainte relique surnager et s'approcher de lui! L'histoire du pélerinage rapporte que le pieux abbé reçut, dans le Jourdain même, un coup de pierre, qui, lancée par un Sarrasin d'une main vigoureuse, l'atteignit à l'épaule et lui causa une vive douleur. Richard alla ensuite à Béthanie, et de là à Antioche, ville également remarquable par la beauté de ses édifices et par le nombre des saintes reliques qu'elle possédait. En revenant de son pélerinage, Richard se reposant un jour dans une plaine de l'Illyrie, auprès d'une fontaine, il demanda à se désaltérer. Un de ses serviteurs alla puiser de l'eau et la lui apporta pour boire; mais au moment où Richard approcha le vase de ses lèvres, l'eau se changea en vin, ce qui l'étonna beaucoup. Comme il se faisait un scrupule de boire cette liqueur enivrante, il répandit le vin par terre et rendit la coupe à son serviteur pour la remplir encore; mais, ô miracle! l'eau se changea de nouveau en vin, et les sept cents pèlerins purent ainsi réparer leurs forces, et burent tous du vin au lieu d'eau.

Parmi les pèlerins qui accompagnèrent Richard, était saint Gervin, dont le pèlerinage, rédigé séparément, offre encore des particularités très remarquables. Saint Gervin était né aux environs de Reims, de parens nobles et fortunés; il avait eu une jeunesse dissipée, et avait passé une partie de sa vie au milieu des festins, de l'adultère et de la débauche; mais il eut enfin le bonheur de reconnaître ses égaremens. Devenu maître de sa fortune, il l'abandonna à sa sœur aînée pour aller prendre l'habit religieux dans le monastère de Saint-Riquier, gouverné par le saint abbé Richard. Sa piété, sa douceur, sa sévérité pour lui seul, son indulgence pour les autres, lui gagnèrent l'estime de tous les religieux et l'affection de son abbé, qui, occupé alors de son pèlerinage à Jérusalem, l'admit au nombre des sept cents fidèles qui devaient l'accompagner. Aux circonstances qui ont été rapportées dans le pèlerinage de Richard, saint Gervin ajoute les suivantes: Les pèlerins entrèrent à Jérusalem en chantant: *Ingrediente Domino in sanctam civitatem*. Richard célébra l'office divin sur le mont de Sion, en présence du patriarche de Jérusalem et de tout son clergé. Il lava les pieds aux pauvres, leur distribua la nourriture et les vêtemens dont ils avaient besoin, et fit tout ce que Jésus-

Christ avait fait lui-même avec ses disciples. Le jour du samedi-saint arriva, ce jour où le feu du Seigneur doit allumer les lampes du saint tombeau. Nos pélerins attendaient ce miracle en priant dans le sanctuaire, tranquilles au milieu des infidèles, qui, le sabre nu, semblaient toujours prêts à frapper les pélerins. Enfin le feu sacré apparut, et les pélerins furent comblés de joie.

Nous venons de voir le moine Richard se rendant aux saints lieux, accompagné de plus de sept cents pélerins; tel va être désormais le caractère des pélerinages : ce ne seront plus quelques hommes pieux se rendant isolément au saint tombeau, mais des troupes de pélerins tellement nombreuses que déjà elles prennent le titre d'*armée du Seigneur* (1), épithète remarquable qu'emploient deux monumens contemporains, et qui indique que déjà avant les croisades l'esprit de la guerre sainte s'était répandu au milieu des sociétés chrétiennes.

Le pélerinage de l'évêque Lietbert (2), qui eut lieu en 1054, se fait remarquer sous plusieurs rapports. Lietbert, évêque de Cambrai, dont l'ardente piété excitait la vénération de son immense troupeau, forma le dessein d'aller à Jérusalem. Il fit part à ses amis de sa résolution; tous en furent consternés; quelques-uns cherchèrent à le détourner, en lui représentant les périls de ce long et pénible voyage; mais, suivant les expressions des chroniqueurs, d'autres, qui jugeaient plus sainement et voyaient les choses de plus haut, l'affermirent dans ses projets. L'évêque suivit ces

---

(1) Voyez l'extrait de la chronique d'Adhémar de Chabane, dans la *Biblioth. des Crois.*, tom. 1.

(2) Bollandiste, tome IV du mois de juin, page 595. C'est à-peu-près vers cette époque qu'eut lieu le pélerinage des Normands : nous l'avons rapporté tome I, page 120.

saintes inspirations; plus de trois mille pèlerins prirent spontanément la résolution de le suivre. On distinguait parmi eux l'archidiacre Vaucher, le chapelain Hugues, Artebold, juge et procurateur de Cambrai.

L'évêque, après avoir obtenu l'assentiment du peuple et de son clergé, sortit de la ville suivi de toute la population, qui l'accompagna pendant trois lieues, en répandant des larmes et poussant de profonds gémissemens; parvenu à ce terme, les pères, les fils, les parens, les amis s'embrassèrent, et le pasteur donna sa bénédiction à son troupeau délaissé. La pieuse caravane se mit de nouveau en marche; elle parcourut des villes, des villages, des contrées et des provinces, des forêts et des montagnes, et arriva enfin dans le pays qu'habitaient les Huns, peuple barbare par ses mœurs et par son langage. Pour abréger leur chemin, les pèlerins passèrent le Danube et entrèrent dans la Pannonie, célèbre par la naissance de saint Martin. On annonça au roi de ce pays que des étrangers voulaient franchir les frontières de son royaume : c'est alors que, pour pénétrer leurs desseins, ce monarque demanda qu'ils lui fussent présentés. A la vue du pontife revêtu de la croix, Dieu permit que ses mauvaises dispositions changeassent ; il invita donc Lietbert à s'asseoir, et lui demanda le sujet de son voyage; il fut tout étonné d'en apprendre le motif, et surtout qu'un homme aussi débile que Lietbert pût supporter tant de fatigues. Comme cette route n'avait jamais été suivie par les pèlerins, il craignit que ceux-ci n'eussent pris pour prétexte une cause pieuse qu'afin de mieux cacher un autre dessein; c'est pourquoi il ordonna à quelques-uns de ses satellites de les observer avec soin, et ce ne fut que lorsqu'il se fut assuré que le religieux pontife et ses compagnons passaient leur temps dans les jeûnes et les prières, que le monarque ordonna de leur fournir tout ce qui leur était nécessaire. L'historien de ce pélerinage remarque que les compagnons de Lietbert étaient si nombreux, qu'on les appelait, dans tous les lieux où ils passaient, *l'armée du Seigneur.*

Cette sainte armée entra dans ces solitudes couvertes de bois qu'on appelle *désert de Bulgarie*, et qui sont habitées par des voleurs sortis de la Scythie. Ces sauvages vivent comme des bêtes, n'ayant ni lois ni cités ; ils demeurent en plein air, et s'arrêtent où la nuit les surprend ; ils tendent des embûches au voyageur égaré, vivent de pillage, et leurs troupes disséminées portent avec elles tout ce qui leur est nécessaire, et se fait suivre des femmes et des enfans. Sans affection, sans pitié, ils n'ont ni culte, ni divinités, ni pratiques religieuses, si ce n'est la circoncision, comme les Sarrasins.

Pendant que l'évêque traversait les vastes solitudes habitées par ces peuples, plusieurs pélerins vinrent lui annoncer en pleurant qu'ils s'en retournaient. « Pourquoi » cette résolution subite? dit l'évêque. — Hélas ! répon- » dirent ces pélerins, nous avons rencontré ces barbares, » ces voleurs ; nos frères ont été égorgés ; et nous, la fuite » seule a pu nous dérober. C'est pourquoi nous ne savons » plus ce que nous devons faire, où nous devons tourner » nos pas. » L'évêque, qui allait toujours à pied, afin de vaquer plus attentivement à la prière et à la récitation des psaumes, s'arrêta, et, levant la main droite, fit un signe de croix du côté où il se proposait d'aller. Adressant ensuite un discours à tous les pélerins, il les exhorta à la persévérance. Tous applaudirent et suivirent ses pas.

Pendant sept jours ils s'avancèrent sans obstacles ; le huitième ils aperçurent, dans l'épaisseur d'un bois, des hommes montés sur des chevaux et des chameaux, dont la chevelure était surmontée d'aigrettes et de bandelettes flottantes ; ils étaient à moitié nus et n'avaient qu'un manteau et de larges bottines ; un carquois garni de longues flèches pendait sur leurs épaules, et ils tenaient un arc à la main. Tous les pèlerins furent saisis de frayeur ; l'évêque seul manifesta sa joie. Il espéra obtenir la sainte récompense pour laquelle il avait entrepris un si grand pèlerinage. Son vœu le plus ardent était de mourir sous les coups des barbares, ou au moins de souffrir la captivité pour l'amour du Christ ; mais le Christ le conserva, lui et tous ses compagnons. Les voleurs, à la vue du pontife, sentirent leur férocité s'évanouir ; l'aspect modeste des pèlerins les désarma. Le chef de la troupe s'avança vers l'évêque, et lui montra avec la main la route qu'il devait suivre. Enfin les pèlerins arrivèrent à Laodicée, en Syrie, où ils apprirent que l'église du saint sépulcre avait été fermée pour jamais à la piété des chrétiens par le sultan du Caire. Alors les compagnons de l'évêque se dispersèrent de tous côtés ; ses nobles familiers seuls demeurèrent avec lui ; tous résolurent de s'embarquer pour la sainte cité, car les routes par terre étaient fermées par les païens ; mais le seigneur Foucher, l'un des compagnons de l'évêque, tomba dangereusement malade, ce qui retarda un peu le pieux voyage. Cependant comme l'évêque se disposait à partir, car il regardait Foucher comme mort, celui-ci eut une vision miraculeuse de la sainte Vierge et guérit subitement. Alors les débris de la pieuse caravane s'embarquèrent pour Jérusalem. Une tempête les jeta dans l'île de Chypre; ils s'y rembarquèrent de nouveau, toujours pour aller à Jérusalem ; mais les nautonniers, qui craignaient la rencontre des infidèles, débarquèrent les pèlerins à Laodicée, où l'évêque de la cité leur conseilla de retourner dans leur pays, le pèlerinage devenant de jour en jour plus difficile autour de Jérusalem. Lietbert revint donc fort triste, sans avoir pu voir la cité sainte.

Dans l'année 1064 (1), vingt-un ans avant les croisades, eut lieu le célèbre pèlerinage de plus de sept mille hommes, dont les chefs furent Sigefroy, archevêque de Mayence ; Guillaume, évêque d'Utrecht ; Gunther, évêque de Ramberg ; Othon, évêque de Ratisbonne ; des chevaliers normands, de pieux guerriers, vinrent les joindre de toutes les parties de la France, et tous se mirent en marche au temps de l'automne, à travers l'Allemagne. Après une route difficile et des périls toujours nouveaux, les serviteurs de Jésus-Christ arrivèrent à Constantinople, où ils s'empressèrent d'aller saluer l'empereur Ducas, et de visiter les saintes églises qui s'élevaient en grand nombre à Constantinople ; ils quittèrent cette ville pleine de choses étonnantes et entrèrent dans la Syrie. L'extérieur des pèlerins était magnifique, l'or brillait sur les ornemens sacrés des évêques ; ce luxe étonna d'abord les habitans des cités et des campagnes, qui accouraient de toutes parts pleins d'admiration et de surprise ; mais l'imprudente vanité des croisés souleva en même temps la cupidité des barbares. Lorsqu'ils furent entrés sur les terres des Sarrasins, les Arabes, prévenus de leur arrivée, accoururent de tous côtés afin de s'assurer leurs dépouilles. L'avant-veille de Pâques, à la troisième heure du jour, et à une lieue de Ramala, une troupe de ces brigands fondit sur les enfans de J.-C. ; ceux-ci, croyant d'abord qu'il suffirait de leurs bras pour les repousser, s'avancèrent, cherchant à frapper leurs ennemis avec le poing et à les terrasser ; plusieurs pèlerins succombèrent dans cette lutte inégale, et, couverts de blessures, dépouillés de la tête jusqu'aux pieds, ils furent

---

(1) Ce pèlerinage est inséré dans Baronius, Annal. Eccles., ann. 1064.

laissés nus sur la poussière ; Guillaume, évêque d'Utrecht, blessé au bras, éprouva cet indigne traitement ; les autres pélerins, ramassant des pierres dont le sol était couvert, essayèrent de repousser, non le danger, mais au moins la mort. Ils se retirèrent dans un lieu entouré de murs et de ruines, situé au milieu de la campagne ; ces murs étaient si vieux, que le moindre effort aurait suffi pour les renverser ; vers le centre se trouvait un bâtiment qui avait une chambre assez élevée, tout-à-fait propre à soutenir un assaut. Les évêques de Mayence et de Bamberg, avec leurs clercs, se retirèrent dans le haut du bâtiment ; les autres évêques restèrent dans le bas ; et tous les laïcs se répandant autour de l'édifice, afin d'en défendre les murs fragiles, les barbares les attaquèrent en poussant des cris horribles, et couvrirent les retranchemens de leurs traits. Le désespoir doubla les forces des pélerins ; dans plusieurs sorties victorieuses ils arrachèrent les armes et les boucliers de leurs adversaires, et se virent bientôt dans la situation de pouvoir les repousser : ceux-ci, dont le nombre augmentait sans cesse, résolurent donc de soumettre, par la disette et par la lassitude, les chrétiens qu'ils ne pouvaient dompter par les armes ; c'est pourquoi ils se réunirent au nombre de douze mille, et se succédant les uns aux autres dans l'attaque, ils espérèrent que le manque de vivres ôterait aux pélerins la force de résister long-temps.

L'historien du pélerinage, après avoir raconté les combats qui durèrent pendant trois jours, ajoute que, lorsque les enfans de J.-C., épuisés par la faim et la soif, allaient tenter de s'ouvrir un passage au milieu de leurs ennemis, un prêtre leur cria : « Votre courage est brisé par la souf-
» france ; mettons notre confiance en Dieu et non dans nos
» armes ; rendons-nous aux ennemis, car nous avons be-

» soin de manger ; n'en doutons pas, Dieu fera éclater sa
» miséricorde ; les barbares qui nous combattent en veu-
» lent plus à notre or qu'à nos personnes ; quand ils l'au-
» ront, ils nous renverront libres et nous indiqueront
» même la route de notre pèlerinage. »

Ce conseil fut aussitôt approuvé ; on choisit un interprète qui se rend auprès du chef des Arabes et lui fait connaître les intentions des assiégés ; ce prince des tribus errantes craignant que le butin ne fût confusément enlevé, se rend, accompagné de dix-sept des plus considérables, dans le retranchement des chrétiens ; l'évêque de Mayence, quoique le plus jeune, lui adressa la parole; une admirable dignité se peignait sur la figure du pontife de Jésus-Christ ; il offrit l'abandon de toutes les richesses et ne demanda que la vie des pèlerins. Le chef des barbares, avec son naturel féroce, répondit qu'il n'avait pas combattu trois jours pour recevoir la loi des vaincus ; que lui et ses compagnons s'étaient promis de manger la chair et de boire le sang des chrétiens. Aussitôt détachant de sa tête le turban qui la couvrait, il en fit un lien qu'il jeta autour du cou de l'évêque ; celui-ci ne pouvant supporter un pareil affront, lui donna un si grand coup de poing dans la figure qu'il le renversa sur la poussière, en lui disant que c'était ainsi qu'il punissait le malheureux qui avait osé porter ses mains impies sur un prêtre de Jésus-Christ. Aussitôt on lia les bras au chef des Arabes avec tant de force que le sang coulait par les ongles ; les pèlerins qui étaient restés dans le bas de la maison en firent autant à ses dix-sept compagnons, et, invoquant le secours de Dieu, attaquèrent les Arabes avec impétuosité. Les barbares, croyant leur chef assassiné, se précipitent sur les retranchemens des chrétiens pour venger sa mort, et c'est alors que ceux-ci, épuisés par la faim et succombant sous le nombre, eurent recours à un stratagème; ils amenèrent les chefs des Arabes dans le lieu où le combat était le plus opiniâtre, où les hommes étaient le plus exposés aux traits ennemis; là, un arbalétrier tenant une épée nue criait aux Arabes que s'ils continuaient le combat, ils ne combattraient plus avec leurs armes, mais avec la tête de leurs prisonniers; ces prisonniers eux-mêmes, qui souffraient horriblement de leurs liens, qui voyaient la mort prête à les frapper, criaient aussi aux leurs de suspendre leurs attaques; le fils du chef arabe parcourait les rangs exhortant les barbares à suspendre des coups qui devaient frapper leur prince et son père : le combat cessa en effet. Dans ce moment un pèlerin, qui profitant des ténèbres de la nuit s'était réfugié à Ramla, vint avertir l'évêque de Mayence que l'émir de cette cité, quoique Sarrasin, devait bientôt arriver pour les délivrer des Arabes, les ennemis les plus dangereux de la contrée. Quand cette nouvelle fut connue de ces barbares, tout fut confusion parmi eux, et ils se retirèrent précipitamment. Bientôt on aperçut les gardes de l'émir de Ramla; les portes du retranchement leur furent ouvertes, et l'émir lui-même entra dans la salle où s'étaient réunis les évêques; on ne savait pas alors ce qu'on avait à espérer, ce qu'on avait à craindre; n'avait-on été délivré d'un ennemi que pour tomber dans les mains d'un autre? Bientôt cette pénible incertitude cessa; l'émir ayant aperçu les chefs des Arabes enchaînés, s'écria en s'adressant à l'évêque : « Vous nous avez délivrés par votre courage de nos plus grands ennemis! » Bientôt on s'entendit sur les conditions d'un traité; l'émir de Ramla, moyennant une somme qui fut fixée, donna une escorte de robustes jeunes gens aux pèlerins, et cette pieuse caravane, rassurée contre tous les périls, se mit en marche pour Jérusalem.

Les pèlerins furent reçus dans la cité sainte par le patriarche Sophronime, pontife que ses cheveux blancs rendaient vénérable. Ce fut au son des cymbales, d'une musique délicieuse, et à la lueur des torches qu'ils firent leur entrée dans Jérusalem ; les fidèles les conduisirent dans toutes les églises, dans tous les oratoires. Le Saint-Sépulcre avait été détruit par le sultan Ackem ; on ne voyait que ruines dans les lieux saints situés au dehors de la ville et dans son enceinte ; les pèlerins, par leurs nombreuses aumônes, réjouirent les pauvres et donnèrent de l'argent au patriarche pour réparer ce que l'impiété avait détruit. Ils auraient bien voulu aller se baigner dans le Jourdain, cueillir la branche de palmier à Jéricho, mais les courses des Arabes qui infestaient la contrée ne permirent jamais aux pèlerins d'accomplir leurs pieux desseins ; au printemps ils profitèrent de l'arrivée d'une flotte génoise pour retourner en Europe : l'historien ajoute qu'ils voulurent, avant leur départ, vendre toutes leurs marchandises, ce qui fait présumer qu'il s'était joint aux pèlerins des troupes de marchands qui profitaient du voyage de la pieuse caravane pour se rendre en Asie.

Nous allons maintenant indiquer par ordre chronologique les pèlerinages moins importans que nous n'avons pas analysés afin d'éviter des longueurs :

Dans le sixième siècle, S. Silvain (1), d'une famille illustre de Toulouse, et qui avait consacré sa jeunesse à l'état militaire, résolut de visiter la Terre-Sainte, et s'étant revêtu d'un cilice, ayant pris la panetière et le bourdon, il se mit en route pour Jérusalem. Revenu en

---

(1) S. Silvain fit son pèlerinage en 715 ou en 716, étant mort le 17 février 720 ; il est décrit par l'évêque Antenor, son contemporain, et inséré dans le tome III du mois de février des Bollandistes, pag. 24-31.

France, il fonda plusieurs monastères, et vécut dans l'humilité et la pénitence. La relation du pélerinage de S. Silvain a été écrite par Antenor, son contemporain, et se trouve au tome III du mois de février, du recueil des Bollandistes.

On trouve dans le tome II, mois de juin du même recueil, le pélerinage de S. Wilphlage (Wilphlagius (1). Ce Wilphlage était natif du diocèse d'Amiens. Ayant été ordonné prêtre, il ne laissa pas de se marier. Lorsqu'il fut nommé curé d'une paroisse dans le même diocèse, il s'éleva contre lui des murmures; le peuple qu'il était appelé à gouverner, voulut qu'il se séparât de sa femme. Après avoir résisté long-temps aux plaintes de la multitude, il s'accusa lui-même d'avoir manqué aux devoirs de sa profession, et, pour faire pénitence, il partit pour Jérusalem. A son retour en France, il refusa de rentrer dans sa cure, et se retira au milieu d'une forêt, où il mourut au bout de quelques années en odeur de sainteté. Saint Wilphlage vécut dans la première moitié du septième siècle.

Dans le septième siècle, S. Grégoire de Tours parle des pélerinages à Jérusalem. Un de ses diacres était parti pour la Terre-Sainte, accompagné de quatre autres pélerins.

Il nous reste un grand nombre de voyages à la Terre-Sainte faits dans les dixième et onzième siècles. Le premier de ceux dont nous avons la relation authentique, est celui de S. Poppo (2), d'une famille noble de Flandre. Il

---

(1) S. Wilphlage fit son pélerinage au milieu du septième siècle; il est inséré dans le tom. II du mois de juin des Bollandistes, pag. 30-35.

(2) S. Poppo fit son pélerinage en 1048; il est inséré dans les *Acta Sanctorum ordinis S. Benedicti*, sixième siècle, première partie, pag. 572-573.

avait embrassé l'état militaire et s'était distingué par ses exploits. Il partit vers la fin du dixième siècle ou au commencement du onzième, accompagné de deux de ses compatriotes, Robert et Lause. Ces trois pèlerins eurent beaucoup d'obstacles à vaincre dans leur voyage, et revinrent en Europe chargés de reliques. Poppo, après avoir fait le voyage de Jérusalem, fit celui de Rome pour visiter les tombeaux de S. Pierre et de S. Paul. Après avoir terminé ses pèlerinages, il résolut de passer le reste de sa vie dans un monastère. Il devint successivement abbé de Saint-Théodoric et de Saint-Maximien à Trèves. La relation de ce pèlerinage se trouve dans les actes des saints de l'ordre de S. Benoît, sixième siècle, première partie.

Nous ne parlerons point en détail du pèlerinage de S. Théodoric (1), fait en 1057, ni de celui de S. Uldaric (2), moine de Cluni en Bourgogne, fait de 1040 à 1060, ni de celui de S. Géraud (3), premier fondateur de l'abbaye de Hautbois. Ces trois pèlerinages se trouvent décrits dans les Actes des saints de l'ordre de S. Benoît, deuxième partie. Dans la première partie, même siècle, on peut lire le voyage de S. Siméon (4), moine et ermite,

---

(1) S. Théodoric fit son pèlerinage en 1057; il est inséré dans les *Acta Sanctorum ord. S. Bened.*, sixième siècle, 2ᵉ part., pag. 134-136.

(2) Celui de S. Uldaric, moine de Cluni en Bourgogne, est inséré dans le même volume, pag. 784-804; mais l'époque de son pèlerinage est supposée vers l'an 1040.

(3) Saint Géraud le fit en 1095; il est aussi compris dans le volume précité, pag. 366-892.

(4) Saint Siméon, moine et ermite dans le monastère de saint Benoît de Badelirona, est également contenu dans les *Acta Sanctorum* de l'ord. de S. B., sixième siècle, 1ʳᵉ part., pag. 153-168; il fit son pèlerinage en 1016.

Saint Simon, religieux récollet au monastère de Trèves, avait fait le sien en 1035; il est inséré dans le même volume, pag. 372-378, et décrit par Évervin, abbé de Trèves.

d'un autre Simon, religieux récollet au monastère de Trèves.

Tels sont les pèlerinages qui nous ont paru offrir le plus d'intérêt au lecteur qui veut suivre les progrès de l'esprit religieux, premier mobile des croisades; les idées des saintes expéditions des chrétiens s'y font apercevoir : c'est toujours l'ardent désir de voir la Palestine qui entraîne les fidèles en Orient; d'abord ils s'y rendent isolément, ils se réunissent ensuite, puis enfin ils s'arment du glaive pour se défendre, et deviennent *les armées du Seigneur*. En examinant attentivement les relations qui sont parvenues jusqu'à nous, on pourrait trouver dans les pèlerinages tout ce qu'on rencontre plus tard dans les croisades, jusqu'à la croix de différentes couleurs, qui devint le signe commun des expéditions des croisés dans l'Asie.

Nous terminerons cet éclaircissement par l'analyse d'un passage curieux du *Glossaire* de Ducange, et de la dissertation de Muratory, où ces savans ont réuni tout ce que le moyen âge offrait de plus précieux sur le sujet des pèlerinages; c'est un résumé des coutumes suivies à l'égard des pèlerins.

Quand le pèlerin voulait aller à la Terre-Sainte, il devait obtenir le consentement de ses proches et la permission de son évêque; on s'enquerrait de sa vie et de ses mœurs, on examinait si un vain désir de voir les contrées éloignées ne l'entraînait pas vers les saints lieux : cette enquête était plus rigoureuse lorsqu'il s'agissait d'un religieux; on voulait éviter que le pèlerinage ne fût un prétexte pour rentrer dans la vie du monde. Quand toutes ces informations avaient été prises, le pèlerin recevait de la main de l'évêque, à la messe paroissiale, le bourdon, la panetière et la bénédiction ; une sorte de passeport adressé à tous les monastères, aux prêtres, aux fidèles, leur recommandait le pélerin qui devait partir sans retard, sous peine d'être traité comme relaps et parjure devant Dieu; l'évêque seul qui avait lié pouvait délier dans des cas rares et d'une extrême gravité. Au jour indiqué pour le départ, les parens, les amis, les âmes pieuses, accompagnaient les pélerins à une certaine distance de la ville; là il recevait la bénédiction et se mettait en marche. Durant sa route le pélerin était exempt de tout péage; il trouvait l'hospitalité dans les châteaux sur sa route, et c'était une sorte de félonie de la lui refuser; il devait être traité comme le chapelain et manger à sa table, à moins que par humilité il n'aimât mieux l'isolement et la retraite; dans les villes il s'adressait à l'évêque qui l'accueillait, et dans les couvens au prieur ou à l'abbé. On lit dans *les Devoirs des chevaliers* l'obligation, pour tous les hommes qui portent les armes, de défendre le pélerin assimilé aux enfans et aux veuves; s'il tombait malade, les hospices lui étaient ouverts ainsi que l'infirmerie des monastères; on prenait soin de lui comme d'un être privilégié. Lorsqu'ils s'embarquaient, le prix de leur passage était extrêmement modique, et les statuts de certaines villes, telle que Marseille par exemple, les dispensent de toute rétribution quand ils s'embarqueront sur les navires de la cité. Nous avons vu quel était l'emploi du temps des pélerins arrivés à la Terre-Sainte; nous nous arrêterons peu sur ce sujet, et nous reprendrons le pieux voyageur à son retour des saints lieux; il s'embarquait dans une des villes maritimes de la côte de Syrie, quelquefois sur un navire de l'ordre de Saint-Lazare, spécialement destiné à cet usage; il portait la branche de palmier à la main comme l'insigne le plus glorieux de son pélerinage; et lorsque la prière n'occupait pas ses momens, il racontait ce qu'il avait vu dans ses stations aux lieux saints; ce qu'il y a de plus curieux, c'est que les statuts de Marseille obligeaient les juifs à écouter ces saintes conversations. Les pèlerins débarquaient ordinairement en Italie, passaient par Rome, traversaient les Alpes et descendaient dans leur ville natale; là, on venait le recevoir en procession, et il déposait sur l'autel de sa paroisse la palme de Jéricho : *Palmas testes peri-grinationis suæ a Jericho tulerat altari superponi rogavit.*

On doit comparer cet éclaircissement avec le texte de l'Histoire des Croisades, livre Ier., où d'autres relations de pèlerinages sont rapportées.

N°. III.

Mémoire sur la forêt de Saron, ou la forêt enchantée du Tasse.

(La plupart des lieux de la Palestine où s'étaient livrées des batailles entre les Francs et les Sarrasins, ont été, vers la fin du dix-huitième siècle, le théâtre de plusieurs combats entre les Français et les Musulmans. Les Français, en 1799, mirent en fuite les Syriens dans le voisinage d'Arsur, au lieu même où Richard remporta une grande victoire sur Saladin. Nous croyons devoir donner ici un Mémoire fort intéressant de M. Paultre, qui a fait la campagne de Syrie, et qui a reconnu la forêt de Saron, ou la forêt enchantée du Tasse.)

« Le 24 ventôse an VII (14 mars 1799), notre armée partant de Jaffa pour marcher sur St.-Jean-d'Acre, après une heure et demie de chemin, arriva sur le bord d'un torrent qui venait de Lidda, et se jetait à la mer à peu de distance sur notre gauche; le passage de ce torrent offrit beaucoup de difficultés à notre artillerie.

» En avant de nous était une plaine d'à-peu-près une lieue de largeur, mais qui, à notre gauche, s'étendait jusqu'à la mer, où elle était fermée par quelques dunes couvertes de verdure, tandis qu'à notre droite elle se prolongeait à deux ou trois lieues, et se perdait dans les pentes des montagnes de Gofna et de Naplouse, désignées par les Hébreux sous le nom de Mont-Garizim. Le torrent que nous venions de passer faisait l'ancienne limite des tribus de Dan et de Benjamin avec celle d'Ephraïm, sur le territoire de laquelle nous allions marcher.

» La plaine nous paraissait fermée en avant de nous par un coteau boisé qui s'étendait depuis la chaîne principale qui longeait à notre gauche les plaines de la Palestine, jusqu'au rivage de la mer; notre route devait traverser ces bois, et il eût été dangereux de nous en approcher sans les avoir fait reconnaître, d'autant plus que nous savions l'armée syrienne peu éloignée, et il était à croire qu'elle y aurait jeté quelques partis pour s'opposer à notre passage et profiter de l'avantage que pouvaient lui offrir des lieux couverts et difficiles. Cette forêt, placée sur une côte fort élevée, nous offrait un aspect tout-à-fait pittoresque, qui nous rappela avec satisfaction les sites de nos belles contrées boisées de la France.

» Le général français profita du moment où le passage du torrent retardait la marche de l'armée, pour faire reconnaître par notre avant-garde les différentes issues de cette forêt, et s'assurer si les chemins en étaient praticables. Sur les neuf heures du matin, le général qui commandait la cavalerie lui fit savoir que la route était libre, qu'il n'existait aucun parti ennemi dans le bois, et que l'armée pouvait s'avancer en toute sûreté. D'après cet avis, on reprit la marche, et après une heure de chemin dans une plaine très unie, on commença à entrer dans les bois et à monter un coteau où les chemins devinrent très difficiles pour nos pièces et nos voitures. La route que nous tenions paraissait peu fréquentée, quoique nos guides nous assurassent que c'était le grand chemin de Jaffa à St.-Jean-d'Acre et à Damas. Des sables, des rochers, des buissons, des ravins, des côtes escarpées, rendaient notre marche très pénible; on eût dit que jamais il n'eût été tracé de routes dans ces cantons; et je ne peux mieux comparer celle que nous tenions, qu'aux chemins de traverse de nos forêts peu fréquentées de la France. Des branches d'arbres, des troncs tout entiers renversés de vieillesse ou par accident, des rochers énormes barraient la route à chaque pas, et nos sapeurs eurent mille peines à frayer le passage aux voitures et aux chameaux chargés. Si l'ennemi eût su profiter de la circonstance et augmenter ces difficultés par quelques redoutes ou abattis, il nous eût été impossible de forcer le passage; quelques partis d'infanterie, ou seulement des paysans armés, auraient pu nous faire beaucoup de mal et arrêter entièrement la marche de notre armée, dans des lieux déjà presque impénétrables par leur nature. Mais heureusement nous avions affaire à des ennemis qui ne se doutaient pas même des premiers élémens de la tactique militaire; car tandis que nos colonnes traversaient avec tant de difficultés ces montagnes boisées et rocheuses, où il leur eût été si facile de nous arrêter et de nous combattre avec avantage, ils nous attendaient paisiblement à quatre lieues de là, dans une plaine découverte où notre artillerie et nos manœuvres devaient nous donner sur lui toute espèce d'avantage, comme il eut lieu de s'en apercevoir le lendemain. Après avoir fait deux lieues d'une marche pénible, au travers de la forêt, l'armée s'arrêta à la sortie du bois et prit position sur le revers septentrional du coteau, à hauteur du village de Meski, où fut établi le quartier-général. Un torrent coulait à peu de distance en avant de notre position, et nos troupes légères, qui l'avaient déjà dépassé, nous firent savoir que l'on découvrait dans une vaste plaine qui s'étendait du côté de St.-Jean-d'Acre, des partis de cavalerie mamelouke et syrienne, ce qui indiquait le voisinage de l'armée ennemie : aussi prit-on ses dispositions pour se tenir en mesure de combattre, dans le cas où elle marcherait pour nous attaquer; mais la soirée et la nuit se passèrent sans coup férir, et le lendemain, après avoir traversé le torrent sans aucune opposition de l'ennemi, nous lui présentâmes la bataille dans la plaine de Qoqoun, au pied des montagnes de Naplouse, et, après une légère affaire, nous le rejetâmes dans la plaine d'Esdrelon, d'où il opéra sa retraite sur St.-Jean-d'Acre.

Description de la forêt de Saron.

» Les bois que nous venions de traverser sont connus dans le pays sous le nom de *forêt de Saron;* elle s'étend sur un vaste coteau qui est un des contreforts occidentaux de la chaîne qui sépare la vallée du Jourdain des plaines de la Palestine, et qui est elle-même un prolongement du mont Liban. Ce coteau, désigné par les Hébreux sous le nom de mont Saron, se détache de la chaîne principale au-dessous de la ville de Naplouse, et s'étend jusqu'à la mer, où il vient se terminer par des rochers et des dunes peu élevées, entre Jaffa et Arsouf, l'ancienne Apollonias. Il peut avoir huit à neuf lieues de longueur, depuis le mont Garizim, où il quitte la chaîne principale, jusqu'au rivage de la mer; sa largeur moyenne est de deux à trois lieues, et sa hauteur est progressive depuis Naplouse jusqu'au rivage de la Méditerranée, où il se termine par des rochers et des collines d'une hauteur médiocre. Il est bordé au nord par le torrent d'Arsouf (Nahar el Haddar), qui prend ses sources au-dessous de Naplouse, dans le mont Garizim, passe près des ruines de l'ancienne Antipatris, et se jette à la mer proche d'Arsouf, après un cours de sept à huit lieues. Au midi, il est côtoyé par le torrent de Lidda, l'ancienne Diospolis, qui prend sa source dans le mont Acrabatène, à la hauteur de Jéricho, près de Gofna et Gazer, vient passer à Lidda, et se jette à la mer à une lieue au nord de Jaffa et après un cours de huit à dix lieues. Ces deux torrens coulent parallèlement l'un à l'autre et affectent des courbures presque semblables, étant dirigées par les pentes du même contrefort. La distance moyenne entre leur lit est de cinq à six lieues, qui était la largeur de l'ancienne tribu d'Éphraïm, sur le centre de laquelle s'étendait le mont Saron, dont la base, qui a deux à trois lieues de large, se termine à ces torrens par deux petites plaines latérales d'une lieue de largeur ou à-peu-près.

» La forêt couvre le coteau, depuis la chaîne principale jusqu'à trois quarts de lieue au bord de la mer, ce qui lui donne une longueur de six à sept lieues sur deux à trois de largeur. La chaîne des monts Acrabatènes et Garizim m'a paru nue, ou seulement couverte de broussailles. Les pentes du mont Saron sont plus escarpées et plus coupées du côté du nord que du côté du midi; sa base est une roche calcaire qui, dans plusieurs endroits de la forêt, s'élève à nu au-dessus du terrain, par gros blocs isolés ou entassés les uns sur les autres. En général, je ne puis mieux comparer les sites de cette partie de la Palestine qu'à ceux des environs de Fontainebleau. La forêt de Saron est uniquement composée de chênes de l'espèce désignée par les anciens sous le nom de *quercus*, *cerris* ; ses feuilles sont plus lisses et moins dentelées que celles de nos chênes communs ; la capsule des glands est d'une très grande dimension, j'en ai vu plusieurs qui portaient de dix à douze lignes de diamètre à leur ouverture, et qui avaient contenu des glands de cette grosseur ; les écailles qui recouvrent cette capsule n'étaient pas arrondies et appliquées l'une sur l'autre comme à celles de nos chênes de Bourgogne, mais elles étaient terminées en pointe et recourbées en-dehors en forme de volute ou de petits crochets, qui ont fait donner à cette espèce de chêne le nom de *quercus crimita* ; les feuilles étaient chargées de ces tubercules désignés dans le commerce sous le nom de *noix de galle*. Ces chênes ne me parurent pas susceptibles d'atteindre une grosseur un peu considérable ; la plupart, quoique annonçant un âge très reculé, pouvaient être embrassés à leur tronc par un seul homme, et auraient tout au plus un équarri de sept à huit pouces. Leur tige était noueuse et d'une venue peu droite, et atteignant au plus vingt-cinq à trente pieds de hauteur ; leur cîme affectait une forme orbiculaire plutôt que pyramidale, telle que celle de nos pommiers et de nos châtaigniers d'Europe. Leur écorce cependant était plus lisse et moins rugueuse que celle de nos chênes de même âge. En général, la venue de ces arbres était à-peu-près celle de nos bois de gravier de nos côtes sèches et élevées de la basse Bourgogne, et je crois que la même cause, savoir, les défauts de profondeur de terre végétale et d'humidité, pouvait produire cette ressemblance, quoique sous des climats différens. Du reste je présume que le bois doit en être fort dur et de très bonne qualité ; mais, étant noueux, contourné et de peu de grosseur, il ne pouvait être d'une grande utilité pour la charpente : aussi Salomon, pour bâtir son temple, fut-il obligé de tirer ses bois du Liban, tandis que la forêt de Saron était aux portes de Jérusalem. Nos premiers croisés, lors du siége de la ville sainte, obligés d'y prendre leur bois pour la construction de leurs machines et de leurs tours d'attaque, se plaignirent que cette forêt ne pouvait leur fournir que des pièces de petite dimension, ce qui rendit leurs travaux de charpente longs et difficiles. Peut-être, depuis cette époque, on n'a eu nulle occasion d'exploiter cette forêt, qui aujourd'hui ne sert plus qu'aux usages des habitans du voisinage, qui coupent sur ses rives les arbres dont ils peuvent avoir besoin. Le gouvernement ne tient pas à une propriété qui ne peut lui être d'aucun produit, vu la difficulté de transporter des bois carrés dans un pays où les voitures ne sont pas en usage et où tout se porte à dos de chameaux. Du reste, on fait si peu de consommation de bois à brûler dans tous les climats chauds, que cette forêt ne pourrait avoir une grande valeur sous ce rapport.

» Il me reste à prouver que cette forêt de Saron a été celle où nos premiers croisés, lors du siége de Jérusalem en 1099, allèrent couper leur bois de charpente pour la construction des machines et des tours qu'ils employèrent à l'attaque de cette ville.

» Selon Guillaume de Tyr, ce fut un Syrien qui l'indiqua au duc de Normandie et au comte de Flandre. Cet historien la place à six ou sept milles de distance de Jérusalem, et remarque que les arbres de cette forêt ayant peu de grosseur et ne pouvant fournir les fortes pièces dont on avait besoin, la difficulté de s'en procurer d'autres dans un pays où les bois étaient très rares, fit que l'on fut obligé de former ces mêmes machines de pièces d'assemblage, ce qui demande beaucoup de temps et de travail.

» *Casu affuit quidam fidelis indigena natione Syrus qui in valles quasdam secretiores, sex aut septem ab urbe dis-*

tantes milliaribus quosdam de principibus direxit, ubi arbores, etsi non ad conceptum opus aptas penitùs, tamen ad aliquem modum bonas invenerunt plures.

» Guillaume de Tyr se trompe dans les distances, en indiquant cette forêt à six ou sept milles de Jérusalem, tandis qu'elle en est éloignée de dix à onze lieues. Il la place aussi dans une vallée enfoncée, ce qui ne serait exact que dans le cas où on la considérerait des montagnes de Gofna et de Naplouse, par où devaient y descendre les croisés pour y venir couper les bois dont ils avaient besoin.

» Raoul de Caen, historien également contemporain, est plus exact sur l'emplacement de cette forêt, et nous prouve, d'une manière irrécusable, que c'est celle de Saron, où les croisés allèrent couper les bois pour le siége, car il la place au bas des montagnes de Naplouse, ainsi qu'elle existe effectivement.

» *Lucus erat in montibus et montes ad Hyerusalem remoti ei, quà modò Neapolis, olim Sebasta, ante Sychar dictus est, propiores, adhuc ignota nostratibus via, nunc celebris et fermè peregrinantium unica.*

(*Rad. Gad.*, cap. 121.)

» Effectivement, pour venir de St.-Jean d'Acre à Jérusalem, il faut traverser cette forêt, et je ne sais comment les croisés ne l'avaient pas reconnue dans leur marche d'Antioche sur la ville sainte. Apparemment qu'ayant suivi les bords de la mer de Césarée à Jaffa, les dunes élevées qui étaient à leur gauche leur en avaient dérobé la vue.

» Le P. Maimbourg fait mieux ; sachant que la Palestine est un pays où les bois ont été fort rares de tout temps, dans son *Histoire des Croisades* il révoque en doute l'existence de cette forêt, qui, à ce que je puis croire, est effectivement la seule de ces cantons.

» Le Tasse, dont l'imagination poétique et féconde s'est plu à créer tant de choses merveilleuses, n'a pas été arrêté par de si faibles considérations, et, dans sa *Jérusalem délivrée*, la forêt de Saron lui a fourni un des plus riches épisodes de son poëme.

» Je crois devoir hasarder ici quelques idées sur l'origine du nom de la forêt, de la ville et de la contrée de Saron. M. d'Anville, dans sa carte de la Palestine, donne à la partie du territoire de la tribu d'Éphraïm comprise entre le torrent de Lidda et celui d'Apollonias, le nom de *Saronas*, qu'il écrit comme nom de contrée; et c'est précisément sur ces lieux qu'existe la forêt de Saron, dont peut-être M. d'Anville n'eut aucune connaissance. Il place également entre ces deux torrens au-dessus de Lidda une ville de Tamnath-Sare, dans une contrée qu'il dénomme *Tamnitica*, qui aujourd'hui fait partie de la forêt, du côté où le mont Saron se rattache à la chaîne principale.

» Dans la carte de la Terre-Sainte dressée par M. Robert, sur les manuscrits des sieurs Sanson, on voit une ville de *Sarona*, située entre Lidda et Antipatride, vers le centre de la forêt actuelle; il fait de cette cité une ville royale des Hébreux. Il place comme M. d'Anville la ville de Tamnath-Sare, et à peu de distance au nord, une ville d'Ozensara.

» Le rapport de ces différens noms m'a porté à penser qu'ils pouvaient tous se former du primitif *Sar*, qui, dans beaucoup de langues, signifiait chênes, bois, forêt, ainsi que nous l'indique Diodore, lib. v, en nous disant que les Gaulois donnent le nom de *Saronides* à certains philosophes de leur pays, parce qu'ils habitaient les forêts de chênes, et professaient sous l'ombrage de ces arbres. Nous avons encore conservé ce *sar* dans le nom *sarman*, bois de vigne, dans *serpe* (ou *sarpe* en bas breton), instrument pour couper le bois; *sarbacane*, bâton perforé pour lancer de petites flèches ou autres projectiles, *sarse*, tonneau; *esserter* ou *essarter*, arracher des buissons dans un endroit que l'on veut cultiver.

» Je laisse à une plume plus versée que la mienne dans la science des étymologies, à s'étendre sur ce sujet d'une manière plus savante et plus assurée. »

N°. IV.

Lettre de M. Dureau de Lamalle *à M.* Michaud, *sur* la Jérusalem délivrée *et sur* la Jérusalem conquise.

Vous vous souvenez, Monsieur, que nous avons souvent parlé du Tasse à l'occasion des croisades. Vous regrettiez que ce grand poète n'eût pas empreint son ouvrage d'un plus grand nombre de couleurs locales, n'eût pas retracé plus fidèlement la valeur féroce, la crédulité superstitieuse, l'enthousiasme religieux des croisés du douzième siècle, et eût enfin représenté ces guerriers sacrés moins comme des héros de l'histoire que comme des héros de roman. M. de Châteaubriant (1), dans son *Génie du Christianisme*, lui fait à-peu-près les mêmes reproches, avec la verve et l'énergie qui caractérisent le style de ce grand écrivain.

Un fait très singulier et très positif, c'est que Le Tasse, sur la fin de sa vie, s'était fait les mêmes reproches que

---

(1) *Génie du Christianisme*, tom. II, pag. 9, 10, première édition, in-8°., 1802.

vous lui adressez tous deux (1). Je vais analyser, avec le plus de précision et le plus d'exactitude dont je serai capable, les 75 pages in-4°. du jugement que Le Tasse a porté lui-même de ses deux *Jérusalem*.

« L'homme qui possède le sujet qu'il traite, doit savoir se juger. Je comparerai donc, dit Le Tasse, la fable de nos deux poëmes dans les deux parties où elles diffèrent. On verra bientôt que les changemens que j'ai exécutés sont si variés et si nombreux, que le second ouvrage ne ressemble presque point au premier. Ainsi, par exemple, j'avais omis dans la *Jérusalem délivrée*, et on trouvera développées dans la *Jérusalem conquise*, quelques-unes des actions les plus célèbres de cette croisade, telles que les combats que se livrèrent, pour attaquer et défendre la flotte, les chrétiens et les infidèles, la prise par assaut du port et de la ville de Joppé, la retraite des croisés vers leur armée en abandonnant la citadelle. Ces faits d'armes forment aujourd'hui la matière des dix-septième, dix-huitième, vingtième et vingt-unième chants de mon nouveau poëme.

» J'avais négligé encore, dans le récit de la bataille d'Ascalon, plusieurs circonstances merveilleusement poétiques, qui m'étaient fournies par l'histoire : la poursuite des Turcs par les chrétiens jusqu'au milieu des flots de la mer, leurs vaisseaux, leurs machines de guerre prises par la cavalerie, et enfin le glorieux triomphe des croisés rentrant dans Jérusalem. Je pourrais y ajouter la mention du concile de Clermont, la peinture des actions les plus mémorables des cinq premières années de la guerre que je suppose avoir été brodées sur la tente de Godefroy, le récit des chrétiens chassés de Sion, l'arrivée du patriarche à

---

(1) *Giudizio sovra la Gerusalemme di T. Tasso*, **da lui reformata**, lib. 1, tom. vi, pag. 305, ed. Venezia.

l'armée, les humbles prières des croisés, et enfin la découverte de la lance sacrée (1).

» J'ai cherché, dit toujours Le Tasse (2), à rendre ma fable plus vraisemblable, en me conformant davantage à l'histoire. Dans mon premier ouvrage, l'armée se rassemblait à Tortose; dans celui-ci, c'est à Césarée, ville beaucoup plus célèbre, et dans laquelle véritablement, comme l'attestent Guillaume de Tyr et plusieurs autres historiens, fut chantée la messe du Saint-Esprit, au moment du départ pour le siége de Jérusalem. Dans le second chant de *mon poëme réformé*, non-seulement j'ai exposé avec toute la fidélité d'un historien, quel était l'état de la Palestine lors de cette expédition, mais encore j'ai jeté du jour sur les époques antérieures, sur les commencemens obscurs de la religion mahométane, sur la division de l'empire entre les califes de Babylone et ceux de l'Égypte; j'ai fait mention des autres tyrans ou soudans qui gouvernaient alors les provinces de l'Orient; toutes choses, si je ne me trompe, importantes, élevées, dignes d'être connues et racontées, dans lesquelles la vérité historique accroît plutôt qu'elle ne diminue le plaisir qu'on recherche dans la poésie, et qui manquaient, en grande partie, dans mon premier ouvrage. *Aussi la narration du premier chant de la* Jérusalem délivrée *était-elle imparfaite, obscure, et semblable à ces lieux sombres et ténébreux dont le passage est difficile et la route incertaine, jusqu'à ce qu'ils soient éclairés d'une nouvelle lumière* (3). J'ai substitué au faux nom d'Aladin le vrai nom de *Ducalt*. Ceux de Belchef, de Soliman, d'Assagor, chefs des Turcs et princes de l'Orient, m'ont été

---

(1) Ibid., pag. 342.
(2) Ibid., pag. 306.
(3) Ibid., pag. 308.

donnés par l'histoire. Dans le partage des provinces fait par le vieux Belchef entre ses voisins et ses amis, et dans d'autres parties de cet ouvrage, j'ai mis sous les yeux du lecteur, presque avec l'exactitude d'un géographe, la forme de l'empire, les limites des provinces subjuguées par les infidèles, et j'ai transmis les véritables noms, la véritable origine de cette nation barbare. On y trouvera rappelés beaucoup de faits de l'histoire des Turcs et de celle des antiques Hébreux, tirés de Josèphe et des écrivains de la Bible. Je passe sous silence la prosopopée de Jérusalem, qui me semble néanmoins pleine de gravité, de magnificence et d'éclat. J'ai tracé, dans le second chant, la division de la Judée en douze parties, à l'instar de celle qui fut faite autrefois entre les douze tribus d'Israël ; mais j'ai mêlé à cette imitation fabuleuse beaucoup de traits qui appartiennent à l'histoire et à la géographie (1).

» Dans les parties d'invention, j'ai ajouté la peinture du trône de Dieu, d'après la vision d'Isaïe (2); celle de son char, tirée du premier chapitre d'Ézéchiel (3), et la description des cinq sources mystérieuses représentant les cinq genres de la substance sensible, que j'ai puisée dans saint Thomas (4). J'ai donné pour mère à Armide une syrène habitante des ondes de l'Euphrate, en suivant l'autorité d'Isaïe, de saint Jérôme et des autres écrivains sacrés, qui attestent qu'*il naissait des syrènes dans le fleuve Euphrate, qui partage la fameuse Babylone.* J'ai fait transporter Richard par le Sommeil et la Mort, non au milieu de la mer Morte, mais sur la plus haute cîme du Liban.

---

(1) Ibid., pag. 309.
(2) Ibid., pag. 319.
(3) Ibid., pag. 319, 320.
(4) Opuscul, 61, *De dilectione Dei, et proximi*, ibid., p. 320, Sqq.

Le lieu où il est conduit par Armide est le même qu'a choisi Lucien dans son livre *sur la déesse syrienne*, et où fut adorée cette amante d'Adonis. Il n'est pas étonnant qu'il y subsiste encore quelque reste d'idolâtrie ; cette raison et le voisinage du théâtre de la guerre où Richard se trouve présent, m'ont fait préférer cette montagne à celle du Nouveau-Monde, que j'avais choisie pour le séjour d'Armide dans la *Jérusalem délivrée* (1). J'ai introduit le personnage allégorique de Philalité, dont j'ai placé la demeure aux sources du Jourdain, que j'ai soigneusement décrites d'après Josèphe (2). J'y ai joint une description mystérieuse des eaux qui se rassemblent et coulent dans les réservoirs souterrains, celle du palais de ce mage, des miroirs emblèmes de l'âme (3), la vision de la statue de Nabuchodonosor, la peinture de l'arsenal céleste, du sommeil de Jéhovah, enfin le songe extatique de Godefroy (on en trouve quelques traces dans l'histoire allemande) et la description de la *Jérusalem céleste*.

» Godefroy entre dans la cité divine (4) par la porte de saphir ; la Jérusalem terrestre lui apparaît, et avec elle les adultères, les fornications, les idolâtries de David, de

---

(1) Ibid., pag. 324. Ici, le Tasse me semble blâmable de s'être conformé trop scrupuleusement à la vraisemblance. Le voyage jusqu'au Nouveau-Monde, à travers la Méditerranée et l'Archipel des îles Fortunées, lui fournissait un épisode intéressant, des couleurs neuves et variées, et l'emploi du merveilleux justifiait poétiquement, aux yeux de la raison, cette navigation extraordinaire. Armide et la magie sont le merveilleux, le ressort et le nœud de l'action. Ainsi donc, dans tout l'épisode d'Armide, tout doit être, tout peut être fantastique, surprenant, extraordinaire, incroyable, et tout, cependant, est exact, raisonnable et motivé selon les règles de l'art.

(2) Ibid., pag. 325.
(3) Ibid., pag. 327.
(4) Ibid., pag. 334, 335.

Salomon et des autres rois d'Israël ; la division du royaume, la captivité du peuple hébreu, sa dispersion au-delà de l'Euphrate ; l'empire transporté de la tribu de Juda aux Iduméens, et plusieurs merveilleuses visions qui lui prédisent l'avenir. Puis, descend du ciel la céleste Jérusalem, telle que la figure l'Apocalypse. Tandis que le héros contemple ses ineffables beautés, deux routes, pour y parvenir, s'offrent à ses yeux : l'une est l'échelle de Jacob, qui signifie *la contemplation ;* l'autre la chaîne de splendeurs visibles et invisibles que le divin Aréopagiste a formée à l'image de la chaîne d'Homère, et qui signifie *l'amour de la divinité qui vous attire à elle.* Godefroy ne monte pas au ciel par l'échelle de la contemplation, mais il est enlevé par la chaîne de l'amour. Il trouve dans la Jérusalem céleste l'âme de son père, des guerriers morts pour le Christ, des pontifes et des empereurs les plus célèbres. Il y voit ensuite une foule d'objets, qui non-seulement appartiennent à la vie future, mais à la future béatitude ; et, désormais assuré, par cette faveur merveilleuse et inattendue, de sa glorieuse victoire et de sa prédestination, il écoute l'harmonie des anges louant le Seigneur. Enfin, baissant les yeux vers la terre, il contemple avec dédain ce petit globe d'argile, et se conforme de plus en plus dans l'inébranlable résolution d'aspirer au royaume céleste et à la gloire immortelle.

» A l'exemple d'Homère, qui laisse encore, à la fin de l'*Iliade*, de l'incertitude sur la prise de Troie, j'ai voulu, dans la *Jérusalem conquise*, laisser dans l'indécision une partie de l'action, peu importante, à la vérité, pour le complément du sujet. Dans la *Jérusalem délivrée*, la tour de David était prise d'assaut, au lieu que, dans ma *Jérusalem réformée*, le poëme ne finit plus par l'occupation du palais et de la forteresse du soudan, mais par l'assaut qui délivre le tombeau du Christ et le temple sacré de la Résurrection; par la consécration que fait Godefroy, dans le temple, des dépouilles de l'ennemi, et par l'accomplissement du vœu de cet invincible prince des princes et général des généraux chrétiens. Il me semble qu'il était impossible de donner à mon action une fin glorieuse, plus imposante et plus religieuse à-la-fois. Je pense aussi que, dans cette partie, l'exécution n'est pas restée au-dessous de l'invention (1).

» Pour les caractères, j'ai cherché, dans mon nouveau poëme, à me rapprocher d'Homère autant que je l'ai pu. J'y ai ajouté le personnage de l'amiral Jean, que j'ai imité du Nestor de l'*Iliade* (2). Rupert d'Ansa ressemble à Patrocle; les deux Robert, aux Ajax, défendant les vaisseaux; Guillaume, chefs des archers anglais, à l'archer Teucer; Tancrède à Diomède, et Raymond à Ulysse. Richard est égal en valeur au fier Achille. Loffred est le portrait de Phénix. Les sept chefs napolitains rappellent les capitaines des Myrmidons. Godefroy est égal en dignité à Agamemnon, et le surpasse de beaucoup en vertu. Baudouin a quelque rapport avec Ménélas. Dans le parti contraire, Ducalt, surtout par le nombre de ses fils, entre lesquels Célébin peut être comparé à Troïle, et Argant à Hector, ressemble plus à Priam que ne faisait Aladin. Soliman rappelle Sarpédon, et lui est très supérieur en courage. Assagor peut représenter Anténor. Lugérie et Funébrine sont des personnages formés à l'imitation d'Andromaque et d'Hécube. Nicée ressemble à Hélène, au moins lorsqu'elle fait connaître les princes chrétiens au vieux roi qui, du haut de la tour, regarde combattre son fils. C'est ainsi qu'à l'imi-

---

(1) Ibid., pag. 349.
(2) Ibid., pag. 356.

tation d'Homère, j'ai augmenté l'étendue et la variété du tissu de ma fable, de même que le nombre des personnages qui y sont introduits.

» Richard est en amitié presque l'égal d'Achille (1). Il cède à son ami la gloire d'une belle action dont il se prive lui-même, et le déclare supérieur à son propre frère. Il est encore merveilleux dans son obéissance : quelquefois il l'est plus en audace qu'Achille lui-même, car non-seulement il poursuit les infidèles dans le torrent Cédron, comme Achille les Troyens dans le Xanthe, mais il les suit encore à cheval jusque dans la mer orageuse (2), et là, s'empare de leur flotte, action dans laquelle il est admirable, et à coup sûr sans modèle comme sans exemple. Couvert de cette armure lumineuse qui lui est apportée mystérieusement du ciel, Richard est digne de toute notre admiration, et dans la forêt enchantée, et dans la vallée formidable par ses antiques mystères, et dans le fleuve rempli de corps morts, et sur le pont, qu'a rendu glissant le sang des ennemis, et dans l'assaut de Jérusalem, emportée par lui sans le secours des machines, et dans la plaine sanglante d'Ascalon par le secours qu'il donne si à propos à son général, et sur le rivage de la mer devenue rouge du sang des barbares, et dans cette même mer soulevée par les vents, où son incroyable audace le soutient contre tous les coups de l'orage et de la fortune : ce qui fait qu'en un seul jour il est victorieux sur terre et sur mer, il défait l'armée ennemie, s'empare de leurs machines, de leur flotte, et de ces dépouilles maritimes et terrestres s'élève des trophées dignes d'une renommée éternelle. Sa modération n'est pas moins louable que sa va-

---

(1) Ibid., pag. 358.
(2) Dans le 24ᵉ. chant, ibid., pag. 359.

leur, lorsqu'ensuite on le voit suivre, confondu dans la foule, le triomphe de Godefroy. Et si l'on ne fait plus mention de lui à la fin de l'ouvrage, c'est pour ne point obscurcir la gloire du capitaine et du général de l'armée (1).

» J'ai de plus ajouté aux grandes actions de Godefroy (2), la description d'un miracle consigné dans quelques historiens des croisades. Émule de Josué et de Charlemagne, le pieux capitaine arrête le cours du soleil, prodige qui surpasse tous les prodiges des temps anciens et modernes. Enfin, j'ai tâché d'élever aussi haut qu'il m'a été possible les caractères de Richard et de Godefroy, en environnant l'un de toute la majesté du pouvoir suprême, et décorant l'autre de toute la gloire compatible avec l'obligation de l'obéissance.

» Quant à l'unité de temps et de lieu, je me suis donné plus de latitude qu'Homère. L'action de l'*Iliade* ne dure que douze jours, et se passe tout entière dans la plaine de Troie ; celle de mon poëme dure une saison entière, depuis le jour de la Pentecôte jusqu'au milieu d'août.

» Le théâtre des évènemens y est aussi plus étendu, quoique je l'aie resserré autour de Jérusalem, puisque les faits principaux se passent ou à Sion, ou à Joppé, ou à Ascalon. C'est ce qui m'a déterminé à retrancher la navigation merveilleuse sur l'Océan *dont je me réserve le sujet pour un poëme complet* (3), à placer le séjour d'Armide

---

(1) Ibid., pag. 360.
(2) Ibid., ibid.
(3) Quel génie pour l'invention que celui du Tasse! Il avait conçu, et aurait probablement, sans les malheurs et les maladies qui altérèrent sa santé ou poursuivirent sa vie, exécuté les deux plus beaux sujets de poëme épique que fournissent les temps modernes.

La découverte du Nouveau-Monde avait de plus pour l'Italie le mérite d'un sujet national. Le héros principal était un de ses enfans.

et de Richard sur les parties du Liban les plus voisines de la Palestine (1).

» Sous le rapport de la péripétie, je n'étais pas content de mon premier poëme. Les changemens de fortune étaient presque nuls, les croisés n'y éprouvaient presqu'aucun revers. Dans mon nouvel ouvrage, aux blessures de Godefroy et des autres capitaines, à l'embrasement des machines, aux obstacles de la forêt enchantée, j'ai ajouté deux ou trois actions où les infidèles sont vainqueurs, l'une à la prise du port de Joppé, par laquelle les croisés perdent leur flotte, les autres lorsque Baudouin, Unicher, Lutold, Guillaume, sont blessés avec tant d'autres braves chevaliers, et lorsque Rupert d'Ansa périt dans la bataille près du torrent Cédron. L'armée d'Égypte arrive aussi beaucoup plus tôt, ce qui fait que *le dénombrement n'est plus oiseux et inutile* comme il l'était dans la *Jérusalem délivrée*. D'après ces différentes raisons, en un mot, je me flatte de m'être autant surpassé moi-même que je suis resté au-dessous du prince des poètes grecs (2). En effet, les affaires des croisés sont dans une décadence manifeste. L'assaut infructueux et sanglant livré à la cité sainte, la blessure de Godefroy et des autres chefs, l'incendie des machines, la perte du port et de la flotte, les trois victoires des Sarrasins, la sécheresse, le manque d'eau, l'arrivée de l'armée d'Égypte, et enfin la mort de Rupert d'Ansa, ont mis les chrétiens à deux doigts de leur perte, lorsque le retour de Richard, couvert de sa divine armure, rétablit la balance, et qu'enfin le héros, surmontant tous les obstacles que lui opposent la terre et l'enfer, rentre dans la lice des combats, et remporte sur les enne-

---

(1) Ibid., pag. 363.
(2) Ibid., pag. 366.

mis de la foi la victoire la plus complète et la plus merveilleuse (1).

» Sous le rapport du pathétique, je me suis rapproché, dans ce nouveau poëme, d'Homère et de Virgile. Dans la mort d'Argant, j'ai imité celle d'Hector ; dans celle de Soliman et d'Amurat, j'ai imité la mort de Lausus et de Mézence. Argant, défendant sa patrie et sa religion, ressemble beaucoup à Hector, et mérite justement les regrets de sa femme, de sa mère, et des autres Sarrasins qui, quoique infidèles, peuvent néanmoins exciter la compassion, et, au lieu que d'abord Argant n'était digne d'aucune pitié, il est devenu maintenant très intéressant, parce que d'un soldat étranger et mercenaire, j'en ai fait le fils d'un roi et d'une reine chrétienne, le prince héréditaire du royaume, qui défend son pays, adore sa femme, et se montre constant dans sa résistance et dans sa religion (2).

» La mort d'Amurat et de Soliman, que j'ai ajoutée d'après l'exemple de Virgile, me semble vraiment pathétique. Soliman nous intéresse à ses derniers momens, non-seulement comme empereur des Turcs, mais comme prince rempli de courage, et père d'un jeune héros en qui l'amour filial égale la valeur. Les grandes douleurs sont muettes ; elles ne s'expriment jamais par des larmes. Voilà pourquoi Soliman, qui versa des pleurs sur la mort de son jeune page, regarde d'un œil sec le trépas de son fils, et, désespérant à la fin de la vie et de la victoire, répand son sang en place de larmes (3). Enfin je me suis permis

---

(1) Ibid., pag. 366.
(2) Ibid., pag. 367.
(3) Le Tasse, nourri de la lecture des anciens, a pris dans Hérodote ce trait sublime de nature et de vérité.

d'autant plus aisément de jeter de l'intérêt sur les ennemis de la foi, que les historiens du temps parlent avec beaucoup d'éloges de plusieurs princes turcs, africains, persans et tartares, et qu'Homère nous attache également aux Grecs et aux Troyens. »

Maintenant, si l'on compare cette analyse de la *Jérusalem conquise* faite par le Tasse lui-même, et que je me suis contenté d'abréger, avec l'exposé que M. Ginguené en a donné, jusqu'au vingtième chant, dans son *Histoire littéraire d'Italie* (1), on s'apercevra que pour le plan, la conduite et l'action, le second poëme est infiniment supérieur au premier. Le grand poète répond, en se corrigeant lui-même, aux justes reproches de ses ennemis, aux justes critiques de ses amis : son génie semble même y prévoir le jugement anticipé de la postérité ; cependant elle paraît en avoir décidé autrement. Le père Angelo Grillo, l'un des plus intimes amis du Tasse, et auteur lui-même de poésies très estimées, a fait, dit M. Ginguené (2), *un parallèle entre les deux Jérusalem, et prononcé un jugement auquel le goût ne peut refuser de souscrire.* « Il me paraît, dit-il (3), que le Tasse gagne autant, du côté de l'art et de la conduite, dans la *Jérusalem conquise*, qu'il excelle, dans la *Jérusalem délivrée*, en grâces et en ornemens. Quant aux choses qui appartiennent à l'unité et à l'essence même de la poésie, il a voulu dans le second poëme s'attacher de plus près à l'exemple d'Homère et de Virgile, quoique dans le premier il ne se fût pas éloigné des préceptes d'Aristote ; il a

---

(1) Tom. v, pag. 490, seqq.
(2) Ibid., pag. 504.
(3) Lettres, pag. 507. Lettre adressée au P. Matteo Baccellini, traduite par M. Ginguené, *Hist. litt. d'Italie*, pag. 504.

mieux lié entr'eux les matériaux, dont quelques-uns ne semblaient unis que par le temps, et pour ainsi dire par l'instant même, lien très faible et qui appartient plus au roman qu'au poëme héroïque; *il a conduit plus fidèlement la poésie sur les pas de l'histoire;* il a corrigé quelques endroits où l'action principale était trop suspendue; *il a donné plus d'unité à l'action et aux caractères des acteurs;* il a supprimé l'épisode d'Olinde et de Sophronie, comme trop lyrique, trop faiblement lié et trop tôt introduit; il a retranché avec soin ce qu'il y avait de trop passionné, particulièrement dans les artifices d'Armide, et dans les erreurs de Tancrède et d'Herminie qu'il appelle Nicée (1); il s'est ainsi moins éloigné du sujet, et il a mieux servi la religion et la piété chrétienne, but qu'il s'est principalement proposé dans ce nouveau travail. *Ces perfections de lien et d'autres semblables, que j'ai cru observer dans la Jérusalem conquise, me font regarder ce poëme comme meilleur,* de même que je regarde l'autre comme plus beau, etc. » Tenons-nous-en, continue

---

(1) Ici le bon religieux se trompe; il est singulier, mais il est certain que la seconde Jérusalem passe pour austère auprès de la première, et que cependant les endroits passionnés et voluptueux sont absolument les mêmes. Dans le personnage et les artifices d'Armide, dans l'amour de Tancrède pour Clorinde, et de Nicée, qui tient la place d'Herminie, pour Tancrède, rien n'est changé. Le Tasse n'a pour ainsi dire pas corrigé un seul vers, ni même un seul de ces défauts brillans qui lui sont justement reprochés. (*Note de M. Ginguené,* ibid., pag. 505.) J'ai comparé, octave par octave, les deux Jérusalem, et je puis joindre mon affirmation à celle de M. Ginguené. Pas un seul des détails voluptueux n'a été retranché; quelques-uns même ont été ajoutés par le poëte, qui pourtant était devenu alors de la dévotion la plus scrupuleuse. Il a oublié seulement de rappeler à la fin de l'ouvrage, comme je l'exposerai plus bas, les personnages de Nicée et d'Armide, et c'est, à ce qu'il me semble, une faute grave qu'il a commise.

M. Ginguené, à cette décision d'un homme d'esprit et de goût, qui aima beaucoup le Tasse, plutôt qu'au sentiment du Tasse lui-même, sur *cette production, que l'on peut généralement nommer malheureuse*, mais où l'on reconnaît par momens le génie sublime de son auteur (1).

Le jugement du P. Grillo me semble, si j'ose le dire, *amphibologique et même emphigourique*. Il paraît cependant avoir servi de base aux discussions qu'on a portées dans la suite sur ces deux poëmes. M. Suard lui-même (2) a été induit en erreur par ce jésuite et par l'abbé Sérassi (3), lorsqu'il dit : « La *Jérusalem conquise* n'était qu'une refonte de la *Jérusalem délivrée*. Trop docile aux critiques qu'on en avait faites, troublé d'ailleurs par les scrupules de sa conscience timorée, *il avait cru devoir supprimer de son poëme tous les enchantemens, tous les ornemens profanes*, et beaucoup de détails qu'il trouvait lui-même trop voluptueux ; il en avait fait disparaître entièrement le personnage de Renaud ; il avait aussi retouché le style, auquel il avait voulu donner une couleur plus sévère ; *mais il n'avait fait que refroidir l'action du poëme* pour la rendre plus sage, et il en avait desséché l'intérêt pour éviter un scandale imaginaire. Ces corrections ne furent approuvées de personne : il essaya de refondre une troisième fois son poëme ; mais ces tentatives malheureuses pour gâter un bel ouvrage, n'eurent aucun succès et sont oubliées aujourd'hui. »

Reprenons le jugement du jésuite Grillo, pour lequel

---

(1) Ibid., pag. 505, 506.

(2) Notice sur la vie et le caractère du Tasse, pag. 47, jointe à la traduction de la *Jérusalem délivrée*, par le prince Lebrun, édit. 1810, in-12, Paris, chez Bossange.

(3) *Vita del Tasso*, pag. 468.

l'abbé Serassi et le savant auteur de l'*Hist. litt. d'Italie* montrent à coup sûr trop de condescendance. Comment, si la *Jérusalem conquise* est un poëme mieux conduit, mieux lié, marchant mieux, ayant plus d'unité de lieu et d'action que la *Jérusalem délivrée*, si c'est, comme le dit le bon moine, *un meilleur poëme*, regarde-t-il l'autre comme *plus beau?* L'ordre ne serait-il pas, dans les ouvrages du génie comme dans ceux de la nature, la source des beautés qui frappent le plus l'imagination et l'esprit!

Mais un fait bien digne de remarque, et qui prouve combien Le Tasse avait médité sur son art, c'est que tandis que l'Europe entière s'extasiait sur le plan de la *Jérusalem délivrée*, lui seul le trouvait défectueux, et prouva victorieusement, par une nouvelle création du même sujet, que son premier ouvrage manquait souvent d'action, de péripétie, d'unité de lieu, de pathétique, de fidélité dans le récit des événemens, et de vérité dans les couleurs locales. Un autre fait fort extraordinaire, c'est que, de même que Racine et Boileau jugèrent mieux du mérite d'*Athalie* que tout le siècle de Louis XIV, un seul homme (puissance admirable du génie!), un seul homme, faible et maladif, se trouva avoir raison contre l'Europe entière. Voyons si nous ne pourrons pas prouver cette assertion par une analyse plus exacte du plan de la *Jérusalem conquise*.

Dans le premier chant, on lui sait gré d'avoir retranché la dédicace au duc Alphonse, qui l'avait persécuté si cruellement, et d'avoir substitué à Renaud, personnage d'invention créé pour flatter l'orgueil de la maison d'Est, le jeune Richard, petit-fils de Guillaume au bras-puissant, et fils du Normand Guiscard, qui avait régné glorieusement à Naples. Un exposé rapide des conquêtes des mahométans fait mieux connaître l'état où se trouvait la Judée lors de la première croisade. Ce chant se termine d'une manière très animée par la prosopopée de Jérusalem, qui adresse à son Dieu un discours plein de feu et de noblesse.

Dans le second chant, l'épisode d'Olinde et de Sophronie est supprimé; il est remplacé par une description de la Judée que le vieux soudan Ducalt a partagée entre ses deux fils, et par laquelle Le Tasse répond aux reproches d'un écrivain célèbre (1) : « Il y jette ses regards sur la superbe Tyr, sur les temps d'Isaïe et de Salomon. Il n'a point oublié la harpe de David en parcourant Israël. On y retrouve le souvenir de Moïse et des patriarches; on y entend gémir le torrent Cédron, et les anges chanter sur le Golgotha. » Le soudan fortifie Jérusalem et rassemble des troupes; les chrétiens, chassés de la cité sainte, vont, l'olive à la main, précédés de leur patriarche Siméon, se réfugier dans le camp des croisés et y adorer la lance sacrée. Ce morceau est plein de douceur, d'onction, et porte des couleurs tristes et religieuses.

Le troisième chant commence par la description des actions les plus mémorables des cinq premières années de la guerre, que le poète suppose avoir été brodées sur la tente de Godefroy. Ce morceau a bien la teinte locale; il est bien lié au sujet. On y reconnaît tout de suite une heureuse imitation du premier chant de l'*Enéide;* on n'y trouve pas la même précision ni la même sobriété, et c'est trop de cinquante octaves employées à décrire tous ces événemens particuliers. Ces détails disséminés, au lieu d'être groupés en masse, suspendent un peu l'intérêt et ralentissent l'action, qui se développe ensuite jusqu'au huitième chant, à-peu-près comme dans la première Jérusalem. Cependant la querelle de Gernand avec le jeune Richard (2) a reçu

---

(1) *Génie du Christian.*, tom. II, pag. 10.
(2) *Jérusalem conquise*, ch. VI, st. 15-91.

TOM. I.

d'heureux changemens. Le poète y expose d'abord l'origine et les conquêtes de ces Normands qui joueront un si grand rôle dans son poëme. Il aggrave les torts de Gernand en attribuant plus de modération à Richard; c'est le Norwégien qui donne le premier démenti, outrage impardonnable que Richard lave dans le sang. Ce héros ne s'éloigne plus du camp à la prière de Tancrède; mais au moment où Godefroy est le plus courroucé, où le sévère Raymond l'exhorte à punir, il paraît devant eux pour se défendre, et sa magnanime assurance consterne ses accusateurs. Il offre de prouver en champ clos que Gernand a mérité la mort. Godefroy lui refuse le champ et lui ordonne la prison; le fougueux Richard lui lance un regard terrible, et met la main sur son glaive; le vieil amiral Jean parvient à calmer un peu sa colère. Godefroy persiste dans sa décision. Le jeune héros lui rappelle en peu de mots ses exploits, ses services, s'éloigne lentement, et cède enfin, en s'exilant lui-même, aux sages conseils de Tancrède. Toute cette scène est pleine de grandeur, d'élévation dans les idées, de verve et de chaleur dans l'expression. Celle qui lui correspond dans la *Jérusalem délivrée*, est, à mon avis, fort inférieure.

Dans le huitième chant, on regrette les treize stances délicieuses qui peignent l'accueil d'Herminie par le vieillard du Jourdain, épisode si simple et si touchant, qui n'est pas remplacé par la description des cinq sources mystérieuses que rencontre Tancrède.

Le second combat d'Argant avec Raymond dans l'absence de Tancrède, la tempête suscitée par les élemens au moment où Argant allait être vaincu, les nouvelles de la défaite et de la mort de Suénon, la révolte excitée dans le camp par le faux bruit de la mort de Richard, l'attaque nocturne de Soliman et de ses Arabes, leur défaite, la re-

ÉCLAIRCISSEMENS.

traite de Soliman dans Jérusalem, sont encore à-peu-près semblables dans les deux ouvrages (1), excepté qu'ici, lorsque Soliman se retire seul et blessé du champ de bataille, le poëte le fait errer dans l'ombre de la nuit, au milieu des postes ennemis et des tombeaux ruinés des rois d'Israël. Enfin ce fier monarque de l'Asie trouve pour abri une obscure chaumière couverte de roseaux, pour lit le cuir non tanné d'un bœuf, la dépouille d'un ours pour se couvrir, quelques mets grossiers pour apaiser sa faim; il est forcé de panser tout seul ses blessures; enfin il s'endort, et c'est là qu'Ismen vient le chercher pour le conduire à Jérusalem. Cette situation touchante et pathétique offre un beau contraste de la richesse et de la puissance aux prises avec l'infortune et la misère.

Le rappel de Richard est moins tardif que celui de Renaud. C'est Rupert d'Ansa, l'ami intime de Richard; Rupert, dont le rôle dans le poëme est assez important, qui s'offre pour aller le chercher avec le chevalier danois. C'est, à coup sûr, une amélioration sensible d'avoir chargé de cette commission un héros ami de Richard, et que le poëte a intérêt de vous faire connaître, plutôt qu'un inconnu comme Ubald, qui, après le message rempli, ne reparaît plus dans le reste de l'ouvrage. Le dévouement de Rupert est d'autant plus touchant qu'on lui a prédit qu'il mourrait à la fleur de son âge, s'il délivrait son ami Richard des chaînes d'Armide. La peinture du personnage et du palais fantastique du mage Philalité (2), s'unit très adroitement avec la description exacte et géographique des lacs et des sources du Jourdain. Ce mage leur fait les mêmes récits que M. Ginguené blâme aussi dans la *Jérusalem dé-*

---

(1) *Hist. litt. d'Italie*, tom. v, pag. 496.
(2) *Jérusalem conquise*, liv. 12, st. 1-46.

livrée (1). Le Tasse a pourtant effacé la stance soixante-septième, dont la fin est du plus mauvais goût. Je ne sais si, dans un poëme où l'on emploie le merveilleux et la magie, ce n'est pas avoir eu de trop grands scrupules que d'avoir sacrifié à l'unité de lieu le brillant épisode de la découverte du Nouveau-Monde et du voyage aux îles Fortunées ; mais je ne m'en sens aucun de blâmer Le Tasse d'avoir fait enchaîner Armide par le chevalier danois au pied de son palais, qu'il l'a forcée de détruire. C'est un sacrifice qu'il a fait à son amour pour l'allégorie, qui était, à la vérité, le goût dominant du siècle ; et c'est une des plus grandes fautes qu'il ait commises, que de ne plus faire intervenir dans l'action un personnage aussi intéressant qu'Armide, dont la coquetterie se change en un amour véritable, dont l'amour trompé appelle la vengeance, et n'a pas la force de vouloir ce qu'il désire.

Cependant l'action du second poëme se renoue comme dans le premier ; l'assaut se donne et dure jusqu'à la nuit. Les machines sont brûlées par Argant et par Clorinde. Cette guerrière est tuée et baptisée par Tancrède. Ismen enchante la forêt pour empêcher les chrétiens de renouveler leurs machines (2), et tout, à l'exception de quelques détails ajoutés dans l'assaut et dans l'embrasement des machines de guerre (3), s'y passe comme auparavant. L'approche de l'armée d'Égypte est révélée à Godefroy par la colombe qui en portait la nouvelle à Jérusalem. Il y envoie, comme espion, Vafrin, qui rencontre sur la route un

---

(1) *Jérus. conq.*, tom. v, pag. 356.
(2) Ibid., tom. v, pag. 498.
(3) Il y a dans la *Jérusalem conquise*, vingt-quatre stances ajoutées au quinzième chant, et treize au seizième, qui correspondent aux onzième et douzième de la *Jérusalem délivrée*.

Grec qu'Emiren dépêchait vers l'armée chrétienne pour le même objet. Vafrin l'enivre, en tire tous les renseignemens dont il a besoin et finit par le tuer. Le dénombrement de l'armée d'Égypte est placé au commencement du dix-septième chant; il fait connaître des guerriers qui agiront dans les huit derniers chants, avantage que n'offre pas celui de la *Jérusalem délivrée*. On y trouve d'ailleurs plus d'exactitude et de vérité dans la peinture des mœurs orientales. L'armée d'Egypte s'approche de Jérusalem, ce qui augmente la difficulté du siége et les périls des croisés. En même temps Raymond apprend à Godefroy que la flotte est au moment d'être attaquée, dans le port de Joppé, par les ennemis; que la place elle-même est peu susceptible de défense. Les deux Robert s'y rendent avec les Normands; les Egyptiens l'attaquent par mer. Argant y marche de Sion avec sa cavalerie. Ils ont pour auxiliaires l'ange de l'incendie et l'ange des tempêtes (1). Un combat opiniâtre s'engage, le mur qui entoure les vaisseaux est forcé par Argant, les chrétiens sont repoussés; mais Argant est blessé par Robert, ils reprennent l'avantage. Alors l'ange des mers guérit la blessure du Sarrasin, le renvoie au combat, le précède lui-même, entouré des nuages et des tempêtes, et renverse la muraille d'un coup de son trident. La flotte est menacée de l'incendie; elle est délivrée par l'arrivée de Rupert à la tête des troupes de Richard. Les chrétiens se retirent dans la citadelle et les Sarrasins campent sur le bord de la mer, où ils allument des feux pendant la nuit. Toute cette action, qui remplit, dans les dix-septième et

---

(1) Serait-ce cette fiction qui aurait donné à M. de Châteaubriant, dans *les Martyrs*, l'idée de son *ange des mers* ? Je ne le crois pas. Mais deux grands talens se rencontrent sans se connaître, et ont l'air de s'être imités.

dix-huitième chants, deux cent quatorze octaves, est absolument nouvelle; elle est écrite avec beaucoup de verve et de chaleur. On y remarque une imitation peut-être un peu trop exacte de l'attaque de la flotte dans l'*Iliade*; mais, dans la peinture des combats, Le Tasse pouvait-il rien imiter de mieux qu'Homère? Il a en outre corrigé, par-là, un défaut de la *première Jérusalem*, où la flotte, partie si importante de l'armée chrétienne, ne joue aucun rôle; il a développé d'une manière brillante les caractères d'Argant, de Guillaume et des deux Robert; il a augmenté la péripétie et fortifié l'action de son poëme.

Au dix-neuvième chant, l'armée d'Egypte vient occuper les bords du torrent Cédron qui fournissait aux chrétiens la seule eau potable. Un combat s'y engage; plusieurs chefs des croisés sont blessés par Adraste et Tissapherne. Les deux Robert, Guillaume, Rupert, arrivent de Joppé et viennent les secourir. La bataille recommence le lendemain. Rupert, couvert des armes de Richard, après avoir fait des prodiges de valeur, est tué par Soliman. Les Egyptiens restent maîtres du torrent, et la sécheresse vient mettre le comble aux misères de l'armée chrétienne. Ce chant, comme on le voit, à l'exception de la peinture de la sécheresse, est entièrement neuf; l'action marche, et l'intérêt croît avec le danger des chrétiens.

Le vingtième chant, qui contient le songe merveilleux de Godefroy, et dont j'ai donné l'analyse, est une belle création poétique. Voltaire en a, je crois, pris, sans en rien dire, l'idée-mère de son septième chant de la *Henriade*. Godefroy, comme Henri, est transporté au ciel dans un songe, et Eustache lui découvre, comme saint Louis à Henri IV, les héros qui naîtront de sa race et les destins des empires futurs.

La peinture de la *Jérusalem céleste*, du trône de Dieu,

de la lumière divine, du fleuve de Sapience, a beaucoup de rapport avec plusieurs parties du *ciel* (1) de M. de Châteaubriant, soit qu'il ait emprunté quelques images au poète italien, soit qu'ils aient puisé tous deux à une source commune. Ce songe a de plus, dans la *Jérusalem conquise*, le mérite d'être très bien lié à l'action. Les malheurs des croisés sont si grands, qu'il n'y a que les promesses du ciel qui puissent les rassurer; et dans ces temps de crédulité, ce moyen de ranimer leur confiance semble tout-à-fait naturel.

Le vingt-unième chant renferme les plaintes douloureuses de Richard à la nouvelle de la mort de son ami. Sa mère cherche à le consoler; Godefroy le rappelle au camp. Richard fait à Rupert de magnifiques obsèques; puis, comme Renaud dans la *Jérusalem délivrée*, il confesse à l'ermite Pierre toutes ses erreurs. Les quatre-vingt-quatre premières stances de ce chant sont nouvelles; on y trouve de la douceur, de la sensibilité, qui forment un contraste heureux avec le ton élevé qui règne dans tout le chant précédent.

Dans le vingt-deuxième, Richard détruit l'enchantement de la forêt. Godefroy le comble de présens. Il attaque l'armée d'Egypte, la chasse des bords du Cédron, et immole Adraste aux mânes de son ami. Argant sort de Jérusalem pour s'opposer à ses succès; et là, Le Tasse a placé assez heureusement une imitation des adieux d'Hector et d'Andromaque. Célébin, le plus jeune et le plus beau des fils de Ducalt, est tué par Richard, qui met de toutes parts les Sarrasins en déroute et les force à rentrer dans leurs murs; Emiren se retire vers la mer (2) avec son armée. Alors de nouvelles machines sont construites, l'assaut se

---

(1) *Martyrs.*
(2) Cant. 23.

donne, Jérusalem est prise, excepté la tour de David où se réfugie le vieux soudan. Argant est tué par Tancrède; Lugérie, son épouse, et même Nicée, pleurent sa mort et lui donnent la sépulture.

Il y a, comme on a pu s'en convaincre, beaucoup de parties nouvelles dans ces deux chants. Tous les changemens ne me paraissent pas également heureux. Le combat de Richard, sur les bords du Cédron, est plein de verve et de chaleur; il était nécessaire pour motiver la retraite de l'armée d'Egypte et la prise de Jérusalem. Ce morceau est aussi bien exécuté que conçu. L'action marche rapidement, et la valeur de Richard se développe de la manière la plus brillante. La peinture de l'assaut, de la prise de la ville et du temple, du combat d'Argant et de Tancrède, sont les mêmes que dans la *Jérusalem délivrée*. Mais comment Le Tasse a-t-il pu supprimer cette situation si touchante d'Herminie qui revient vers Tancrède, et le trouve étendu presque sans vie à côté d'Argant? Comment un poète si habile à former des caractères et à les soutenir, après nous avoir peint le tendre amour de Nicée pour Tancrède, a-t-il pu commettre la faute de dénaturer entièrement ce personnage, en lui faisant oublier son amant pour celui qu'elle regardait comme son ennemi? Puis-je souffrir que Nicée ou Herminie, cette amante si sensible et si tendre, ne donne pas une plainte à Tancrède, grièvement blessé, et verse des larmes amères sur la mort du farouche Argant? Cette faute est à la vérité rachetée par de grandes beautés dans le vingt-quatrième et dernier chant, dont il me reste à faire l'analyse.

Godefroy sort avec son armée de Jérusalem pour aller chercher l'ennemi vers Ascalon. Le champ du combat, la disposition des deux ordres de bataille, sont décrits avec exactitude. Les exhortations des deux chefs sont les mêmes que dans le premier poëme. Les exploits de Robert remplacent les faits d'armes de Gildippe et Odoard, qui ne paraissent plus dans la *Jérusalem conquise*; Godefroy y court un plus grand danger. Attaqué par Emiren et par Tissapherne, son cheval est tué sous lui; il reste à pied, entouré d'ennemis. Richard vole à son secours, renverse tout sur son passage, repousse Tissapherne, dégage son général et le replace sur un autre coursier. Godefroy donne la mort à Tissapherne et s'empare de l'enseigne du soudan d'Égypte. Le jour lui manquait pour achever la défaite des Sarrasins; il se fait pour lui un miracle, et, sur sa prière, le soleil s'arrête dans les cieux, comme il le fit jadis à la voix de Josué. Il remet en ordre ses troupes. Pendant ce temps Richard se porte sur l'aile gauche des Egyptiens qui avaient l'avantage; il immole Soliman et son fils Amurat, qui sacrifie en vain sa vie pour le défendre. Dès ce moment les Sarrasins ne font plus de résistance; ils fuient vers leurs vaisseaux, se précipitent dans la mer. Richard les poursuit sans relâche et en fait un carnage horrible. L'ange des mers soulève les ondes; le héros, porté sur son fier coursier, suit le cours de ses exploits, brave les vents et les flots, s'empare de la flotte et conquiert tous les genres de gloire en soumettant tous les obstacles. Tous ces détails sont nouveaux; Le Tasse s'y montre aussi grand poète que dans les plus beaux morceaux de sa *Jérusalem délivrée*. Cependant Godefroy tue Emiren, fait prisonnier Altamor, revient triomphant dans la ville sainte, et va, avec ses compagnons victorieux, adorer le tombeau sacré, y offrir les dépouilles enlevées sur les infidèles, et accomplir le vœu qu'il avait prononcé en recevant la croix.

Maintenant il n'est pas facile d'expliquer comment un poëme qui, de l'aveu de ceux même qui lui préfèrent la *Jérusalem délivrée*, est mieux exposé, mieux conduit, mieux lié, offre une plus grande variété de caractères, plus d'intérêt, de pathétique et de péripétie, plus de vérité dans la peinture des mœurs, de fidélité dans le récit des événemens ; comment un pareil ouvrage, qui obtint toutes les préférences de son auteur, et qui semble si digne de louange, est tombé dans un profond oubli. On croirait peut-être que le style en est défectueux ; mais de savans critiques italiens assurent qu'on *y trouve toute l'élégance et toute la pureté de la langue toscane* (1); et je puis affirmer, si le jugement d'un étranger qui a vécu dans le pays et qui en a étudié long-temps la langue, peut être de quelque poids, qu'il me semble, après une comparaison attentive, que, dans les nombreuses corrections qu'a subies le premier ouvrage, le style a en général gagné, le vers est plus nerveux, plus plein, plus poétique (quelquefois cependant on pourrait lui reprocher un peu d'obscurité); de plus, presque toutes les beautés du premier poëme sont conservées, et l'auteur y en a ajouté de nouvelles.

M. de Châteaubriant (2) remarque, en parlant de la *Jérusalem délivrée*, que *Le Tasse eût parcouru le cercle entier des femmes, s'il eût représenté la mère*. On a vu déjà, par l'analyse de la *Jérusalem conquise*, qu'à travers la distance des siècles, les grands écrivains s'entendent, que leurs idées sont d'accord et leurs sentimens en harmonie. En effet, Le Tasse, en traçant, dans son nouveau poëme les caractères de Lucie, mère de Richard, de Lugérie et de Funébrine, épouse et mère d'Argant, avait prévenu la critique que l'auteur moderne eût sans doute modifiée, s'il

---

(1) *La Conquistata..... Scritta colla più scrupulosa proprietà della toscana favella.* Serassi, *Vita del Tasso*, pag. 468. *Avea posto la pigna sovra il campanile della poesia toscana.* M. Sandelli, ibid.

(2) *Génie du Christian.*, tom. II, pag. 7, 1ʳᵉ. édit.

avait eu l'idée, à cette époque, de lire la *Jérusalem conquise*.

Quelle est donc la cause de cette vive admiration pour le premier poëme, et de cette profonde indifférence pour le second? Deux motifs peuvent y avoir contribué. Voltaire a dit, en citant Le Tasse, après Virgile et Homère :

> De faux brillans, trop de magie,
> Mettent le Tasse un cran plus bas;
> Mais que ne pardonne-t-on pas
> Pour Armide et pour Herminie?

C'est donc probablement à la grande faute d'avoir tronqué les épisodes d'Armide et d'Herminie, qui étaient dans la mémoire de tout le monde, et qui avaient obtenu l'admiration universelle, qu'on doit attribuer le mauvais succès de la *Jérusalem conquise*. Si on les rétablissait dans ce poëme, tels qu'ils sont dans la *Jérusalem délivrée*, on ne pourrait nier que le second ouvrage alors ne l'emportât de beaucoup sur le premier.

Une autre cause encore peut avoir influé sur la destinée de ces deux poëmes. Lorsque la *Jérusalem délivrée* parut, elle fut, comme on le sait, l'objet des plus violentes critiques et des éloges les plus outrés. L'académie de la Crusca lança contre elle ses anathèmes. Les amis du Tasse répliquèrent en le mettant au-dessus de l'Arioste, de Virgile et d'Homère. L'esprit de corps et l'esprit de parti se mêlèrent de cette querelle, et fomentèrent une division dont il reste encore quelques vestiges en Italie. Dès-lors chacun se crut engagé d'honneur à soutenir son opinion. La *Jérusalem délivrée* profita de ces discordes, et lorsque parut la *Jérusalem conquise*, qui, ayant admis toutes les critiques fondées, semblait devoir concilier tous les suffrages, on craignit, en préférant ce nouveau poëme, de paraître manquer de caractère, on se crut lié par ses premières décisions, et d'un côté l'admiration outrée, de l'autre l'injustice extrême, se réunirent pour étendre la célébrité du premier ouvrage, et établir sa réputation aux dépens du dernier.

Je ne donne, au reste, ces opinions que comme des conjectures plus ou moins probables. Ce qui me paraît le plus évident, en comparant le sort de ces deux poëmes, c'est qu'il *existe une fatalité pour les livres comme pour les hommes*, et qu'on est réduit à conclure, en répétant cet adage si vrai et si rebattu : *habent sua fata libelli* (1).

N°. V.

Analyse des cartes et plans insérés dans ce volume, par C. M. P.

Ces cartes et plans ont été réduits à une dimension uniforme pour la commodité des amateurs, qui jugeront convenable de les réunir en un petit atlas séparé; on a choisi pour cela le format qui a paru le plus portatif, en conservant cependant tout le détail nécessaire. Pour que les cartes fussent toutes comparables entr'elles, on a suivi le système progressif des échelles décimales, tel qu'il est adopté depuis quelques années par le dépôt général de la guerre.

Carte de l'Asie mineure. Echelle d'un cinq millionième.

Aucun point de géographie n'offre peut-être autant de

---

(1) Cet adage, si souvent cité, est tiré d'un poëte qui n'est guère lu que par des érudits. *Terentianus Maurus* (dans son poëme *de Syllabis, v.* 1009) en est l'auteur, et voici le vers tout entier :

Pro captu lectoris habent sua fata libelli.

difficulté que la construction d'une carte de l'Asie mineure pour l'histoire du moyen âge. Le manque absolu de monumens géographiques à cette époque, l'incertitude que la géographie ancienne laisse encore sur cette contrée, et la difficulté que les voyageurs modernes éprouvent à faire des observations dans un pays soumis à la soupçonneuse ignorance des Ottomans, tout semblait concourir à augmenter la difficulté. Le célèbre d'Anville, dont l'étonnante sagacité pénétrait avec tant de succès dans les points les plus obscurs de la géographie ancienne, avoue que l'Asie mineure lui a donné plus de peine que tout le reste, et ne donne le résultat de son travail en ce genre que comme un *faute de mieux*. Sa carte, publiée en 1764, porte sur le titre : *Tabula geographica, quantum per subsidia licuit elaborata, opere, si quod aliud in antiquâ geographiâ, arduo.*

Quoique dans toutes les cartes qu'il a publiées depuis 1740 jusqu'à 1764, ce savant géographe n'ait point varié sur la position astronomique qu'il donnait aux côtes méridionales de la mer Noire, et qu'il ait même composé un mémoire pour les justifier, on peut croire qu'il avait conservé quelques doutes à cet égard, puisqu'il n'a jamais fait imprimer ce mémoire, qui n'a été publié qu'en 1808 dans le numéro premier des *Annales des voyages*. En effet, les observations astronomiques de Beauchamp ont fait reconnaître sur quelques-uns des points de cette côte une erreur de plus d'un degré en latitude, et l'on paraît fondé à croire que le texte de Strabon, sur lequel d'Anville établissait son opinion, avait souffert une altération dans les manuscrits.

J'ai suivi, pour cette côte, les observations astronomiques les plus récentes, et surtout celles que M. Malte-Brun rapporte dans son *Précis de géographie* (tome III, pag. 182), en observant cependant que la latitude de 42° 5' 30" attribuée au cap Kerempé paraît devoir convenir plutôt à la ville de ce nom, et que le cap doit être un peu plus septentrional, sans être pourtant aussi avancé vers le nord que M. de Zach l'a mis dans sa carte de la mer Noire, dressée sur les observations de Beauchamp, et insérée dans le cahier de juillet 1798 des *Ephémérides géographiques*. Quant aux autres déterminations astronomiques indiquées dans le *Précis de géographie* cité plus haut, celle de la longitude de Rhodes, fixée à 26° 52' 15", porte évidemment une erreur dans les chiffres, ayant mis 26 pour 25; d'autres (celles de Malatiah et de Mérasche) sont absolument inadmissibles, et M. Malte-Brun l'a bien reconnu, puisqu'il les accompagne d'un point d'interrogation; il est probable que M. Schillinger, qui les lui a fournies, a mis par mégarde la longitude à la place de la latitude.

Le canevas de la carte une fois arrêté d'après les déterminations astronomiques les plus authentiques, j'ai suivi généralement la carte de d'Anville pour les positions qui tiennent à la géographie ancienne, et j'ai mis entre des crochets les noms qui ne sont connus que postérieurement à l'époque des croisades; on y verra, par exemple, les villes, aujourd'hui considérables, de *Kirk-Agasch* et de *Djeux Gatt*, quoiqu'on ne les trouve que sur les cartes les plus récentes.

Il y a plusieurs noms de lieux qui ne sont cités que par les historiens des croisades, et dont la position ne se rattache à aucune localité connue de la géographie ancienne ni de la carte moderne. Ces historiens indiquant rarement les distances itinéraires, et n'étant pas toujours bien d'accord entr'eux, quelques-uns de ces lieux ont dû être placés par conjecture et pour ainsi dire au hasard. A défaut de preuves plus positives, j'ai suivi quelquefois la carte du théâtre de la première croisade, publiée par J. C. L. Haken dans le tome I*er*. de son *Tableau des croisades* (Francfort-sur-Oder, 1808, in-8°., en allemand). Cette carte m'a fourni les positions de *Pelecane, Drago, Xerigord, Kibot, Stancon*, et quelques autres.

Le lac de Nicée a long-temps offert un vaste champ aux conjectures des géographes. Les cartes qui accompagnent les diverses éditions de la Géographie de Ptolémée lui supposent un écoulement dans la Propontide, et ce système a été suivi par Sanson et Delille. Dans la carte de l'Asie mineure, dressée en 1740 pour l'*Histoire ancienne* de Rollin, d'Anville suit un système différent; il place Nicée à l'extrémité occidentale du lac, et lui donne à l'est un écoulement dans la mer Noire par le fleuve Sangari; mais en 1751, dans la première feuille de sa carte d'Asie, il a mis ce lac dans un bassin isolé, et placé la ville à l'extrémité orientale du lac : toutes les cartes qu'il a données depuis ont suivi le même système. Le dégorgement dans la Propontide se retrouve dans la carte de la partie septentrionale de l'empire ottoman, par Rizzi-Zannoni, publiée en 1774, et dans la première carte particulière de l'atlas qui accompagne le voyage de M. Ollivier; mais dans la carte générale du même voyage on revient au système du bassin isolé, et c'est en effet le véritable, suivant le détail qu'a bien voulu me communiquer M. Allier, ancien vice-consul de France à Héraclée, qui connaît parfaitement ce pays, ayant parcouru à cheval toutes les côtes de la Propontide. Je dois au même savant la rectification des positions d'Héraclée et d'Amisus, placés très incorrectement dans les cartes de d'Anville, et la détermination plus curieuse encore de la ville de Saricha en Cappadoce, sur les frontières de la Galatie, ville indiquée par Étienne de Byzance, mais dont la position était inconnue jusqu'à ce jour. Une médaille de bronze que M. Allier a reçue du Levant depuis peu d'années, et qui est décrite dans l'ouvrage de M. Mionnet, tom. IV, pag. 438, nous fait voir que cette ville était dans la contrée appelée *Morimena*, et dans le milieu des terres; car si elle eût été sur quelque rivière, on en trouverait quelque indication sur le type de la médaille : ce n'est pas la première fois que la numismatique a servi à éclaircir la géographie.

La carte anglaise des environs de Constantinople, publiée par Arrowsmith en quatre feuilles, et qui s'étend jusqu'à l'Euphrate, fournit, pour la connaissance du local actuel, plus de détails qu'aucune des précédentes; et quoiqu'il faille en général la consulter avec précaution, les routes de caravanes qui y sont tracées peuvent fournir quelques lumières sur la marche des croisés : c'est d'après les détails qu'elle fournit et les savantes recherches de M. Walckenaer, qu'on a déterminé la position de la vallée de *Gorgoni*, où se livra la bataille de Dorylée.

La même carte m'a servi à rectifier la position de Cocson, l'ancienne Cucuse, célèbre dans l'histoire ecclésiastique par l'exil de S. Jean Chrysostôme. Cette ville était trop à l'est dans les cartes de d'Anville, au lieu que dans la carte d'Arrowsmith on reconnaît parfaitement le *mons Diabolicus* des croisés; et leur route par Cocson et Marash, pour éviter les défilés du mont Amanus, où les Sarrasins les attendaient probablement avec de plus grandes forces.

On a cru devoir suivre d'Anville pour les positions d'Antiochette, de Philomélie, etc. Mannert présente un système un peu différent, appuyé de raisons assez spécieuses; mais le local est encore trop mal connu pour que l'on se détermine à s'écarter de l'opinion du premier de nos géographes, à moins d'avoir les preuves les plus convaincantes.

Environs d'Antioche. Echelle d'un deux millionième.

Cette carte étant de peu d'étendue, on n'a pas cru devoir y tracer de graduation de longitude ni de latitude : l'incertitude qui règne sur la vraie latitude d'Alep y offrait d'ailleurs un obstacle. D'Anville, dans sa Dissertation sur l'Euphrate et le Tigre, publiée en 1779, démontre d'une manière assez plausible que cette ville, la *Chalibon* des Orientaux, n'est autre que la *Berœa* des Séleucides. Ptolémée, en distinguant ces deux villes, lui paraît avoir commis une erreur inconcevable, qui a cependant été suivie par quelques géographes modernes. Appuyé sur trois ou quatre déterminations astronomiques et sur une combinaison itinéraire d'un grand poids, d'Anville en fixe la latitude par 35° 46'; d'autre part, la *Connaissance des temps* l'établit à 36° 11' 25", et même on cite une observation de M. Niébuhr, qui la reculerait au nord jusqu'à 36° 11' 33", détermination qui confirme la précédente, loin de la contredire, puisqu'une différence de huit secondes n'est que la distance d'une rue à une autre dans l'intérieur d'une grande ville; elle se rapporte encore avec une autre observation faite par un Français en 1755, et qui donnait 36° 22' (1); mais il faut que d'Anville ne l'ait pas jugée digne de confiance, puisqu'il ne la cite seulement pas, et il ne peut l'avoir ignorée, n'ayant écrit son mémoire sur l'Euphrate et le Tigre que plus de vingt-cinq ans après. Dans cette incertitude, j'ai cru devoir suivre la

---

(1) *Buschings Erdbeschreibung*, *Vte.-Theil*, pag. 289, édition de 1781.

carte de Syrie de M. Paultre, dessinée par M. Lapie, et publiée en 1803 : cette carte m'a fourni la plupart des autres détails.

Le voyage de Drummond, consul anglais à Alep (1), donne des environs d'Antioche une grande carte très circonstanciée, qui m'a fourni plusieurs détails, tels que le vieux château, nommé encore aujourd'hui *château de Godefroy de Bouillon*, les environs du lac Blanc ou *Aggi degniz*, et ceux de Souveidieh, l'ancienne Seleucia Pieria, appelée dans le moyen âge *Port St.-Siméon*, à cause du monastère et de la colonne de saint Siméon Stylite construits au sommet de la colline qui domine l'embouchure de l'Oronte (2), et qui fait l'extrémité d'une des branches du mont Mauregard, le *mons Pierius* des anciens, qui n'était lui-même qu'une branche du mont Amanus. On trouve sur ce monastère de St.-Siméon des détails fort curieux, mais probablement exagérés, dans l'ouvrage de Jean Phocas le Crétois, qui visita cette contrée en 1185, et en fit une description abrégée qui se trouve en grec et en latin au commencement des *Symmikta* de Léo Allatius, Cologne, 1653, in-8°.

Plan d'Antioche. Echelle d'un cent millième.

Outre les détails fournis par Drummond, j'en ai trouvé de plus satisfaisans dans Pococke, qui, dans son *Voyage au Levant* (Londres, 1743, 3 vol. in-fol.), a fait graver

---

(1) *Travels trough different cities.. and several parts of Asia*, Londres, 1754, in-fol.

(2) Les Arabes appellent ce fleuve *El-Aasi* (le rebelle), parce que son cours étant du sud au nord, est en sens contraire de celui de l'Euphrate et du Tigre.

un plan d'Antioche, avec l'enceinte de ses anciennes murailles, dont les ruines sont encore apparentes, malgré les tremblemens de terre qui ont détruit cette ville à plusieurs reprises. L'échelle du plan de Pococke est divisée en pas, sans autre explication; mais il paraît évident que ce sont des pas géométriques, ou de cinq pieds anglais; ce qui donnera quatre lieues d'une heure de chemin pour la circonférence totale de la *Tetrapolis* ou des quatre villes réunies; ce qui est conforme au rapport des historiens; au lieu qu'en ne comptant ces pas qu'à raison de deux pieds chacun, comme ceux que Thévenot emploie dans la mesure de la ville de Damas, on ne trouverait pour cette circonférence qu'environ quatre milles anglais, ce qui serait évidemment trop peu pour la capitale de l'Orient.

C'est contre le témoignage unanime des historiens et des voyageurs que, dans la *carte particulière de la Syrie*, publiée en 1764, par Joseph-Nicolas Delisle, on trouve une enceinte de ville sur la droite de l'Oronte, avec l'indication des ruines d'Antioche sur la rive gauche; ce ne peut être que la suite d'une méprise. Cette carte, dressée par Guillaume Delisle, en 1725, n'était qu'un essai informe que son auteur avait condamné à ne jamais voir le jour, et l'on ne doit la consulter qu'avec circonspection.

Plan de Jérusalem. Echelle du vingt-millième.

On trouve pour cet objet des matériaux tout préparés dans la savante *Dissertation sur l'étendue de l'ancienne Jérusalem*, que d'Anville publia en 1747, accompagnée d'un plan dont on trouve une réduction dans l'*Histoire de Saladin*, publiée, en 1763, par M. Marin. Cette réduction comprend un léger détail des rues principales et un figuré du terrain du mont Olivet, qui ne se trouvent pas dans le grand plan. Dans sa carte de la Palestine, publiée en 1767, d'Anville en donne une autre réduction plus petite, à laquelle le graveur n'a pas donné toute la précision que comportait son échelle; cette réduction se rapporte uniquement à l'époque de Vespasien.

Le plan joint à la dissertation de 1747 n'est lui-même qu'une copie de celui que Deshayes a joint à son *Voyage au Levant*, publié en 1624; d'Anville prouve fort bien que ce plan, dont il discute l'échelle avec la sagacité qui le distingue, est le seul qui porte un caractère d'authenticité; tous ceux qui accompagnent la plupart des relations de voyages à la Terre-Sainte, ou les descriptions des agiographes, sont remplis de détails faits à plaisir, ou du moins manquant absolument de critique; je n'en excepte pas même le plan de Jérusalem et des environs, gravé par Jefferys, et inséré, en 1745, dans le tome II du voyage de Pococke; l'ensemble de la forme de la ville y diffère tellement de celle du plan de Deshayes, qui est confirmée par les meilleures relations, les quatre échelles de Jefferys sont si peu d'accord entr'elles, que d'Anville n'a pas cru devoir faire mention de ce morceau, dont il n'a pu ignorer l'existence, n'ayant publié sa dissertation que quatre ans après.

Il ne me restait donc qu'à discuter les plans faits ou publiés depuis 1763; je n'en ai pu découvrir qu'un seul, publié par Mariti (1). Ce voyageur, aussi exact que judicieux, visitait les lieux saints en 1767, et sa relation m'a fourni des notes précieuses; mais la simple inspection du plan suffit pour faire naître de justes soupçons. La forme

---

(1) *Istoria dello stato presente della città di Gerusalemme*, Livourne, 1790, 2 vol. in-8°.

de la ville, sensiblement différente de celles de Deshayes et de Pococke, la régularité des lignes et des angles droits, le château accompagné de bastions réguliers, tout y décèle un plan dessiné dans le cabinet, et dont les détails sont faits à plaisir; l'échelle en brasses que porte ce plan, se contredit elle-même; tout prouve enfin que ce n'est qu'un croquis informe; il est gravé par Demetrio Dragon, sans date ni indication d'auteur; et, dans sa relation, Mariti n'indique ni par qui ni à quelle époque il a été levé; il ne le cite même pas.

Tout cela m'a fait soupçonner que ce plan pourrait bien n'être qu'une copie d'un travail plus ancien que le libraire aurait ajouté par spéculation pour augmenter le prix d'un ouvrage nouveau. En effet, à force de recherches, j'ai reconnu que ce plan n'était autre chose qu'une copie de celui qui avait été publié dans le second volume du *Voyage de Shaw*, La Haye, 1743, 2 vol. in-4°., par une spéculation mercantile du même genre; car dans le texte de Shaw il n'est pas question de plan. Il ne paraît pas même que ce savant voyageur ait été lui-même à Jérusalem; et il est encore possible que le libraire de La Haye ait pris ce plan d'un voyageur plus ancien. Dans tous les cas, le libraire de Livourne, en le reproduisant en 1790, n'y a fait d'autre changement que de substituer une échelle en brasses d'Italie, à l'échelle en verges du plan de 1743 (1).

D'après cela, j'ai dû me borner à réduire le plan de Deshayes, avec tous les détails de l'intérieur et les diffé-

---

(1) Je ne parle pas du plan de Jérusalem que F. D. Clarke a fait graver dans le second volume de son voyage, publié en 1812, et qu'il assure avoir travaillé sur ses propres observations. Quoique mieux gravé que celui de Shaw, il est presque aussi informe et n'a pas même d'échelle.

rentes portes que d'Anville n'avait pas exprimées dans son plan, parce que sa dissertation n'était relative qu'à l'étendue de la surface de Jérusalem. J'y ai dessiné avec plus de précision la forme de l'église du Saint-Sépulcre, qui n'est qu'ébauchée dans le plan de Deshayes, sur lequel j'ai dû rectifier aussi la position des portes de Sion et des Turcomans. Je me suis servi pour cet objet de la mesure donnée par Maundrell, dont d'Anville reconnaît l'exactitude.

Un changement plus considérable, et dont aucun des plans que j'ai vus ne fait mention, m'a été indiqué par Mariti. Il s'agit d'une étendue assez considérable de terrain qui fait l'extrémité nord-est du quartier nommé *Bezetha* par les Romains, étendue qui ne fut réunie à la ville que par Soliman Ier., l'an 941 de l'hégire (1534), et qui était par conséquent hors de la ville du temps des croisades. Faute d'avoir connu cette circonstance, plusieurs passages des historiens et des voyageurs antérieurs au seizième siècle, sont devenus inintelligibles.

Esdras fait le dénombrement des huit portes que contenait l'enceinte bâtie par Néhémie; la place qu'elles occupaient ne peut plus être déterminée au bout de plus de deux mille ans, après une subversion totale et un grand nombre de destructions et de reconstructions partielles. Nous allons reconnaître les sept portes de l'enceinte de Soliman, en indiquant en même temps celles d'une époque antérieure, dont il subsiste encore des vestiges, ou dont l'emplacement paraît bien constant.

I. Porte de Iafa ou de Bethléem, appelée par les Arabes *Bab-el-Khalil* (porte d'Hébron ou d'Abraham), et quelquefois *Bab-el-Mihrab*.

K. Porte de Sion, ou de David, ou des Juifs (*Bab-Sehioun* ou *Bab-sidi-Dahoud*); le plan de Deshayes la met un peu trop à l'ouest.

L. Porte des Maugrabins ou Barbaresques (*Bab-el-Megarabé*). Quelques-uns l'appellent *porta Sterquilinia*, comme si elle appartenait à l'enceinte de Néhémie, où il y avait une porte de ce nom. Il paraît au contraire que la porte des Maugrabins ne fut construite que sous les rois latins de Jérusalem. Arculfe, qui visitait Jérusalem au huitième siècle (1), dit positivement qu'il n'y avait point de porte entre celle de David et la porte orientale du rocher escarpé qui dominait la vallée de Cédron, vallée que personne avant lui n'a désignée sous le nom de *vallée de Josaphat*.

M. Porte d'Or ou porte Dorée, anciennement porte *des Tribus*; c'était probablement la plus ancienne des portes de Jérusalem, l'escarpement du terrain n'ayant jamais permis d'élever des machines pour battre le côté de la muraille où elle était située. Cette porte était double, suivant l'usage de la plus haute antiquité, et comme les portes Scées de l'ancienne Troie, c'est-à-dire qu'il y avait deux portes ou baies à côté l'une de l'autre, pour prévenir la confusion ; l'une servait pour entrer dans la ville, et l'autre pour en sortir. Sous les rois latins, cette porte ne s'ouvrait que pour la procession du dimanche des Rameaux ; les Musulmans, par une crainte superstitieuse, firent murer la porte, et depuis lors la procession entrait par la porte des Maugrabins, ce qui a duré jusque vers 1650.

N. Porte d'Or, indiquée par Guillaume de Tyr, en arabe *Essaheré*, suivant l'Énisol-Djelil, et confondue avec la précédente par la plupart des historiens ; l'Édrisi les distingue formellement, désignant la première, qui était

---

(1). *Adamanni, de situ Terræ-Sanctæ*, Ingolstadt, 1619, in-4°., pag. 3 et 4.

double, par le nom d'*Alasbat* (porte des Tribus), et l'autre par celui de *Bab Arrahmé* (porte de Clémence); celle-ci paraît être l'ancienne *porte de la Vallée* de l'enceinte de Néhémie. L'Édrisi rapporte aussi qu'elle ne s'ouvrait que pour la procession des Rameaux; ce qui doit s'entendre de l'intervalle qui s'est écoulé depuis l'époque où les Turcs murèrent la porte des Tribus, jusqu'au temps de la reconstruction de l'enceinte faite par Soliman en 1534. Alors cette porte n'ayant pas été conservée, il est aisé de concevoir que tous les voyageurs qui la trouvaient indiquée par les historiens l'aient confondue avec la précédente, qui est encore reconnaissable, quoique murée.

O. Porte de Cedar (*Bab-Heutta* ou *Eddasié* des Arabes); elle est ancienne et paraît être la *porte du Troupeau* de l'enceinte de Néhémie; les modernes l'appellent quelquefois porte de la Vallée ou de Josaphat, mais plus souvent porte de la Sainte-Vierge ou porte de Saint-Étienne, à cause des deux tombeaux de ce nom, qui sont presque vis-à-vis. On ne la trouve désignée sous le nom de *porte de St.-Etienne* que depuis la construction de l'enceinte de Soliman.

P. Ancienne porte de St.-Étienne. Les historiens des croisades disent positivement qu'elle était tournée au nord, et la placent à peu de distance de la porte de Cédar. Soliman ayant augmenté l'enceinte de la ville de ce côté-là, cette porte est détruite au point qu'il n'en reste pas de vestige; mais son nom, qui était très connu, a été transporté à la porte la plus voisine. Ce nom de *porte de St.-Etienne*, donné à deux portes différentes dans le moyen âge et chez les modernes, a été une source d'erreurs pour ceux qui ont voulu décrire les opérations du siége de Jérusalem.

Q. Porte d'Hérode, ou des Turcomans (porte de *Serb*

des Arabes). Deshayes l'appelle porte d'Éphraïm; mais ce nom semble plutôt devoir appartenir à la porte de Damas. Le plan de Deshayes met cette porte beaucoup trop à l'est, comme on peut le vérifier par les mesures données par Maundrell.

R. Porte de Damas, ou d'Éphraïm; en arabe *Bab-el-Ammoud* (porte de la Colonne). L'Édrisi l'appelle *Bab-Ammoud-el-Gorab*. La porte d'Éphraïm appartenait à l'enceinte de Néhémie, et regardait l'Occident; l'emplacement qu'elle occupait ayant été compris dans l'intérieur de la ville d'Ælia ou de la construction faite par Adrien, on en a transporté le nom à la porte la plus voisine, qui est évidemment celle de Damas.

Un historien arabe, qui écrivait vers l'an 900 de l'hégyre (1495), et dont l'ouvrage (1) a été traduit en partie et publié par le savant M. de Hammer, distingue formellement ces neuf portes, et nomme celle-ci « *porte de* » *David*, près de l'autel (c'est-à-dire de l'église du Saint- » Sépulcre), désignée sous le nom de *Led*, et aussi » *Rhabé.* »

Ce même historien fait mention d'une dixième porte qui existait encore de son temps, et qui a été supprimée lors de la reconstruction de Soliman; elle répondait près de la lettre H du plan, et il la désigne ainsi: *A l'Occident, une petite porte contiguë au quartier des Arméniens.* Cette porte n'existait pas encore au temps des croisades; car se trouvant en face du quartier des Provençaux, les historiens n'auraient pas manqué d'en faire

---

(1) Extrait du livre *Enisol-Djelil fit-tarikhi kouds vel-khalil*, chap. XXI, par M. de Hammer, inséré dans les *Mines de l'Orient*, tom. II, pag. 118-142, Vienne, 1812, in-fol.

mention; au surplus ce n'était qu'une petite porte, espèce de poterne.

On a cru devoir marquer sur le plan la grotte de Jérémie, le lieu du Cénacle, les tombeaux de Josaphat, d'Absalon, de Zacharie, celui de la Sainte-Vierge, et autres lieux dont la tradition a conservé la position, parce qu'ils sont fréquemment cités par les historiens des croisades, et que l'accord unanime des pèlerins et voyageurs plus modernes prouve que cette tradition n'a pas varié depuis. Sans entrer dans la discussion de l'origine et de l'authenticité de chacune de ces traditions, la concordance des témoignages successifs prouve que le local qui porte aujourd'hui le nom de Sépulcre de la Sainte-Vierge, par exemple, le portait déjà du temps des croisades. On n'a cependant mis qu'un petit nombre de ces lieux indiqués par la tradition, n'ayant eu en vue de tracer sur ce plan que les objets les plus indispensables pour suivre l'histoire des croisades.

P. S. On trouvera peut-être quelque obscurité dans le plan, en n'y voyant qu'une enceinte, tandis que la note de *renvois* en indique trois. L'enceinte de Jérusalem au temps des croisades est la seule qui soit tracée dans son entier; les deux autres n'y sont que pour la partie qui s'écarte de l'enceinte du temps des croisades.

FIN DES ÉCLAIRCISSEMENS.

PIÈCES JUSTIFICATIVES.

N°. Ier.

Sur la Croisade des Génois et des Pisans en Afrique.

« His temporibus (1088) Pisani et Genuenses et alii
» multi ex Italiâ Africanum regem paganum hostiliter in-
» vaserunt, et deprædatâ ejus terrâ, ipsum in quamdam
» munitionem compulerunt, et eum deinceps apostolicæ
» sedi tributarium effecerunt. » (Bertholdi Constantiensis
chronicon, seu Hermanni contracti continuatio, tom. II,
pag. 136, édit. San-Blas., 1792, in-4°.)

Baronius (édit. du P. Pagi, Lucques, 1745) rapporte
cette expédition à l'an 1087, et la raconte ainsi d'après Léo
Ostiens (*loc. cit.*, liv. III, chap. 70) : « Æstuabat autem
» idem apostolicus victor Saracenorum in Africâ moran-
» tium superbiam frangere... consilio itaque cum episco-
» pis et cardinalibus habito, ex omnibus ferè Italiæ popu-
» lis exercitum congregans, illisque vexillum B. Petri
» apostoli tradens, sub remissione peccatorum omnium,
» contra infideles impiosque in Africam dirigit. Christo
» itaque duce ingressi Africam, centum millia pugnato-
» rum occiderunt, urbe illorum præcipuâ captâ et excisâ.
» Porrò ne quis ambigat hoc Dei nutu contigisse, quo die
» christiani victores evasere, eo etiam Italiæ nunciata vic-
» toria est. »

Fiorentini (*Comment. de rebus ad Mathildem comitis-
sam spectantibus, lib. II*) cite un ancien martyrologe
manuscrit de l'église de Lucques, où se trouvent les détails suivans : « Ad ann. 1089, fecerunt Pisani et Genuen-
» ses stolum in Africam et ceperunt duas munitissimas
» civitates, Almadiam et Sibiliam, in die S. Xisti.... ex

» quibus civitatibus, Saracenis ferè omnibus interfectis,
» maximam prædam auri et argenti.... abstraxerunt, de
» quâ prædâ Pisanam ecclesiam mirabiliter in diversis or-
» namentis amplificavêre, et ecclesiam B. Xisti in curte
» veteri ædificaverunt. » (Pagi, dans Baronius, t. XVII,
page 581.)

N°. II.

Nous donnons ici les différens passages des historiens qui peignent l'enthousiasme des croisés à l'aspect de Jérusalem.

« Jerusalem verò nominari audientes, omnes præ læti-
» tiâ in fletum lacrymarum fluxerunt : eo quod tam vicini
» essent loco sancto desideratæ urbis, pro quo tot labores,
» tot pericula, tot mortis genera perpessi sunt. Mox pro
» auditæ urbis desiderio et amore videndi sanctam civita-
» tem, obliti laborem suamque fatigationem, amplius
» quam solebant, iter maturant. »

(ALB. AQ., lib. V, cap. 45.)

« Christianus verò exercitus videns civitatem Dei, quam
» diù optaverat vidisse, locaque sancta, in quibus mundi
» Salvator pro redemptione gentis humanæ mortem pertu-
» lerat, lætatus est valdè, et procidentes omnes in terram
» proni, adoraverunt viventem in sæcula sæculorum.
» Amen. »

(*Gesta Francor.*, ap. Bongars, page 572, ch. XXIII.)

« Bone Jesu, ut castra tua viderunt, hujus terrenæ Je-
» rusalem muros, quantos exitus aquarum oculi eorum
» deduxerunt, et mox terræ procumbentia sonitu oris et
» nutu inclinati corpori sanctum sepulcrum tuum saluta-
» verunt : et te qui in eo jacuisti, ut sedentem ad dexte-
» ram patris, ut venturum judicem omnium, adorave-
» runt. Verè tunc ab omnibus cor lapideum abstulisti, et
» cor carneum contulisti, spiritumque tuum sanctum in
» medio eorum posuisti, etc. »

(ROB. MON., lib. IX, ap. Bong., pag. 74.)

« Omnes visâ Jerusalem subsisterunt et adoraverunt;
» et flexo poplite terram sanctam deosculati sunt : omnes
» nudis pedibus ambularent, nisi metus hostilis eos arma-
» tos incedere debere proeciperet. Ibant et flebant, et qui
» orandi gratiâ convenerant, pugnaturi priùs properis arma
» deferebant. Fleverunt igitur super illam, super quam
» et Christus illorum fleverat, et mirum in modum super
» quam flebant, feriâ tertiâ octavo idûs junii obsederunt,
» obsederunt inquam, non tanquam novercam privigni,
» sed quasi matrem filii. »

(BALD, liv. IV, ap. Bong., pag. 130.)

« Le nom de la sainte cité pour laquelle ils avôient supporté tant de fatigues, les fit plorer à chaudes larmes et
tomber à deux genoux en terre, la baisant et adorant, en
glorifiant le bon Dieu de sa bonté, et le remerciant humblement d'avoir exaucé les vœux de son peuple, et l'amener aux lieux tant désirés.... La plus grande part de ceux
de cheval mirent pied à terre, et se déchaussèrent, pour,
en l'honneur de celui qui pour leur rédemption y avoit
marché, aller jusque-là pieds nus, et en cette fervente dévotion marchant plus roides qu'ils ne souloient furent tous
esbahis qu'ils se trouvèrent devant la ville. » (*Traduction
de Guillaume de Tyr*, liv. VII, chap. 25.)

N°. III.

Nous avons cru devoir recueillir ici quelques morceaux
qu'on peut regarder comme les pièces officielles de la première croisade.

*Traduction de la lettre du patriarche d'Antioche et des
autres évêques aux fidèles d'Occident.* (Novus Thesaurus anecd. de Dom Martenne, tom. Ier., pag. 272.)

Ils annoncent la victoire remportée sur les infidèles, et
demandent de nouveaux renforts.

(*Anno* 1098, *ex manuscript. S. Ebrulfi.*) « Le patriarche d'Antioche, les évêques, tant grecs que latins, et toute la milice du Seigneur, à leurs frères d'Occident :

» Sachant combien vous vous réjouissez des accroissemens que prend l'Église, et quel intérêt vous mettez à apprendre les événemens heureux ou malheureux qui peuvent nous survenir, nous nous empressons de vous annoncer la continuation de nos succès. Apprenez donc, nos très chers frères, que Dieu a fait triompher son église de quarante grandes villes et de deux cents armées, tant en Romanie qu'en Syrie, et que nous avons encore plus de cent mille hommes sous les armes, quoique nous ayons beaucoup perdu de monde dans les premiers combats. Mais la perte de l'ennemi a été mille fois plus considérable. Là, où nous avons perdu un comte, il a perdu quarante rois ; où nous avons perdu une poignée d'hommes, il a perdu une légion entière ; où nous avons laissé un soldat, il a laissé un chef ; où nous avons laissé un fantassin, il a laissé un comte ; enfin, où nous avons perdu un camp, il a perdu un royaume.

» Quant à nous, mettant moins notre confiance dans nos forces, dans la multitude de nos troupes, ou dans un secours humain quelconque, que dans le bouclier du Christ, dans sa justice, et dans la protection de Georges, de Théodore et de Démétrius, soldats du Seigneur qui nous accompagnaient, nous avons enfoncé et nous enfonçons sans rien craindre les bataillons de l'ennemi, et avec le secours de Dieu, nous l'avons vaincu dans cinq grands combats ; mais ce n'est pas tout : de la part de Dieu et de la nôtre, patriarche et évêques, nous vous prions et nous vous ordonnons, et votre mère spirituelle vous crie : « Venez, mes fils chéris, venez à moi ; prenez en mon nom la couronne portée par les fils de l'idolâtre, cette couronne qui vous est destinée depuis le commencement du monde. Venez donc, nous vous en prions, combattre dans la milice du Seigneur, dans les mêmes lieux où il a combattu, dans ces lieux où il a souffert pour vous, vous laissant cet exemple, afin que vous suiviez ses traces. Est-ce qu'un Dieu innocent n'est pas mort pour vos péchés? Mourons donc, non pour lui, mais pour nous-mêmes, afin qu'en mourant au monde, nous vivions pour Dieu. Que dis-je, mourir? Il n'est plus besoin de mourir, ni même de combattre; le plus difficile est fait: mais le besoin de garder nos camps et nos villes a considérablement affaibli notre armée. Venez donc prendre part à la récompense qui doit être accordée même sans avoir participé aux travaux de la croisade. Les chemins sont marqués par notre sang; que les hommes seuls viennent, que les femmes restent encore. Dans la maison où il y a deux hommes, que le plus propre à la guerre prenne les armes, surtout ceux qui ont fait des vœux; car s'ils ne se rendent ici pour les accomplir, nous les excommunions et nous les éloignons de la société des fidèles. Patriarche apostolique et évêques, faites en sorte qu'ils soient même privés de la sépulture après leur mort, s'ils n'ont une cause valable pour rester.

» Salut et bénédiction. »

Lettre de Bohémond, fils de Guiscard, de Raymond, comte de St.-Gilles, du duc Godefroy et de Hugues-le-Grand, à tous leurs frères en Jésus-Christ.

Sur la paix conclue avec l'empereur et sur la victoire remportée sur les infidèles.

(*Anno* 1097, *ex manuscript. S. Albini.*) « Bohémond, fils de Guiscard; Raymond, comte de St.-Gilles; le duc Godefroy et Hugues-le-Grand, à tous les sectateurs de la foi catholique : puissent-ils parvenir à la félicité éternelle que nous leur souhaitons !

» Afin que la paix conclue entre nous et l'empereur, ainsi que les événemens qui nous sont survenus depuis que nous sommes sur les terres des Sarrasins, soient connus de tout le monde, nous vous dépêchons, très chers Frères, un envoyé qui vous instruira de tout ce qui peut vous intéresser de savoir. Nous devons d'abord dire qu'au milieu du mois de mai, l'empereur nous a promis que désormais les pèlerins venus pour visiter le Saint-Sépulcre, seraient à l'abri de toute insulte sur les terres de son obéissance, prononçant peine de mort contre quiconque enfreindrait ses ordres, et nous donnant même en ôtage son gendre et son neveu, pour garans de sa parole. Mais revenons aux événemens plus capables de vous intéresser. A la fin du même mois de mai, nous avons livré bataille aux Turcs, et, par la grâce de Dieu, nous les avons vaincus. Trente mille sont restés sur le champ de bataille. Notre perte se réduit à trois mille hommes, qui, par cette mort glorieuse, ont acquis une félicité sans fin. Il est impossible d'apprécier au juste l'immense quantité d'or et d'argent, ainsi que les vêtemens précieux et les armes qui sont demeurés en notre pouvoir. Nicée, ville importante, les forts et les châteaux qui l'environnent, se sont empressés de se rendre. Nous avons également livré un combat sanglant dans Antioche, soixante-neuf mille infidèles sont demeurés sur la place; dix mille des nôtres seulement ont eu le bonheur de conquérir à cette occasion la vie éternelle. Jamais on ne vit une joie pareille à celle qui nous anime; car, soit que nous vivions, soit que nous mourrions, nous appartenons au Seigneur. A ce sujet, apprenez que le roi de Perse nous a envoyé un message par lequel il nous prévient de l'intention où il est de nous livrer bataille vers la fête de la Toussaint. S'il est vainqueur, son dessein, dit-il, est, avec l'aide du roi de Babylone et de plusieurs autres princes fidèles, de faire une guerre sans relâche aux chrétiens; mais s'il est battu, il veut se faire baptiser avec tous ceux que pourra entraîner son exemple. Nous vous prions donc, très chers Frères, de redoubler vos jeûnes, vos aumônes, surtout le troisième jour avant la fête, qui se trouve être un vendredi, jour du triomphe de Jésus-Christ, dans lequel nous combattrons avec bien plus d'espoir de succès en nous y préparant par des prières et par les autres actes de dévotion.

» *P. S.* Moi, évêque de Grenoble (1), j'envoie ces let-

---

(1) C'était saint Hugues, sacré dans l'année 1081, par le pape Gré-

tres, qui m'ont été apportées, à vous, archevêques et chanoines de l'église de Tours, afin qu'elles soient connues de tous ceux qui se rendront à la fête, et, par eux, aux différentes parties de la terre dans lesquelles ils retourneront, et pour que les uns favorisent cette sainte entreprise par des aumônes et des prières, tandis que les autres, prenant les armes, accourront pour y avoir part. »

Lettre de Daimbert, archevêque de Pise, de Godefroy de Bouillon, et de Raymond, comte de St.-Gilles.

Ils annoncent les victoires remportées par l'armée chrétienne dans la Terre-Sainte.

(*Anno* 1100, *ex manuscript. signiensis Monasterii.*)
« Moi, archevêque de Pise, et les autres évêques, Godefroy, par la grâce de Dieu, maintenant défenseur du Saint-Sépulcre, et toute l'armée du Seigneur qui se trouve dans la terre d'Israël, à notre Saint Père le pape, à l'église romaine, à tous les évêques et à tous les chrétiens, salut et bénédiction en notre Seigneur Jésus-Christ.

» Dieu nous a manifesté sa miséricorde en accomplissant à notre égard ce qu'il avait promis dans les temps anciens. Après la prise de Nicée, notre armée, forte de plus de trois cent mille hommes, couvrait la Romanie entière. Les princes et les rois sarrasins s'étant levés contre nous, avec le secours de Dieu, furent facilement vaincus et anéantis; mais comme quelques-uns des nôtres avaient tiré vanité de ces avantages, le Seigneur, pour nous éprouver, nous opposa Antioche, ville sur laquelle les efforts humains ne pouvaient rien, qui nous arrêta pendant neuf mois, et dont la résistance humilia tellement notre orgueil, qu'elle

---

goire VII, le même qui, peu de temps après, accueillit saint Bruno et ses compagnons, et leur donna la solitude de la Chartreuse pour y fonder un nouvel ordre. L'église de Tours était alors gouvernée par Radulphe II.

nous fit recourir à la pénitence. Dieu, touché de notre repentir, fit luir sur nous un rayon de sa miséricorde divine, nous introduisit dans la ville, et nous livra les Turcs avec toutes leurs possessions.

» Dans notre ingratitude, ayant rapporté une seconde fois ces succès à notre courage, et non au Tout-Puissant qui nous les avait fait obtenir, il permit, pour notre châtiment, qu'une multitude innombrable de Sarrasins vînt nous assiéger, de manière que personne n'osait sortir de la ville; nous fûmes bientôt livrés à une famine si cruelle, que quelques-uns des nôtres, dans leur désespoir, ne paraissaient pas éloignés de se nourrir de chair humaine. Il serait trop long de faire le récit de tout ce que nous souffrîmes à ce sujet. Enfin la colère du Seigneur s'apaisa, et il enflamma tellement le courage de nos guerriers, que ceux même qui étaient affaiblis par les maladies ou par la famine, prirent les armes et combattirent courageusement. L'ennemi fut vaincu; et comme notre armée se consumait sans fruit dans les murs d'Antioche, nous entrâmes en Syrie, et prîmes sur les Sarrasins les villes de Barra et de Marra, ainsi que plusieurs châteaux et places fortes. Une famine horrible qui y assaillit l'armée, la mit dans la cruelle nécessité de se nourrir des cadavres des Sarrasins, déjà en putréfaction. Heureusement la main du Seigneur nous secourut encore, et nous ouvrit les portes des villes et des forteresses des pays que nous traversions. A notre approche, on s'empressait de nous envoyer des députés chargés de vivres et de présens; on offrait de se rendre et de recevoir les lois qu'il nous plairait de dicter; mais comme nous étions en petit nombre, et que le désir unanime de l'armée était de marcher sur Jérusalem, nous continuâmes notre route après avoir exigé des otages de ces villes, dont la moindre renfermait plus d'habitans que nous n'avions de soldats.

» La nouvelle de ces avantages engagea un assez grand nombre des nôtres, qui étaient demeurés à Antioche et à Laodicée, à nous rejoindre à Tyr, de sorte que, sous l'égide toute puissante du Seigneur, nous parvînmes à Jérusalem.

» Nos troupes eurent beaucoup à souffrir dans le siége de cette place, par la disette d'eau. Le conseil de guerre s'étant assemblé, les évêques et les principaux chefs ordonnèrent que l'armée ferait pieds nus une procession autour de la ville, afin que celui qui s'était jadis humilié pour nous, touché de notre humilité, nous en ouvrît les portes et abandonnât ses ennemis à notre colère. Le Seigneur, apaisé par notre action, nous livra Jérusalem huit jours après, précisément à l'époque où les apôtres, composant la primitive église, se séparèrent pour se répandre dans les différentes parties de la terre, époque qui est célébrée comme une fête par un grand nombre de fidèles. Si vous désirez connaître ce que nous fîmes des ennemis que nous trouvâmes dans la ville, vous saurez que dans le portique de Salomon, et dans le temple, nos chevaux marchaient jusqu'aux genoux dans le sang impur des Sarrasins. On désigna ensuite ceux qui devaient garder la place, et on avait déjà accordé à ceux que rappelait en Europe l'amour de la patrie ou le désir de revoir leurs familles, la permission de s'en retourner, lorsqu'on vint nous apprendre que le roi de Babylone était à Ascalon avec une armée innombrable, annonçant hautement le projet de conduire en captivité les Français qui gardaient Jérusalem, et ensuite de se rendre maître d'Antioche. C'est ainsi qu'il parlait; mais le Dieu du ciel en avait ordonné autrement. Cette nouvelle nous ayant été confirmée, nous marchâmes au-devant des Babyloniens, après avoir laissé dans la ville nos blessés et nos bagages avec une garnison suffisante. Les deux armées étant en présence, nous fléchîmes le genou et invoquâmes en notre faveur le Dieu des armées, pour qu'il lui plût, dans sa justice, d'anéantir par nos bras la puissance des Sarrasins et celle du démon, et par-là d'étendre son église et la connaissance de l'Évangile d'une mer jusqu'à l'autre. Dieu exauça nos prières, et nous donna une telle audace, que ceux qui nous auraient vus courir à l'ennemi nous eussent pris pour une troupe de cerfs altérés qui vont étancher la soif qui les dévore dans une claire fontaine qu'ils aperçoivent. Notre armée ne comptait guère plus de cinq mille cavaliers et de quinze mille fantassins; l'ennemi, au contraire, avait plus de cent mille chevaux et quarante mille hommes de pied. Mais Dieu manifesta sa puissance en faveur de ses serviteurs. Notre seul choc mit en fuite, même avant d'avoir combattu, cette immense multitude. On eût dit qu'ils craignaient d'opposer la moindre résistance, et qu'ils n'avaient point d'armes sur lesquelles ils pussent compter pour se défendre. Tous les trésors du roi de Babylone demeurèrent en notre pouvoir. Plus de cent mille Sarrasins tombèrent sous nos coups; un grand nombre se noya dans la mer, et la frayeur fut si vive parmi eux, que deux mille furent étouffés aux portes d'Ascalon, en se pressant pour y entrer.

» Si nos soldats ne se fussent occupés à piller le camp des ennemis, à peine, dans un si grand nombre, en fût-il resté un pour annoncer leur défaite. Nous ne pouvons non plus passer sous silence un événement assez extraordinaire. La veille du combat, nous nous étions emparés de plusieurs milliers de chameaux, de bœufs et de brebis. Les chefs ordonnèrent aux soldats de les abandonner pour aller à l'ennemi. Chose admirable! ces animaux nous accompagnèrent constamment, s'arrêtant avec nous, s'avançant avec nous, courant avec nous; les nuées mêmes nous garantissaient des ardeurs du soleil, et les zéphirs soufflaient pour nous rafraîchir. Nous rendîmes des actions de grâces au Seigneur pour la victoire signalée qu'il venait de nous faire remporter, et nous retournâmes à Jérusalem. Le comte de St.-Gilles, Robert, comte de Normandie, et Robert, comte de Flandre, y laissèrent le duc Godefroy, et revinrent à Laodicée. Une concorde parfaite ayant été rétablie entre Bohémond et nos chefs par l'archevêque de Pise, le comte Raymond se disposa à retourner à Jérusalem pour le service de Dieu et de ses frères. En conséquence, nous souhaitons à vous, chefs de l'Eglise catholique de Jésus-Christ, et premiers du peuple latin; à vous tous, évêques, clercs, moines et laïques, qu'en faveur du courage et de la piété admirable de vos frères, il plaise au Seigneur de répandre sur vous ses grâces, de vous accorder la rémission entière de vos péchés, et de vous faire asseoir à la droite du Dieu qui vit et règne avec le Père dans l'unité du Saint-Esprit de toute éternité. Ainsi soit-il.

» Nous vous prions et nous vous supplions par notre Seigneur Jésus-Christ, qui fut toujours avec nous, et qui nous a sauvés de toutes nos tribulations, de vous montrer reconnaissans à l'égard de vos frères qui retournent vers vous, de leur faire du bien, et de leur payer ce que vous leur devez, afin de vous rendre par-là agréables au Seigneur, et d'obtenir une part dans les grâces qu'ils ont pu mériter de la bonté divine. »

Lettre des principaux croisés au pape Urbain. (Voyez FOULCHER DE CHARTRES, pag. 394 et 395 *du Recueil de Bongars.*)

Nous désirons tous que vous sachiez combien la miséricorde de Dieu a été grande envers nous, et par quel secours tout puissant nous avons pris Antioche; comment les Turcs, qui avaient accablé d'outrages Notre Seigneur Jésus-Christ, ont été vaincus et mis à mort; et comment nous avons vengé les injures faites à notre Dieu; comment nous avons été ensuite assiégés par les Turcs venus du Coraçan, de Jérusalem, de Damas et de plusieurs autres pays; et comment enfin, par la protection du ciel, nous avons été délivrés d'un grand danger.

Lorsque nous eûmes pris Nicée, nous mîmes en déroute, comme vous l'avez su, une grande multitude de Turcs qui étaient venus à notre rencontre. Nous battîmes le grand Soliman (Kilidge-Arslan); nous fîmes un butin considérable; et, maîtres de toute la Romanie, nous vînmes assiéger Antioche. Nous eûmes beaucoup à souffrir dans ce siége, soit de la part des Turcs enfermés dans la ville, soit de la part de ceux qui venaient secourir les assiégés. Enfin, les Turcs ayant été vaincus dans tous les combats, la cause de

la religion chrétienne triompha de cette manière. Moi Bohémond (*ego Bohemundus*), après avoir fait une conven-
tion avec un certain Sarrasin qui me livrait la ville, j'appli-
quai des échelles aux murailles vers la fin de la nuit, et
nous fûmes ainsi les maîtres de la place qui avait si long-
temps résisté à Jésus-Christ. Nous tuâmes Accien, gouverneur d'Antioche, avec un grand nombre des siens, et nous
eûmes en notre pouvoir leurs femmes, leurs enfans, leurs
familles et tout ce qu'ils possédaient. Nous ne pûmes point
cependant nous emparer de la citadelle; et lorsque nous
voulûmes l'attaquer, nous vîmes arriver une multitude infinie de Turcs, dont on nous avait annoncé l'approche depuis
quelque temps; nous les vîmes se répandre dans les campagnes et couvrir toute la plaine. Ils nous assiégèrent le troisième jour; plus de cent d'entre eux pénétrèrent dans la
citadelle, et menaçaient d'envahir la ville qui se trouvait
dominée par le fort.

Comme nous étions placés sur une colline opposée à celle
sur laquelle s'élevait le fort, nous gardâmes le chemin qui
conduisait dans la ville, et nous forçâmes les infidèles, après
plusieurs combats, à rentrer dans la citadelle. Comme ils
virent qu'ils ne pouvaient pas exécuter leur projet, ils en-
tourèrent la place de telle manière que toute communication était interrompue; de quoi nous fûmes vivement affli-
gés et désolés. Pressés par la faim et par toutes sortes de
misères, plusieurs d'entre nous tuèrent leurs chevaux et
leurs ânes qu'ils menaient avec eux, et les mangèrent; mais
à la fin la miséricorde de Dieu vint à notre secours; l'apôtre André révéla à un serviteur de Dieu le lieu où était
la lance avec laquelle Longin perça le flanc du Sauveur.
Nous trouvâmes cette sainte lance dans l'église de l'apôtre
Pierre. Cette découverte et plusieurs autres divines révélations nous rendirent la force et le courage, tellement que
ceux qui étaient pleins de désespoir et d'effroi, étaient pleins
d'ardeur et d'audace, et s'exhortaient les uns les autres au
combat. Après avoir été assiégés pendant trois semaines et
quatre jours, le jour de la fête de S. Pierre et de S. Paul,

pleins de confiance en Dieu, nous étant confessés de tous nos péchés, nous sortîmes de la ville en ordre de bataille. Nous étions en si petit nombre, en comparaison de l'armée des Sarrasins, que ceux-ci purent croire que nous cherchions à prendre la fuite, au lieu de les provoquer au combat. Ayant pris nos dispositions, nous attaquâmes l'ennemi partout où il paraissait en force. Aidés de la lance divine, nous les mîmes d'abord en fuite. Les Sarrasins, selon leur coutume, commencèrent à se disperser de tous les côtés, occupant les collines et les chemins, dans le dessein de nous envelopper et de détruire toute l'armée chrétienne; mais nous avions appris à connaître leur tactique. Par la grâce et la miséricorde de Dieu, nous parvînmes à les faire réunir sur un point; et lorsqu'ils furent réunis, la droite de Dieu combattant avec nous, nous les forçâmes de fuir et d'abandonner leur camp avec tous ceux qui s'y trouvaient. Après les avoir vaincus et les avoir poursuivis toute la journée, nous rentrâmes pleins de joie dans la ville d'Antioche. La citadelle se rendit à nous. Le commandant et la plupart des siens se convertirent à la foi chrétienne. Ainsi Notre Seigneur Jésus-Christ vit toute la ville d'Antioche rendue à sa loi et à sa religion; mais comme toujours quelque chose de triste se mêle aux joies de la terre, l'évêque du Puy, que vous nous aviez donné pour votre vicaire apostolique, est mort après la conquête de la ville, et après une guerre où il avait acquis beaucoup de gloire. Maintenant vos enfans, privés du père que vous leur aviez donné, s'adressent à vous qui êtes leur père spirituel. Nous vous prions, vous qui avez ouvert la voie que nous suivons; vous qui, par vos discours, nous avez fait quitter nos foyers et ce que nous avions de plus cher dans notre pays, qui nous avez fait prendre la croix pour suivre Jésus-Christ et glorifier son nom, nous vous conjurons d'achever votre ouvrage en venant au milieu de nous, et en amenant avec vous tous ceux que vous pourrez amener. C'est dans la ville d'Antioche que le nom de chrétien a pris son origine, car lorsque saint Pierre fut installé dans cette église que nous voyons tous les jours, ceux qui s'appelaient galiléens se nommèrent chrétiens. Qu'y a-t-il de plus juste et de plus convenable que de voir celui qui est le père et le chef de l'Église, venir dans cette ville qu'on peut regarder comme la capitale de la chrétienté ? Venez donc nous aider à finir une guerre qui est la vôtre. Nous avons vaincu les Turcs et les païens ; nous ne pouvons de même combattre les hérétiques, les Grecs, les Arméniens, les Syriens, les Jacobites ; nous vous en conjurons donc, très saint Père, nous vous en conjurons avec instance, vous qui êtes le père des fidèles, venez au milieu de vos enfans ; vous qui êtes le vicaire de Pierre, venez siéger dans son église ; venez former nos cœurs à la soumission et à l'obéissance ; venez détruire par votre autorité suprême et unique toutes les espèces d'hérésies ; venez nous conduire dans le chemin que vous nous avez tracé, et nous ouvrir les portes de l'une et l'autre Jérusalem ; venez délivrer avec nous le tombeau de Jésus-Christ, et faire prévaloir le nom de chrétien sur tous les autres noms. Si vous vous rendez à nos vœux, si vous arrivez au milieu de nous, tout le monde vous obéira. Que celui qui règne dans tous les siècles vous amène parmi nous, et vous rende sensible à nos prières. Amen.

N°. IV.

En 1596, le pape Clément VIII ordonna, par une constitution, que les prières et les cérémonies observées dans le pontifical romain fussent réunies et imprimées en un volume. Plusieurs erreurs s'étant glissées dans le pontifical, le pape Urbain VIII en ordonna une nouvelle édition en 1634. Celle que nous avons sous les yeux, et de laquelle nous avons traduit les prières pour la bénédiction de la croix, des armes, de l'épée et des drapeaux des croisés, est de 1682, imprimée à Cologne. L'exemplaire qui nous a été communiqué de la Bibliothèque du Roi porte pour numéro : 402, A B. Nous savons qu'il a appartenu au savant

Huet, évêque d'Avranches, des mains duquel il passa dans la maison de profession de la société des jésuites établie à Paris.

De la Bénédiction et de l'Imposition de la Croix aux pèlerins qui vont au secours et à la défense de la Foi chrétienne ou à la délivrance de la Terre-Sainte.

Le pélerin qui doit aller au secours et à la défense de la Foi chrétienne, ou à la délivrance de la Terre-Sainte, se met à genoux devant le pontife, auprès duquel un des ministres tient la croix qu'on va bénir et donner au pélerin. Le pontife, debout et sans mitre, prononce sur la croix les paroles suivantes :

v. Notre secours est dans le nom du Seigneur
r. Qui a fait le ciel et la terre.
v. Que le Seigneur soit avec vous
r. Et avec votre esprit.

Prions.

« Dieu tout puissant, qui avez consacré le signe de la croix par le précieux sang de votre fils, et qui avez voulu racheter le monde par cette croix de votre fils Notre-Seigneur-Jésus-Christ, et par la vertu de cette vénérable croix avez délivré le genre humain de la servitude de l'antique ennemi, nous vous supplions de daigner bénir ce signe et de lui donner la grâce et la vertu céleste, afin que celui qui le portera pour la défense de son corps et de son âme puisse recevoir la plénitude de vos grâces, et trouver dans cette croix de votre fils unique l'appui de votre bénédiction ; de même que vous avez béni la verge d'Aaron pour repousser la perfidie des rebelles, bénissez de même ce signe de votre main, et donnez-lui la force de votre défense contre toutes les fraudes du démon, afin qu'il procure de même à ceux qui le porteront la force du corps et de l'âme, et multiplie en eux les dons spirituels, par le même Christ Notre-Seigneur. r. Ainsi soit-il. »

Le pontife fait ensuite une aspersion sur la croix, et fait la prière suivante sur celui qui va la recevoir :

Prions.

« Seigneur Jésus-Christ, fils du Dieu vivant, qui êtes le vrai Dieu tout puissant, la splendeur et l'image du père et la vie éternelle; vous qui avez dit à vos disciples que celui qui veut venir après vous doit renoncer à soi-même, et prendre sa croix pour vous suivre, nous prions votre clémence infinie pour ce serviteur qui, selon votre parole, désire renoncer à lui-même, porter sa croix et vous suivre et marcher contre nos ennemis pour le salut de votre peuple élu, et les combattre; daignez le protéger toujours et partout, le délivrer de tout danger et des liens du péché, et le conduire au terme désiré de ses vœux. Vous, Seigneur, qui êtes la voie, la vérité et la vie, et la force de ceux qui espèrent en vous, disposez tout favorablement pour le succès de son voyage, afin qu'au milieu des traverses de cette vie il soit toujours dirigé par votre secours. Envoyez-lui, Seigneur, votre ange Raphaël, qui accompagna autrefois Tobie dans son voyage, et délivra son père de l'aveuglement du corps; qu'il soit son défenseur, soit en allant, soit en revenant; qu'il lui fasse éviter toutes les embûches visibles et invisibles de l'ennemi, et qu'il écarte de lui tout aveuglement de l'esprit et du corps. Dieu qui vivez et régnez avec Dieu le père et le Saint-Esprit dans tous les siècles des siècles. ɴ. Ainsi soit-il. »

Le pontife s'assied alors, reçoit la mitre, et attache la croix au pèlerin en disant :

« Recevez ce signe de la croix au nom du Père et du Fils et du Saint-Esprit, en mémoire de la Croix, de la Passion et de la Mort du Christ, pour la défense de votre corps et de votre âme, afin qu'après avoir accompli votre voyage par la grâce de la bonté divine vous puissiez revenir auprès des vôtres sauf et meilleur. Par le Christ Notre-Seigneur. ɴ. Ainsi soit-il. »

PIÈCES JUSTIFICATIVES.

Le pontife fait une aspersion sur le croisé, qui baise à genoux la main du pontife et se retire.

De la Bénédiction des armes.

Le pontife qui va bénir les armes qu'un des ministres tient auprès de lui, ou sur l'autel ou sur une table, debout et sans mitre, dit :

v. Notre secours est dans le Seigneur
r. Qui a fait le ciel et la terre.
v. Que le Seigneur soit avec vous
r. Et avec votre esprit.

Prions.

« Que la bénédiction du Dieu tout puissant, le Père et le Fils et le Saint-Esprit, descende sur ces armes et sur celui qui va s'en revêtir pour défendre la justice. Nous vous prions, Seigneur Dieu, de le protéger et le défendre, vous qui vivez et régnez dans tous les siècles des siècles. r. Ainsi soit-il. »

AUTRE PRIÈRE.

Prions.

« Dieu tout puissant, dans la main duquel est la victoire, et qui avez accordé à David des forces admirables pour renverser le rebelle Goliath, nous prions humblement votre clémence de daigner bénir ces armes, et d'accorder la grâce à votre serviteur N, qui désire les porter, de s'en servir librement et victorieusement pour la défense et la protection de la sainte mère l'Église, des pupilles et des veuves, et contre les attaques des ennemis invisibles et visibles. Par le Christ Notre-Seigneur. r. Ainsi soit-il. »

Le pontife fait une aspersion sur ces armes.

De la Bénédiction de l'épée.

Le pontife, voulant bénir l'épée, se tient debout et sans

mitre devant celui à qui il va la donner et qui est à genoux ; un des ministres tient l'épée à côté de lui. Le pontife dit :

v. Notre secours est dans le nom du Seigneur
r. Qui a fait le ciel et la terre.
v. Que le Seigneur soit avec vous
r. Et avec votre esprit.

Prions.

« Nous vous prions, Seigneur, de daigner bénir cette épée et votre serviteur qui, par votre inspiration, désire la prendre ; qu'il soit sous votre garde et préservé de blessure. Par le Christ Notre-Seigneur. r. Ainsi soit-il. »

Le pontife fait une aspersion sur l'épée ; puis s'asseyant et recevant la mitre, il donne l'épée à celui qui est à genoux devant lui et dit :

« Recevez cette épée au nom du Père et du Fils et du Saint-Esprit, et servez-vous-en pour votre défense et pour celle de la sainte Église de Dieu, et à la confusion des ennemis de la croix du Christ et de la foi chrétienne. Autant que la fragilité humaine le permettra, ne blessez personne injustement avec cette épée. Ce que daigne vous accorder celui qui vit et règne avec le Père et le Saint-Esprit dans les siècles des siècles. r. Ainsi soit-il. »

De la Bénédiction du drapeau.

Le pontife étant sur le point de bénir le drapeau qu'un des ministres tient auprès de lui, reste debout et sans mitre, et dit :

v. Notre secours est dans le nom du Seigneur
r. Qui a fait le ciel et la terre.
v. Le Seigneur soit avec vous
r. Et avec votre esprit.

Prions.

« Dieu toujours tout puissant, qui êtes la bénédiction de

tous et la force des triomphateurs, regardez favorablement les prières de notre humilité, et sanctifiez par votre bénédiction céleste cet étendard qui est préparé pour la guerre, afin qu'il soit puissant contre les nations rebelles, et qu'environné de vos forces il soit terrible aux ennemis du peuple chrétien, l'appui de ceux qui ont confiance en vous, et le garant de la victoire; car vous êtes le Dieu qui détruisez les armées et fortifiez du secours céleste ceux qui espèrent en vous. Par votre Fils unique le Christ Notre-Seigneur, qui vit et règne avec vous dans l'unité du Saint-Esprit par tous les siècles des siècles. R. Ainsi soit-il. »

Le pontife fait alors une aspersion sur le drapeau, puis il s'assied, reçoit la mitre et donne avec le drapeau la bénédiction à celui qui est à genoux devant lui pour le recevoir, et dit :

« Recevez ce drapeau sanctifié par la bénédiction céleste; qu'il soit terrible aux ennemis du peuple chrétien; que le Seigneur vous fasse la grâce de pénétrer sain et sauf avec ce drapeau au milieu des bataillons ennemis pour son nom et pour sa gloire. »

Il donne ensuite le baiser de paix en disant :

« La paix soit avec vous. »

Le croisé ayant reçu le drapeau, baise la main du pontife, se lève et se retire.

LISTE

DES NOMS DES PRINCIPAUX CROISÉS

DE LA PREMIÈRE CROISADE,

MENTIONNÉS DANS LES CHRONIQUES.

A.

Arnould d'Ardres.
Arnould, fils de Veimesnard de Gand.
Albert de Bailleul.
Arnould d'Oudenarde.
Albon de Rodenberg.
Adélard d'Estrées.
Adhémard, évêque du Puy.
Albérède de Cagnan.
Anselme de Ribaumont.
Alen-Ferrand, prince breton.
Achard de Montmerle.
Arnould de Tyr.
Arnould de Rohes, prêtre.
Alberic et Yves, fils de Hugues de Grandmenil.
Apt (l'évêque d').
Atropius, écuyer de Tancrède.
Airard (le comte d').
Alan, de l'église de Dol.
Alberon, archidiacre de Metz.
Alain Fergent, duc de Bretagne.

B.

Baudouin, frère de Godefroy.
Baudouin du Bourg.
Baudouin de Mons.
Baudouin, frère de Rodolphe d'Alost.
Baudouin, comte de Hainault.
Baudouin de Tournai.
Baudouin de Gand.
Burchard de Comines.
Baudouin de Bailleul.
Baudouin-Chaudron.
Bohémond, prince de Tarente.
Boële de Chartres.
Bonvankert de Capiscatelle.
Bernard de St.-Valery.
Bernard, devenu patriarche d'Antioche.
Bernard Raymond de Bourges.
Belesme (le comte de).
Blandrat (le comte de).
Baudouin de Grandpré.

C.

Charles, issu des rois de Danemarck, dans la suite comte de Flandre.
Conon de Tournai.
Conon, prince breton.
Conon de Montaigu.
Clerambault de Vandeuil.
Centorion de Bière.
Castellane (le vicomte de).
Conrad, connétable du comte de Blandrat.

D.

Dudon de Contz.
Daniel de Tenremonde.
Drogon de Néelle.
Drogon de Monzey.
Dutillet (Guillaume).
Dudon de Clermont.

E.

Eustache, frère de Godefroy.
Engerrand, fils du comte de St.-Pol.
Eustache Garnier.
Étienne, comte d'Albemarle.
Éberard de Puisaye.
Éverard de Tournai.
Engelbert, frère de Ludolphe de Tournai.
Engerrand de Lilliers.
Eustache de Térouenne.
Érembault, châtelain de Bruges.
Étienne, comte de Blois et de Chartres.
Egard, prince d'Allemagne.
Étienne, Cte. de Bourgogne.
Éléazar de Montredon.
Éléazar de Castres.
Évrard, habile chasseur.
Évrard, prêtre.
Étienne, duc de Bourgogne.
Engelrade de Loudun.

F.

Foulques de Guines.
Formolde, prêteur d'Ypres.
Folcrave, châtelain de Bergues.
Francion d'Hezzelin.
Foulcher de Chartres, historien.
Foucher, frère de Budelle de Chartres, monte le premier dans une tour d'Antioche.
Féral de Thouars.
Florine, fille du duc de Bourgogne.

G.

Godefroy de Bouillon.
Gérie de Flandre.
Gislebert, frère de Rodolphe d'Alost.

Gontrand de Bruxelles.
Godefroy d'Ache.
Garnier de Grès.
Guillaume, comte de Forez.
Genton de Béarn.
Guillaume Amairen.
Gaston de Bordeaux.
Guillaume de Montpellier.
Gérard de Roussillon.
Gérard de Chérizy.
Guy de Possessa.
Guy de Garlande, écuyer-servant du roi de France.
Gislebert, frère de Baudouin de Gand.
Gautier de Nivelle.
Gérard de Lille.
Gautier de Zotingheim.
Gratian d'Ecloan.
Guillaume de Saint-Omer.
Gauthier de Saint-Omer.
Gilbode de Fleurus.
Gautier, avocat de Bergues.
Gautier de Douai.
Godefroy, châtelain du Catelet.
Guillaume-le-Long.
Guillaume Morand de Hondescot.
Guillaume de Metz, qui devint ensuite patriarche de Jérusalem.
Guillaume, évêque d'Orange.
Guillaume, frère de Tancrède.
Godefroy Burelle.
Guillaume Carpentier, vicomte de Melun.
Guillaume Ébriac, commandant de la flotte des Génois.
Guelfe, duc de Bavière.
Gilbert Trène de Bourgogne.
Guillaume, comte de Nevers.
Guillaume, comte de Poitiers.
Gautier de Drodemart.
Gérard de Kérès.
Gérard de Gournai.
Gothard, fils de Godefroy.
Gautier de Verveix.
Gautier de Vernon.
Gautier de St.-Valery.
Guillaume de Sabran.
Gouffier de Lastours.
Guillaume, comte de Clermont.
Guillaume Amanjeu-d'Albret.
Guillaume d'Urgel, comte de Forcalquier.
Guérin, écuyer de Tancrède.
Guy-le-Rouge.
Govel de Chartres.
Guy, frère de Bohémond.
Guillaume Picard.
Guérin de Pierremore.
Guillaume d'Aman.
Guillaume de Blois.
Gérard de Mauléon.
Goulfier-de-la-Tour.
Guillaume de Ferrières.
Guillaume-de-Grandmenil.
Guillaume de Cimiliac.

Guillaume-le-Bon, chevalier d'Arles.
Guillaume Malenfant, chevalier.
Guillaume, Hugues de Montition, frère de l'évêque du Puy.
Galdemare (le comte).
Guillaume Richan.
Guillaume Ébriac.
Guicher, chevalier français.
Guy, frère du comte de Blandraz.
Gerhard, archevêque.

H.

Hugues, comte de Vermandois.
Hugues, comte de St.-Pol.
Hugues de Falcomberg.
Henri d'Ache.
Hermard de Zomergheim.
Hugues de St.-Omer.
Hermann de Cani.
Honfroy, fils de Raoul.
Honfroy de Montgale.
Henri, évêque de Venise.
Herebrand de Bouillon.
Heracle, comte de Polignac.
Heluin.
Hervé, fils de Dodunau.
Hugues de Forsenat.
Hugues de Montbel.
Hugues de Braies.

I.

Isard, comte de Die.
Isuard de Ganges.

J.

Jean d'Auverkan.
Josserand du Quesnoy.
Jean, avocat de l'Artois.
Jean de Namur.
Josselin de Courtenai.
Josfroy, chambellan du duc Godefroy.

L.

Ludolfe de Tournai, ou Letalde.
Louis de Montzon.
Lambert, fils de Montaigu.
Lodève (l'évêque de).

M.

Michel Vitalis, fils du doge de Venise.
Milon de Braies.
Martaro (l'évêque de).
Mathieu, écuyer servant du duc Godefroy.
Milan (l'évêque de).
Manassès, évêque de Barcelonne.

O.

Othon de Longue-Épée.
Odon, évêque de Bayeux.
Odon le Belge.

P.

Pierre l'Ermite.
Philippe, vicomte d'Ypres.
Pierre, prêtre de Marseille.
Pierre de Narbonne.
Philibert de Chartres.
Pierre Dampierre.
Pierre de Stade.
Pierre Tudebode, historien.
Ponce de Balazun.
Pierre-Bernard de Montagnac.
Pierre Raymond de Hautpoul.
Pierre des Alpes.
Payen de Beauvais.
Payen, Lombard de nation, qui monte le premier dans une tour d'Antioche.
Pierre de Roës.
Pierre de Raymond.
Pierre le Pélerin.
Pierre Barthélemy.
Pierre Didier, prêtre.

R.

Robert, comte de Flandre.
Rodolphe d'Alost, chambellan du comte de Flandre.
Raimbault, comte d'Orange.
Rotrou, comte du Perche.
Raoul de Baugency.
Roger de Barneville.
Robert, frère du vicomte d'Ypres.
Rodolphe de Leerdam.
Rodolphe, fils du châtelain de Catelet.
Rason Gaver.
Robert, avocat de Bethune.
Robert, échanson du comte de Flandre.
Robert, duc de Normandie.
Raymond, comte de Toulouse.
Richard, prince de Salerne.
Renou, son frère.
Robert d'Anse.
Robert de Sourdeval.
Robert, fils de Tristan.
Richard, fils du comte Renou.
Rosinolo (le comte de) et ses frères.
Robert de Paris.
Reinault, évêque de Venouse.
Reinault de Tulles.
Reinault de Bourgogne.
Raymond de Champagne.
Raynaud de Porcher.
Raymond Pilet.
Reinard de Hemersbach.

PIÈCES JUSTIFICATIVES.

Reinaud de Beauvais.
Raymond d'Agiles, historien.
Robert le Moine, historien.
Raoul de Gader.
Roger, comte de Foix.
Raymond, Vte. de Turenne.
Raymond, Vte. de Castillon.
Raymond de Creton.
Raymond de Turin.
Raynault, chef de Lombards.
Riol de Loheal.
Raymond de Lille.
Raymond Porcher.

S.

Siger, frère de Baudouin de Gand.
Siger de Courtrai.
Steppon de Gand.
Saxe (le comte de).
Simon, chapelain.
Suénon, fils du roi de Danemarck.

T.

Thomas de Ferrière.
Themar de Bruges.
Théodore de Dixmude.

Tancrède, fils de Guillaume le Marquis.
Tatin ou Tatice, général de cavalerie des Grecs.
Tolède (l'évêque de).

V.

Vendeuil.
Vimier de Boulogne, commandant des vaisseaux hollandais et frisons.
Vuinemard, frère de Baudouin de Gand.
Valner d'Altembourg.
Vagon d'Arras.
Viel-Castel (Étienne et Pierre de Salviac de) frères, compagnons du comte de Toulouse.

W.

Walon de Chaumont.
Wallon, connétable du roi de France.
Wigbert, comte de Parme.
Wigbert, châtelain de Loudun.

NOTA. A la fin de l'*Histoire des Croisades* on trouvera la liste des principaux personnages des croisades suivantes.

FIN DU PREMIER VOLUME.

TABLE DES MATIÈRES

CONTENUES

DANS LE PREMIER VOLUME.

EXPOSITION, pag. 1 à 10.

LIVRE I.

Naissance et progrès de l'esprit des Croisades.

300—650. PÉLERINAGES, 11.—Consécration de l'église de la résurrection, par Constantin, 12. — Pélerinage de sainte Hélène, 12. — Règne de Julien, 13.—Pélerinage de saint Porphyre et de saint Jérôme, 14. — De sainte Paule, 14.—Itinéraire à l'usage des pélerins, 15. — Invasion des Barbares, 16.— Pélerinage de l'impératrice Eudoxie, 16. — Invasion de Cosroës, 17.— Victoires d'Héraclius, 18.

450—800. Mahomet et ses successeurs, 18.—Conquêtes des Sarrasins, 20.— Prise de Jérusalem par Omar, 22. — Mort du patriarche Sophronius et état des chrétiens, 23.—Pélerinages, 24.—Saint Antonin de Plaisance, 24.—Arculphe, 25.—Dynastie des Ommiades, 25. — Des Abassides, 26.

650—800—1050. Rapports de Charlemagne et d'Aaron-al-Réchid, 27.—État des chrétiens sous cette dynastie, 29. —Pélerinage du moine Bernard, 30.—Les reliques, 31. —Commerce entre l'Orient et l'Occident, 33.—Décadence des Abassides, 34. — Campagne de Nicéphore Phocas, 35.—Zimiscès, 37.—Les califes Fatimites, 39. —Hakem, 40. — État des chrétiens en Orient, 41.— Pélerinage et exhortation du pape Gerbert, 42. — Croisade des Pisans et des Génois, 43.—Sacrifice héroïque d'un jeune chrétien, 44. — Calamités du monde et de la ville sainte, 45. — Croyance de la fin prochaine du monde, 47. — Mort d'Hakem; règne de Daher, 48.

800 — 1050. Esprit des pélerinages, 48. — Pénitence publique, 49. — Station des pélerins, 50. — Sentimens qui déterminaient les pélerinages, 51. — Facilité que trouvaient les pélerins, 52. — Départ, voyage, retour du pélerin, 51, 53. — Comment il était reçu dans la Terre Sainte, 54. — Ses priviléges, 55. — Charte de Voyage, 52. — Témoignage d'un émir musulman sur les pélerins, 57. — Miracle du feu sacré, 58. — Tous les crimes étaient expiés par le pélerinage, 59. — Pélerinage de Frotmond de Cencius, préfet de Rome, 60; — de Foulque de Nerra, comte d'Anjou, 61; — de Robert-le-Frison, comte de Flandre, 63; — de Frédéric, comte de Verdun, 64; — de sainte Hélène, de Suède, 64; — de Robert, duc de Normandie, 65; — de Lietbald; sa mort curieuse, 67. — Pélerinages armés et plus nombreux, de Lietbert, évêque de Cambrai; de l'archevêque de Mayence, 69. — Invasion de la Palestine par les hordes turques, 71. —Situation des chrétiens, 74. — Difficultés des pélerinages, 75. — Invasion des provinces grecques, 76.—Dangers de l'Empire, 77. — Portrait des Turcs, 78. — Des Grecs, 79. — des Francs, 82. — La religion chrétienne, 84. — Michel Ducas demande des secours au pape Grégoire, 86. — Puissance du Saint-Siége, 87. — Le pape Victor II, 87. — Croisade des Pisans et des Génois en Afrique, 88.

1095. Pierre l'Ermite, 89. — Son pélerinage, 90. —

Retour en Europe, 93. — Prédication de la Croisade ; Lettre d'Alexis aux princes d'Occident, 95. — Premier concile de Plaisance, 97. — Concile de Clermont, 99. — Règlement de la discipline ; promulgation de la trève de Dieu, 100. — Anathême contre Philippe Ier., 101.—Discours de Pierre l'Ermite sur la Croisade, 102.—Discours du pape Urbain, 103. — Adhémar de Monteil prend la croix le premier, 109.— Forme de la croix, 110. — Le Concile accorde aux croisés la rémission entière de leurs péchés, 111. — Et les place sous la protection de l'Église, 112. — Voyage d'Urbain en France, 112. — Cérémonies qui accompagnaient la prise de la croix, 112.—Enthousiasme des peuples, 113. — Situation de l'Europe, 114. — Motif qui détermine beaucoup de chevaliers à partir pour la croisade, 115.—Priviléges des pélerins, 115.—Absolution des péchés, 116. — Le clergé donne l'exemple, 118. — La chevalerie, 119. — Le sentiment religieux était encore cependant le premier mobile de l'enthousiasme, 120. — Il entraîne toutes les classes, 122. — Effet de ce mouvement sur le prix des propriétés, 123. — Miracles qui échauffent encore l'enthousiasme, 124. — Préparatifs de la croisade, 125. — Paix générale dans l'Europe, 126. — Bénédiction des armes et des drapeaux, 127. — Les croisés s'encouragent et s'exhortent à quitter l'Occident, 127. — Départ des premières troupes de pélerins, 129. —Aspect des campagnes ; débarquement en France des pélerins des îles de l'Océan, 130. — Simplicité des premières troupes de pélerins, 131.

LIVRE II.

Départ et marche des Croisés dans l'empire grec et à travers l'Asie mineure.

1096. Départ des pélerins sous la conduite de Pierre l'Ermite, 133. — Gauthier sans avoir, 134. — Passage à travers l'Allemagne, 135.—Les Hongrois, 135. — Les Bulgares, 137.—Désastre de l'armée de Gauthier dans la Bulgarie, 138. — Arrivée à Constantinople, 139. — Marche de l'armée de Pierre, 139. — Prise de Semlin, 140. — Passage à travers la Bulgarie, 141. — Massacre de l'arrière-garde de Pierre sur la Nissava, 142. — Défaite de l'armée à Nissa, 143. — Marche sur Constantinople, 144. — Arrivée de Pierre l'Ermite; conduite d'Alexis, 146.— Prédication de Godschalk dans l'Allemagne, 146. — Massacre de cette nouvelle armée dans la Hongrie, 148.

Nouvelle armée dans l'Allemagne, sous les ordres du comte Emicon et de Folkmar, 149. — État des Juifs, 150. — Leur massacre, 151. — Conduite des évêques de Worms, de Trêve, de Mayence et de Spire, 152. — Superstition des pélerins allemands, 152. — Arrivée dans la Hongrie, 153. — Siége de Mersbourg, 154.—Désastre de leur avant-garde dans la Bulgarie, 155. — Arrivée des débris de toutes ces armées à Constantinople, 155. — Conduite des pélerins dans cette cité, 156.—Ils passent le Bosphore, 157. — Discorde entre les Italiens et les Allemands dans les environs de Nicomédie, 157. — Sort de l'armée de Renaud, 158. — Impatience des croisés, 159. — Défaite des pélerins par le sultan de Nicée, 160. — Pierre retourne à Constantinople, 161.

Le bruit de la défaite des premiers croisés parvient en Europe, 162.—Réunion des barons et des chevaliers pour la croisade, 162. — Godefroy de Bouillon, 163. — Enthousiasme de la croisade parmi les barons, 164. — Leur conduite à l'égard des vassaux, 165. — Vente des fiefs, 166. — Noms des vassaux de Godefroy qui l'accompagnent dans l'expédition d'Asie, 166. — Composition de son armée, 167. — Marche à travers la Hongrie, 168.

Assemblée des grands du royaume; Philippe Ier., 168. — Motifs qui portent les grands vassaux à prendre part à la guerre sainte, 170. — Prodiges qui apparaissent, 171. — Armées des grands vassaux, 172. — D'Hugues-le-Grand, 172. — Du duc de Normandie, 173. — De Robert, comte de Flandre, 175. — D'Étienne, comte de Blois, 176. — Noms des arrières-vassaux, 177. — Départ de toutes ces troupes de pélerins; marche à travers l'Italie, 178.

Bohémond, prince de Tarente, 179. — Il prêche la croisade aux guerriers de l'Italie dont il devient le chef, 181. — Barons qui l'accompagnent, 182. — Tancrède, 182. — Bohémond s'avance vers la Grèce, 182.

Raymond, comte de Toulouse, et l'évêque Adhémar, 183. — Chevaliers qui l'accompagnent dans la croisade, 185. — Marche de Raymond à travers l'Italie, 186. — Effroi d'Alexis à la nouvelle de la marche de toutes ces armées, 186. — Portrait de ce prince, 187. — Sa conduite envers les pélerins, 188. — Manière dont il traite Hugues-le-Grand, 188. — Hostilités des Francs sous les ordres de Godefroy, 189. — Le comte de Vermandois fait hommage à Alexis, 190. — Débats entre Alexis et les barons, 191. — Contraste du caractère des Francs et des Grecs; différence d'opinion entre le clergé grec et romain, 191, 192. — De part et d'autre on prend les armes, 192. — Joie de Bohémond, 193. — Paix entre les Latins et les Grecs; hommage des barons; adoption de Godefroy par Alexis, 193. — L'armée se prépare à passer le Bosphore, 195.

Arrivée de Bohémond à Constantinople, 197. — Sa réception par l'empereur Alexis, 196. — Arrivée successive du comte de Flandre, du duc de Normandie, du comte de Chartres et de Blois ; ils font hommage à Alexis, 197. — Trait d'insolence d'un comte franc dans la cérémonie de l'hommage, 198. — Politique d'Alexis envers les princes croisés, 199. — Ceux-ci se laissent séduire, 200. — Refus de Tancrède de faire hommage, 201.

1097. Les pèlerins passent le Bosphore, 201.—Ils trouvent les tristes débris de l'armée de Pierre; sentimens de l'armée chrétienne, 202. — Marche sur Nicée, 203. Les Turcs Seljoucides, Kilig-Arslan, 204. — Préparatifs du sultan de Nicée, 205.—Description de cette antique cité, 205. — Forces de l'armée chrétienne dans les plaines de Bithinie, 206. —Aspect des tentes des pèlerins, 207. — Armures des barons et des chevaliers, 208. — Figures peintes sur leurs boucliers et sur leurs étendards ; origine des armoiries, 209. —Ordre et discipline dans l'armée, 210.—Assaut inutile donné à Nicée, 211.—Le sultan de Nicée attaque l'armée des croisés, 212. — Victoire des pèlerins, 213. — Sanglant hommage qu'ils font à Alexis, 214. — Le siége de Nicée continue; machines employées, 215.—Exploits de Godefroy, 216.—Le lac Ascanius est occupé par une flotte de barques grecques, 218. — Une des tours de Nicée s'écroule, 219. — Les femmes du sultan et des enfans en bas âge tombent aux mains des chrétiens, 219. — Intrigue d'Alexis pour obtenir la soumission de Nicée; son étendard y est arboré, 220. — Arrivée de l'empereur à Pellecane; il obtient l'hommage de Tancrède, 221. — Murmures de l'armée chrétienne, 222.

Description du pays que va traverser l'armée des

pèlerins, 223. — Elle se divise en deux corps, 223.
— Un de ces corps est attaqué par Kilig-Arslan, 225.
— Manière de combattre des Turcs, 226. — Le camp
des chrétiens est envahi, 227. — Les femmes préfèrent l'esclavage à la mort, 227. — Exploits de
Bohémond, 228. — État désespéré de l'armée chrétienne, 228. — Arrivée du second corps, 229. —
Retraite des Musulmans, 231. — Leur camp tombe
au pouvoir de l'armée chrétienne, 232. — Hommage
que les pèlerins rendent à la bravoure des Turcs,
234. — Le sultan de Nicée ravage la campagne,
235. — Marche difficile des croisés à travers ces
campagnes brûlantes, 236. — La sécheresse, d'après
les chroniques, 237. — Une rivière se présente,
238. — Arrivée devant Antiochette, 238. —
Soumission des pays voisins, 239. — Maladie de
Raymond, comte de Toulouse, 240. — Danger
de Godefroy, 240. — La discorde s'élève dans le
camp, 241. — Conquête de Tarse par Tancrède,
242. — Elle lui est disputée par Baudouin, 242.
— Les croisés sont prêts à en venir aux mains,
244. — Arrivée de corsaires flamands, 246. — Nouvelles querelles entre Baudouin et Tancrède, à Malmistra, 247. — Les deux chefs se réconcilient et reviennent au camp, 248. — Aventures et caractère
de Pancrace, prince de l'Arménie, 250. — Il enflamme l'ambition de Baudouin par l'espérance de
conquêtes, 251. — Mort de Gundeschilde, femme de
Baudouin, 251. — Celui-ci quitte l'armée, 252. —
Ses conquêtes dans l'Arménie, 254. — Son arrivée à
Edesse, 254. — Il est adopté par le prince de cette
cité, 255. — Expédition de Baudouin contre les Musulmans, 257. — Révolte contre le prince d'Édesse,
258. — Baudouin est proclamé prince d'Édesse, 259.
— Il étend ses états, 259, 260.

LIVRE III.

Marche des Croisés sur Antioche et siége d'Antioche.

Marche de l'armée des pélerins dans les états du sultan d'Iconium, 261. — Passage à travers le mont Taurus, 262. — Description de la Syrie, 263. — Arrivée à Arthésie, 263.—Devant Antioche, 264.— Description historique de cette cité, 264, 265. — On délibère si l'on assiégera Antioche, 267. — Conseil des chefs, 268.—Description des armées des pélerins devant Antioche, 269.—Sorties fréquentes des Turcs, 271. — Aventure d'Albéron, archidiacre de Metz, 271.

1097. Exploits de Tancrède devant Antioche, 273.—Défense qu'il fait à son écuyer de les publier, 273. — Le siége traîne en longueur, 274. — Souffrances de l'armée assiégeante, 275. — Expédition du prince de Tarente pour se procurer des vivres, et son retour, 276.—Défaite d'un corps de l'armée chrétienne, 276. —La famine continue, 277.—Mort de l'archidiacre de Toul, 277.—De Suénon, prince de Danemarck, et de Florine de Bourgogne, 278. — Murmures de l'armée chrétienne, 279. — Reproches de Bohémond, 279.—Situation déplorable de l'armée, 280.—Désertion de plusieurs pélerins, 281. — Départ de Tatice, général de l'empereur, 282. — Fuite de Pierre l'Ermite et de Guillaume-le-Charpentier, 282. — Corruption de l'armée chrétienne, 283. — Règlement de discipline, 284. — Mesures violentes contre les espions, 285. — L'évêque du Puy fait ensemencer les terres qui environnent Antioche, 287.—La situation des chrétiens s'améliore, 288. — Arrivée des ambassadeurs du calife d'Égypte, 288. — Leurs propositions, 289. — Réponse des croisés, 290.—Victoires des chrétiens sur les princes d'Alep et de Damas, 291.

— Ils envoient deux cents têtes aux ambassadeurs de l'Égypte, 292. — Échec des pélerins au port Saint-Siméon, et victoire de Godefroy, 293. — Retour des croisés dans le camp, 295. — Combat singulier du duc de Normandie contre un Sarrasin, 295. — Fait d'armes de Godefroy, 296. — Opinion des chroniqueurs sur les chrétiens morts dans les combats, 296. — Les chrétiens dépouillent les cadavres des Sarrasins, 297. — On construit un fort devant Antioche, 298. — Zèle des chefs et des soldats, 299. — Le roi Truant ou le roi des Gueux, 299. — La place est pressée de toutes parts, 300. — Trait de barbarie des chrétiens, 300. — Persécution des Sarrasins envers les chrétiens d'Antioche, 301. — Courageux dévouement de Raymond-Porcher, 301. — On livre les prisonniers chrétiens au bûcher, 302.

1098

Trève conclue entre les assiégés et les assiégeans, 302. — Querelle entre les princes chrétiens, 303. — Les Sarrasins massacrent Walon, 304. — La trève est rompue, 305. — Situation des chrétiens et des assiégés, 304. — Phirous; son caractère, 305. — Ses entrevues avec Bohémond pour lui livrer Antioche, 307. — Discours de Bohémond aux chefs des croisés, 308. — Réponse des chefs, 309. — Le bruit de l'approche de l'armée de Kerboga, prince de Mossoul, se répand dans le camp, 310. — Bohémond montre dans le conseil des princes les lettres de Phirous, 311. — Les princes acceptent les conditions, 312. — Départ simulé de l'armée chrétienne, 313. — On lui communique les projets, 314. — Accien soupçonne un moment Phirous, 314. — Phirous tue son frère, 315. — Bohémond s'approche des murs d'Antioche dans le silence de la nuit, 316. — Crainte qui s'empare des guerriers, 317. — Ils montent cependant par l'échelle, 318. — Les croisés sont introduits dans Antioche, 319. — Mort d'Accien, 321. — Réjouissances de l'armée chrétienne, 323.

L'armée de Kerboga s'approche, 324. — Composition de l'armée musulmane, 325. — Elle presse les chrétiens renfermés dans Antioche, 326. — Famine qui désole les pélerins, 327. — Fuite de plusieurs chefs de l'armée chrétienne, 329. — Situation déplorable des assiégés, 330. — Arrivée des fugitifs à l'armée de l'empereur, 331. — Désespoir de Guy, 331. — Conduite d'Alexis, 332.—La famine continue dans Antioche, 333. — Insensibilité des chrétiens, 334. — Incendie de plusieurs quartiers par le prince de Tarente, 334. — Confiance de Kerboga dans la victoire, 335.—Miracle qu'on raconte dans Antioche, 337. — Les chefs cherchent à ranimer le courage, 338. — Vision de Pierre Barthélemy, 339. — Découverte de la sainte lance, 340. — Les chefs envoient Pierre l'Ermite auprès de Kerboga pour lui proposer une bataille générale ou un combat singulier, 341. — Discours de Pierre, 342. —Réponse du général infidèle, 343. — Les chrétiens se préparent à une sortie, 344. — L'armée se range en bataille dans la plaine, 346. — Description de l'armée chrétienne, 346. — Étonnement de Kerboga, 347. —Il est saisi de crainte, 349. —Prodiges qui encouragent les chrétiens, 350.—Attaque des chrétiens, 351. —Fuite de l'armée musulmane, 352.—Perte des Musulmans, 253. — Les chrétiens trouvent l'abondance dans le camp de Kerboga, 354. — Cause probable de leurs succès, 355. — Beaucoup de pélerins l'attribuent à la sainte lance et à la milice céleste, 356. — Résultats de la bataille d'Antioche, 358, 359.—Lettre des chefs aux fidèles de l'Occident, 361.—Ambassade auprès de l'empereur de Constantinople, 362. — Hugues de Vermandois, 362.

Les chefs prennent la résolution de rester à Antioche, 362.—Maladie épidémique, 363.—Mort d'Adhémar, évêque de Puy, 364. — Querelle entre Bohémond et le comte de Toulouse, 365. — Expéditions partielles des chefs de l'armée chrétienne, 366. — Occupations des barons et des chevaliers à Antioche, 367. — Voyages dans les provinces chrétiennes, 367.—Aventures d'un officier de l'émir d'Ézas, 369. — Alliance de l'émir avec Godefroy, 370.—Nouveaux prodiges qui inquiètent les pélerins, 371.— Les princes se mettent en campagne, 372.—Siége et prise de Marra; cruauté des chrétiens; ils se nourrissent de chair humaine, 373. —Leur discorde, 374.— On détruit la ville, 375. — Les chrétiens se remettent en marche, 376. — Les princes partent aussi d'Antioche, 378. — Arrivée des pélerins anglais, 378. — Siége d'Archas, de Giblet, de Tortose, 380.—Aventures et mort d'Anselme, de Ribaumont, 381. — On met en question la vérité du miracle de la sainte lance, 383. — Division entre les croisés du Nord et du Midi, 384. — Barthélemy offre de prouver la vérité du miracle, 385. — Épreuve du bûcher ardent, 386.—Mort de Barthélemy, 388. — Ambassade d'Alexis aux croisés, 389.—Négociations du calife du Caire, 389. — Retour des envoyés chrétiens, 390.—Propositions des ambassadeurs de l'Égypte, 391.

LIVRE IV.

Marche sur Jérusalem; siége de la sainte Cité; bataille d'Ascalon; nouvelles croisades; considérations générales.

1099. Dénombrement et tableau de l'armée chrétienne qui s'avance vers Jérusalem, 392. — Victoire sur l'émir de Tripoli, 393.—Description des campagnes que traverse l'armée chrétienne, 393. — La canne à sucre, 393. — Moyens d'approvisionnemens, 395. — Ordre de marche de l'armée chrétienne, 395.— Insectes (tarenta) qui désolent les pélerins, 396. — Les chrétiens tournent toutes leurs pensées vers Jérusalem, 398. — Arrivée à Saint-Jean-d'Acre, 399. — Conduite de l'émir, 399. — Message porté par une colombe qui tombe dans les mains des chrétiens, 399. — Suite de leur marche vers Jérusalem, 399. — On délibère si on assiégera le Caire ou Damas, 400. — Les Musulmans des campagnes se réfugient à Jérusalem, 401.— Tancrède s'empare de Bethléem, 402.— Phénomène qui étonne les pélerins, 402. — Impressions que cause la vue de Jérusalem, 403.—Description historique de Jérusalem, 405. — Préparatifs de défense de l'émir égyptien, 408. — Exploits de Tancrède sur le mont des Oliviers, 409. — Préparatifs des chrétiens pour le siége, 410. — Description des environs de Jérusalem, 412. — Arrivée dans le camp des fidèles chassés de la sainte cité, 412. — Conseil du solitaire du mont des Oliviers, 413. — Assaut inutile des chrétiens, 414. — On cherche à construire des machines, 415. — Sécheresse qui vient tourmenter l'armée, 416. — Misère des chrétiens, 417. — Arrivée d'une flotte génoise, 419. — Découverte d'une forêt, 420. — Construction des machines, 421.—Discorde dans l'armée chrétienne, 422.— Exhortation des prêtres, 423.—Procession des chrétiens sur le mont des Oliviers, 424.—Tancrède et Raymond se réconcilient, 426. — Les Sarrasins insultent l'image de la croix sur les remparts, 427. — Exhortations de Pierre l'Ermite, 427. — L'armée chrétienne se prépare à un nouvel assaut, 428. — État de Jérusalem, 429. — Préparatifs de l'assaut, 430. — Assaut général, 431. — La nuit vient suspendre le combat, 432. — Nouvel assaut, 434. — Magiciennes sur les remparts, 435. — Efforts impuissans des chrétiens, 436. — Apparition d'un cavalier sur le mont des Oliviers, 438. — Du pontife Adhémar, 439. — Jérusalem est envahie par les croisés qui en ouvrent les portes, 440. — Raymond trouve une plus longue résistance, 441. — Le désespoir rallie les Sarrasins ; ils sont encore mis en fuite, 441. — Carnage dans Jérusalem, 442. — Massacre dans la mosquée d'Omar, 443. — Joie des chrétiens de Jérusalem, 445. — Procession au Saint-Sépulcre, 445.

— Réflexions sur les massacres de Jérusalem, 446.
— Sentence de mort prononcée contre les Musulmans, 447. — Exécution barbare de cette sentence, 448. — Humanité de Tancrède et du comte de Toulouse, 449. — Nombre des Sarrasins égorgés, 450.

Situation de Jérusalem après la conquête, 451. — La vraie croix, 452. — Conseil des chefs pour l'élection d'un roi, 452. — Discours du comte de Flandre, 452. — Prétendans au trône de Jérusalem, 455. — Le clergé veut qu'on nomme le chef spirituel de la ville sainte, 456. — Enquête sur chacun des barons, 457. — Témoignage des serviteurs de Godefroy, 458. — On rappelle ses exploits, 459. — On invoque des révélations, 459. — Élection de Godefroy, 460. — Comment il est couronné, 460. — On nomme les évêques des cités conquises, 461. — Arnould est élu patriarche, 462. — Dispute entre le patriarche et Tancrède pour le partage des dépouilles de la mosquée d'Omar, 462. — Discours d'Arnould, 463. — Réponse de Tancrède, 464. — Pompes des nouvelles églises, 465. — Désespoir des mahométans à la nouvelle de la prise de Jérusalem, 465. — Prières des imans et d'un poète arabe, 466.

Les habitans de Damas et d'Alep invoquent les secours du calife d'Égypte, 467. — Marche du visir Afdal, 467. — Préparatifs des chrétiens, 468. — L'armée des pèlerins se réunit à Ramla; elle s'avance entre Ascalon et Joppé, 469. — Ordre de l'armée chrétienne, 470. — Situation des deux armées en présence, 471. — Terreur des Musulmans, 472. — Attaque des chrétiens, 473. — Les Azoparts, 473. — Déroute de l'armée égyptienne, 474. — Elle cherche encore, mais vainement à se rallier, 475. — Désespoir du visir Afdal, 476. — Pillage du camp des Musulmans, 477. — Lettre que les princes croisés écrivent en Occident à l'occasion de leur victoire, 478. — Réflexion sur la bataille d'Ascalon, 479. — Querelle de Godefroy et du comte de Toulouse sur la possession d'Ascalon, 480. — Elle se renouvelle devant Arsouf, 481. — Retour de l'armée victorieuse à Jérusalem, 482. — Départ de plusieurs pélerins pour l'Europe, 483. — Aventures d'Ida, comtesse de Hainaut, 485. — Sort des croisés à leur retour d'Orient, 485. — Le comte de Toulouse, 485. — Pierre et Étienne de Salviac de Viel Castel, 485. — Gaston de Béarn, 486. — L'ermite Pierre, 486. — Le duc de Normandie, 487.

Effet que produit la nouvelle de la prise de Jérusalem sur les chrétiens d'Occident, 488. — Un cri d'indignation s'élève contre les barons et les chevaliers qui avaient quitté les pélerins en Asie, 489. — Hugues, comte de Vermandois; Étienne, comte de Blois, sont forcés de quitter l'Europe, 489. — Départ de Guillaume IX, comte de Poitiers, 490. — Son portrait, 490. — Nouvelles troupes de pélerins dans l'Allemagne et l'Italie, 491. — Noms des principaux seigneurs, 491-492. — Passage à travers la Bulgarie, 493. — Arrivée à Constantinople, 494. — Le connétable Conrad se joint à eux, 494. — Le comte de St.-Gilles est chargé par Alexis de les conduire à travers l'Asie mineure, 494. — Ils prennent la route de Korassan, 495. — Premier combat des chrétiens, 496. — Fuite du comte de Toulouse et de la plupart des chevaliers, 497. — Sort des femmes chrétiennes, 498. — Marche d'une nouvelle armée sous les ordres des comtes de Nevers et de Bourges, 499. — Elle est encore détruite par les Turcs, 500. — Arrivée à Constantinople de l'armée du comte de Poitiers, 500. — Soupçons qui s'élèvent contre l'empereur, 501. — L'armée se divise, 502. — Désastre des pélerins qui prennent le chemin par terre, 503. — Réflexions sur la destruction de ces grandes armées, 503. — Sort de quelques débris de ces armées, 504.

Considérations sur la première croisade, 506. — Parallèle de l'expédition d'Alexandre avec celle des croisés, 507. — Examen philosophique de la croisade, 510. — Comparaison avec la guerre de Troie : de l'Iliade et de la Jérusalem délivrée, 513. — État des opinions dans le monde chrétien, 514. — Pierre l'Ermite, 515. — Résultats de la croisade, 515. — Sur la législation, les lumières, les arts et la civilisation, 516 et suiv.

ÉCLAIRCISSEMENS.

N°. I. Notice bibliographique, critique et géographique sur l'itinéraire de Bordeaux à Jérusalem, 525. — N°. II. Sur les pélerinages, 546. — N°. III. Mémoire sur la forêt de Saron, ou la forêt enchantée du Tasse, 585. — N°. IV. Lettre de M. Dureau-Delamalle à M. Michaud, sur la Jérusalem délivrée et sur la Jérusalem conquise, 594. — N°. V. Analyse des cartes et plans insérés dans ce volume, par C. M. P., 620.

PIÈCES JUSTIFICATIVES.

N°. Ier. Sur la croisade des Génois et des Pisans en Afrique, 635. — N°. II. Divers extraits des historiens, qui peignent l'enthousiasme des croisés à l'aspect de Jérusalem, 636. — N°. III. Pièces officielles de la première croisade, 637. — N°. IV. Constitution du pape Clément VIII, 649. — Liste des noms des principaux croisés de la première croisade, 654.

FIN DE LA TABLE DU PREMIER VOLUME.

www.ingramcontent.com/pod-product-compliance
Lightning Source LLC
Chambersburg PA
CBHW050100230426
43664CB00010B/1388